越秀年鉴

2024

YUEXIU NIANJIAN

广州市越秀区国家档案馆
(中共广州市越秀区委党史文献研究室 编
广州市越秀区人民政府地方志办公室)

方志出版社
Publishing House of Local Records

图书在版编目（CIP）数据

越秀年鉴. 2024 / 广州市越秀区国家档案馆（中共广州市越秀区委党史文献研究室、广州市越秀区人民政府地方志办公室）编. -- 北京：方志出版社,2024. 11.
ISBN 978-7-5144-6525-9

Ⅰ. Z526.54

中国国家版本馆CIP数据核字第2024E4G809号

责任编辑：范锐超
责任校对：张玉霞
责任印制：梅中英
出 版 者：方志出版社
地　　址：北京市朝阳区潘家园东里 9 号（国家方志馆4层）
邮　　编：100021
网　　址：http：//www.zgfzcb.cn
发　　行：方志出版社图书营销中心（010-67110500）
印　　刷：雅昌文化（集团）有限公司
开　　本：889毫米×1194毫米　1/16
印　　张：23.5　插页：3.5印张　地图：1幅
字　　数：1000千字
版　　次：2024年11月第1版
印　　次：2024年11月第1次印刷
定　　价：298元

《越秀年鉴（2024）》编辑部

主　　编　罗定夫

副 主 编　林卫红

编　　辑　林卫红　陈林琳　王海捷　何俊楠

联系方式　广州市越秀区盘福路11号8楼　（020）83269385

《越秀年鉴（2024）》主要撰稿人

（以内文先后为序）

陈振超　陈伟娟　刘颖雯　杨蕊嘉　谢　淮　陈广才　许　楠　范　苗　张　雯
刘　欣　余立得　张晓宇　汪　征　宋泠萱　张奕佳　彭　琳　李　铭　王思敏
陈　博　汪小丽　胡君逸　赵瑞典　曾晓蕙　张智文　刘天丽　郑寅秋　詹　江
曾雪萌　袁紫薇　张诗怡　伍婷婷　陈婉峰　陈　卫　周栈伟　李晓坤　曾海萍
姜泓敏　杨　平　邹颖怡　郑　浩　卢　中　蒋菁芸　吕　雪　黎莉岑　林　洁
高　明　葛少白　巫雅君　蔡梓详　程紫琳　林婷婷　许　昀　杜　舰　古晓斌
石美航　黄永桢　赵宁浙　钟浩晖　钟　烁　吕妙君　冯淑贞　张琳琳　戴　曼
罗镜辉　陆诗茗　陈雀锋　姚彩玲　罗志东　刘　哲　关小平　韩　蓉　蔡蓓婷
林锦乔　朱　森　黄剑锋　谢佛泉　陈可莹　邝艳晖　黄小琴　潘莉莉　王　珂
谢锦文　关秀雯　彭长春　王　钿　刘　佩　唐　珊　王海捷　翟　坤　王晓芳
王　媛　罗　灿　卢　芳　傅　贵　吴伟青　裴　丹　杨铖哲　张书敏　王天生
李少欢　罗惠敏　梁嘉碧　何　睿　陈蕴娴　廖鹏辉　甄伟前　陆琦玉　高波摇
伍俊康　陈奕芝　陈梓安　陈　萱　符灶新　唐　兰　孟晓莹　林晓瑩　范洁敏
谢艳珍

编 辑 说 明

一、《越秀年鉴》是由中共广州市越秀区委、越秀区人民政府主办，广州市越秀区国家档案馆（中共广州市越秀区委党史文献研究室、广州市越秀区人民政府地方志办公室）编纂的大型综合性资料工具书。首卷出版于1996年，此后每年出版一卷，此卷为第二十九卷。

二、《越秀年鉴（2024）》以马克思列宁主义、毛泽东思想、邓小平理论、“三个代表”重要思想、科学发展观、习近平新时代中国特色社会主义思想为指导，坚持辩证唯物主义和历史唯物主义的立场、观点和方法，系统记述2023年越秀区自然、政治、经济、文化、社会和生态建设等方面的基本面貌和发展情况，为读者了解、研究越秀区提供基本资料，为经济社会发展服务。

三、《越秀年鉴（2024）》记述起讫时间原则上为2023年1月1日至12月31日。为保持内容资料的完整性和连续性，部分文字资料适当上溯或下延，部分图片选用2023年之前的资料。

四、《越秀年鉴（2024）》采取分类编排法，以类目为单元，下设分目和条目，条目统一用黑体字加【】表示。全书卷前有专题图片、专记、大事记，后有附录、索引，主体部分设类目33个，分别为区情概览、中国共产党广州市越秀区委员会、广州市越秀区人民代表大会、广州市越秀区人民政府、中国人民政治协商会议广州市越秀区委员会、中国共产党广州市越秀区纪律检查委员会·广州市越秀区监察委员会、民主党派·工商联、群众团体、法治、军事、经济管理、总部经济、商圈经济、数字经济、民营经济、工业·建筑业、商贸服务业、金融业、旅游业、产业园区、开放合作、交通·通信、城区建设与管理、生态环境、教育、科学技术、文化、卫生健康、体育、社会生活、应急管理、街道、人物·荣誉。设分目242个、条目1380个，随文图片136幅、表格43张。

五、《越秀年鉴（2024）》与上卷相比，在类目上有部分调整。如新增商圈经济、数字经济、应急管理、开放合作、生态环境等类目，突出越秀区地方特色和时代特征；将原“产业”类目分设为工业·建筑业、商贸服务业、金融业、旅游业、交通·通信等类目；将“年度关注”更名为“专记”。

六、《越秀年鉴（2024）》稿件资料由各供稿单位审定提供。条目后署作者名或单位名，同一分目的条目为同一作者的在最后一个条目后署名。为全面反映相关领域情况，越秀年鉴编辑部采编和补充了部分内容，并以“越鉴”署名。

七、《越秀年鉴（2024）》的数字、计量单位等用法按现行图书出版规定执行并保持局部统一，数字用法、标点符号用法分别采用国家标准《出版物上数字用法》（GB/T 15835—2011）、标点符号用法（GB/T 15834—2011），计量单位采用国家技术监督局1993年12月发布的《量和单位》（GB 3100~3102—1993）系列国家标准，一次文献中人称、数字、计量单位等用法保持原状。由于来源、口径等不同，数据使用时以越秀区统计局提供的全区经济社会主要指标为准，统计部门未提供的以相关主管部门提供的为准。部分数据因四舍五入等因素，总计和分项之间存在合理范围内的误差。关于时间的表述，1912年1月1日之前的使用历史纪年，括注公元纪年；1912年1月1日之后的使用公元纪年。

八、为方便读者检索，《越秀年鉴（2024）》配备双重检索系统：书前编有目录，书后配有索引。索引采用主题分析法，款目按主题词首字汉语拼音字母顺序排列。

九、《越秀年鉴（2024）》全书内容在广东省情网（http://dfz.gd.gov.cn/）推出，也可扫描封底二维码进入阅读。

越秀荣誉

- 首批自然资源节约集约示范县（市）（2023—2025 年）
- 全国第六批县域节水型社会达标县（区）
- 国家级幼儿园保育教育质量提升实验区
- 全国义务教育教学改革实验区
- 国家重点高水平体育后备人才基地（2021—2024）
- 2023 营商环境质量全国十佳县（市、区）
- 2023 年中国市辖区旅游综合竞争力百强区（位列第二）
- 2023 年中国文化产业竞争力百强区（综合指数位列第八）
- 政府透明度指数排名全国县（市、区）第六
- 2023 赛迪百强区（位列第十二）
- 中国新型智慧城市（SMILE 指数）五十强区（位列第五）
- 全国首个法治非诉中心（越秀区法治非诉中心）
- 全国示范性老年友好型社区（北京街道都府社区）
- 全国示范数字档案馆（越秀区国家档案馆）
- 全国第一批“5G+ 智慧旅游”应用试点项目（广州北京路智慧旅游项目）
- 全国首个 CRO 产业地标运营中心（粤港澳大湾区生命健康产业创新区 CRO 产业地标越秀区运营中心）
- 广东省基础教育高质量发展示范区
- 广东省儿童友好示范区
- 广东省县（市、区）公共服务公众满意度第一
- 广东省首批小微湿地示范点（东山湖小微湿地）
- 社区矫正工作年度量化考核排名全市各区第一
- 广州市“建设干净整洁平安有序城市环境评价”工作考核 A 档
- 广州市食品安全考核 A 级
- 广州市药品安全考核 A 级
- 广州市质量安全考核 A 级
- 广州市粮食安全责任考核优秀
- 广州市首个加装电梯连片托管示范区街（黄花岗街道）

千年越秀

越秀区因辖区内风景秀丽的越秀山而得名，是广州市最古老的中心城区，也是广州市历史古迹最集中的城区，有不可移动文物 186 处、206 个，其中全国重点文物保护单位 19 处、28 个、省级文物保护单位 20 处、23 个、市级文物保护单位 83 处、90 个。越秀区是广州自秦始皇三十三年（公元前 214 年）建城起一直未偏移的城市中心，也是历代岭南行政中心所在地，广州古代传统中轴线和广州近代传统中轴线均位于今越秀区辖区内。作为广州市行政资源、商业资源、历史文化资源、基础教育资源和医疗卫生资源最为集中的区域，越秀区被誉为“广府文化源地、千年商都核心和公共服务中心”。

▲位于越秀区北京路北端的南越王博物院（王宫展区）内的南越国宫署遗址叠压着从秦汉至民国各个历史时期的文化层，被誉为“广州历史文化名城的精华所在” 。图为南越王博物院（王宫展区）

（南越王博物院供图 摄于 2021 年 9 月）

▲位于越秀区北京路北端的南越王博物院（王宫展区）内的秦代造船遗址是中国年代最早、规模最大、保存最好的造船工场遗址　（南越王博物院供图　摄于2004年12月）

▲位于越秀区光孝路北端的光孝寺是广东省佛教协会所在地。三国时名“制止寺”，南宋绍兴二十一年（1151年）始定名为“报恩光孝禅寺”，简称“光孝寺”，广州民谚有“未有羊城，先有光孝”之说，是“广东四大名寺”之一，也是禅宗南禅发祥地。图为光孝寺　（钟涌　摄于2017年5月）

◀位于越秀区北京路步行街的北京路古道遗址于2002年出土由唐至民国时期的11层路面遗迹，是广州古代城市传统中轴线的见证　（胡强明　摄于2023年5月）

▶位于越秀区教育路的药洲遗址是南汉时期重要的园林遗迹，明代“药洲春晓”被列为“羊城八景”之一
（黄剑　摄于2022年7月）

▲位于越秀公园小蟠龙岗上的镇海楼始建于明洪武十三年（1380年），原名“望海楼”，后取“雄镇海疆”之意，改称“镇海楼”。因楼高五层，俗称“五层楼”，是广州古城重要的标志性建筑，被誉为“岭南第一胜概”
（钟涌　摄于2023年3月）

▲位于越秀区中山四路的广州农民运动讲习所旧址原为番禺学宫，是明清时期番禺县培养儒生和祭祀孔子的主要场所。1926 年 5—9 月，毛泽东任所长的第六届农民运动讲习所在此开办　（钟涌　摄于 2023 年 3 月）

▲位于越秀区中山四路长兴里的万木草堂建于清嘉庆九年（1804 年），原为邱氏书室。清光绪十七年（1891 年），康有为租用邱氏书室创办长兴学舍，后更名“万木草堂”，是康有为宣传维新变法思想的重要场所　（钟涌　摄于 2023 年 4 月）

▲中国共产党第三次全国代表大会会址位于越秀区恤孤院路。1923 年 6 月 12—20 日，中国共产党第三次全国代表大会在广州市东山恤孤院后街召开。会址于 1938 年毁于日本侵略军的轰炸，2006 年 7 月 1 日，中共三大会址纪念馆在会址旁建成开放
（胡强明 摄于 2021 年 6 月）

▲广州公社旧址位于越秀区广州起义路。1927 年 12 月 11 日，中共广东省委和广州市委发动广州起义，在此建立全国第一个城市苏维埃政权——广州苏维埃政府
（胡强明 摄于 2021 年 6 月）

▲位于越秀山南麓的广州中山纪念堂是纪念近代民主革命先行者孙中山的建筑。1929 年 1 月奠基，1931 年 10 月建成，是当时中国最大的会堂建筑
（钟涌　摄于 2022 年 3 月）

◀位于越秀公园木壳岗上的五羊石雕建于 1960 年，源于五位仙人骑着五只口衔稻穗的羊飞临广州的传说，广州市因此得名“羊城”“穗城”。该石雕被视为羊城的标志
（胡强明　摄于 2023 年 3 月）

老城市新活力引领区

2023年，越秀区坚持党建引领，开展学习贯彻习近平新时代中国特色社会主义思想主题教育。聚焦优格局、促协调，推进老城市新活力引领区建设。推进粤港澳大湾区交往交流，推进“百县千镇万村高质量发展工程”和老城更新改造重点项目，推动社会事业均衡发展。是年，越秀区入选全国幼儿园保育教育质量提升实验区和义务教育教学改革实验区，位居中国市辖区旅游综合竞争力百强区第二，政府透明度连续第四年居全国各县区前十。

▶ 2023年1月15日，“广府味·幸福年”广府文化系列活动之留住“老广味道”包道非遗系列亲子研学活动在越秀公园举行
（胡强明　摄）

◀ 2023年1月19日，“百年花市”——越秀西湖花市回归开市
（钟涌　摄）

▲ 2023 年 2 月 5 日，广府庙会开幕式在越秀区中山四路城隍庙忠佑广场举行 （胡瀛斌 摄）

▲ 2023 年 3 月 24 日，越秀区港澳子弟班工作成果展示会在广州市培正中学举行 （钟涌 摄）

▲ 2023 年 5 月 4 日，广州北京路国际青年文化周启动仪式在越秀区北京路步行街举行　（钟涌　摄）

▲ 2023 年 8 月 1 日，广东省人民医院与越秀区医联体签约仪式在越秀区中山二路广东省人民医院东川院区举行　（钟涌　摄）

▲ 2023年8月31日，越秀区长者饭堂擂台决赛在广州市轻工技师学院举行

（胡强明 摄）

▲ 2023年9月19日，越秀区学习贯彻习近平新时代中国特色社会主义思想主题教育动员部署会在区机关大楼召开

（钟涌 摄）

▲ 2023 年 9 月 19 日，广州市加装电梯连片托管集中签约仪式暨推广会在越秀区黄花岗街道水荫南社区举行（钟涌 摄）

▲ 2023 年 10 月 14 日，第十四届二沙岛户外音乐季首场演出在越秀区二沙岛广东星海演艺集团大楼前草坪举行（胡强明 摄）

▲ 2023 年 12 月 1 日，第二届“金木棉”数字影像盛典暨越秀 Citywalk 短视频大赛颁奖典礼在花果山超高清视频产业特色小镇草莓 V 视园区举行 （胡强明　摄）

▲ 2023 年 12 月 15—19 日，越秀区对口支援协作地区“百千万工程”农特产品展销会在珠江 · 星火 1926 商业综合体西广场举行 （钟涌　摄）

高能级国际大都市核心区

2023 年，越秀区聚焦稳增长、扩内需，持续增强经济发展综合实力，实现现代服务业支撑有力、新兴产业加速布局、消费市场活力迸发、有效投资逐步扩大。围绕增动能、塑优势，激发改革、开放、创新三大动力，实现重点改革步步向前、对外开放不断深化、创新驱动显著增强。是年，越秀区揭牌全国首个 CRO（Contract Research Organization，合同研究组织）产业地标运营中心，入选全国营商环境质量十佳县（市、区），获批全国首批国家知识产权服务业高质量集聚发展试验区，落地全国首个中国海外人才交流会暨中国留学人员广州科技交流会人才服务站。

▲ 2023 年 1 月 31 日，越秀区高质量发展大会在区机关大楼召开（钟涌 摄）

◀ 2023 年 4 月 18 日，第 9 届中国广州国际投资年会暨福布斯中国创投高峰论坛越秀区平行分会在广州白云国际会议中心举行（钟涌 摄）

◀ 2023 年 5 月 8 日，花果山超高清小镇草莓 V 视园区开园暨越秀超高清视频产业高层次人才圆桌会在花果山超高清小镇举行
（钟涌　摄）

▶ 2023 年 5 月 19 日，中国流花国际服装节（春夏）暨流花外贸服装采购季开幕式在越秀区环市西路流花宾馆举行　　（钟涌　摄）

◀ 2023 年 8 月 30 日，中国（广州）国际时尚产业大会越秀区分会场暨第 46 届广东美妆节在广州美博城揭幕　　（钟涌　摄）

▲2023 年，越秀区新开业星寰国际商业中心、珠江·星火 1926、粤潮楼和北京路天河城 B 区 4 个商业综合体。图为珠江·星火 1926 商业综合体　　（董俊毅　摄于 2023 年 9 月）

▲位于越秀区辖区内的东风中路中央商务区

▲位于越秀区环市西路的广州流花服装批发市场　　（区商务局供图　摄于2023年5月）

（钟涌　摄于2023年8月）

▲ 2023 年，越秀区东山口新兴潮流商铺数量比上年增长 45.5%。图为青年潮流文化地标和热门打卡地——“一方东山”文化创意园
（钟涌 摄于 2023 年 6 月）

▲ 2023 年，越秀区北京路步行区域南拓至泰康路。图为 10 月 27 日举行开业庆典的北京路天河城 B 区
（钟涌 摄）

◀ 2023 年，位于越秀区区庄立交旁的环东广场改造升级为科技健康综合体，成为广州市首个“产业 + 产品”全方位提升的高层建筑微改造样本
（董俊毅 摄于 2023 年 9 月）

文化新品牌

2023 年，越秀区围绕文化强区建设，推出“兰缘盛荟”、海丝文化节、“020 赫兹”城市音乐营地等文化新品牌。首届“兰缘盛荟”文化旅游艺术周依托广州兰圃，组织涵盖文化、旅游、商贸、联谊等内容的十大系列活动，以兰会友，广交天下客，推动文商旅融合发展。2023 年越秀区海丝文化节开展“帆起南越 · 丝语千年”主题活动超 100 场，让市民游客沉浸式感受海丝文化魅力。“020 赫兹”城市音乐营地品牌在文化地标和潮流街区打造一批城市音乐营地，提升区域音乐活力及氛围，满足市民游客文化消费需求。

▶ 2023 年 4 月 9 日，“兰缘盛荟”文化旅游艺术周之竹笛表演活动在广州兰圃举行　（钟涌　摄）

◀ 2023 年 4 月 9 日，“兰缘盛荟”文化旅游艺术周之国香非遗墟活动在广州兰圃举行　（钟涌　摄）

▲2023年4月11日，“兰缘盛荟”文化旅游艺术周之汉服快闪活动在广州兰圃举行（钟涌 摄）

▲2023年4月14日，“兰缘盛荟”之兰缘好逑——兰花交友会活动在高剑父纪念馆举行（钟涌 摄）

▲2023年8月12日，“020赫兹”城市音乐营地项目启动暨东平DUANG音乐唱享会在越秀区中山四路东平典当博物馆前举行（胡强明 摄）

▶ 2023 年 10 月 13 日，越秀区海丝文化节开幕式在广电城投 686 创意园举行　　（李文博 摄）

◀ 2023 年 10 月 14 日，海贸枢纽——越秀与海上丝绸之路展览开幕式暨《图说羊城 非遗传承》新书推介活动在南粤先贤馆广场举行　　（李文博 摄）

▶ 2023 年 10 月 17 日，“走进越秀——第 134 届广交会商务考察团”到广州非遗街区（北京路）、城隍庙和南越王博物院（王宫展区）参观并体验特色非遗项目。图为考察团成员在体验粤剧戏服的场景　　（胡强明 摄）

绿美越秀

2023 年，越秀区坚持生态优先、绿色发展，推进绿美越秀建设。着力提升大气环境质量，全年优良天数比例比上年提升 9.6 个百分点，$PM_{2.5}$、PM_{10} 指标保持全市中心城区最优。新建污水管网 24 千米、雨水管网 21 千米，排水单元达标认定率 88.4%，江河湖涌水质持续稳定。培育“无废细胞”180 个，生活垃圾资源化利用率 88.1%。新增城市绿地 1.19 万平方米，建成口袋公园 6 个、社区公园 1 个、自然教育基地 2 个、古树公园 2 个，东山湖入选广东省首批小微湿地示范点名录，93% 的社区实现“300 米见绿、500 米见园”，覆盖率位居广州市各区第一。

▲东山湖公园

▶麓湖（钟涌 摄于2023年6月）

（钟涌 摄于2023年1月）

▲花果山超高清视频产业特色小镇　　（钟涌　摄于2023年6月）

◀海珠广场
（董俊毅　摄于2023年3月）

▲越秀山　　（钟涌　摄于 2023 年 3 月）

▲东濠涌高架路　　（钟涌　摄于 2023 年 1 月）

▲二沙岛体育公园　　（钟涌　摄于 2023 年 4 月）

▲白云街道广九社区儿童公园　　（胡强明　摄于 2023 年 7 月）

目 录

专 记

大事记

区情概览

中国共产党广州市越秀区委员会

广州市越秀区人民代表大会

广州市越秀区人民政府

中国人民政治协商会议广州市越秀区委员会

中国共产党广州市越秀区纪律检查委员会·广州市越秀区监察委员会

民主党派·工商联

群众团体

法　治

军　事

经济管理

总部经济

商圈经济

数字经济

民营经济

工业·建筑业

商贸服务业

金融业

旅游业

产业园区

开放合作

交通·通信

城区建设与管理

生态环境

教 育

科学技术

文 化

卫生健康

体　育

社会生活

应急管理

街　道

人物・荣誉

附　录

索　引

专　记

越秀区开展学习贯彻习近平新时代中国特色社会主义思想主题教育

按照党中央决策部署和广东省委、广州市委工作要求，2023年9月至2024年1月，越秀区开展学习贯彻习近平新时代中国特色社会主义思想主题教育，围绕“学思想、强党性、重实践、建新功”总要求，一体推进理论学习、调查研究、推动发展、检视整改、建章立制等工作，推动全区上下增强坚持“两个确立”、做到“两个维护”的政治自觉、思想自觉、行动自觉。

一、聚焦主题主线，明确工作责任

坚持把“实”的要求贯穿主题教育全过程，围绕党中央提出的目标要求和各项重点措施，加强对主题教育的组织领导和工作指导。成立区委学习贯彻习近平新时代中国特色社会主义思想主题教育领导小组及其办公室，区委书记担任领导小组组长，定期谋划全区主题教育工作。立足第二批主题教育涉及单位和人员范围广、类型多、情况复杂的特点，制定主题教育方案、分类指导方案和领导小组办公室工作制度、工作机制，设置联络小组13个，实现全覆盖联络服务。全年召开征求意见座谈会6次、领导小组会议7次、领导小组办公室会议及相关工作推进会37次，推进主题教育各项工作部署落到实处，越秀区主题教育的经验做法9次获得省、市推广。

二、聚焦学深悟透，强化理论武装

坚持把“学思想”作为首要任务，引导全区一、二级领导班子带头先学一步、学深一层，围绕19个专题每月安排1次主题教育读书班集中学习，组织重走习近平总书记考察越秀区东濠涌、荔湾区永庆坊等路线，在学思践悟中增进对党的创新理论的政治认同、思想认同、理论认同、情感认同。区委常委会安排学习“第一议题”24个，组织区委理论学习中心组学习会5场，带动全区二级班子党（工）委（党组）中心组开展学习300多场，区一、二级班子合计开展读书班集中学习552天，班子成员到基层一线讲授专题党课534场。依托“越学·育秀”党员教育品牌、“越学·思践”宣讲品牌和各级各类党员教育阵地，构建党员教育立体矩阵，采取“书记讲给书记听”“机关讲给基层听”“老师讲给党员听”“老干部讲给长者听”的形式，分领域推进“党课开讲啦”活动，开展集中学习5万多场，推进主题教育向广大党员覆盖延伸。

三、聚焦问题导向，做实调查研究

坚持围绕“四下基层”（宣传党的路线、方针、政策下基层，调查研究下基层，信访接待下基层，现场办公下基层）重要要求，组织区一、二级领导干部在一线调研中听真话、察真情，开展对策性、跟踪性、解剖式调研。区领导完成选题调研29个，带动二级班子领导完成选题调研428个，完成调研成果转化1539项，切实解决一批群众所急、企业所盼的问题。区委领导班子对有重大影响的典型事件逐一“过筛子”，确定“积极破解中心城区垃圾收运难题”为正面典型案例、“状元坊片区‘住改仓’问题”为反面典型案例，在分析案例“表”和“里”的基础上，聚焦治“标”更治“本”要求，举一反三提出系列工作举措，带动区二级班子确定正、反面典型案例148个并开展“解剖式”研究，推动从“解剖一个问题”到“解决一类问题”。

四、聚焦知行合一，着力推动发展

坚持围绕实施激活、优化、疏解三大策略，开展“破难题、促发展”攻坚行动，推进粤港澳大湾区建设、“百县千镇万村高质量发展工程”（以下简称“百千万工程”）实施、绿美越秀生态建设等重点任务。制定涵盖108个项目的“高质量发展重点项目清单”和153个项目的“为民办实事项目清单”，专设“督查督办组”督促项目进度，推动一批工作取得成效，2023年十件民生实事全部兑现。依托“立足岗位作贡献”“学习身边榜样”等活动载体引导党员在服务民生、推动高质量发展等领域当先锋、作表率，全年完成群众微心愿8173个、民生微项目305个。

五、聚焦靶向治疗，抓细检视整改

坚持边学习、边对照、边检视、边整改，对“存量”问题全面起底，综合调查研究发现的、推动发展遇到的、群众反映强烈的“增量”问题，系统梳理形成全面、准确、具体、针对性强的问题清单，区级领导班子提出问题31个、制定整改措施129条，二级班子提出问题418个、制定整改措施1129条。以突出问题专项整治为牵引整顿顽瘴痼疾，自上而下确定专项整治项目29个，由区领导领衔负责、主责部门牵头推进、多个相关部门协同落实，全部完成销号。组织各基层党组织对照群众意见建议，重点梳理出党支部作用发挥、党支部标准化规范化建设等方面的问题5578个、提出整改措施5675条。对全区2789个党支部进行全覆盖排查，综合研判确定2个软弱涣散基层党组织并推进整顿工作。坚持“当下改”与“长久立”相结合，力求在主题教育中“发现一个问题、完善一套机制、堵塞一批漏洞、治理一个领域”，对已经成熟且具有普适性的经验做法进行总结提炼，完善推广“护航营商‘直报直查直追’工作机制”“区直机关对口支援街道社区机制”等工作机制180多项。（区委组织部）

越秀区国家产融合作试点城市建设

2023年，越秀区贯彻落实国家产融合作发展工作部署，营造产业与金融良性互动、互利共赢的生态环境，促进产业提质增效、转型升级，入选第二批国家产融合作试点城市名单，也是广州市唯一的产融合作试点城市（区）。至年底，全区培育科创板上市企业南方电网电力科技股份有限公司、北京证券交易所首批上市企业国义招标股份有限公司等产融合作应用示范项目5个，上线集债权融资、股权性融资功能的产融服务平台，举办全国首场“国家产融合作试点城市”揭幕仪式，搭建一批产融对接桥梁，助力企业获融资支持超1200亿元，产业融资能力和水平提高，多层级资本市场建设取得进展。

一、夯实产业基础，聚力核心产业培育

三大主导产业强力支撑 创新金融业强劲赋能，市、区签署产融合作试点城市建设合作备忘录，搭建一批产融对接桥梁，海珠广场—民间金融街一体化建设加速，先后引进中英人寿公司等优质金融项目20多个，全区集聚持牌金融机构55个、地方金融机构超200个。现代商贸业加速转型，百货商店、购物中心等传统商业加快转向“类商业体验中心”，探索“餐饮+旅游”“酒店+生活服务业”等融合发展新模式，推动餐饮名店纳入市的旅游观光项目，编制越秀美食一日游线路。专业市场转型疏解三年行动完成。主办2023中国流花国际服装节（春夏），连续第九年获“中国服装商贸名城”称号。生命健康产业步入发展快车道，产业增加值年均增长6.9%，粤港澳大湾区生命健康产业创新区被纳入全国大健康产业园共同体，建成环东广场等特色园区（楼宇）14个，拓展载体面积60多万平方米，揭牌全国首个CRO（Contract Research Organization，合同研究组织）产业地标运营中心，集聚华润广东医药公司、全景影像公司等逾100家企业。2021—2022年，三大主导产业（创新金融业、现代商贸业、生命健康产业）年均增长5.2%，高于同期经济增长率；2023年实现增加值1844.05亿元，占地区生产总值的48.4%，比上年增长6.2%。

三大特色产业蓄势发展 数字经济产业稳步崛起，推进广东省人工智能产业园建设，与国家超算广州中心合作打造超算AI（Artificial Intelligenci，人工智能）赋能中心，服务范围覆盖全国28个省（直辖市、自治区）及香港、澳门特别行政区。2021—2023年，全区累计汇聚超高清视频产业“四上”（规模以上工业、规模以上服务业、限额以上批发零售业和住宿餐饮业、有资质的建筑业和全部房地产开发经营业）企业206家、产值达209亿元。联合打造的5G（5th Generation Mobile Communication，第五代移动通信技术）智能眼科巡诊车获第六届“绽放杯”5G应用征集大赛5G+医疗健康赛道全国一等奖。创新街区蓝图绘就，谋划“一街一特色”，实施创新街区项目19个，打造环东广场、草莓V视园区等范本。高端专业服务业表现亮眼，广州越秀国际会议中心创新发展“会议+文商旅”新模式，沿环市路、东风路、沿江路打造一批“律师楼”“广告楼”“人力资源楼”。全年全区有高端专业服务业规模以上企业653家，全年实现营业收入674.91亿元，比上年增长3%。文化产业展现时代魅力，至年底，全区打造广东文投创工场等孵化器和众创空间40个、在孵企业300多家，漫友文化公司等3家企业连续第二年入选“广州文化企业30强”。跻身“2023中国文化产业竞争力百强区综合指数”全国十强，3个园区获评“广州文化产业园高质量发展优秀范例”。2023年三大特色产业（数字经济产业，文化产业、高端专业服务业）实现增加值532.87亿元，占地区生产总值的14%。

二、深化产融合作，推动产融良性互动

促进产融对接，增强服务实体经济功能 收集融资需求，涵盖传统商贸、科技、餐饮、住宿等行业，累计向银行推送1000多家企业需求信息，推动银行为需求企业批复贷款36.7亿元。搭建对接桥梁，加强与金融机构的合作，与7个金融机构签订战略合作协议，联合职能部门、金融机构、行业自律组织等单位，围绕专精特新企业金融服务、文化金融、知识产权金融等主题，面向文化、科技等企业举办信贷政策宣讲、融资对接等活动20多场，促进政银企交流对接，助力企业获得融资支持超1000亿元。其中，中国银行广州分行分别为2000多家省专精特新和创新型中小企业提供授信总量460多亿元，授信余额近200亿元；建设银行广州分行为广州市战略性产业集群企业投放贷款超3000亿元，服务企业2.5万家。设立完善担保体系，由广州市科工信局会同广州金控资产管理有限公司出资15亿元在越秀区设立广州市融资再担保有限公司，与5家各区级政府性融资担保公司、11家国有控股融资担保公司共同构建起广州市多层次政府性融资担保体系。释放平台效能，推进“信易贷”工作，累计引导辖区内4.7万家企业进驻“信易贷”平台，促成放款金额超620亿元，构建“平台+金融机构+商会协会”多元参与模式，送金融服务进流花—矿泉商圈、一德商圈，推出“海味贷”“白马服装贷”“诚信企业贷”等创新金融产品。打造国家产融合作平台（广州市越秀区），开设地方金融服务、股权融资、知识产权融资、诉前调解专区，以大数据、区块链、人工智能等科技手段赋能产融合作，深化数据共享应用，助力提高产融对接效率。至2023年底，平台入驻企业9229家、金融机构53个，授信笔数49笔、授信金额1.48亿元。

注重上市培育，提高企业直接融资比例 发挥深圳证券交易所广州服务基地和越秀区企业上市服务平台作用，面向文化、科技等企业举办上市培育活动5场，走访辅导拟上市企业20家，支持符合条件的企业扩大直接融资。广州中科云图智能科技有限公司、广州中浩控制技术有限公司、广州有好戏网络科技有限公司3家企业被列入全市重点培育上市企业库。推动3家企业上市，其中，南方电网电力科技股份有限公司在上海证券交易所科创板上市（全区首家），国义招标股份有限公司、广东广咨国际投资咨询集团股份有限公司2家企业首批登陆北京证券交易所，数量位居广东省各区县第一。落实企业上市挂牌奖励政策，累计为4家上市挂牌企业发放奖励资金282.76万元。引导区属产业基金——越富基金发挥区属投融资平台作用，探索设立越秀区产业发展基金，主导发起设立越新一代、越富国科等基金，完成投资越秀区辖区内广东广咨国际投资咨询集团股份有限公司等项目，助力广东广咨国际投资咨询集团股份有限公司首批登陆北京证券交易所，助推广州中科云图智能科技有限公司获评2022年广州最强科创领头羊企业和广州独角兽企业。

发挥引领作用，巩固全国小贷行业优势地位 强化主体集聚，依托广州民间金融街品牌优势，吸引世界500强、中国500强、国内外知名上市公司、行业龙头等投资入驻，集聚小贷公司87家，占全市总数的76.3%（其中互联网小贷公司38家，占全市总数的100%）；注册资本255.9亿元，占全市总数的85%。依托非现场监管系统，提升小贷行业数字化水平，发布推行智能合约及行业标准化合同，互联网小贷和传统小贷均完成数字化转型。用足用好监管评级结果，扶持优质小贷公司拓展发展空间，推动TCL小贷公司、盈峰普惠小贷公司发行广州市小贷行业首批资产证券化产品，地铁小贷公司成为广州市首家将经营地域拓宽至省内其他重点城市的传统小贷公司；加强分类监管，支持唯品会小贷、星光小贷、安瑞小贷、吉屋小贷等小贷公司实现股权优化。引导小贷公司践行普惠金融责任，加强服务实体经济。TCL小贷公司聚焦产业链各类场景，为上下游供应商、小微企业提供普惠金融和产融协同服务；保利小贷公司平均贷款利率仅7%，为业主提供“一站式”金融服务，打造“地产+金融”特色生态圈。2021—2023年，辖区内小贷公司累计为中小微企业和个人发放贷款1268.13亿元，投放笔数1383.93万笔。　（区科工信局）

越秀区助力粤港澳大湾区建设

2023年，越秀区深入学习贯彻习近平总书记视察广东重要讲话、重要指示精神，围绕粤港澳大湾区“一点两地”（“一点”指新发展格局的战略支点，“两地”指高质量发展的示范地、中国式现代化的引领地）全新定位，着重从科技创新、联通开放、产业发展、民生交流4个方面发力，在纵深推进新阶段粤港澳大湾区建设中作出越秀区贡献。

一、做优创新生态，助力激发大湾区科创动能

壮大创新主体，构建科技企业梯次培育体系，举办“线上+线下”高企宣讲会26场，1055家企业进入国家科技型中小企业库、比上年增长超30%，新增2家国家级“小巨人”企业、5家省级企业技术中心，累计培育专精特新企业227家、创新型中小企业288家。加强创新协同，参与广深港澳科技创新走廊建设，黄花岗科技园人工智能产业园获评广州人工智能特色产业园区，全年新增入园企业25家，累计入园企业2765家。发挥大院大所集聚优势，联合广东省科学院智能制造所建成生命健康人工智能与数字化技术粤港澳协同创新中心，支持智能制造所与香港机电工程署开展合作研发。深化知识产权保护应用，获评全国首批、广东省唯一的国家知识产权服务业高质量集聚发展试验区，指导广州市首批跨境电商解除TRO（Temporary Restraining Order，临时禁令）禁令知识产权侵权责任保险落地，推动知识产权质押融资金额超24亿元。发挥“香港特别行政区知识产权问询点”作用，全年为公众提供香港商标申请、专利业务咨询等服务业务超17万件。越秀区辖区内的广东省科技图书馆与澳门大学图书馆合作打造澳门特别行政区首个国家级知识产权信息服务机构网点，拓展大湾区知识产权合作交流。

二、做通规则衔接，助力推进大湾区高水平开放

营造一流营商环境，迭代推进营商环境6.0改革，入选2023营商环境质量全国十佳县（市、区），与深圳市龙华区等17个地区结为“跨域通办”合作关系，港澳服务专窗实现198项事项“一窗办理”，吸引2715家港澳台企业集聚，总数位居广州市各区第三。将港澳企业、人士高频办理事项嵌入“艾小越”政务私聊机器人，实现事项信息指尖“一键直达”。发布越秀区港澳人士公共服务指南，涵盖居住生活、工作学习、投资创业等方面政策信息，为港澳人士提供“一本通知”便利。参与推动标准衔接，鼓励辖区内企事业单位参与大湾区标准制订工作，主导、参与制定中医药、养老、粤菜等领域标准30项，约占大湾区标准清单的六分之一，助力推进标准对接，提升市场一体化水平。打造涉港澳法律服务全领域生态圈，深化广州市首个区级涉港澳商事多元解纷服务站建设，调动港澳特邀调解员力量在诉源治理阶段化解纠纷，选任首批6名港澳籍人民陪审员。推动成立区内首家粤港联营律师事务所，召开涉外涉港澳台审判研讨会，充实港澳法律专家库至23名成员，至年底，全区集聚涉外律师300多人、港澳台居民律师12人、大湾区律师8人。越秀区人民法院持续提升司法便捷水平，全年受理涉港澳民商事案件1089件，调撤率30.4%，《打造大湾区商事纠纷化解优选地——广州越秀区人民法院多元解纷优化营商环境工作纪实》获《人民法院报》刊登。

三、做好产业协同，助力实现大湾区产业高质量发展

加快生命健康产业发展，推动越秀粤港澳大湾区生命健康产业创新区上升为广州市大湾区建设重要平台，累计建成特色产业园区14个，拓展载体面积超60万平方米，建成全国首个CRO（Contract Research Organization，合同研究组织）产业地标运营中心，新引进生命健康企业超80家。支持中山大学知识产权转移转化中心累计对接转化医院项目20多个，签约超16亿元。增强金融服务实体经济能力，推动12个存量金融机构增资75亿元，推动40多个金融机构、企业进行产融对接项目签约，签约金额合计超1000亿元。联动深圳证券交易所广州基地举办企业上市培育系列活动，帮助企业更好走向资本市场。推动现代商贸提质发展，加快建设广府文化引领型国际消费城区，推动粤潮楼、珠江·星火1926商业综合体等一批消费新地标亮相，东山口新河浦历史文化街区成为青年潮人聚集地，全年全区实现社会消费品零售总额1329.57亿元，比上年增长8.7%。发展外贸新业态，万菱广场等3个试点市场采购出口额比上年增长33.6%，全区外贸进出口总值540.8亿元。

四、做好民生答卷，助力加强大湾区人文交往交融

拓展与港澳教育合作交流，持续办好全国首创公办性质港澳子弟班，累计缔结穗港澳姊妹学校38对，与港澳学校开展师资教学观摩、研讨等校际交流交往，举办港澳子弟班成果展示会，朝天小学作为广东省小学唯一代表到港参加粤港“同上一堂课”教师专业发展日活动。打造湾区文化交流活动品牌，举办海丝文化节和二沙岛户外音乐季，相关节目入选第三届粤港澳大湾区文化艺术节，联合广东省非物质文化遗产保护中心举办广东省非物质文化遗产创意设计大赛，组织粤港澳青年走进北京路、澳门青年文化节、大湾区青少年主题演讲辩论赛、大湾区比例模型大赛等交流活动，促进大湾区青年在交流交往中加深了解。加强与港澳医疗卫生领域合作，辖区内3家公立医院入选“港澳药械通”政策名单，并引进境外先进医疗器械实现临床应用，广东省中医院5款院内制剂获批发往澳门镜湖医院，成为内地医疗机构中药制剂首次跨境使用案例，累计在全区14个医疗机构建成港式家庭医生工作室。支持港澳青年实习就业，深化粤港澳大湾区青年创新创业基地（越秀）建设，帮助港澳青年链接创新创业基地、创业导师等创业资源，启用青年人才会客厅，举办创新创业主题沙龙、湾区青年法律论坛等活动20多场，举办第七届“越青杯”越秀区青年创新创业技能大赛，实施“百企千人”港澳大学生实习项目、“展翅计划”等，开发实习岗位约2000个，区属医疗机构首次接收香港学生开展中医药领域实习，在临床实践中促进专业技术交流与人才培养，助力湾区青年在越秀区发展。（区发展改革局）

越秀区统筹“百千万工程”全域推进

2023年，越秀区以头号工程力度，推进实施“百县千镇万村高质量发展工程”（以下简称“百千万工程”）。建立上下联动机制，成立区、街道两级指挥部，区委常委会每月专题研究部署，区主要领导一周一统筹，区四套班子领导每周至少一天下沉挂点街道指导，逐级压实责任，以上率下攻坚克难，以全域高质量发展推动“百千万工程”落实落细。

一、加强制度建设，推动开好局起好步

出台工作方案、“一区一策”、“一街一策”及“百千万工程”相关配套政策，清单式推进96项重点任务，将“百千万工程”推进落实情况纳入区委巡察内容，保障在区、街道、社区一贯到底。广东省推进“百千万工程”促进城乡区域协调发展现场会召开后，第一时间组织到广东省茂名市信宜市学习经验，开展调查研究，优化措施，推动“百千万工程”开好局、起好步。

二、对标优势塑造工程，大抓产业与项目建设

攻坚重点项目，动态更新“百千万工程”项目库，完成北京路步行街二期南段步行化改造，街区年度客流首次突破1亿人次，入选全国首批“5G+智慧旅游”应用试点项目。拓展粤港澳大湾区生命健康产业创新区，揭牌全国首个CRO（Contract Research Organization，合同研究组织）产业地标运营中心，推动海珠广场金融集聚区与民间金融街一体化发展，打造海珠广场星寰国际商业中心，花果山超高清视频产业特色小镇蝶变焕新，广电城投686创意园、草莓V视园区开园。推动业态升级，将疏解非核心功能与专业市场转型升级相结合，支持万菱广场、广州UUS时装城等传统专业市场向品牌化、定制化、高端化转型，红棉国际时装城入选工业和信息化部纺织服装创意设计试点示范园区，白马服装城、广州美博城入选中国商品市场综合百强榜单。强化典型带动，推动建成“一方东山”文化创意园，融入新河浦历史文化街区，成为青年潮流文化地标；打造环东广场，成为广州市首个“产业+产品”全方位提升的高层建筑微改造样本；推动矿泉街道汇富工业园向时尚数创产业园转型升级，带动转制社区集体经济增收致富。

三、对标结构调整工程，加快激活存量空间价值

盘活“沉睡”资源，推进寺右壹街、云山公馆、融通广场、誉海食街等精品项目，打造日均客流量超4万人次的老广新潮商业综合体——珠江·星火1926商业综合体，对北京路步行街二期改造范围内的873栋骑楼建筑开展精细化修复，粤潮楼、粤海北京路天河城B区等一批消费新地标先后亮相。提速城市更新，统筹推进广州火车站“站城产居”一体化改造、大湾区中医康养区建设、广东省人民体育场周边更新改造等重点项目，南洋电器厂及周边更新改造等7个计划开工项目全面动工，“越秀立方”改造示范楼宇等19个项目竣工投用，第二批18个老旧小区改造完成。促进文商旅融合，加速打造红色文化传承弘扬示范区，推进东园文化广场二期、昌兴街改造、文德楼修缮及周边环境提升等项目，举办广府庙会、越秀西湖花市等活动，打造“兰缘盛荟”、海丝文化节、“020赫兹”城市音乐营地等文化品牌。

四、对标动力增强工程，突出改革引领攻坚破难

深化改革创新，迭代推出营商环境6.0改革，率先成立全国首个中国海外人才交流会暨中国留学人员广州科技交流会人才服务站、全国首个区县级地方金融调处中心、全国首个“法治非诉中心”，巩固营商环境工作成效，连续第三年获广州市督查激励，创建综合类信用县方案在全省推广，“信用越秀”、北京路诚信商圈等4个案例获评全国信用应用优秀案例。加快推进数字政府2.0改革，在广州市各区率先实现市场主体市内迁入“指尖办”。获评全国首批国家知识产权服务业高质量集聚发展试验区。探索“以商助农”消费帮扶、产业帮扶新模式，创新打造北京路花城花街暨“百千万工程·惠农集市”、一德路海味干果示范段等商街品牌，举办首届广东省地理标志产品广货手信节。发挥越秀区在产业、创新、人才等方面优势，建设越秀—霞山产业合作园区，打造赤坎区、霞山区、遂溪县三地科创中心“飞地”项目，组织60家企业助力劳务帮扶，提供用工岗位近2300个。推进医疗、教育、金融帮扶，邀请中山大学等4所高校180多人开展“送医下乡”，探索全口径、全方位“融入式”教育帮扶，借助金融帮扶工具推动解决346户农户资金困难问题。

五、对标价值实现工程，做好惠民文章

提升城市品质，开展背街小巷环境整治提升行动，建设街道打造广州市首座电动油压式架空层密闭垃圾转运压缩站，黄花岗街道垃圾分类低值可回收物处理方法作为优秀案例被推送至住房和城乡建设部，大塘街道在广州市全域服务治理试点中实现“五个第一”（广州市第一个建立全域服务治理中心、第一个成立政企合作专班、第一个配备运营中心专职主任、第一个以老旧小区改造作为试点切口、第一个突破停车难题）。推进绿美越秀建设，发布广州市首个“绿色商圈”，开展“绿美越秀·最美招牌”评选活动，创建节水型社会建设达标县（区），入选首批全国自然资源节约集约示范县（市）名单，东山湖公园小微湿地入选广东省首批小微湿地示范点名录。做强服务品牌，推动医疗教育资源提质，深化打造未成年人保护示范平台，越秀区未成年人保护中心被认定为全国首批“护童成长”项目“牵手+”计划示范基地。推进城中村改造，瑶台村作为广州市首批“依法征收、净地出让”城中村项目启动征拆，黄花岗街道云鹤社区打造“近悦远来”人才宜居生态圈，登峰村打通“断头路”方便村民出行。

（区委办公室）

■编辑 林卫红

大事记

1月

4日　越秀区报送的“‘信用越秀’综合信用服务平台”“以公共信用为基础，构建‘信用+供电’服务新模式，持续优化营商环境”获评第四届“新华信用杯”全国优秀信用案例。

5日　越秀区首批“政协委员之家”揭牌仪式在花果山超高清视频产业特色小镇举行。

6日　广州越秀—安顺镇宁东西部劳务协作就业驿站揭牌仪式在贵州省安顺市镇宁布依族苗族自治县（以下简称“镇宁县”）举行。

7日　越秀区推出“安心热线”网络心理咨询服务，由区内各学校专职心理健康教育教师组成“越秀区心理咨询服务队”，通过QQ、邮件等方式为有心理困扰的学生提供心理疏导，帮助建立稳定的心理状态。活动持续至2月5日（1月21—27日除外）。

10日　越秀区整合区发展改革局经济动员、区房管局人民防空、区商务局交通战备等方面综合协调职能，组建越秀区国防动员办公室，在区发展改革局挂牌。

△共青团广州市越秀区第十四次代表大会召开。大会审议通过共青团广州市越秀区第十三届委员会的工作报告，选举产生共青团广州市越秀区第十四届委员会及领导班子。

△盲人按摩机构专场就业扶助政策辅导会在越秀区盲人就业创业孵化站（广东省盲人按摩基地）举行。

12日　越秀区人民政府全体（扩大）会议在区机关大楼召开。会议研究讨论《越秀区政府工作报告（讨论稿）》《越秀区2022年国民经济和社会发展计划执行情况与2023年计划草案的报告（讨论稿）》《越秀区2022年财政预算执行情况和2023年预算草案的报告（讨论稿）》。

13日　广东省省情调查研究中心发布2022年广东省地方政府公共服务公众评价调研报告，越秀区公共服务总体满意度得分最高，连续第七次位列广东省各区县第一。

17日　“广州越秀发布”微平台获2022南方号年度传播力奖。

18日　中央文明办发布2022年第四季度“中国好人榜”，越秀区东山街道贝梅美发店理发师韦素梅上榜。

19日　自然资源部发布《关于认定自然资源节约集约示范县（市）的通知》，认定越秀区为全国首批自然资源节约集约示范县（市），是广州市唯一入选的区。

19—21日　2023年越秀西湖花市在北京路步行街和西湖路举行。花市设置年花、年货、手工艺品、非遗文化展示以及公益、对口支援等档位120多个。

20日　越秀区人民政府印发《广州市越秀区全民健身实施计划（2021—2025年）》，由总体需求、主要任务、保障措施三大部分组成。

30日　越秀区举办“春风行动2023——春风送岗暖羊城”直播带岗招聘会。

31日　越秀区高质量发展大会在区机关大楼召开。会议动员全区上下勇挑经济大区大梁、推进高质量发展，聚焦产业和科技互促双强，发展新质生产力，加快建设现代化产业体系。

2月

2日　经越秀区委编委研究同意，优化调整区建设水务局内设机构设置，增强城市建设工作整体性、系统性，强化建设工程质量安全监管力量，推动提高城市建设管理水平。

△越秀区人民政府常务会议审议通过与福建省龙岩市连城县对口合作协议。

3日　越秀区金融产业高质量发展大会在海珠广场文化金融商务区召开。

△越秀区税务局融媒原创作品《扛起来》获第五届全国税收公益广告奖。

5日 2023广府庙会在越秀区忠佑大街48号城隍庙忠佑广场开幕。广府庙会为期7天，至2月11日结束。其间，开展文艺展演、艺术展览、非遗展示、美食展销等惠民活动220场次。

7—8日 中国人民政治协商会议第十六届广州市越秀区委员会第三次会议在区机关大楼召开。会议听取并审议批准政协第十六届广州市越秀区委员会常务委员会工作报告、政协第十六届广州市越秀区委员会常务委员会关于十六届二次会议以来提案工作情况的报告，审议通过政协第十六届广州市越秀区委员会第三次会议决议。

7—9日 广州市越秀区第十七届人民代表大会第三次会议在区机关大楼召开。会议投票表决通过2023年越秀区十项民生实事，表决通过关于越秀区人民政府工作报告的决议、关于越秀区2022年国民经济和社会发展计划执行情况与2023年国民经济和社会发展计划决议、关于越秀区2022年预算执行情况和2023年预算的决议、关于越秀区人民代表大会常务委员会工作报告的决议、关于越秀区人民法院工作报告的决议、关于越秀区人民检察院工作报告的决议。选举产生越秀区人民政府区长、越秀区监察委员会主任。

8日 越秀区组织开行“点对点务工专列”，从贵州出发，并于当日抵达广州，帮助100名贵州籍务工人员返岗到穗就业。

9日 2023 Berlin Design Awards（柏林设计奖）获奖名单揭晓，广州新华书店北京路店获室内设计——国际展销厅／旗舰店类银奖。

△越秀区信贷扶助政策帮扶盲人按摩机构复工复产工作座谈会在海珠广场文化金融商务区举行。

△越秀区“春风行动2023——春风送岗暖羊城”促进异地务工人员就业暨重点用工企业专场招聘会在大东街道综合服务中心举行。

10日 “粤港澳大湾区生命健康产业创新区CRO（Contract Research Organization，新药研发合同外包服务机构）产业地标越秀区运营中心”揭牌仪式在越秀区珠石同创·环东广场举行。该中心是全国首个CRO产业地标运营中心。

16日 “第七批中国20世纪建筑遗产”项目发布，越秀区辖区内广州流花宾馆、广东迎宾馆历史建筑、广州华侨新村、广州宾馆入选。

△2022年度越秀区国家机关“谁执法谁普法”履职报告评议会在区机关大楼举行。现场接受评议的区委党校、区教育局、北京街道、梅花村街道获评“优秀”等次。

20日 粤港澳大湾区人才服务高质量发展大会——“粤好服务·粤聚人才”基础教育促人才发展分论坛暨2023越秀区人力资源服务行业“红链计划”大学生就业创业研讨会在粤港澳大湾区（广东）人才港举行。

21日 “广州越秀发布”官方微博获2022年度广州市政务微博优秀互动力奖，“广州越秀发布”微信公众号获2022年度广州市政务微信优秀传播力奖，“广府味·幸福年”广府文化系列策划获2022年度最佳传播策划奖。

22日 越秀区宣传思想文化工作会议在区机关大楼召开，总结2022年宣传思想文化工作，部署2023年宣传思想文化工作。

23日 经越秀区委编委研究同意，优化调整越秀区社区服务中心养老服务、区级居民家庭经济状况核对、配合实施老年人长寿保健金发放等相关职能，推动落实新形势下社区服务各项工作。

△越秀区委政法工作会议在区机关大楼召开，传达上级政法工作会议精神及区委主要领导批示，部署全区政法工作。

△越秀区东方红幼儿园新天地园区揭牌仪式在梅花村街道杨箕社区富力新天地小区举行。

24日 2023年春风行动暨就业援助月——越秀区残疾人专场招聘会在珠光街道文德南路仰忠广场举行。

27日 经越秀区委编委研究同意，在区文化广电旅游体育局公共文化科（非物质文化遗产科）加挂“广府文化（越秀）生态保护区建设管理办公室”牌子。

△越秀区统计工作会议召开，传达学习贯彻广州市统计工作暨法治和业务知识培训视频会议精神，研究部署2023年全区统计工作。

△“东山八一齐携手，‘青鸟传音’爱守护”越秀区东山街道未成年人保护专项活动在广州市八一实验学校举行，同步启动越秀区首个“青鸟信箱”。

28日 越秀区人力资源社会保障事业高质量发展工作会议暨越秀区就业工作领导小组会议在区机关大楼召开。会议通报2021年度越秀区保障农民工工资支付工作考核等级为“A级”。

3月

1日 “英雄花开英雄城”2023广州传承弘扬红色文化系列活动启动仪式在位于越秀区中山四路42号的广州农民运动讲习所旧址举行。

△越秀区组织工作会议暨老干部工作会议在区机关大楼召开。会议传达全

国、省、市有关会议精神，总结2022年工作，部署2023年任务。

△广州老年开放大学大塘街学校揭牌仪式在大塘街道党群服务中心举行。该校是越秀区首个广州老年开放大学街道学校。

3日 由中共广东省委宣传部命名的第九批广东省学雷锋活动示范点和岗位学雷锋标兵名单发布。越秀区辖区内的广州医科大学附属第一医院入选学雷锋活动示范点，越秀区暐杰志愿服务中心主任徐暐杰被评为岗位学雷锋标兵。

4日 “英雄花开英雄城”2023千人同绘英雄花系列活动暨学雷锋红棉志愿服务活动在越秀区海珠广场举行。该活动标志“英雄花开英雄城”越秀区2023传承弘扬红色文化系列活动启动。

6日 “聚焦高质量发展 巾帼奋进谋新篇”越秀区纪念“三八”国际劳动妇女节113周年活动在区党群服务中心举行。同步启动“我是妇联执委·我为妇女群众办实事”实践活动，运行“越秀人家”数字化政务服务平台妇女儿童权益保护专区，成立越秀区儿童友好城市小童盟。

7日 越秀区卫生健康工作会议召开。会议总结2022年全区卫生健康工作情况，研究部署2023年卫生健康工作。

△越秀区认定全区首宗保障性租赁住房项目——泊寓杨箕店，向广州云驿房产租赁有限公司发放保障性租赁住房认定书。该项目位于越秀区泰兴直街62号，建筑面积6084平方米，有公寓137套。

△广州（越秀）国家产融合作试点城市建设合作备忘录签约仪式暨产融对接活动在越秀区广州大厦举行。

9日 2022年广州文化企业30强系列榜单出炉，越秀区辖区内5家企业上榜，分别是广州岭南集团控股股份有限公司、珠江影业传媒股份有限公司、中国广电广州网络股份有限公司、广州漫友文化科技发展有限公司、广州有好戏网络科技有限公司。

13日 越秀区2023年老年人居家适老化改造项目暨“友邦友爱·乐龄计划”启动仪式在越秀长者综合服务中心举行。

△《国家卫生健康委办公厅关于2021年度全国二级公立医院绩效考核国家监测分析情况的通报》发布，越秀区中医医院获评“A+”等级，在全国1525家二级中医综合医院中排名第十九。

14日 越秀区人民政府办公室印发《广州市越秀区人民政府办公室关于印发越秀区2023年重点建设项目计划的通知》，明确产业项目29个、基础设施项目6个、社会民生项目21个、城市更新项目7个以及重点建设预备项目54个。

15日 越秀区2023年金融消费者权益保护宣传活动在广州美博城举行。

16日 越秀区人民政府办公室和区人民武装部联合印发《关于调整区国防动员委员会的通知》，明确区国防动员委员会主要职责等事项，同步成立区国防动员委员会联合办公室，负责承担委员会的日常事务工作。

18日 由广东广播电视台和广州市城市建设投资集团有限公司联手打造的“广电城投686创意园”开园，地址为越秀区人民北路686号，首期运营面积约4万平方米。

19日 越秀区原创红色历史诗歌剧《红棉花儿开——为共产主义倾其一生》在海珠广场“红棉舞台”上演。

20日 越秀区旅游高质量发展大会在海珠广场文化金融商务区召开。

△越秀区被广东省妇女儿童工作委员会办公室、省发展和改革委员会确定为首批广东省儿童友好示范区，白云街道被确定为首批广东省儿童友好示范街道，越秀区启智学校被确定为首批广东省儿童友好示范基地之一。

21日 “聚力高质量发展 共绘未保示范新篇章”越秀区2023年未成年人保护“四个一”（一部门一品牌、一街道一特色、一月度一主题、一千人一心愿）工作亮点发布活动在洪桥街道三眼井社区科普广场举行。

22日 越秀区矿泉街道未成年人保护站广州市第七中学实验学校分站揭牌仪式在广州市第七中学实验学校举行，是越秀区首个校园未成年人保护分站。

23日 越秀区人工智能、软件和信创产业链对接暨人工智能科技成果推介会在广东省科学院智能制造研究所举行。

△越秀区楼宇经济高质量发展大会在越秀区大沙头路29号中国工商银行广州分行召开。

△“秀美馆校 艺路同行”广州艺术博物院、越秀区教育局馆校合作美育大课堂项目签约暨启动仪式在广州艺术博物院举行。区内首批18所中小学校成为美育大课堂馆校合作基地学校。

24日 越秀区3家旅游景区被评定为国家AAAA级旅游景区，分别是中国共产党第三次全国代表大会会址纪念馆旅游区、毛泽东同志主办农民运动讲习所旧址纪念馆旅游区、广州起义纪念馆旅游区。

△越秀区举办“粤港澳同心筑梦，大湾区携手毓秀”港澳子弟班工作成果展示会，会场分别设在广州市培正中学和越秀区朝天小学。2所学校的港澳子弟班是全国首创设立的公办性质港澳子弟班。

△越秀区教育局党建服务中心暨“越教之家”启用仪式在越秀区芳草街48号举行。

25日　花城文学院揭牌仪式在越秀公园举行。该院位于公园“陌上花开”文化空间。

△“有风自南——2023花城文学之夜暨花城文学榜荣誉盛典”在越秀区人民北路696号广州友谊剧院举行，首届“花城文学榜”10部上榜作品揭晓。

28日　政协广州市越秀区委员会通过线上及线下相结合方式举办全国两会精神学习分享会，主会场设在区机关大楼。该学习分享会是越秀区“委员讲堂”的首场大课堂。

29日　越秀区专业市场高质量发展大会在新濠畔万豪鞋材广场召开。

△越秀区首家、广州市第四家粤港联营律师事务所——宏安信陈（广州）联营律师事务所开业。

△2022年全国毽球锦标赛在广州应用科技学院闭幕，越秀区矿泉街道王圣堂社区毽球队获全国毽球锦标赛平推毽组男、女三人赛双项冠军。

30日　“港澳药械通”交流座谈会在越秀区太和岗路16号黄花岗科技园创意大道园区举行。

31日　越秀区人力资源和社会保障局与贵州省安顺市镇宁县人力资源和社会保障局在镇宁县举行“粤黔‘三项工程’乡村振兴培训就业示范基地”授牌仪式，越秀区首个“三项工程”乡村振兴培训就业示范基地落地安顺市，对完成“广府风味菜烹饪”培训的学员首次核发两地人社鉴定部门共同盖章的专项职业能力证书。

△越秀区完成广州市公安局原物业（越秀区站西路北街46号、48号）实物接收，接收物业总建筑面积8736平方米。

4月

1—2日　第二届IPMS·CHINA广州比例模型交流会暨越秀大湾区比例模型大赛在越秀区广州大道中289号岭南活力非遗艺术馆举行。

3日　第三届直播电商节（中国广州）越秀区分会场启动仪式在广州流花服装批发市场举行。流花服饰跨境电商选品中心同时揭牌。

7日　越秀区生命健康产业链企业座谈会暨生命健康产业项目路演活动在黄花岗科技园环东园区举行。

9日　越秀区联合广州巴士集团有限公司发布“红色八景——红游越秀”“传统中轴线”“海上丝绸之路”“食在越秀——美食之旅”四大文化旅游线路。

9—11日　第七届粤港澳大湾区青少年走读广州交流营活动在广州市和肇庆市举行，来自中国澳门及越秀区的700多名青少年共同开展主题研学实践活动。

9—13日　2023年越秀区中小学生春季田径运动会在广东省人民体育场举行。

9—16日　越秀区举办首届“兰缘盛荟”文化旅游艺术周系列活动。活动依托广州兰圃的岭南园林景观，组织国潮音乐秀、国香非遗墟、名家风雅集、兰花摄影赛、兰花主题展等十大系列100场活动。

10日　越秀区人民政府办公室印发《广州市越秀区重大行政决策程序规定》，规范重大行政决策的程序。

12日　越秀区体育产业发展大会在双鱼体育创新中心举行，授予双鱼体育创新中心“越秀国家体育产业示范基地——双鱼体育创新园”牌匾。

13日　越秀区老干部大学加挂广州老年大学越秀分校牌子。

14日　中国海外人才交流大会暨中国留学人员广州科技交流会（以下简称“海交会”）人才服务站、越秀科创人才会客厅揭牌仪式在黄花岗科技园创意大道园区举行，标志全国首个海交会人才服务站、越秀区首个主题人才会客厅落地。

16日　在“兰缘盛荟”文化旅游艺术周闭幕式上，越秀区宣布成立“兰园诗社”。

17日　广东省古迹保护协会公布2022年度广东省文物古迹活化利用典型案例，越秀区“柏园活化利用项目”和“周恩来同志主持的中共两广区委军委旧址活化利用项目”入选，数量占广州市总量的三分之二。

△越秀区首个“五老”（老干部、老战士、老专家、老教师、老模范）家庭教育工作室在雅荷塘小学挂牌成立。

18日　第九届中国广州国际投资年会暨福布斯中国创投高峰论坛越秀区平行分会在广州白云国际会议中心举行。会上，越秀区政府与壹药网全国线上零售总部等12个项目举行签约仪式；发布招商数字地图。

△越秀区人民政府召开全体会议，对2023年政府系统人大代表建议和政协提案交办工作进行部署。

19—20日　中国国家创新与发展战略研究会、中国人民外交学会、广东省政府等联合主办的“读懂中国·湾区对话”专题论坛在广州越秀国际会议中心举行。

20日　越秀区知识产权宣传周启动

仪式在越秀区太和岗路创意大道举行。

21日 越秀区黄花岗科技园管委会印发《广州国家高新技术产业开发区黄花岗科技园入园批复工作指引（试行）》，规范黄花岗科技园入驻企业、机构办理入园批复管理工作。

△越秀区北京街道都府人大代表联络站被评为2022年度广州市十大优秀代表联络站。

△越秀区北京路步行街改造提升二期专家咨询委员会成立。

24日 《越秀区"诗词图书馆体系"三年行动规划（2023—2025年）》发布，标志全国首个"诗词图书馆体系"建设在越秀区启动。

25日 越秀区版权保护周启动仪式在区图书馆举行。活动现场宣布成立越秀区正版联盟，辖区内40多家书店作为越秀区正版联盟首批成员，共同签署自律公约。

26日 "音乐茶歇巴士"粤陶巴首发仪式在越秀区二沙岛举行。该巴士是全国首辆观光音乐餐饮双层巴士。

△2023年越秀区高新技术企业高质量发展大会暨产融合作试点服务机构授牌仪式在黄花岗科技园创意大道园区举行。

△第一届广州市场主体数据分析大赛在越秀区花果山超高清视频产业特色小镇闭幕，越秀区市场监管局代表队的分析报告《"数"看越秀、预"市"未来——越秀区小微企业发展情况分析》获得第一名。

27日 越秀区印发《关于开展"百个机关党组织进社区""千名机关干部进网格"活动的通知》，组织全区机关党支部与222个社区"一对一"结对、选派1815名机关党员公务员到网格担任党建指导员。

△2023年度越秀区药品高质量发展暨东川路、中山二路零售药店服务+监管街区建设启动大会在金城宾馆举行。

△越秀区矿泉街道在明德工业园举行广州地铁芳白城际线沙涌南借地征拆项目开拆仪式。

28日 越秀区公安分局"五一"安保一线慰问活动暨"暖警驿站"揭牌仪式在广州市公安局越秀区分局人民派出所举行。

5月

4日 在广东省第七届少儿舞蹈大赛中，由越秀区文化馆与广东歌舞剧院培训中心联合主创的少儿群舞《行花街》获表演金奖、创作奖，入围第十二届"小荷风采"全国少儿舞蹈展演初选；群舞《以"你"为荣》《我可以》《雨屐随想》获表演银奖，《超级奶爸》获表演铜奖。

4—8日 广州北京路国际青年文化周活动在越秀区北京路步行街举行。

8日 "超清视界·顶峰相见"花果山超高清小镇草莓V视园区开园暨越秀超高清视频产业高层次人才圆桌会在花果山超高清视频产业特色小镇举行。

△越秀超高清视频产业人才会客厅在花果山超高清视频产业特色小镇启用。该会客厅是全国首个以超高清产业为建设主题的人才会客厅。

△越秀区超高清视频产业"红链计划"启动仪式在花果山超高清视频产业特色小镇举行，以党建引领非公企业发展。

8—10日 2023世界超高清视频产业发展大会在广州越秀国际会议中心举行。

9日 越秀区图书馆与草莓微视（广州）视频科技有限公司合作共建的"越读吧·花果山小镇"面向公众开放。

12日 越秀区首期新越商青年企业家培训班在华南理工大学（五山校区）开班。开班仪式上，越秀区工商联和华南理工大学签订框架合作建设协议，并为"新越商青年企业家培育工程"名誉顾问授牌。

15日 2023年"古越今秀 悦享精彩——越秀国际化妆品节"在广州友谊商店环市东店举行。

△越秀区疾病预防控制中心获评2022年度广东省健康教育志愿服务先进集体，是广州市疾病预防控制系统唯一入选的集体。

16日 "'越'遇见 越美好——2023年越秀区'5·18国际博物馆日'主题活动"在南粤先贤馆举行。在活动现场上，"金石镌华——广州民间金石艺术展"揭幕，越秀区博物馆与中山大学、广州市文物考古研究院分别举行大学生志愿服务实践基地签约仪式、文博事业高质量发展共建签约仪式，越秀区博物馆同步挂牌成为"越秀区青年之家""越秀区少先队校外实践教育营地（基地）""馆企党建共建基地"。

△越秀区城市管理工作领导小组印发《广州市越秀区背街小巷环境整治提升年行动方案》。

18日 越秀区新时代文明实践惠民暖心系列活动暨越秀中医四季学堂启动仪式在广州市工人文化宫举行。

△"爱筑友好城区 情暖美好越秀"越秀区第33个"全国助残日"主题活动在越秀区文明路215号广东省立中山图书馆举行。

19日 越秀区文化广电旅游体育局主办的第三届中国（广州）体育产业创新大会在广州中山纪念堂举行。会上，越秀区与8家企事业单位签订战略合作协议。

△2023中国流花国际服装节（春夏）暨流花外贸服装采购季开幕式在流花宾馆举行。同时，广州流花寰球进口精品馆入驻流花商圈。服装节持续至5月31日。

△广州市第一批历史名园名录公布，首批10个，其中6个位于越秀区辖区内，分别是药洲遗址（九曜园）、人民公园、越秀公园、中山纪念堂、黄花岗公园、广州兰圃。

20日　“花城有囍·为爱出发”越秀区婚姻登记名人集体颁证仪式在区民政局婚姻登记处举行。

22日　越秀生命健康产业人才会客厅在黄花岗科技园创意大道园区揭牌。

△越秀区报送的“打造商务楼宇‘信用走廊’”“推广信用+供电服务”“北京路诚信商圈建设”“农林街‘诚信街道’建设”“打造‘古越今秀，信领未来’诚信宣传品牌”“打造粤港澳大湾区信用服务（越秀）产业基地”6个案例入选广东省首批信用建设服务实体经济发展试点典型案例，占典型案例总数的三分之一。

24日　经越秀区委编委研究同意，在区卫生健康局挂牌组建区疾病预防控制局，推动疾病预防控制体系改革深化。

26日　2023年越秀区全国科技活动周、全国科技工作者日暨“创新枢纽助发展　智慧越秀赋新能”科普大讲坛活动在粤港澳大湾区（广东）人才港举行。

28日　粤港澳大湾区青少年国际文化交流中心（越秀）主办的2022—2023粤港澳大湾区青少年“全球理解力”演讲辩论总决赛暨颁奖典礼在粤港澳大湾区（广东）人才港举行。

30日　越秀区辖区内的广州白马服装市场、红棉国际时装城、万菱广场、广州优衣仕九龙国际时装城、广州壹马服装批发广场获评广州市首批商品交易市场优化升级试点市场。

△越秀区东山街道就业驿站在东山街道培正社区揭牌运行。

△广州市第八人民医院东风院区移交暨广州市正骨医院东风东院区挂牌仪式在越秀区东风东路627号举行。

31日　政银企对接会暨“越秀个私贷”金融产品发布会在新濠畔万豪鞋材广场举行。该产品是广东省首个区属个体工商户、私营企业主题融资产品。

6月

1日　越秀区图书馆推出全国首款基于大语言模型的图书馆人工智能机器人，可以为读者提供写诗、解答诗词问题等服务。

△越秀区融媒体中心联合广州巴士集团、越秀区少年宫、广州图书馆开展“童声讲古　巴士悦听”活动，以“粤语讲古”为载体，组织中小学生用粤语讲故事，在主题宣传海报中设置“童声讲古”专栏链接，并录制音频投放在公交车61路和186路车厢电子屏上。

△越秀区新时代文明实践赛龙舟非遗传承活动暨越秀区潮玩非遗陆地龙舟赛在广州市工人文化宫举行。

△“古越今秀　悦享精彩”建设街一刻钟便民生活圈暨艺童趣玩嘉年华活动在广州保利时光里南塔广场开幕。活动持续至6月30日。

2日　“争创国家生态文明建设示范区　谱写绿美越秀新篇章”——越秀区世界环境日主题宣传活动在麓湖公园举行。活动现场发布《广州市越秀区生态文明建设绿皮书》。

5日　越秀区国家档案馆创建为全国示范数字档案馆，是全省首个通过全国示范数字档案馆系统测试的区县级档案馆。

△中山大学中山眼科中心与黄花岗科技园管委会合作打造的5G智能眼科巡诊车启用，可提供专业眼健康智能筛诊服务。

△国家卫生健康委、国家中医药局公布2022年度“优质服务基层行”活动达到推荐标准的机构名单，越秀区梅花村街社区卫生服务中心、大东街社区卫生服务中心2个基层医疗卫生机构上榜。

6日　越秀区4个红领巾中队被全国少工委命名为2023年度全国红领巾中队，分别是少先队广州市越秀区东风东路小学四（12）中队、朝天小学五（6）中队、文德路小学五（5）中队、少先队广州市育才中学八（11）中队。

8日　中国人民大学文化产业研究院发布《2023中国文化产业百强区发展指数》，越秀区位列“2023年中国文化产业竞争力百强区指数”第八，是广州市唯一进入前十位的区。

13日　越秀区推出“越学·思践”宣讲品牌，同步启动“新时代　我来讲”越秀区优秀宣讲员大赛。

16日　“最美思政课·红色记忆”美育作品展暨越秀区少年宫壹号演艺厅揭牌仪式在区少年宫举行。

19日　越秀区推荐国家商标品牌创新创业（广州）基地参加第十三届中国国际商标品牌节暨中华品牌商标博览会。国家商标品牌创新创业（广州）基地获“2023中华品牌商标博览会贡献奖”。

19—25日　首届广东“地理标志产品广货手信节”在越秀区北京路步行街举行。

20日　位于越秀区淘金路48号的招商银行淘金支行就业驿站揭牌运营。该站是广州市首个金融机构就业驿站。

△2023年越秀区“团一大青年说”首场活动在团一大纪念馆举行。

21日　经越秀区委编委会议研究同意，在区委组织部单设人才工作科，设立越秀区高层次人才服务中心，增强区人才工作力量；设立区防汛防旱防风应急救援指挥中心，统筹加强应急管理工作力量配备，健全全区应急管理组织架构。

△越秀区花果山超高清视频产业特色小镇整体改造提升工程8K超高清视频产业应用示范建设项目通过专家终验。

27日　越秀区光塔街道“籽籽连心”党建品牌主题活动暨非遗文化周启动活动在朝天小学举行。

29日　越秀区在流花湖公园举行“越秀号”为老服务直通车启动仪式，成立越秀区养老服务联盟，推动实现养老服务政策直通、需求直联、服务直达。

7月

1日　“研学越秀红　共享好时光”2023年越秀区红色研学季启动活动在周恩来同志主持的中共两广区委军委旧址举行，同步进行线上直播。活动持续至9月，开展12类100多场红色文化活动，通过线上及线下方式参加人数超30万人次。

△越秀区图书馆与周恩来同志主持的中共两广区委军委旧址管理机构合作共建的“越读吧·红色书屋”面向公众开放。

3日　越秀区医链医保医联体研究院联合广东省药学会举行全国首个“用药指导视频库”上链上网启动发布会。

△越秀区在北京路天河城举行北京路绿色商圈发布仪式。该商圈是广州市首个“绿色商圈”。

△越秀区首个民营企业慈善基金——“金顶慈善基金”启动仪式在越秀区解放南路33号举行。

△第八届寻找“最美南粤少年”活动结果揭晓，越秀区3名少先队员被评为第八届“最美南粤少年”，其中东风东路小学肖智颢获评“美德好少年”、张严之获评“智慧好少年”，越秀区启智学校何壅健获评“自强好少年”。

7日　越秀区白云街道广九社区儿童公园建成开放。

10日　越秀区人民法院与广东财经大学举行合作培养粤港澳大湾区卓越涉外法治人才共建协议签约仪式，签订合作培养粤港澳大湾区卓越涉外法治人才共建协议。

12日　“学习二十大　争做好队员”——“红诗越秀”2023年越秀区青少年红色立体研学启动仪式暨越秀区少先队红色真人图书馆借阅活动在区少年宫举行。

14日　广州市生态环境局越秀分局获2023年度广州市突发环境事件应急演练大比武团体一等奖、信息报告奖第一名。

△越秀区图书馆与国家税务局广州市越秀区税务局合作共建的“越读吧·税阅空间”面向公众开放。

15日　广州市越秀区防汛防旱防风指挥部办公室启动全区防风四级应急响应，应对2023年第4号台风“泰利”；17日，越秀区出现明显降雨，启动防暴雨三级应急响应；18日，结束应急响应。应急响应期间全区平均雨量63.9毫米。

19日　10号直通车“越秀商务云”专属招商服务活动启动仪式在海珠广场文化金融商务区举行。

△越秀区文德路小学参加第四届“中外人文交流小使者”全国总展示（合唱类别）活动并获一等奖。

20日　“悦享共融　乐聚越秀”2023年越秀区来穗人员融合服务月暨候鸟儿童关爱活动在粤港澳大湾区（广东）人才港举行。活动现场成立越秀区“山海心连之家”融合服务站、越秀区来穗政策宣讲志愿服务队。

△广州市第二批不可移动革命文物名录公布，越秀区辖区内有6处文物入选，分别是四烈士墓、史坚如墓、东亚酒店、中共广州市委特派员旧址（原名起义路中共广州市委旧址）、广东省立宣讲员养成所遗址、第一公园旧址。

21日　广州市首个青年主题就业驿站——北京街道就业驿站在越秀区北京路312号广州市青年文化宫揭牌。

△越秀区举办2023年首场“百日千万招聘专项行动”暨越秀区招聘夜市活动。

△国家知识产权局发布《关于第二十四届中国专利奖授奖的决定》，越秀区有9项专利获奖，其中获中国外观设计金奖1项、银奖1项、优秀奖7项。

△越秀区东风东路小学的教学成果“基于人工智能+学习空间的育人方式变革及实践”获基础教育国家级教学成果奖二等奖。

25日　点亮“越学·思践”宣讲树暨“新时代　我来讲”越秀区优秀宣讲员大赛颁奖仪式在广州市第三中学举行。

26日　越秀区召开扎实推进文化强区建设大会，总结越秀区文化强区建设成效，研究部署新发展阶段越秀区文化强区建设工作重点。

△越秀区长者饭堂首场试餐体验活动在洪桥长者饭堂举行。活动现场启

动“寻味越秀——越秀区长者饭堂擂台赛”；越秀区民政局发布区级长者饭堂地图；洪桥街道为广东善缘社区服务中心等第一批8个联盟单位授予爱心联盟单位牌匾，其中成立的洪桥街道长者饭堂爱心联盟是广州市首个街道一级的“长者饭堂爱心联盟”；广州轻工技师学院与洪桥街道办事处签定合作共建协议，揭牌成立全市首个“康养粤菜”进社区推广示范基地。

27日 越秀区司法局、区人民检察院联合印发《越秀区社区矫正调查评估负面清单（2023版）》，是全国首份社区矫正调查评估负面清单。

31日 越秀区矿泉街道辖区内出现2023年越秀区第一例登革热病例。发生后，矿泉街道成立登革热疫情防控工作专班，进行全覆盖环境卫生大清理、成蚊灭杀和入户清理积水工作，没有发生集中暴发和外溢扩散。

8月

1日 经越秀区委编委研究同意，广州市矿泉中学更名为广州市培正中学矿泉学校。

△越秀区卫生健康局、区中医医院、白云街社区卫生服务中心、大东街社区卫生服务中心与广东省人民医院在越秀区中山二路106号广东省人民医院东川院区举行医联体合作协议签约仪式。

△南洋电器厂及周边更新改造项目范围内的越秀区文物保护单位普济院修缮竣工。同日，该更新改造项目一期签约工作启动，当日签约120户，签约率超40%。

2日 越秀区辖区内的广东实验中学初一年级学生徐宝珞被中央文明办评为全国“新时代好少年”。

3日 越秀区未成年人救助保护中心被认定为全国“护童成长”项目“牵手+”计划示范基地。

8日 “南方+”客户端上线8周年发布会暨合作伙伴大会在南方报业传媒集团举行，“广州越秀发布”获2022南方号年度传播力奖。

△赛迪顾问“2023赛迪百强区”名单出炉，越秀区位列全国百强区第十二。

15日 越秀区审计局获评“全省审计机关先进集体”，是广州市审计系统唯一获此荣誉的区县级审计机关。

18日 “农林美好生活节”在越秀区农林下路广百百货东山店户外广场开幕。活动现场举行广百百货东山店揭幕仪式，举办“新站点的第一次相遇”时光市集。活动持续至8月27日。

19日 广州市首个共享草坪“志愿护绿驿站”启动仪式在越秀区二沙岛晴澜路72号二沙岛艺术公园举行。

22日 越秀区民政局婚姻登记处举办“何止七夕 但愿朝夕”婚俗改革活动。在活动现场，婚姻家庭辅导师向新人们宣传婚俗新风尚，开展婚姻家庭辅导教育。

△020赫兹城市音乐营地·花果share——花果山七夕蟠桃音乐唱享会在草莓V视花果山视频文创基地举行。

△越秀区“悦读阅秀”系列活动之“跟着苏轼一起读历史”阅读分享会在越秀区图书馆举行。活动聘请马伯庸为“越秀阅读推广大使”，并现场与读者分享苏轼的读史方法。

26日 珠江·星火1926商业综合体在越秀区中山四路55号开业。

29日 越秀区与增城区举行“广州市基础教育强基提质‘2+2+1’结对帮扶行动”学校签约仪式。

30日 越秀区大南路小学与广州市工人文化宫合作共建的越秀区新时代文明实践弘扬劳模工匠精神特色实践点揭牌。

△2023中国（广州）国际时尚产业大会越秀区分会场暨第46届广东美妆节在广州美博城开幕。活动持续至9月7日。

△越秀区防汛防旱防风指挥部办公室启动全区防风四级应急响应，应对2023年第9号台风“苏拉”。9月1日14时，升级为二级，珠江中大水文站超警戒水位0.2米。9月2日11时03分，结束应急响应。响应期间全区平均降雨量53.7毫米。

31日 “寻味越秀——越秀区长者饭堂擂台赛”决赛在广州市轻工技师学院举行。东山街道长者饭堂获一等奖，六榕街道长者饭堂、北京街道长者饭堂获二等奖，华乐街道长者饭堂、洪桥街道长者饭堂、人民街道长者饭堂获三等奖。

△在2023全国五人制足球青少年锦标赛（女子U13）组别冠军争夺战中，越秀区区属中学——广州市第七中学实验学校女子足球队夺得冠军，并获评“纪律优秀球队”。

9月

1日 越秀区花果山超高清视频产业特色小镇整体改造提升工程产业化运营平台建设项目通过专家终验。

2日 越秀区入选中国新型智慧城市五十强区，位列全国第五，评级指数为“SMILE+++卓越级”。

6日　广州市生态环境局越秀分局联合越秀区公安分局印发《关于加强涉嫌环境犯罪案件行政执法与刑事司法衔接的实施办法》。

7日　2023年越秀区庆祝教师节活动暨第二届“感动越秀最美教师”颁奖仪式在区少年宫小云雀剧院举行。活动当日同步举行“越教名师培育工程”启动仪式。

8日　2023年全国“诚信兴商宣传月”启动仪式在北京路步行街举行。

△光塔街道就业驿站和“南粤家政”省级基层服务示范站揭牌仪式在越秀区朝天路崔府街32号举行。

△越秀环境监测站通过广东省质量技术监督局组织的实验室资质认定复评审，资质认定项目增加至五大类92个参数。

8—22日　2023广州白马服装采购节在越秀区站南路16号广州白马服装市场举行。

14日　越秀区健康科普联盟签约仪式暨2023年“越秀工匠杯”健康教育技能竞赛颁奖典礼在区疾病预防控制中心举行。

19日　越秀区学习贯彻习近平新时代中国特色社会主义思想主题教育动员部署会在区机关大楼举行。

△广州市市场监督管理局联合越秀区政府在黄花岗街道水荫南社区召开“加装电梯连片托管集中签约仪式暨全市推广会”，20名加装电梯业主代表集体与托管物业公司现场签约。

△越秀区农林街道就业驿站在东园新村105号揭牌启用。

20日　越秀区人民政府办公室印发《广州市越秀区促进产业高质量发展的实施意见》。该实施意见汇总整合原“钻石29条”条款，针对企业重点关注的领域，整理成10条支持内容，有效期5年。

21日　越秀区小北路小学与法国里昂市第三区安德烈菲利普小学缔结为国际友城姊妹学校，双方代表签署结对学校教育交流联合意向声明。

△2023年世界阿尔茨海默症宣传活动暨越秀区认知症照护联盟成立仪式在广州国投嘉栖长者公寓举行。

△越秀区召开区级班子离退休干部区情通报会，通报辖区内经济社会发展情况。

22日　长影集团有限责任公司下属全资子公司长影时代传媒股份有限公司宣布落户越秀区花果山超高清视频产业特色小镇。

26日　2023广州国际购物节越秀区分会场暨越秀区×羊城通城市权益卡发布仪式在越秀区中山三路33号中华广场举行。

△位于越秀区泰康路162号的南方电网广州电力展示馆入选第十批广东省爱国主义教育基地名单。该馆由历史建筑华安楼活化改造而成。

27日　越秀区举办以“清风护航　‘码’上行动”为主题的护航营商“直报直查直追”专项行动宣讲会。会上，“直报直查直追”举报二维码上线启用。

△“科技创新引领　科普实践前行”越秀区新时代文明实践科技创新交流活动在广东省科学院智能制造研究所举行。活动现场成立“越秀区新时代文明实践科技创新特色实践点”和“广东省科学院智能制造研究所青少年综合实践教育中心”。

28日　广州市公安局越秀区分局北京派出所获评广东省优秀公安基层单位。

29日　越秀区入选全国第六批节水型社会建设达标县（区）。

30日　广东省、广州市公祭烈士活动暨向广州起义纪念碑敬献花篮仪式在位于越秀区中山二路的广州起义烈士陵园举行。

10月

7日　越秀区辖区内的广州宾馆被评为四星级旅游饭店。

8日　位于越秀区东湖路123号的东山湖公园小微湿地入选广东省首批小微湿地示范点。

11日　越秀区大塘街道党工委党校被评为广东省百个镇街党校示范点。

12日　“校家社智链接　红领巾创未来”主题活动在越秀区桂花岗小学举行。在活动现场，小桂花少年科学院揭牌成立。

13—17日　2023年越秀区海丝文化节在广电城投686创意园、流花湖公园、广州非遗街区、南粤先贤馆等地举行，开展文旅商贸活动超100场。

14日　“二沙音乐岛　律动五羊城——2023年二沙岛户外音乐季”首场演出在位于越秀区二沙岛海山街1号的广东星海演艺集团大楼前草坪举行。活动持续至12月，推出演出10场。

17日　越秀区图书馆与区文物博物管理中心、光塔街道办事处合作共建的越读吧·海丝阅读馆（光塔分馆）对外开放，是广东省首个海上丝绸之路主题公共图书馆。

20日　越秀区反诈志愿服务队成立仪式暨反诈宣传活动在区党群服务中心举行。

20—21日　第二届中国永福益友车品采购节在位于越秀区恒福路155号的益友（国际）汽车用品展贸中心开幕。

26日　越秀区政务服务中心通过广东省区县级政务服务标杆大厅复评。

27日　越秀区智能化、信息化小微医疗机构医疗废物集中收集点揭牌仪式举行。收集点位于越秀区广大路广大二巷1号，是广州市首个在医疗机构外设置的医疗废物集中收集点。

△位于越秀区北京路168号的北京路粤海天河城B区开业。

30日　广东省中医院、越秀区民政局、区卫生健康局联合发起组建的“广东省中医院——越秀区医养联合体”启动仪式在位于越秀区大德路111号的广东省中医院（大德路总院）举行。

△中国华侨历史博物馆广州分馆在位于越秀区沿江西路183号的广州华侨博物馆揭牌。

11月

1日　2023年度越秀区“119”消防宣传月启动仪式暨“越秀工匠杯”微型消防站业务技能比武竞赛颁奖仪式在北京路步行街举行。

7日　越秀区东湖路123号东山湖公园入选首批“广州市古树公园”名单。

8日　经越秀区委编委研究同意，在区财政局预算国库科加挂债务管理科牌子，强化政府债务管理有关工作职责，推动健全政府债务管理体制机制。

△全国首个粤港澳大湾区武术联盟（澳门区）广州办事处揭牌成立。办事处位于越秀区陶街20号。

14日　越秀区报送的“建设北京路‘诚信商圈’”“全链式信用+体系　助力优化营商环境”获评第五届“新华信用杯”全国优秀信用案例。

△越秀区报送的“‘信用越秀’综合信用服务平台”“建设北京路‘诚信商圈’”“‘信用走廊’打造CBD信用生态圈”入选“学习贯彻党的二十大精神　大力弘扬诚信文化”诚信典型案例，《老周的用电故事》获“学习贯彻党的二十大精神　大力弘扬诚信文化”诚信微视频三等奖。

△越秀区黄花岗街垃圾分类博览园被广东省住房和城乡建设厅评为“八五”普法基层阵地。

15日　越秀区委宣传部创作的《我们的历史使命——中共广东第一个党支部的故事》获评2023年广东省基层理论宣讲优秀微视频。

△广州市公安局越秀区分局华乐派出所被公安部命名为全国第三批“枫桥式公安派出所”。

△越秀区作家协会创作的《华衣锦梦》获第十一届广东省鲁迅文学艺术奖（文学类）长篇小说奖。

17日　越秀“金水星光”人才会客厅在星寰国际商业中心举行，首批越秀“金水星光”人才会客厅联盟单位获授牌。

△越秀区法治非诉中心启动仪式在区司法局举行。该中心是全国首个法治非诉中心。

18日　消费帮扶助力“百千万工程”——越秀区对口支援协作地区农特产品展销会在越富广场启动。活动持续至23日。

△2023年越秀区成人宣誓仪式在广州市培正中学举行。

△广州国际美食节越秀分会场活动在惠福美食花街启动。

19日　越秀区文化广电旅游体育局主办的2023首届华语演艺盛典颁奖典礼在位于越秀区东风中路299号的广州中山纪念堂举行。

20—24日　2023年越秀区中小学生田径运动会在广东省人民体育场和广州市培正中学举行，来自全区85所中、小学校的800多名中学生、1200多名小学生参赛，有20人次打破10项区级纪录。

21日　广州北京路“5G+智慧旅游”应用试点项目入选全国第一批“5G+智慧旅游”应用试点项目名单。

△越秀区洪桥街道马庄巷社区颐康站、长者饭堂配餐点揭牌营业。

25日　经越秀区委编委研究同意，调整部分区属小学领导职数，加快推动落实中小学党组织领导的校长负责制改革，提升教育集团核心校的办学水平。

26日　《中国县域旅游竞争力报告2023》发布，越秀区位列2023年中国市辖区旅游综合竞争力百强区第二。

△第四届中视杯全国青少年语言艺术展示活动在越秀区花果山超高清视频产业特色小镇草莓V视园区举行。

27日　越秀区“破解人户分离难题，打通社会救助‘最后一米’”案例获评2023年度广东省社会救助领域创新实践优秀案例。

12月

1日　越秀区全民国家安全教育基地揭牌仪式在区中小学生综合实践活动教育基地举行。

△第二届“金木棉”数字影像盛典暨“越秀Citywalk”短视频大赛颁奖典礼在花果山超高清视频产业特色小镇草莓V视园区举行。

1—3日　“读懂中国”国际会议（广州）在广州举行，主会场设在广州越秀国际会议中心。

3日　越秀区家庭教育指导服务中心揭牌仪式在区儿童活动中心举行。

4日　越秀区入选国家级“幼儿园保育教育质量提升实验区”，为广东省唯一入选区县。

△第20届中国（广州）国际纪录片节越秀分会场——城市春节民俗的影像志观察与思考学术研讨会在位于越秀区中山四路长兴里3号的万木草堂举行。

△越秀区入选国家知识产权服务业高质量集聚发展试验区名单，为全国首批、广东省唯一入选的区县。

5日　越秀青年人才会客厅在粤港澳大湾区青年创新创业基地（越秀）启用，同步举办2023年第七届“越青杯”越秀区青年创新创业技能大赛颁奖仪式暨青年人才座谈会。

6日　中央财经大学、越秀区金融局等单位编制的《助贷机构与助贷业务基本术语》《助贷机构业务流程规范》《助贷机构客户信息采集与运用标准》《助贷机构及人员从业禁止》4项团体标准发布，上述标准是全国首批助贷业务团体标准。

10日　广州城市轨道交通十二号线、十三号线二期建设六马路站国有土地上房屋征收工作完成。该项工作自2022年7月26日启动，历时1年5个月，签约156户，实现100%签约。

11日　根据《国有土地上房屋征收与补偿条例》的有关规定，越秀区人民政府决定征收南洋电器厂及周边更新改造项目（一期）范围内的国有土地上房屋。

13日　越秀区首家“职业健康小屋”在区疾病预防控制中心揭牌启用。

14日　经越秀区委编委研究同意，设立区推动实施“百县千镇万村高质量发展工程”指挥部，优化指挥部办公室（设在区委改革办）组织架构，理顺职能职责，加强机构编制力量配备。

△越秀区选送的广州鲁迅纪念园、越秀区广九铁路纪念园分别被评为2023年广州“最美口袋公园”“最具创意口袋公园”。

15日　2023中国（广州）国际时尚产业大会暨2023广州时尚消费节在越秀区北京路商圈广百百货广场开幕。

△越秀区矿泉街道家庭健康服务中心在矿泉街社区卫生服务中心揭牌成立。该中心是广州市首个由街道和社区卫生服务中心共建的家庭健康服务中心。

18日　文化和旅游部公布第七次全国县级以上公共图书馆评估定级上等级馆名单，越秀区图书馆被评为“一级图书馆”。

△越秀区2023年诚信企业、诚信楼宇、诚信商会（协会）、诚信园区授牌仪式在珠江国际大厦举行。

19日　越秀区“招商数字地图”入选2023年度中国优化营商环境十佳创新案例。

20日　越秀区被环球时报社评为“2023营商环境质量十佳县（市、区）”。

△越秀区六榕街道旧南海县社区、白云街道东湖社区被广东省委政法委、团省委评为广东省“青少年零犯罪零受害社区（村）”第三期示范单位。

22日　越秀区政务服务数据管理局打造的“艾小越”政务私聊机器人获评2023第二届“粤有数”数字化治理优秀案例。

△越秀区洪桥街道三眼井社区老旧小区长效管养经验入选住房和城乡建设部城镇老旧小区改造可复制政策机制清单（第八批）。

26日　广东省湛江市遂溪县名特优新农产品（广州）展销活动暨体验中心揭牌仪式在越秀区北京路步行街举行。

△广州市首个慈善超市示范点——善城暖屋（慈善超市）在越秀区光孝路开业。

28日　越秀区人民政府办公室印发《越秀区危险化学品事故应急预案》，为处置辖区内危险化学品事故应急救援相关工作提供指导。

△越秀区通过国家智慧健康养老应用试点示范基地复核。

29日　“湛江赤坎（越秀）科创中心”“湛江霞山（越秀）科创中心”“湛江遂溪（越秀）科创中心”飞地合作揭牌仪式在黄花岗科技园创意大道园区举行。

△《越秀年鉴（2022）》获评第九届全国地方志优秀成果（年鉴类）一等年鉴。

30日　越秀区人民政府办公室印发《越秀区职工特急救济专项资金管理办法》。该办法完善越秀区工会帮扶救助体系，有效期5年。　（区国家档案馆）

■编辑　陈林琳

区情概览

自然环境

【地理位置和面积】 越秀区位于广州市中部，地处北纬23°52′~25°59′，东经113°29′~113°46′，是广州市中心城区。东起广州大道，与天河区接壤；西至人民路，与荔湾区毗邻；南临珠江，与海珠区隔江相望；北达白云山脚，与白云区、天河区相邻。

2023年底，越秀区总面积33.8平方千米，东西最大距离8.3千米，南北最大距离7.1千米。其中，陆地面积31.29平方千米，占总面积的92.6%；水域面积2.51平方千米，占7.4%。

【地质地貌】 越秀区地处白云山、瘦狗岭丘陵区与珠江三角洲过渡地带，河涌纵横交错，与外江相通。至2023年底，地势东北高、西南低，平均海拔11.6米。最高处为飞鹅岭顶部，海拔101米；次为越秀山主峰，海拔71.6米。北部为冈丘起伏的台地地区，越秀山向北逶迤连接白云山，海拔在30~70米之间；南部为低平的冲积、洪积平原和洲岛，海拔在1~10米之间。平原基岩岩性为红色碎屑岩，其上覆盖厚5~12厘米的淤泥和沙砾，属第四纪松散堆积或沉积物，南部平原的覆盖层厚度达20厘米。

【气候】 越秀区地处珠江三角洲，濒临南海，海洋性气候特征显著，海洋和大陆对越秀区气候都有明显的影响，属亚热带季风气候。

2023年，越秀区气候特征总体表现为：旱涝急转开汛早，暴雨频繁；初台偏晚，台风多影响重；气温偏高，高温早且强，年尾寒潮来袭。年平均气温24.1℃，比上年平均气温高0.6℃。年内各月平均气温呈现明显季节性特征，高温天气出现早、强度大，第一个高温日在5月18日，比常年（1991—2020年）偏早17天，高温（日最高气温≥35℃）天数57天，其中7月6—16日出现年内最强高温过程，达到特别严重等级，7月15日出现年内最高气温39.6℃；低温（日最低气温≤5℃）天数1天。年降雨量1782.7毫米，集中在4—9月。全年暴雨（日降雨量≥50毫米）天数8天。龙舟水期间（5月21日至6月20日）平均雨量443.3毫米。2023年，有“泰利”“苏拉”“海葵”“小犬”4个台风影响越秀区，初台“泰利”较常年晚19天。

【水文】 越秀区域外围水系主要是珠江前航道。至2023年底，内河涌有东濠涌、新河浦涌、沙河涌（越秀段）、水均岗涌（上游为暗涵）、景泰涌（越秀段）5条明涌，总长11.26千米；有玉带濠、西濠涌、百子涌、橙基涌、孖鱼岗涌、驷马涌（越秀段）6条暗涌，总长11.69千米。过境最大的河流为沙河涌，从白云区至天河区最后流经越秀区汇入珠江，干流河长14.14千米，流域面积35.56平方千米。区内有流花湖、东山湖、麓湖，水域面积0.9平方千米，承担城区蓄洪、排涝等功能。此外，越秀公园、广州动物园和广州起义烈士陵园内均有人工湖。（越鉴）

建置·区划

【建置沿革】

中华人民共和国成立前建置 秦始皇三十三年（公元前214年），秦设南海郡，今越秀区域属南海郡番禺县地。西汉初为南越国建都之地，元鼎六年（公元前111年）复置南海郡，为郡、县治所；东汉建安二十二年（217年）交州治所从广信（今广东封开、广西梧州一带）迁至此地，为州、郡、县同治地；三国吴黄武五年（226年）析交州东部置广州，为广州州治，亦属番禺县境。唐代至南汉，此地先后为岭南道、南海郡、岭南东道、兴王府的治所及番禺县治所。北宋开宝四年（971年）平南汉复称广州，此地为广南东路治所，亦为南海县治，而后东属番禺、西属南海两县，时分时合。元代属江西行省广东道广州路，为道、路治所。明、清两代，今区域东部属番禺县，西部属南海县。明代为广东布政使司、广州府治所，清代为两广总督、广东巡抚及广州府治所。1912年废广州府，1918年设广州市政公所，1921年广州设市，广州城区不再由南海、番禺二县分辖，越秀区域归属广州市。1949年，越秀区域内有德宣区、惠福区、靖海区、西山区、小北区、汉民区、太平区、前鉴区、大东区、东山区、东堤区11个区。

中华人民共和国成立后建置 1949年10月14日，广州解放。12月，广州市划分为28个区，其中西山区、德宣区、惠福区、靖海区、小北区、太平区、永汉区、东山区、大东区、前鉴区属今越秀区。1950年6月，广州市28个区合并为16个区，其中越秀区、惠福区、太平区、永汉区、大东区等属今越秀区。1952年9月，广州市重新调整城、郊各区，其中市区划分为东、西、北、中、河南和珠江6个区。永汉区及惠福区、太平区的大部分合并为中区；大东区及白云区的小部分合并为东区；越秀区及永汉区小部分和西华路、德坭路西段中间区域合并为北区；东区、中区、北区属今越秀区。1958年，珠江区的二沙头划归东区。1960年7月，中区8个街道并入北区，北区改称为越秀区，东区改称为东山区。1961年8月，越秀区的5个街道划入东山区。至20世纪90年代末，越秀区和东山区管辖区域仍有小幅调整。2005年9月，广州市调整部分行政区划：东山区并入越秀区；白云区矿泉街道，天河区登峰街道、天河南街道杨箕和中山一路2个社区、沙东街道部分区域，以及荔湾区人民路和西华路部分地段划归越秀区管辖。此后，越秀区行政区划保持不变。

【行政区划】 2023年，越秀区有洪桥、北京、六榕、流花、光塔、人民、东山、农林、梅花村、黄花岗、华乐、建设、大塘、珠光、大东、白云、登峰、矿泉18个街道，下设222个社区。（见表1）

表1 2023年越秀区街道、面积、人口、社区设置一览表

街道	面积（平方千米）	户籍人口（人）	社区（个）	社区
洪桥街道	1.58	47732	8	德源里、丹桂里、洪庆坊、三眼井、越秀山、北园、马庄巷、法政
北京街道	1.27	63475	13	盐运西、龙藏、仙湖、流水井、高第、禺山、都府、财厅前、雅荷塘、仁生里、长胜里、广卫、莲花井
六榕街道	2.04	82085	16	旧南海县、文园巷、稻谷仓、兴隆东、盘福、兰湖里、双井、象岗山、彭家巷、流花湖、第一津、凉亭坊、司马坊、迎寿里、嘉和苑、驷马涌
流花街道	1.77	20120	5	桂花岗、桂花苑、火车站、流花桥、花果山
光塔街道	1.07	80029	16	马鞍北、师好巷、回龙里、孝友东、云台里、怡乐里、杏花巷、和义巷、福地巷、陶家巷、祝寿巷、三元巷、观绿、七株榕、温良里、象牙北
人民街道	1.51	68713	15	安业里、兴贤里、海珠石、果菜西、青兰里、靖海门、太平通津、木排头、石将军、大德中、大新中、玉带濠、三府前、状元坊、一德西
东山街道	2.88	84693	14	新河浦、培正、德安、小东园、寺贝、寺右、幸福、五羊北、五羊东、五羊南、明月、达道南、达道北、乐景
农林街道	1.08	50009	8	中山二路、马棚岗、执信南路、竹丝岗、竹丝岗二马路、农林上路、东园新村、东风东路
梅花村街道	1.56	95469	15	福今、梅花村、水均、共和西、西元岗、共和、共和东、共和苑、中山一、东兴南、东兴中、梅东、东风二、环市东、杨箕
黄花岗街道	3.2	112949	15	永福、科苑、永泰、御龙、云鹤、空司、区庄、犀牛北、东环、菜寮、执信、农本、水荫、水荫南、水荫西
华乐街道	1.2	55043	10	青菜岗、青菜东、邮电、黄花新村、华侨新村、花苑、淘金、白云、天胜村、麓苑
建设街道	0.91	62170	9	六马路、中马路、二马路、大马路、黄华南、黄华塘、黄华北、旧北园、麓湖路
大塘街道	1.06	54461	13	东平、东皋、北横、豪贤、德政北、芳草、东方里、龙腾、秉政、德政中、大塘、朝阳、文德
珠光街道	0.92	65232	14	东沙角、广舞台、越秀南、定安里、东园路、珠江园、祖庙前、新福里、清水濠、文德路、文明路、仰忠、爱家园、海傍

续表1

街道	面积（平方千米）	户籍人口（人）	社区（个）	社区
大东街道	1	88450	16	启明、新南、菜园东、长庚门、东源、东川、青龙里、元运街、兴仁里、仁秀新、三角市、启正、东里、东贤里、荣华南、中山三
白云街道	3.25	44795	9	广九、筑南、东湖新村、永胜上沙、花园新村、东船上、海印、大沙头、二沙岛
登峰街道	4.7	54494	12	童心、下塘、狮带岗、黄田、横枝岗、淘金北、恒福、西坑、云泉、清水塘、宝汉、金麓
矿泉街道	2.8	40221	14	机务段、机山巷、机新、王圣堂、兴隆、站西、铁通、松岗、瑶台、瑶池、瑶华、沙涌南、华泉、北站

注：户籍人口数据由越秀区公安分局提供。

（越鉴）

历史人文

【千年古城】 越秀区是广州市最古老的中心城区，因辖区内的越秀山而得名。秦统一岭南后，设南海郡。南海郡尉任嚣选中白云山与珠江之间一块负山阻海地域（今越秀区域内）为郡治，筑番禺城。考古发掘证明，番禺城旧址就在越秀区内。沧海桑田，珠江江岸不断南移，内湖湮没，河涌淤塞，冲积平原不断扩大。番禺城在其后各个朝代不断扩展：汉代向西拓城；宋代扩城，筑子城，东、西翼城和雁翅城；明初合宋代三城为一，加筑新城，形成新旧两城格局，以越秀山作为屏障，修筑北城墙；清代扩城至珠江岸边，临江修砌翼城。至2023年，越秀区建城2237年。

【千年文脉】 越秀地区历史上是广州文化和教育事业较发达的地区。三国时期，虞翻到广州后，在赵建德故府（今光孝寺）居住和讲学。魏晋南北朝时期，大批海外高僧在光孝寺译经、传教，中原文化和国外宗教文化率先传入越秀地区，然后扩散到岭南其他地区。隋唐开科取士后，越秀地区成为读书人学习、考试的重要场所。宋代，辖区内有时称“岭南第一儒林”的广州府学宫、禺山书院等；元代至明代，辖区内有南海学宫、番禺学宫等；清代，辖区内汇聚广东贡院、羊城书院、粤秀书院、越华书院、西湖书院、菊坡精舍、应元书院、禺山书院、学海堂等书院、学堂，各地学者和宗族多在此设立书院，康有为创办的长兴学舍（万木草堂）亦曾设在辖区内；此外，元代至清代，辖区内还有南园诗社、东皋诗社等社团。鸦片战争后，广州是对外开放的门户，陆续兴办新式中小学校或学堂，全国共开办专门培训外语人才的同文馆3所，其中1所原址位于今越秀区朝天小学。民国时期，民众教育有所发展，区域内市立民众学校、私立预备学校、职业实习学校众多，东山一带成为文化名流活动和居住的地方，新文化运动传播迅速。

中华人民共和国成立后，越秀地区对旧教育制度、教学内容和方法进行改革。改革开放后，越秀区教育经费投入逐年增加，办学条件不断改善，涌现出一批有推广价值的教学模式和特色学校。进入21世纪，越秀区发展教育事业，通过“全国义务教育发展基本均衡区”“广州市学前教育三年行动计划暨规范化幼儿园”督导验收，被认定为“广州市基础教育国际交流与合作试验区”“广东省教育综合改革实验区”，被评为“全国科技体育传统校示范区”“全国社区教育示范区”，入选全省首批“粤教云”示范应用试验区。2023年，越秀区入选全国义务教育教学改革实验区、国家级“幼儿园保育教育质量提升实验区”，中考平均分位居广州市各区前列，高考本科达线率连续第二年突破90%。

【千年商都核心】 汉代，今越秀区内古兰湖边（今东方宾馆一带）为珠江内港码头，是珠江流域和南方较大的商品集散中心。唐代，大批波斯人、阿拉伯人来华贸易，居住在今光塔路一带。海外贸易频繁，珠江岸边成为交易市场，每年都有数以千计的外国商船在光塔外码头泊岸交易，时称“番坊”“番市”。宋代，东澳（今东濠涌口）、西澳（今南濠街一带）是广州重要的内港和外贸码头，西澳有“百货之肆，五都之市”之称，中国历史上第一个市舶司设在此地，“双门底”（今北京路）发展为商业闹市。明清时期，濠畔街一带铺面作坊、商铺酒肆鳞次栉比。清末民初，濠畔街皮革鞋料、状元坊一带“朱义盛”仿金首饰和戏服、泰康路一带竹木器、一德路海味蔬菜食杂批发市场等专业商品集市形成，高第街成为广州著名商业街。20世纪30年代，长堤一带兴建爱群大厦、永安堂、东亚酒店等欧陆式建筑，随后逐渐发展成广州商业区和金融中心。

中华人民共和国成立后，越秀区内商业、饮食业获得发展。北京路、中山路商业区和人民南路长堤商业区成为市内主要商业闹市区，区内有新大新公司、广州百货大厦、友谊商店、健民医药商店、南粤糖烟酒食品商店、致美斋等知名商店商场，有大三元酒家、北园酒家、大同酒家、惠如楼、云香酒楼等知名酒家，并汇集各类书店。改革开放后，越秀区重点发展商贸、金融、健康医疗、文化创意四大主导产业，提升四大主导产业战略地位。商贸业逐步发展形成以总部经济为龙头，以服务业为主体，以创新为驱动，以“两大功能区”（越秀核心产业功能提升区、北京路广府文化商贸旅游区）为主导，“一带六区”（“一带”指东风路高端商务带，“六区”指环市东智力总部区、黄花岗创意及网络经济区、流花时尚品牌运营区、北京路广府文化商贸旅游区、沿江路金融商务区、东山口休闲商业区）产业集聚发展新格局。“十三五”期间，越秀区围绕建设广州市“中央文化商务区、创新发展先行区、品质城市示范区”战略目标，以粤港澳大湾区建设、支持深圳建设中国特色社会主义先行示范区“双区”建设和广州、深圳“双城”联动为动力，探索引领新时代老城区高质量发展之路，打造花果山国家超高清视频创新产业示范区、粤港澳大湾区生命健康产业创新区、海珠广场国家产融合作试点区等产业创新平台。2023年，越秀区经济总量位居广州市各区第三，位居“2023赛迪百强区”第十二；获批国家知识产权服务业高质量集聚发展试验区，建成全市首个综合性知识产权公共服务机构；入选2023营商环境质量全国十佳县（市、区）。

【广州传统中轴线】 自秦始皇三十三年（公元前214年）至2023年的2237年间，越秀区一直是未迁移的广州城市中心区域，是历代岭南行政中心所在地。广州古代传统中轴线和广州近代传统中轴线均位于越秀区辖区内。北起越秀山镇海楼，经广东省财政厅、北京路，到天字码头，是广州古代传统中轴线。北起越秀山镇海楼，经中山纪念碑、中山纪念堂、广州市人民政府、人民公园、广州起义路、海珠广场，到海珠桥，是广州近代传统中轴线。

广州古代传统中轴线随着广州古城发展逐步形成。自秦在越秀地区设置南海郡治开始，西汉南越国在此建都，东吴设广州，唐置岭南道，五代南汉国建都城，宋改为广南东路，元设行中书省，明、清改为广东布政使司，军事、行政、经济中心一直位于广州传统中轴线范围内。民国时期孙中山任非常大总统时，总统府设在越秀山南麓（今中山纪念堂前后）。中华人民共和国成立后，党政机关云集越秀区，越秀区是广东省委、省人大常委会、省政府、省政协，广州市委、市人大常委会、市政府、市政协的机关所在地。

【近代民主革命摇篮】 19世纪后期，康有为作为维新派代表，在今越秀区万木草堂（今中山四路长兴里）等处开办学舍，宣传维新变法。1909年，清政府设广东咨议局（今广东革命历史博物馆），效法西方议会民主政治。1911年4月27日，孙中山、黄兴等领导广州“三二九”起义，指挥部设于越华路小东营5号，革命党人牺牲100多人，有72名烈士安葬于黄花岗（今黄花岗七十二烈士陵园）。1921年3月，中国共产党广东第一个支部在越秀区素波巷一栋小红楼（今广州市第十中学内）内诞生，成为全国第一批共产党早期组织。1921年5月5日，孙中山在广东咨议局宣誓就任非常大总统。1922年5月5—10日，中国社会主义青年团第一次全国代表大会在东园召开。1922年6月，中共广东支部扩大为中共广东区执行委员会（以下简称“广东区委”），是中国共产党第一批地方组织。广东区委最早在杨家祠办公，1924年6月搬到文明路194—200号（双号）（今中国共产党广东区执行委员会旧址）。1923年6月12—20日，中国共产党第三次全国代表大会（以下简称“中共三大”）在恤孤院后街31号召开，讨论国共合作，建立革命统一战线方针政策，中共三大前后，中共中央办公机关一度由上海迁到广州，办公地点设在此处。1924年1月，孙中山在共产国际和中国共产党帮助下，在文明路中山大学钟楼礼堂主持召开中国国民党第一次全国代表大会，重新阐释三民主义，实现国共第一次合作，形成反帝反封建的革命统一战线。1924年冬，广东区委成立军事运动委员会，是中国共产党第一个地方军事机构。1924—1927年，国民党中央党部先后设于越秀南路惠州会馆和广东咨议局内，国共两党多位领导人在此活动。20世纪20年代中期，广州农民运动讲习所、劳动学院、妇女运动讲堂、华侨运动讲堂先后在越秀区内开办，培育大批革命骨干。1925年春，广东区委成立第一届监察委员会，是中国共产党第一个地方纪检监察机构。1925年6月23日，广东军民在东较场集会，声援上海“五卅”运动。1925年第二次全国劳动大会和1926年第三次全国劳动大会分别在文明路中山大学和广东咨议局召开。1925—1927年，中华全国总工会先后设于大德路和越秀南路惠州会馆，领导全国工人运动。1925年6月，中国共产党领导省港大罢工，总部设于东园横路“红楼”。1926年7月9日，国民革命军在东较场誓师北伐。1927年12月11日，中国共产党在广州领导工人和革命士兵举行武装起义，建立广州苏维埃政府（今广州起义路200号），是东方民族解放运动中建立的第一个城市苏维埃政权。孙中山、廖仲恺、李大钊、毛泽东、刘少奇、周恩来、叶剑英、鲁迅、郭沫若等都曾在越秀区留下足迹。

【历史名人】 越秀区钟灵毓秀，自古为人文荟萃之地。公元前203年，赵佗建立南越国，推动民族融合发展。自秦至清，越秀地区涌现出一批杰出的人物，如西汉开国名将张戊、岭南第一位出任中原王朝宰相的张九龄、“晚晴岭南大儒”陈澧、西关水塔设计师关国栋；又有一批贤士从中原或其他地方到越秀地区，如汉朝出使南越国的第一位大臣陆贾、番禺城的重建者步骘、闻名中外的古代医药家葛洪与鲍姑、佛教禅宗六祖惠能、北宋大文豪苏东坡、“菊坡学派”奠基人崔与之、岭南第一大儒陈献章等。越秀区黄氏家族自明代中期定居双门底（今北京路），明清以来，涌现出“双槐老人”黄瑜、“粤洲先生”黄畿、“岭南诗派领袖”黄佐等文人学者；许氏家族自清代中期许拜庭在越秀区定居，历经许祥光、许应骙等几代人发展，对近代中国历史产生影响，号称“广州第一家族”，其中清政府一品官员许应骙、粤军总司令许崇智、三任中山大学校长许崇清、全国妇联原副主席许广平等均为许氏家族人士。作为近现代革命的策源地，陈独秀创办广东省立宣讲员养成所，朱执信发动“三二九”广州起义，杨匏安在越秀区传播马克思主义，周文雍、张太雷等革命英烈长眠在越秀这片土地上。

（越鉴）

【名胜古迹】 越秀区历史悠久，是广州市历史古迹最为集中的地区。宋代以来，越秀区内有“镇海层楼”“越秀远眺”“珠海丹心”“珠江秋月”等景点被列入“羊城八景”。辖区内有众多的历史古迹、文化景点、商业胜地和革命遗址，是广州著名的商贸旅游文化中心区。

2023年，越秀区辖区内有不可移动文物186处、206个。其中，全国重点文物保护单位19处、28个（见表2），省级文物保护单位20处、23个，市级文物保护单位83处、90个，区级文物保护单位6处、7个，尚未核定公布为文物保护单位的不可移动文物58处、58个。越秀区拥有丰富的文化资源，辖区内有中国共产党第三次全国代表大会会址、广州农民运动讲习所旧址、春园、中国共产党广东区执行委员会旧址等红色革命遗址31处；广州6处海上丝绸之路（以下简称“海丝”）史迹有5处在越秀区，分别是南越国宫署遗址、南越文王墓、光孝寺、怀圣寺光塔、清真先贤古墓，是海丝文化的集聚地。是年，越秀区推动周恩来同志主持的中共两广区委军委旧址、文德楼等革命文物保护利用项目，通过陈列布展、场景复原、场馆运营及周边环境整治提升等方式，提升区内红色革命遗址保护利用水平。

表2 2023年越秀区全国重点文物保护单位一览表

序号	名称	文物年代	地址	公布时间
1	黄花岗七十二烈士墓	1912 年	先烈中路 79 号	1961 年 3 月
2	广州农民运动讲习所旧址	1926 年	中山四路 42 号	1961 年 3 月
3	广州公社旧址	1927 年	广州起义路 200 号之一	1961 年 3 月
4	光孝寺	宋	光孝路 109 号	1961 年 3 月
5	国民党“一大”旧址	1924 年	文明路 215 号	1988 年 1 月
6	中华全国总工会旧址	1925 年	越秀南路 89 号	1988 年 1 月
7	怀圣寺光塔	唐	光塔路 56 号	1996 年 11 月
8	广州圣心大教堂	1888 年	一德路旧部前 56 号	1996 年 11 月
9	秦代造船遗址	秦	中山四路 316 号	1996 年 11 月
10	南越国宫署遗址	西汉	中山四路 316 号	1996 年 11 月
11	南越文王墓	西汉	解放北路 867 号	1996 年 11 月
12	南越国木构水闸遗址	西汉	西湖路 63 号负一层	2006 年 5 月
13	中山纪念堂	1931 年	东风中路 259 号	2001 年 6 月
14	中山纪念碑	1930 年	解放北路 988 号越秀公园内	2001 年 6 月
15	六榕寺塔	南北朝、宋	六榕路 87 号六榕寺内	2006 年 5 月
16	广东咨议局旧址	1909 年	陵园西路 2 号大院 2 号	2006 年 5 月
17	清真先贤古墓	唐	解放北路 901 号之一	2013 年 3 月
18	五仙观	明	惠福西路 233 号	2013 年 3 月
19	岭南第一楼	明	惠福西路 233 号	2013 年 3 月
20	广州明城墙	明	解放北路 988 号越秀公园内	2013 年 5 月

续表 2

序号	名称	文物年代	地址	公布时间
21	镇海楼	明	解放北路 988 号越秀公园内	2013 年 5 月
22	中国共产党第三次全国代表大会会址	1923 年	恤孤院路 3 号	2013 年 3 月
23	春园	1923 年	新河浦路 22—26 号（双号）	2013 年 3 月
24	简园	20 世纪 20 年代	恤孤院路 24 号	2013 年 3 月
25	逵园	1922 年	恤孤院路 9 号	2013 年 3 月
26	万木草堂	1891 年	中山四路长兴里 3 号	2019 年 10 月
27	中国共产党广东区执行委员会旧址	1922—1927 年	文明路 194—200 号（双号）	2019 年 10 月
28	广东省农民协会旧址	1925—1927 年	东皋大道礼兴街 6 号	2019 年 10 月

【非物质文化遗产代表性项目】 2023年，越秀区有非遗代表性项目48个，其中国家级1个、省级12个、市级15个、区级20个；有非遗代表性传承人56人，其中省级9人、市级18人、区级29人，已故4人（见表3）。

表3 2023年越秀区市级以上非物质文化遗产代表性项目一览表

序号	项目名称	项目级别	传承人姓名	传承人级别	性别
1	春节（行花街）	国家级	—	—	—
2	狮舞（广州醒狮）	省级（扩展项目）	赵伟斌	省级	男
			黄景棠	市级	男
			陆浩锋	区级	男
			梁志雄	区级	男
			石家乐	区级	男
			赵继红	省级	男
3	五羊传说	省级	—	—	—
4	广州客家山歌	省级	曾新芳	市级	女
			丘昭洋	区级	男
			徐秋菊	市级	女
5	粤语讲古	省级	颜志图	省级	男
			彭嘉志	市级	男
6	广州戏服制作技艺	省级	霍　华	区级	男
			何凤婷	区级	女
			董惠兰	省级	女
7	醒狮扎作	省级	陈金明	市级	男
			陈　南	区级	男
8	广州箫笛制作技艺	省级	郭大强	省级	男
9	象牙微雕	省级	冯惠盈	省级	女
10	太虚拳	省级	邹智文	区级	男
			邹　强	省级	男
11	蛇串疮中医特色疗法	省级	卢熙福	市级	男

续表 3

序号	项目名称	项目级别	传承人姓名	传承人级别	性别
12	广州饼印制作技艺	省级	彭金罗	区级	女
			余兆基	省级	男
13	针灸（岭南飞针疗法）	省级	李　敏	区级	女
			秦　敏	市级	男
14	岭南古琴艺术	市级（扩展项目）	区君虹	省级	男
			吕宏望	市级	男
			黄淑仪	区级	女
			区宏山	市级	男
15	南乳花生制作技艺	市级	刘展明	区级	男
16	书画装裱修复技艺（古书画修复）	市级	尹纪召	市级	男
17	书画装裱修复技艺（书画装裱）	市级	梁伟智	市级	男
18	通草画	市级	苏　昕	区级	女
19	广式烧卖制作技艺	市级	戴文青	市级	男
20	广府传统婚礼习俗	市级	卢燕武	市级	女
21	熊氏少林大易筋经	市级	李家驹	市级	男
22	相声（粤语相声）	市级	招沛深	市级	男
23	广钟制作技艺	市级	魏广文	市级	男
24	广式点心制作技艺（酥类点心）	市级	—	—	—
25	广式竹升面制作技艺	市级	—	—	—
26	越秀山故事	市级	—	—	—
27	广式肠粉制作技艺	市级	邓灿华	市级	男
28	太极拳	市级	陈　娟	市级	女

（陈振超）

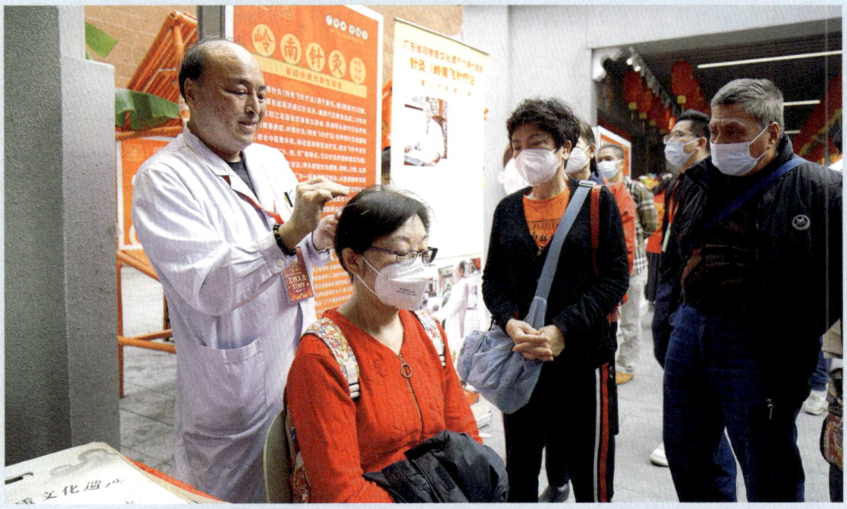

2023 年 2 月 8 日，市民群众在越秀区非遗街区体验岭南针灸

（胡强明　摄）

【文学艺术】 越秀区是古之楚庭，是广府文化的核心区、岭南文化的中心地，留下无数文艺作品。南越赵佗的《报文帝书》是现存岭南最早的散文，唐代王勃撰写的《宝庄严寺舍利塔碑》记录下宝庄严寺（今六榕寺）的历史以及初唐时广州的繁华，北宋苏轼在净慧寺（今六榕寺）题下“六榕”二字、米芾在药洲遗址题下“药洲”二字，南宋崔与之领起、李昴英发扬光大岭南最早学派“菊坡学派”，元末明初“南园五子”之一的孙蕡创作《广州歌》，明代黄佐纂有《广东通志》《广州市志》等方志著作，明代张诩编著的《南海杂咏》是研究明代中期广州的珍贵资料，清代屈大均编纂的《广东新语》堪称广

东百科全书，清末张之洞在南园开创“广雅书局”，其刻书规模居全国之首，并有雕片10万片之多，为后人留下珍贵的学术价值。20世纪，高剑父、高奇峰、陈树人创立岭南画派，关山月、黎雄才、赵少昂等扬名海内外，陈金章、杨之光、林墉等斐声画坛。红线女留下《昭君出塞》等经典剧目，欧阳山创作“红色经典”小说《三家巷》，郑秋枫作曲《我爱你，中国》，刘斯奋创作的《白门柳》获茅盾文学奖，章以武创作改革开放标杆性电影《雅马哈鱼档》，这些文艺大家深居越秀区，为现代中国文坛、艺坛留下经典著作。牙雕、玉雕、木雕、广彩、广绣等岭南民间工艺和珍珠、玛瑙、扎作、戏服、箫笛制作等闻名遐迩。2006—2023年，越秀区文联编辑出版《五仙观传说》《广州越秀古街巷》《广府童谣》《越秀美食》《羊城钩沉》《好嘢，北京路》等文学作品，并编印出版《越秀百咏——新广府竹枝词大赛获奖作品书画扇面集》《越秀国宝》等画册。2015—2023年，林墉、陈金章、许钦松、陈永锵、廖宗怡、梁培龙、曾嵘等画家100多人次先后为越秀区创作《古道人杰》《五教同辉》《广府庙会》《越秀新彩》等国画长卷。2023年，越秀区组织话剧导演、编剧、表演艺术家、青少年共同打造情景诗剧《穿越时空的对话》；年内，越秀区有粤剧电影《白蛇传·情》获第十九届中国电影华表奖最佳故事片奖，小说《华衣锦梦》获得第十一届广东省鲁迅文学艺术奖（文学类）长篇小说奖。（陈伟娟）

【民间习俗】 越秀区民俗文化源远流长，内涵丰富，从诸多方面展示地方文物掌故和民情习俗。其中，春节（行花街）于2021年被列入国家级非物质文化遗产名录；广府传统婚俗于2022年被列入广州市非物质文化遗产名录；广府年俗于2015年被列入越秀区非物质文化遗产名录。

春节（行花街） 即逛迎春花市，是广府地区春节前规模最大的一项民俗活动。它是指每年农历腊月廿八至除夕夜间，人们聚集在特定场所举行的以花卉为主要载体，以年俗文化、花卉文化、商贸文化为主要内容的辞旧迎新、祈福贺岁活动。明代，广州花市与罗浮药市、东莞香市、廉州珠市并称广东“四市”，越秀区是广州花市的主要场地。清同治年间（1862—1874年），广州在除夕时已有花市，藩署前（今广东省财政厅一带）、双门底（今北京路）的花市也有夜市。中华人民共和国成立后，行花街时间逐步固定在农历腊月廿八至除夕夜期间，并逐渐迁至今越秀区教育路、西湖路一带。行花街是广府人过年必不可少的一项活动，民间有“没行花街就等于没过年”的俗语。是时，十里长街，张灯结彩；人们摩肩接踵，携亲带友，徜徉在花海人流之中，或购买各式年花、贺年品，或赏花游乐、欢聚联谊，迎新岁、求福运，正是“行花街、转大运”。

广府传统婚礼习俗 作为中国婚姻文化的重要流派，保留较完整的中华婚礼古俗，尤重吉祥寓意，承载着广府文化的丰富内涵。围绕衣、食、住、行等生活细节，包含择吉日、过大礼、落栊、安床、开脸、上头、出门、入门和回门等流程，为期可达数月。其中，各式物件和礼仪，衍生不少民谣俗语，融汇广府地区诸多传统技艺和生活方式，敬茶仪式、身着钉金绣嫁衣的新娘、婚宴上的烧乳猪等都已成为广府文化的经典意象。至2023年底，越来越多的年轻人认可这类独具意蕴的传统婚礼，广府传统婚礼习俗呈复兴趋势。作为重要传承主体的大妗姐（也称全福人、好命婆）在操持婚礼之时，摒弃封建陋习，融入新的时代精神和表达形式，使之更具时代生命力。

广府年俗 即广府地区的春节习俗。以越秀区为中心的广州城区的春节习俗在广府地区具有代表性与影响力。根据民俗活动的集中以及市民开始准备“过年”的普遍时间，春节一般从腊月廿三或廿四“谢灶”开始，直至正月十五结束。按照时间顺序，广府年俗主要包括谢灶、扫尘、开年锅、食尾牙、贴挥春、行花街（逛花市）、守岁、接财神、年初一吃斋、年初二开年饭、财神诞、元宵赏灯、吃汤圆等。

端午扒龙舟 是越秀区东山街道、梅花村街道一带历史悠久的传统活动。“扒龙舟”有一整套传统的仪式，大体上包括起龙、赛龙、藏龙、吃龙船饭等。起龙是每年“扒龙舟”的预热环节，为保护龙舟不在暴晒下受损，将其深埋在河涌或鱼塘底部的淤泥之下进行保养，待到来年“扒龙舟”前，再将龙船挖出，清除淤泥，擦洗干净，然后涂抹猪油、上色“唤醒”龙舟。赛龙即熟知的扒龙舟竞赛，分为两种：一种是“招景和趁景”，兄弟村、老表村的龙船从四面八方聚到一起联络感情，只表演技巧，不排名次；另一种是“斗标”，是正式锦标赛，得胜者奖品有奖杯、奖金和烤金猪等。扒龙舟活动结束后，还要举行藏龙仪式，把龙舟重新埋到河涌泥底，等下一年再挖出来。仪式结束后，全体村民和老表村的亲朋好友在祠堂欢聚一堂，举办庆祝的宴席，即龙船饭。2023年7月3日，梅花村街道杨箕村举办“送龙宴”，设席800多围。

（刘颖雯、杨蕊嘉）

【美食特产】 越秀区有惠福美食花街、流花美食街、环市东商务美食区、沿江路西餐酒吧街等美食街区，有肠粉、云吞面、干炒牛河、及第粥、萝卜牛杂、双皮奶、姜撞奶等众多岭南传统特色美食，有制作技艺被列入区级非物质文化遗产保护名录的周生记太爷鸡，有广州第一家中国人开的西餐馆太平馆西餐厅，还有极具岭南庭园建筑特色的园林式酒家北园酒家等。

在20世纪80年代越秀区还有耕地

前，区内有铜壳叶芥蓝、雷公凿苦瓜、甜杨桃等农特产品。区内拥有众多历经数百年商业和手工业竞争后留下的老字号，有创办于清代的致美斋酱园、沧洲栈腊味店，创办于民国时期的宝生园等，其中致美斋著名产品有小磨麻油、添丁甜醋、蚝油、柱侯酱等调味品，是中国驰名商标；沧洲栈腊味店的“生抽腊肠”“一级无皮腊肉”分别获商业部优质产品奖、广东省优质产品奖；宝生园蜂蜜以纯正、洁净、不易发酵见称，是广东省著名商标产品。

【方言】 越秀区居民的主要方言是粤语。粤语属汉藏语系汉语族的声调语言，是汉族广府民系母语，含九声六调，较完整地保留古汉语特征，有完善的文字系统，是岭南文化重要的载体。粤语由古代汉语演变而来。秦代以前，居住在今广东、广西地区的少数民族被称为“南越”。秦始皇派兵戍守岭南，开启早期汉语与百越语言融合的先声。李新魁《广东的方言》认为“粤方言最早的源头，应该是楚人南迁、楚语南来所导致的结果”。汉代至唐宋，中原汉人源源不断地迁徙至岭南，促进粤语发展和定型。元代后，粤语变化较小。粤语是岭南地区的语言名片，在社会风俗、心理倾向等方面具有自身魅力，在社会交往和改革开放中的影响力不容小觑，国内外都有不少非粤语区的人士学习和使用粤语。粤语不但直接留存下许多传说、故事、民谣，发展出粤语讲古形式，还留存下非语言的艺术创造和宗教信仰以及民俗活动，如粤剧、“栋笃笑”。

改革开放后，越秀区经济社会发展，外来人口增加，普通话随之在学校教育、工商行业、政府办公、科学研究、新闻传媒、大众娱乐等方面得到推广和普及。（越鉴）

人口·民族·宗教

【人口】 至2023年底，越秀区户籍人口117.01万人。其中，男性户籍人口56.64万人，占48.4%；女性户籍人口60.37万人，占51.6%。是年，迁入越秀区户籍3.87万人、迁出越秀区3.66万人，在越秀区进行出生登记7800人、死亡销户1.31万人。年末常住人口96万人。

（谢淮）

【民族】 至2023年底，越秀区居民以汉族为主，还有壮族、回族、满族等少数民族46个。是年，越秀区少数民族户籍人口1.82万人。区内有民族团体3个，分别为广州市回族历史文化研究会、广州市满族历史文化研究会、越秀区民族团结进步协会。

【宗教】 越秀区宗教历史源远流长，佛教、道教、伊斯兰教、天主教和基督教五大宗教俱全。除道教属中国宗教外，其余均由国外传入。

至2023年底，全区有登记宗教活动场所（点）22个，其中佛教5个、道教3个、伊斯兰教4个、天主教2个、基督教8个。辖区内驻有全省性宗教团体6个、全市性宗教团体4个；有宗教院校1所，为广东佛学院，于2012年11月挂牌成立，总部设在广东省佛教协会，位于光孝寺内。（陈广才）

表4 2023年越秀区户籍人口情况表

街道	年末户籍户数（户）	年末户籍人口（人）		
		合计	男	女
合计	360227	1170140	566455	603685
洪桥街道	14377	47732	22979	24753
北京街道	21389	63475	30668	32807
六榕街道	27243	82085	38877	43208
流花街道	4706	20120	10074	10046
光塔街道	28480	80029	38325	41704
人民街道	25198	68713	33020	35693
东山街道	24930	84693	40952	43741
农林街道	13488	50009	23833	26176
梅花村街道	28064	95469	46594	48875

续表 4

街道	年末户籍户数（户）	年末户籍人口（人）		
		合计	男	女
黄花岗街道	29866	112949	54848	58101
华乐街道	15693	55043	28236	26807
建设街道	15089	62170	29782	32388
大塘街道	18033	54461	25810	28651
珠光街道	21973	65232	31600	33632
大东街道	27202	88450	42283	46167
白云街道	13992	44795	21476	23319
登峰街道	17848	54494	26328	28166
矿泉街道	12656	40221	20770	19451

表5 2023年越秀区户籍人口变动情况表

单位：人

街道	年度增加	其中		年度减少	其中	
	人数	市外迁入	市内迁入	人数	迁出市外	市内移出
合计	46455	17512	21141	50623	3708	32929
洪桥街道	1954	573	1077	1976	124	1302
北京街道	2104	1057	666	3036	139	1878
六榕街道	2586	684	1426	3250	130	1984
流花街道	1430	800	466	999	91	742
光塔街道	2468	895	1091	3506	136	2095
人民街道	2502	950	1182	3408	88	2164
东山街道	3252	1263	1420	3122	187	2104
农林街道	2136	1020	755	2533	493	1457
梅花村街道	3799	1132	1968	3459	250	2439
黄花岗街道	5674	2306	2508	5178	610	3647
华乐街道	2187	822	1026	2222	178	1438
建设街道	2460	924	1092	3761	488	2641
大塘街道	1793	755	721	2320	101	1452
珠光街道	1963	530	1050	2689	128	1591
大东街道	3258	1155	1520	3849	217	2508
白云街道	1797	594	912	1717	128	1014
登峰街道	2477	925	1137	2007	97	1394
矿泉街道	2615	1127	1124	1591	123	1079

经济社会发展

【概况】 2023年，越秀区锚定高质量发展目标，聚焦“激活、优化、疏解”三大策略，经济发展回升向好。全年地区生产总值3810.24亿元，比上年增长4.5%；社会消费品零售总额1329.57亿元，增长8.7%；固定资产投资额增长10.3%；国内税收收入（不含关税）488.6亿元，增长15.5%；一般公共预算收入57.64亿元，增长7.3%；城镇居民人均可支配收入90376元，增长6.8%。

【三大主导产业】 2023年，越秀区三大主导产业（创新金融业、现代商贸业、生命健康产业）实现增加值1844.05亿元，占地区生产总值的48.4%，比上年增长6.2%。

创新金融业实现增加值893.77亿元，占地区生产总值的23.5%，比上年增长8.4%。金融服务实体经济能力提升，区政府与中国人民银行广州分行营业管理部、广州市地方金融监督管理局签署“共同推动广州（越秀）国家产融合作试点城市建设合作备忘录”，促进企业融资超1000亿元。

现代商贸业实现增加值527.42亿元，占地区生产总值的13.8%，比上年增长5.5%。珠江·星火1926、粤潮楼、粤海天河城B区等商业综合体开业。以“古越今秀 悦享精彩”为主线，全年举办促消费活动超600场，激发消费市场潜力。

生命健康产业实现增加值422.86亿元，占地区生产总值的11.1%，比上年增长2.9%。粤港澳大湾区生命健康产业创新区新增特色园区4个，累计建成14个，环东广场升级为科技健康综合体，揭牌全国首个CRO（Contract Research Organization，合同研究组织）产业地标运营中心。

【三大特色产业】 2023年，越秀区三大特色产业（数字经济产业、文化产业、高端专业服务业）实现增加值532.87亿元，占地区生产总值的14%。

数字经济产业实现增加值213.39亿元，占地区生产总值的5.6%。全区5G信号实现全覆盖，花果山超高清视频产业特色小镇新开广电城投686创意园、草莓V视园区2个园区，办理全市首笔数字人民币财政国库集中支付业务，举办第三届中国广州直播电商节越秀分会场等活动。

规模以上文化企业实现增加值86.17亿元，占地区生产总值的2.3%。越秀区位列“2023年中国文化产业竞争力百强区”第八；辖区内广东省出版集团有限公司、广东南方新媒体股份有限公司进入2023年度第十五届“全国文化企业30强”，“一方东山”文化创意园累计培育和孵化文化创意企业40家。

规模以上高端专业服务业实现增加值233.31亿元，占地区生产总值的6.1%。举办广州国际投资年会（越秀分场）等活动，服务保障“读懂中国”国际会议、世界超高清视频产业发展大会等重大会议活动，引入优质项目374个，落地百强项目和总部型项目47个。（许楠）

【营商环境优化】 2023年，越秀区迭代推进营商环境6.0改革，聚焦投资、

表6 2023年越秀区地区生产总值情况表

行业	总量（亿元）	比上年增长（%）	占比（%）
地区生产总值	3810.24	4.5	100
工业	36.79	2.9	0.97
建筑业	100.79	13.9	2.65
批发和零售业	462.92	4.4	12.15
交通运输仓储和邮政业	347.15	10.9	9.11
住宿和餐饮业	64.50	15.0	1.69
金融业	893.77	8.4	23.46
房地产业	251.96	–3.4	6.61
其他服务业	1652.38	1.8	43.37
第二产业	137.11	10.8	3.60
第三产业	3673.13	4.2	96.40

注：2023年统计数据为快报数。地区生产总值按当年价格计算，增长速度按可比价格计算。

产业、要素等六大市场环境，提出具体改革举措88项。深化“一照多址”“一证多址”改革，推行开办企业和30项跨部门涉企许可事项一站式联办模式。平均通关时间10.77小时，整体通关时效位居广州市各区前列。越秀政务私聊机器人“艾小越”连通16个部门、75个平台数据，服务居民群众31.4万人。“越秀商家”微信小程序上线涉企事项681项，在广州市各区率先提供市场主体迁入线上办理服务，实现与14个地区901项高频事项“跨域通办”。打造信用便民惠企应用场景26个，“信用管家”覆盖商务楼宇51栋，受益企业1.6万家，受理“信用+供电”用户21家，供电超200万千瓦时，越秀区获评广东省信用县建设综合类首批示范单位。2023年，全区新增发明专利授权5401件，发明专利占比49%，居全市各区首位，推动完成知识产权质押融资超24亿元，获评全国首批、全省唯一国家知识产权服务业高质量集聚发展试验区。是年，越秀区新增各类商事主体3.07万户，实有各类商事主体24.26万户，比上年增长4%，公共服务公众满意度连续第七次位居全省各县（市、区）第一。举办第四届中国城市信用建设高峰论坛，17项创新做法分别获评国家、省、市优秀案例，27项改革举措被广州市复制推广，越秀区入选2023营商环境质量全国十佳县（市、区）。

【社会信用体系建设】 2023年，越秀区深化广东省首批信用建设服务实体经济发展试点工作成果，创建成为全省首批综合类信用县。承办第四届中国城市信用建设高峰论坛及全国诚信兴商宣传月启动仪式。在广州市各区首推出租屋信用承诺制，推动1.22万套出租屋承租、出租主体签订信用承诺书。创新打造烟草零售全链式信用监管，为2133家烟草零售主体统一配备信用二维码，推行“优信免证延续”模式。探索“信用+工程建设项目”，对区内64个重点项目涉及的建设和施工单位建立信用数据监测库，为其中8个信用状况良好单位颁发“越秀区工程项目信用服务金卡”。“信用管家”覆盖商务楼宇51栋，受益企业1.6万家；受理“信用+供电”用户21家、供电超200万千瓦时。促成“信易贷”放款超620亿元。有26个信用便企惠民应用场景，“信用二维码”守信激励机制入选广东省第三批基层改革创新经验复制推广清单。是年，越秀区社会信用体系建设工作考核成绩连续第三年位居广州市各区第一，受到市政府督查激励并给予专项经费支持。（范苗）

【生态环境改善】 2023年，越秀区率先在广州市各区开展实验室环境管理新领域专项执法，建成全市首个智能化、信息化小微医疗机构医疗废物集中收集点，完成180个“无废细胞”建设目标，区级党政机关全部建成“无废机关”。新建污水管网24千米，至年底排水单元达标认定面积19.04平方千米，认定率88.4%。海绵城市建设达标面积15.19平方千米，占建成区总面积的45.2%。新增城市绿地1.19万平方米、立体绿化3462平方米。辖区内东山湖小微湿地入选广东省首批小微湿地示范点名录，广州中山纪念堂被认定为2023年广东省自然教育基地，广州动物园被认定为2023年广东省高品质自然教育基地。

全年环境优良天数比例88.8%，比上年增加9.6个百分点，改善幅度位列广州市各区第一。环境空气中细颗粒物（$PM_{2.5}$）浓度为23微克/立方米，可吸入颗粒物（PM_{10}）浓度为41微克/立方米，2项指标保持全市中心城区最优。流花湖、东秀湖、北秀湖平均水质均为Ⅲ类，新河浦涌、二沙涌、驷马涌（越秀段）、东山湖、麓湖、南秀湖平均水质均为Ⅳ类，墩头基断面水质为Ⅲ类，景泰涌（越秀段）水质保持不黑不臭。（越鉴）

【文明城区创建】 2023年，越秀区推进广州市精神文明创建13项专项行动，搭建制度机制和组织架构，坚持区领导挂点督导文明城市创建机制，实施常态化巡查督导。完成中央文明办全国文明城市“复牌”迎检工作。利用“微社区e家通”“广州越秀发布”微信公众号以及户外广告牌、电子显示屏等载体，做好文明城市创建宣传，播放宣传广告3.3万次。发动党员志愿者、网格楼长等上门走访、上街进店发放宣传材料4.5万份。实施2023年背街小巷环境整治提升行动，开展“绿美越秀·最美招牌”评选工作。（张雯）

【民生保障和改善】 2023年，越秀区推进实施广州市正骨医院迁建项目、广东省人民医院医疗联合体（越秀区）项目，建成并启用港式家庭医生工作室14个，组建家庭医生团队164个，出台广东省首个家庭医生签约服务地方标准，获评广州市中医治未病服务示范区。落实就业优先政策，就业驿站基层服务点实现全覆盖，帮扶4766名就业困难人员再就业。全年筹集保障性租赁住房1505套，新增解决863户中低收入家庭住房困难，发放住房租赁补贴2180户。是年，越秀区城镇居民人均可支配收入90376元，比上年增长6.8%，最低生活保障待遇从每人每月1196元提高至1238元，发放各类社会救助资金1.26亿元。越秀区备案养老机构32个，建成长者饭堂97家、街道颐康中心18个、社区颐康服务站199个，实现社区服务100%覆盖。（刘欣）

■编辑 陈林琳

中国共产党广州市越秀区委员会

综　述

【区委工作机构】 2023年，中共广州市越秀区委设置的工作部门有越秀区委办公室、越秀区委组织部、越秀区委宣传部、越秀区委统一战线工作部、越秀区委政法委员会、越秀区委全面深化改革委员会办公室、越秀区委全面依法治区委员会办公室、越秀区委国家安全委员会办公室、越秀区委网络安全和信息化委员会办公室、越秀区委机构编制委员会办公室、越秀区委审计委员会办公室、越秀区委教育工作领导小组办公室、越秀区直属机关工作委员会、越秀区委巡察工作领导小组办公室、越秀区委老干部局、越秀区委党校（越秀区行政学校）、越秀区国家档案馆（越秀区委党史文献研究室、越秀区人民政府地方志办公室）。健全优化重大工作领导体制机制，分别设立越秀区委全面深化改革委员会、越秀区委全面依法治区委员会、越秀区委国家安全委员会、越秀区委网络安全和信息化委员会、越秀区委机构编制委员会、越秀区委审计委员会、越秀区委教育工作领导小组、越秀区委巡察工作领导小组等议事机构22个。

【党的全面领导加强】 2023年，越秀区加强党的全面领导和党的建设，开展学习贯彻习近平新时代中国特色社会主义思想主题教育，执行区委坚决落实“两个维护”12项制度机制。统筹实施“铸魂”“领航”“善治”“先锋”四项工程，完善“街道大党工委、社区大党委”格局，组织222个区属机关党组织、1815名机关党员公务员分别与社区、网格“结对子”，做优广州城市建设行业、越秀区人力资源服务行业、越秀区超高清视频产业3条“红链计划”，以党建引领经济发展、重点项目攻坚、城区品质提升等工作。推行‘支部建在网格上”，优化提升标杆社区19个，围绕基层治理创新和社区发展等事项开展社区书记“比武打擂”活动，完成69所中小学党组织领导的校长负责制改革，用好“家门口的红色学堂”，加强党员队伍教育管理，连续第六年实施“老城市新活力”党员先锋行动，深化“我为群众办实事”长效机制，锻造服务发展大局、密切联系群众的战斗堡垒。落实落细管党治党责任，区委主要负责人带头履行全面从严治党“第一责任人”职责，其他区委常委落实“一岗双责”，制定《关于进一步加强区党风廉政建设的20条整改措施》，推动区属单位“一把手”述责述廉全覆盖。优化班子年龄、专业结构，坚持正确选人用人导向，建立“一事一议”奖励机制，提拔重用的处级干部中90%以上是因在区重点项目或基层一线中实绩突出得到提拔。坚持突出实干、实绩的选人用人导向，创新容错纠错和激励机制，巩固风清气正的良好政治生态。落实中央八项规定及其实施细则精神，查处违反中央八项规定精神案件27件27人。坚持执纪为民，推进“群众有诉求、纪委快出手”专项工作，办结群众诉求35件，满意度100%。全区纪检监察机关立案146件146人，结案159件159人。

【区委理论学习】 2023年，越秀区委常委会开展“第一议题”学习80个，列账跟进落实习近平总书记重要讲话、重要指示批示111项，开展区委理论学习中心组集中学习研讨15场次，带动全区二级班子党（工）委（党组）中心组开展学习700多场次。推进主题教育，区级领导班子带头进行主题教育读书班集中学习，带动党员干部实现学习培训全覆盖。

【学习贯彻习近平新时代中国特色社会主义思想主题教育开展】 2023年9月至2024年1月，越秀区按照党中央决策部署和省委、市委工作要求，围绕“学思想、强党性、重实践、建新功”总要求，开展学习贯彻习近平新时代中国特色社会主义思想主题教育，推进理论学习、调查研究、推动发展、检视整改、建章立制等工作，成立区委学习贯彻习近平新时代中国特色社会主义思想主题教育领导小组及其办公室，制定“1+1+4+N”方案（第一个“1”指1套全区主题教育实施方案，第二个“1”指1个全区主题教育重点任务清单，“4”指理论学习、调查研究、推动发展、检视整改4个专项工作方案，“N”指若干个二级领导班子实施方案）、“6+2”（“6”指街道社区、机关单位、公办学校、公立医院、国有企业以及新经济组织、新社会组织、新就业群体；“2”指流动党员、离退休党员）分类指导方案，有关经验做法9次获省、市推广。主题教育期间，全区一级、二级领导班子带头围绕19个专题，每月安排1次主题教育读书班集中学习，组织区委理论学习中心组学习会5场，带动全区二级班子党（工）委（党组）中心组开展学习300多场次，一级、二级班子举办读书班集中学习552天，班子成员到基层一线讲授专题党课534场次，带动各级干部重走习近平总书记考察越秀区东濠涌、荔湾区永庆坊等路线。落实中央办公厅《关于在全党大兴调查研究的工作方案》，区领导完成选题调研29个，带动二级班子领导完成选题调研428个，完成调研成果转化1539项。确定“积极破解中心城区垃圾收运难题”为正面典型案例、“状元坊片区‘住改仓’问题”为反面典型案例，推动从“解剖一个问题”到“解决一类问题”。制定涵盖108个项目的高质量发展重点项目清单和涵盖153个项目的为民办实事项目清单，全年完成群众微心愿8173个、民生微项目305个。坚持边学习、边对照、边检视、边整改，区级领导班子提出问题31个，制定整改措施129条；二级班子提出问题418个，制定整改措施1129条；促进以学铸魂、以学增智、以学正风、以学促干。

【深入学习贯彻习近平总书记视察广东重要讲话、重要指示精神】 2023年4月，在习近平总书记视察广东后，越秀区召开干部大会，在全区上下推动学习宣传贯彻习近平总书记视察广东重要讲话、重要指示精神。聚焦为广东省在推进中国式现代化建设中走在前列，为广州市继续在高质量发展方面发挥领头羊和火车头作用中发挥越秀作用、作出越秀贡献的目标，更加主动服务融入粤港澳大湾区建设，落实《广州南沙深化面向世界的粤港澳全面合作总体方案》（以下简称“南沙方案”），推动3家公立医院入选“港澳药械通”第二批指定机构，推进粤港澳大湾区保险协同工程。聚焦提高科技自立自强水平，依托大院大所、重点实验室、三甲医院等创新主体，谋划战略性、前沿性领域基础研究和核心技术攻关。聚焦建设生命健康、超高清视频、创新金融3个重点产业集群，推进粤港澳大湾区生命健康产业创新区、花果山超高清视频产业特色小镇、海珠广场文化金融商务区拓圈强链，支持黄花岗科技园扩区升级。立足推动区域协调发展，落实“一老一小”保障，优化提升18个街道的社区卫生服务中心、颐康中心硬件设施和服务供给，完善“1+N”（“1”指每个街道建设1个颐康中心，“N”指社区建立若干个颐康服务站）居家社区养老服务网络，加强学前教育和义务教育阶段学位供给保障，推动习近平总书记重要讲话、重要指示精神在越秀落地生根、结出丰硕成果。（余立得）

重要会议

【概况】 2023年，中共广州市越秀区委召开全会1次、召开区委常委会会议44次，其中区委常委会（扩大）会议10次；召开越秀区高质量发展大会。在中共广州市越秀区第十三届委员会第六次全体会议上，审议通过《中共广州市越秀区委关于深入学习贯彻习近平总书记重要讲话重要指示精神 高标准高质量建设老城市新活力引领区 奋力在推进中国式现代化建设中走在前列的实施意见》。

【中国共产党广州市越秀区第十三届委员会第六次全体会议】 于2023年7月28日召开。全会坚持以习近平新时代中国特色社会主义思想为指导，深入学习贯彻党的二十大精神和习近平总书记视察广东重要讲话、重要指示精神，全面落实广东省委十三届三次全会和广州市委十二届六次全会精神，细化新时代新征程越秀现代化建设的工作部署。全会审议通过《中共广州市越秀区委关于深入学习贯彻习近平总书记重要讲话重要指示精神 高标准高质量建设老城市新活力引领区 奋力在推进中国式现代化建设中走在前列的实施意见》。全会强调，要围绕“高标准高质量建设老城市新活力引领区、打造高能级国际大都市核心区”目标，以“十个求突破、走

2023年7月28日，中国共产党广州市越秀区第十三届委员会第六次全体会议在区机关大楼召开（钟涌 摄）

前列”谱写中国式现代化越秀区新篇章：坚定不移融入新阶段粤港澳大湾区建设，突出合作交流、人文交往、改革重点、扩大开放，在全面深化改革开放上求突破、走前列；坚定不移推动传统产业转型升级、新兴产业融合集群发展，推动产业提能、项目提速、平台提质，在建设更具国际竞争力的现代化产业体系上求突破、走前列；坚定不移夯实教育、科技、人才支撑，建设科创强区、教育强区、人才强区，在实现高水平科技自立自强上求突破、走前列；坚定不移实施“百县千镇万村高质量发展工程”（以下简称“百千万工程”），培育区域增长极，推进城中村改造，做好对口帮扶协作，在促进区域协调发展上求突破、走前列；坚定不移加强城市规划建设治理，优化国土空间规划格局，提升城市治理水平，提升城市环境品质，在推进城市治理体系和治理能力现代化上求突破、走前列；坚定不移推进绿美越秀生态建设，推进污染防治攻坚，精准发力植绿护绿扩绿，加快发展方式绿色转型，在促进人与自然和谐共生上求突破、走前列；坚定不移推进文化自信自强，巩固壮大主流思想舆论，深化全域文明创建，繁荣发展文化事业文化产业，在推动物质文明和精神文明协调发展上求突破、走前列；坚定不移保障和改善民生，推动民生服务更有温度更有质感，促进就业更加充分更高质量，推动共同富裕取得更为明显的实质性进展，在推动共同富裕上求突破、走前列；坚定不移推进法治越秀、平安越秀建设，坚决维护国家安全，推进全面依法治区，完善社会治理体系，在构建新安全格局上求突破、走前列；坚定不移加强党的全面领导和党的建设，坚持把党的领导落实到各领域各方面各环节，用党的创新理论凝心铸魂，严密党的基层组织体系，抓好后继有人这个根本大计，推进全面从严治党，在营造良好政治生态上求突破、走前列。

【区委常委会会议】 2023年，中共广州市越秀区委召开区委常委会会议44次，审议议题205项，邀请部分党代表、人大代表和政协委员等列席会议。会议传达学习习近平总书记系列重要讲话、重要指示批示精神，以及党的二十届二中全会、中央经济工作会议和省委十三届三次全会、市委十二届六次全会等精神。学习《领导干部报告个人有关事项规定》《规范地方党委政策性文件制定工作规定》等规章制度，推动党内法规入脑入心。听取并评议区属单位党组织“一把手”抓基层党建工作述职和述责述廉，审议并原则同意召开区委十三届六次全会有关事项，以及《广州市越秀区重大行政决策程序规定》《广州市越秀区促进产业高质量发展的实施意见》《越秀区国土空间总体规划（2021—2035年）》《广州市粤港澳大湾区生命健康产业创新区建设总体方案》等文件，研究推进学习贯彻习近平新时代中国特色社会主义思想主题教育有关工作。

【区委常委会（扩大）会议】 2023年，中共广州市越秀区委召开区委常委会（扩大）会议10次。

2月15日，中共广州市越秀区委召开区委常委会（扩大）会议，传达学习省委常委会（扩大）会议、市委常委会（扩大）会议精神，听取并评议各街道党工委书记和区直机关工委、区教育局党组、区财政局党组书记及区委两新工委抓基层党建工作述职，研究部署下一步工作。会议强调，要坚持不懈抓好政治建设，推动基层党组织和党员干部把政治建设摆在首位；要坚持不懈织密组织体系，推动全区基层党组织全面进步、全面过硬，为全面推进越秀区现代化建设提供保障；要坚持不懈锻造基层骨干力量，以培养基层党组织书记为重点，提升基层党员干部队伍素质；要坚持不懈强化重大任务落实，以高质量党建推动高质量发展。

3月3日，中共广州市越秀区委召开区委常委会（扩大）会议，传达学习习近平总书记在中央政治局会议上的重要讲话和党的二十届二中全会精神，以及省委、市委工作要求，研究贯彻落实意见。会议强调，要把深入学习宣传贯彻党的二十大精神作为首要政治任务；要深刻领会习近平总书记关于深化党和国家机构改革的重要要求，把任务落到实处；要坚持稳中求进工作总基调，锚定高质量发展目标，铆足干劲拼劲，做到“三个更好统筹”（更好统筹国内国际两个大局、更好统筹疫情防控和经济社会发展、更好统筹发展和安全），推进全年各项重点任务，为实现全年经济社会发展目标打下坚实基础。

3月16日，中共广州市越秀区委召开区委常委会（扩大）会议，传达学习习近平总书记在全国两会上的重要讲话精神和全国两会精神，以及省委常委会会议、市委常委会会议精神，研究贯彻落实意见。会议强调，要深刻领会把握总书记、党中央带领全国人民取得的重大成就，以及习近平总书记、党中央对国内国际形势的重大判断，深刻领会“两个确立”的决定性意义，增强“四个意识”、坚定“四个自信”、做到“两个维护”，抓好推进强国建设、民族复兴这个中心任务，把越秀区的事办好；要坚决贯彻落实习近平总书记、党中央关于坚持和完善社会主义基本经济制度的大政方针，完整、准确、全面贯彻新发展理念，锚定高质量发展目标，深化改革开放，加快建设现代化产业体系，提升城市建设管理水平，提高人民生活品质，引导民营经济健康发展、高质量发展；要全面加强党的领导和党的建设，领导干部要以身作则，树立正确的政绩观，弘扬求真务实、真抓实干的作风，增强推动高质量发展本领、服务群众本领、防范化解风险本领，推进中国式现代化的越秀实践，加快把越秀区建成广州市“老城市新活力创新发展示范区”。

4月11日，中共广州市越秀区委召开区委常委会（扩大）会议，传达学习习近平总书记在中共中央政治局第四次集体学习时和在主题教育工作会议上的重要讲话精神、3月30日中共中央政治局会议精神和党中央对主题教育的部署要求，以及省委常委会会议、市委常委会会议精神，研究贯彻落实意见。会议强调，要深刻认识开展这次主题教育的重大意义，增强学习贯彻习近平新时代中国特色社会主义思想的思想自觉、政治自觉、行动自觉；要牢牢把握主题教育的总要求和根本任务，树立正确的权力观、政绩观、事业观，推进理论学习、调查研究、推动发展、检视整改等工作，努力在以学铸魂、以学增智、以学正风、以学促干方面取得实实在在的成效；要全面落实党中央和省委、市委关于主题教育的各项部署，把“学思想、强党性、重实践、建新功”贯穿主题教育全过程，与围绕中心、服务大局结合起来，坚持用习近平新时代中国特色社会主义思想统领和指引越秀区各项工作，加快建设广州市“老城市新活力创新发展示范区”。

4月15日，中共广州市越秀区委召开区委常委会（扩大）会议，传达学习习近平总书记视察广东重要讲话、重要指示精神，同法国总统马克龙在广州非正式会晤时的重要讲话精神，以及省委常委会会议、市委常委会会议精神，研究贯彻落实意见。会议强调，要深刻学习领会、认真贯彻落实习近平总书记对广东、广州系列重要讲话和重要指示精神，围绕高质量发展首要任务，办好越秀区的事，以新担当新作为推进中国式现代化的越秀区实践；要深刻学习领会习近平总书记关于推进粤港澳大湾区建设的重要要求，以落实“南沙方案”为牵引，提升改革开放质量和水平，为推动粤港澳大湾区成为新发展格局的战略支点、高质量发展的示范地、中国式现代化的引领地提供越秀力量；要深刻学习领会习近平总书记关于着力提高科技自立自强水平的重要要求，实施创新驱动发展战略，加强区域创新体系建设，强化企业主体地位，加强教育和人才培养，加强科技成果转化应用，推动产学研用深度融合；要深刻学习领会习近平总书记关于着力建设现代化产业体系的重要要求，提升区域综合承载能力，加快优化经济结构，提高产业效能，推进产业基础高级化、产业链现代化，推进经济高质量发展；要深刻学习领会习近平总书记关于着力推动区域协调发展的重要要求，实施“百千万工程”，加强城市规划建设管理，科学推动城市更新，建设更高水平的平安越秀、幸福越秀、绿美越秀；要深刻学习领会习近平总书记关于开展主题教育的重要要求，坚持学思用贯通、知信行统一，在坚定理想信念、铸牢对党忠诚、站稳人民立场上下功夫，在以学铸魂、以学增智、以学正风、以学促干方面见成效，更好团结带领全区党员干部紧跟习近平总书记、奋进新征程。

5月12日，中共广州市越秀区委召开区委常委会（扩大）会议，深入学习贯彻习近平总书记关于调查研究的重要论述精神，传达学习中央办公厅关于在全党大兴调查研究的工作方案及省委常委会会议、市委常委会会议精神，听取相关工作情况汇报，研究部署下一步工作。会议强调，全区上下要深入学习贯彻习近平总书记关于调查研究的重要论述和视察广东重要讲话、重要指示精神，深刻认识习近平总书记、党中央部署在全党大兴调查研究的重要意义，把调查研究作为学习贯彻习近平新时代中国特色社会主义思想主题教育的重要内容，在调查研究中转变工作作风、密切联系群众、提高履职本领、强化责任担当，提高运用党的创新理论研究新情况、解决新问题、实现新发展的能力水平，在调查研究中推进中国式现代化的越秀实践。

6月21日，中共广州市越秀区委召开区委常委会（扩大）会议，深入学习贯彻习近平总书记视察广东重要讲话、重要指示精神，传达学习省委书记在广州市领导干部会议上的讲话，以及省委十三届三次全会和市委常委会会议精神，研究贯彻落实意见。会议强调，全区上下要提高政治站位，深入学习领会习近平总书记视察广东重要讲话、重要指示的精神实质和丰富内涵，领悟“两个确立”的决定性意义，增强“四个意识”，坚定“四个自信”，做到“两个维护”，把思想和行动统一到习近平总书记、党中央决策部署上来；要贯彻落实省委全会精神，增强历史自信和历史自觉，围绕省委“1310”具体部署和市委“1312”思路举措，立足越秀区实际，勇于担当、锐意进取，为广东省在推进中国式现代化建设中走在前列，为广州市高质量实现老城市新活力、“四个出新出彩”（在综合城市功能、城市文化综合实力、现代服务业、现代国际化营商环境方面出新出彩），继续在高质量发展方面发挥领头羊和火车头作用，扛起越秀担当、贡献越秀力量。

●延伸阅读

省委“1310”具体部署：2023年6月20日，中国共产党广东省第十三届委员会第三次全体会议在广州召开，提出“锚定一个‘走在前列’总目标，激活改革、开放、创新三大动力，奋力实现十大新突破”的“1310”部署。

市委“1312”思路举措：2023年7月23日，中国共产党广州市第十二届委员会第六次全体会议召开。广州市委围绕实现习近平总书记赋予的使命任务，对照省委“1310”具体部署，细化形成“锚定排头兵、领头羊、火车头标高追求，激活改革、开放、创新三大动力活力，奋力推动十二个领域走在前列、当好示范”的“1312”思路举措。

7月21日，中共广州市越秀区委召开区委常委会（扩大）会议，深入学习贯彻习近平总书记视察广东重要讲话、重要指示精神，传达学习省委常委会在广州调研时的工作要求和省委常委会会议、市委常委会会议精神，研究贯彻落实意见。会议强调，全区各级党组织和广大党员干部要坚持“两个确立”、做

表7 2023年中共广州市越秀区委常委会（扩大）会议主要议题一览表

时间	次第	主要议题
2月15日	十三届区委常委会2023年第5次会议	传达学习省委常委会（扩大）会议、市委常委会（扩大）会议精神，听取并评议各街道党工委书记和区直机关工委、区教育局党组、区财政局党组书记及区委两新工委抓基层党建工作述职，研究部署下一步工作
3月3日	十三届区委常委会2023年第8次会议	传达学习习近平总书记在中共中央政治局会议上的重要讲话和党的二十届二中全会精神，以及省委、市委工作要求，研究贯彻落实意见
3月16日	十三届区委常委会2023年第11次会议	传达学习习近平总书记在全国两会上的重要讲话精神和全国两会精神，以及省委常委会会议、市委常委会会议精神，研究贯彻落实意见
4月11日	十三届区委常委会2023年第16次会议	传达学习习近平总书记在中共中央政治局第四次集体学习时和在主题教育工作会议上的重要讲话精神、3月30日中共中央政治局会议精神和党中央对主题教育的部署要求，以及省委常委会会议、市委常委会会议精神，研究贯彻落实意见
4月15日	十三届区委常委会2023年第17次会议	传达学习习近平总书记视察广东重要讲话、重要指示精神，同法国总统马克龙在广州非正式会晤时的重要讲话精神，以及省委常委会会议、市委常委会会议精神，研究贯彻落实意见
5月12日	十三届区委常委会2023年第19次会议	学习贯彻习近平总书记关于调查研究的重要论述精神，传达学习中央办公厅关于在全党大兴调查研究的工作方案及省委常委会会议、市委常委会会议精神，听取相关工作情况汇报，研究部署下一步工作
6月21日	十三届区委常委会2023年第22次会议	学习贯彻习近平总书记视察广东重要讲话、重要指示精神，传达学习省委书记在广州市领导干部会议上的讲话要求，以及省委十三届三次全会和市委常委会会议精神，研究贯彻落实意见
7月21日	十三届区委常委会2023年第26次会议	学习贯彻习近平总书记视察广东重要讲话、重要指示精神，传达学习省委常委会在广州调研时的工作要求和省委常委会会议、市委常委会会议精神，研究贯彻落实意见
8月4日	十三届区委常委会2023年第29次会议	学习习近平总书记在中央政治局会议、党外人士座谈会上的重要讲话精神，以及中央、省委财经委员会会议和省委常委会会议、市委常委会会议精神，听取越秀区上半年经济运行情况汇报，研究部署下一步工作
11月30日	十三届区委常委会2023年第41次会议	学习习近平总书记在北京、河北考察灾后恢复重建工作时和对山西吕梁市永聚煤矿一办公楼火灾事故作出的重要指示精神，全国、全省、全市安全生产电视电话会议精神，以及省委常委会会议、市委常委会会议和省委、市委主要领导批示精神，听取有关工作情况汇报，研究部署下一步工作

到“两个维护”，用习近平新时代中国特色社会主义思想统一思想、统一意志、统一行动，坚定信心决心，锚定高质量发展目标，落实党中央决策部署及省委具体部署、市委工作要求，为广州市继续在高质量发展方面发挥领头羊和火车头作用、奋力在推进中国式现代化建设中走在前列作出新的更大贡献；要坚定不移加强党的全面领导和党的建设，从区委常委一班人做起，落实“两个维护”制度机制，推进主题教育，打造忠诚、干净、担当的高素质干部队伍，推进各级党组织全面进步、全面过硬，持之以恒正风肃纪反腐，为建设广州市“老城市新活力创新发展示范区”提供坚强政治保证。

8月4日，中共广州市越秀区委召开区委常委会（扩大）会议，传达学习习近平总书记在中央政治局会议、党外人士座谈会上的重要讲话精神，以及中央、省委财经委员会会议和省委常委会会议、市委常委会会议精神，听取越秀区上半年经济运行情况汇报，研究部署下一步工作。会议强调，全区上下要深入学习贯彻习近平经济思想和习近平总书记重要讲话精神，清醒认识区内经济工作面临的风险挑战，坚持稳中求进工作总基调，完整、准确、全面贯彻新发展理念，主动服务和融入构建新发展格局，落实省委“1310”具体部署和市委“1312”思路举措，坚定信心、保持定力，抓住机遇、攻坚克难，用好政策空间、找准发力方向，推动下半年经济持续向上向好，为全省全市稳增长大局作出越秀区贡献。

11月30日，中共广州市越秀区委召开区委常委会（扩大）会议，传达学习习近平总书记在北京、河北考察灾后恢复重建工作时和对山西吕梁市永聚煤矿一办公楼火灾事故作出的重要指示精神，全国、全省、全市安全生产电视电话会议精神，以及省委常委会会议、市委常委会会议和省委、市委主要领导批示精神，听取有关工作情况汇报，研究部署下一步工作。会议强调，全区上下要深入学习贯彻习近平总书记重要指示精神，坚决贯彻落实党中央决策部署和省市工作要求，清醒认识当前区内安全领域面临的形势，坚持人民至上、生命至上，牢固树立安全发展理念，强化系统治理、韧性治理、敏捷治理，强化问题导向和底线思维，抓紧抓实防灾减灾和安全生产各项工作，维护人民群众生命财产安全和社会大局稳定；要统筹好发展和安全，抓好年终岁尾经济运行、城市管理、安全稳定等工作，为经济社会高质量发展夯实基础。

【越秀区高质量发展大会】 于2023年1月31日召开。会议全面学习贯彻党的二十大精神和习近平总书记对广东系列重要讲话、重要指示精神，贯彻落实全省、全市高质量发展大会精神，对全区推进高质量发展工作进行再动员、再部署。会议强调，全区上下要锚定高质量发展首要任务，加强推动高质量发展的谋划、担当与作为，推进中国式现代化的越秀实践；要拓宽谋划的视野，谋划打造高质量发展载体、构建现代化产业体系、推动重点项目大突破，加强北京路、广州火车站等重点区域的城市设计，加快推进年内63个重点项目建设，推动优势产业高端化、传统产业新型化、新兴产业规模化，在优化城市功能、城市环境、公共服务上展现更大作为，通过“拆”“治”“兴”并举推进城市更新，提升城区环境品质和街区风貌，谋划实施“民生十大工程”，推进越秀区高质量发展；要发扬担当精神，以最强合力、最大力度推进越秀区高质量发展；要实施扩大内需战略，聚力建设国际消费中心城市示范区，推动增强消费能力、改善消费条件、创新消费场景同向发力，树立“大抓项目、抓大项目”导向，吸引带动全社会关注越秀区、投资越秀区；要加快构建现代化产业体系，打造更加安全和更具市场竞争力的现代服务产业链集群10条，推动总部经济、楼宇经济规模质量迈上新台阶，争取早日建成创新金融、生命健康、数字经济3个千亿级产业集群和文化创意、现代商贸、高端专业服务3个500亿级产业集群；要落实“两个毫不动摇”，坚持“要素跟着项目走”，推动各类资源要素向优质项目集聚，真正让好企业有好资源、好项目有好发展。（余立得）

重大决策

【《关于新时代越秀区高质量发展的行动方案》出台】 2023年7月10日，越秀区委办公室、区政府办公室印发《关于新时代越秀区高质量发展的行动方案》，以高质量发展为牵引，推动经济实现质的提升和量的增长。方案围绕坚持扩大内需、坚持创新发展理念、坚持协调发展理念、坚持绿色发展理念、坚持开放发展理念、坚持共享发展理念、坚持和加强党的全面领导7个方面，出台具体举措28项，包括促消费、扩投资、招商安商、产业建设、科技创新、人才引育、城市建设、推进“百千万工程”、文化强区、环境治理、绿美越秀、改革开放、参与大湾区建设、优化营商环境、安全稳定、民生事项、加强党的全面领导和党的建设等内容，并明确各单位责任分工，在全区上下凝聚合力，推进中国式现代化的越秀区实践。

表8 2023年中共广州市越秀区委、区委办公室重要文件一览表

文号	文件名
越字〔2023〕1号	中共广州市越秀区委关于印发《越秀区深入贯彻落实〈广州市贯彻落实《中共广东省委关于实施“百县千镇万村高质量发展工程”促进城乡区域协调发展的决定》的行动方案〉的实施方案》的通知
越委〔2023〕01号	中共广州市越秀区委 广州市越秀区人民政府关于2022年法治政府建设工作情况的报告
越委〔2023〕03号	中共广州市越秀区委关于越秀区委常委会2022年抓党建工作情况报告
越委〔2023〕04号	中共广州市越秀区委关于2022年落实全面从严治党主体责任情况的报告
越委〔2023〕07号	中共广州市越秀区委关于越秀区2022年工作总结和2023年工作计划的报告
越委〔2023〕12号	中共广州市越秀区委 广州市越秀区人民政府关于2022年河湖长制工作情况的报告
越委〔2023〕14号	中共广州市越秀区委 广州市越秀区人民政府关于2022年度实施乡村振兴战略工作情况的报告
越委〔2023〕18号	中共广州市越秀区委 广州市越秀区人民政府关于2023年“广府味·幸福年”广府文化系列活动工作情况的报告
越委〔2023〕45号	中共广州市越秀区委 广州市越秀区人民政府关于2023年越秀区文化文艺工作情况的报告
越委〔2023〕46号	中共广州市越秀区委 广州市越秀区人民政府关于越秀区2023年食品安全工作情况和2024年工作计划的报告
越委办〔2023〕08号	中共广州市越秀区委办公室关于印发《2023年全区开展纪律教育学习月活动的意见》的通知
越办〔2023〕6号	中共广州市越秀区委办公室 广州市越秀区人民政府办公室印发《关于新时代越秀区高质量发展的行动方案》的通知
越改委发〔2023〕1号	中共广州市越秀区委全面深化改革委员会关于印发《深入学习贯彻党的二十大精神 推动落实越秀区2023年全面深化改革任务的工作安排》的通知

【激活、优化、疏解策略实施】2023年，越秀区探索超大城市中心城区高质量发展新路径，将越秀区高质量发展路径确定为三大策略：激活、优化、疏解。激活存量空间，聚焦群众对人居环境以及产业对空间载体的需求，加强项目谋划，加快推进存量空间扩容提质，激活老旧商务楼宇、城中村、低效公有物业等空间载体，焕发老旧空间"新活力"；推动实施广州火车站片区、北京路二期综合改造项目，推进公房、低效楼宇活化利用，开展农林下路商业氛围提升，提速南洋电器厂更新项目，探索旧城混合改造新方式，加快东风东路小学改扩建，探索有限空间扩容提升优质教育新路径。优化服务供给，提升中心城区的行政服务保障和公共服务功能，推动千年城脉、文脉、商脉传承发展；整治环境卫生、市政设施等13类"大城管"领域问题，推进创建环卫精品示范区，优化环卫保洁机制，提升垃圾分类效率；成立区公共服务联络机构，防范化解政治、经济、社会等领域重大风险，维护社会大局安全稳定；每年将80%以上的财政开支用于民生社会服务保障，在重构传统服务价值上开创新局。疏解非核心功能，将加快"存量变革"和"增量崛起"相结合，既开展转型疏解，又进行功能提升；总结提升星之光家电市场"蝶变"转型成数字体育产业园的经验，推广美博城、UUS服装城、白马、迦南、万菱等专业市场升级改造经验，引导辖区内150多个专业市场向商场化、综合体化方向改造，发展"展厅+专业市场""写字楼+专业市场""产业园+专业市场"模式，助力专业市场迭代升级。研究制定越秀区商贸业产业结构调整指导目录，分阶段引导低端业态转营或迁出，在重塑现代城区格局上开拓新路径。

【"大城管"机制构建】2023年，越秀区创新构建"大城管"体系，建立"一把手"抓城管工作机制，由区、街道、社区三级书记主抓城管工作。区委书记召开会议专题部署、动态调度，并到一线协调解决问题，区级班子领导挂点包干，反复督办帮办，形成齐抓共管合力。印发《越秀区2023年城市管理工作要点》《越秀区城市管理高质量发展工作实施方案》等文件，围绕环卫保洁、垃圾分类、燃气管理、市容秩序整治、建筑废弃物管理、安全管理等业务，制定专项工作方案7个。印发《背街小巷环境整治提升年行动方案》，提升背街小巷环境品质。成立区城市治理品质提升工作专班、城建城管巡查专班，推行"日巡查、日通报、日整改"机制。建立应急响应处置机制，实现城市管理"一网式"智慧指挥。建立月度执法数据通报考核制度，通过常态治理和专项整治相结合方式，整治"六乱"（乱搭建、乱摆卖、乱停放、乱拉挂、乱堆挖、乱张贴等）问题。制定交通大整治工作方案，推进非机动车道新增和改造。完善城市道路占用、挖掘管理制度，减少施工扰民污染。谋划登峰、西坑城中村改造问题，推进东园文化广场、东山片区、水荫南社区、达道路片区、农讲所、北京路、海珠广场片区等品质提升项目，建成"大师作大众创"项目，打造新河浦、二沙岛、流花湖、麓湖等碧道。越秀区全域服务治理试点工作相关经验获《人民日报》《城市建设》等媒体报道。

【"百千万工程·惠农集市"开设】2023年，越秀区在北京路步行街南段开设花城花街暨"百千万工程·惠农集市"，打造460平方米的路面商亭展销空间。其中，在220平方米展销空间引入文创、轻餐饮等经营业态，丰富步行街南段商业氛围；在240平方米展销空间打造"百千万工程·惠农集市"。创新招商模式，突出"零租金、短平快"特点，每月举办主题特展2~3期，定期面向社会公开征集花、鸟、虫、鱼、艺以及对口协作、惠农助农促销、特色农产展销等项目，借助北京路步行街"全球活力、千年城脉、广府商街"的辐射影响力，扩大岭南特色产品知名度。联合对口支援地区，开展各类消费帮扶活动，惠农集市现场销售广东湛江廉江红橙1.5吨、广东梅州小黄姜1吨、广东清远连州菜心2.5吨，贵州米糕日均销售4000元，姜埋奶、湛江火山红薯日均销售均超2000元。坚持"搭平台、拓渠道、强服务"，联动联盟企业销售福建

2023年12月15日，消费帮扶助力"百千万工程"——越秀区对口支援协作地区农特产品展销会在珠江·星火1926商业综合体西广场举行（钟涌 摄）

龙岩武平脐橙1000多吨、广东肇庆德庆贡柑5000多吨，为优质农产品及农副产品搭建长期展销平台。

【全国首个重点产业主题人才会客厅成立】 2023年，越秀区聚焦以产引才、产才融合，打造“1+9+N”（“1”指书记人才会客厅，“9”指科创、教育、超高清视频产业、生命健康产业、设计产业、金融产业、人力资源产业以及二沙岛国际人才会客厅、青年人才会客厅9个主题人才会客厅，“N”指其他各部门及各街道按需设置的人才会客厅）重点产业主题人才会客厅，迭代升级“越揽众星”人才政策体系和“大家归秀”全周期人才服务保障体系，设立人才服务官和人才管家，通过“一链一策”为产业人才提供定制化服务。常态化组织政策宣讲、人才交流、项目路演、文体休闲等活动，吸引超100名产学研合作人才、青年学者等到越秀区做客，凝聚资源，助力项目对接、资源链接、成果转化，推动科技、产业、人才合作。（余立得）

全面深化改革

【概况】 2023年，越秀区推进各领域改革。区委召开会议听取全区经济社会发展情况汇报，审议推进各项重点改革事项，制定印发《越秀区2023年全面深化改革重点工作安排》等改革文件，明确10个重点领域26个方面改革任务，推进广州市“一区两品牌”改革创新项目。10个重点领域包括经济体制改革、行政管理体制改革、营商环境改革、民主与法治领域改革、文化体制改革、社会治理体制改革、重大民生领域改革、城市建设管理和生态文明体制改革、党的建设制度改革、纪律检查体制改革。区主要负责人带头统筹改革实践，14名区级班子领导领衔牵头分管领域改革工作，带动各深化改革委员会委员、各专项小组、各级各部门围绕经济发展、营商环境、社会治理、安全稳定等领域推动全面深化改革工作。

【营商环境改革】 2023年，越秀区深化“一照多址”“一证多址”改革，探索建立自主歇业登记制度。推广进出口通关“提前申报”“两步申报”模式，建立容错机制，通关平均时间10.77小时，通关时间位居广州市各区前列。升级“越秀商家”政务平台，在全市各区率先提供市场主体迁入线上办理服务。在全国首创“信用+供电用电”模式，获评第四届“新华信用杯”全国优秀信用案例、广东省首批信用建设服务实体经济发展试点典型案例。“信用二维码”守信激励机制被纳入广东省第三批基层改革创新经验复制推广清单，相关经验获《广州改革》专刊登载。诚信商圈、信用走廊、信用越秀综合信用服务平台、“信用+海关服务”4个案例获评全省诚信典型案例。商务楼宇信用走廊、信用办电、诚信商圈、诚信街道、诚信宣传品牌、粤港澳大湾区信用服务（越秀）产业基地6项成果被纳入广东省首批信用建设服务实体经济发展试点典型案例。2020—2023年，越秀区在全市社会信用体系建设工作考核均为“优秀”等级。深化“放管服”改革，优化工程建设项目分类审批机制，实现工程建设项目全程网办“零跑动”。“非接触式”办税缴费服务率95.1%，V-TAX远程可视化办税平台分流替代率39.1%，均居全市各区前列。针对市场主体诉求打造信用金融产品“越商贷”，“一行一品”量身定制授信，累计引导辖区内5.05万家企业进驻广州“信易贷”平台，促成放款620.2亿元。签署“共同推动广州（越秀）国家产融合作试点城市建设合作备忘录”，对接项目签约金额超1000亿元。开展知识产权质押融资入园惠企行动，完成知识产权质押融资超24亿元，落地全市首单跨境电商解除TRO（Temporary Restraining Order，临时禁令）禁令知识产权侵权责任保险。制定区“高质量发展十条”，建设越秀区政企沟通服务中心，打造“首席服务官”团队，开展“10号直通车”政企交流系列活动约50场次，协助项目实地看场近400次。打造全市首个绿色商圈——北京路商圈，在全市各区首推市场集群智能监测预警机制，推送风险预警信息2.58万条；落实逾期年报企业免处罚期限，建立“包容审慎监管库”“白名单”，助力市场经营主体1.4万户次重塑信用。

【经济体制改革】 2023年，越秀区深化供给侧结构性改革，印发实施《广州市越秀区促进产业高质量发展的实施意见》，通过“一链一策”落实链长制工作。修订《越秀区科技计划项目管理办法》，完成市级科技项目验收69个，获得2022年度省科学技术奖58项。获批全国首批国家知识产权服务业高质量集聚发展试验区，新增发明专利授权5401件，发明专利占比49%，位居广州市各区第一，辖区内广州汽车集团股份有限公司、广州地铁设计研究院等申报的9项发明专利获第二十四届中国专利奖。修订并印发《越秀区转制社区集体经济组织交易管理办法》等文件，指导转制社区集体经济组织开展乡村振兴资金使用暨集体“三资”（资金、资产、资源）管理整改提升，农林、寺右、西坑、登峰、瑶台5个经济联社全年完成集体资产交易4.04亿元。推进粤港澳大湾区建设，起草《越秀粤港澳大湾区生命健康产业创新区建设总体方案》，经广州市推进粤港澳大湾区建设领导小组第十二次全体会议审议通过。发布广东省首个地方个体私营企业融资产品“越秀个私贷”，大丰银行增资7亿元成为广东省首个纳统的外资银行增资项目。

【行政管理体制改革】 2023年，越秀区启动新一轮机构改革，印发《广州市越秀区机构改革方案》。在区卫生健康局挂牌组建区疾病预防控制局，加强疾控体系建设；在区委组织部单设人才工作科，优化健全党管人才工作体系。统筹挖潜盘活区属中小学编制368名，动态解决教职工编制缺口问题；建立健全干部挂点环卫站工作机制，助力提升环卫工作水平。成立越秀区“百县千镇万村高质量发展工程”指挥部、区高层次人才服务中心、区防汛防旱防风应急救援指挥中心等，推进区重点工作。

【民主法治领域改革】 2023年，越秀区综合运用“家站点”传统载体平台和新型信息化手段，推动联系选民“常态化”、服务群众“零距离”。推动制定“人大街道工委建设年”工作方案、区政协“百姓提案”工作实施方案，解决基层所盼、民心所向的问题。加强与民主党派协商联动，深化非公有制经济统战工作。深化“全覆盖、多层级、高效能”公共法律服务体系建设，实现“15分钟法律服务圈”全覆盖，年内，登峰司法所获评广州市示范司法所。

【文化体制机制改革】 2023年，越秀区推进红色文化传承弘扬示范区建设，聚力打响红色文化、岭南文化、海丝文化、创新文化“四大品牌”，推动“五条红道、红色八景、五片一区”（“五条红道”指工、农、青、妇革命运动体验红道，中国革命统一战线红道，毛泽东伟人足迹，周恩来伟人足迹，陈独秀革命先锋足迹；“红色八景”指河浦同舟，红墙求索，东园潮起，文德新征，红陵旭日，珠水丹心，长堤扬旗，岭南曙光；“五片一区”指广州公社—北京路片区、海珠广场—沿江片区、东园文化广场片区、农讲所—烈士陵园片区、中共三大会址片区5个片区，创建广州首个红色AAAAA级旅游景区）规划落地。加强文物信息数据库建设，逐一建立红色革命遗址文物记录电子档案，分级分类进行保护利用，以“文物+”模式打造东平大押文化新地标，柏园活化利用项目、周恩来同志主持的中共两广区委军委旧址活化利用项目入选广东省文物古迹活化利用典型案例。区国家档案馆创建为全省首家区县级“全国示范数字档案馆”，广府庙会元宇宙、广州非遗街区元宇宙2件作品入选数字赋能中华文化国际传播创新应用案例。创新红色宣讲方式，构建“越学·思践”宣讲品牌，获《人民日报》点赞宣传。打造“图书馆之区”和“博物馆之区”，建立广东省首个海丝主题公共图书馆，创建广州市首个“诗词之区”，发布越秀区“诗词图书馆体系”三年行动规划（2023—2025年），打造首个“诗空间”示范点，建成“十分钟阅读圈”。推动办文化向管文化转变，引导和鼓励社会力量参与公共文化服务，与社会力量合作开展艺术普及、文化展览、非遗传承等活动，打造“020赫兹”城市音乐营地等文化创新品牌。探索文物建筑社会化运营管理，形成“政府统筹+专题博物馆”“政府托管+企业运营”“政企注资+一体运营”等模式，实现功能属性灵活赋能与空间载体多样改造相结合，让文物建筑焕发新活力。

【社会治理体制改革】 2023年，越秀区印发区“无讼社区”试点推广工作方案，推进“无讼社区”试点全覆盖。黄花岗街道和白云街道获评广东省信访工作示范乡镇（街道）。构建“综治中心+综合网格+最小应急单元+智能化”工作体系，探索“信用+出租屋”治理模式，建立出租屋管理信用监测平台。挂牌设立广州市首个涉港澳商事多元解纷服务站——越秀区涉港澳商事多元解纷服务站，制定全市首个专利纠纷诉调（裁）对接地方标准——《专利纠纷诉调（裁）对接管理规范》。开展城中村围院式、第三方代管、村规民约等示范点建设，城中村规模以上出租屋全部建立楼栋长管理机制。优化基层自治组织动员体系，建立“楼宇事楼宇议、大院事大院议、社区事社区议”分层议事机制。

【重大民生领域改革】 2023年，越秀区深化政府办社区卫生服务中心“公益一类投入、公益二类管理”改革，全年政府办社区卫生服务中心门、急诊人次、上缴非税收入比上年增长均超20%，上缴非税收入5.68亿元，经常性收支结余5500万元（比上年增加1775万元），有收支结余的单位从9个增加至11个，第三方调查显示居民群众对社区卫生服务中心总体满意度96.7%，该经验做法获《广州改革》专刊登载。18个街道社区卫生服务中心实现家庭病床服务、上门出巡诊服务全覆盖，建成启用港式家庭医生工作室14个。深化“双减”（减轻义务教育阶段学生作业负担、减轻义务教育阶段学生校外培训负担）改革，完成“公参民”规范治理任务，公办港澳子弟班、打造粤港澳大湾区特色教育示范体系的经验做法获《广州改革》专刊登载。探索特殊工时管理制度，成立广州越秀—安顺镇宁东西部劳务协作就业驿站，该做法获人力资源社会保障部推广宣传。首创“124”机制（“1”指医康养护“一站达”，“2”指传统、现代“两融合”，“4”指家庭养老床位、家庭病床、养老机构床位、医疗机构床位“四床”联动）推动中医药赋能医养融合，与广东省人民医院签约打造城市医联体建设新样板。构建“医食住行乐”五位一体社区养老服务发展模式，成立越秀区养老服务联盟、认知症照护联盟，成立首个街道级（洪桥街道）长者饭堂爱心联盟，在大塘街道打造全市首个广州老年开放大学街道学校，药品安全考核连续第三年在市获评“A级”等次。建成全国首批“护童成长”项目“签收+”计划示范基地。打造全国首批5G智能眼科巡诊车，实现眼健康诊断自动化和智能化。建立流浪救助“4+2+N”（“4”指民政、公安、城管、卫健四部门联动，“2”指志愿者、社工两者配合，“N”指社会力量参与）政社联动机制，启动“越关爱”、慈善超市、精康服务、学子基金4个社会救助特色项目。

【城市建设管理和生态文明体制改革】 2023年，越秀区在华乐街道、大塘街道、六榕街道启动越秀区首批“智慧环卫”试点建设，东山街道在广州市各街道首创“立体桶库”，化解垃圾扰民等问题，完成五大流域（沙河涌流域、东濠涌流域、景泰涌流域、驷马涌流域、西濠涌流域）市政道路地下管线建设。建立由区林长牵头、部门协作和“区级统筹、街道主责、社区落实”齐抓共管8项配套制度，建立大气污染联防联控工作机制，推进国家生态文明建设示范区创建，农林街道见缝插绿建设“口袋公园”获《人民日报》报道。

【党的建设制度改革】 2023年，越秀区建立健全学习贯彻习近平新时代中国特色社会主义思想主题教育领导小组办公室“1+7”（“1”指1套办公室工作制度，“7”指7个工作组的工作方案及指引）工作制度和“五个一”工作机制（每周与市委巡回督导组进行1次对接汇报、每周召开1次工作例会、每周开展1次临时党支部专题学习、每周了解1次各单位主题教育开展情况、每月安排1次调研活动），区一级、二级班子成员开展调研选题463个，形成调研转化成果一批。印发《关于开展“百个机关党组织进社区”“千名机关干部进网格”活动的工作方案》，深化“九联共建”（区域党建联动、军地双拥联手、居民自治联推、公共安全联防、社会矛盾联调、社区服务联供、公共设施联享、环境卫生联抓、精神文明联创）工作机制。制定激励全区干部职工在高质量发展中新担当新作为的10条措施，实施发展党员“培优工程”、党员管理“先锋工程”。

【纪律检查体制改革】 2023年，越秀区完善监督工作机制，建立健全“常委委员分工负责制”“案件主办人”“专班组长负责制”等机制，开展护航营商“直报直查直追”专项行动。深化“室、组、街道”协作区建设，组建工作专班推进线索专项排查，全年受理问题线索825条，线索办结平均时长比上年缩短24.5%。（余立得）

巡察工作

【概况】 2023年，越秀区委巡察机构组织开展十三届区委第四轮、第五轮、第六轮巡察工作，对16个区属单位进行常规巡察，对70个社区、16所重点学校和21家区属医院、社区卫生服务中心进行延伸巡察，发现问题928个、问题线索17条，接收处理群众来信、来电、来访60件次，督促立行立改问题84个，向被巡察单位提出整改建议67条，向区委提交专题报告4份。宣传“听民意、解民忧”巡察微故事，推动被巡察单位和职能部门为群众解决问题13个。

【巡察工作制度建设】 2023年，越秀区委巡察机构深化政治巡察，制定实施推进越秀区巡察高质量发展的工作方案，开展补短板、强弱项、抓规范专项行动，编印《越秀巡察一本通》《巡察工作制度文件汇编（2023）》，以及巡察工作指引等配套制度机制，建立巡察工作常用政策法规文件库，推动巡察工作高质量发展。加大巡察干部培训力度，实施巡察机构绩效量化考核。全年根据巡察移交问题线索，推动立案处理12人、党纪政务处分3人。

【巡察整改】 2023年，越秀区整合区委巡察机构、区纪委监委党风室及派驻纪检监察组、各街道纪工委力量，开展巡察反馈意见整改落实情况专项监督检查，监督检查16个单位，对十三届区委第二轮、第三轮巡察和“三资”管理专项巡察的整改落实和成果运用情况，督促被巡察单位逐项再整改、再落实。协助广州市委巡察办对市委提级巡察的黄花岗科技园管委会、人民街道、矿泉街道瑶台公司开展巡察整改效果评估，做好巡察整改“后半篇文章”。（张晓宇）

组织工作

【概况】 2023年，越秀区贯彻落实新时代党的建设总要求和新时代党的组织路线，开展学习贯彻习近平新时代中国特色社会主义思想主题教育，增强基层党组织政治功能和组织功能。是年，中共广州市越秀区委派出的党工委有25个，另有党组（含党组性质的越秀区公安分局党委、国家税务总局广州市越秀区税务局党委、越秀区应急管理局党委）36个。全区有基层党组织3117个，其中党委267个、党总支61个、党支部2789个。全区18个街道有社区222个，建有党委206个、党总支10个、党支部6个。全区有中共党员7.32万人（含预备党员244人）。其中，女党员3.6万人；年龄在35岁及以下7613人，36~60岁2.51万人，61岁及以上4.05万人；研究生学历3692人，大学本科、专科学历4.33万人，中专、高中、中技学历1.75万人，初中及以下学历8741人；少数民族党员967人。全年发展新党员234人。是年，越秀区提拔重用区管处级领导干部50人，晋升四级调研员以上职级74人次，招录公务员224人。全年通过“线上+线下”结合形式培训干部2.5万人次。

【基层党建】 2023年，越秀区开展“百个机关党组织进社区”“千名机关干部进网格”活动，安排222个机关党支部与社区“一对一”结对，选派1815名机关党员公务员到网格担任党建指导员，区属机关每周安排1天为“社区工作日”，通过业务资源倾斜、难点问题攻坚、党建结对共建等方式，推动组织向基层延伸、资源向基层集聚、力量向基层下沉，协助开展第五次全国经济普查、登革热疫情防控等工作；在3000多个微信群部署“艾小越”政务私聊机器人为居民提供服务，录入办事事项知识目录8000多条。以竞标争先方式评选出党建引领基层治理标杆社区19个，开展集学习分享、经验交流、成果汇报于一体的竞标争先活动9场，以点带面推动全区222个社区整体提升，针对标杆社区书记、其他社区书记、社区专职工作人员不同特点，分层分级举办培训班，形成“金雁领飞、头雁奋飞、群雁齐飞”的“雁阵效应”。坚持“小切口大变化”民生实事办理机制，连续第六年开展“老城市新活力”党员先锋行动，连续第十一年实施“三结对三提高”（党建结对共建提高组织力、治理结对联动提高战斗力、帮扶结对同心提高凝聚力）党建先锋行动，探索构建“五治融合”（“五治”指政治引领、法治保障、智治支撑、共治协同、自治强基）城中村善治体系。聚焦全区重点项目和“暖心楼道”等民生工程，推动街道“大党工委”委员所在单位、项目周边单位、项目参与单位、市区行业主管部门形成“党建共融体”，东园文化广场业态提升、广九铁路纪念园升级改造等一批重点项目取得成果。

【传统领域党建】 2023年，越秀区制定《关于全面提高区直机关党的建设质量的若干措施》，深化模范机关建设，开展“走好第一方阵 打造一流品牌”机关党建品牌创建，完成69所中小学党组织领导的校长负责制改革，推进实现民办中小学校和校外培训机构党的组织和党的工作全覆盖，深化公立医院党建“四有”（班子有作为、支部有方法、党建有品牌、单位有典型）工程，实施国有企业改革三年行动计划，推动党建品牌创建活动向国企基层党组织延伸，把党的领导融入公司管理各环节。

【两新组织党组织建设】 2023年，越秀区推进两新组织（新经济组织、新社会组织）党建摸查和组织建设“双同步”工作，强化区属行业党委与属地街道（园区）协同作用，采取“联动组建、动态核查、定点反馈”方式，推动街道（园区）开展常态化摸查，全区两新组织党建“双同步”工作台账中，非公有制企业有4386家、党员4969人，建立党组织498个；社会组织有428家、党员535人，建立党组织82个。全年发展两新组织党员62人，新组建两新组织党组织22个，其中非公有制企业党组织21个、社会组织党组织1个。在两新组织中开展学习贯彻习近平新时代中国特色社会主义思想主题教育，制定《关于在新经济组织、新社会组织、新就业群体开展学习贯彻习近平新时代中国特色社会主义思想主题教育的工作指引》，指导两新组织党组织开展理论学习2450场次、交流研讨875场次。开展“立足岗位做贡献”“我为企业办实事”等活动，设立党员示范岗、党员责任区668个，引导党员参与志愿服务活动1288场次，收集党员群众为企业建言献策568条。创新推进新业态新就业群体党建工作，指导区商务局（区交通运输局）党组成立区交通运输行业党委，制定出台《越秀区推进新业态新就业群体党建融合共建“十个一”工作方案》，强化寄递物流行业新业态企业党建工作，通过抓组织联建、抓队伍联育、抓服务联享、抓治理联动等方式，指导全区各街道试点组建以属地社区党组织和新业态企业基层网点结对的党建共建联合体各1个，组建新业态党建指导员团队18个，联动各类爱心驿站开展关爱服务362场次，服务新就业群体近2万人次。拓展非公有制企业红联共建“红链计划”，坚持“成熟一个、打造一个”原则，筛选核心元器件、前端展示等非公有制企业10多家，打造超高清视频产业“红链计划”。是年，越秀区辖区内获评广州市非公有制经济组织“双强六好”（“双强”指发展强、党建强，“六好”指生产经营好、企业文化好、劳动关系好、党组织班子好、党员队伍好、社会反映好）标杆党组织4个、广州市非公有制经济组织“双强六好”党组织9个、广州市非公有制经济组织党务工作标兵7人、广州市非公有制经济组织党员先锋示范岗10人、广州市非公有制经济组织党委致谢“党建之友”2人。

【党群服务阵地建设】 2023年，越秀区推进“党群活动 越月精彩”主题活动月机制，由区党群服务中心统筹，指导全区党群服务阵地根据每月关键词自主组织活动，推动各党群服务阵地结合区位特点、人群特征、服务半径等因素，组织开展党课学习、“以党带群”生活技能培训、文体活动等，全年全区党群服务阵地开展各类主题活动9100多场次。区党群服务中心联动青年夜校、共建方等资源打造工余课程项目，开设短视频制作、应急救护、摄影技巧、电影鉴赏等课程30多场次，吸引近1000名党员群众参与。拓展党群阵地服务效能，区党群服务中心联合区民政局为全区18个街道党群服务中心引入广州老年开放大学资源，推出“老年课程超市”，打造集党建、民生、文体于一体的“15分钟党群服务圈”。

【党员教育管理】 2023年，越秀区打造“越学·育秀”党员教育品牌，建成分级分类党员教育培训体系，开展社区干部队伍能力提升“雁阵工程”、发展党员后备力量培养“展翅工程”等专题培训班，全年依托区街党校、社区分教点、红色史迹等场所开展培训8400多场次，培训党员42万人次，大塘街道党工委党校获评广东省“百个镇街党校示范点”，区委党校1名讲师入选“百名南粤党员教育优秀讲师”。推进党支部标准化规范化建设，修订《越秀区党支部工作手册2.0版》，制定《越秀区换（补）领〈中国共产党入党志愿书〉工作指引》，以清单化、流程化形式规范组织生活要求，开展流动党员组织关系集中排查以及社区专职工作人员党员档案管理排查整顿工作，全年完成3500多名党员组织关系转接。

2023年9月21日，越秀区"高质量发展大讲堂"系列专题讲座第七期在区机关大楼举行（钟涌 摄）

【干部选拔任用】 2023年，越秀区定期分析研判各班子结构情况和运行状况，全年实地调研区属单位16个，掌握班子运行、年轻干部成长情况。加强干部政治历练和实践锻炼，选派干部承担乡村振兴、房屋征拆、城中村改造等重点工作。实施强基础"百千计划"，选派1815名机关党员公务员下沉到社区网格担任党建指导员，推动机关干部在基层历练中强化宗旨意识、提高群众工作能力。组织年轻干部到艰苦岗位实践锻炼，从全区各单位先后选派2批74名干部到各街道环卫站工作，推动干部与一线环卫工人同劳动、同交流、同研究，提高干部调查研究能力和解决实际问题能力。坚持嵌入式考察，常态化跟进识别干部，通过列席会议了解项目进展、实地走访听取群众口碑、进入现场观察干部，全年提拔重用区管处级领导干部50人（其中90%以上来自区重点项目或基层一线）、晋升四级调研员以上职级74人次。

【干部教育培训】 2023年，越秀区围绕主题主线，在全区组织开展党的二十大精神大学习、大培训。开设市正局级主要领导干部学习贯彻党的二十大精神专题研讨班越秀区分会场，组织市管干部和街道党工委书记培训。越秀区委组织部联合区委党校举办区管干部学习贯彻党的二十大精神专题轮训，区委领导班子成员先后登上党校讲台，围绕学习贯彻党的二十大精神，结合各自分管领域作专题辅导。坚持区、街道、社区三级联动，将党的二十大精神与区情相结合，传达至每个基层党组织和每名党员、干部，实现教育培训全覆盖。组织"读懂广州·热爱广州·奉献广州"学习大讲坛系列越秀专场，围绕"以'创新'提升营商环境国际竞争力"主题举办专题讲座，讲座同步面向全市干部直播，吸引4万多名干部职工收看收听。激活以学促干内生动力，打造"越秀区高质量发展大讲堂"培训品牌，坚持"一月一专题"，全年围绕越秀区情举办专题讲座11场，通过"线上+线下"相结合形式培训干部2.5万人次。

【干部监督管理】 2023年，越秀区完善从严管理监督干部制度体系，加强干部全方位管理和经常性监督。组织领导干部集中填报个人有关事项，全年抽查核实164人次，对2名漏报干部给予组织处理。聚焦开展重点领域政商"旋转门""逃逸式辞职"问题整治工作。加强干部因私出国（境）管理，规范完善审批流程，履行审批手续，全年完成处级及以上干部因私出国（境）审批57人次、因公出国（境）备案49人次。开展信访举报受理核查、"一报告两评议"（专题报告年度干部选拔任用工作情况；评议干部选拔任用工作，评议选拔出来的干部）工作，提升选人用人质量。引导干部树立正确政绩观，突出实干实绩导向，完善干部考核指标体系，完成512名区管干部2022年度考核工作，对117名干部给予嘉奖，对连续三年获得"优秀"等次的9名干部记三等功。制定激励全区干部职工在高质量发展中新担当新作为十条措施，健全"一事一议"奖励机制，强化激励机制作用，对在建设广州老城市新活力创新发展示范区工作中的40个先进集体、80名先进个人予以正向激励。

【公务员管理】 2023年，越秀区加大公务员招录力度，补齐、补强基层工作力量，建设高素质、专业化干部人才队伍，全年招录公务员224人，其中选调生31人。发挥党校干部教育培训主渠道作用，举办处级干部进修班、中青年干部培训班、科级公务员任职培训班、选调生培训班、公务员初任培训班，培训学员530多人次。创新培训模式，组织67名中青年干部培训班学员围绕全区16个重点项目开展专题调研。全年选派干部170多人次参加上级组织的各类主体班、业务培训班、研讨班。围绕中心工作、重点产业、重大项目，会同区属各单位研究制定培训办班计划，全年推动各级各单位开展干部培训200多场次、培训2万多人次。落实公务员考核制度，准确评价公务员德才表现和工作实绩，激励全区公务员履职尽责、担当作为。

【人才工作】 2023年，越秀区融入粤港澳大湾区高水平人才高地建设，推动产才融合，为推动高质量发展提供人才支撑。坚持党对人才工作的全面领导，优化领导干部与高层次人才日常联系“直通车”制度，区四套班子领导带头开展以“礼赞新时代 致敬科学家”“迈越常流 大咖归秀”等为主题的人才代表慰问活动。聚焦区核心产业和现代产业链发展方向，打造“越揽众星”人才政策体系，探索实施“一链百星”等人才引育创新举措，落地全国首个中国海外人才交流会暨中国留学人员广州科技交流会（以下简称“海交会”）人才服务站。围绕区委、区政府中心工作、重大项目和产业发展需要，建设全国首个重点产业主题人才会客厅，组织人才交流活动50多场次，邀请产学研各界人才到越秀区做客；对接人才资源，助力粤港澳大湾区生命健康产业创新区（越秀）引进生物医药企业超40家，推动爱虎传媒公司等20家企业入驻花果山超高清视频产业特色小镇；总结形成《越秀区构建产业人才阵地网络，探索产才融合新接口项目建设报告》，入选广州市委组织部党建制度改革“红棉擂台”十佳项目。组织开展第七届“越青杯”越秀区青年创新创业技能大赛，征集青年创新创业项目367个，其中5G智能眼科巡诊车项目获第六届“绽放杯”5G应用征集大赛“5G+医疗健康”赛道全国一等奖。加强专业技术和技能型人才建设，送审各级各类职称评审2530人。依托广州越秀国际人才中心，核发人才绿卡近130张，受理536个高层次人才申报入户指标。为符合条件的人才提供优质学位，办理人才住房保障；为28名高端人才进行体检并建立健康档案，开展医疗协助服务143人次。探索人才服务改革试点社区建设，搭建才社对接服务平台，推动人才服务向社区延伸，引导人才参与基层治理，为越秀区高质量发展赋能助力。

（汪征）

宣传工作

【概况】 2023年，越秀区宣传思想文化部门围绕“举旗帜、聚民心、育新人、兴文化、展形象”开展宣传思想文化各项工作。各级党（工）委（党组）把学习习近平总书记系列重要讲话精神和党的二十大精神作为党（工）委（党组）会、理论学习中心组学习会、“三会一课”的首要内容。是年，越秀区打造“越学·思践”宣讲品牌，深化红色文化传承弘扬示范区建设。举办首届“兰缘盛荟”文化旅游艺术周、海丝文化节等文化活动2000多场，惠及群众超1500万人次。全年各级主流媒体正面报道越秀区相关信息8600多篇（其中央媒报道326篇），“学习强国”学习平台刊登越秀区供稿信息591篇（其中全国平台刊登272篇）；全区上榜各级各类典型模范20人。

【理论学习】 2023年，越秀区把学习贯彻习近平新时代中国特色社会主义思想作为首要政治任务，围绕习近平总书记系列重要讲话精神和党的二十大精神等专题，区委理论学习中心组开展集中学习研讨15场次，带动全区二级班子党（工）委（党组）中心组开展学习700多场次。邀请专家学者为全区党员领导干部授课，举办“越秀讲坛”4场。针对区委理论学习中心组、区二级班子党（工）委（党组）中心组、全区党员干部等不同群体的学习需求，梳理并印发月度学习内容12期。打造“每日一学”短信学习平台，制作并派发《党的十八大以来习近平总书记四次考察广东》《讲好中国故事 积极传播中国正能量》等专题口袋书近3万本。

【主题宣传】 2023年，越秀区策划“新春走基层”、经济发展、红色文化、民生服务等主题报道，全年各级主流媒体正面报道越秀区相关信息8600多篇，其中央媒报道326篇。是年，越秀区获评广州市2022年新闻发布优秀单位，“南方+”越秀频道获评“南方+传播力奖高质量共建频道”。《人民日报》要闻版报道“越秀区农林街竹丝岗公园拆违建绿、见缝插绿，让市民生活更舒适更方便”案例。中央广播电视总台《春晚特别节目》栏目播放越秀区花市盛况，《新闻联播》栏目播放3分半钟专题片《花市里的幸福传递》，展现百年花市风采。人民日报客户端和《新华社》《经济日报》《中国青年报》等央级媒体，以及香港《大公报》、《澳门日报》等港澳媒体报道越秀区推出的

2023年1月23日，中央广播电视总台《新闻联播》栏目播放3分半钟专题片《花市里的幸福传递》。图为视频截图 （区委宣传部供图）

海丝文化节。越秀区广府庙会在新浪微博相关话题浏览量超5000万人次。《南方日报》《羊城晚报》《南方都市报》《新快报》,以及新华社、广东卫视《广东新闻联播》栏目、GDToday客户端、凤凰新闻等报道“兰缘盛荟”文化旅游艺术周相关情况。

【宣传引导】 2023年,越秀区发挥主流舆论主渠道作用,讲好越秀故事。“广州越秀发布”微平台发布推文1万多篇,阅读量近2000万人次,“学习强国”学习平台刊登越秀区供稿信息591篇,其中全国平台刊登272篇。组建工作团队,加大宣传引导力度,营造区内良好氛围。针对网民关注的热点难点问题,主动开展宣传工作。越秀区海丝文化节项目入选广州网络公益十佳项目。

【意识形态工作】 2023年,越秀区落实党委(党组)全面领导责任、书记第一责任、分管领导直接责任、班子其他成员“一岗双责”。区委常委会专题研究意识形态领域有关工作3次,全区召开意识形态工作联席和分析研判会议5次。组织开展2023年越秀区意识形态工作督导考核,对18个街道以及区教育局、区建设水务局等6个区属单位进行现场督查,把意识形态工作情况作为各单位年度绩效考核内容。开展省委第十三巡视组意识形态工作责任制专项检查组反馈意见的整改落实工作,对标对表落实整改。健全意识形态风险防控机制,强化与区属单位意识形态风险的联防联动。

【宣传阵地管理】 2023年,越秀区按照主管主办和属地管理原则,加强宣传阵地巡查管理。摸查政治主题社会宣传阵地,印发《关于迅速开展政治主题社会宣传阵地摸查的通知》,以社区为单位,摸查辖区内239个政治主题社会宣传阵地(含社区宣传栏、电子屏、走字屏等载体),检查刊播、上画的政治主题社会宣传内容。落实相关社会宣传阵地规范管理工作,印发《关于进一步规范社会宣传阵地管理工作的通知》,摸查全区道旗、景观小品、立体字、天桥标语等宣传阵地。越秀区委宣传部联合区委网信办、区政务服务数据管理局、区公安分局、核心区管委会和属地街道在元旦、春节、国庆等节假日期间开展户外电子显示屏网络安全检查工作,筑牢网络安全屏障。

【宣传思想队伍建设】 2023年,越秀区把忠诚可靠作为宣传干部第一位标准,加强宣传思想部门干部队伍建设。开展增强“脚力、眼力、脑力、笔力”教育实践,完善舆论引导定制培训、网络舆情应对指引等工作机制,加强基层党员干部应对复杂网络舆情和突发事件的技巧和能力。全年组织意识形态、新闻舆论、网络安全、理论学习中心组等业务专题培训16场,提升宣传思想队伍能力水平。

【红色文化传承弘扬示范区创建】 2023年,越秀区坚持“把红色资源利用好、把红色传统发扬好、把红色基因传承好”,探索落地“五条红道、红色八景、五片一区”整体布局。坚持根脉保护,开展昌兴街品质提升、文德楼保护利用等重点项目,打造周恩来同志主持的中共两广区委军委旧址等一批红色文化地标,全景式展示越秀区“中共党史上的十个第一”。坚持文旅融合,将红色史迹点与周边热门景点串连成线,游览“五条红道”游客超10万人次。优化景区场馆展览,建设网上AR(Augmented Reality,增强现实)红色展馆10个。坚持基因传承,深化“红色研学季”活动品牌,全年开展品读红色经典、唱响红色旋律、欣赏红色剧目等12类红色文化活动100多场,参与人数超30万人次。组建红色小小宣讲员队伍,推动学生从参观者变为解说员,讲解队成员超1000人。

【“越学·思践”宣讲品牌推出】 2023年,越秀区培育“越学·思践”宣讲品牌,以理论讲堂、思政讲堂、红色讲堂、创新讲堂、先锋讲堂、百姓讲堂6个讲堂为核心,强化队伍、阵地、社会资源3个维度支撑,“越学·思践”宣讲品牌被评为第三届广东省基层党建城市基层党建优秀创新案例。举办“新时代 我来讲”越秀区优秀宣讲员大赛。初赛面向社会征集宣讲视频298个,获120多万人次点

2023年7月1日,“研学越秀红 共享好时光”越秀区红色研学季启动活动在周恩来同志主持的中共两广区委军委旧址举行。图为学生在参加研学实践活动
(钟涌 摄)

赞；复赛选出百姓宣讲员50人，半决赛选出20强选手进入决赛，最终决赛选出越秀区“十佳宣讲员”，其中由越秀区推荐的宣讲员以总分第一的成绩入选广州市新时代“十佳”百姓宣讲员。制作宣讲短视频一批，其中《我们的历史使命——中共广东第一个党支部的故事》宣讲微视频入选2023年全省优秀理论宣讲微视频。引入社会资源，吸引高校、文博、医疗等行业专业宣讲力量，共同培育“越学·思践”宣讲品牌。（张雯）

统一战线工作

【概况】 2023年，越秀区在各民主党派、无党派人士和党外知识分子、新的社会阶层人士中开展“凝心铸魂强根基、团结奋进新征程”主题教育和助力“百千万工程”工作，实施“凝心铸魂”“聚智献计”“赋能建功”“服务社会”4项行动。越秀区有8个民主党派，分别为中国国民党革命委员会广州市委员会越秀区基层委员会、中国民主同盟越秀区基层委员会、中国民主建国会广州市委员会越秀区基层委员会、中国民主促进会广州市越秀区基层委员会、中国农工民主党广州市越秀区基层委员会、中国致公党广州市委员会越秀区基层委员会、九三学社广州市越秀委员会、台湾民主自治同盟广州市委员会越秀支部，共有成员1779人。广州欧美同学会（广州留学人员联谊会）越秀分会（以下简称“越秀区留联会”）有会员123人、广州市越秀区各界知识分子联谊会有会员76人、广州市越秀区新的社会阶层人士联谊会有会员120人。2023年，中共广州市越秀区委统一战线工作部（以下简称“越秀区委统战部”）贯彻落实政党协商实施意见，开展民主协商监督44次，形成议案建议提案及调研成果127件；组织各民主党派到广东省湛江市遂溪县、赤坎区开展“百县千镇万村高质量发展工程”考察调研，捐赠帮扶资金10.21万元。打造新的社会阶层人士统战工作实践创新样板，新增花果山小镇实践创新基地和黄花岗科技园、非遗传承创新实践基地。支持越秀区留联会打造首批越秀区海归之家5个。

【多党合作政治协商制度落实】 2023年，越秀区制定年度政党协商计划，将区国民经济和社会发展、重要人士任免等列入协商范围，向区各民主党派、工商联、无党派代表人士传达通报习近平总书记重要讲话精神、全国两会及省、市、区高质量发展大会精神，征求他们对区级领导班子民主生活会、区政府工作报告的意见建议，全年通过召开情况通报会、座谈会及书面征求意见等形式开展民主协商监督46次。指导区各民主党派围绕省、市、区的决策部署开展参政议政和主题调研活动，形成议案、建议、提案及调研成果等156件。支持和协助区各民主党派开展“凝心铸魂强根基、团结奋进新征程”主题教育，通过参观叶剑英纪念园、司徒美堂故居，调研广东省茂名市电白区沉香产业、乡村振兴示范村，以及组织参政议政能力提升专题培训等形式，夯实共同团结奋斗的思想政治基础。在中国共产党第三次全国代表大会召开100周年之际，举办“中共三大与统一战线”主题宣传活动，组织区民革、台盟等民主党派成员与台湾地区青年代表参观中共三大会址纪念馆，召开座谈会，传承弘扬多党合作的传统。组织区各民主党派负责人到广东省湛江市遂溪县、赤坎区开展“百千万工程”考察调研，向遂溪县草潭镇捐赠帮扶资金10.21万元，助力草潭镇“越秀路”乡村文旅项目建设，改善学校教学配套设施，并与当地党委、政府沟通交流，共享两地发展机遇。

【港澳台统战工作】 2023年，越秀区依托粤港澳大湾区青年创新创业基地（越秀）暨粤港澳大湾区青少年国际文化交流中心（越秀），打造港澳台青年创业孵化基地，发挥文化、教育、科技优势，完善创意培育、项目孵化、成果转化的全过程服务链条，为到越秀区的港澳台青年提供创新创业、学习交流、实习就业、安居乐业四大服务指导，推动粤港澳大湾区青年创新创业和文化教育交流发展。举办2022—2023粤港澳大湾区青少年“全球理解力”演讲辩论

2023年5月7日，“澳美佳城 穗出璀璨”2023澳门青年文化节在越秀区内广州市青年文化宫举行。图为青年们在澳门文化摊位前参加活动
（钟涌 摄）

大赛暨文化交流活动，促进粤港澳青少年融入大湾区建设和发展。发挥台港澳越秀青创基地交流交往集聚效应，全年接待澳门中小企业青年协会、香港健康养生协会企业家考察团、上海（金山）海峡两岸青年创业基地等台港澳社团及企业负责人到访考察25人次，接受就业创业青年咨询约30人次。举办“艺脉相承——岭南画派粤台港澳青年画家邀请展”、“你来我往”越台青年羽毛球友谊赛，深化粤台港澳文化交流和青年交流交往。全年接待台湾参访团10批次292人次，接待人次是2022年接待人次的3倍。

【海外联谊】 2023年，越秀区加强党对海外统战的领导，依法管理侨务行政事务，保护华侨和归侨侨眷在国内的合法权益。举办“侨领进越秀”活动，邀请越南、英国、塞浦路斯、挪威、西班牙、美国6个国家的侨社团负责人到越秀区参观调研。接待马来西亚《光华日报》调研组到访越秀区，围绕《光华日报》百年办报史和中马文化互鉴合作情况进行交流。协助广州市侨办接待世界中文报业协会第56届年会代表参观广州华侨博物馆。组织参加2023年旧金山华侨千人墓祭祀活动，省、市、区侨联及海外侨社团代表近100人到场缅怀先侨。

【无党派人士和党外知识分子统战工作】 2023年，越秀区在统一战线有关各领域组织开展“凝心铸魂强根基、团结奋进新征程”主题教育，通过举办专题培训班、国情考察、走读越秀等形式，组织无党派人士、党外知识分子和归国留学人员学习贯彻习近平新时代中国特色社会主义思想，夯实团结奋斗的共同思想政治基础。搭建支持“双岗建功”平台载体，引导无党派人士、党外知识分子和归国留学人员发挥专业优势，将岗位建功与助力发展、服务社会相结合，聚焦服务高质量发展和“百千万工程”，组织参加助力高质量发展座谈会，围绕老旧商务楼宇升级改造、历史文化街区建设、超高清视频产业发展、农林下路商圈商业氛围提升等项目开展专题调研并提出对策建议；参与农林下路商业街环境提升规划设计；到广东省湛江市开展乡村振兴对口帮扶并促成“希望厨师”公益项目落地遂溪县；启动“童游广府公益行”首场活动和第三期“树人艺术培育工程”公益项目。指导区各界知识分子联谊会加强自身建设。开展无党派人士政治面貌认定和培养使用等工作，推荐认定无党派人士28人。

【归国留学人员统战工作】 2023年，越秀区发挥广州欧美同学会（广州留学人员联谊会）越秀分会“人才库”“智囊团”“生力军”作用，组织留学人员学习贯彻习近平总书记致欧美同学会成立110周年贺信精神，启动越秀区留学人员留学报国实践创新行动计划，引导留学人员弘扬留学报国传统，投身越秀高质量发展实践。组织归国留学人员参与建言献策、志愿服务、乡村振兴、社会治理等实践，围绕城市更新、产业发展、文化消费、海外引才等专题开展调研；组织“读懂广州，从越秀出发”参观交流活动，成立法律服务团、幸福生活工作室等服务企业、会员。在广东省科学院微生物研究所、FTC富田中心数字科技产业园、越秀区海创人才南创服务中心、粤港澳大湾区青少年国际文化交流中心（越秀）打造越秀区首批海归之家。指导越秀区留联会加强组织建设，广州欧美同学会（广州留学人员联谊会）越秀分会第二次会员大会于2023年5月15日在粤港澳大湾区（广东）人才港召开，大会听取审议第一届理事会工作报告，审议通过区留联会组织规则，选举产生第二届理事会组成成员33人。

【新的社会阶层人士统战工作】 2023年，越秀区委统战部组织新的社会阶层人士通过“第一议题”跟进学、专家辅导深入学、“走读越秀”现场学等方式学习党的创新理论。组织新的社会阶层人士到福建省龙岩市开展党史教育和国情考察，夯实与党同心、团结奋进的思想根基。召开新的社会阶层人士助力高质量发展座谈会，组织建言献策，开展“凝‘新’聚力，越秀在行动”大学习大调研大走访活动，组织新的社会阶层人士围绕区委、区政府中心工作开展专题调研并形成调研报告一批，草莓V视花果山视频文创基地获评市级新的社会阶层人士实践创新示范点。组织越秀区新的社会阶层人士联谊会（以下简称“越秀区新联会”）成员到广东省湛江市对口区县开展“心连‘百千万工程’，智汇高质量发展”助力乡村振兴行动，通过智力帮扶、项目帮扶、消费帮扶等为当地政府和企业献计出力并促成合作项目一批。打造法律服务团、同心宣讲团、志愿服务团等公益品牌和新心相联会员互助服务平台，服务经济发展、服务社会需求。指导越秀区新联会加强组织建设，越秀区新的社会阶层人士联谊会第一届第一次会员大会于2023年8月18日在广东国际大厦召开，大会听取审议第一届理事会工作报告，审议通过区新联会章程，选举产生第一届理事会成员65人。完成区新联会社团登记，推动区新联会制度化、规范化、社会化建设。

【党外干部队伍建设】 2023年，越秀区委统战部召开民主党派协商会，围绕党派成员的组织发展、人才梯队建设分别与区8个民主党派协商，在保持界别特色基础上，就培养优秀党派后备干部方面提出意见和建议。选送优秀党外干部参加市、区主体培训班次，指导区各民主党派开展教育培训，全年组织中共二十大精神专题轮训、传达学习习近平总书记视察广东重要讲话、重要指示精神和全国两会精神等党外代表人士学习会13场。加强与广州市、越秀区统战、组织部门以及相关民主党派广州市委员会、区基层组织沟通协商，指导民革、民盟、农工党等区基层委员会做好届中增补领导班子成员工作，补选民革越秀区基层委员会委员2人。联合区委组织部开展届中增补区政协委员人选推荐提名工作，全年调整39人。是年，越秀区市管及区管党外干部有27人，其中正局级1人、副局级3人、正处级9人、副处级14人；区政府部门中有区管党外干部9人（其中正处级干部3人），政府工作部门领导班子中的党外干部5人。（陈广才）

机构编制工作

【概况】 2023年，越秀区健全完善党的全面领导体制机制，深化重点领域关键环节改革，提升基层治理能力，优化机关绩效考核体系标准，做好事业单位登记管理和机构编制法定化工作，启动新一轮机构改革。是年，中共广州市越秀区委机构编制委员会办公室（以下简称“越秀区委编办”），提请编委审议机构编制议题23项，办理人员实名入编383宗1068人次、出编757人次。越秀区“盘活调优机构编制资源，为高质量发展保驾护航”的经验做法在广州市机构编制工作会议上作经验介绍。

【党政机构职能体系优化】 2023年，越秀区动态调整党政机构设置与职能配置，理顺运行机制，配齐配强工作力量，保障履职高效顺畅。成立区推动实施“百县千镇万村高质量发展工程”指挥部，优化指挥部办公室（设在区委改革办）组织架构，强化指挥体系服务区域协调发展新格局。在区委组织部单设人才工作科，设立区高层次人才服务中心，优化健全党管人才工作体系。深化疾病预防控制体系改革，在区卫生健康局挂牌组建区疾病预防控制局，推动完善防治结合、联防联控、群防群控机制。设立区防汛防旱防风应急救援指挥中心，强化应急救援相关工作职责；优化调整区建设水务局内设机构设置，加强建设工程质量安全监管力量；推动相关部门重新明确挡土墙治理、应急抢险、组织督修等工作职责，守牢安全底线。提升机构编制资源使用效益，挖潜盘活调优389名编制并充实到应急、人才、教育等重点工作和民生领域，为推动民生事业高质量发展提供支撑。

【基层治理体系优化】 2023年，越秀区推进基层管理体制机制创新，根据中央、省、市的有关改革要求，聚焦基层党建、经济发展、民生服务、平安法治4个方面职能定位，研究起草《广州市越秀区街道调整优化机构设置和管理体制方案》，理顺街道与区直部门职责关系，优化机构设置，健全运行机制，推动资源、服务、管理下沉。

【事业单位登记管理】 2023年，越秀区加强事业单位法人监管，提前完成全区289个事业单位年度报告报送工作。推动科教文卫等事业单位开展章程备案工作，明确党组织研究讨论单位重大问题的运行机制和责任边界，规范事业单位运行及业务开展的基本准则。办理事业单位登记许可171宗，在广东省行政执法信息公示平台、广州市公共信用信息系统等平台主动公开，接受社会监督。

【机构编制法定化】 2023年，越秀区以新任职领导纪律谈话、党校课堂、理论学习中心组、领导干部学法用法等方式开展机构编制违规违纪违法行为预防宣传教育，强化机构编制资源刚性约束。依托广州市机构编制实名制管理系统，建立对违规设立机构、变相增设机构、超编进人、超职数配备干部等问题的动态监测和跟踪预警机制。执行规范性文件涉机构编制事项规定负面清单制度，对各部门起草的120份文件提出机构编制审查意见，维护机构编制纪律的严肃性和权威性。

【机关绩效考核】 2023年，越秀区完善机关绩效考核机制，围绕区委、区政府重大决策部署，强化对“全面深化改革”“百千万工程”，以及民生改善、文化传承、生态文明建设责任制落实等工作的考核，引导各部门在重点、难点工作中担当作为。单独设置创新争优指标，对考核期内被考核单位“超额完成目标任务”、在“高标准高质量建设老城市新活力引领区、打造高能级国际大都市核心区”重点工作中取得重大突破等情况，给予额外加分，引导促进各部门在关键领域、主攻方向上出新出彩。

（宋泠萱）

网络信息安全工作

【概况】 2023年，越秀区坚持党管互联网和网信为民，开展网络信息安全检查和网络安全应急演练，完成32个区属网站及应用的漏洞修复，阻断网络病毒攻击行为8起，维护越秀区网络安全。

【网络信息化建设】 2023年，越秀区推进信息基础设施建设，推进区内5G网络建设，建成5G基站723个，5G基站总数增至5264个。推动融合5G技术的8K超高清示范应用项目落地，打造九大“超高清+”（“超高清+文娱”“超高清+交通”“超高清+智慧园区”“超高清+教育”“超高清+体育”“超高清+医疗健康”“超高清+水务”“超高清+应急”“超高清+休闲”）应用场景。推动智慧灯杆建设，智慧灯杆总数增至341根，覆盖市委大院、市政府大院、北京路、较场路、下塘西路、海珠广场等区域。推动超高清视频产业高质量发展，建成粤港澳大湾区首个5G+4K/8K展示体验中心，升级改造花果山草莓V视园区，打造广州市唯一高端XR（Extended Reality，扩展现实）虚拟拍摄基地。加大花果山超高清视频产业特色小镇招商引商力度，补

2023年11月7日，越秀区网络安全应急演练在区机关大楼举行
（钟涌 摄）

强小镇视频文创产业链。

【网络安全保障】 2023年，越秀区在各敏感时间节点发出加强网络安全保障工作提醒并提供防范应对流程指引；应对处置省、市通报的网络安全漏洞，处置案件8件。联合区政务服务数据管理局、区网警大队等，抽检30多家区属单位、医院、企业的户外电子显示屏。开展2023年越秀区网络安全应急演练，提升各单位的网络安全管理意识和水平。邀请安全科技公司对区内重点单位网站开展远程技术安全检测，完成32个区属网站及应用的漏洞修复，阻断网络病毒攻击行为83起。是年，越秀区在“粤盾—2023”攻防演练中取得“零系统失陷”成绩。（张雯）

区直机关党建

【概况】 2023年，中共广州市越秀区直属机关工作委员会（以下简称“越秀区直机关工委”）以政治建设为统领，加强基层党组织建设，健全机关党建制度，开展区直机关“走好第一方阵 打造一流品牌”活动。是年，越秀区直机关工委辖直属机关党委16个、党总支6个（其中临时党总支1个）、党支部25个，管理党员1.26万人，其中在职党员6998人、退休党员5559人。全年指导督促27个直属党组织进行换届、改选，发展直属党总支、党支部党员16人，转正16人，组织28名入党积极分子和发展对象参加党校培训。

【政治型机关建设】 2023年，越秀区直机关工委坚持把政治建设摆在首位，学习贯彻党的二十大精神，组织举办学习贯彻党的二十大精神专题辅导讲座、党务工作者培训班，对约1040人次的机关党务干部、党员代表进行集中培训。深化政治机关意识教育和对党忠诚教育，在“七一”前后组织开展庆祝中国共产党成立102周年系列活动，发挥越秀区红色资源丰富优势，组织区直机关14名新党员在周恩来同志主持的中共两广区委军委旧址举行入党宣誓仪式，组织200多名机关党员集中观看红色题材影片，教育引导机关党员干部树立政治机关意识。开展学习贯彻习近平新时代中国特色社会主义思想主题教育，制定《关于在机关单位党组织开展学习贯彻习近平新时代中国特色社会主义思想主题教育的工作方案》，以机关党建助推区直机关主题教育开展。发放《习近平著作选读》等必读书1100本。把创建模范机关作为推动机关党建高质量发展的重点，对选树模范机关示范点作出具体要求，发挥创建模范机关先进单位示范引领作用，带动区直机关比学赶超、争先创优。

【机关基层党组织建设】 2023年，越秀区直机关工委坚持大抓基层导向，选优配强党组织负责人，推动单位党员主要负责人担任党组织书记或第一书记，以“关键少数”带动“绝大多数”，推动基层党组织全面进步、全面过硬。落实基层党组织书记述职考评制度，推动述出责任、评出压力、议出实效。开展支部书记实训工作，现场演示机关党员大会换届选举工作流程，提升支部书记专业素养和专业能力。开展调查研究，对1000多名机关党员代表开展党组织落实“三会一课”等党内政治生活情况抽样调查，形成《越秀区直属机关党组织“三会一课”存在问题的研究分析与解决路径的实践探索》《走好第一方阵，打造一流品牌，以高质量机关党建引领服务高质量发展》《反面典型案例——严格党员教育情况调研报告》调研材料3篇。服务保障重大活动，组织机关党员志愿者参加创建文明城市、交通大整治、越秀西湖花市出入口管理等志愿服务工作。开展群众评议机关活动，护航经济社会高质量发展。

【机关党建制度健全】 2023年，越秀区直机关工委制定机关党建工作要点，明确聚焦坚持“两个确立”做到“两个维护”、用党的创新理论凝心铸魂、党建引领服务中心大局、夯实基层基础、正风肃纪反腐、落实党建工作责任6个方面20项具体内容，推动机关党建工作落实。梳理机关党建“四级五岗”责任清单，对党组（党委）书记履行第一责任人责任、领导班子其他成员履行“一岗双责”、机关党委履行机关党建专门责任、机关纪委履行监督责任列出具体责任清单，推动机关工委和党组（党委）、机关党委、党总支、党支部和党

员同向发力。修订机关党员大会选举工作流程和发展党员工作流程，层层明晰责任、传导压力、落实任务。印发《区直机关“走好第一方阵　打造一流品牌”党建工作示范创建活动方案》，对培育选树先进典型、总结升华优秀案例作出要求，以示范引领带动整体推进。

【党建带群建】　2023年，越秀区直机关工会做好会员服务，指导各单位开展广州市职工特种重病互助医疗保障计划、广州市女职工安康互助保障计划、住院关爱计划和广东省在职职工住院医疗综合互助保障计划等互助计划的续保参保工作，办理各项慰问申请的审批。组织春游、三八妇女节活动、青少年科普夏令营、观看防诈骗电影等活动，举办羽毛球赛、游泳赛等体育活动。深化青年理论学习品牌创建，举办“建功新时代　机关青年说”青年读书分享会，通过红色宣讲、先进示范、参观交流、读书分享、微党课等方式，激发青年学习热情。

【区直机关“走好第一方阵　打造一流品牌”活动】　2023年，越秀区直机关工委制定《区直机关“走好第一方阵　打造一流品牌”党建工作示范创建活动方案》，按照“先培育后选树”原则和“一年示范带动、两年逐步推广、三年整体提升”工作思路，引导区直机关各党组织围绕有主题、有内涵、有特色、有效果“四有”工作标准，打造各具单位特色的机关党建工作品牌。开展“三个十”选树活动，评选党建工作‘十佳”品牌和机关党建服务保障高质量发展“十优”案例，选树10个模范机关“示范党支部”。推广宣传机关各党组织在党建品牌创建中的经验做法，全年编发《走好第一方阵　打造一流品牌》专刊6期，推出宣传机关党建品牌的机关文化墙报1期，打造党建品牌26个。区直机关工委以讲述一个红色故事、传唱一首红色歌曲、瞻仰一次红色旧址、开启一次红色研学之旅、观看一部红色电影“五个一”为载体，创新区直机关“‘七一’颂”党建品牌。（张奕佳）

2023年6月27日，越秀区直机关工委联合共青团越秀区委员会、区税务局等单位在广州市青年文化宫举办“建功新时代　机关青年说”青年读书分享会
（区直机关工委供图）

老干部工作

【概况】　2023年，中共广州市越秀区委老干部局（以下简称“越秀区委老干部局”）通过做好离退休干部党组织建设、落实离退休干部生活待遇、引导老干部发挥余热、推进老干部文体活动等，推动全区老干部工作取得成绩。是年，广州老年大学越秀分校挂牌。至年底，区委老干部局管理离退休干部1586人，其中离休干部93人、区级班子老领导88人。

【离退休干部党组织建设】　2023年，越秀区委老干部局设离退休干部党支部（活动小组），以《广州市离退休干部党支部标准化建设指导标准》为模板，明确支部建设标准，涉及日常管理、作用发挥、组织生活、关爱帮扶等方面。年内为离退休干部征订、发放《秋光》《老人报》等报刊书籍4169份，开展党史党性培训教育24场次，参加人数1.44万人次。开展“银映红棉”红色研学活动，举办红色研学学习座谈会40场次，参加人数1079人次；组织参观学习活动40场次，参加人数1000人次。开展主题教育学习研讨活动12场，参加人数1847人次，收到学习心得、意见建议60篇，组织离退休干部到街道开展党建工作专题调研5次，形成党课课件、书画、诗词、摄影、音乐、舞蹈、话剧、微视频等研学成果22个。2—3月，区委老干部局各离退休干部党支部均开展1次组织生活会和民主评议党员工作，支部书记围绕“学懂弄通做实习近平新时代中国特色社会主义思想”等6个方面开展述职评议考核。6月，开展“光荣在党五十年”纪念章颁发工作，通过走访慰问和举行颁发仪式，为年内新增的党龄达到50周年党员颁发纪念章。同月，经中共广州市委老干部局评选，越秀区委老干部局第5离退休干部党支部、第8离退休干部党支部获评广州市第二批“银映红棉——示范党支部”。

【离退休干部服务保障】　2023年，越秀区委老干部局落实离退休干部生活待遇，加强对全区离退休干部工作的服务和管理。完善离休干部“一人一策”精准服务数据库，根据生活自理能力和照护情况建立“红、橙、绿”三色服务台账。开展离休干部补贴费用发放、中华人民共和国成立初期退休干部情况核查和待遇落实工作。落实离退休干部慰问探访工作制度，全年开展住院慰问125人次，在重大节日期间上门走访慰问离退休干部及已故离休干部的配偶159人次，日常通过视频、电话等方式慰问3001人次，关怀帮扶10名因患重大疾病、行动不便等造成困难的离退休干部，慰问金额约2万元。健全退休老干部医疗保健机制，全年组织处级退休干部1028人、区级班子老领导和离休干部63人参加体检；完成大病补助13人次，补助金额25.8万元；完成离休干部健康保健费返还7人次，合计2.9万元。3月，组织区级班子老领导到华南国家植物园等地参观学习，组织老领导召开高质量发展座谈会。6月，开展“面对面、心连心”大走访大调研大服务离休干部活动。9月，组织区级班子老领导参加区级班子离退休干部区情通报会，探讨越秀区新发展、新变化。10月，举行离退休干部祝寿会，为当年年满70周岁、80周岁、90周岁的136人制作寿匾。

【离退休干部志愿服务活动】2023年，越秀区委老干部局引导老干部发挥余热、贡献社会，112名老干部文艺宣讲志愿者在广州市志愿者协会广州公益时间志愿服务平台注册。指导越秀区老干部活动中心和区老年大学为广州“公益时间”养老志愿服务活动提供场地支持。动员108人加入广州老干部志愿服务越秀支队并参加志愿服务。区老干部文艺宣讲志愿服务队以“银映红棉添新彩，红色印记进社区”为主题，到区内7个街道的10个社区开展系列宣讲活动，全年开展宣讲11场次，480人次参加志愿服务活动，受众700人次。

【关心下一代工作】2023年，广州市越秀区关心下一代工作委员会（以下简称“越秀区关工委”）以党建立德树人、以关爱帮扶育人，做好关心下一代工作。至年底，全区18个街道各设有基层关工委1个。年内，越秀区关工委组织“五老”（老干部、老战士、老专家、老教师、老模范）红色宣讲团面向青少年宣讲党的二十大精神、习近平新时代中国特色社会主义思想，全年宣讲13场，受众超3000人次。开展“越秀老少心向党，携手奋进新征程”主题实践活动，组织“传承·2023清明祭英烈”等活动，受众超1万人次。联合雅荷塘小学和北京街道雅荷塘社区成立越秀区首个“五老”家庭教育工作室（位于雅荷塘小学），年内开展《我的红军妈妈潘家珍》等红色家风故事宣讲活动4场，师生听众超700人次。开展“圆梦微心愿”活动，帮扶困难家庭学生322人，帮扶金额51.47万元，区关工委常务班子成员上门慰问困难家庭学生20人。开展“吴阿姨信箱”“青鸟信箱”“青心有你”等心理健康辅导活动，慰问探访区启智学校和至灵培训学校的特殊儿童。组织各基层关工委开展“无毒青春·健康生活”“‘零零欺’校园反欺凌”等法治宣传活动130场，受众超7800人次。10名“五老”被区少先队工作委员会聘任为区少先队校外辅导员，到学校开展少先队知识讲座和专题团课，教育学生超1000人次。

2023年5月8日，越秀区关工委“五老红色宣讲团”成员在雅荷塘小学为学生讲述红色家风故事
（区委老干部局供图）

【老干部文体活动】2023年，越秀区委老干部局注重展现老干部风采，区老干部活动中心组织离退休干部参加诗词书画摄影展2展次，选送作品34件。区老干部民乐团受邀参加2023年越秀西湖花市非遗文化宣传活动，对广东音乐和民族乐器进行科普。越秀区委老干部局联合南沙区委老干部局等单位举办“百家齐颂大湾区”老干部诗词书画摄影展，展出作品130件，其中绘画作品50件、诗词书法作品56件、摄影作品24件。区老干部门球队在2023年广州市老干部门球赛中获第四名。区老干部合唱团在2023年庆“五一”暨广东省老年文化协会文体会第二届文体杯中获二等奖，在“强国复兴有我”百团合唱展中获优秀奖。区老干部乒乓球队在“李宁·红双喜杯”中国乒乓球协会会员联赛贵州六盘水站获70岁以上组女子单打冠军、60岁以上组女子单打冠军、70岁以上组女子团体第三名。

【广州老年大学越秀分校挂牌】2023年4月13日，越秀区老干部大学加挂广州老年大学越秀分校牌子。区委老干部局班子成员、区老干部大学班子成员等70多人参加挂牌仪式。是年，越秀区老干部大学以“增长知识、丰富生活、陶冶情操、促进健康、服务社会”为宗旨，开设太极剑、声乐、出国旅游英语等12个科目共54个班次，招收学员1197人次，招生率89.1%。开展“乐龄云学府”线上专题讲座，年内开设云课堂12场，涵盖四时养生、智能设备使用等内容，参加人员1686人次。依托老干部活动团体，越秀区老干部大学成立“金色年华”影像艺术基地和“越韵堂”表演艺术基地，开展研学活动。组织学员参加市老年大学、市老年开放大学的“血脂健康管理‘五步法’”等专题讲座，交流办学理念，相互借鉴教学管理经验。（彭琳）

党校工作

【概况】2023年，中共广州市越秀区委党校（以下简称“越秀区委党校”）完成组织干部教育培训、办学质量评估整改、科研咨政、扩大社区教育覆盖面等任务。全年举办各类培训班次42期，培训学员3.67万人次。完成省级课题、市级课题各1项，公开发表学术论文5篇。

【党员干部教育培训】2023年，越秀区委党校举办培训班次42期，培训学员3.67万人次。其中，处级领导干部进修班2期，培训学员55人；中青年干部培训班2期，培训学员67人；科级公务员任职培训班1期，培训学员102人；新录用公务员初任培训班1期，培训学员146人；区街党校师资培训班1期，培训学员62人；入党积极分子培训班4期，培训学员418人；入党发展对象培训班3期，培训学员267人；区管干部学习贯彻党的二十大精神专题轮训班10期，培训学员约5000人次；越秀区“高质量发展大讲堂”专题讲座11期，培训学员2.66万人次；严肃党内政治生活（党支部标准化规范化建设）线上实训班1期，培训学员2514人，完成全区支部书记实训全覆盖目标；与省工商联联合举办广东省非公经济组织党委2023年入党发展对象培训班1期，培训学员41人；与福建省连城县委党校合作办班3期，培训学员99人；与贵州省镇宁布依族苗族自治县委党校合作办班1期，培训学员40人；与区委组织部、区民政局联合举办2023年度越秀区社区工作者培训班，培训学员约1300人。

【党校课程优化】2023年，越秀区优化教学课程设置，推动宪法、法律法规、党内法规制度进课堂。开设历史文化、生态文明、城市规划等课程，推出越秀区“高质量发展大讲堂”，将“百千万工程”相关内容纳入教学。丰富教学形式，邀请省委党校、市委党校和高校专家、教授48人次为学员授课，邀请区领导、区职能部门领导和街道党政领导24人次为学员授课。运用“课堂+现场教学”“线上+线下”等教学方式，开展“越秀红色印记”现场教学，开发“革命足迹”“星火燎原”“红旗升起”“广府文化”4条现场教学精品线路。组织处级领导干部进修班、新录用公务员初任培训班等班次在广东省立宣讲员养成所遗址开展红色文化研学活动。录制2023年“党课开讲啦”党员教育电视片《改革开放的历史背景回顾》，丰富视频教学资源。开展对口合作办学，与福建省龙岩市连城县党校签订对口合作交流协议书，互挂“党员干部现场教学基地”牌子，在教研共享、师资共享、文史研究等方面加强合作。

【党校科研咨政】2023年，越秀区委党校完成省级课题1项、市级课题1项、省级课题立项1项、市级课题立项3项，公开发表学术论文5篇，参加学术研讨会5人次。越秀区委党校教师撰写的《广州越秀区数字经济高质量发展路径研究》被收录进2023年《广州蓝皮书》，课题组负责人应邀参加市委党校“广州高质量实现老城市新活力”学术研讨会，作为区县党校唯一发言人就课题成果作主题发言。越秀区委党校教师撰写《积极老龄观视域下社区老年教育的实践与探索——以广州市越秀区为例》，作为参加中国科学社会主义学会2023年年会征文文章。是年，“基层数字治理的现实困境与破解路径研究——以广州市越秀区为例”“依托‘点、线、圈’体验式学习基地创新社区教育模式的实践探索”“广州市越秀区老年教育模式的实践与探索”3项课题完成结项。

【党校建设】2023年，越秀区委党校落实党委办党校、管党校、建党校的主

2023年3月2日，福建省连城县春季主体培训班学员到越秀区委党校开展培训交流（区委党校供图）

体责任，完善党校领导体制，建立党校校务委员会。完成街道党校办学质量评估整改工作，推动形成区委党校、街道党校、社区分教点三级联动的“十分钟党课圈”。提升办学保障服务水平，优化调整办学场地，新增研讨室4间，购置书籍3000本，充实党校图书馆。整合区街党校教学资源，在区党群服务中心增设党校分教点，依托红色资源、爱国主义教育和国防教育基地，建设“1+18+N”（“1”指1个区委党校，“18”指18个街道党校，“N”指若干个街道新时代实践中心、党群服务中心和现场教学点）干部教育培训基地。打造街坊学堂特色品牌，与18个街道社区教育分院合作开展讲座和活动339场，参加人数3.62万人次。深入街道社区开展宣讲31场，覆盖超1700人次。与北京街道、珠光街道、人民街道、流花街道的社区教育分院和兰圃公园联合举办红色文化系列社区教育活动，举办“芳华新时代”体验式学习活动，组织各分院开展全民终身学习周活动。举办区社区教育工作会议暨社区教育工作者培训班，18个街道分院相关工作人员参加。（李铭）

党史研究

【概况】 2023年，中共广州市越秀区委党史文献研究室（以下简称“越秀区委党史文献研究室”）推进党史资料编研、党史红色文化资源挖掘利用工作，组织开展党史宣传教育，启动党史宣传教育基地建设，完成越秀区档案史志展厅第一期基础装修工作及布展陈列准备。拓宽红色资源利用活化途径，组织举办“花姿映红老街巷——走进《三家巷》”图片展览，联合区纪委监委机关编印《走进杨家祠》红色画册，助力红色文化传承弘扬示范区核心区建设。

【党史资料编研】 2023年，越秀区委党史文献研究室坚持以史鉴今、资政育人，开展党史基本著作编纂工作。推进《中国共产党广州市越秀区历史第三卷（1978—2005）》编纂出版工作；推进《中国共产党广州市东山区历史第三卷（1978—2005）》编纂工作，按期完成撰稿、编校、意见征求和研讨修正、送审等工作。

【党史宣传教育】 2023年，越秀区委党史文献研究室推动红色文化宣传教育进机关、进学校、进社区。将辖区内丰富的红色文化资源转化为“四史”（党史、新中国史、改革开放史和社会主义发展史）宣传教育、主题教育的教材，推动红色文化宣传教育方式多样化。联合广东楹联学会开展“学报告 书金句”活动，通过学原文、读原著、悟原理，以中国传统书法形式展示党的二十大报告金句，并举办“学报告 书金句”书画展，编印“学报告 书金句”小册子，推动党员干部学习党的二十大报告。在六榕街道旧南海县社区举办“花姿映红老街巷——走进《三家巷》”图片展览，组织越秀区清水濠小学学生在开幕式表演舞台剧“红领巾背后的故事”、朝天小学粤语讲古艺术团表演粤语讲古节目“红色基因代代传”，并播放“走进《三家巷》”视频、《三家巷》老影片，引导居民群众和青少年学生追寻红色足迹，传播党史故事，传承红色精神。开展党史宣传教育基地建设，推进越秀区档案史志展厅建设进程，围绕展厅主题、设计思路、特色亮点等问题讨论研究，形成展厅第一期布展陈列大纲及设计方案。至年底，完成展厅基础装修工作和第一期布展陈列准备工作。

【党史红色文化资源挖掘利用】 2023年，越秀区委党史文献研究室加强党史红色文化资源挖掘利用工作，发挥存史、资政、育人作用，推动红色资源共建共享。组织开展革命史迹调研，先后到中共中央华南分局秘密联络点中原行旧址、广东省立宣讲员养成所遗址等红色革命史迹开展调研。配合市委党史文献研究室开展“革命史迹调研，挖掘和发扬广州红色文化精神”调研活动，分别到辖区内的省港大罢工纪念馆、中华全国总工会旧址纪念馆等中共党史教育基地调研管理与建设情况。

【《走进杨家祠》画册编印】 2023年，越秀区委党史文献研究室拓宽红色资源利用活化途径，联合区纪委监委开展《走进杨家祠》画册编印工作，从红色档案资料中选取中国共产党早期理论家杨匏安生平事迹中的9件事件，以有关历史资料、老照片等形成革命活动图录，并组织青年美术家以水墨画形式创作插画，将杨匏安的一生呈现出来，让大家走进杨匏安的世界，重温他的光辉事迹，感受杨匏安坚守初心、敢于斗争、不怕牺牲的革命精神和廉洁风骨。

（王思敏）

■编辑 陈林琳

广州市越秀区人民代表大会

综　述

【人大组织构成】 2023年，越秀区人民代表大会设监察和司法委员会、财政经济委员会、城市建设环境与资源保护委员会、社会建设委员会。区人大常委会机关设综合办事机构1个，为办公室；设工作委员会6个，分别为法制工作委员会、财政经济工作委员会、教育科学文化卫生工作委员会、城市建设环境与资源保护工作委员会、华侨外事民族宗教工作委员会、选举联络人事任免工作委员会。

【人大常委会履职】 2023年，越秀区人大常委会坚持党的领导、人民当家作主、依法治国有机统一，推动监督、决定、代表等履职工作。全年听取和审议专项工作报告44项，开展执法检查、专题视察调研15项，讨论决定重大事项3项，作出决定决议17项，委托专门委员会审议专项工作报告2项，交办人大街道工委开展监督8项，开展跟踪监督2项、工作评议2项、民生实事监督10项，备案审查规范性文件2份。

【人大街道工委建设年】 2023年，越秀区在广州市各区首创开展人大街道工委建设年活动，加强和规范提升街道人大工作水平。指导人大街道工委在街道党工委领导下，将人大工作融入街道发展大局，将人大代表的意见建议融入街道决策和行动之中。创新人大街道工委选人用人机制，为全区各街道增设人大工委副主任1人。聚焦区委关心、群众关切、社会关注的热点、难点问题，首次以授权方式将食品安全、社区矫正、外国人服务管理、预算执行、城中村治理等8个方面监督事项交由人大街道工委办理，并将交办内容纳入年度监督工作计划。依托全区42个人大代表联络站，各级人大代表进联络站接待选民群众1634人次，推动解决各类问题1100多个。其中，建设街道工委针对辖区内建设二马路垃圾转运带来的噪声、异味、交通堵塞等问题，发挥规划设计行业人大代表的专业优势，通过代表支招、政企共建模式，在建设二马路广州保利时光里商业综合体打造全市首个新型密闭垃圾压缩转运站；黄花岗街道工委发挥法律界人大代表资源优势，建立矛盾纠纷联合调解机制，推动加装电梯民心工程，成为全市首个加装电梯连片托管示范街。（陈博）

重要会议

【概况】 2023年，越秀区人大召开第十七届人民代表大会第三次会议，区人大常委会召开主任会议15次、常委会会议13次。在区第十七届人民代表大会第三次会议上，听取越秀区人民政府工作报告、区人大常委会工作报告、区人民法院工作报告、区人民检察院工作报告，审议并通过相关决议。

【广州市越秀区第十七届人民代表大会第三次会议】 于2023年2月7—9日召开。会议听取越秀区人民政府工作报告、区人大常委会工作报告、区人民法院工作报告、区人民检察院工作报告，审议并通过相关决议。会议审查和批准越秀区2022年国民经济和社会发展计划执行情况与2023年计划草案的报告及2023年国民经济和社会发展计划草案；审查和批准越秀区2022年预算执行情况和2023年预算草案的报告及2023年预算草案；对越秀区人民政府2023年民生实事项目进行票决。2月9日，区第十七届人大三次会议第三次全体会议召开，应到代表353人，实到代表321人，会议选举越秀区人民政府区长、区监察委员会主任、区第十七届人民代表大会常务委员会委员，表决通过越秀区第十七届人民代表大会专门委员会部分成员人选名单。会议期间，收到代表提出的议案21件，建议、批评和意见26件，全部属于政府职能部门办理范围。20名代表联名提出的《关于以广州传统中轴线申报世界文化遗产为契机，进一步擦亮越秀岭南、海丝、红色文化名片的议案》作为大会1号议案，授权区第十七届人民代表大会常务委员会在闭会期间审议，并将审议情况在下一次代表大会向代表报告；其余20件代表议案转作建议处理。

2023年2月7日，广州市越秀区第十七届人民代表大会第三次会议在区机关大楼召开 （区人大常委会办公室供图）

【区人大常委会会议】 2023年，越秀区第十七届人大常委会召开常委会会议13次（即区第十七届人大常委会第十七次会议至第二十九次会议）。

区第十七届人大常委会第十七次会议 于1月4日召开。会议听取和审议《广州市越秀区第十七届人民代表大会常务委员会代表资格审查委员会关于提请补选越秀区第十七届人民代表大会出缺代表的报告》，表决通过《关于补选越秀区第十七届人民代表大会代表的决定》；审议广州市第十六届人大越秀代表联组部分代表履职情况报告。

区第十七届人大常委会第十八次会议 于1月19日召开。会议听取和审议《广州市越秀区人民政府2022年法治政府建设情况的报告》《关于落实办理〈关于用更优营商环境促进实体经济高质量发展的议案〉实施方案情况的报告》《越秀区人民政府关于办理越秀区十七届人大二次会议以来代表建议、批评和意见的情况报告》《关于越秀区政府贯彻执行〈广州市绿化条例〉执法检查情况的报告》；听取和审议《越秀区人民政府关于2022年越秀区十件民生实事事项完成情况的报告》，并对十件民生实事项目进行满意度测评；审议《关于越秀区老旧社区“微改造”工作的专题调研报告》；审议通过《广州市越秀区第十七届人民代表大会第三次会议预备活动和预备会议安排》；表决通过《广州市越秀区人大常委会关于召开区十七届人大三次会议的决定》《关于接受李影、阮雄辞去越秀区第十七届人大代表职务请求的决定》；审议《广州市越秀区第十七届人民代表大会第三次会议会议议程（草案）》《广州市越秀区第十七届人民代表大会第三次会议会议日程（草案）》《广州市越秀区第十七届人民代表大会第三次会议表决议案办法（草案）》《广州市越秀区第十七届人民代表大会第三次会议代表提出议案、质询案截止时间的决定（草案）》《关于接受林裔明辞去越秀区人大常委会副主任职务请求的备案报告》《关于终止王静等3人越秀区第十七届人民代表大会常务委员会委员职务的备案报告》《关于接受郭昊羽辞去越秀区区长职务的备案报告》《关于接受欧阳钦顺辞去越秀区监察委员会主任职务请求的备案报告》《关于越秀区十七届人大二次会议主席团授权越秀区人大常委会审议代表提出的议案办理情况的报告》《关于越秀区十七届人大二次会议以来代表建议、批评、意见办理情况的报告》。

区第十七届人大常委会第十九次会议 于2月2日召开。会议表决通过人事任免事项；听取和审议《关于广州市越秀区2022年国民经济和社会发展计划执行情况和2023年计划草案的报告》《关于广州市越秀区2022年预算执行情况和2023年预算草案的报告》《关于2023年民生实事候选项目安排情况的报告》《广州市越秀区第十七届人民代表大会常务委员会代表资格审查委员会关于部分区人大代表的代表资格终止的报告》《广州市越秀区第十七届人民代表大会常务委员会代表资格审查委员会关于区第十七届人民代表大会代表资格审查情况的报告》；表决通过《关于接受赵虎等8人辞去越秀区第十七届人大代表职务请求的决定》；审议通过《广州市越秀区第十七届人民代表大会第三次会议列席及邀请列席人员范围（草案）》《关于部分越秀区第十七届人民代表大会常务委员会委员和专委会成员职务变动情况的备案报告》；审议《越秀区第十七届人民代表大会第三次会议选举办法（草案）》《广州市越秀区第十七届人民代表大会第三次会议关于代表联名提出各项职务候选人截止时间的决定（草案）》《广州市越秀区第十七届人民代表大会第三次会议通过广州市越秀区第十七届人民代表大会专门委员会部分成员人选办法（草案）》《广州市越秀区第十七届人民代表大会第三次会议关于越秀区人民政府2023年度民生实事项目票决办法（草案）》《广州市越秀区第十七届人民代表大会第三次会议主席团、秘书长名单（草案）》《广州市越秀区第十七届人民代表大会第三次会议主席团常务主席名单（草案）》《广州市越秀区第十七届人民代表大会第三次会议主席团执行主席分组名单（草案）》《广州市越秀区第十七届人民代表大会第三次会议副秘书长名单（草案）》《广州市越秀区第十七届人民代表大会议案审查委员会组成人员调整名单（草案）》，以及区十七届人大三次会议有关事项；举行宪法宣誓仪式并颁发任命书。

区第十七届人大常委会第二十次会议 于4月27日召开。会议听取和审议《广州市越秀区人民政府关于2021年度区级预算执行和其他财政收支审计查出问题整改情况的报告》《越秀区人大常委会开展〈广东省文明行为促进条例〉执法检查情况报告》；表决通过人事任免事项；听取和审议《广州市越秀区第十七届人民代表大会常务委员会代表资格审查委员会关于个别人大代表的代表资格终止的报告》，表决通过《关于接受欧阳钦顺等3人辞去越秀区第十七届人大代表职务请求的决定》；通报越秀区2023年政府投资建设项目计划和越秀工商联大厦（区工商联持有产权部分）报废处置的相关事项；举行宪法宣誓仪式并颁发任命书。

区第十七届人大常委会第二十一次会议 于6月15日召开。会议表决通过人事任免事项；听取和审议《关于越秀区2022年度环境状况和环境保护目标完成情况的报告》《越秀区人民政府关于办理〈关于以广州传统中轴线申报世界文化遗产为契机，进一步擦亮越秀岭南、海丝、红色文化名片的议案〉实施方案的报告》《越秀区房屋管理局关于落实〈政府工作报告〉和本部门2022年目标任务情况的报告》《越秀区林业和园林局关于落实〈政府工作报告〉和本部门2022年目标任务情况的报告》；审议《越秀区关于防范和打击电信网络诈骗犯罪工作情况的报告》及区人大监察和司法委员会受区人大常委会委托提出的审议意见；举行宪法宣誓仪式并颁发任命书。

区第十七届人大常委会第二十二次会议 于7月13日召开。会议审议《关于贺璐璐辞去广州市第十六届人民代表大会代表职务的报告》，表决通过《关于接受贺璐璐辞去广州市第十六届人民代表大会代表职务请求的决议》。

区第十七届人大常委会第二十三次会议 于8月29日召开。会议表决通过人事任免事项；审议《关于报请许可对广州市越秀区人大代表樊瑞兰采取刑事强制措施的报告》，表决通过《广州市越秀区人民代表大会常务委员会关于许可对樊瑞兰采取刑事强制措施的决定》；听取和审议《越秀区人民政府关于2023年上半年工作情况和下半年工作安排的报告》《关于越秀区2023年上半年国民经济和社会发展计划执行情况的报告》《关于广州市越秀区2023年上半年一般公共预算收支执行情况的报告》《关于越秀区普惠托育示范点建设情况的专题调研报告》《关于老旧住宅加装电梯后的维护管养工作情况的专题调研报告》《广州市越秀区第十七届人民代表大会常务委员会代表资格审查委员会关于个别区十七届人大代表的代表资格终止的报告》，表决通过《关于接受陈丰辞去越秀区第十七届人大代表职务请求的决定》。

区第十七届人大常委会第二十四次会议 于9月19日召开。会议审议通过《广州市越秀区人大常委会关于接受王咏赋辞去越秀区副区长职务的决定》《广州市越秀区人大常委会关于接受杨清谦辞去越秀区副区长职务的决定》；表决通过人事任免事项；听取和审议《广州市越秀区第十七届人民代表大会常务委员会代表资格审查委员会关于个别区十七届人大代表的代表资格终止的报告》，表决通过《关于接受郭恒峰辞去越秀区第十七届人大代表职务请求的决定》；听取和审议《越秀区人大常委会开展〈广东省建筑垃圾管理条例〉〈广州市建筑废弃物管理条例〉执法检查情况报告》；举行宪法宣誓仪式并颁发任命书。

区第十七届人大常委会第二十五次会议 于9月28日召开。会议表决通过人事任免事项；听取和审议《关于越秀区校外培训管理情况的报告》《关于广州市越秀区2022年决算（草案）的报告》《广州市越秀区人民政府关于2022年度区级预算执行和其他财政收支的审计工作报告》，表决通过《广州市越秀区人大常委会关于批准越秀区2022年决算的决议》。

区第十七届人大常委会第二十六次会议 于10月11日召开。会议听取和审议《关于提请确定408名人民陪审员名额的报告》，表决通过《广州市越秀区人大常委会关于确定408名人民陪审员名额的决定》；表决通过人事任免事项；补选广州市第十六届人民代表大会代表1人，并报市人大常委会代表资格审查委员会进行代表资格审查。

区第十七届人大常委会第二十七次会议 于11月8日召开。会议听取和审议《广州市越秀区2022年预算绩效工作情况报告》《关于广州市越秀区2023年预算调整方案的报告》《越秀区政府关于〈越秀区国土空间总体规划（2021—2035年）〉的报告》《关于优化惠企政务服务、助力越秀区高质量发展的专题调研报告》《关于越秀区楼宇经济发展情况的专题调研报告》《关于实施〈广州市宗教事务管理条例〉（修订）情况的专题调研报告》《广州市越秀区第十七届人民代表大会常务委员会代表资格审查委员会关于个别区十七届人大代表的代表资格终止的报告》；表决通过《关于接受刘国辉等辞去越秀区第十七届人大代表职务请求的决定》；审阅《广州市越秀区林业和园林局关于〈广州市绿化条例〉实施情况的报告》及区人大城建环资委员会受区人大常委会委托提出的审议意见；通报越秀区2023年重点建设项目计划调整的相关事项。

区第十七届人大常委会第二十八次会议 于11月28日召开。会议表决通过人事任免事项；听取和审议《越秀区“十四五”规划和2035年远景目标纲要实施情况中期评估报告》《关于2022年度广州市越秀区企业国有资产管理情况的专项报告》《关于2022年度广州市越秀区国有资产管理情况的综合报告》

《关于2023年规范性文件备案审查工作情况的报告》；举行宪法宣誓仪式并颁发任命书。

区第十七届人大常委会第二十九次会议 于12月27日召开。会议表决通过人事任免事项；听取和审议《广州市越秀区人民政府关于2023年度法治政府建设情况的报告》《关于落实办理〈关于以广州传统中轴线申报世界文化遗产为契机，进一步擦亮越秀岭南、海丝、红色文化名片的议案〉实施方案的情况报告》《越秀区人民政府关于办理越秀区十七届人大三次会议以来代表建议、批评和意见情况的报告》《广州市越秀区人民政府关于2022年度区级预算执行和其他财政收支审计查出问题整改情况的报告》；举行宪法宣誓仪式并颁发任命书。（陈博）

重大事项决定与人事任免

【概况】 2023年，越秀区人大常委会行使法律赋予的重大事项决定和人事任免职权，为越秀区经济社会发展提供法治保障。批准越秀区2022年决算、2023年预算调整方案并作出决议、决定，对越秀区2023年重点建设项目调整计划进行备案。坚持依法任免与党管干部原则相结合，全年依法任免国家机关工作人员119人次。

【重大事项决定】 2023年9月28日，越秀区第十七届人大常委会第二十五次会议对越秀区2022年决算（草案）及其报告进行审查，同意区人民代表大会财政经济委员会提出的初审意见，决定批准越秀区2022年决算。11月8日，越秀区第十七届人大常委会第二十七次会议同意区人民代表大会财政经济委员会提出的《关于广州市越秀区2023年预算调整方案的初审意见》，决定批准区人民政府提出的越秀区2023年预算调整方案。年内区人大常委会收到区政府办公室关于报送越秀区2023年重点建设项目计划调整的报告，经区第十七届人大常委会第三十五次主任会议研究，决定对报告予以备案。

【人事任免】 2023年，越秀区人大常委会依法任命国家机关工作人员76人次，免职43人次。其中，决定任命区人民政府组成人员4人次；任命区人大常委会办公室主任和工委主任、副主任、委员18人次；任命人大街道工委主任、副主任、委员29人次；任命区人民法院审判委员会委员、审判员、庭长、副庭长16人次；任命区人民检察院检察委员会委员、检察员9人次。决定免去区人民政府组成人员3人次；免去区人大常委会办公室主任和工委主任、副主任11人次；免去人大街道工委主任、副主任、委员9人次；免去区监察工作委员会副主任、委员2人次；免去区人民法院审判员、庭长、副庭长8人次；免去区人民检察院检察委员会委员、检察员10人次。坚持任前法律知识考试，推动拟任职人员在常委会会议上作表态发言，落实《广州市越秀区实施宪法宣誓制度规定》，提升任命人员的法治意识。（陈博）

依法监督

【概况】 2023年，越秀区人大常委会加强“一府两院”（“一府”指人民政府，“两院”指人民法院、人民检察院）工作监督，听取和审议“一府两院”专项工作报告30项。围绕经济领域和民生领域重大事项，谋划年度监督议题55项。坚持跟踪问效，督促重点民生实事逐项落实。加强法治监督和执法检查，开展执法检查3项，对2份规范性文件进行备案审查，围绕《广州市民营经济促进条例》等近20部法律法规征求立法意见。

【财政经济工作监督】 2023年，越秀区人大常委会落实“百县千镇万村高质量发展工程”（以下简称“百千万工程”）工作部署，全过程督办人大代表《关于在北京路南段设置帮扶地区农产品固定展销点的建议》，推动在北京路南段设立花城花街暨“百千万工程·惠农集市”，促进帮扶地区农产品“出山入湾”。跟踪督办2023年“1号议案”《关于以广州传统中轴线申报世界文化遗产为契机，进一步擦亮越秀岭南、海丝、红色文化名片的议案》，听取审议越秀区2022年度环境状况和环境保护目标完成情况的报告，围绕城中村改造开展专题视察。聚焦环市东商圈提质升级，组织省、市、区人大代表开展华侨新村历史文化保护利用集中视察，推动街区历史文化、现代文化元素、商业发展空间融合，打造更优质的文商旅体验。开展“五级人大代表联动，千家民营企业调研”活动，走访民营企业124家，召开座谈会51次，141家民营企业、244人次各级人大代表参与调研、献计献策。听取审议区“十四五”规划中期评估报告、2023年上半年计划执行情况报告，专题调研惠企政务服务情况、楼宇经济发展情况，专题视察“暖侨企 促发展”情况，服务和促进经济健康发展。专题视察政府债券资金项目建设情况，推进预算联网监督系统常态化运用，配合市人大常委会在辖区内六榕街道设立预算审查监督基层联络点，推动管好人民群众的“钱袋子”。

【社会治理工作监督】 2023年，越秀区人大常委会组织省、市、区、街道四级人大代表联动开展《广东省文明行为促进条例》执法检查，规范和倡导社会文明行为。围绕老旧住宅加装电梯后的维护管养、无障碍出行设施设备的建设管理、康王路下穿流花湖隧道项目工程推进、电动自行车管理等方面开展专题调研视察，助力优化人居环境、提升城市服务。对越秀区实施《广州市宗教事务管理条例》情况、宗教放生活动备案管理情况开展专题视察调研，听取审议区政府防范和打击电信网络诈骗犯罪工作情况报告，专题视察“提升多元解纷效能、打造无诉讼社区”工作情况，交办人大街道工委听取街道司法所关于社区矫正工作情况报告、街道派出所关于外国人服务管理工作情况报告，促进社会大局平安和谐。

【民生福祉保障工作监督】 2023年，越秀区人大常委会开展民生实事督办，对区属公立医院高质量发展情况开展专题视察；交办人大街道工委听取街道市场监督管理所关于食品安全管理工作情况报告；立足越秀区教育强区定位，组织市、区两级人大代表开展教育人才队伍高质量发展、中心城区中小学校提质扩容、普惠托育示范点建设情况等专题调研，听取审议区政府关于校外培训管理情况的报告。

【法律实施监督】 2023年，越秀区人大常委会落实国家宪法日、宪法宣传周活动，营造尊法学法守法用法氛围。落实宪法宣誓制度，依法组织新任命国家机关工作人员进行宪法宣誓，常委会机关举办“集体重温宪法宣誓”活动。听取审议区政府关于法治政府建设情况的报告，开展执法检查3项，推动加强法治建设。提高备案审查工作水平，通过引入法律顾问团队参与、开设网站专栏、制定工作流程图、开展业务培训等措施，推进备案审查规范化建设。贯彻落实“有件必备、有备必审、有错必纠”工作要求，对2份规范性文件进行备案审查。畅通群众参与立法渠道，加强基层立法联络站建设，北京街道都府社区、东山街道达道北社区各增设市级立法联络站1个。配合市人大常委会开展立法征询工作，围绕《广州市民营经济促进条例》等近20部法律法规征求立法意见，通过线上及线下相结合的方式收集意见建议100多条。 （陈博）

视察调研

【概况】 2023年，越秀区人大常委会根据《越秀区人大常委会2023年监督工作计划》，安排专题视察监督8项、专题调研监督5项。根据广州市人大常委会、越秀区委相关工作安排，组织人大代表开展相关视察调研活动。

【楼宇经济发展情况调研】 2023年，越秀区人大常委会财政经济工作委员会牵头开展楼宇经济发展情况专题调研，形成《关于越秀区楼宇经济发展情况的专题调研报告》，经越秀区第十七届人大常委会第二十七次会议审议通过。报告认为，越秀区通过以党建引领为基石、以品牌建设为带动、以创新服务为特色、以营商环境为保障、以更新改造为契机，助推楼宇经济发展，支撑全区经济密度、服务密度位居全省各县区第一，连续第三年获“中国楼宇经济十大活力城区”“中国最佳国际营商环境城区奖”等称号，位居2022中国楼宇经济（总部经济）标杆城区第九。会议指出，越秀区楼宇经济存在优质载体供给不足、老旧楼宇升级改造困难多、中心城区的比较优势未能充分发挥、楼宇产业发展合力不够、外部竞争压力大等问题。报告建议，要强化政策扶持，推动产业发展转型升级；要搭建工作平台，拓宽楼宇企业招商渠道；要推进楼宇活化，增加优质载体供给；要优化营商环境，提升商务楼宇经济能级；要发挥比较优势，在差异化竞争上下功夫；要构建楼宇生态，打造楼宇管理“越秀品牌”。

【民营企业发展情况调研】 2023年，越秀区人大常委会财政经济工作委员会牵头开展民营企业发展情况专题调研，形成《越秀区人大常委会关于“五级人大代表联动 千家民营企业调研”的报告》。报告认为，越秀区坚持以保促稳、以稳促进原则，以“真招实策”的支持、“真金白银”的激励、“真情实意”的服务，推动民营经济健康蓬勃发展、高质量发展。报告指出，越秀区民营经济存在企业经营发展受到多重制约、公共服务还有明显短板、政策支持有待细化落实、政务法治环境仍需优化提升等问题。报告建议，要强化党建引领，提振发展信心；要强化政策支持，破解发展难题；要优化营商环境，提升发展活力；要强化产业引领，增强发展动能。

【优化惠企政务服务情况调研】 2023年，越秀区人大常委会法制工作委员会牵头开展优化惠企政务服务情况专题调研，形成《关于优化惠企政务服务、助力越秀区高质量发展的专题调研报告》，经越秀区第十七届人大常委会第二十七次会议审议通过。报告认为，区政府推动智慧政务应用创新，提升政务服务能力；深化智慧城市建设，推进数字政府改革建设，作为广东省唯一区县级数字政府示范区，获评广东省首届政务服务标杆大厅。报告指出，越秀区存在政企沟通机制有待完善、智慧城市建设水平有待提升、数据要素赋能力度有待强化、政务服务标准化规范化便利化水平有待提高、政务服务便利化措施宣传力度有待增强等问题。报告建议，要建立统一入口的政企沟通机制，通过市区联动提升智慧城市建设水平，强化数据赋能高质量发展，加快推进政务服务标准化规范化便利化工作，增强政务服务信息宣传工作力度。

【老旧住宅加装电梯后的维护管养情况调研】 2023年，越秀区人大常委会城市建设环境与资源保护工作委员会牵头开展老旧住宅加装电梯后的维护管养情况专题调研，形成《关于老旧住宅加装电梯后的维护管养工作情况的专题调研报告》，经越秀区第十七届人大常委会第二十三次会议审议通过。报告认为，越秀区政府把加装电梯安全保障作为关系人民群众生命安全的民生工程和实现老城市新活力的发展工程，不断提升基层治理现代化水平，完善多元协商机制，推动智慧化管理，推出连片托管模式。各街道实行电梯“一梯一团队”，实现精准对接，强化社区的协调主体职责，将加装电梯纳入社区议事平台协议范围。报告指出，越秀区在加装电梯维护管养方面存在加装电梯使用管理主体责任分散、共有产权电梯指定管理缺乏政策配套、加装电梯应急处置水平亟待提高等问题。报告建议，要持续推进加装电梯托管工作，定期组织托管机构进行能力评价，加大加装电梯后续监管力度。

【普惠托育示范点建设情况调研】2023年，越秀区人大常委会教育科学文化卫生工作委员会牵头开展普惠托育示范点建设情况专题调研，形成《关于越秀区普惠托育示范点建设情况的专题调研报告》，经越秀区第十七届人大常委会第二十三次会议审议通过。报告认为，越秀区落实省市区托育机构示范点建设工作，通过多部门协调，健全托育行业的发展保障；通过多主体合力，增加普惠托育的服务供给；通过多渠道宣传，营造生育友好的社会氛围。报告指出，越秀区存在托育机构数量少、规模小，开设托班的幼儿园少，托育服务价格偏高，托育使用率低等问题。报告建议，要理顺托育服务管理机制；要探索多样化托育服务模式，增加托位供给；要营造和优化从业发展环境，强化从业人员队伍建设；要培育健康婚育观念，促进生育意愿提升。

【教师队伍高质量发展情况调研】2023年，越秀区人大常委会教育科学文化卫生工作委员会牵头开展教师队伍高质量发展情况专题调研，形成《越秀区人大常委会关于开展教师队伍高质量发展专题调研的报告》。报告认为，越秀区坚持“谋划+落实”，重视保障教育发展，以守正创新实现与时俱进，以选树结合打造优质教育典范。报告指出，

2023年5月31日，越秀区教育高质量发展及人才队伍建设专题调研座谈会在广州市第十六中学召开　　（区人大常委会办公室供图）

越秀区教师队伍还存在教师配备亟待加强；到龄退休人数进入高峰期，编制内人员亟须补充；队伍结构不合理，老龄化趋势明显；临聘教师占比过高，教学质量难以保障；临聘教师薪酬过低，队伍稳定难以保证；继续教育和培训经费投入不足等问题。报告建议，要突出思想政治引领，强化师德师风建设；要聚焦均衡优质目标，强化教育投入保障；要立足常态长效实际，强化教师队伍补充；要围绕畅通成长渠道，强化教师梯队建设；要着力突破发展瓶颈，强化教育改革创新。

【《广州市宗教事务管理条例》实施情况调研】2023年，越秀区人大常委会华侨外事民族宗教工作委员会牵头开展《广州市宗教事务管理条例》实施情况专题调研，形成《关于实施〈广州市宗教事务管理条例〉（修订）情况的专题调研报告》，经越秀区第十七届人大常委会第二十七次会议审议通过。报告认为，越秀区着力构建长效机制，把握宗教工作主动权；坚持依法管理，推进规范化建设，把握宗教中国化方向；坚持突出重点，推动健康传承发展，维护宗教领域安全稳定，保障宗教和谐稳定。报告指出，越秀区存在宗教政策法规宣传力度有待加强、宗教活动场所安全工作有待加强、互联网宗教信息管理有待加强、宗教活动场所规划建设有待协调推进、宗教工作力量亟须加强等问题。报告建议，要加强宣传贯彻，引导宗教与社会主义社会相适应；要加强风险排查，抓好宗教活动场所安全工作；要加强网络宗教信息监管，防范化解宗教领域网络传播风险；要加强宗教文化资源保护开发，协调推进活动场所规划建设；要加强宗教工作“三支队伍”（党政干部队伍、宗教界代表人士队伍、宗教学研究队伍）培养，推动宗教事务治理规范化发展。　　（陈博）

代表工作

【概况】2023年，越秀区人大常委会组织开展人大街道工委建设年活动，发动区内人大代表集中履职，发挥人大代表主体作用。提升服务水平，保障人大代表更好发挥主体作用。至年底，越秀区有省人大代表12人、市人大代表65人、区人大代表346人。

【人大代表培训和履职服务】 2023年，越秀区人大常委会加强和改进代表培训工作，组织部分区十七届人大代表到武汉大学开展履职培训。密切常委会同人大代表的联系，常委会领导班子成员带头走访联系代表，引导代表为民履职。落实代表履职情况登记管理，开展年度履职积极代表、优秀代表建议评选活动，宣传代表履职先进典型，激励和促进代表履职。组织人大代表向原选区选民报告履职情况，推动代表密切同选民的联系，自觉接受选民监督。是年，1634人次各级人大代表进联络站接待选民群众，推动解决各类问题1100多个。

【人大代表履职平台搭建】 2023年，越秀区人大常委会落实议案建议工作“内容高质量、办理高质量”要求，坚持“提、交、办、督”4个环节一体推进，实行领导领衔、工委对口督办、全程动态跟踪，压实议案、建议办理责任，提高代表议案、建议办理的满意率、落实率和解决率。在区十七届人大三次会议上，代表提出议案建议47件、闭会建议4件，全部按期办复。专题部署人大街道工委建设年工作，加强区、街道纵向联动和工作统筹，常委会领导班子成员和机关各委办开展工作指导，支持基层首创精神，帮助人大街道工委开展监督工作，打通人大监督在街道一级的“最后一公里”。优化代表履职平台，开展代表联络站“三化”（标准化、规范化、常态化）建设，把各站点打造成为接地气、察民情、聚民智、惠民生的场所。是年，北京街道都府社区联络站获评广州市优秀代表联络站。（陈博）

代表议案和建议

【概况】 2023年2月，越秀区第十七届人民代表大会第三次会议期间，区人大常委会收到代表提出的议案、建议、批评和意见47件，闭会期间收到代表建议4件。其中，《关于以广州传统中轴线申报世界文化遗产为契机，进一步擦亮越秀岭南、海丝、红色文化名片的议案》被列为大会1号议案，其他议案转建议处理。代表建议的内容涉及越秀区经济发展、城市更新、产业转型、环境治理、公共卫生、民生福祉等方面，全部属于政府职能部门办理范围。区人大常委会工作部门按照规定将代表建议交由区人民政府办理。区人民政府所属各主办单位在法定时间内全部办结并答复代表。所提问题解决或者基本解决的（A类件）20件，占总数的40%；列入计划正在解决的（B类件）27件，占总数的54%；列入规划、将逐步解决的（C类件）3件，占总数的6%。代表对办理答复情况进行满意度反馈，对办理答复情况满意的50件，代表满意度100%。

表9 2023年越秀区第十七届人大第三次会议建议一览表

序号	标题	所属代表团	主办单位
1	关于发挥北京路全国示范步行街引领作用，打造具有世界影响力的岭南特色商圈的议案	北京街道	核心区管委会
2	关于推动“国家音乐产业基地”——广电城投686创意园高质量发展的议案	六榕街道	区文化广电旅游体育局
3	关于聚力优势动能推动越秀区江湾商圈生命健康产业集群高质量发展的议案	珠光街道	区科工信局
4	关于疫后复苏各类社会服务机构助力经济高质量发展的议案	珠光街道	区人力资源社会保障局
5	关于以信用赋能助力实体经济快速复苏的议案	洪桥街道	区发展改革局
6	关于推进文旅行业物业确权工作的议案	洪桥街道	区文化广电旅游体育局
7	关于大力促进中小学生视力健康质量发展的议案	洪桥街道	区教育局
8	关于推进寺右南工业园片区的改造更新的议案	东山街道	东山街道
9	关于“以运动健康为抓手，助力健康社区建设”的议案	农林街道	区文化广电旅游体育局
10	关于加强社区微信群管理，深化智慧社区治理的议案	农林街道	区民政局
11	关于建立老旧居民楼共有部分安全隐患摸查、排除机制的议案	光塔街道	区房管局

续表 9

序号	标题	所属代表团	主办单位
12	关于进一步深化粤港澳大湾区生命健康产业创新区建设的议案	光塔街道	区科工信局
13	关于推进粤港澳大湾区生命健康产业创新区建设，助力越秀高质量发展大局的议案	大东街道	区科工信局
14	关于推动越秀区高质量发展的议案	建设街道	区发展改革局
15	关于越秀区生态环保产业高质量发展的议案	梅花村街道	市生态环境局越秀分局
16	关于进一步加快推动矿泉城中村改造工作的议案	矿泉街道	区房管局
17	关于锚定矿泉地区专业市场转型升级新引擎 推动越秀经济高质量发展的议案	矿泉街道	区商务局
18	关于越秀区后疫情时代的中医康养服务与期待，2023 年如何将闲置资产变可持续利用的议案	北京街道	区卫生健康局
19	关于完善基层社区卫生服务体系解决群众急盼需求的议案	黄花岗街道	区卫生健康局
20	关于推进越秀区以人文为核心商贸为支撑的高质量发展的议案	华乐街道	区商务局
21	关于在我区设立 1 个以上家庭暴力庇护场所，力争街道妇女维权站覆盖率达 100% 的建议	华乐街道	区妇联
22	关于推进社区就业服务驿站建设的建议	北京街道	区人力资源社会保障局
23	关于支持越秀区专业市场进一步转型升级的建议	流花街道	区商务局
24	关于进一步加强我区残障人士及就业困难人员就业援助的建议	珠光街道	区残联
25	关于进一步加强我区老年人群体养老反诈机制建设的建议	珠光街道	区公安分局
26	关于做好群众用药用械引导的建议	珠光街道	区市场监管局
27	关于加快健全特殊教育专家指导委员会工作机制，推进我区融合教育高质量发展的建议	珠光街道	区教育局
28	全力拼经济环境下小微商户拓展海外市场的困难分析及对策建议	人民街道	区商务局
29	关于解决海珠广场环岛交通不通畅的建议	人民街道	区商务局（区交通运输局）
30	关于解决人民街一德商圈交通难点的建议	人民街道	区商务局（区交通运输局）
31	关于建设人民街为永不落幕的国际专业市场的建议	人民街道	区商务局
32	关于优化广州市老年人公益法律服务机制的建议	梅花村街道	区司法局
33	关于进一步拓展金融优化营商环境新内涵的建议	大塘街道	区房管局
34	关于加强区级文化馆建设，高质量助推城市文化综合实力出新出彩的建议	大塘街道	区文化广电旅游体育局
35	关于加强社区慈善基金建设和作用发挥的建议	黄花岗街道	区民政局
36	建立区域中小幼立体学校共同体的建议	黄花岗街道	区教育局
37	关于支持在越秀区注册的建筑施工企业高质量发展的建议	黄花岗街道	区建设水务局
38	关于在北京路北段打造“千年古道，百年公交”主题巴士街区的建议	黄花岗街道	核心区管委会

续表 9

序号	标题	所属代表团	主办单位
39	积极推进学校社会工作参与家校社协同育人机制的建议	黄花岗街道	区教育局
40	关于越秀区初中开设晚自修的建议	黄花岗街道	区教育局
41	关于发挥超高清和信息技术等产业优势，加大与智能网联汽车产业融合的建议	登峰街道	区科工信局
42	关于提升基层癌症早防早治能力的建议	登峰街道	区卫生健康局
43	白云街关于加强推进儿童友好城市建设的建议	白云街道	区妇联
44	关于进一步优化越秀区营商环境的建议	白云街道	区发展改革局
45	关于进一步加强广州越秀区城市管理与人口服务的建议	珠光街道	区发展改革局
46	关于北京路商业圈重点区域交通与环境的优化建议	北京街道	区商务局（区交通运输局）
47	关于在北京路设置帮扶地区农产品固定展销点的建议	北京街道	区对口支援办
48	关于进一步促进府学西夜经济的建议	北京街道	核心区管委会
49	进一步改善民营经济，实现高质量发展的建议	人民街道	区商务局
50	关于促进老城区生活垃圾分类工作的建议	北京街道	区城管和综合执法局

【《关于以广州传统中轴线申报世界文化遗产为契机，进一步擦亮越秀岭南、海丝、红色文化名片的议案》】 2023年，越秀区第十七届人民代表大会第三次会议期间，北京街道代表团提出《关于以广州传统中轴线申报世界文化遗产为契机，进一步擦亮越秀岭南、海丝、红色文化名片的议案》。议案指出，越秀区对照“老城市新活力创新发展示范区”工作要求仍有一定差距，具体体现在：文化遗产活化利用水平有待提升，片区的周边环境整治仍需加强，岭南、海丝、红色文化彰显力度不足。议案建议：多措并举，加强文物保护和活化利用；规划先行，做好历史文化街区保护；产业带动，激发传统中轴线高质量发展新活力；多方联动，多维度展现海丝文化；深挖细耕，提升岭南文化活动品牌影响力；加大宣传，传承弘扬红色文化。

【《关于大力促进中小学生视力健康质量发展的议案》】 2023年，越秀区第十七届人民代表大会第三次会议期间，洪桥街道代表团提出《关于大力促进中小学生视力健康质量发展的议案》（后转为建议处理），提出要持续开展每学期定期视力检测；要沐浴阳光，预防近视；要开展学生的视力健康公益讲座及趣味体验课堂；要规范视觉环境；要提升教师校医护眼意识；要通过全方位家长教育引导，共同为孩子的视力健康保驾护航。

【《关于进一步深化粤港澳大湾区生命健康产业创新区建设的议案》】 2023年，越秀区第十七届人民代表大会第三次会议期间，光塔街代表团提出《关于进一步深化粤港澳大湾区生命健康产业创新区建设的议案》（后转为建议处理），提出要构建全域空间发展布局，发挥生命健康产业发展的区域协同效应；要深化粤港澳大湾区生命健康产业创新区建设，打造集康养服务、特色中西医诊疗、科研转化、医养服务机构培训及标准化认证于一体的老年友好型康养服务聚集区；要构建全链条产业发展体系，做优生命健康服务业，扶强生命健康制造业，聚合生命健康新业态，促进产业融合发展；要构建区域间协同发展格局，推动与国内其他国家级健康产业园区建立合作共建机制，与上海新虹桥等管理机制先进的健康产业园区对接，支持国内知名康养酒店、医疗机构到越秀区投资康养机构，鼓励依据市场变化优化资源配置。

【《关于支持越秀区专业市场进一步转型升级的建议》】 2023年，越秀区第十七届人民代表大会第三次会议期间，流花街道代表团提出《关于支持越秀区专业市场进一步转型升级的建议》，提出要“一场一策”引导专业市场向商场化、综合体化方向改造；要加大对专业市场软硬件改造的政策支持；要结合城市更新，盘活物业空间；要完善周边配套，畅顺商贸流通；要加强监督管理，促进有序转型。 （陈博）

■编辑 陈林琳

广州市越秀区人民政府

综 述

【区政府工作部门】 2023年，广州市越秀区人民政府设置的工作部门有越秀区人民政府办公室、越秀区发展和改革局（越秀区粮食和物资储备局、越秀区国防动员办公室、越秀区人民防空办公室）、越秀区教育局、越秀区科技工业和信息化局、越秀区民族宗教事务局、越秀区民政局、越秀区司法局、越秀区财政局（越秀区政府国有资产监督管理局）、越秀区人力资源和社会保障局、越秀区房屋管理局（越秀区城市更新局）、越秀区建设和水务局、越秀区商务局（越秀区交通运输局）、越秀区文化广电旅游体育局（越秀区文化市场综合行政执法大队、越秀区文物局）、越秀区卫生健康局（越秀区疾病预防控制局）、越秀区退役军人事务局、越秀区应急管理局、越秀区审计局、越秀区市场监管局（越秀区知识产权局）、越秀区统计局、越秀区金融工作局、越秀区城市管理和综合执法局、越秀区信访局、越秀区政务服务数据管理局、广州市公安局越秀区分局、广州市规划和自然资源局越秀区分局、广州市生态环境局越秀分局、越秀区林业和园林局、广州市医疗保障局越秀区分局、广州民间金融街管理委员会、广州北京路文化核心区管理委员会、越秀区流花地区管理委员会办公室、广州高新技术产业开发区黄花岗科技园管理委员会（广州黄花岗信息园管理委员会）、越秀区机关事务管理局、越秀区代建项目管理中心。

【议案、建议、提案办理】 2023年，越秀区政府承接省、市、区的人大代表议案、建议和政协提案290件。其中，广东省人大代表建议2件，省政协提案3件，广州市人大代表建议88件，市政协提案79件，区人大代表议案1件、建议50件，区政协提案67件，均按期办复完毕，反馈满意率均为100%。

【政府工作调研督导】 2023年，越秀区人民政府办公室承办省、市领导到越秀区调研活动9次，组织和参与区政府主要领导开展关于“重点项目”“安商暖企”“安全生产检查”等调研活动60多次。

【政务接待】 2023年，越秀区人民政府保障接待党和国家领导人、国家有关部委、省市有关厅局以及外省市到越秀区开展经济发展、安全生产、政务服务、社会民生等方面的工作调研33次；做好区领导会见百威集团控股有限公司、捷成洋行有限公司、南威软件股份有限公司等公务接待活动36次；完成“读懂中国”国际会议（广州）、第九届中国广州国际投资年会暨福布斯中国创投高峰论坛、2023年全球市长论坛等重大会议的筹备服务保障工作；完成国家发展改革委、教育部、生态环境部、文化和旅游部、退役军人事务部、国家市场监督管理总局、国家体育总局、中国残联等部委到穗调研的服务保障工作。

【政府信息采编】 2023年，越秀区政府围绕经济社会发展重点和重要工作新进展、新经验、新成效，编撰上报各类信息448篇，获国家、省级、市级刊物采用刊登信息130篇，其中6篇联合供稿被国务院办公厅采用，13篇联合供稿被广东省政府办公厅采用。聚焦社会关切问题，把握主题主线，稳外贸、毕业生就业、促消费等一批问题建议类信息被广州市政府办公厅等上级部门采用，全年上报专报专送信息27篇。推荐的1篇选题入选2023年度市政府决策咨询课题。立足全区动态和发展难题，全年印发《越秀信息》53期、《越秀信息（专刊）》16期，编发低效空间情况、重焕农林商圈新活力、空挂户情况分析等参阅信息5期。新增《每月要情》，为区政府把握全局、科学决策、推动落实提供信息服务。

【政府信息公开】 2023年，越秀区人民政府门户网站发布信息1.14万条，总浏览量853万人次。全年发布政策解读36份，其中文字解读13份、图片解读10份、音视频解读13份。是年，越秀区接收政府信息依申请公开388件，上一年结转4件，完成答复381件，因政府信息公开引起的行政复议27宗、行政诉讼8宗。

（汪小丽）

重要会议

【概况】 2023年，越秀区政府通过重要会议研究越秀区经济社会高质量发展、第五次全国经济普查等重点工作。年内，召开全体（扩大）会议2次、区政府常务会议49次、区长办公会议70次。

【区政府全体（扩大）会议】 2023年1月12日，越秀区政府全体（扩大）会议召开，讨论《2023年越秀区政府工作报告（讨论稿）》《越秀区2022年国民经济和社会发展计划执行情况与2023年计划草案的报告（讨论稿）》《越秀区2022年财政预算执行情况和2023年预算草案的报告（讨论稿）》。4月18日，越秀区政府召开全体会议，研究部署2023年区政府议案建议提案办理工作。

【区政府常务会议】 2023年，越秀区政府召开常务会议49次，即越府17届37次至17届85次。主要议题包括传达学习贯彻习近平新时代中国特色社会主义思想、习近平总书记重要讲话和重要指示批示精神，研究部署越秀区经济社会高质量发展、第五次全国经济普查等重点工作，审议2022年越秀区政府工作报告（稿）、西湖花市活动方案、全民健身实施计划、2023年十件民生实事建议事项等方面工作情况。

【区长办公会议】 2023年，越秀区区长召开区长办公会议70次，主要议题包括研究贯彻落实广州市服务业扩大开放综合试点工作、北京路步行街改造提升二期工作、广州火车站片区改造提升工作、中秋国庆假期促消费和安全生产工作、硅巷型创新街区建设工作等。

表10 2023年越秀区人民政府常务会议部分会议议题一览表

时间	届次	议题
1月11日	越府17届38次	审议《广州市越秀区全民健身实施计划（2021—2025年）》
		审议《2023年越秀区十件民生实事建议事项》
1月16日	越府17届39次	审议《越秀区政府工作报告（送审稿）》
		审议《越秀区2022年国民经济和社会发展计划执行情况与2023年计划草案报告（送审稿）》
2月2日	越府17届41次	深入学习贯彻习近平总书记关于高质量发展的系列重要论述精神，传达省、市、区高质量发展大会精神，研究部署越秀区贯彻落实工作
2月14日	越府17届42次	传达全市重大项目工作推进会议精神，听取越秀区有关工作情况汇报，研究部署下一步工作
		审议《广州市越秀区重大行政决策程序规定（送审稿）》
3月22日	越府17届46次	传达学习习近平总书记关于退役军人工作重要论述以及各级相关会议精神，研究越秀区贯彻落实工作
		听取全区经济工作和重点项目推进情况汇报，调度有关工作
		审议《越秀区行政许可事项清单（2022年版）》
4月23日	越府17届49次	传达学习习近平总书记视察广东重要讲话、重要指示精神，以及省委省政府、市委市政府、区委有关会议精神，研究部署区政府贯彻落实工作
		听取越秀区消防设施建设和行政执法工作情况汇报，研究部署下一步工作
5月6日	越府17届51次	听取越秀区道路交通安全管理工作汇报，研究部署下一步工作
		审议《越秀区人民政府关于办理〈关于以广州传统中轴线申报世界文化遗产为契机，进一步擦亮越秀岭南、海丝、红色文化名片的议案〉的实施方案》

续表 10

时间	届次	议题
5 月 16 日	越府 17 届 53 次	传达市关于消防安全有关精神，通报越秀区消防安全隐患排查整治情况，研究部署近期加强安全治理工作
		听取越秀区近期城市管理工作情况汇报，研究部署下一阶段工作
5 月 23 日	越府 17 届 54 次	听取越秀区交通秩序大整治工作情况汇报，研究部署下一步工作
		审议《越秀区关于全面推动新时代未成年人保护工作高质量发展行动方案》
6 月 16 日	越府 17 届 57 次	传达国家、省、市关于第五次全国经济普查有关工作要求，动员部署越秀区“五经普”工作
7 月 12 日	越府 17 届 61 次	深入学习贯彻习近平总书记对进一步做好防汛救灾工作作出的重要指示精神，研究部署越秀区防汛救灾工作
		听取越秀区儿童友好城市建设工作情况汇报，研究部署下一步工作
8 月 3 日	越府 17 届 64 次	学习贯彻习近平总书记关于食品安全、药品安全重要指示精神，听取越秀区食品药品安全工作情况，研究部署下一步工作
8 月 23 日	越府 17 届 67 次	审议《广州市越秀区促进产业高质量发展的实施意见》
10 月 18 日	越府 17 届 75 次	深入学习贯彻习近平总书记关于乡村振兴系列重要论述，听取越秀区乡村振兴工作情况汇报，研究部署下一步工作
11 月 2 日	越府 17 届 77 次	深入学习贯彻习近平总书记对广东系列重要讲话和重要指示精神，传达市政府常务会议关于推动实施“百县千镇万村高质量发展工程”有关议题精神，听取越秀区有关工作情况汇报，研究贯彻落实意见
11 月 15 日	越府 17 届 79 次	审议《越秀区“十四五”规划纲要中期评估报告》
11 月 29 日	越府 17 届 81 次	听取 2023 年“读懂中国”国际会议（广州）越秀区服务保障工作有关情况汇报，研究部署下一步工作
12 月 8 日	越府 17 届 82 次	听取越秀区交通大整治工作情况汇报，研究部署下一步工作

表11 2023年越秀区区长办公会议部分会议议题一览表

时间	议题
2 月 10 日	研究贯彻落实广州市服务业扩大开放综合试点工作
2 月 15 日	研究城市更新工作暨政策培训
2 月 27 日	研究部署全区统计工作
3 月 16 日	研究全区 2023 年 1—2 月经济工作
3 月 24 日	研究北京路步行街改造提升二期工作
3 月 28 日	研究流感疫情防控工作

续表 11

时间	议题
4 月 12 日	研究广州火车站片区改造提升工作
4 月 13 日	研究全区金融工作
4 月 26 日	研究重点项目推进工作
5 月 4 日	研究推进大湾区中医康养区项目建设工作
5 月 10 日	研究城中村改造工作
7 月 14 日	研究全区治水工作
8 月 29 日	研究公有物业更新改造有关工作
9 月 21 日	研究中秋国庆假期促消费和安全生产工作
9 月 22 日	研究河长制工作
10 月 19 日	研究校园周边交通安全工作
11 月 9 日	研究硅巷型创新街区建设工作
11 月 20 日	研究 2024 年西湖迎春花市筹备工作

（汪小丽）

施政辑要

【概况】 2023年，越秀区加快推进重点项目建设，提升城区环境品质和街区风貌，优化公共服务供给，统筹发展和安全两件大事，围绕经济发展、社会事业、综合管理等方面，出台重要政策和措施10多项，完成十件民生实事，推进老城市新活力引领区和高能级国际大都市核心区建设。是年，越秀区人民政府印发《广州市越秀区全民健身实施计划（2021—2025年）》《越秀区行政许可事项清单（2022年版）》等区政府文件42份，其中主动公开5份，涉及经济发展、社会民生、领导分工等方面内容；区人民政府办公室印发《越秀区危险化学品事故应急预案》《越秀区职工特急救济专项资金管理办法》等文件14份，其中主动公开5份，涉及重点项目建设、重大行政决策、应急预案等方面内容（见表12）。

表12 2023年越秀区人民政府、越秀区人民政府办公室印发主要文件一览表

文号	标题
越府〔2023〕3 号	广州市越秀区人民政府关于印发广州市越秀区全民健身实施计划（2021—2025 年）的通知
越府〔2023〕9 号	广州市越秀区人民政府关于公布越秀区行政许可事项清单（2022 年版）的通知
越府办〔2023〕4 号	广州市越秀区人民政府办公室关于印发越秀区 2023 年重点建设项目计划的通知
越府办〔2023〕6 号	广州市越秀区人民政府办公室关于印发越秀区人民政府 2023 年度重大行政决策事项目录的通知
越府办〔2023〕7 号	广州市越秀区人民政府办公室关于印发广州市越秀区重大行政决策程序规定的通知
越府办〔2023〕13 号	广州市越秀区人民政府办公室关于印发越秀区危险化学品事故应急预案的通知
越府办〔2023〕14 号	广州市越秀区人民政府办公室关于印发越秀区职工特急救济专项资金管理办法的通知

【经济社会发展重要政策与措施】 2023年1月，越秀区政府印发《广州市越秀区人民政府关于印发广州市越秀区全民健身实施计划（2021—2025年）的通知》，从提升市民健身环境品质、推进赛事活动提档升级、深化体育社会组织改革、培育体育文化发展环境、探索“全民健身+”融合发展新模式、推动体育产业高质量发展等方面提出措施19条。3月，区政府办公室印发《广州市越秀区人民政府办公室关于印发越秀区2023年重点建设项目计划的通知》，明确产业项目29个、基础设施项目6个、社会民生项目21个、城市更新项目7个以及重点建设预备项目54个。12月，区政府办公室印发《广州市越秀区人民政府办公室关于印发越秀区危险化学品事故应急预案的通知》，分析危险化学品行业现状和事故风险，明确组织机构和职责，确立应急机制和保障措施，促进经济社会协调健康发展。

【越秀区十件民生实事完成】 2023年，越秀区坚持以人民为中心的发展思想，将改善民生、增进福祉作为工作重点，十件民生实事如期完成，各项民生事业取得新成效，人民群众获得感、幸福感、安全感持续增强。

家庭病床服务 全区18个社区卫生服务中心100%开展家庭病床和出诊服务，建立家庭病床3813张，医生和护士到家庭巡诊7.14万人次、家庭出诊7194人次，合计7.86万人次。此外，扩大家庭病床供给，鼓励区属二级医院开展家庭病床服务，越秀区中医医院、区骨伤康复医院全年建床586张。

完善校园应急广播系统和自动体外除颤仪的配备 区教育局89所局属公办学校配备校园应急广播系统89套，143个局属学校校区配备自动体外除颤仪154台。

建设家门口党群“智税圈” 运行“便民办税进万家”“税费红利即刻享”“安商暖企优服务”“挖潜堵漏促增收”“社会治理添动力”五大工作机制，在全区建成智税站点11个，各街道落地和挂牌运行社保费争议联合处置中心。

公安政务服务“一窗通办” 4月24日，“大型群众性活动安全许可”“养犬登记续期”等7项治安政务高频事项进驻越秀区政务服务中心公安二分厅，实现治安、出入境、户政业务“一窗通办”。8月21日，根据广州市公安局通知要求，上述7项事项迁移至越秀区政务服务中心办理。至此，全区53项涉企事项进驻越秀区政务服务中心综合窗口办理，实行前台统一受理、后台分类审批、结果集中出件，避免企业办事“来回跑”“多处跑”。

食品安全保障 全年全区开展食品抽检1383批次，达到每年每千人一批次食品抽检要求。抽检结果不合格43批次，按照法律法规对不合格的43批次食品进行后续核查处置，做好立案查处工作，不合格食品处置率100%。

促进和保障就业 至年底，全区建设就业服务驿站19个。其中，建成广州市首个金融机构就业驿站——招商银行淘金支行就业驿站，打造全市首个青年主题就业驿站——北京街道就业驿站，护航各类群体就业。组织线上及线下招聘会175场，城镇新增就业人员2.7万人，有就业意愿的特困高校毕业生实现100%就业。

加强住房保障服务 全年解决863户新增中低收入家庭的住房保障问题，向2180户家庭发放租赁补贴。

千名困境儿童圆梦微心愿 依托“穗好办”App、“越秀人家”微信小程序等智能信息化平台，对辖区内困境儿童微心愿开展全覆盖征集。至2023年底，1064名困境儿童微心愿对接、发放工作全部完成。

送法下社区 全年全区各社区开展反诈宣传活动489场次，开展“进校园、进家庭、进企业、进社区、进网络”反诈宣传“五进”活动。至2023年底，全区电信诈骗警情比上年下降15.3%（全市平均降幅为8.3%），电信诈骗立案数下降7.7%（全市平均降幅为9.9%），实现警情、案件数“双下降”工作目标。

开展“展翅计划”，为青年提供实（见）习岗位 通过走访挖掘岗位需求、拓宽实习渠道、扩大线上及线下宣传、精准供需对接等方式，全年面向青年提供实（见）习岗位约2000个。 （汪小丽）

2023年10月20日，越秀区反诈志愿服务队成立仪式暨反诈宣传活动在区党群服务中心举行 （钟涌 摄）

政务服务

【概况】 2023年，越秀区推动政务服务改革与“数字政府”建设融合发展，通过数据赋能政务服务，提升营商环境“软实力”，将区一体化平台纳入区层级事项1081项、街道层级事项140项、社区层级事项4项，全区完成业务量19.5万件，政务服务运行全程标准化、服务供给全域规范化、企业群众办事全时便利化有序推进。

【数字政府顶层设计】 2023年，越秀区强化“一中心三板块”（“一中心”指城市运行综合指挥中心，即“越秀智库”；“三板块”指“越秀先锋”“越秀人家”“越秀商家”三大板块）数字政府核心体系建设，迭代优化“越秀智库”“越秀先锋”“越秀人家”“越秀商家”等应用平台，健全条块结合、协同高效核心体系，提升服务效能，优化营商环境，便捷居民办事，强化城市治理。加强平台联动，实现“越秀商家”微信小程序、“艾小越”政务私聊机器人等群众服务线上窗口与“越秀先锋”移动工作台的数据联通，搭建7×24小时咨询问答平台，群众留言反馈自动流转至“粤政易”工作群，各部门首席代表虚拟在线，实现群众诉求快速响应回复。

【城市治理“一网统管”】 2023年，越秀区增强“一网统管”能力，整合301个数据资源目录1029.88万条数据、1.2万路视频资源，推进城市运行综合指挥平台建设。围绕城市运行、经济发展、消防应急、历史文化、人口模型等功能，建成应用主题12个、移动端主题6个、移动端专项4个、“穗智管”特色主题4个。新增外贸经济板块，全区外贸数据、外贸具体构成和街道数据定时更新，实现经济、文化等数据掌上速查，城市运行态势一屏统揽，推动“一网式”智慧指挥。融合“越秀先锋”移动工作台，实现事件多源登记、处置动态跟踪、管理自动留痕，推进城市治理统筹协调、指挥调度、监督考核、综合评价、公众服务“一网统管”。

【政务服务运行全程标准化推动】 2023年，越秀区依托广东省政务服务事项系统，推动政务服务事项标准化，对照省、市关于政务服务事项办事指南考核标准，各业务部门根据业务变化和实施情况对区内1662项政务服务事项的办事指南等进行逐一自查整改和动态维护，并建立政务服务事项管理和动态调整机制，保障政务服务事项办事指南的准确性、统一性、及时性。

【政务服务供给全域规范化推动】 2023年，越秀区推进政务服务供给全域规范化，完成18个街道智能预约部署，优化提升“穗好办”移动端总门户区级专区服务能力，梳理“穗好办”App越秀专区可上线事项清单，完成越秀专区版面升级，上线997项办事事项及特色服务，检查“穗好办”App越秀专区已上线服务事项，常态化更新优化服务链接，保障事项服务可用。

【企业群众办事便利化推动】 2023年，越秀区推进政务服务全时便利化，在“越秀人家”微信小程序上线“妇女儿童权益保障专区”，创新妇女儿童数字化服务，优化改造未成年人保护专区和老年学堂专区栏目排版，上线“拍证件照”等常用功能。在“越秀商家”微信小程序开通“企业金卡”服务板块，打造政策推荐、企业诉求、资源对接、政企活动、优质载体五大功能模块，自动推送和企热点资讯，便利企业诉求反馈；开发企业迁入功能，在全市各区率先实现市场主体迁入市内即报即办，企业通过“越秀商家”微信小程序可线上申请办理，实时查询业务办理进度。是年，2096家企业通过“指尖办”形式办理“市场主体迁入”事项。优化审批流程，简化企业经营点位变更备案材料，精简相应审批流程，统一为提交清单一览表，降低企业办理机器经营点位新增、存续及后续变动备案业务的时间成本。

【“跨域通办”深化】 2023年，越秀区扩大“跨域通办”服务范围，新增与湖北省恩施土家族苗族自治州建始县和广东省湛江市霞山区、赤坎区、遂溪县4个地区签订协议，分别结为“跨域通办”服务“前后台”合作关系。至年底，基于统一政务服务云平台，越秀区累计与17个地区实现901项跨省、跨城高频事项“收受分离、异地可办”。

【基层治理平台功能优化】 2023年，越秀区制作上线越秀城市大脑IOC（Intelligent Operation Center，智能运营中心）街道级标准屏，在各街道部署推广并组织开展培训，提升街道基层治理能力。推广应用“大数据+日常排查”人口动态管理系统，动态维护涵盖楼宇6.1万栋、房屋36.8万套、常住人口81.7万人的社区底册，分析辖区内人口结构、人流分布、发展趋势，方便基层实时掌握辖区内管理服务对象动态。在18个街道推广部署“艾小越”政务私聊机器人，上线电梯加装、社会保险等主题专项20多个，录入知识库近8000条，拓宽网格党建、反诈宣传、政策推广等应用场景，部署入驻居民微信群3300多个，服务居民群众32万人。是年，“艾小越”政务私聊机器人获评第二届“粤有数”数字化治理优秀案例。

【网络数据安全】 2023年，越秀区强化政务网络数据安全管理，利用技术手段常态化开展网络安全监测和扫描，定期开展区属单位网站和信息系统现场安全督导和检查，监测发现并阻断、消除电子政务外网网络病毒攻击，解决区属单位系统漏洞问题，做好全区电子政务运营维护。是年，越秀区参与“粤盾—2023”广东省数字政府网络安全攻防演练、广州市网络安全攻防演练并完成演练任务，取得“零系统失陷”的成绩。

【数据归集治理应用】 2023年，越秀区提升数据归集治理水平，推进一体化政务大数据体系建设，汇聚138个数源单位的1634个数据主题、34.02亿条数据资源，推动政务数据跨部门、跨业务协同治理，加强数据融合创新，提升数据中心服务水平。依托人口、法人、政务服务、税务、信用等主题库资源，协助越秀区统计局、区教育局、区民政局等部门以及各街道开展第五次全国经济普查、适龄入学儿童摸查、退休人员管理服务等工作，提升数据归集治理水平。依托广州市公安局地址数据库，自主开发“地理坐标计算建筑物距离”电脑小程序，辅助开展登革热防控、“百县千镇万村工程高质量发展工程”摄像头定位等工作。

【越秀区入选“中国新型智慧城市五十强区”】 2023年，越秀区突出广东省数字政府改革建设示范区试点先行优势，推进新型智慧城市建设，强化数据要素配置，创新数据管理机制，推行“首席数据官”制度，提升数据应用质量，推动公共数据开放，统筹全区电子政务基础平台及各类数据资源，深化智慧城市建设，拓宽新型智慧城区应用场景，提升数据共享共治水平。9月2日，《2022—2023年度全球微笑城市百强中国新型智慧城市（SMILE指数）百强成果》发布，越秀区入选“中国新型智慧城市五十强区”，位列全国城区第五，评级指数为“SMILE+++卓越级”。

【广州市首个区县级政务服务网上申办快递多渠道服务模块上线】 2023年11月，越秀区上线广州市首个区县级政务服务网上申办快递多渠道服务模块。聚焦企业、群众关注的网上申办文件材料交换方式单一热点问题，对接广州顺丰速运有限公司、广州市一导通科技有限公司等民营企业，促进资源协同、整合，将快递多渠道功能嵌入网办申请，市民邮寄材料可选择邮政快递、顺丰快递、京东快递等渠道。（胡君逸）

外　事

【概况】 2023年，越秀区坚持服务国家总体外交、服务区域社会经济发展需要，加强对外经济、文化、教育等方面的交流合作。引进专业社会工作服务团队入驻越秀区登峰街道外国人综合服务中心，提升外国人服务与管理水平。至年底，越秀区与12个国家的14个城区结为国际友好交流关系城区，与澳大利亚悉尼坎特伯雷市、美国新泽西州埃格港市、阿根廷布宜诺斯艾利斯老虎洲市、捷克布拉格第十三区4座城市签订合作备忘录，区内学校与法国里昂市第三区安德烈菲利普小学、英国布里斯托尔克里夫顿学校、加拿大艾伯塔省拉科姆市特雷斯岭小学等学校缔结为国际友好学校（姊妹学校）的有19对。是年，越秀区外事部门接待外宾7批78人次。

【因公出访管理】 2023年，越秀区优化因公出访管理服务工作，规范因公出访审核、报批和办证相关手续，保障经贸、统战等出访团组的外出交流。发挥外事资源优势，推出必要人员“走出去”便利化措施，服务保障经济稳进提质。梳理完善因公出访办理规程，明确因公出国手续办理流程、工作内容、错漏隐患和防范措施，推进因公出访管理规范化、制度化。是年，越秀区办理因公出国团组3批3人次。

【外事服务与交流】 2023年，越秀区落实国际友城“百城+”计划，强化与韩国光州广域市东区等国际友城的交往，深化与“一带一路”沿线国家及海上丝绸之路途经地区的合作，扩大与非洲国家的交往范围，拓展国际“朋友圈”。配合做好丹麦驻广州总领事馆乔迁典礼暨在穗建馆25周年庆典相关沟通协调工作，完成广东省人民对外友好协会与丹麦驻广州总领事馆二沙岛“粤丹有约”骑行活动的保障，做好俄罗斯驻广州总领事馆在广州起义烈士陵园举办的纪念卫国战争胜利日“不朽军团”活动保障工作等。接待韩国光州广域市东区厅调研组到区内交流，商定逐步恢复

2023年9月21日，越秀区小北路小学接待法国里昂商务考察团，并与法国里昂市第三区安德烈菲利普小学缔结为姊妹学校　（钟涌　摄）

两区在经贸、教育、城市管理等领域的交流以及在投资贸易、文化艺术交流等方面开展合作。

【外国人服务与管理】 2023年，越秀区加强涉外志愿者队伍建设，引进专业社会工作服务团队入驻越秀区登峰街道外国人综合服务中心，联合辖区内有一定影响力且热心中外交流的志愿者，深化社区交流服务，提升涉外服务品质和国际化水平。加快二沙岛国际化街区试点建设，丰富国际化教育供给，提质升级街区容貌环境，打造二沙岛国际人才会客厅。全年开展“邻里一家亲，登峰迎小雪”国际化街区中外文化交流活动等多元文化交流活动10次，推动建设高品质国际化街区，提高国际化水平。（汪小丽）

侨　务

【概况】 2023年，越秀区做好凝聚侨心、汇集侨智、发挥侨力、维护侨益各项工作。健全侨务工作机制，将侨务工作纳入区委统一战线工作领导小组会议的重要议题。开展侨情摸查，完善侨情信息库和华侨历史文化数据库，至年底，越秀区有归侨1907人、侨眷1.64万人。全年办理归侨认定证明等侨政业务97件，协调处理涉侨信访件3件。

【侨务工作机制健全】 2023年，越秀区完善区委领导下统战部门统一领导海外统一战线工作、统一管理侨务工作、统筹协调有关部门和社会团体涉侨工作的制度机制，将侨务工作纳入区委统一战线工作领导小组会议的重要议题，建立健全专题会议、联席会议、信息通报等制度，加强区侨务局、区人大常委会华侨外事民族宗教工作委员会、区侨联、致公党越秀区基层委员会、区外事办以及宣传、文化和涉侨政策部门的联动协作，推动形成新时代统战侨务工作格局。健全完善侨务单位联席会议制度，开展理论学习、工作交流，研究侨情摸查、侨助经济发展等工作；以重点政协提案办理为契机，推动相关部门落实为侨服务各项工作。

【侨情摸查】 2023年，越秀区组织各街道和相关部门开展侨情摸查，健全完善侨情信息库和华侨历史文化数据库，夯实侨务工作基础。至年底，越秀区登记入库归侨1907人、侨眷1.64万人；涉侨学校7所；涉侨人文景观75处、历史街区6个，其中全国重点文物保护单位8个、省级文物保护单位4个、市级文物保护单位21个、市登记保护文物单位4个。

【侨政服务】 2023年，越秀区针对侨政业务大幅增长情况，协调有关部门解决群众就近办理侨务行政事务问题，优化工作流程及指引。全年办理归侨认定证明业务3件、侨眷认定业务11件、入粤安葬申请业务73件，受理回国定居业务10件，处理涉侨房屋有关事项4项，接待来电来访咨询273人次，协调处理涉侨信访件3件，办结率100%。

【助侨惠侨行动】 2023年，越秀区委统战部（区侨务局）组织开展为侨服务专题调研，走访调研街道为侨服务场所，组织街道侨务干部、归侨侨眷、侨企代表等召开座谈会，了解归侨侨眷、侨商侨企的需求、困难和意见建议，分析研究侨情信息共享、为侨公共服务、华侨文化交流等方面存在的问题，围绕“加强部门协作、提升为侨服务水平、凝聚侨心侨力侨智”等方面提出对策建议20条。开展助侨惠侨行动，越秀区侨务局、区侨联为推动侨企走向海外牵线搭桥；区、街道、社区三级侨联组织和侨务干部开展“送温暖、献爱心”等活动，结对帮扶困难侨胞，在春节、中秋节等传统节日开展走访慰问，协调街道和相关部门落实惠民措施、改善困难侨胞居住环境。组织归侨侨眷参加文化艺术、全民健身、养生健康、传统节日庆祝活动和志愿服务，增进侨胞尤其是新侨对当地的认同感和归属感。（陈广才）

港澳事务

【概况】 2023年，越秀区加强与香港、澳门的联络交流，全年接待香港、澳门各界团体和人士5批350人次，组织联络交流15批30人次；受理因公到香港、澳门团组审核审批36批75人次；受理港澳同胞咨询求助12件，处理率100%。指导香港越秀各界联合会完成第四届会董会换届和“广州之夜”越秀专场活动、澳门经济文化促进会成立5周年庆典活动，促进港澳与越秀区经济文化的交流交往，搭建学习、提升和合作平台，开展港澳统战工作。

【港澳交流事务】 2023年，越秀区推动粤港澳大湾区青少年“全球理解力”演讲辩论大赛暨文化交流活动，举行总决赛暨颁奖典礼，吸引483所学校5000多名学生参加。做好招商团队到香港开展招商前期对接、推荐企业等工作，支持开展以“粤港澳同心筑梦，大湾区携手毓秀”为主题的港澳子弟班工作成果展示会、2023年“世界自闭症关注日”关爱活动暨守护来自星星的孩子艺术作品展义卖活动、第七届粤港澳大湾区青少年走读广州交流营活动等。搭建交流实践平台，开展港澳社团到访接待工作，促进粤港澳三地交流发展。做好香港沙田乡议事委员会交流团、香港九龙东区校长考察团、粤港澳大湾区青年创业计划融入湾区青年考察团、香港青年内地实习计划2023等考察交流接待工作，推介越秀区人文历史文化、营商环

境、招商政策，加强港澳同胞对国家、民族的认同感。（陈广才）

【港澳子弟班工作成果展示会】 2023年3月24日，越秀区举办"粤港澳同心筑梦，大湾区携手毓秀"港澳子弟班工作成果展示会。活动由广州市教育局、市大湾区办指导，越秀区教育局主办，区委统战部、区大湾区办协办，广州市培正中学和越秀区朝天小学承办。上午的主会场会议设在培正中学；下午的分会场活动为课例观摩和研讨点评等，设在培正中学和朝天小学。会议展示越秀区2019—2023年开展港澳子弟班工作的成效和经验，为广州市乃至广东省深化港澳子弟班建设、推进湾区教育高质量发展提供经验和案例。展示会上，朝天小学和培正中学联合广州、深圳两地的港澳子弟学校和各自的穗港澳姊妹校，缔结广东省首对穗深港澳四地六校姊妹校，搭建粤港澳三地学校协同创新的发展平台。（赵瑞典）

【第七届粤港澳大湾区青少年走读广州交流营活动】 2023年4月9—11日，越秀区以"筑梦大湾区，携手赢未来"为主题，举办第七届粤港澳大湾区青少年走读广州交流营活动。来自澳门特区及越秀区的700多名青少年齐聚广州市和肇庆市，开展主题研学实践活动。活动中，澳门特区学生到黄花岗公园（黄花岗七十二烈士墓园）、国家高新区黄花岗科技园（创意大道园区）等地参观研学，了解广州市和越秀区经济社会发展成果。青少年还前往位于广东省肇庆市四会市的越秀区中小学生综合实践活动教育基地进行农耕联谊活动，体验中华优秀传统农耕文化，学习通草画绘画、香道香囊制作等国家非物质文化遗产课程，参加升国旗仪式，参观中共三大会址纪念馆红色文化传播基地（四会）。

【青年·出走·广州——香港中学生网红深度游活动】 2023年11月4日，由香港九龙东区各界联会和香港越秀各界联合会主办、越秀区政协协办的青年·出走·广州——香港中学生网红深度游活动在越秀区举行。70多名香港中学生以及越秀区政协香港地区组委员、香港特邀嘉宾组成交流团参观广州市人大常委会宪法宣传教育基地，参加区政协组织的"人民政协的基本知识"专题讲座。交流团还走访香港科技大学（广州）、粤港澳大湾区（广东）人才港、南沙民心港人子弟学校，了解港澳青年人才发展政策；参观OMG网红直播街（岭南电商园店）、融创雪世界等景点，体验广州科技创新成果；参观广东省博物馆、北京路步行街、新河浦历史文化街区，领略广州历史文化，感受大湾区建设发展成就。（曾晓蕙）

2023年3月24日，越秀区举办"粤港澳同心筑梦，大湾区携手毓秀"港澳子弟班工作成果展示会。图为朝天小学港澳班的"数配营养午餐"课堂

（胡强明 摄）

台湾事务

【概况】 2023年，越秀区围绕两岸关系和平发展主题，加强对台宣传及交流交往，搭建台湾青年创新创业就业实习平台，做好台胞台属服务工作。全年慰问重点、患病台胞台属16户，受理台胞台属求助9宗。

【对台宣传及交流交往】 2023年，越秀区通过组织召开广州市台资企业协会越秀分会理事会会议、举办台资企业协会青年会联谊活动等方式，宣传党的二十大精神及省、市、区中心工作，让台胞台商了解越秀区在学习贯彻习近平新时代中国特色社会主义思想中取得的成绩，引导台胞台商共同参与越秀区"老城市新活力引领区"建设。支持协助台湾美食进驻广府庙会美食节，蚵仔煎、台式鱼豆腐、士林大香肠等台湾夜市小吃受市民青睐，两岸同胞一脉相承的饮食文化在广府庙会中得到展现。7月，举办"不负青春时代　共襄民族复兴"青年参观和体育交流活动，参观中共三大会址纪念馆，开展"你来我往"羽毛球友谊赛，发挥人缘相亲、地缘相近优势，宣传以爱国主义为核心的中华民族精神，促进两岸青年交流交往。8月、11月，分别邀请台湾地区画家参访团到越秀区参访，组织他们到越秀区辖区内高剑父纪念馆等地参观，了解越秀区文化底蕴，增强台湾同胞对祖国大陆的认同感。全年接待来自台湾台北、高雄、台南市妇女会和金兰会等参访团10个批次292人次参访，接待人次是上年的3倍。

【台湾地区青年创新创业就业实习】2023年，越秀区为台湾地区青年到越秀区实习就业创造条件，发动辖区内企业为台湾地区青年提供实习就业岗位146个。接待台湾社团及企业负责人到访考察25人次，接受就业创业青年咨询约30人次。

【台胞台属服务】 2023年，越秀区加强与区内台资企业、个体商户的交流联系，联合广州市台办、台盟广东省委员会及相关街道和物业方走访调研区内台资企业广州笠丰贸易有限公司、海印缤缤广场服饰行业台资经济组织，宣传推介惠企政策，了解台资企业在转型升级中遇到的问题和困难，围绕拓宽销售渠道、打造出色品牌、推动企业做大做强等方面向台资企业提出意见和建议。摸查区内患有重大疾病、家庭困难的台胞台属情况，结合春节、中秋节等传统节日送上慰问金和节日问候。办理各项涉台信访和台商投诉，协调处理台胞子女入学、无业台胞死亡返台安葬及台商涉经济纠纷限高消费等求助，维护台商台胞的合法权益。（陈广才）

2023年3月17日，越秀区人力资源高质量发展研讨会在区人力资源服务产业园举行（区人力资源社会保障局供图）

人事管理

【概况】 2023年，广州市越秀区人力资源和社会保障局（以下简称“越秀区人力资源社会保障局”）开展专业技术人才职称评审及认定工作，提高人才服务水平，加速人才引进集聚效应，推进人力资源服务产业园建设。至年底，越秀区成立院士工作站5个，集聚国家级海外高层次人才4人，省、市高层次人才213人，区高层次人才786人。加强专业技术和技能型人才建设，审批和送审各级各类职称评审2530人。依托广州越秀国际人才中心，核发人才绿卡近130张，审核同意入户申请约5600人次。

【专业技术人才职称评审及认定】 2023年，越秀区人力资源社会保障局审批和送审各级各类职称评审2530人，其中正高级职称79人、副高级职称645人、中级职称656人、初级职称1150人。深化职称制度改革，指导区建设水务局组建“广州市越秀区工程系列建筑工程专业技术人才初级职称评审委员会”，承接广州市下放工程系列建筑专业初级职称评审工作，发挥人才评价自主权，推动专业技术人才队伍建设。

【人才管理服务】2023年，越秀区人力资源社会保障局开展引进在职人才入户工作，审核同意入户申请约5600人次；落实广州市人才绿卡审核事权工作，审核发放广州市人才绿卡近130张；落实区高端人才政策，向50名2021年度区产业发展创新人才兑现政策待遇。

【国家级人力资源服务产业园】 2023年，越秀区人力资源服务产业园深化园区总体规划，推进分园区大楼整体建设，完成二期工程立项申报。丰富粤港澳大湾区人才服务内容，培育全链条人力资源政务服务和全景式高端人才服务两大服务品牌，全年服务各类人才2.6万人次。强化平台资源交流，全年组织开展人才服务主题活动10场，内容涉及劳动用工、创新教育、人才培育、大学生就业创业、企业数字化转型和毕业季直播带岗等主题的研讨交流活动，为超270家次企业和1000人次人才提供专题讲座、研讨会、免费培训、供需对接、求职招聘等服务。（张智文）

信　访

【概况】 2023年，越秀区信访形势总体平稳可控。全区信访系统落实“为民解难、为党分忧”政治责任，推进强基固本、访源治理、重访治理、积案治理、信访保障、制度改革“六大工程”。全年信访总量1.94万件，比上年增长69%。其中，网上信访占比58%，来信占比36.8%，来访占比5.1%。群众反映的信访矛盾主要集中在城乡建设、政法、经济管理、劳动保障、市场监管5个领域，占全区信访总量的43%。是年，越秀区在2023年度广州市信访工作考核中获评“优秀”等次，越秀区信访局连续第二年获评人民网网上群众工作“民心汇聚单位”。

【信访责任落实】 2023年，越秀区委、区政府定期听取信访工作汇报，分析形势，部署任务，研究重大事项和解决突出问题。区委常委会会议、区政府常务会议、区长办公会议研究信访工作8次。区委书记包案督导相关事项，研究推进全区重点涉访问题；区、街道领导坚持和发展新时代“枫桥经验”“浦江经验”，常态化开展接访下访活动，区领导干部全年开展接访活动53次，接待群众40批81人次，包案化解信访事项147项，办结率100%。各街道党政领导干部参与接访下访活动2095人次，接访群众1390批2528人次，包案落实信访突出问题1609个，办结率98.9%。

【信访联席会议机制作用发挥】 2023年，广东省信访督导组、广州市信访督导组到越秀区开展专项督导工作11次，对中央信访工作联席会议、国家信访局和省信访局工作部署落实情况进行实地督查，推动信访重点任务落实。区信访工作联席会议召集人定期召开专题会议研究处置各类信访突出问题，成员单位联动调处全区重点类案，研究分析重点领域信访形势，夯实访源治理工作基础。区、街道两级信访工作联席会议落实难题会商机制，推动全区253项重点疑难事项化解。区信访局落实信访监督追责职责，研究运用“三项建议权”（改进工作、完善政策、追究责任），发出工作建议函、提醒函23份，压实信访工作责任。

【信访积案治理】 2023年，越秀区制发《2023年区领导包案处理信访问题工作方案》，推进办理中央及省、市交办第三批信访积案106件，16名区党政领导干部牵头督办，责任单位成立工作专班，分批分类组织召开案情研判推进会25场，开展类案攻坚和个案督导，逐案压实“三到位一处理”（“三到位”指群众的合理诉求解决到位、诉求无理的教育到位、生活困难的帮扶到位，“一处理”指行为违法的依法处理）责任。区信访工作联席会议办公室坚持质效并重，专人专审把好结案关，常态化带案下访，督导帮办化解工作，第三批信访积案报结率100%。

2023年5月22日，越秀区信访局在北京街道盐运西社区举办《信访工作条例》施行一周年主题宣传活动（区信访局供图）

【访源治理】 2023年，越秀区落实信访案件首接首办责任，全年办理群众初次信访事项1.66万项，信访部门及时受理率、责任单位及时受理率、按期办结率均为100%。完善街道、社区排查梳理、纠纷化解、应急处置的信访矛盾综合治理机制。

【信访“家文化”建设】 2023年，越秀区印发《关于在全区信访系统全面推进信访“家文化”建设的实施方案》，培育“家人、家事、家书、家访、家常话”的信访“家文化”。打造黄花岗街道社会治安综合治理中心和白云街道东湖新村社区作为街道、社区“家文化”试点。指导黄花岗街道、梅花村街道等发掘典型案例，参加广州市“家文化”建设创新项目大赛，提升基层矛盾化解质效，构建依法有序、和谐合作、共建共享的信访生态。

【信访工作法治化】 2023年，越秀区召开全区信访工作联席会议，动员部署推进信访工作法治化，信访系统单位完成信访工作法治化指南张贴上墙。区人民来访接待大厅设置“信访接待”“访前法律服务”“信访登记受理”“调解服务”4个窗口，规范区分群众诉求。重点在审判机关、检察机关、公安机关等部门宣传信访工作法治化内容。区信访局推进《信访工作条例》学习宣传，引导群众依法信访、理性维权；规范信访业务流程，健全信访工作预防法治化、受理法治化、办理法治化、监督追责法治化、维护秩序法治化5个方面的制度机制。

【“千名信访干部千镇行解民忧”活动】 2023年，越秀区开展“千名信访干部千镇行解民忧”活动，省、市、区建立三级直联直通工作体系，区信访局15

名干部对18个街道开展常态化挂点联系服务，研究推进疑难重点案化解工作，督办初访回访事项，梳理排查矛盾纠纷，维护群众合法权益。（刘天丽）

区直机关事务管理

【概况】 2023年，广州市越秀区机关事务管理局（以下简称“越秀区机关事务局”）推进机关大院基础服务、区属单位办公用房调配、公有物业管理、公务用车管理、机关财务管理、全区公文交换、退休人员服务及干部职工餐饮服务等工作。全年保障会议2600多场，完成公文交换20.45万件次。

【机关后勤保障】 2023年，越秀区机关事务局通过公开招投标方式选定机关大院物业管理服务中标供应商。翻新改造机关大楼礼堂地面与灯光照明系统、增设电子显示屏。完成各楼层天花板、灯具拆旧换新工作，翻新部分楼梯间墙面油漆，增补安装大门雨棚，加设车库入口引排水沟等。建设区机关大楼与华宁里46号、48号风雨连廊。落实内部治安保卫工作和反恐怖防范措施，实现重点区域高清视频监控、智能电子巡更设备全覆盖，越秀区机关事务局获评广州市内部治安保卫工作先进单位。常态化推进安全生产大检查，及时整改隐患。定期组织应急演练，开展机关干部职工急救技能培训，提升应对突发事件能力。开展会场管理与会议服务，全年保障会议2600多场次，参会7万人次。做好全区机要通信、公文交换和机关大院报刊派发工作，完成公文交换20.45万件次。推动饭堂民主监督和集中管理，成立区机关饭堂膳食服务管理委员会；开展饭堂及周边配套设施微改造，保持食品安全“零事故”纪录。

2023年10月18日，越秀区广州公务出行应用培训在区机关大楼举行（区机关事务局供图）

【公有物业管理】 2023年，越秀区机关事务局规范自有及代管公有物业管理，检查在管出租房屋34套。完成全区党政机关办公用房信息统计年报，督促全区67个单位更新完善地址、面积等办公用房相关台账。开展调拨物业后续管理，接收9处公有物业并推进产权变更。

【公务用车管理】 2023年，越秀区机关事务局加强全区公务用车编制及配备管理工作。指导全区各单位规范开展公务用车管理工作，审核各单位提交的定编业务111宗。核查掌握区属单位闲置公务用车情况，通过统筹调配车辆，发挥国有资产使用效益。组织全区各单位统计上报公务用车数据，完成年度公务用车统计上报工作。配合开展全区公务用车专项审计，根据审计建议加强闲置车辆摸查与统筹调配，督促用车单位完善日常用车管理台账。依托“广州公务出行”App督促引导全区各单位实现公务车辆申请、审批、调度、执行流程闭环管理。加强公务用车使用日常监督检查，建立苗头性问题早发现、早提醒、早预防机制，减少公车使用违规违纪现象。

【机关财务管理】 2023年，越秀区机关事务局贯彻执行国家财经法规和统一会计制度，开展该局及23个代账单位日常财务工作。协助各代账单位开展预算编制与部门预算公开，按时完成决算报表编制、分析报告及材料报送工作。配合部分单位接受审计、巡察，按照要求提供年度决算报表、余额表、序时账、总账、明细账等财务资料。落实财务标准化建设工作要求，修订财务工作制度。（郑寅秋）

■编辑　陈林琳

中国人民政治协商会议
广州市越秀区委员会

综　述

【政协组织构成】　2023年，中国人民政治协商会议广州市越秀区委员会（以下简称“越秀区政协”）内设办公室、提案委员会、经济科学技术委员会、教卫体和民族宗教委员会、社会法制和环境资源委员会、港澳台侨委员会、文化文史学习和联络工作委员会7个工作机构。

【政协履职】　2023年，越秀区政协及其常委会召开政协全体会议1次、常委会会议4次，主席会议10次。围绕加强委员联系界别群众工作、推动越秀区中医药事业和产业高质量发展、推动公共文化空间打造等12个课题开展专题调研、专题视察，组织常委会会议专题议政2次，全年收到提案106件，其中立案70件、转意见36件，办复率100%。组织委员开展各类履职活动（含调研、视察、交流、走访委员、公益服务）200多次。发挥社情民意信息上联各级、下联社会各界的作用，全年形成社情民意信息35篇。

【政协委员服务管理】　至2023年底，政协第十六届广州市越秀区委员会实有委员352人，其中常务委员会组成人员69人。委员中，中共党员138人、非中共人士214人；常务委员会委员中，中共党员18人、非中共人士51人。政协委员来自30个界别，分别是中共、民革、民盟、民建、民进、农工党、致公党、九三学社、台盟、无党派人士、共青团、总工会、妇联、青联、工商联、科协、侨联、文化艺术界、科学技术界、社会科学界、经济界、教育界、体育界、新闻出版界、医药卫生界、对外友好界、社会福利界、少数民族界、宗教界、特别邀请人士。是年，越秀区政协举办“学习贯彻党的二十大精神研修班”1次，开设委员讲堂9期，以大、小课堂相结合形式，邀请全国政协常委、新华社广东分社副总编等专家委员，以第一视角讲述委员故事。推进“书香政协”建设，举办委员读书交流活动，提升委员队伍的思想理论水平和综合能力素养。

【政协委员履职平台建设】　2023年，越秀区政协完善委员履职平台，推动政协工作向基层延伸。挖掘动员政治立场坚定、履职积极性高、社会影响力大的委员代表、委员集体牵头成立委员之家6个、委员工作室11个，组织各界别委员参与片区产业研究、城区精细化管理、商圈发展规划等区重点工作。市、区政协委员依托街道、社区“两代表一委员”工作室就近开展群众工作。建设完善“粤政易”线上履职平台，探索建立委员履职管理平台，落实委员履职管理办法，完善委员奖惩选退机制，激发委员履职激情。　（曾晓蕙）

重要会议

【政协第十六届广州市越秀区委员会第三次会议】　于2023年2月7—8日召开。会议审议批准政协第十六届广州市越秀区委员会常务委员会工作报告、政协第

2023年2月7日，中国人民政治协商会议第十六届广州市越秀区委员会第三次会议在区机关大楼召开　（区政协办公室供图）

十六届广州市越秀区委员会常务委员会关于十六届二次会议以来提案工作情况的报告，审议通过政协第十六届广州市越秀区委员会第三次会议决议。会议期间，各民主党派、工商联和委员活动小组提交大会发言材料22篇；各参加单位和委员提交提案105件，其中立案70件、转意见35件。政协委员围绕加快推进粤港澳大湾区重大平台建设、推动传统商贸业转型升级、纵深推进营商环境改革、推进健康越秀建设等方面工作进行协商议政，提出意见建议49条。

【区政协常委会会议】 2023年，越秀区政协召开常委会会议4次。会议传达学习党的二十大精神、习近平总书记重要讲话精神及上级重要会议精神；邀请区政府领导作区情通报；围绕区政协十六届三次会议相关事项、委员调整、专题调研报告等工作进行研究审议；结合区委、区政府中心工作开展专题议政。

区政协十六届六次常委会会议 于1月9日召开。会议听取越秀区政府领导通报区2022年工作情况和2023年工作设想及办理区政协十六届二次会议以来提案工作情况，审议政协第十六届广州市越秀区委员会常务委员会工作报告（草案）、政协第十六届广州市越秀区委员会常务委员会关于十六届二次会议以来提案工作情况的报告（草案）、区政协各专门委员会2022年工作总结及2023年工作设想（稿）、关于召开区政协十六届三次会议的决定（草案）、区政协十六届三次会议议程（草案）、区政协十六届三次会议日程（草案）、区政协十六届三次会议各次大会主持人名单（草案）、调整十六届区政协委员有关事宜以及《关于授权主席会议审议政协第十六届广州市越秀区委员会第三次会议有关未尽事宜的决定（草案）》。

区政协十六届七次常委会会议 于2月8日召开。会议听取区政协十六届三次会议期间各组讨论情况综述，审议政协第十六届越秀区委员会第三次会议决议（草案）。

区政协十六届八次常委会会议 于6月27日召开。会议传达学习习近平总书记视察广东重要讲话、重要指示精神以及省委、市委、区委常委会会议精神，研究区政协贯彻落实意见；审议区政协专门委员会人事任免有关事宜、十六届区政协委员调整有关事宜、十六届区政协常务委员会组成人员调整有关事宜；听取区政府领导作越秀区上半年经济社会发展情况通报；围绕“完善新的生育政策配套支持，推动建立普惠性托育服务体系”主题进行专题议政。

区政协十六届九次常委会会议 于9月26日召开。会议传达学习省委、市委、区委全会精神及区政协贯彻落实意见；审议区政协专门委员会人事任免有关事宜、十六届区政协委员调整有关事宜；审议《积极稳步推进城中村改造，推动老城区空间品质提升的调研报告》并围绕主题进行专题议政；围绕“加强越秀区红色文化传承保护，推动红色文化与旅游融合发展，打造更高知名度、更具吸引力的红色文化传承弘扬示范区”主题进行专题议政。

【区政协主席会议】 2023年，越秀区政协召开主席会议10次。会议传达学习党的二十大精神、习近平总书记重要讲话精神及上级重要会议精神；围绕区政协十六届三次会议相关事项、年度主要工作安排、年度重点提案建议、各次常委会会议议程、各次专题议政发言筹备工作、委员调整、委员组别及联系街道安排调整、区政协委员之家及政协委员工作室设立、专题调研报告、“百姓提案”等工作进行研究审议。 （曾晓蕙）

协商议政

【概况】 2023年，越秀区政协发挥“广开门”民主协商优势，推进年度协商监督计划，完善以全体会议为首要，以每季度专题议政性常委会会议和专题协商会议为重点的协商议政格局。全年召开专题议政性常委会会议2次，提出意见建议80条；召开专题协商监督座谈会17次，提出意见建议近100条。

【常委会会议协商】 2023年，越秀区政协召开专题议政性常委会会议2次。

6月27日，在越秀区政协十六届八次常委会会议上，区政协常委围绕“完善新的生育政策配套支持，推动建立普惠性托育服务体系”主题进行专题议政。越秀区卫生健康局、区教育局、区民政局、区总工会等部门分别通报普惠性托育服务工作情况。与会委员从加大政府扶持力度、发展特色托育服务、降低普惠性托育机构准入门槛、建立“多元化”服务模式等方面进行协商发言，提出意见建议34条。

9月26日，在越秀区政协十六届九次常委会会议上，区政协常委围绕“积极稳步推进城中村改造，推动老城区空间品质提升”“加强越秀区红色文化传承保护，推动红色文化与旅游融合发展，打造更高知名度、更具吸引力的红色文化传承弘扬示范区”2个主题进行专题议政。越秀区房管局、区文化广电旅游体育局等部门分别通报城中村改造、红色文化传承保护工作情况。与会委员从加强政府规划指导、多渠道筹措改造资金、产业前期谋划和引导、打造精品创新街区、实施分类保护、延伸产业链条、推动红色文旅融合发展等方面进行协商发言，提出意见建议46条。

【专题会议协商】 2023年，越秀区政协围绕“大力发展长租房市场，让青年人租能长居”主题，组织委员到区房管局、市城市更新规划研究院、省公寓管理协会、市房屋租赁协会走访调研，召开专题协商会议5次，了解长租房市场总体状况及存在问题，从盘活改造各类闲置房产、探索多元房源供应、引入住房租赁专业运营机构、加强对长租房市场的金融政策支持、加大重点产业创新企业支持力度5个方面提出对策建议，形成《关于大力发展长租房市场，让青年人在越秀租能长居的专题视察报告》。有关建议被区委采纳。

围绕流花商圈提质增效主题开展调研，并组织相关委员工作室、商圈商户代表及区有关部门召开专题协商会议4次，从政府优化营商环境和管理架构、商会做好资源整合、市场深化商户管理与运营3个方面提出对策建议，形成《抓住广州火车站片区改造提升契机，推动流花商圈转型升级》调研报告。有关建议被区委采纳。（曾晓蕙）

2023年11月7日，越秀区政协主要领导带队到区较场东路开展调研（区政协办公室供图）

民主监督

【概况】 2023年，越秀区政协践行全过程人民民主，聚焦群众关心关注的热点难点，结合“加强住房保障服务”等区十件民生实事，通过专题调研、专题视察、提案督办、社情民意反映等方式开展协商性、专题性监督，推动各项民生工作优化升级。全年专题调研小组召开协商会议9次，形成社情民意信息35篇。

【专题调研】 2023年，越秀区政协根据年度协商监督计划，围绕“积极稳步推进城中村改造，推动老城区空间品质提升”主题开展专题调研，先后到广州火车站改造片区周边的西坑、登峰、瑶台、王圣堂和沙涌南等城中村走访调研，并前往广东省深圳市和潮州市学习经验做法。专题调研小组召开协商会议9次，围绕该主题进行协商研讨，形成《积极稳步推进城中村改造，推动老城区空间品质提升的调研报告》，并在区政协十六届九次常委会会议上开展专题议政。各界别委员提出加强顶层设计、实现规划先行、促进内外联动、坚持一村一策、拓宽资金渠道、突出重点片区等意见建议近30条。

【专题视察】 2023年5月，越秀区政协根据年度协商监督计划，围绕“引导和鼓励社会力量参与公共文化空间打造”“全面增强城市文化综合实力”等主题组织专题视察，前往杭州市萧山区、余杭区、滨江高新区等地开展调研，与相关区政协开展座谈交流，从加大扶持力度、盘活现有资源、加强品牌建设、优化产业结构4个方面提出意见建议，形成《关于赴杭州市学习考察引导和鼓励社会力量参与公共文化空间打造，全面提升文化软实力的调研报告》，供区委、区政府参考。

【社情民意反映】 2023年，越秀区政协聚焦区十件民生实事，组织政协委员开展调研视察、协商监督，开展社情民意信息工作。围绕优化闲置土地处置、加强岭南民间工艺展示体验、加强城市物业保障等群众关心关注的民生问题，各界别委员依托委员之家、委员工作室、社区“两代表一委员”工作室等履职平台，开展群众工作，听取各界群众心声，收集群众意见建议，发挥民意“直通车”、党群“连心桥”作用。全年形成社情民意信息35篇。（曾晓蕙）

凝聚共识

【多党合作强化】 2023年，越秀区政协坚持大团结、大联合主题，注重发挥各民主党派、工商联和无党派人士的作用，听取各界群众意见建议。深化同各民主党派在政协的合作共事，坚持中共党组成员联系党派、界别，召开区民主党派及工商联座谈会，为党派团体在政协发挥作用创造条件、提供平台。

【港澳合作深化】 2023年，越秀区政协密切与港澳的联系，支持在香港、澳门地区分别设立委员之家、委员工作室，加大与港澳委员、特邀嘉宾和重要社团沟通联谊力度。链接港澳委员、特邀嘉宾资源力量，开展港澳青少年国情教育，组织“第七届粤港澳大湾区青少年走读广州交流营”“百万青年看祖国系列活动之湾区同行”“青年·出走·广州——香港中学生网红深度游”和粤港澳大湾区书画联展等活动近20次，推动广州市正骨医院的院内制剂在澳门跨境使用，促进区属中小学与港澳学校缔结姊妹学校，助推粤港澳三地交流合作。

【委员关注民族宗教事业发展】 2023年，越秀区政协关注民族宗教事业发展，定期走访佛教、道教、伊斯兰教等民族宗教界委员，开展小组活动11次，密切与少数民族人士、宗教界人士的沟通交流。围绕“发掘宗教历史文化亮点，助推我区经济文化社会高质量发展”主题，召开界别协商座谈会，宗教界委员就“如何利用区内宗教活动场所的优势助力高质量发展”主题进行协商，提出意见建议10多条。（曾晓蕙）

提案督办

【概况】 2023年，越秀区政协坚持以提案为中心进行调研建言，推动政协履职提质增效。区政协十六届三次会议以来，收到提案106件，其中经审查立案70件，包括集体提案23件、委员提案47件，立案提案全部办复完成；转意见36件。

【重点提案督办】 2023年，越秀区政协围绕重点提案，坚持以点带面，整体推进提案办理工作，提高办理质量。从立案提案中遴选出重点提案11件，由区委、区政府、区政协领导领衔督办；专门委员会选取提案5件，通过联系界别协同跟进督办。组织相关界别委员通过专题会议、调研、视察、重点提案督办协商会议等形式，监督提案办理工作，提出各类意见建议82条，一批意见建议转化为工作举措。

【“百姓提案”办理】 2023年，越秀区政协开展市、区政协联动品牌“百姓提案”工作，掌握市政协提案工作的重点方向和要求，制定《越秀区政协“百姓提案”工作实施方案》，推进“百姓提案”培育孵化，推动柏园旧址开发保护利用、老旧小区二次供水设施改造等市政协提案办理，提交的《关于推动建立普惠性托育服务体系的提案》被选为市领导督办重点提案，并与《关于全市建设老年医疗护理服务“护联体”的提案》共同被评为市政协优秀提案。

【区委书记领衔督办提案】 2023年9月22日，越秀区委书记领衔督办重点提案《推动广州火车站片区改造规划提升，促进项目落地实施》，召开督办协商座谈会，听取区规划和自然资源分局、区房管局等主办、协办单位介绍提案办理情况。11名政协委员在会上建言协商，提出注重轨道枢纽与城市功能有机整合、优化周边地区交通及酒店配套、“提质、挖潜”优化存量产业、打造大湾区时尚产业中心等意见建议10多条。

【区长领衔督办提案】 2023年8月7日，越秀区区长领衔督办重点提案《推进数字经济与楼宇经济深度融合，高质量发展经济的建议》，到黄花岗科技园实地视察，走访广州数娱信息科技有限公司、广州盈培教育科技有限公司等企业，召开协商座谈会，听取区科工信局等主办、协办单位介绍提案办理情况。14名政协委员在会上建言协商，提出明确越秀区数字经济发力点、挖潜全区产业载体、借鉴环东广场经验打造高端楼宇、科技赋能及金融加速产业发展、提供数字经济人才公寓、完善服务机制助推产业发展等意见建议10多条。

（曾晓蕙）

2023年8月1日，区政协20230009号重点提案督办协商座谈会在区文化广电旅游体育局召开 （区政协办公室供图）

编辑 陈林琳

中国共产党广州市越秀区纪律检查委员会·广州市越秀区监察委员会

综　述

【反腐败斗争推进】　2023年，中国共产党广州市越秀区纪律检查委员会、广州市越秀区监察委员会（以下简称“越秀区纪委监委”）忠实履行党章和宪法赋予的职责，坚持推进全面从严治党、党风廉政建设和反腐败斗争。发挥监督保障执行、促进完善发展作用，深入实施正风肃纪反腐行动，优化审查调查机制，提升腐败问题治理效能，为越秀区改革发展稳定大局提供政治保障。是年，越秀区纪检监察机关立案146件146人，其中区管处级干部3件3人；结案159件159人，给予党纪处分78人，给予政务处分16人，给予党纪、政务双重处分2人。全年处置问题线索825条，比上年增长83.7%，新增问题线索平均办结时长压缩24.5%，实现审查调查工作质量和效率双提升。

【纪检监察干部队伍教育整顿】　2023年，越秀区纪委监委开展学习贯彻习近平新时代中国特色社会主义思想主题教育，一体推进纪检监察干部队伍教育整顿。将区纪委监委机关原4个党支部调整为9个，组织集中学习、主题党日、警示教育、红色观影、研讨交流等学习教育活动150多场次，促进干部政治能力提升。通过开展全区纪检监察干部综合业务、监督检查、审查调查及巡察等业务培训，推进“提升业务能力　增强斗争本领”专项行动，开设廉洁越秀精品课堂，促进干部夯实专业基础。全区纪检监察机关通过召开党支部剖析会、讨论会等，学习典型案件剖析和忏悔反思材料，督促和引导干部以案为鉴。开展3轮全覆盖自查自纠，深化“触初心、促说清”谈心谈话活动，做好思想政治工作。修订《纪检监察干部“八小时以外”活动负面清单》等制度文件，建立健全借调干部管理、固定资产管理等制度，健全严管体系。

【廉洁文化建设】　2023年，越秀区利用辖区内廉洁文化资源，推进廉洁文化建设。举办“清风扬越秀　非遗颂廉韵”越秀区廉洁文化主题通草画作品展和第二届“湾区青年逐梦越秀”宣讲暨“青廉说”微宣讲专场展播活动，编印《走进杨家祠》等画册，制作《谷雨播廉　青春绽彩》《清风越秀　有您参与》等短视频，加强廉洁文化宣传。开展越秀区纪律教育学习月活动，拍摄警示教育片《失“智”之祸》，编印《年轻干部违纪违法典型案例汇编》，深化以案为鉴、以案促改。制作的《坊巷传韵　家风流芳》好家风视频被中央纪委国家监委网站“清廉中国·寻访家风”专栏采用。　（詹江）

重要会议

【概况】　2023年，越秀区纪委监委通过重要会议研究重点工作、重大事项、

2023年9月5日，“清风扬越秀　非遗颂廉韵”越秀区廉洁文化主题通草画作品展开幕式在区图书馆举行　（区委宣传部供图）

重要案件、专项工作、意识形态、保密、干部队伍建设等事项。年内，召开中国共产党广州市越秀区第十三届纪律检查委员会第三次全体会议，召开区纪委常委会会议37次。

【中国共产党广州市越秀区第十三届纪律检查委员会第三次全体会议】 于2023年2月2日在区机关大楼召开。会议学习贯彻习近平总书记在二十届中央纪委二次全会上的重要讲话和中央纪委全会精神，贯彻落实十三届省纪委二次全会、十二届市纪委三次全会精神，以及十三届区委四次、五次全会部署，总结越秀区2022年纪检监察工作，部署2023年工作任务。区委书记出席会议并讲话，区委副书记、代理区长传达中央纪委和省、市纪委全会精神，区委常委、区纪委书记、区监委代理主任代表区纪委常委会作工作报告。会议审议并通过全会工作报告。

【区纪委常委会会议】 2023年，越秀区纪委召开常委会会议37次，把传达学习习近平总书记重要讲话和重要指示精神作为"第一议题"，把学习贯彻党的二十大精神作为"第一课"，把贯彻落实习近平总书记对广东、广州的殷殷嘱托作为"第一要件"。将区纪委常委会"第一议题"学习资料汇编下发至各街道纪工委、区纪委机关各支部，引领全区不同单位、不同层级纪检监察干部一体学习、统一思想和行动，带动全区纪检监察干部深化对"两个确立"的政治认同、思想认同、理论认同、情感认同，坚决做到"两个维护"。（詹江）

审查调查

【概况】 2023年，越秀区纪委监委保持惩治腐败高压态势，专题召开全区监督检查审查调查工作反思会、推进会，分析审查调查、党风廉政建设考核等工作情况，针对性提出1个目标引领（年度工作目标）、3项机制保障（常委委员分工负责制、协作区联合办案机制、干部考核培养机制）等举措。制定实施《纪检监察干部"提升业务能力 增强斗争本领"专项工作方案》，号召全体干部发扬斗争精神、增强斗争本领，建立健全班子成员分工负责制和案件主办人、专班组长负责制等工作机制，推动全区审查调查工作发展。全年全区纪检监察机关接收信访举报（不含上级转交件）1017件次，其中检举控告类信访举报（不含重复件）119件次。处置问题线索825条，立案146件，处分92人。处分处级干部5人、科级干部20人、一般干部4人、其他人员63人。

【腐败惩治】 2023年，越秀区纪委监委坚持有腐必反、有案必查，保持反腐败斗争高压态势。推动信访举报规范化、法治化建设，加强研判，强化督办力度，提升办理质量。是年，接收信访举报件1017件，其中初次检举控告119件，实名举报69件，实名举报率58%。处置问题线索825条，比上年增长83.7%，新增问题线索平均办结时长压缩24.5%。办理留置案件21件，比上年增长110%。

【审查调查机制创新】 2023年，越秀区纪委监委强化全区纪检监察机关线索办理和人员力量双统筹，深化"室组街"（区纪委监委机关室、派驻纪检监察组、街道纪工委）协作区建设，推进线索专项排查，建立线索处置预警和每月调度机制，制定实施审查调查工作量化考核方案。强化审理职能，促进案件质量提升，组织编写线索处置、初核、立案、审理等全流程模板和工作提示，制作规范性指导材料80多份，实施案件质量评查，公开评选年度最优、最差案件，发挥案件质量评查的引导作用，助推案件质量提升。（詹江）

作风建设

【"四风"纠治】 2023年，越秀区纪委监委深化"四风"（形式主义、官僚主义、享乐主义、奢靡之风）纠治。完善警示提醒、明察暗访、精准处置、通报曝光等工作机制，聚焦反复性、顽固性、改头换面、隐蔽隐性问题，对涉及"四风"问题的线索及舆情信息做到及时接收、优先处置、严查快办，对顶风违纪行为露头就打、从严查处，坚决防反弹回潮、防隐形变异、防疲劳厌战。全区查处违反中央八项规定精神案件27件27人，其中查处形式主义、官僚主义案件17件17人，给予党纪政务处分17人；查处享乐主义、奢靡之风案件10件10人，给予党纪政务处分7人。通报曝光"四风"典型案例4个，释放"越往后执纪越严"信号。

【侵害群众利益问题惩治】 2023年，越秀区纪委监委深化"群众有诉求、纪委快出手"工作机制，对2020—2023年的18件群众重要信访诉求，实行班子成员包抓化解，推动解决群众急难愁盼问题；专项推进解决群众诉求35件，办结满意度100%。推进农村集体"三资"（资金、资产、资源）领域突出问题专项整治，推动排查"三资"经营性合同3974份，发现并督促整改问题8个。开展医药领域腐败问题专项整治，立案13件13人，推动医药行业风气向好。开展公职人员违规拥有上市公司股份问题、"逃逸式辞职"问题等专项治理。全年查处基层干部违纪违法案件62件62人。

【纪法情理贯通融合】 2023年，越秀区纪委监委坚持"惩前毖后、治病救人"方针，全区纪检监察机关运用"四种形态"（"红红脸、出出汗"成为常态；党纪轻处分、组织调整成为违纪处理的大多数；党纪重处分、重大职务调整的成为少数；严重违纪涉嫌违法立案审查的成为极少数）批评、教育、帮助、处理628人，第一至第四种形态分别占80.1%、10.5%、2.5%、6.9%。落实容错纠错工作机制，公开发布越秀区容错纠错典型指导案例2期，对16名相关责任人予以容错减责免责。推动精准定性量纪执法，凡适用容错减责免责的线索和案件均实行全面审理制度，坚持集体研究、集体决策，促进纪法情理贯通融合。坚持“有举必核、有据必询、有诬必究”工作原则，为3名党员干部澄清正名。（詹江）

监督检查

【政治监督】 2023年，越秀区纪委监委开展“百县千镇万村高质量发展工程”、绿美越秀生态建设、城中村改造以及上级巡视巡察反馈问题整改监督。围绕激活、优化、疏解三大策略，聚焦基层治理、教育、医疗、住房、食品药品安全和产品质量等领域加强政治监督。开展优化营商环境监督，制定《遇刁难，“码”上拦——越秀区开展护航营商“直报直查直追”专项行动工作方案》，建立直报企业库，实行“有刁难、‘码’上拦”，开通专属二维码，对惠企政策落实不到位、“吃拿卡要”等问题进行专项治理，收到举报13件，查处典型案件3件，帮助企业解决问题13件。落实安全生产特别是消防安全专项监督，开展市容环境整治、交通拥堵治理等专项监督，推动政治监督具体化、精准化、常态化。

【“一把手”监督】 2023年，越秀区召开区属单位“一把手”向区委常委会述责述廉专题会议，推动形成必述内容清单，全面审核区属单位“一把手”述责述廉报告，保障报告质量。完善约谈“一把手”工作机制，制定《关于对区属单位党组织“一把手”开展全覆盖监督提醒谈话的工作方案》，全年开展提醒谈话2242人次，其中处级以上领导干部236人次、科级干部817人次。制定《关于加强党风廉政意见回复工作的意见》，全年对4734人次进行廉政审核，提出暂缓或不宜提拔意见24人次，把好选人用人廉洁关。

2023年9月27日，越秀区纪委监委在矿泉街道新濠畔万豪鞋材广场举办护航营商“直报直查直追”专项行动宣讲会，向中小微企业宣传普及“遇刁难‘码’上拦”举报二维码（区委宣传部供图）

【监察体制改革成果运用】 2023年，越秀区纪委监委履行协助职责和监督职责，强化纪委监委专责监督责任。通过重大事项请示报告、监督推动决策落实等方式，压实区属各单位全面从严治党主体责任、党（工）委（党组）书记第一责任人职责。贯彻落实《纪检监察机关派驻机构工作规则》，向各派驻纪检监察组发放工作指引、文书模板等工具书，推动规范履职、精准履职，“派”的权威和“驻”的优势得以发挥。落实《中华人民共和国监察官法》，完成全区155名监察官的等级评定，强化履职意识。

【监督机制贯通】 2023年，越秀区纪委监委推进纪律监督、监察监督、派驻监督、巡察监督“四项监督”的贯通衔接，发挥党内监督的主导作用，推进各类监督贯通融合。联合区审计局、区财政局、区统计局等部门印发实施《越秀区纪检监察、巡察、审计、财会、统计等监督贯通协调工作机制》，通过信息和专业技术力量资源共享、重点监督协调、重大事项会商、线索移送等工作机制，增强监督合力，促使监督、整改、治理有机贯通。（詹江）

■编辑 王海捷

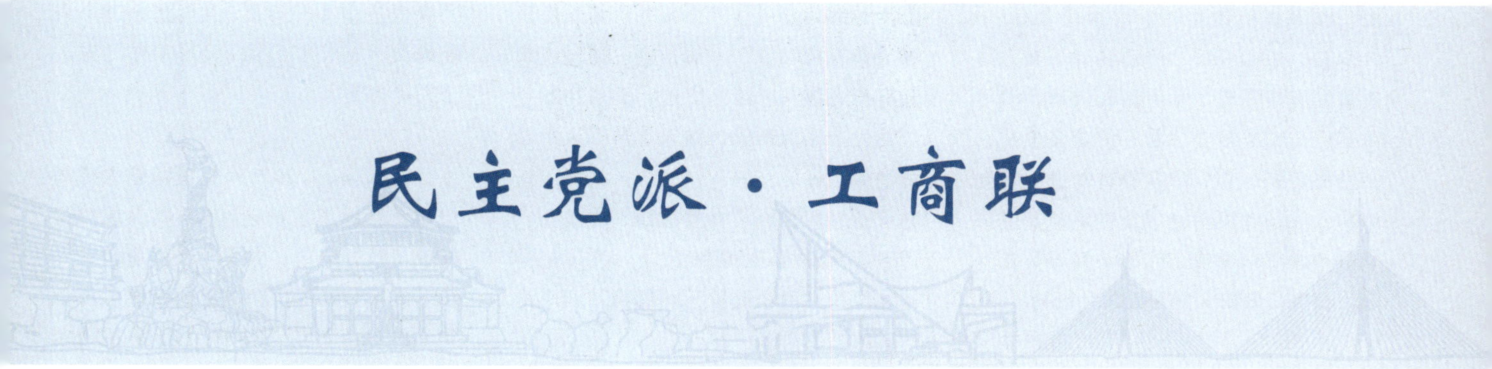

民主党派·工商联

中国国民党革命委员会广州市委员会越秀区基层委员会

【概况】 2023年，中国国民党革命委员会广州市委员会越秀区基层委员会（以下简称“民革越秀区基层委员会”）有下属支部8个、党员161人，主要成员和联系的对象是与原中国国民党有关系的人士、与民革有历史和社会联系的人士，与台湾各界有联系的人士，以及社会和法制专业人员中的代表性人士。其中，担任广州市政协委员1人、越秀区人大代表2人、越秀区政协委员12人、越秀区特约“四员”（特约检察员、特约监察员、特约审计员、特约教育督导员）2人。

【组织建设】 2023年，民革越秀区基层委员会规范主委会议制度，召开主委会议、基层委员会（扩大）会议2次。4月，组织党员4人参加民革广州市委员会举办的2023年度骨干党员参政议政能力提升研修班。9月，第一支部组织党员看望患重病的老党员，送上民革越秀区基层委员会各支部筹集的爱心捐款3万元。11月，召开民革越秀区基层委员会党员代表大会，届中补选委员2人；开展社情民意信息交流活动，提升民革党员的政治理论素养和参政议政能力，60多名党员参加；组织党员15人参加民革广州市委员会举办的电影《黄埔军人》观影研讨会。是年，民革越秀区基层委员会发展新党员7人。

【思想建设】 2023年3月4日，民革越秀区基层委员会召开工作会议，基层委委员、各支部主委及党员骨干40多人参加，学习中共二十大精神，传达越秀区两会精神。清明节当日，组织党员到黄花岗公园祭奠黄花岗七十二烈士墓，约30人参加活动。4月，开展党员学习活动，传达学习全国两会精神和民革广州市委员会相关会议精神，研究2023年省示范支部创建事宜，制定创建工作计划。5月，开展“凝心铸魂强根基、团结奋进新征程”主题教育，传达中央、省、市各级主题教育动员会精神，各支部主委等25人参加。6月，举办2023年“凝心铸魂强根基、团结奋进新征程”主题教育培训班，基层委员会领导班子、各支部主委及骨干党员等约30人参加。

【参政议政】 2023年，民革越秀区基层委员会召开提案选题讨论会，研究2023年越秀区政协大会发言和集体提案的选题工作。6月，组织开展社会调研，到花果山视频文创基地走访民革党员企业草莓微视（广州）视频科技有限公司，聚焦越秀区数字产业高质量发展，围绕超高清视频和新型显示、文化创意、数字新媒体、园区建设等主题进行调研。是年，民革越秀区基层委员会党员向民革广州市委员会提交“我为广州发展献一策”征文10篇、社情民意信息5篇，提交政协提案2件、调研报告1篇。其中，提案《关于推进社区健身设施数字化，提升全民科学健身水平建议》被民革广州市委员会选为重点提案，《关于加强越秀区老地名保护，提高活化利用的建议》被列为越秀区政协十六届三次会议大会发言提案。

【社会服务】 2023年4月，民革越秀区基层委员会与越秀区华乐街道康园工疗站共同开展“聚力越秀，共享阳光”爱心助残志愿活动，大湾区明星志愿服务队、民革越秀区基层委员会各支部代表等近20人参加。党员分组与残障康复人士一起创作画作，民革越秀区基层委员会现场向越秀区华乐街道康园工疗站捐赠爱心物资一批。8月，支持配合“百县千镇万村高质量发展工程”（以下简称“百千万工程”）推进工作，向越秀区慈善会捐款5000元，用于广东省湛江市遂溪县草潭镇“越秀路”配套建设项目。

【“凝心铸魂强根基、团结奋进新征程”主题教育开展】 2023年6月9—10日，民革越秀区基层委员会举办2023年“凝心铸魂强根基、团结奋进新征程”主题教育培训班，基层委员会委员、各支部主委及骨干党员等约30人参加。培训班邀请广州市政协委员、民革广州市委常委授课，并组织全体学员到广东北伐战争纪念馆、中共广东区委旧址纪念馆、红军长征粤北纪念馆参观学习。6月24日，组织开展“凝心铸魂、聚力高质量发展新征程”学习调研活动，学习民革广州市委员会“凝心铸魂强根基、团结奋进新征程”主题教育动员部署会精神，并到花果山视频文创基地、民革党员企业草莓微视（广州）视频科技有限公司进行调研，30多人参加活动。

（陈广才）

中国民主同盟越秀区基层委员会

【概况】 2023年，中国民主同盟越秀区基层委员会（以下简称“民盟越秀区基层委员会”）有下属支部21个、盟员308人，主要成员和联系对象是文化教育界以及从事科学技术和其他工作的知识分子。其中，担任广州市人大代表1人、越秀区人大代表4人、越秀区政协委员15人、越秀区特约“四员”4人。

【组织建设】 2023年，民盟越秀区基层委员会规范主委会议、基层委员会会议制度，全年召开主委会议12次、基层委员会（扩大）会议7次，每次会议有计划、有主题、有落实。全年发展新盟员6人。是年，“民盟之家”完成新址建设；民盟越秀区基层委员会参加民盟广州市委员会举办的党史盟史知识竞赛，在广州市20个基层组织中排名第三。

【思想建设】 2023年，民盟越秀区基层委员会组织开展“凝心铸魂强根基、团结奋进新征程”主题教育，举办纪念“五一口号”发布75周年暨中共三大召开100周年党史盟史知识竞赛专题活动，重温多党合作历史，弘扬多党合作优良传统，筑牢思想政治基础。将学习中共党史、盟史作为思想政治建设和宣传工作的重要内容，将理论学习、调查研究与助力发展、社会服务、组织建设等工作有机融合、一体推进。通过组织盟员参观越秀区红色史迹、举办2023年盟务骨干培训班等，深入学习习近平总书记关于做好新时代党的统一战线工作的重要思想，夯实自身建设工作基础，提升组织内生动力和活力，引导盟员夯实拥护“两个确立”、做到“两个维护”的思想根基。

【参政议政】 2023年，民盟越秀区基层委员会在广州市十六届人大三次会议上提交建议8件，推动《广州市公共场所外语标识管理规定》经广州市人大常委会表决通过地方立法；在越秀区十七届人大三次会议上提交联名议案1件、建议3件；在越秀区政协十六届三次会议上，民盟越秀区基层委员会提交的大会发言转为集体提案1件，提交个人提案5件、联名提案1件。是年，民盟越秀区基层委员会提交民盟广州市委员会统战理论文章2篇、“我为广州发展献一策”文章9篇、“社情民意”信息32篇。是年，民盟越秀区基层委员会分别获2022年度民盟广州市委员会“参政议政工作”“反映社情民意工作”“统战理论研究工作”先进集体三等奖；1人获“统战理论研究工作”先进个人二等奖、2人获先进个人三等奖；1人获“反映社情民意工作”先进个人二等奖、4人获先进个人三等奖、1人获先进个人优秀奖；3人获“参政议政工作”先进个人优秀奖。

【社会服务】 2023年，民盟越秀区基层委员会组织盟员近100人次参加“黄丝带帮教行动”，开展“长颈鹿教室”线上支教、法律援助、普法讲座、青少年心理健康教育讲座等社会服务20多项。参加与广东省湛江市霞山区、遂溪县的对口帮扶协作，捐款1.85万元，捐赠电脑、打印复印一体机等一批设备。组织2名盟员到贵州省毕节市开展支教活动，发动盟员捐款3.6万元，捐赠教学用品一批。盟员1人到对口支援的广东省清远市师范学校附属小学挂职任教。是年，民盟越秀区基层委员会获评民盟广州市委员会2022年社会服务工作先进集体，6名盟员获评社会服务工作先进个人。

【“文艺赋能乡村振兴”采风写生活动】 2023年，民盟越秀区基层委员会对接东西部协作地区——民盟贵州省安顺市平坝区支部，组织100名艺术家到平坝区开展“文艺赋能乡村振兴”采风写生活动。其中，越秀区组织60名艺术家在平坝区开展艺术交流活动，现场创作书画作品60多件赠予平坝区当地。艺术家还走进平坝区农业帮扶基地和美丽

2023年8月23—24日，民盟越秀区基层委员会举办2023年盟务骨干培训班
（区委统战部供图）

乡村，先后创作92件作品捐赠当地用于支援东西部协作，其中46件赠送平坝区收藏、46件由越秀区政协用于筹款15万元支援平坝区。民盟越秀区基层委员会有5名盟员艺术家参加活动。

（陈广才）

中国民主建国会广州市委员会越秀区基层委员会

【概况】 2023年，中国民主建国会广州市委员会越秀区基层委员会（以下简称“民建越秀区基层委员会”）有下属支部14个、会员346人，由越秀区经济界人士及各行业精英人士组成。其中，担任广东省政协委员1人、越秀区人大代表3人、越秀区政协委员10人、越秀区特约“四员”4人。

【组织建设】 2023年，民建越秀区基层委员会召开班子会议2次。2月，综合二支部、六支部原主委因工作原因辞去主委职务，6月均按程序推选出新主委。9月，民建越秀区基层委员会通过集中慰问、上门慰问和邮寄慰问品的形式开展中秋慰问活动。全年组织举办春茗敬老、公益敬老、中秋敬老、重阳敬老等系列敬老爱老活动，慰问会员163人次，送上慰问金、慰问品等共计2.52万元。是年，民建越秀区基层委员会坚持把民主监督纳入会务工作，履行会内监督责任，营造正气充盈的会内生态，制定内部管理规定、工作规则、工作职责、例会制度、考核制度等管理制度，明确民建越秀区基层委员会监督委员会及委员的工作职责，做到有章可循、有据可依。监督委员会在完成民建越秀区基层委员会财务审计基础上，对民建越秀区基层委员会企业家协会、微心愿专项资金进行专项审计，选派监督委员会委员参加民建越秀区基层委员会活动、主委会议及各支部活动，每月通报各项活动的参加人员、请假人员和出勤率，监督委员会全年有30多人次参加各类活动。是年，民建越秀区基层委员会发展新会员8人。

【思想建设】 2023年2月，民建越秀区基层委员会召开领导班子工作会议，学习习近平新时代中国特色社会主义思想和中共二十大精神，传达省、市、区高质量发展大会精神。同月，到广东省梅州市开展“牢记合作初心，凝聚奋进共识”学习贯彻中共二十大精神主题调研活动。7月，举行“凝心铸魂强根基、团结奋进新征程”主题教育启动暨新会员欢迎仪式。

【参政议政】 2023年，民建越秀区基层委员会提交参政议政、课题、提案、建议和社情民意信息14件（个）。其中，向民建广州市委员会申报“加快推进广州营商环境6.0进一步激发市场主体活力”参政议政课题1个；向越秀区十七届人大三次会议提交《关于在我区设立1个以上家庭暴力庇护场所，力争街道妇女维权站覆盖率达100%的建议》《让青年把越秀故事讲给世界听》建议2件，提交《将广州打造成国际民商事争议解决服务之都》《关于规范高考填报志愿咨询服务市场的建议》《关于广州市公务用车更换为新能源用车的建议》《聚焦新能源汽车产业发展，提升广州“智车之城”的国际竞争力》《关于采取有效措施促进广州汽车产业发展的提案》《进一步优化闲置土地处置工作助推越秀区高质量发展》等“我为广州发展献一策”文章6篇；向越秀区委统战部提交“加强对新的社会阶层人士思想政治引领研究”理论研究课题1个，提交社情民意信息4件，分别为《建议以企业承诺只使用一个银行账户的方式解决中小微企业贷款难的问题》《关于依申请恢复未按期参加年度检验被吊销营业执照公司营业资格的建议》《关于中药材价格“反季暴涨”的原因分析和对策建议》《关于推动台商在大陆投资兴业，深化两岸经贸合作交流的建议》，均被民建广州市委员会采用。

【社会服务】 2023年8月，民建越秀区基层委员会参与到广东省湛江市开展“百千万工程”考察调研活动，并捐赠帮扶资金2.9万元。9月，会员1人向广东龙岩商会捐赠1万元，用于贫困学生助学活动。12月，综合二支部通过北京市红十字基金会向甘肃省地震灾区捐款，综合四支部通过越秀区慈善会向甘肃省地震灾区捐款。

【“百千万工程”考察调研活动】 2023年9月，民建越秀区基层委员会参与到广东省湛江市开展的“百千万工程”考察调研活动，向对口帮扶协作的广东省湛江市遂溪县草潭镇捐赠帮扶资金2.9万元，助力乡村文旅项目建设，改善学校教学配套设施。

（陈广才）

中国民主促进会广州市越秀区基层委员会

【概况】 2023年，中国民主促进会广州市越秀区基层委员会（以下简称“民进越秀区基层委员会”）有下属支部7个、会员383人，主要由从事教育、文化、出版传媒工作以及相关科学技术领域的高、中级知识分子组成。其中，担任广州市政协委员1人、越秀区人大代表3人、越秀区政协委员19人、越秀区特约“四员”2人。

【组织建设】 2023年，民进越秀区基层委员会组织各类主题活动，加强会员联系。组织开展会员健康讲座及义诊活动，普及消化科、内科、中医科及肝病科知识，提高会员的健康意识和自我保健能力。组织开展会员企业走访活动，到广州倬粤电能科技有限公司、中科巨匠人工智能技术（广州）有限公司等企业学习调研，加强与会员企业的联系与合作。举办老主委座谈会、70岁会员生日会、重阳节慰问老会员等活动，多形式关爱老会员。举办癸卯（2023）年民进全国“春联万家·奔赴新征程”活动，组织民进书画家作画、写字。是年，民进越秀区基层委员会发展新会员7人，民进越秀区基层委员会获评民进广东省委会优秀基层委，综合支部获评民进广州市委会五星支部，8名会员获评广州市委员会优秀会员、广东省岗位学雷锋标兵、广东省破产管理人协会优秀副主任。

【思想建设】 2023年，民进越秀区基层委员会组织开展2023年骨干会员培训暨“凝心铸魂强根基、团结奋进新征程”主题教育，传达学习习近平新时代中国特色社会主义思想、中共二十大精神、民进中央“作风建设”主题年精神、民进中央主席在广州调研时的讲话精神，进行民进会章会史学习、主题教育学习和工作部署。

【参政议政】 2023年，民进越秀区基层委员会向越秀区政协十六届三次会议提交集体提案1件、联名提案3件、会员个人提案8件，向民进广州市委员会申报课题6个，提交献策文章3篇，报送社情民意信息7篇，其中4篇被民进广州市委员会采用，4篇被民进广东省委员会采用。其中，《关于加强广州市中小学饮用水安全保障的建议》被中共广州市委统战部评为2022年度广州市统一战线“我为广州发展献一策”活动二等奖，被民进广州市委员会评为2022年度优秀议政调研成果二等奖；《关于推动粤港澳大湾区医疗及社会保障协同发展的建议》被广州市委统战部评为2022年度广州市统一战线“我为广州发展献一策”活动二等奖；《关于“在双减政策下规范化监管430课后服务评价”的提案》获评越秀区政协十六届二次会议以来优秀提案；《把握美妆经济新赛道建设高端现代服务业示范区》《关于打造粤港澳大湾区高端中介服务业示范区的建议》《关于建设老年医疗护理服务“护联体”的建议》获评越秀区政协十六届二次会议以来表扬提案。

【社会服务】 2023年，民进越秀区基层委员会坚持开展社会服务活动，履行参政党职能。为广东省湛江市遂溪县草潭镇“越秀路”配套建设项目捐款1.3万元。参与扶贫公益活动，捐款2.3万元。参与助学公益活动，捐款3.73万元。参与其他慈善公益活动，捐款57.2万元。1名会员参与深化西部协作工作，响应政府“消费扶贫”倡议，发挥广东胜佳超市的渠道优势，通过在店内和场外组织消费扶贫产品推介会，助力协作地区巩固拓展脱贫攻坚成果、促进乡村振兴。

【高质量发展专题调研活动】 2023年，民进越秀区基层委员会组织骨干会员到粤剧艺术博物馆、永庆坊等地开展“凝心铸魂强根基、团结奋进新征程”主题教育暨以“文化+”促进国际消费中心城市建设调研学习活动。组织会员到广东省茂名市、江门市等地，开展贯彻落实“推进‘百县千镇万村高质量发展工程’促进城乡区域协调发展课题调研暨民进广州市委会作风建设主题年学习”活动，考察相关地区开展“百千万工程”成果。组织会员到浙江省湖州市、杭州市开展以体育产业高质量发展为主题的专题调研，考察杭州亚运场馆、湖州“澳青汇”项目的建设运营情况，学习长三角地区体育产业发展模式。 （陈广才）

2023年6月9—10日，民进越秀区基层委组织会员到广东省茂名市开展贯彻落实“推进‘百县千镇万村高质量发展工程’促进城乡区域协调发展课题调研暨民进广州市委会作风建设主题年学习”活动

（区委统战部供图）

中国农工民主党广州市越秀区基层委员会

【概况】 2023年，中国农工民主党广州市越秀区基层委员会（以下简称“农工党越秀区基层委员会”）有下属总支2个、支部7个、党员178人，成员以医药卫生、人口资源和生态环境领域高、中级知识分子为主，由一部分社会主义劳动者、社会主义事业建设者和拥护社会主义的爱国者组成。其中，担任越秀区人大代表1人、越秀区政协委员10人、越秀区特约“四员”2人。

【组织建设】 2023年，农工党越秀区基层委员会注重考察发展新党员，完善党员干部队伍建设，全年发展新党员9人，选派1名骨干党员参加广州市社会主义学院举办的党外干部中青年骨干培训班。10月，主任委员提出辞去主委的申请，获农工党广州市委员会批复同意，并依照组织程序完成主委届中调整。是年，农工党越秀区基层委员会获评农工党广州市委员会社会服务先进集体，29人获评农工党广州市委员会组织工作、参政议政、社会服务、宣传理论工作先进个人。

【思想建设】 2023年，农工党越秀区基层委员会通过现场会议、视频会议、支部会议等形式，组织党员学习贯彻中共二十大精神、中共二十届二中全会精神、中央经济工作会议精神、习近平总书记在全国两会上的重要讲话和全国两会精神、农工党十七大精神、中共广东省委十三届二次全会精神；深入学习习近平新时代中国特色社会主义思想，团结和引导党员领悟“两个确立”的决定性意义，增强“四个意识”、坚定“四个自信”、做到“两个维护”。6月，召开“凝心铸魂强根基、团结奋进新征程”主题教育动员部署会，传达学习农工党中央、广东省委员会、广州市委员会主题教育动员部署会精神，对农工党越秀区基层委员会开展主题教育进行安排部署。7月，组织骨干党员前往广东省潮州市开展“凝心铸魂强根基、团结奋进新征程”主题学习调研活动，组织党员沿着习近平总书记足迹参观潮州古城，开展廉政教育和革命传统教育，围绕中华优秀传统文化主题开展调研，提高政治觉悟，增强文化自信。

【参政议政】 2023年，农工党越秀区基层委员会向越秀区政协十六届三次会议提交提案《加快托育服务机构建设，推进普惠性托育服务》作为大会发言提案，并提交《关于后疫情时代提升民众传染病疫情防控能力的几点建议》《加强青少年运动医学知识科普，有效提升体质，减少运动损伤》《关于解决推进普惠性托育机构建设瓶颈问题的建议》《加快托育服务机构建设，推进普惠性托育服务》等个人提案。是年，农工党越秀区基层委员会提交的提案《“双减”政策下教师群体的反应与对策建议》《关于加强区教育和卫生部门对幼儿园卫生保健工作联合管理的建议》被评为2022年度表扬提案。

【社会服务】 2023年3月，农工党越秀区基层委员会在英雄广场开展“雷锋精神传承有我·幸福生活共创共享”志愿服务集市活动，组织医疗专家为辖区内居民提供传染病防治、儿科保健等咨询服务。6月，在中华广场举办“基本公卫人人参与，关注健康家家受益”大型宣传活动，开展老年人防诈骗宣传，提供卫生监督协管服务。7月，联合大东街道开展“我为群众办实事”共建活动，成立爱心义诊志愿服务小分队，为社区群众义诊。8月，到广东省湛江市开展“百千万工程”考察调研，向对口帮扶协作的广东省湛江市遂溪县草潭镇捐赠帮扶资金6000元，助力草潭镇乡村文旅项目建设，改善学校教学配套设施。9月，发动基层党员参加“99公益日同心圆公益项目”筹款活动。

【“南山义诊科普进洪桥”活动】 2023年5月27日，农工党越秀区基层委员会联合广州医科大学附属第一医院、呼吸健康科普基地、洪桥街道等单位，在越秀公园组织开展主题为“科学呼吸 守护健康”的“南山义诊科普进洪桥”活动。南山义诊专家医疗团多名专家到活动现场开展义诊，为居民提供常见疾病、疑难疾病的诊断治疗咨询和简易肺功能检测服务。 （陈广才）

中国致公党广州市委员会越秀区基层委员会

【概况】 2023年，中国致公党广州市委员会越秀区基层委员会（以下简称“致公党越秀区基层委员会”）有下属支部9个、党员194人，主要由归侨、侨眷中的中上层人士和其他有海外关系的代表性人士组成。其中，担任广州市

2023年5月27日，农工党越秀基层委员会在越秀公园组织开展“南山义诊科普进洪桥”活动 （区委统战部供图）

政协委员2人、越秀区人大代表1人、越秀区政协委员8人、越秀区特约“四员”2人。

【组织建设】 2023年，致公党越秀区基层委员会结合“凝心铸魂强根基、团结奋进新征程”主题教育，组织骨干党员、新党员参加各种参政议政、凝心聚力活动。3月，开展“学习贯彻中共二十大精神，推动越秀高质量发展”主题调研活动，组织领导班子成员、各支部正、副主委及骨干党员到广东省江门市开展考察调研。9月，组织参政议政骨干党员到广东省湛江市开展考察调研活动。10月，组织参政议政骨干党员到广东省阳江市阳东区、江城区开展“发展壮大村集体经济”专题考察调研活动。致公党越秀区基层委员会及下属各支部全年组织开展各项参观调研活动15次。元旦、重阳节、中秋节等节日期间，各支部坚持开展党内敬老慰问扶助活动，增强组织凝聚力，让侨眷和群众感受温暖与关怀。是年，致公党越秀区基层委员会发展新党员10人。

【思想建设】 2023年，致公党越秀区基层委员会加强思想建设，定期召开基层委扩大会议，传达学习致公党广州市委员会、中共越秀区委全会及其他重要会议精神。定期通报市、区反腐倡廉情况、调研文章及宣传信息报送情况、各支部组织生活情况，讨论基层委调研和参加帮扶协作工作情况，听取各支部党费管理情况报告。各支部组织开展各类活动，提高党员尤其是年轻在职党员的政治思想觉悟。2月，七支部组织党员参观越秀区农林上路历史文化风貌区，调研城市更新情况；3月，一支部组织党员参观农林街道康园工疗服务站，探访特殊人群活动康复地点，调研基层特殊人群康复工作，拓宽为特殊人群提供新型社区服务的思路，推进提案内容完善及实施；7月，五支部组织党员到广州政协文史展示中心参观“广州印迹——古城新绿书画展”，开展“读懂广州，热爱广州，奉献广州”主题活动，交流研讨中华人民共和国成立后广州的历史变迁及观展心得；9月，一、六支部组织党员到荔湾区参观中国致公党中央党部旧址陈列馆，引导党员弘扬与中国共产党风雨同舟、真诚合作的优良传统，秉承“致力为公、侨海报国”精神；邀请市委会监督委员负责人讲解《中国致公党党内监督条例》《中国致公党纪律处分办法（试行）》，传达学习致公党广州市委会内部监督委员会人员名单及职责，凝聚支部各党员政治共识，增强责任感和使命感。10月，五支部组织党员参观广州政协文史展示中心与市政协书画院联合举办的“广州印迹——古城新绿书画展”，开展“读懂广州，热爱广州，奉献广州”主题教育活动；同月，四支部组织党员到大沙头码头、林则徐纪念园参观，了解广州珠江夜游大沙头码头航运现状，到广州港集团参观，组织支部党员座谈，为广州港融入“一带一路”发展和广州旅游高质量发展建言献策。11月，致公党越秀区基层委员会组织骨干党员到越秀区光塔街道调研民族团结情况，听取街道介绍相关政策的具体做法；九支部组织党员到广州市华侨博物馆参观调研，了解华侨历史贡献；同月，二、三支部组织党员到东山街道新河浦历史文化街区调研考察，到中共三大会址纪念馆参观学习，了解其对中国革命、特别是首开多党合作先河产生的影响；同月，六支部组织党员到广州南沙区广汽科技馆参观学习，开展“读懂广州，热爱广州，奉献广州”主题教育活动，研讨支部参政议政、建言献策工作。12月，七支部组织党员到东山街道新河浦历史文化街道区参观调研，了解历史文化街区保护发展现状。

2023年3月24日，致公党越秀区基层委员会组织骨干党员到广东省江门市开展考察调研活动（区委统战部供图）

【参政议政】 2023年，致公党越秀区基层委员会组织发动担任的市、区人大代表和政协委员的党员履行职责，参与各类调研、视察和培训等活动，在各自领域发挥致公党参政议政的作用。致公党越秀区基层委员会在越秀区政协十六届三次会议上作题为《加快推进广州火车站片区建设打造越秀老城市新活力增长枢纽的建议》的大会发言并转作集体提案，提交《关于加快推进城市更新改造，实现越秀老城市新活力的建议》《努力打造粤港澳大湾区高水平人才集聚地的建议》《抓住我市支持汽车消费政策契机，助力我区消费市场持续复苏回暖的建议》等个人提案。向广州市政协十四届二次会议提交《关于把握广州人口老龄化趋势，深度激活适老化改造产业的提案》作为致公党市政协社会法制民族宗教委的提案提交，提交《关于构建中医药“治未病”网络平台的提案》《引入保险机制参与电动自行车治理的建议》等个人提案。在“我为广州发展献一策”征文活动中，提交的文章《善用侨乡优势 在洋留学儿童中播种中华文化 》被致公党广东省委员会、中共广州市委统战部采用，另提交《关于加快推进老城区商圈高质量发展的建议——以广州市越秀区为例》《深化孵化园区税收共治格局的建议》等建议。全年向致公党广州市委员会提交建言献策文章11篇。

【社会服务】 2023年，致公党越秀区基层委员会组织发动党员参与市、区组织的各类社会捐助活动。9月，响应越秀区委统战部的号召，组织各支部党员捐款，筹集资金1万元，到广东省湛江市霞山区、遂溪县开展助力“百千万工程”活动。

【“学习贯彻中共二十大精神，推动越秀高质量发展”主题调研活动】 2023年3月，致公党越秀区基层委员会举办“学习贯彻中共二十大精神，推动越秀高质量发展”主题调研活动，结合致公党侨海特色，组织领导班子成员和各支部正、副主委及骨干党员34人到广东省江门市考察调研，深入学习宣传贯彻中共二十大精神，提高党员政治思想觉悟和参政议政能力，引导鼓励骨干党员参与促进越秀高质量发展的社会经济活动。（陈广才）

九三学社广州市越秀委员会

【概况】 2023年，九三学社广州市越秀委员会（以下简称“九三学社越秀委员会”）有下属支社8个、社员185人，主要由工程师、医生、教师等科学技术、医药卫生、教育界的高、中级知识分子组成。其中，担任广州市政协委员1人、越秀区人大代表2人、越秀区政协委员9人。

【组织建设】 2023年，九三学社越秀委员会组织举办春茗敬老、中秋敬老、重阳敬老等活动，并上门探望老社员。3月，联合致公党越秀区基层委员会到广东省江门市开展“学习贯彻中共二十大精神，推动越秀高质量发展”主题调研活动。是年，九三学社越秀委员会发展新社员9人。社员4人获九三学社广州市委员会授予“2022年度组织工作先进个人”称号；24人获九三学社广州市委会授予“2022年度社会服务先进个人”称号；19人获九三学社广州市委员会授予“参政议政先进个人”称号；1人获九三学社广州市委员会授予“建功立业先进个人”称号。

【思想建设】 2023年，九三学社越秀委员会组织全体社员参加九三学社中央组织的全国两会精神传达学习暨社中央政治辅导“网络课堂”学习，组织开展深入学习贯彻中共二十大精神等各类学习10多场。3月，组织2名骨干社员参加九三学社广州市委员会举办的骨干社员培训班。5月，组织5名社员参加第二期新锐班培训。是年，九三学社越秀委员会被九三学社广州市委员会评为组织工作、参政议政、社会服务、思想宣传、理论研究先进集体。

【参政议政】 2023年，九三学社越秀委员会在越秀区政协十六届三次会议上提交《关于提升信访工作质量服务保障越秀高质量发展的提案》《关于尽快完成广州市第二座跨珠江人行桥施工的呼吁》《减轻疫情影响，鼓励市民消费的小建议》《织密小区组织体系助力提升城市治理精细化品质化要求》4件提案。《树立“全周期管理”意识统筹推进城区规划建设》提案被评为越秀区政协十六届二次会议以来表扬提案。在广州市政协十四届二次会议上提交《解决用地难问题，建设综合建筑垃圾处置项目》《关于做好广州市汛期内涝系统性治理、防范重大水安全风险的建议》2件个人提案。

【社会服务】 2023年，九三学社越秀委员会发挥九三学社知识型人才密集优势，引导鼓励骨干社员参与越秀区高质量发展，推动新时期多党合作事业发展。6月，二支社与广东省第二中医院在广州少年儿童图书馆开展义诊活动。9月，九三学社越秀委员会主委到广东省湛江市参与“百千万工程”对口帮扶协作工作，向当地捐款1.4万元。10月，九三学社越秀委员会和幸福行社会服务中心共同发起为广东省清远市英德市石灰铺镇中心小学独山教学点捐资助学倡议，募集捐赠价值约3万元的书籍、文具和体育用品一批；二支社联合越秀区华乐街道，在华乐街道长者饭堂开展志愿服务，为居民群众提供义诊服务。（陈广才）

台湾民主自治同盟广州市委员会越秀支部

【概况】 2023年，台湾民主自治同盟广州市委员会越秀支部（以下简称“台盟越秀支部”）有盟员24人，由居住在中国大陆的台湾地区人士组成。其中，担任越秀区人大代表1人、越秀区政协委员2人。

【组织建设】 2023年，台盟越秀支部组织盟员参加台盟广州市委会举办的盟员骨干研修班、广州市党外干部专题培训班、台盟中央优秀骨干培训班近10场，组织盟员中的省、市委员参加中共广州市委、台盟广东省委员会、台盟广州市委员会组织的各类学习会、报告会。春节期间，组织慰问退休老盟员活动。“三八”妇女节期间，组织盟员参加台盟广东省、广州市委员会和广州市台联联合举办的在穗女台胞植物科普教育及压花艺术活动。5月，在广州市台盟成立40周年纪念会上，台盟越秀支部8名在盟30年盟员获颁发荣誉证书。是年，支部盟员2人获评2023年度台盟广东省委员会参政议政工作先进个人，1人获评2023年度台盟广东省委员会社情民意信息先进个人。支部2名副主委分别获评中山市台联热心会务活动先进个人和广州市台联优秀理事。

【思想建设】 2023年，台盟越秀支部围绕越秀区发展开拓工作思路、创新活动载体，通过视频会议、线上学习等方式组织盟员学习贯彻习近平总书记系列重要讲话精神，学习台盟中央主席在台盟十一届四次中常会上的讲话精神。组织开展“凝心铸魂强根基、团结奋进新征程”等主题教育活动10多场，引导盟员提高政治站位，深刻领悟“两个确立”的意义，增强“四个意识”、坚定“四个自信”、做到“两个维护”，自觉在思想上、政治上、行动上同中共中央保持一致。

【参政议政】 2023年，台盟越秀支部在越秀区政协十六届三次会议上提交集体提案《助力分布式光伏规模化开发扎实推进能源绿色革命》并作为大会发言提案，2022年的大会发言提案《加强老年人健康教育积极应对人口老龄化》被评为表扬提案。是年，支部盟员1人参加台盟中央“创新驱动制造业优化升级”协商议政论坛演讲获最具魅力奖。

【社会服务】 2023年9月，台盟越秀支部参与中共越秀区委统战部组织的到广东省湛江市开展“百千万工程”考察调研活动，向对口帮扶协作的遂溪县草潭镇捐赠帮扶资金6600元，助力草潭镇乡村文旅项目建设，改善学校教学配套设施。

【协办“艺脉相承——岭南画派粤台港澳青年画家邀请展”】 2023年11月10日，“艺脉相承——岭南画派粤台港澳青年画家邀请展”在越秀区辖区内的南粤先贤馆和高剑父纪念馆同步开展。该展览由台盟广东省委员会指导、台盟广东省委员会两岸文化交流工作委员会、高剑父纪念馆、南粤先贤馆主办，台盟越秀支部与民革越秀区基层委员会共同协办。展览汇聚粤台港澳青年画家43人的美术作品近100件，以岭南画派风格为主，涵盖山水、花鸟、综合材料等题材，展现岭南画派青年画家多元化的艺术探索与追求。 （陈广才）

广州市越秀区工商业联合会

【概况】 2023年，广州市越秀区工商业联合会（以下简称“越秀区工商联”）坚持抓引领、强组织，以“两个健康”（促进非公有制经济健康发展和非公有制经济人士健康成长）示范城市创建工作为重点，优化政企沟通服务平台，助推安商引商实效提升，助力越秀区非公经济高质量发展。是年，越秀区工商联获评全国2022—2023年度“五好”（政治引领好、队伍建设好、商会发展好、作用发挥好、工作保障好）工商联、广东省2022—2023年度“五好”工商联，并获2023年广东省“民营企业调查点工作先进基层单位”称号。

【民营企业家参政议政】 2023年，越秀区工商联通过召开民营经济座谈会、组织政协工商联组调研等形式，收集非公经济领域意见建议，全年提交政协提案3件、会办提案7件。其中，牵头撰写的提案《打造东山口夜间经济地标 激发不一样的yeah文化》被评为越秀区政协十六届三次会议优秀提案。

【惠企沟通合作机制建设】 2023年，越秀区工商联与区商务局合作建设越秀区政企沟通服务中心。该中心为举办“政企面对面”活动的实体场地，通过专家讲座、案例分析、交流研讨等形式，开展惠企纾困政策宣传，打造具有“越秀温度”的暖企惠企工作品牌和优化营商环境新名片。是年，越秀区工商联联合市场监管、商务、税务、人社、

2023年6月9日，越秀政企“恳谈日”暨专业市场升级发展和越秀区高质量发展政策解读交流活动在新濠畔万豪鞋材广场举行 （区工商联供图）

科工信等部门，举办“恳谈日”“读懂日”系列活动10场。与国家税务总局广州市越秀区税务局共建“春雨润苗”专项行动联席会议制度，推动中小型企业税务纾困政策落实。在原有的“惠企”“暖企”服务基础上，联合越秀区纪委监委、区发展改革局、区商务局、区政务服务数据管理局等部门联动推行“三员一码”助企行动，构建以营商环境社会监督员、廉洁政务特约监督员、政企沟通联络员为骨干的“三员”助企服务机制，以及“遇刁难，‘码’上拦”机制，邀请企业通过“扫码直报”参与监督举报，发现和清除阻碍民营经济发展的“绊脚石”，实现规模以上、规模以下企业服务全覆盖，推动营商环境优化升级。

【商会改革创新】 2023年，越秀区工商联鼓励商会按照标准和原则，建设既符合“四好”（政治引领好、队伍建设好、服务发展好、自律规范好）标准要求，又有自身鲜明亮点的特色商会、品牌商会。至年底，在越秀区工商联联系指导的商协会中，有全国“四好”商会7家、省级“四好”商会9家、市级“四好”商会16家。联合越秀区民政局举办主题为“开拓创新，踔厉奋发，推动商协会高质量发展”的2023年商协会能力建设培训班。引导商协会在北京路商圈参与广府庙会、迎春花市、广府文化旅游嘉年华等广府特色节庆活动，举办夜间文商旅活动，助力北京路商圈打造成为广州“夜游打卡地”之一。联系指导的北京街道商会、人民街道商会获评越秀区2023年度诚信商会。

【非公经济党建】 2023年，越秀区工商联指导启动区第三条产业党建链——越秀区超高清视频产业“红链计划”，为打造党建引领下独具越秀区特色的地标产业集群提供组织基础。举办国企民企“红链计划双融合”共建交流活动，组织广州市城市建设投资集团有限公司、广州珠江监理咨询集团有限公司等多家市属国有企业与越秀区3条产业党建链“红链计划”内近20家重点民营企业开展交流对接活动，推动“国企+民企”跨界融合，促进国有企业和民营企业共同发展、成长壮大。指导广州市时代控股集团有限公司党委发挥龙头企业及其党组织优势，联合广州市卓越里程教育科技有限公司党委、广东海印集团股份有限公司党委举办越秀区非公有制经济“红联共建聚合力，共促高质量发展”庆祝中国共产党成立102 周年系列活动。发挥“红链计划”党群志愿服务示范作用，组织链上企业党组织开展“红联同心·红链惠民”新春慰问环卫工人活动。指导城市建设行业“红链计划”副召集人单位广州普邦园林股份有限公司结合业务优势，举办“绿美生态·红链同行”军地企共建义务植树活动，搭建党建链与产业链“双链融合”工作平台。

【民营企业社会责任履行】 2023年，越秀区工商联鼓励和发动民营企业和商会参与越秀区“百千万工程”行动，先后组织3批民营企业家前往贵州省、广东省湛江市等地交流洽谈合作，与湛江市霞山区、赤坎区、遂溪县三地工商联签订战略合作协议，捐资建设蔬菜冷库基地。联合越秀区商务局，指导北京街道、六榕街道、大塘街道的街道商会开展“百千万工程”促消费活动，全年累计消费帮扶和捐款捐物约4000万元。指导成立区内首个民营企业慈善基金“金顶慈善基金”，连续第十一年组织发动区内民营企业家向“民警因公伤残、重大疾病及家庭特别困难等救助金”捐款，累计捐款1200万元。

【民营经济调查研究】 2023年，越秀区工商联开展走访调研非公企业和商协会活动，为企业答疑释惑、疏解困难，全年走访调研119次。与越秀区委统战部联合撰写《民营经济高质量发展及遴选指标体系研究》调研报告，针对制造业、软件和信息技术服务业、科学研究和技术服务业，从创新、协调、绿色、开放、共享、效益等维度展开评价，构建越秀区民营企业高质量发展遴选指标体系，获评“广州市统战理论政策研究创新成果一等奖”。

【民营经济人才培训教育】 2023年，越秀区工商联把新生代青年企业家作为重点培育对象，联合区委统战部、区委组织部等9个部门组织实施新越商青年企业家培育工程，遴选60多名区内核心产业和具有良好发展潜力的非公经济人士，着力打造青年企业负责人学习、交流和合作的“有机生态圈”。依托华南理工大学学科及师资优势举办第一期“新越商”青年企业家培训班，助力新一代企业家创新变革、自我超越。依托越秀人才会客厅资源，联合多部门举办越秀超高清视频产业高层次人才圆桌会，构筑人才链、项目链、产业链、创新链、信息链融合发展的人才交流平台，为越秀区超高清视频产业健康发展提供人才支撑。

【广州市越秀区工商业联合会第十四届一次执委会（区总商会第三届理事会）就职典礼】 2023年3月22日，广州市越秀区工商业联合会第十四届一次执委会（区总商会第三届理事会）就职典礼暨越秀区民营企业高质量发展大会在广州大厦召开。大会选举增补越秀区工商联副主席1人、常委8人、执委43人，选举增补越秀区总商会副会长4人、常务理事10人、理事36人。同时，大会启动新越商青年企业家培育工程，举行“越秀区政企沟通中心”揭牌仪式，并通报表彰“光彩慈善（抗疫）事业”优秀商（协）会和先进企业家，其中标兵商会10家、优秀商会12家、先进企业家代表11人。

（曾雪萌）

■编辑 林卫红

群众团体

广州市越秀区总工会

【概况】 2023年，广州市越秀区总工会（以下简称“越秀区总工会”）下属有基层工会1879个。其中，独立基层工会1675个、联合基层工会204个。基层工会涵盖单位8029个，有工会会员19万人。是年，越秀区总工会推动企业、事业单位、机关、社会组织等建立工会组织，推进产业工人队伍建设改革，履行维权服务基本职责，帮扶救助解决职工群众急难愁盼问题，举办主题劳动竞赛，开展各类文体活动，助力“百县千镇万村高质量发展工程”（以下简称“百千万工程”）。

【职工思想政治引领】 2023年，越秀区总工会开展学习贯彻习近平新时代中国特色社会主义思想主题教育，通过领导干部带头宣讲、专家学者专题宣讲、劳模宣讲、党组织书记讲党课等形式，结合送课下基层、普法宣传、送温暖活动等渠道，宣讲党的创新理论。是年，越秀区总工会依托职工之家、户外劳动者工会爱心驿站、职工书屋、党群服务中心等阵地，开展以“中国梦·劳动美”为主题的宣传教育活动，举办劳模风采系列宣传、职工秀风采摄影大赛、职工公益志愿植树活动、“从阅读出发向书香未来”阅读系列活动、劳模进校园企业社区活动、礼赞劳动致敬劳动者系列主题宣传等活动，获《工人日报》《南方日报》等16家媒体和网络平台报道。举行广东省首个移动职工之家——“劳动号”越秀工会红色主题公交（东园职工之家）启用仪式，唱响《咱们工人有力量》《黄河大合唱》等歌曲，弘扬建党精神，厚植爱国情怀。全区各基层工会开展瑜伽、舞蹈、球类、观影、八段锦工间操等各类文化体育活动，丰富职工精神文化生活。

【工会基层组织建设】 2023年，越秀区总工会聚焦重点群体建会，推进“新就业形态劳动者建会入会集中行动”和“互联网企业建会行动”，明确目标任务，分片联系督导，通过上门走访、政策宣传等加大组建攻坚力度。全年越秀区新建基层工会89个、工会小组5个，其中25人以上企业建会36个（含100人以上企业建会4个）；新增工会会员6398人，其中新业态会员2805人。是年，越秀区总工会加强智慧工会建设，依托全省会员实名制“粤工惠”服务平台，提升工会会员服务管理水平，全年录入工会组织1656个、工会会员15.09万人，实名注册会员7.46万人，会员实名率49.5%。

【工会规范化建设】 2023年，越秀区总工会建立监督提醒机制，按规范流程指导和协助94个工会组织完成组建，208个基层工会完成民主换届和届中调整。严格基层工会委员人选条件，完善街道总工会主席、副主席及兼职工会副主席配备，选优配强基层工会干部队伍。开展专题培训、工作交流20场次，促进业务能力提升。是年，越秀区总工会健全完善以职工代表大会为基本形式的民主管理制度，在“三新”（新产业、新业态、新商业模式）领域推广广州顺丰速运有限公司由基层工会会员担任代表的“工会代表制”，畅通职工诉求表达渠道；遴选4家代表性非公企业参加“民主管理共商共建共享”结对活动，与广州港集团有限公司工会结对共建，通过国企示范带动民主管理整体水平提升；组织参与广东省厂务公开民主管理理论与实践征文活动，获评广东省一等奖。

【职工权益维护】 2023年，越秀区总工会发挥工会源头参与化解作用，完善多元预防化解劳资纠纷格局，推动越秀区劳动人事争议三方联合调解中心和越秀区劳动争议诉调对接工作室建设。越秀区劳动人事争议三方联合调解中心受理案件545件，成功调解474件，涉及职工545人，涉及金额2903万元，调解成功率87%，调解成功率位居广州市各区第一；越秀区劳动争议诉调对接工作室受理案件330件，成功调解185件，涉及职工346人，涉及金额1436万元，调解成功率56%，调解成功数位居广州市各区第一。是年，越秀区总工会为全区18个街道总工会和黄花岗科技园工联会、广州市快递行业工联会配备工会法律顾问，19名顾问律师通过电话、微信等方式联系顾问单位911次，到顾问单位走访并开展工会维权工作指导106次，按职责开展法律知识培训及宣传咨询70次，开展定点坐班87次，参与调处劳资纠纷16次。是年，越秀区总工会协调各方力量办理职工信访案件107件，办结率100%。

【职工服务阵地建设】 2023年，越秀区总工会推进职工之家和户外劳动者工会爱心驿站建设三年行动计划，指导基层工会开展固本强基建设职工之家活动，构建选址科学、多点布局、全面覆盖、服务基层的工会服务阵地网络。重点在北京路商圈、海印商圈、五羊新城商圈、阳光城商圈、创意大道黄花岗科技园、区党群服务中心等职工集中、交通便利的场所打造示范性工会服务阵地。依托红色工运资源优势，打造广东省首个移动职工之家——“劳动号”越秀工会红色主题公交（东园职工之家），辐射带动全区阵地建设水平提升，累计建成职工之家41个、环卫驿站和工会驿站68个、女职工爱心哺乳休息室26个，全年服务职工3.6万人次，“工会15分钟服务圈”建设初显成效。

【“提素圆梦”职工素质建设工程】 2023年，越秀区总工会推进产业工人队伍建设改革，推动完善产业工人技能形成和提升体系，实施“提素圆梦”职工素质建设工程，以职工大学堂、网络培训等形式开办素质教育提升课程40场次。是年，越秀区总工会鼓励基层工会在岗一线职工参加符合单位岗位需求的学历教育，为173名职工申请学历教育补助24.15万元。

【职工慰问帮扶】 2023年，越秀区总工会为职工发放各类济难解困资金和慰问品，总价值529.7万元。其中，为359名职工发放互助保障计划补助金405.99万元，为2216名职工发放住院关爱慰问金113.16万元，为4户困难职工家庭发放广州市职工济难基金会救济金1.2万元，为5名困难职工发放越秀区职二解困济难基金救济金3.3万元，为5名环卫工人发放环卫专项救济金2.5万元，为患病职工、因公牺牲职工家属发放慰问金及慰问品价值3.55万元，为各基层工会分配广东省二次住院医保补贴名额8500个。是年，越秀区总工会结合春节、中秋节、医师节、护士节、教师节、环卫工人节等节日开展慰问活动，发放慰问金和慰问品价值36.05万元；开展新就业形态劳动者服务月活动5场，投入17.8万元慰问新就业形态劳动者6300人；投入63 29万元对83个单位开展防暑降温慰问及培训，发放清凉饮料及药品6474件，惠及职工近万人；实施“全职康”越秀区职工健康促进计划、“一平方米书屋”儿童成长关爱计划等民生实事项目。

【劳模、先进工作者服务管理】 2023年，越秀区总工会加大对劳模和工匠人才的选树培养力度，广州三环专利商标代理有限公司知识产权服务团队获全国工人先锋号称号，越秀区环卫设施养护所东濠涌越秀南班班长李广荣获全国五一劳动奖章，越秀区中医医院院长舒小芳、广州顺丰速运有限公司服务点收派员周焯辉获广东省五一劳动奖章，获表彰数量位居广州市各区前列。深化“您为大家，我帮您家”外派干部人才及家属关爱行动，落实关爱措施和激励政策，越秀区审计局陈伟明获评“广州市最美贴心人”，外派干部区毅华、黎旭泰家庭获评“乡村振兴最美家庭”。为劳模和工匠人才发挥作用搭建平台、提供舞台，累计创建劳模、工匠人才创新工作室35家（市级工作室9家）。开展市、区星级工会组织和工会会员评选活动，激励全区工会组织和工会干部学先进、创先进。

【工会女职工工作】 2023年，越秀区总工会实现工会女职工组织全覆盖目标，有工会女职工组织1862个、女职工7.58万人。组织“奋进新征程 巾帼绽芳华——南粤巾帼劳模进企业进校园”宣讲活动，邀请女性劳模开展宣讲，覆盖在校师生、企业职工、新业态人员等群体3300人次。开展女职工维权线上有奖知识问答活动，参与职工4539人。打造“玫瑰书香”女职工阅读品牌，发动女职工阅读经典著作。在越秀区公安分局、洪桥街道、华润万家生活超市（广州）有限公司开设爱心托管班，为青年职工特别是双职工家庭提供子女托管服务，3家托管班均申报成为市级爱心托管班。开展“心系一线显关爱，携手筑梦护成长”关爱外派干部亲子活动、“‘益’起学 行走的课堂更精彩”亲子科普活动、“情暖童心，一路‘童’行”庆祝“六一”儿童节关爱一线职工子女活动，增进女职工亲子情感交流。关爱女职工身体健康，组织300名女职工参加免费“两癌”（乳腺癌、宫颈癌）筛查。是年，越秀区总工会获评广州市最美女职工组织，1人获评广州市最美女职工首席关爱官。

【“区总工会加强年”专项工作推进】 2023年，越秀区总工会聚焦“政治引领强、组织功能强、服务阵地强、制度机制强、作用发挥强”的“五强”工作目标，推动工会系统人力、财力、物力“三力”下沉，做好对口联系、调查研究、解决问题、巩固深化4项任务。党员领导干部以上率下，开展“大学习、深调研、真落实”和“机关干部蹲点联系基层”等活动，联系走访非公企业、街道总工会等56人次，到社区了解困难群众需求，帮助长者和困难儿童实现微心愿。围绕推进“三新”领域职工服务、建立互联网用工平台适配的劳动法律保障体系、推进全域性户外劳动者工会爱心驿站建设和越秀区行业性工会联合会规范化建设等方面主题，到基层开展专题调研26批次。

【“越秀工匠杯”系列劳动和技能竞赛】 2023年，越秀区总工会深化“越秀工匠杯”职工劳动技能竞赛和技术创新活动品牌创建，开展各类劳动技能竞赛和职工技术创新活动50多场，参与职工近5万人次，推动形成共同为职工提升自身劳动技能搭建平台的氛围。承办由广州市总工会主办的“羊城工匠杯”2023年餐饮行业技能竞赛，吸引广州花园酒店、东方宾馆、中国大酒店、珠江宾馆等星级酒店的50多名星级大厨和行业精英参与角逐；联合共青团越秀区委员会等单位举办“越青杯”2023年越秀区青年创客新星创业技能大赛，助力青年职工提升创新创业技能；联合越秀区防汛防旱防风指挥部举办2023年越秀区防台风应急演练暨三防技能大比武，促进职工提升三防应急能力和水平；联合越秀区公安分局举办“越警工匠杯”越秀公安岗位技能竞赛，助力公安干警提升工作技战法；联合越秀区委政法委开展最小应急单元技能竞赛、联合区消防安全委员会开展微型消防站技能竞赛等。

【工会助力实施“百千万工程”】 2023年，越秀区总工会落实广东省、广州市总工会《关于开展职工乡村疗休养活动助力实施“百县千镇万村高质量发展工程”的通知》精神，组织129名技术工人和先进职工开展乡村疗休养活动。与贵州省黄果树旅游区总工会和福建省龙岩市连城县总工会等对口帮扶、合作地区开展考察交流，结合礼品和玩具行业协会、工联会资源，探索加强制造旅游文创商品等产业链合作路径；与广州市总工会联合举办“十城联动　千品惠购——消费帮扶工惠行”广州市对口帮扶协作地区特色产品展销会，组织辖区内企业对接对口帮扶地区的供应链企业，促进对口帮扶地区特色产品“出山入湾”；支持辖区内企业广州善农通农业科技有限公司（广州—龙岩对口合作专馆）开展对口合作消费帮扶，结合中秋、国庆节联合组织“浓情中秋　情暖职工”中秋慰问一线职工活动，发放慰问品190人次，价值3.6万元；向全区基层工会转发消费帮扶倡议书，发动区属各基层工会购买消费帮扶产品，消费金额642万元。　（袁紫薇）

中国共产主义青年团广州市越秀区委员会

【概况】 2023年，中国共产主义青年团广州市越秀区委员会（以下简称“共青团越秀区委员会”）下属有基层团委49个、团支部1486个、团工委23个。至年底，越秀区有在册少先队员7.9万人、在册团员2.2万人（含保留团籍的中共党员），有专（兼）职团干2350人；“i志愿”系统注册志愿者16万人，注册志愿服务队伍1385支，协管志愿服务驿站18个。是年，共青团越秀区委员会履行引领凝聚青少年、组织动员青少年、联系服务青少年职责，推进共青团改革，夯实基层工作基础，加强青少年思想政治引领，服务青少年成长发展，团结引导团员青年建功立业。全年越秀区共青团系统获评广东省五四红旗团支部1个、广州市五四红旗团（工）委2个、广州市五四红旗团（总）支部4个、广州市优秀共青团员19人、越秀区五四红旗团组织18个，获评全国优秀共青团干部2人、广东省优秀共青团干部1人、广东省优秀共青团员4人、广州市优秀共青团干部7人、广州市优秀共青团员19人、越秀区优秀团干部34人、越秀区优秀共青团员95人。

【青少年思想引领】 2023年，共青团越秀区委员会立足“政治学校”功能定位，深化青少年思想政治引领。强化青少年思想理论武装，开展学习贯彻习近平新时代中国特色社会主义思想主题教育，加强团员和青年思想教育，分层分类组织开展“思想旗帜”“坚强核心”“强国复兴”“挺膺担当”专题学习4次，覆盖全区基层团支部。举办越秀区共青团学习宣传贯彻党的二十大精神专题宣讲会、高质量发展能力提升专题培训、青年骨干培训班等培训13场，约1000人参训。联合相关单位举办“学思想　见行动　东园先锋行”主题活动、“学习二十大、永远跟党走、奋进新征程”2023年新团员入团仪式、“走在前列建新功”青年大学习主题团日活动等，引导青年团员听党话、跟党走。联合越秀区纪委监委机关采用“真人讲述+AR直播”方式，开展“青

2023年4月4日，由广州市总工会主办、越秀区总工会承办的“羊城工匠杯”2023年餐饮行业技能竞赛在东方宾馆举行　（区总工会供图）

廉说”微宣讲活动，播放量超万次。加强青少年精神素养培育，利用东园文化广场等辖区内红色文化资源，打造“团一大青年说”“粤语讲古”“粤语童谣”等品牌活动，深化青少年红色立体研学，全年发动11万名青少年参与红色研学季活动，“红诗越秀研学Vlog”活动浏览量近70万人次。挂牌青少年实践教育基地57个，建立活动库，提升实践育人成效。承办广东省“绿美广东少年行”、广州市“英雄花开英雄城”等活动，开展“林长小队”社区绿美争章、红棉舞台、红棉微剧场、红棉研习等系列活动20多场，在北京路、广州市工人文化宫等地举办青少年红色研学成果展，超6万名少先队员参与。完善党、团、队一体化育人链条，规范和加强少先队推优入团、共青团推优入党工作机制，印发《越秀共青团推优入党工作指引》，提高团、队组织接续培养质量，为党输送新鲜血液。规范发展新团员1434人，团员青年比控制在40%以内。深化新时代青年马克思主义者培养工程（以下简称“青马工程”），选拔参训“青马工程”培训班学员约100人，培养素质过硬的青年政治骨干。选树“向上向善好青年”“最美南粤少年”等青少年榜样，用先进事迹激励青少年成长成才。是年，越秀共青团、少先队获得国家、省、市荣誉186项，“红色立体研学”“真人图书馆”“粤语讲古”等多项工作获“全国少工委”“中国辅导员”等微信公众号推广。

【青少年成长发展服务】 2023年，共青团越秀区委员会推进青年发展型街区建设，健全中长期青年发展规划实施工作联席会议机制，制定《越秀区中长期青年发展规划实施近期工作要点》，实施青年创新等六大行动，创建青年发展型示范城区。探索青年发展型城市的实践案例，策划推出“东山口×MINI经典重现”项目，“小红书”平台曝光量和阅读量突破3亿人次。举办广州北京路国际青年文化周活动，共创北京路青年文创街区，展现青年创意与活力。创新打造“青春号”主题公交，入选“共青团中央”微信公众号中长期青年发展规划成效主题推文。关爱青少年成长发展，落实越秀区民生实事“展翅计划”大学生实习项目，通过向党政机关、企事业单位、民营企业、社会组织等征集岗位，开展进高校进社区宣讲、青年人才职业规划沙龙等活动，累计为大学生对接实习岗位约2000个。激活全区37个“青年之家”服务场所，开办“青年夜校”，推出非遗手工、短视频制作、电影鉴赏、羽毛球等23类超100节课程，参学青年近5000人次。开展青少年权益维护工作，加强预防青少年违法犯罪工作，推进“青年地带”标准化建设，与公、检、法、司等单位建立信息共享、个案转介及个案会商机制，安排社工嵌入司法工作全流程，跟进个案约50个，开展个案辅导212节。培育合适成年人队伍成员30人，开展跟进合适成年人服务对象24人，累计跟进28次。创新开展“粤学今秀”社会研究调查服务、青春同行——来穗青少年共融服务计划等项目，组织青少年参与助力社区基层治理25场，服务青少年3589人次。打造未成年人普法宣传教育包，发动“青年地带”项目社工、各街道团工委以及各级团组织，深入基层社区、学校开展普法宣传活动24场，服务居民和青少年1.7万人次。

【青年志愿者行动】 2023年，共青团越秀区委员会组织青年志愿者、应急志愿者超5800人次参加广州火车站春运、西湖花市、广州马拉松赛、全国文明城市创建等大型活动志愿服务，提供问询指引、应急救援、爱心陪护等各类暖心便民服务，累计服务时长3.1万小时，服务旅客、市民群众超100万人。完善《2023年越秀区春运志愿服务工作指导手册》《花市志愿者常见问答20条》《文明城市创建志愿服务指导手册》等，推动志愿服务标准化、规范化建设，《南方日报》《羊城晚报》等主流媒体及各类新媒体平台报道越秀区春运、花市志愿服务超60篇次。共青团中央志愿者行动指导中心、共青团广东省委员会、共青团广州市委员会等领导到越秀区慰问志愿者，越秀区志愿服务标准化、规范化建设获肯定。是年，共青团越秀区委员会、越秀区青年志愿者协会深化提升越秀区青年文明号志愿服务集市活动的经验做法获全市推广。联动各街道和区域化共建单位青年文明号等集体，围绕群众服务需求，走进人流密集的地标场所、商业步行街区、文化广场、公园等，开展义诊、招聘、非遗、绿美生态建设、消防等不同主题的志愿集市服务活动，提升服务成效。全年开展青年文明号志愿集市51场，发动200多个青年文明号、高校“百千万工程”突击队等集体提供公益便民服务项目600多项，服务群众超5万人次，在超大城市党建引领基层治理格局中彰显青年生力军作用，相关活动内容被《光明日报》《羊城晚报》和“南方+”、“广东志愿者”、广州电视台等24家媒体平台报道。

【青年文化活动】 2023年，共青团越秀区委员会开展群众性青年文化活动，丰富青年文化生活。5月，联合相关单位举办广州北京路国际青年文化周活动，联动高校、协会、社团等多领域青年开展青年文艺演出、创意集市、主题沙龙、直聘现场等活动30多场，以青年人喜闻乐见的方式传承弘扬优秀文化，促进青年文化交流，激发青年创新活力，凝聚青年智慧，创建青年发展型街区。中秋、国庆节期间，举办粤港澳大湾区青年快闪活动，组织粤港澳大湾区青年代表在北京路共同唱响歌曲《我爱你，中国》，获《人民日报》、“学习强国”学习平台等专题报道。组织优秀青年团队参与“橱窗剧场”公益展演、“兰缘盛荟”文化旅游艺术周等文化活动。联合广州北京路文化核心区管委会、全国

2023年5月4—8日，共青团越秀区委员会联合相关单位在北京路步行街举办广州北京路国际青年文化周活动（共青团越秀区委员会供图）

大学生金穗奖组委会开展“花城花街花仙子”北京路短视频大赛，发动高校大学生等群体参与，擦亮北京路“全球活力、千年城脉、广府商街”品牌，助力青年发展型城市建设和区域高质量发展。

【共青团改革深化】 2023年，共青团越秀区委员会推进全面从严治团，推动共青团改革向纵深发展。强化党政支持，联合越秀区委组织部、区委编办、区教育局等相关单位出台一系列文件，落实将党建带团（队）建纳入区属单位党建工作部署和年度考核、巡察监督的重要内容，加强街道团工委、学校共青团、青年社会组织、青年之家建设，夯实基层工作基础。按时完成五年一次的共青团越秀区委员会换届工作，通过挂职、兼职相结合方式，配齐共青团越秀区委员会班子，18个街道均由年轻党政班子成员兼任街道团工委书记，补强团基层组织，充实工作力量。发挥青年大学生年轻有活力的特点，与中山大学等高校共建，选拔优秀大学生到街道、学校、机关等团组织任兼职团干部，鼓励社会有为青年参与基层共青团工作，吸纳辖区内国企、青年社会组织等优秀青年骨干兼任委员，全区团的工作力量较改革前扩充3倍。健全组织网络，构建“党建牵动、行业带动、产业拉动、园区带动”的区域化团建格局，实现全区有建团条件的党政机关、事业单位、区属国企和规模以上建有党的两新组织（新经济组织、新社会组织）企业100%建团，全年新建两新团组织90个。按照“团组织+青年社会组织+少先队组织”的基层组织体系建设目标，激发区域化团建活力，与中山大学团委、广州医科大学团委结对共建，推动高校学院团委与18个街道团工委结对共建，开展“百千万工程”、绿美越秀生态建设、困难青少年帮扶等志愿服务及社会实践，充实社区青春力量。

【共青团广州市越秀区第十四次代表大会】 于2023年1月10日在越秀区机关大楼召开。大会应到代表180人，实到代表164人。大会听取并审议通过共青团越秀区第十三届委员会工作报告，选举产生共青团越秀区委员会新一届领导班子。选举产生共青团越秀区第十四届委员会委员39人、候补委员10人，其中常委13人，书记、副书记、挂（兼）职副书记6人。

【越秀区“青年夜校”开办】 2023年，共青团越秀区委员会联动越秀区委组织部、区委宣传部、各街道及有关青年组织，依托党群服务中心、新时代文明实践站（所）、青年之家等场所，在北京街道、东山街道等多个街道开办“青年夜校”，以强化青年思想引领为出发点，帮助青年利用碎片时间发展兴趣爱好，丰富业余生活，并以此作为创新联系服务城市青年的工作新路径，助力青年发展型城市建设。“青年夜校”聚焦青年在理论提升、文化生活、素质教育、技能学习、身心健康等方面的需求，在2023年9—12月推出创新创业、非遗手工、音乐艺术、视频剪辑、应急救援、手冲咖啡、运动健康等23类100多节课程，参学青年近5000人次。相关活动内容被央视新闻、中国青年网、“南方+”、广东广播电视台《大湾区卫视》频道等19家媒体平台报道。

【越秀区青年助力“百千万工程”行动】 2023年，共青团越秀区委员会成立助力“百县千镇万村高质量发展工程”工作领导小组，制定《越秀青年助力“百县千镇万村高质量发展工程”行动方案》《越秀区青年双创人才评审具体措施》，统筹推进青年助力“百千万工程”工作。根据街道、社区需求，对接高校大学生“百千万工程”突击队，参与绿美越秀生态建设、文明创建、环境整治、尊老爱幼等社区青春行动。对接广东工业大学，在东山街道寺右社区开展“爱的建筑师”寺右社区微更新实践项目，在农林街道开展“多彩农林·四季邮约”社区彩绘点睛活动。对接广州医科大学团委、中山大学团委，推动高校学院团委与辖区内18个街道团工委结对共建，引导青年团员下沉社区，助力区域高质量发展。按期完成“返家乡”工作任务，推动“持续开展‘展翅计划’，为青年提供实（见）习岗位”纳入区十大民生实事项目，全年为青年提供近2000个实（见）习岗位。联合越秀区人力资源社会保障局等单位，开展大学生实习就业培训、“粤菜师傅”培训、“南粤家政”培训等，覆盖青年378人。

【2023年越秀区成人宣誓仪式】 2023年11月18日，共青团越秀区委员会与区教育局、区新时代文明实践中心联合主办的“学习二十大 永远跟党走 奋进新征程”2023年越秀区成人宣誓仪式在广州市培正中学举行。仪式邀请一批来自越秀区社会各界的优秀青年代表担任“18岁青年成长引路人”，与现场600名18岁青年一起面向国旗宣誓。至年底，全区有4840名18岁青年在老师、家长的见证下完成成人礼。

【第七届“越青杯”越秀区青年创新创业技能大赛】 2023年，共青团越秀区委员会联合区总工会等单位举办第七届“越青杯”越秀区青年创新创业技能大赛。联动创新创业孵化基地及产业园区、投融资机构、高校、港澳孵化平台等机构单位，征集青年创新创业项目367个，其中项目初创组98个、企业成长组196个、港澳专项组73个。此次大赛聚焦越秀区优势产业链集聚发展主题，以现代商贸、创新金融、生命健康三大主导产业为引领，以高端专业服务、数字产业、文化创意为核心产业赛道，探索以赛促教、以赛促创的青年人才培育新路径，连续举办4场“越青杯”2023年越秀区青年创新创业技能大赛项目路演及“思·享”越秀青年创新创业交流活动，凸显大赛的资源链接、融资对接、人才交流等平台功能。活动还邀请相关部门开展创新创业、税务、企业用工等政策宣讲，邀请往届青年创客新星人才担任返场导师进行经验分享，助力青年创新创业发展。 （张诗怡）

广州市越秀区妇女联合会

【概况】 2023年，广州市越秀区妇女联合会（以下简称“越秀区妇联”）有下属街道妇联18个、社区妇联222个、区直属机关事业单位妇委会22个、“三新”（新经济组织、新社会组织、新就业群体）领域妇女组织28个。是年，越秀区妇联立足引领、服务、联系职能，推进广东省儿童友好示范区建没，打造二沙岛儿童友好国际社区，完成接待全国妇联两任副主席、书记处书记到北京街道“全国文明实践巾帼志愿阳光站”“全国巾帼志愿服务十大优秀社区”盐运西社区和二沙岛调研儿童友好国际社区工作。是年，越秀区被广东省妇儿工委办、广东省发展改革委确定为“广东省儿童友好示范区”。

【妇女儿童思想政治引领】 2023年，越秀区妇联开展学习贯彻习近平新时代中国特色社会主义思想主题教育，举办“聚焦高质量发展 巾帼奋进谋新篇”——越秀区纪念“三八”国际妇女节113周年活动。发挥广东省巾帼志愿示范宣讲队作用，开展学习《习近平对妇女儿童和妇联工作论述摘编》《习近平走进百姓家》巾帼大宣讲，举办“巾帼心向党 奋进新征程”红色故事宣讲会，组织少年儿童走进毛泽东同志主办农民运动讲习所旧址纪念馆、广东省科学院智能制造研究所开展“英雄花开英雄城”“少年儿童心向党 关爱守护伴成长”红色亲子研学系列活动。打造“巾帼号”特色妇儿服务空间，传播新时期家庭教育观，培育好家风。是年，经越秀区妇联系统推荐，1个单位获评“广东省巾帼文明岗”，1人获评“广东省三八红旗手”。

【妇联基层组织建设】 2023年，越秀区妇联搭建各界姐妹共同发展的桥梁，加强对“三新”（新经济组织、新社会组织、新就业群体）领域妇女的政治引领，在广东省狮子会、越秀区穗青社会工作服务中心成立妇联，指导广东省湖南商会妇联完成换届选举。开展越秀区妇联执委年度星级评定，发动3800多名越秀区妇联执委开展“我是妇联执委·我为妇女群众办实事”实践活动。组织“越秀妇联执委在身边”办实事暖心服务月、“群众需求 号手响应”等宣传服务集市。举办越秀区基层妇干高质量发展能力提升培训班，促进基层妇联组织建设工作水平提高。

2023年8月31日，越秀区妇联在越秀区税务云税厅举办“科创她力量 税惠促发展”粤港澳大湾区女性科技创新联盟（越秀）人才交流菁英荟活动
（区妇联供图）

【女性人才参与高质量发展】 2023年，越秀区妇联依托粤港澳大湾区妇女儿童发展活动中心（越秀），举办新时代女性交流活动。推选一批优秀女企业家参评“新经济 她引领”首届广州市女性创新创业先锋活动，推荐3名优秀女企业家获评“广州市女性创新创业先锋40强”，推荐52名女企业家和女科技工作者参加广州市巾帼科技人才库，组织优秀女企业家参加2023小蛮腰科技大会“科创她力量 让生活更美好”平行论坛、2023中国创新创业成果交易会之“智赋湾区 科创她力量”广州市巾帼科技先锋专场活动。联合国家税务总局广州市越秀区税务局举办“科创她力量 税惠促发展”粤港澳大湾区女性科技创新联盟（越秀）人才交流菁英荟活动，开展潮绣、花艺、阅读、法律讲座、企业文化交流等活动，彰显新时代女性“她力量”。

【家庭教育指导服务】 2023年，越秀区妇联推动“赋能她成长 释放家能量”家庭教育精准服务项目，组建越秀区家庭教育专家团队，成立越秀区级家庭教育指导服务中心。贯彻落实《中华人民共和国家庭教育促进法》，实施《广州市指导推进家庭教育的五年规划》，开展家庭教育工作骨干培训，为150多名家庭教育工作骨干集中赋能。举办“情定越秀结良缘 家风传承铸忠诚”——2023年越秀区军地共建集体婚礼。开展“品清廉故事 传廉洁家风”——2023年越秀区廉洁文化进家庭主题活动。开展“爱有方·幸福+亲子共学同成长”家庭教育赋能活动，组织“大手牵小手 欢乐伴童行”家校社融合共育亲子观影活动，举办亲子关系调整家庭教育主题讲座6场次。在粤港澳大湾区妇女儿童发展活动中心（越秀）举办“乐聚湾区 喜庆元宵”——湾区儿童文化自信之传承中华传统文化亲子活动。

【妇女儿童关爱帮扶工作】 2023年，越秀区妇联建立精神、智力残障女童一对一关爱帮扶工作机制，采取入户探访、节日慰问等方式关爱女童。筹集慰问金和慰问品价值2.16万元，为108名困境妇女儿童实现微心愿。开展广州妈妈爱心计划健康服务进家庭活动，为259名患重疾妇女申请医疗保险补助320.2万元。开展“幸福护航”困境家庭妇女儿童支援服务、“‘郁’见阳光守护心灵”预防儿童心理亚健康暨通络舒缓实践活动，促进家庭和谐稳定。

【妇女儿童权益保障】 2023年，越秀区妇联完成“全国市域社会治理试点验收”省级检查组实地查验工作任务。在“越秀人家”数字化政务服务平台设立“妇女儿童权益保护专区”，推动维权关爱服务智能化、体系化。发挥越秀区妇女儿童权益保护调解人才孵化培训基地作用，推进“金牌调解员”培养项目，全年开展婚姻家庭纠纷调解培训6场次，570人参加。依托舒心驿站心理咨询室，提供心理疏导服务。全年受理妇女来访、来电182件，办结率100%。

【妇女创业就业】 2023年，越秀区妇联联合广州市妇儿发展中心举办2023百日千万招聘专项行动——“粤菜师傅”“广东技工”“南粤家政”三项工程专场招聘会暨“我为妇女群众办实事”活动，发动39家企业提供优质岗位1000多个，吸引求职者6000多人，达成就业意向490人次。链接广州市妇联以及社会组织等资源，组织开展咖啡制作、电商直播、妆发造型、育婴员等女性职业技能培训8场次。

【广东省儿童友好示范区建设】 2023年，越秀区妇联构建儿童友好“一盘棋”理念，牵头成立越秀区儿童友好城市建设工作领导小组，推动各有关单位落实儿童友好通学路径、儿童友好示范社区、儿童友好医院、儿童友好学校、儿童友好实践基地等建设任务。广东省妇联主席、广州市妇联主席4次率队到越秀区，并在越秀区召开广州市儿童友好城市建设工作现场推进会，北京、内蒙古等地有15批次、400多人到越秀区参观学习。发动广东美术馆、星海音乐厅等20个机关团体单位、社会组织成立“越秀区儿童友好城市小童盟”，创新打造儿童友好城市大湾区小小议事员工作室，培养小小议事员307人，在东风东路小学成立广州市首个“儿童友好城市小小议事员观察团”，全区有11所学校成立“儿童友好城市小小议事员观察团”，开展“我心目中的儿童友好城市”小小议事员活动12场。是年，越秀区被确定为首批广东省儿童友好示范区，白云街道、越秀区启智学校分别被确定为广东省儿童友好示范街道和广东省儿童友好示范基地，越秀区少年宫、区少年儿童图书馆、白云街道筑南社区被确定为广州市儿童友好城市建设试点。

【二沙岛儿童友好国际社区打造】 2023年，越秀区妇联牵头推进二沙岛儿童友好国际社区建设，规划设计儿童友好空间打造项目19个。至年底，建成儿童友好家风家教宣传小径、二沙岛儿童友好国际社区导视图、小小议事员工作室、亲子洗手盆、儿童友好奇趣探索园、彩绘涂鸦休闲区、护童岗、小豆丁停车场、儿童友好母婴室、儿童友好碧道、儿童友好篮球场、儿童友好足球场、儿童友好乒乓球场等。白云街建成筑南儿童友好社区、街道儿童发展中心和广九社区儿童公园。 （伍婷婷）

广州市越秀区科学技术协会

【概况】 2023年，广州市越秀区科学技术协会（以下简称“越秀区科协”）下属有基层科技团体28个，其中街道地区科协18个、专业学（协）会8个、企业科协2个，有社区科普工作小组222个。越秀区科协履行科协工作职责，巩固全国科普示范区成果，实施全民科学素质提升行动，服务科技人才，助力科技经济融合。是年，越秀区全国科普日活动被评为2023年全国科普日优秀活动和广东省全国科普日优秀活动，越秀区科协获评2023年广东省全国科普日活动优秀组织单位。

【科协政治职责履行】 2023年，越秀区科协通过区科协常委会、全委会、支部生活、专题学习、主题党日等形式，强化政治引领。结合主题党日、全国科技工作者日，组织科技工作者参加“粤港澳大湾区人才港大讲堂”、“科创中国”大湾区青年百人论坛、广州市科普工作者能力提升培训班等。组织科技工作者参观“向海图强 筑梦深蓝”航海科普展、“众心向党 自立自强——党领导下的科学家”主题展览及“奋进新时代 迈向新征程”院士专家书画摄影作品展，到广州实验室、生物岛党群服务中心、越秀公园碳中和主题园、龙潭地铁站保密普法示范基地开展专题学习。走访广州科奥信息技术有限公司、广州图灵科技教育、云舟生物科技（广州）有限公司等科技企业，倾听科技工作者诉求，团结凝聚科技人才。

【科协基层组织建设】 2023年，越秀区科协强化基层组织建设，18个街道科协均设在公共服务办，222个社区均成立科普小组。根据辖区特色，组建科普志愿服务队，履行科协组织参与基层社会治理的职能。组织辖区专业学（协）会参加粤港澳大湾区人才港大讲堂、“科创中国”大湾区青年百人会论坛活动、广州市科普工作者能力提升等培训，增强科协组织凝聚力。到辖区科普教育基地开展调研，了解区内7个国家级科普教育基地、35个省级科普教育基地的基本情况。探索创新基层组织形式，尝试“政府引导、社会支持、人才支撑、群众广泛参与”的工作机制，引导广东省钟南山医学基金会、广东省健康促进会、广东省科普健康联盟等科技团体在社区开展科普活动，激发科技人员参加社区科普工作热情。

【全民科学素质行动推进】 2023年，越秀区科协巩固全国科普示范区成果，落实《越秀区全民科学素质行动规划纲要实施方案（2022—2025年）》（以下简称“《纲要》”），围绕重点人群，开展科学普及工作，全力提升全民科学素质提升。在越秀区政府门户网站、区科协微信公众号发布宣传资料，营造宣传氛围。形成全民科学素质工作清单，完善街道科协组织考核指标细则，推动《纲要》落实纳入政府效能监督及部门年度考评。开展科普品牌活动：3月，联合越秀区青少年科技教育协会开展中小学生科技教育活动，邀请16名科学家走进区内中小学校，举办“院士专家进校园”科普讲座20场；4月，组织“传播科学精神，放飞科学梦想”第二届院士科学大课堂（广州越秀）进校园、科普大篷车“走基层，送科普”活动，组织举办“讲科学，秀科普”讲解大赛交流研讨会；5月，组织越秀区2023年全国科技活动周、全国科技工作者日和科普大讲坛活动，邀请广东省、广州市“讲科学、秀科普”大赛的2名优秀获奖者现场示范讲演；6月，举办“热爱科学，崇尚科学”2023年越秀区青少年科普科幻创作比赛，全区近70所学校的学生参加，收到参赛作品1100多件，评出优秀作品348件；9月，在洪桥街道三眼井社区科普文化广场举办“提升全民科学素质，助力科技自立自强”2023年越秀区全国科普日主会场活动，吸引500多名社区居民、青少年参与。推荐辖区科普教育基地参加广州“科普开放日”活动，越秀区辖区内的广东省科技图书馆等9个单位获评“2023年广州科普开放日优秀单位”。

【科技人才服务】 2023年，越秀区科协通过上门走访、微信或电话慰问等方式，加强与科技人才的沟通联系，了解人才及其家属工作生活需求。举办2023年越秀区青少年科普夏令营，组织越秀区科技工作者家庭代表、青少年代表等50多人前往广州市科普教育基地——欢乐舟主题乐园开展活动。完善科技科普人才培养举荐宣传服务链条，开展2023年越秀区“最美科技工作者”学习宣传活动，评选出优秀科技工作者20人，其中2人入选2023年广州市最美科技工作者。向广州市科协推荐先进单位和优秀个人，2个单位获评广州市科普工作优秀单位，3人获评广州市优秀科普工作者，1人获评广州市优秀科技志愿者。推荐2人参评并当选广州市“十大科学传播达人”，推荐广东省丁颖科技奖候选人1人。履行越秀区人才工作领导小组成员单位职责，推进越秀区“羊帆100”人才举荐计划，制定《人才举荐实施细则》，走访企业、医疗机构、教育基地等部门，推荐硕士人才7人、博士人才4人。

【科协助力科技经济融合】 2023年，越秀区科协推进“科创中国”创新枢纽城市建设广州市试点区工作，发挥区内中国科学院广州分院、广东省科学院等大院大所集聚优势，推进“科创中国”平台与辖区科研院所在检测需求、信息发布、科技人员创新创业需求等方面互动，畅通科研与市场的连接，提升对接效能。配合广州市科协，结合越秀区产业布局，发动辖区内的生物医药与健康、人工智能、超高清视频、轨道交通等行业企业参加中国创新创业成果交易会。联合共青团越秀区委员会等单位开展第七届“越青杯”越秀区创新创业技能大赛与“展翅越秀”青年创业就业能力提升行动，举办“思·享”越秀区青年创新创业交流会，搭建大学生走进越秀区、了解越秀区的实践平台，支持青年创新创业，激发科技人员创新动力，助力科技与经济融合。

【科普志愿服务行动】 2023年，越秀区科协健全区科技志愿者队伍，动员更多居民成为科技志愿服务的倡导者、传播者、践行者，开展科技志愿服务。以民生科普需求为出发点，开展“我为群众办实事”实践活动。结合全国防灾减灾日、全国低碳日、全国节能宣传周等宣传活动，发动街道科协、科技团体和科技志愿者、科普志愿者到社区、学校组织开展防灾减灾、低碳节能、健康生活等群众性普惠性科普活动。围绕应急安全、垃圾分类、文体康养、科技教育等社会焦点、民生热点，开展科技咨询、技术服务、专题讲座等科技志愿、科普惠民服务，将惠民实事办好，将科普实惠送到群众身边。组织科普志愿者配合广州青少年科技馆承担维持秩序、科普讲解等工作。全年开展科普志愿服务活动664场，志愿者6131人次参与，服务时长6.04万小时。 （陈婉峰）

广州市越秀区归国华侨联合会

【概况】 2023年，广州市越秀区归国华侨联合会（以下简称“越秀区侨联”）下属有基层侨联21个，其中街道侨联18个、局侨联2个、商圈侨联1个，有区级侨胞之家1个、街道一级侨胞之家6个、商圈侨胞之家1个、培正校友侨胞之家1个、区级侨青之家1个。业务指导侨社团2个，分别是越秀区侨界青年联合会、越秀区侨商会。是年，越秀区侨联着力凝聚侨心侨智侨力，履行服务经济发展、依法维护侨益、拓展侨界联谊、参政议政、弘扬中华文化、参与社会建设工作职能。越秀区侨联获“全国侨联系统先进组织”称号和“中国侨商投资（广东）大会优秀组织奖”，越秀区侨胞之家获评“全国侨联系统侨胞之家典型选树单位”，越秀区侨联兼职副主席1人获评“全国归侨侨眷先进个人”。

【侨联组织建设】 2023年，越秀区侨联扩大侨联组织的覆盖面，提升侨联组织的凝聚力、影响力和组织力。举行越秀区侨商会第八届理事会就职典礼。承办广州市侨联基层组织建设推进会，越秀区侨联和江湾商圈侨联在会上分享江湾商圈侨联和江湾商圈侨胞之家成立1年的经验做法。华乐街道、北京街道、黄花岗街道、东山街道、矿泉街道、六榕街道6个街道侨胞之家挂牌成立，在为侨服务、宣传教育、服务经济、联谊联欢等方面发挥作用。越秀区侨界政协委员之家成立。加强“地方侨联+地方名校+校友会”阵地建设，成立培正校友侨胞之家，发挥培正同学会作用，团结凝聚海外侨胞。搭建专业平台，依托辖区内有丰富涉侨法律事务处理经验的律师事务所，组建越秀区涉侨法律服务工作室，发挥专业律师团队作用，维护侨胞合法权益。

【侨胞权益维护】 2023年，越秀区侨联成立越秀区涉侨法律服务工作室，举办侨务干部侨法培训班。举办侨法进社区活动，邀请广东司法警官学院法学副教授讲授“涉侨案件的侨益保护实证分析”主题讲座，并在课后为侨商代表提供涉侨法律咨询服务。开展侨情数据摸查，摸查各街道侨联掌握的归侨、侨眷和留学归国人员信息，为做好为侨服务打好基础。开展慰问困难归侨、帮扶户工作，为10名困难归侨发放帮扶金3.15万元，为8名困难归侨发放节日慰问金1.28万元，并发动越秀区侨商会、热心侨企为困难归侨、帮扶户捐赠慰问品。是年，越秀区侨联处理涉侨信访5件，办结率100%；为1名华人的奶奶寻回失散70多年的亲人，为美国潮商总会名誉主席找到亲人信息线索，协助美国费城侨领解决侨房修缮事宜。

【侨界青年工作】 2023年，越秀区侨联举办侨界青年企业家座谈会，传递越秀区稳企安商信息，鼓励引导侨界青年企业家热爱越秀、植根越秀区、投资越秀区，提振发展信心。组织越秀区侨商会、侨界青年联合会组成访问团到广东省江门市、台山市开展调研活动，搭建三地侨联工作和经贸文化交流合作桥梁，发挥侨界优势，寻找发展契机。是年，越秀区侨联向区推荐海归高水平人才3人，组织5家侨企参加2023中

2023年12月6日，培正校友侨胞之家在广州市培正中学同学会揭牌成立
（区侨联供图）

国创新创业成果交易会，完成区招才引智、招商引资工作任务。

【侨界联谊联络活动】 2023年，越秀区侨联以“华侨历史文化挖掘保护及传承弘扬”为主题在华乐街道华侨新村开展调研，促进华侨新村社区归侨侨眷座谈会召开。举办“侨领进越秀”活动，致公党越秀区基层委员会主委和来自越南、英国、塞浦路斯、挪威、西班牙、美国等国家的15名侨社团负责人参加。接待马达加斯加塔马塔夫华侨总会副会长、东南亚侨领华文媒体《光华日报》社长总经理、云南省红河哈尼族彝族自治州侨联、广东省韶关市侨联到访。参加第四届世界广府人恳亲大会。配合广州市侨联开展2023“中国寻根之旅、风韵南粤”夏令营（广州营）海外学生夏令营活动，增强新生代新侨群对广府文化的了解和认同。选派侨务干部加入第九届（广州）华人文化艺术节管家团队，服务来自世界五大洲50多个国家和地区的200多名海外侨胞。推荐广州市华侨外国语学校参加“亲情中华·风韵南粤”第九届（广州）华人文化艺术节“向着光”文艺展演，展现侨校风采。

（陈卫）

广州市越秀区文学艺术界联合会

【概况】 2023年，广州市越秀区文学艺术界联合会（以下简称“越秀区文联”）有作家协会、音乐家协会、美术家协会、书法家协会、珠江摄影学会、曲艺家协会、民间文艺家协会7个文艺家协会，有海日书画研究会、梅花港诗书画社、集邮协会、侨艺书画会、岭南诗书画会5个文艺组织，均在越秀区民政局注册登记。有白云街道、农林街道、登峰街道、光塔街道、人民街道、东山街道6个街道文联。越秀区文联团结、联系、服务辖区内文艺名人200多人及全区各文艺家协会会员近1500人。

【“文艺家之家”建设】 2023年，越秀区文联推进“文艺家之家”建设，开展文艺名家、文艺协会与地区文联的服务、联系工作。组织文艺界学习贯彻习近平新时代中国特色社会主义思想及在文化传承发展座谈会上的重要讲话精神。坚持走访慰问文化名人，全年走访慰问咨询委员会委员与艺术家约30人次，邀请艺术家近100人次到越秀区文联座谈交流，送上党和政府的关怀与温暖，让艺术家熟悉越秀区文化发展现状，对越秀区文化工作建言献策。发挥桥梁纽带作用，邀请文艺名家参加对外交流、文艺展览展演活动，搭建交流平台，让越秀区各艺术门类老中青艺术家同台交流、切磋技艺、增进感情，为中青年艺术家、艺术工作者创造学习交流机会。

【文艺活动与交流】 2023年，越秀区文联围绕深入学习贯彻党的二十大精神和“诗词之区”建设，组织开展各类文艺活动和交流。承办广州市文联“‘艺’心跟党走，古粤添新彩”文艺惠民走进大东街道展演活动。组织地区文艺家60人到越秀区东西部协作对口地区——贵州省安顺市平坝区开展文艺赋能乡村振兴文化艺术交流和采风写生；组织地区文艺家30人到广东省清远市清城区参加“北江韵·广府情”诗书画联展与交流活动。组织文艺家在“兰缘盛荟”文化旅游艺术周期间举办“兰”主题诗书画展览、挥毫雅集和诗词吟诵会。组织成立兰园诗社并举办“越秀杯”诗词大赛，以传承“南园诗社”聚集才高德明文化大家为宗旨，挖掘岭南诗派的诗话趣事，厚植越秀“诗词之区”土壤，打造“诗享越秀”品牌。

【文艺家协会工作】 2023年，越秀区文联指导越秀区作家协会、书法家协会、珠江摄影学会、海日书画研究会、梅花港诗书画社完成换届选举工作。指导文艺家协会和文艺组织围绕“英雄花开英雄城”“诗享越秀”品牌开展文艺创作、展览、展演活动，包括：越秀区作家协会编印会员作品集《粤秀飞歌》；越秀区美术家协会、书法家协会、珠江摄影学会和海日书画研究会联合在越秀公园城市展厅举办“红棉礼赞”——英雄花开英雄城主题书画摄影展；越秀区美术家协会举办“越秀春浓”——会员作品展，油画专题展；越

2023年4月16日，兰园诗社揭牌仪式在广州兰圃举行（钟涌 摄）

秀区书法家协会与广东省清远市诗书画院联合举办“北江韵 广府情”书画联展，开展“诗词进社区、翰墨颂清廉”活动；越秀区曲艺家协会在南方剧院举办“讴歌新时代、迈向新征程”曲艺展演；越秀区民间文艺家协会在万木草堂举办会员交流展，组织会员走进光塔街道、人民街道、珠光街道和学校等开展非遗传承体验教学活动；越秀区珠江摄影学会协办区总工会摄影大赛，举办摄影大篷车活动，并在建设街道榕树头文化中心和广日阡陌间举办摄影展；越秀区集邮协会联合白云街道举办主题邮展，并走进社区和海印火车车厢巡展；越秀区梅花港诗书画社举办“丹青翰墨颂党恩——庆祝中国共产党成立102周年书画展”，组织到广州市黄埔区采风活动。全年越秀区文艺家协会和文艺组织举办文艺展演、展览活动28场次，创作诗词、书画、曲艺、民间工艺、摄影等文艺作品800多件，展出主题邮品17部近700件。

【广州市越秀文化发展咨询委员会工作】 2023年，越秀区文联围绕区中心工作，做好广州市越秀文化发展咨询委员会办公室工作。通过走访、邀请参与区内活动等方式，发挥委员会专家才智，为越秀区发展规划把脉，为地区文化发展出谋献策。是年，越秀区文联围绕“如何利用文化综合功能”“促进越秀区高质量发展”等专题，举办文化咨询委员座谈会3场，邀请咨询委员为越秀区发展建言献策。 （陈伟娟）

中国国际贸易促进委员会广州市越秀区委员会

【概况】 2023年，中国国际贸易促进委员会广州市越秀区委员会（以下简称“越秀区贸促会”）有越秀区委统战部、区政府办公室、区科工信局（黄花岗科技园管委会）、区民政局、区人力资源社会保障局、区商务局、区市场监管局、区工商联等委员单位16个，下属有中国国际商会广州越秀区商会1个。越秀区贸促会团结、联系、服务辖区内各行业商协会和企业等会员单位95个。是年，越秀区贸促会树立服务企业意识，着力提升服务企业质量，改进服务企业作风，打造商贸交流平台，挖掘区域经济发展资源，促进商会服务高质量发展，推动服务企业工作走前列，服务和融入新发展格局。

【招商引资宣传服务】 2023年，越秀区贸促会围绕越秀区的核心产业，加强招商引资宣传服务，吸引一批有实力、有发展前景的企业入驻越秀区。按计划进度完成年度招商线索挖掘任务，新洽谈广州新得利企业管理咨询有限公司、杭州脉流科技有限公司、广州爱浦路网络技术有限公司3家公司。

【国际经济贸易促进】 2023年，越秀区贸促会以国家“一带一路”倡议和粤港澳大湾区建设为契机，组织区内企业参与经贸交流。通过组织引导企业参加广东21世纪海上丝绸之路国际博览会、广州博览会、广州国际食品食材展览会、成都国际汽车零配件及售后服务展览会、香港钟表展等国内外高端知名展会，开展经贸交流活动10场次。

【贸促会服务企业】 2023年，越秀区贸促会走访调研越秀区食品商会、区酒类协会、区汽车用品行业商会等商协会，从行业角度宏观掌握全区商贸服务业总体发展情况，了解企业所需、所想、所盼，为企业纾难解困牵线搭桥。通过微信网络商务交流联系平台，向会员企业发布商业信息，其中商务洽谈信息15条、国内贸易论坛信息10条。

【国际贸易促进领域调研】 2023年，越秀区贸促会配合上级贸促系统开展调研活动。3月，接待广州市贸促会调研组调研外资外贸工作，先后走访广州市东方科苑进出口有限公司和广州碧绿丝生物科技有限公司两家外资外贸企业，了解企业经营状况和存在困难，并召开座谈会听取企业对服务外资外贸企业工作专班的意见建议；接待广州市贸促会调研组调研市、区联动工作。4月，接待中国贸促会调研组围绕知识产权保护主题开展调研。

【越秀区贸促会第五届委员会第一次全体会议】 于2023年8月29日在越秀区贸促会会议室召开。会议应到委员16人，实到委员16人。会议回顾总结越秀区贸促会第四届委员会所做的工作，对2024—2028年工作作出部署。会议按照章程程序，选举产生越秀区贸促会第五届委员会委员、秘书长、副主任、主任。

【中国国际商会广州越秀区商会第五届第一次会员大会】 于2023年9月19日在黄花岗科技园创意大道2号楼召开。会议应到会员38人，实到会员32人。会议审议通过中国国际商会广州越秀区商会第四届理事会工作报告、财务工作报告等。会议按程序选举产生中国国际商会广州越秀区商会第五届理事会成员、秘书长、副会长、会长。 （周栈伟）

广州市越秀区残疾人联合会

【概况】 2023年，广州市越秀区残疾人联合会（以下简称“越秀区残联”）履行“代表、服务、管理”职能，业务指导联系残疾人专门协会5个、街道残联18个、康园工疗站服务中心1个、社区精神康复综合服务中心1个、区级康园工疗示范站1个、街道康园工疗站22个。制定实施《越秀区“十四五”残疾人保障和发展规划》，完成区、街道残联和社区残协组织换届工作，率先在全省各县（市、区）创办“榕树头”议事厅，完成社会保障、职训就业、康复服务、教育扶助、宣传文体、助残社会化等各项任务。是年，全区有持证残疾人18282人。

【残疾人证服务管理】 2023年，越秀区残联落实持证在册残疾人基本状况调查、事业统计工作。其中，受理残疾人证业务3980人次，包括新办、变更、挂失、残损换新、到期换证、迁入、迁出、注销等业务类型；接待咨询残疾人乘车优惠卡（羊城通）年审等问题的市民约550人；为110名到期换证残疾人核发复评补贴1.8万元，为43名残疾人开展上门评残服务，协调处理异地评残、复评申请、更正首次办证时间、实名举报等典型个案8件。

【残疾人精准康复服务】 2023年，越秀区残联投入854万元，资助2861人获得与其残疾类别相适应的康复训练、门诊治疗、矫治手术、辅助器具适配等康复服务。提升社区精神康复服务，投入349.2万元，指导社区精神康复综合服务中心开展个案管理、日间支援、社区融合“三项计划”，累计服务1.05万人次。提升工疗康复服务，获第十届公益创投资助金额4万元、爱心人士捐款3.2万元，通过修缮场地、完善设施设备、建造“疗愈花园”、打造融合餐厅等，建立康园工疗示范站。康园工疗示范站以学员需求为导向，以日间托养服务为基础，以职业康复与劳动技能训练为辅助，示范引领辐射全区18个街道22个康园工疗站，服务覆盖工疗站学员429人。在康园工疗示范站开展“运动康复进康园”项目，提供精准康复服务1513人次；开展“心中的疗愈花园”园艺治疗项目，服务学员23人；开展融合餐厅职业康复训练项目，培训学员285人次。

【残疾人教育扶助】 2023年，越秀区残联强化残疾人教育保障，鼓励残疾人学知识、学文化，提高残疾人整体素质。落实残疾人教育扶助，范围覆盖学前教育、义务教育、中等教育、高等教育各阶段。其中，为学龄前特殊儿童、普通残疾学生及贫困残疾学生604人核发生活补助89万元；教育奖励60人，金额16万元；为5名符合条件的残疾大学生核发“南粤扶残助学工程”助学金7万元；为4名残疾学生完成高考登记。

【残疾人就业帮扶】 2023年，越秀区残联拓宽残疾人就业创业增收渠道，开展残疾人就业帮扶和培训工作。办理残疾人自主创业资助申请3家、残疾个体社保补贴16家。完成新增就业培训169人次，就业推荐82人次、上岗25人，为34人申请职业技能培训补贴。运营精神康复者辅助性就业基地，安排30名康复者在乐活融合餐厅进行就业实训，通过考核实现灵活就业的康复者有10人。培育“家政技能服务团队”灵活性就业项目，25名队员对接29户困难残疾人家庭，开展上门服务42次，服务时长238小时。

【残疾人民生保障】 2023年，越秀区残联为304户残疾人家庭提供照护，资助105.63万元。扩大寄宿托养服务范围，为88名残疾人办理民办服务机构托养，划拨服务费128万元。利用越秀区扶残政策，为精神、智力及重度残疾人42人提供机构托养服务，资助75.49万元。推进重度残疾人助餐配餐服务，在全区各街道开放64家长者饭堂作为服务点，119人受助。申购带棚残疾人机动轮椅车54辆，报废回收带棚残疾人机动轮椅车56辆，对符合条件的652名残疾人核发机动轮椅车燃油补贴，为5名残疾人落实无障碍停车位专用标识申领。受理残疾人咨询、求助、建议件、信访件约170件，提供法律顾问服务约60次，满意度100%。

【残疾人无障碍设施改造】 2023年，越秀区残联推进残疾人家庭、公共场所无障碍设施改造工作。组织越秀区肢残人协会、区盲人协会、社会组织、残疾人代表参与北京路、大德路、环市西路等市政道路段无障碍设施试用体验，提出整改意见90条，完成整改100%。投入专项经费9.6万元，完成对24户残疾人家庭的无障碍改造。开展老旧小区改造

2023年10月16—20日，越秀区残联委托专业机构为残疾人举办电商客服文员定岗培训班 （区残联供图）

方案审核，全年全区61个老旧小区在改造中增设人行道坡40多处，消除高差、增设无障碍坡道和扶手180多处。开展完善社区无障碍服务设施行动计划，至年底，为各街道社区配置爱心轮椅171辆。

【越秀区第三十三个全国助残日活动】2023年5月18日，越秀区举办以“爱筑友好城区　情暖美好越秀”为主题的第三十三个全国助残日活动，在现场启动“辅具有爱，行动无碍”——越秀区爱心轮椅社区全覆盖三年行动计划，推进为全区222个社区居委会配置爱心轮椅工作，打造社区无障碍“生活圈”。活动现场提供无障碍建设、助残政策、就业政策、税务政策以及民法典等方面的宣传及咨询，同时组织越秀区盲人就业创业孵化站（广东省盲人按摩基地）、区街康园工疗站、区精神综合康复中心等单位提供残疾人职业技能培训、公益性岗位开发等政策咨询服务。活动现场还设置无障碍电梯和升降平台、无障碍卫生间、无障碍通道、无障碍视听设备等体验设施，并对华润万家生活超市（广州）有限公司、浙外人力资源服务（广州）有限公司等18个超比例安排残疾人就业的用人单位进行表彰。　　（李晓坤）

广州市越秀区红十字会

【概况】2023年，广州市越秀区红十字会（以下简称“越秀区红十字会”）发挥政府人道事务方面的助手作用，以“救死扶伤、扶危济困、助人为乐、敬老助残”精神为重点，弘扬“人道、博爱、奉献”的红十字精神，开展“博爱送万家”活动、“‘5·8’人道公益日”众筹活动等。招募无偿献血志愿者4.32万人次，超额完成全年度无偿献血招募目标，完成招募造血干细胞志愿者血样采集101人份。普及应急救护知识，开展应急救护培训65场、公益宣讲25场。

【红十字文化宣传】2023年，越秀区红十字会联合广东省红十字会、广州市红十字会等单位在越秀区中山三路英雄广场举办“生命教育，救在身边”——“5·8”世界红十字日纪念活动，通过宣传展板、发放宣传单张等形式，集中开展AED（Automated External Defibrillator，自动体外除颤器）操作与使用、应急救护演示，提升社区居民对突发事件的应急救援处置能力。在越秀区红火炬小学举办“数字赋能　救在身边”——2023世界急救日活动，宣传“人民至上、生命至上”理念，普及应急救护知识与技能，提高在校师生以及家长的健康素养和应对突发事件、意外伤害的自救互救能力。

【红十字人道救助】2023年，越秀区红十字会以改善易受损群体境况、维护人的生命和健康为目的，开展人道救助工作。在春节前，组织开展“红十字博爱送万家”活动，购买价值4.05万元的日常所需物资，上门慰问特困户和边缘户，受益群众约1080人。在中国红十字会确定的第二个“‘5·8’人道公益日”，向辖区内爱心企业与爱心人士发出“‘5·8’人道公益日”众筹活动倡议书，筹得资金7000多元，全部用于“广东救在身边”项目。开展审核申报两项救助工作，在中国红十字基金会大病儿童救助项目中完成审核申报先天性心脏病患儿3人、白血病患儿3人。

【应急救护知识普及与培训】2023年，越秀区红十字会推动红十字救护培训工作，提高应急救护知识在群众中的普及率。通过布置宣传展板、发放宣传单张等形式，科普AED的使用方法和应急救护流程，提升社区居民对突发事件的应急救援处置能力。开展红十字青少年工作，配合暐杰志愿服务中心推进校园“生命彩虹计划”项目，普及推广应急救护知识。指导协助广州市第十六中学申报成为“广东省红十字标准学校”。至年底，开展应急救护培训65场、培训2987人，开展公益宣讲25场、受众3360人。　　（曾海萍、姜泓敏）

2023年9月24日，越秀区红十字会在越秀区红火炬小学举办“数字赋能　救在身边”——2023世界急救日活动　　（区红十字会供图）

广州市越秀区计划生育协会

【概况】2023年，广州市越秀区计划生育协会（以下简称“越秀区计生协”）完善组织建设，提升服务群众能力，推动任务落实。承接国家、省、市计生协项目8个，在全国计生协系统首试0~6岁儿童性健康教育家长成长营项目活动、首推“街道+社卫”共建家庭健康服务中心项目。是年，越秀区计生协在广州市新时代婚育文化才艺大赛中获二等奖。至年底，全区18个街道计生协、222个社区计生协全部完成新一轮换届改选工作。

【生殖健康咨询服务】 2023年，越秀区计生协在区青春健康教育基地承接广东省计生协中小学生青春健康项目，对全区2.89万名中小学生开展性与生殖健康培训课程684个课时。联合越秀区妇幼保健院探索开展0~6岁儿童性健康教育家长成长营活动2期，将性健康启蒙教育前移至6岁前儿童的家长，在全国计生协系统为首试，40个家庭受益。

2023年，越秀区计生协探索在辖区内普惠托育机构——智晟托育园试点开展广东省计生协“向日葵亲子小屋”项目。图为8月22日，该试点开展项目活动现场（区计生协供图）

【优生优育指导】 2023年，越秀区计生协探索在辖区内普惠托育机构——智晟托育园试点开展广东省计生协“向日葵亲子小屋”项目。通过亲子指导员，以“宣传倡导、亲子活动、家长课堂”3种形式，提供“运动、健康、安全、语言、睡眠与情绪”五大主题的亲子主题课程及“儿童早期发展理念、婴幼儿生长发育、科学养育、营养饮食、防病护理、意外防范急救、优生优育”七大领域的知识培训指导。全年开展宣传推广活动6场、亲子活动28场、家长课堂4场，700多人次受益。根据工作实践撰写的新闻稿件《广东省创新优生优育指导中心建设模式，实现“1+1＞2”社会效益》和《广州首个沉浸式互动体验家庭健康服务中心启用》分别获广东省第一届“计生协好新闻”一等奖和二等奖。

【家庭健康促进】 2023年，越秀区计生协指导矿泉街道计生协在广州市首推“街道+社卫”共建家庭服务中心模式，建成以“1个主阵地+N个分站点”的服务矩阵，搭建起“社区—社卫—社会机构”的“三社”服务体系，组建成立家庭健康服务队伍。向居民群众提供健康宣讲、基本指标检测、义诊、培训等服务，提升家庭健康素养。联合越秀区妇幼保健院在家庭健康服务中心项目点拓展成立“区家庭健康技能培训学校”，定期开展小儿推拿、糖尿病翻转、家庭幸福、小小中医师职业体验、6岁以下儿童性健康教育五大培训课程，满足各类人群对健康技能的学习需求。

【越秀区计划生育协会第六次全区会员代表大会】 于2023年6月5日召开。会议按照《中国计划生育协会章程》等有关规定，选举产生越秀区计划生育协会第六届理事会理事62人；越秀区计划生育协会第六届理事会第一次全体会议选举产生第六届理事会常务理事23人，选举产生第六届协会领导班子成员。

（杨平）

编辑 林卫红

法　治

政法委与综治

【概况】 2023年，中共广州市越秀区委政法委员会（以下简称“越秀区委政法委”）聚焦越秀区高标准高质量建设老城市新活力引领区、打造高能级国际大都市核心区对政法战线服务保障职能提出的要求，开展防风险、保安全、护稳定、促发展各项工作。全区政法工作满意度连续第五年、群众安全感连续第四年位列广州市各区前二。

【社会稳定维护】 2023年，越秀区围绕建设更高水平的平安越秀，加强涉稳风险源头化解，收集研判涉众突出风险领域的涉稳风险，依法依规综合施策，全年排查重大矛盾纠纷83件，化解76件，可控存量7件，综合化解率91.6%。汇总分析研判各类涉稳风险苗头隐患，全年接收预警线索831条，全部核查到位。逐步完善维稳责任制、风险研判、个案交办、应急处突、街所联动5项工作机制，梳理出任务清单35项，统筹协调、情报收集、信息核查等能力获提升。

【社会治理创新】 2023年，越秀区坚持和发展新时代“枫桥经验”，推进基层社会治理创新，《越秀区创新“123456”模式打造“六位一体”未保示范平台》获广州市市域社会治理优秀创新项目奖，金融纠纷“诉调对接”解纷法（“诉前调解+司法确认”解纷新模式）、家事纠纷“1234”调处工作法（“1”指1个“家事纠纷人民调解工作室”实体平台，“2”指通过线上及线下两线摸排隐患，“3”指创新察“情”、找“点”、求“解”三步骤调解方法，“4”指聚焦人才孵化、拓宽服务、提升质效、巩固成果四方面丰富内涵）被评为2023年度广州市优秀“枫桥式工作法”，洪桥街道“1234工作体系”经验做法被广东省有关部门宣传推广。扩大“广州街坊·越秀邻里”群防群治品牌效应，越秀区实名注册“广州街坊·越秀邻里”群防群治队伍4.4万人，全年参与社会面治安防控222万人次，2名志愿者入围“最美广州街坊”，新成立“越秀区反诈志愿服务队”“东濠涌平安守护队”子队伍2支，助力平安越秀建设。

【社会治安整治】 2023年，越秀区推进重点专项整治，打击突出违法犯罪，全区社会治安呈现“两降三升”态势，“110”案件类警情、刑事立案数比上年分别下降13.8%、4.3%，抓获处理人数、破案数、破案率比上年分别上升66.2%、15.1%、7.8%。统筹全区反诈整治工作，全区电信网络诈骗警情、诈骗案件比上年分别下降15.3%、7.7%，破获电信网络诈骗案件717件，抓获涉电信网络诈骗嫌疑人419人，打处人数比上年上升36.8%，警情压减和打击成效均在全市排名靠前。开展城中村基础排查和平安建设工作，补充“五口”（路口、村口、巷口、门口和档口）监控视频点数570个，升级出租屋门禁设备405套，安装智能充电桩628个，建设微型消防站20个，配置消防栓203个，配备人员162人，全区城中村社区案件类警情、刑事立案数比上年分别下降16.2%、29.6%，社会治安环境好转。

（邹颖怡）

【政法队伍建设】 2023年，越秀区政法系统坚持把全面学习贯彻落实党的二十大精神作为贯穿全年工作的主题主线，落实“第一议题”学习制度，开展各类集中学习活动344场次。把政治训练贯穿政法干警成长全周期，组织开展政治训练301场次、履职能力培训333场次。开展全区政法系统第一轮政治督察和纪律作风督查巡查，对区人民检察院党组和区公安分局党委开展督察巡查，发现和解决单位内部存在的突出问题，改进队伍纪律作风。开展政法队伍专项警示教育活动，举办各类正反面典型教育533场次，领导干部讲授廉政党课117场次，参加党纪法规知识测试6039人次，测试完成率与优秀率均达100%。全区政法系统获省部级荣誉3项、市级荣誉149项、区级荣誉247项，涌现“全国枫桥式派出所”“全省优秀公安基层单位”等先进集体和“广东最美基层民警”“广东省扫黄打非先进个人”“广东省优秀共青团干部”等先进个人。

【平安建设】2023年，越秀区坚持“打击、防范、治理”并举，开展夏季治安打击整治“百日行动”和“护民生”破小案系列打击行动，推进治安重点地区和突出问题专项整治，“净网”“利剑”“食药环”（食品、药品和环境）、禁毒执法、“三非”（非法入境、非法居留、非法就业）治理等专项行动打击成效和压减效能位居广州市各区前列。强化重点人群服务管理，实现在册、列管社区矫正对象“零重犯”“零脱管”“零漏管”，社区矫正工作年度量化考核位居广州市各区第一。打击毒品犯罪，深化禁毒示范创建，禁毒执法打击效能位居广州市各区第四，“110”涉毒警情比上年下降12.7%，户籍吸毒人员复吸率比上年下降23.3%，吸毒人员“零肇事”“零肇祸”。在2022年度平安广州建设考评中越秀区位居广州市各区第二，群众安全感、政法执法工作满意度均位居广州市各区第二。

【社会治理体系建设】 2023年，越秀区推进“1+6+N”（“1”指综治中心，“6”指综合网格及人民法院、人民检察院、公安分局、司法局等基层政法力量和“粤平安”社会治理云平台等信息化支撑平台，“N”指其他综治力量）基层社会治理工作体系建设，整合综合网格及人民法院、人民检察院、公安分局、司法局等基层政法力量，发挥“粤平安”社会治理云平台等信息化支撑平台作用，规范化建设综治中心，打造基层矛盾纠纷化解综合体。人民街、北京街2个街道综治中心获评广州市一级综治中心，黄花岗街、大塘街、六榕街3个街道综治中心获评广州市二级综治中心，洪桥街、登峰街2个街道综治中心获评广州市三级综治中心。人民街综治中心“‘关键三招’化解矛盾纠纷”的经验做法被评为广州市基层治理优秀案例。深化社会面治安防控最小应急单元培优联建工作，全区最小应急单元拉动测试1.7万个次，现场巡查1.9万个次，平均上岗报备率99.7%，举办首届“越秀工匠杯”最小应急单元大比武活动，53个群组、个人获“广州街坊”最小应急单元季度突出奖、优胜奖。全覆盖升级打造街道、社区“粤心安”心理服务站（室），全年开展心理健康宣传472场、心理咨询1961人次、心理危机干预个案146个、心理疾病转介个案65个。

【社会矛盾纠纷多元化解】 2023年，越秀区发挥街道综治中心矛盾纠纷调处化解的中枢功能，系统整合综治、维稳、信访、司法、城市管理、劳动监察、派出所等专业力量，推动矛盾纠纷“一站式受理、一揽子调处、全链条服务”，全区18个街道综治中心排查矛盾纠纷4771件，化解率99.4%。建立以人民调解为基础，行政争议调解和律师调解优势互补的“三调联动”机制，形成排查预防—接待受理—协调对接—分流指派—调处化解—跟踪督办—回访立档的工作程序，全年调解矛盾纠纷3269件，调解成功率99%。做强行业性专业性调解，提供多元解纷渠道，“行业人”调解行业纠纷68件，成功率92.7%。强化诉源治理，推广建设“无讼社区”，全区18个街道各选1个社区进行试点，依托“四个一”（1个涵盖热心街坊、社区、司法所、法院参与的四人小组，1个多元化解线上线下平台，1套家边问诊指导丛书，1季度1场的普法活动）工作机制，搭建全过程、全方位“无讼社区”工作覆盖网，工作做法得到最高人民法院肯定。

【政法智能化建设】 2023年，越秀区把政法跨部门大数据办案平台建设应用作为提升全区政法部门信息化智能化建设水平的重点，强化工作统筹和组织保障，健全完善体制机制，按照“应上尽上，应用尽用”要求，分批推进刑事案件提请批准逮捕、审查起诉、提起公诉、法律援助等各业务流程上线运行。全年通过办案平台流转办理案件400多件，案件信息、文书、卷宗等通过办案平台全面共享，实现“数据多跑路、干警少跑腿”，提高各办案单位跨部门协同工作效率，案件流转时间、平均办案周期降低三分之二左右。

【执法司法监督质效提升】 2023年，越秀区成立区案件评查工作领导小组，制订《越秀区2023年案件评查工作实施方案》，随机抽取区公安分局、区人民检察院、区人民法院、区司法局2021—2023年间法律程序已终结的不予立案、不批捕、不起诉、改变定性等11类20件案件，围绕证据采信、事实认定、法律适用、办案程序、文书制作、办案效果、司法责任制落实等方面进行专项评查。针对评查中发现的3类18个问题，列出问题清单和对应整改措施，督促各办案单位落实整改，提高执法司法规范化水平。

【扫黑除恶斗争常态化】 2023年，越秀区保持对黑恶势力严打高压态势，全年侦破“9+2”类（“9”指聚众斗殴罪、强迫交易罪、寻衅滋事罪、敲诈勒索罪、非法拘禁罪、组织卖淫罪、强迫卖淫罪、开设赌场罪、故意毁坏财物罪，“2”指涉枪犯罪、故意伤害罪）涉黑涉恶案件95件，刑事拘留涉黑涉恶犯罪嫌疑人229人，一审审结涉黑涉恶案件3件10人。推进市场流通、信息网络、金融放贷等行业领域整治，地区治安秩序和经济发展面貌提升。

【法治营商环境优化】 2023年，越秀区聚焦经济发展涉及的要素保障、规范引导、权益保护和创新发展等方面要素，探索创新工作举措，为民营经济高质量发展提供法治保障。全面深化政法领域改革“一部门一品牌、一区域一亮点”创新项目建设，在全区选育“越心护企”等创新项目13个。深化企业合规体系建设，因地制宜探索符合小微企业特点的合规模式，精选38名律师组成“民营企业合规服务团”，到广州市朴朴网络科技有限公司、广州白马服装市场、广州顺丰速运有限公司等民营企业开展企业合规宣讲，提升民营企业依法合规经营水平。建成全国首个“法治非诉中心”，设立区内首个粤港联营律师事务所，促进粤港两地法律服务业交流，升级打造区公共法律服务中心，构建区、街道、社区三级公共法律服务实体平台，融合“线上+线下”服务，实现“15分钟法律服务圈”全覆盖，提升法治供给和精准服务水平。（郑浩）

【街道综治中心提档升级行动】 2023年，越秀区18个街道综治中心全部落实统一标识，建成“一厅五室”（“一厅”指群众接待厅，“五室”指矛盾纠纷调处室、视频监控研判室、网格管理工作室、“粤心安”心理服务室、入驻人员办公室）；东山街道寺右村综治中心投入使用。围绕落实综治中心“开门几件事、每天必干活、每周关注点”和等级响应期间“巡、拉、检、处、交”五项要求，健全完善人员管理、值班备勤、应急处突、督导检查等机制，自主开发区、街道综治中心值班系统，实现综治中心规范化管理、实战化运作。

（邹颖怡）

法治政府建设

【概况】 2023年，越秀区把习近平法治思想贯彻落实到法治政府建设全过程和各方面，压实党政主要负责人推进法治建设第一责任人职责。健全政府依法决策机制，落实重大行政决策程序，推进年度重大行政决策事项落地2项。强化行政规范性文件合法性审查，完成全区各类规范性文件审查16件次。推进严格规范公正文明执法，发挥行政复议化解行政争议主渠道作用，实质性化解行政争议46件。加强和规范行政应诉工作，推动新时代法治政府建设再上新台阶。

【合法性审查】 2023年，越秀区制定实施《广州市越秀区重大行政决策程序规定》，所有重大行政决策必须经过公众参与、专家论证、风险评估、合法性审查和集体讨论决定等环节。实施重大行政决策目录化管理，从决策主体、权限、程序、内容进行全面审查把关，组织法律顾问参与论证讨论，提出书面法律意见。全年推进年度重大行政决策事项落地2项。越秀区司法局当好政府法律参谋助手，为越秀区政府202项“审议类”议题提供决策参考意见。出具越秀区产业高质量发展、城市更新改造、征收补偿决定等行政决策审查意见800多条。审查越秀区政府重点项目政府合同15份，提出合法性审查意见31条，涉及金额1602亿元。坚持“有件必审、有错必纠”原则，完成全区规范性文件审查16件次，就合法性、合理性问题提出审查意见60条。全年经越秀区司法局合法性审查后印发实施的行政规范性文件5件，向广州市政府和越秀区人大常委会备案通过率均为100%。

【行政争议化解】 2023年，越秀区在广州市各区率先开展行政争议受理“立等即取”快捷便民机制，将复议案件集中受理与审理，统一执法尺度，实现“统一管、统一办、统一判”，全区收到行政复议申请392件，比上年增长87%。审结267件，经复议后起诉35件，占审结案件数的13%，超八成行政争议在复议阶段化解。是年，通过撤销、确认违法、变更、责令履行等方式纠错不当行政行为24件，复议监督效能明显。加强府院联动，成立广州行政争议调解中心越秀工作站，在案件受理、审查、决定、履行等阶段均引入调解机制，实质性化解行政争议46件。

【行政应诉】 2023年，越秀区新收一审行政应诉案件150件，区司法局代区政府组织办理应诉案件67件。建立行政应诉案件“报备+提醒+反馈+补救+通报”全流程督促跟踪工作机制，规范行政机关负责人出庭应诉工作，全区行政机关负责人主动出庭应诉率90%，行政应诉胜诉率连续第二年位居广州市各区第一。

【综合行政执法协调监督】 2023年，越秀区落实行政执法信息公示、行政执法全过程记录、重大行政执法决定法制审核三项制度，提升行政执法效能。组织39个行政执法单位公开行政许可、行政处罚、行政检查、行政强制、行政征收、行政征用6类执法数据，提高行政执法公信力。组织行政执法及法制审核人员80多人开展专题培训，参加综合法律知识考试131人。规范行政执法案卷，开展案卷评查188份。牵头编制白云司法所行政执法协调监督工作手册，深化司法部省市县乡四级行政执法协调监督体系试点建设。（卢中）

【政务公开】 2023年，越秀区政府贯彻落实《中华人民共和国政府信息公开条例》，连续第四年在中国政府透明度区县级排名中全国前十。以高效、便民、公开助力法治政府建设，坚持更好服务群众和企业需求理念，公开经济发展、城市规划、产业发展、民生政策等政务信息。健全错案分析整改机制，提升信息公开申请办理规范化水平，对申请案件集中的个别领域或项目，做到及时研判，力求从源头化解。规范政府信息管理，落实政府信息公开保密审查制度和“三审三校”制度。以群众视角改造、提升政府网站建设，提高政府网站检索速度和精准度。落实政务公开工作领导小组制度，搭建信息共享—联合研判—溯源治理—问题反馈“全生命周期”闭环管理机制。全年区政府门户网站发布信息1.13万条，总浏览量超852

万人次，发布政策解读36份，其中文字解读13份、图片解读10份、音视频解读13份。新收政府信息依申请公开388件，上年结转4件，答复381件。

（区政府办）

公　安

【概况】 2023年，越秀区社会治安呈现“两降三升”态势，案件类警情、刑事立案数比上年分别下降13.8%、4.3%，抓获处理人数、破案数和破案率比上年分别增长66.2%、15.1%和7.8个百分点。广州市公安局越秀区分局（以下简称“越秀区公安分局”）网络安全、打击经济犯罪、警务评议等业务排广州市各区第一名，东山派出所破小案工作得到广州市委和广州市公安局主要领导批示肯定。

【打击犯罪】 2023年，越秀区公安分局打击电信网络诈骗犯罪，推进打击整治非法开办贩卖电话卡、银行卡违法犯罪专项行动，开展“一户一告知”入户反诈骗宣传活动，提高群众防骗意识，全年电信网络诈骗警情、案件比上年分别下降15.3%、7.7%。侦破火车站“背包党”案、跨境网络赌博团伙案、特大文物诈骗案、假冒家装建材美缝剂专案等一批大要案。

【“110”接处警】 2023年，越秀区公安分局探索实践扁平化指挥，实现“可视指挥、准确下达、快速响应、处警跟踪”目标。固化每日接处警、重大敏感警情处置复盘分析机制，提升全局指挥调度、协同作战的意识和能力。是年，“110”警情终端签收和“一回复”平均用时比上年下降30.5%，派出所“110”警情签收速度居广州市各区第一，警力到场平均速度居广州市各区前列。

【派出所基层基础建设】 2023年，越秀区公安分局深化派出所“两队一室”（社区警务队、案件办理队、综合指挥室）改革，推进派出所综合指挥室规范化建设、实战化运作、高效能产出，牵引带动社区警务、案件办理勤务高效运作，该做法在辖区内北京派出所召开的广州市推进派出所综合指挥室建设现场会上推广。坚持和发展新时代“枫桥经验”，培育越秀区特色警务品牌，华乐派出所被命名为全国第三批“枫桥式公安派出所”，华乐派出所社区警务中队被评为全国公安机关成绩突出青年集体；北京派出所获评广东省优秀公安基层单位；光塔派出所获评广州市“枫桥式公安派出所”。华乐、北京、光塔、洪桥、东山、黄花岗、广场7个派出所被广东省公安厅评为五星公安派出所，占全区派出所总数的三分之一。

【社会治安管理】 2023年，越秀区公安分局聚焦治安突出问题，救助、送返流浪乞讨人员1108人，关停刀具违规销售单位167个，取缔无证旅业53家，责令关停无牌无证寄递物流网点10个。做好电竞酒店等新业态管理，排查整改治安隐患。推进城中村治理专项工作，实施底数摸排专项、平安建设攻坚、智慧治理赋能、治理成果巩固提升四大行动，城中村地区全年案件类警情比上年下降16.2%。

【重点单位安全保卫】 2023年，越秀区公安分局组织多轮次校园安全专项整治暨涉校园周边违法犯罪专项整治集中统一行动，消除校园安全隐患167处，开展校园期末安全教育和开学第一课安全防范宣讲，以生命安全、财产安全为重点，向师生做好防范“校园贷”、新型电信网络诈骗、新型毒品、交通事故、溺水等方面的宣传教育。开展全区医院安全隐患排查，推广医院人脸识别系统等智感安全防范设施应用，定期组织开展防暴应急演练活动，提高医院安全保卫力量安全意识和业务能力。对全区最小应急单元进行巡查督导3.85万次、拉练测试3.44万次，联同越秀区委政法委、区总工会组织全区最小应急单元专项技能大比武，深化最小应急单元培优联建。打击破坏电力、电信、广播电视设施的违法行为，破案率100%，发案数比上年下降400%，保障全区电力、电信设施安全稳定运行。

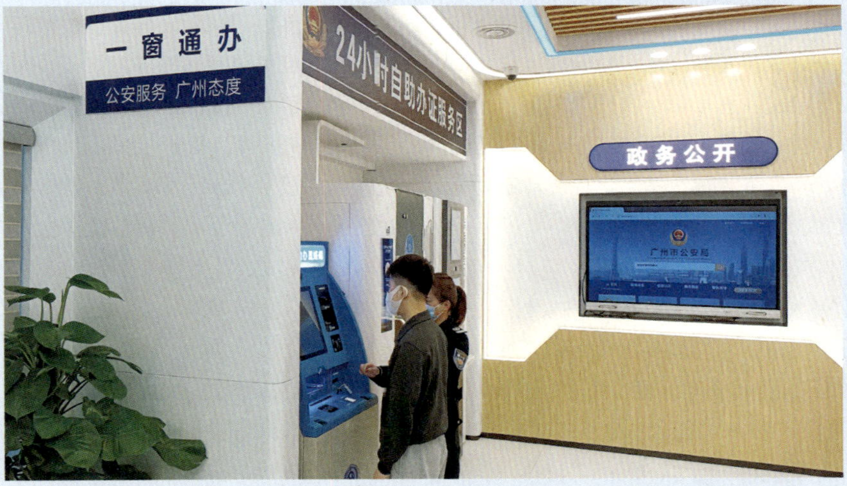

2023年，越秀区公安分局以服务民生实事为重点，推进“一窗通办”综合窗口改造，多点新增警务自助设备。图为位于越秀区建设街道黄华北片中心警务室24小时警务自助服务专区　（区公安分局供图　摄于2023年4月）

【危爆物品管控】 2023年，越秀区公安分局加强危爆物品从业单位风险排查和隐患整改，筑牢安全生产防线，到辖区内涉危爆企业及单位开展安全大检查1135次，压紧压实属地管理责任，提高从业单位及从业人员安全防范意识，实现危爆物品安全问题“零发生”的目标。

【网络安全治理】 2023年，越秀区公安分局聚焦突出网络违法犯罪和网络乱象打击，侦破网络主侦案件21件，逮捕犯罪嫌疑人90人。加强关键信息基础设施和重要信息系统网络安全风险隐患排查整治，走访检查单位503个次，对未履行网络安全义务、未落实网络安全保护技术措施的单位、企业，作出行政处罚42宗，处置疑似数据泄露、遭遇勒索病毒攻击等网络安全应急处突事件31件，到越秀区桂花岗小学、广州医科大学附属肿瘤医院、北京路步行街等地开展网络安全宣传活动12场。

【户政管理】 2023年，越秀区公安分局提升户政窗口服务效能，整合优化全区户政大厅窗口调配，加强绿色通道建设，将长者免预约专窗的服务年龄从65岁降至60岁，受理户政业务42万件，为1.5万名群众提供免预约办理业务。打造“阳光警务”，在户政大厅显眼部位公布警务监督牌，主动接受社会监督和群众评议。提高流动人口管理精细化水平，推进“粤居码”推广与应用，流动人口持码率和出租屋申报登记率均超过省、市任务目标，基本实现流动人员全覆盖。

【出入境管理】 2023年，越秀区公安分局针对出入境政策优化调整、寒暑假等出入境办证高峰，通过设立办证专窗、窗口延时服务、增设智能签注设备、调配警力支援等措施，应对办证高峰压力，满足群众出行需求。推动往来港澳人才签注政策落地，开展文教、卫健部门专场宣讲会和上门集中办理，为辖区内620名人才提供即来即办、免预约免排队绿色通道服务，助力粤港澳大湾区人才汇聚交流。

【道路交通管理】 2023年，越秀区公安分局依托区预防道路交通事故联席会议办公室、区道路交通秩序大整治工作领导小组办公室等平台，组织开展事故预防、交通大整治、交通缓堵、内街内巷机动车违停执法等工作。劝导教育交通违法行为23万宗，查处摩托车、电动自行车违法24.5万件，亡人交通事故数及死亡人数均为全市各区最少，未发生较大以上交通事故。

【警务民生实事办理】 2023年，越秀区公安分局以服务民生实事为重点，推进“一窗通办”综合窗口改造，新增6台警务自助一体化机和升级14台警务自助设备，95项公安政务服务事项、53项涉企业事项进驻综合大厅开展“一窗通办”，实现154项户政业务等依申请行政权力事项及公共服务事项可网办率、电子证照关联率“两个100%”，群众不用跑率98%。

【警务督察】 2023年，越秀区公安分局推进“网上+网下”大监督实体化运行，抓实现场执法执勤、警力拉动测试、警务投诉整改工作，针对经济犯罪案件立而不侦问题研发的督察模型获广州市公安机关第三届穗警工匠杯“大数据+网上督察”技能竞赛三等奖。依托“现场检查+网上督导+数据支撑+专业复核”手段，对派出所案件类警情回访进行“每日评价”，督促整改群众非满意事项286项，警务评议工作成效位居广州市各区分局第一。

【公安信访工作】 2023年，越秀区公安分局聚焦信访源头治理和积案化解，提升办理质效，信访案件办理数量连续第四年保持下降趋势，上级部门交办的信访积案实现100%化解清零，2篇信访化解经验材料被省公安厅采纳，作为优秀案例刊发简报在全省推广。发挥“平安厅”信箱感知民情民忧的触角作用，在打击犯罪、追赃挽损、为民服务等方面解决群众急难愁盼问题787个，收到群众感谢信684封、锦旗46面。

【公安科技信息化建设】 2023年，越秀区公安分局加强科技信息化基础建设，整合警务资源权限，打造越秀区网上网下合成作战中心和全区各派出所实体化运行综合指挥室，形成协同高效的警务运行机制。以大数据赋能实战，支撑基层一线的打防管控，启动网上网下合成作战3064次，处置高风险警情187起，救助扬言轻生人员212人，找回失联人员1472人次。推进城中村社区视频监控建设，新增联网视频监控570个，完成率111.3%。推进基层技术革新，在广州市公安机关各类科技创新及数据建模竞赛中获二等奖、三等奖、优秀奖各1项。

【监所管理】 2023年，越秀区公安分局提升公安监管工作安全规范文明水平，深化医疗卫生专业化建设。越秀区看守所建立被监管人员管理档案和健康档案“一人双档”的管理模式，受到公安部肯定，被公安部监所管理局评为医疗卫生专业化建设示范公安监所。发挥公安监管场所作为打击违法犯罪“第二战场”优势，强化查同案、挖隐罪、铲余罪的串联核查机制，挖掘犯罪线索86条，协助开展破案，提升打击战果。

【华乐派出所获评全国第三批“枫桥式公安派出所”】 2023年，越秀区公安分局华乐派出所推出“红色党建固本、枫桥经验塑魂、华乐精神凝心”党建品牌，创新打造“五乐”（乐居、乐园、乐业、乐心、乐叔乐婶）工作法，构建警企警民多极联动、群防群治格局，辖区内治安秩序持续向好。11月，华乐派出所被公安部命名为全国第三批“枫桥式公安派出所”。

（谢准）

检　察

【概况】 2023年，广州市越秀区人民检察院（以下简称“越秀区人民检察院”）受理提请逮捕案件1142件1397人，批准逮捕454件514人，受理移送审查起诉案件1530件1772人，提起公诉997件1166人。贯彻最高人民检察院“高质效办好每一个案件”的基本价值追求，全年入选全国检察机关典型案例、优秀案例3个，全市典型案例、优秀案例6个。发挥检察职能，履行法律监督职责，开展扫黑除恶斗争、醉驾综合治理、养老诈骗专项治理等行动，维护国家安全、社会安定、人民安宁。

【刑事检察】 2023年，越秀区人民检察院批捕聚众斗殴和非法制造、储存枪支等严重扰乱社会公共秩序的犯罪嫌疑人82人，起诉205人，办结一批严重影响社会安全稳定的重大刑事案件。办理公安部督办涉“暗网”的覃某寻衅滋事、侵犯公民个人信息案，该案入选全国十大涉政敏感案件。开展命案积案清理专项监督，协同公安机关推进越秀区26件命案积案清理工作，其中，对案发于25年前的陈某抢劫（致人死亡）案作出批捕决定，并报请核准追诉。推进扫黑除恶斗争向纵深开展，办理盘踞在基层街道近十年的刘某恶势力犯罪团伙案，破解“套路贷”陷阱。起诉介绍卖淫、赌博、毒品等类型犯罪嫌疑人66人，净化社会文化环境。辖属第一检察部获评广州市“扫黄打非”先进集体。

【民事检察】 2023年，越秀区人民检察院开展民事检察监督，办理卓某等人“套路贷”虚假诉讼民事监督案，建议越秀区人民法院启动再审程序。在办理苏州圆某股权投资合伙企业、杭州圆某股权投资基金合伙企业申请执行监督案时，监督区人民法院启动执行监督审查程序，纠正违法行为。

【行政检察】 2023年，越秀区人民检察院开展行政违法行为监督，对某街道办事处房屋租赁登记备案和缴税审查行政违法行为，发出检察建议进行监督，督促行政机关依法行政。建议某街道办事处依法协助民事诉讼败诉后无房居住的孤寡老人，办理公共租赁住房的申请受理、资格审查等手续，解决人民群众急难愁盼问题，维护社会和谐稳定。

【公益诉讼检察】 2023年，越秀区人民检察院顺应人民群众对公益保护的需求，推动公益诉讼检察向妇女权益保护、公民个人信息保护、安全生产等领域拓展，全年审查公益诉讼案件线索134件，立案82件，办理诉前程序案件49件，行政机关整改率100%。做好公民个人信息保护，对停车场、物业管理等场所过度收集公民个人信息的行为开展调查，起诉的郑某等4人侵犯公民个人信息民事公益诉讼案获评最高人民检察院2023年度十大法律监督案例、“百案评析”案例。

【未成年人检察】 2023年，越秀区人民检察院对侵害未成年人犯罪坚持“零容忍”，起诉该类犯罪嫌疑人21人。贯彻最有利于未成年人原则，对涉嫌轻微犯罪并有悔罪表现的未成年犯罪嫌疑人，依法不捕52人、不诉14人，制发督促监护令45份，督促家长落实对未成年人的监管职责，预防未成年人再次犯罪。

【职务犯罪检察】 2023年，越秀区人民检察院惩治各领域“蝇贪蚁腐”，办理某福利院工作人员挪用公款案、某银行支行行长受贿案和某区派出所原所长受贿、行贿案等职务犯罪案件，推动行业溯源治理、维护司法公正。开展“雷霆2023”专项活动，核查党的十八大以来职务犯罪案件涉财产刑执行情况236人，推动职务犯罪案件刑罚执行落地生效。

【检察监督】 2023年，越秀区人民检察院纠正漏捕36人、漏诉73人，发出侦查活动监督通知书377件次，采纳率100%。办理民事监督案件152件，其中，民事生效裁判监督案件4件，民事审判、执行活动监督案件127件。办理行政检察监督案件7件、行政争议化解案件1件。做好审判监督，检察长列席审判委员会会议3次，就3件案件的证据采信、定罪量刑发表意见，履行法律监督职责。

【群众身边“小案”办理】 2023年，越秀区人民检察院批捕电信网络诈骗及其关联犯罪嫌疑人116人、起诉208人，分别比上年上升114.8%和69.1%，其中，办理某电信网络诈骗系列专案，批捕45人，打击电信网络诈骗犯罪。办好五某投资公司组织、领导传销活动，非法吸收公众存款案，在审查起诉阶段促成被告人退回255万元违法所得，守护人民群众财产权。保护军队、军人声誉，对冒充军人实施诈骗的石某提起公诉，该案入选全国检察机关依法惩治危害国防利益、侵犯军人军属合法权益犯罪典型案例。开展养老诈骗专项治理行动，起诉该类犯罪嫌疑人29人。开展民事支持起诉专项行动，办理该类案件21件，帮助农民工追回劳动报酬22万元，保障弱势群体合法权益。

【企业平等保护】 2023年，越秀区人民检察院加大对知识产权恶意诉讼的监督，办理最高人民检察院督办的祺某文化公司著作权恶意诉讼案，净化企业发展环境。围绕落实《关于服务保障民营经济健康发展的六项措施》工作部署，起诉侵害企业产权和合法权益的犯罪嫌疑人49人，营商环境得到优化。

【检察环节社会综合治理】 2023年，越秀区人民检察院坚持治罪与治理并重，开展醉驾综合治理、安全生产整治等专项工作，推行醉驾案件被不起诉人训诫制度，对147名被不起诉人进行训诫，达到惩罚与帮教的双重效果；办理的3件涉交通、生产和劳动安全案件入选广州市安全生产领域刑事犯罪典型案例。破解老城市区域治理难题，围绕老城区市容环境卫生、电动自行车违规充电、公共场所AED配置、出租屋登记备案制度等问题，制发检察建议23份，推动有关领域堵塞漏洞、优化机制。

【检务为民服务】 2023年，越秀区人民检察院推行院领导接访与包案制度，确定每周三为检察长接待日，院领导办理包案案件25件，面对面为人民群众排忧解难；落实“群众信访件件有回复”，7日内程序回复率、3个月内办理过程或结果答复率均为100%；接收信访件1.05万件，经诉访分离、分类处理，受理控告申诉案件147件；办理司法救助案件61件，发放救助金54.7万元。加大追赃挽损力度，为人民群众挽回经济损失6600多万元。

【检察改革创新】 2023年，越秀区人民检察院推进数字检察战略，研发大数据法律监督模型33个，依托数字检察模型发现监督线索58条，立案44件，推动数字赋能检察监督。

【检务公开】 2023年，越秀区人民检察院开展检察听证工作，邀请人大代表、政协委员、特约检察员等240人次参与检务活动，公开听证存在重大争议或有重大影响的案件79件。接受舆论监督，在官网、“两微一端”（“两微”指微信、微博，“一端”指今日头条客户端）发布信息2712条，各级媒体采用稿件32篇次。 （蒋菁芸）

法 院

【概况】 2023年，广州市越秀区人民法院（以下简称“越秀区人民法院”）坚持“为大局服务、为人民司法”，兼顾公正与效率，发展新时代“枫桥经验”，参与党委领导下的社会治理工作。全年审理案件8.71万件，审结7.71万件，员额法官人均结案602.49件。是年，越秀区人民法院民二庭党支部获评广东高院“四强五好”党支部。

【刑事审判】 2023年，越秀区人民法院审理刑事案件1318件，审结1194件。惩治非法集资犯罪，审结非法吸收公众存款罪案件23件32人。打击涉众型经济犯罪，审结涉传销会员8.4万人、涉案金额逾275亿元的组织、领导传销活动罪一案。打击危害人民群众人身财产安全犯罪，审理故意伤害、抢劫、绑架等暴力犯罪案件45件，盗窃、诈骗、侵占等财产型犯罪案件339件，毒品犯罪案件12件。打击电信网络诈骗犯罪，审理帮助信息网络犯罪活动罪等关联犯罪案件212件。开展“扫黄打非”行动，审结贩卖、传播淫秽物品牟利罪案件6件，净化社会风气。审理职务犯罪案件31件。公开审理1件挪用公款案件并当庭宣判，越秀区人民法院院长、区人民检察院检察长同堂履职，以案说法。对某银行支行行长受贿等案件开展示范庭审，发挥案件警示作用。全年全区400多名领导干部和企事业单位公职人员到区人民法院审判现场旁听。

【金融商事审判】 2023年，越秀区人民法院审结金融商事案件2.73万件，涉案标的额123.29亿元。审结融资租赁合同纠纷、融资性保证保险合同及保理合同纠纷案件3891件，支持金融资本“脱虚向实”。审理广东省首件涉电力交易中心的新型案件，推动健全风险评估，规范机制运行。办理破产清算案件30件，引导落后产能平稳有序退出市场。与金融监管部门、金融消费权益保护部门、工商联、金融机构、民营企业等举办金融纠纷多元化解工作交流会，助力营商环境优化。

【涉民生案件审判】 2023年，越秀区人民法院审结涉就业、住房、养老、医疗、教育等民生案件1.07万件。审理劳动、劳务纠纷案件1801件，涉及餐饮、

2023年7月25日，越秀区人民法院院长、区人民检察院检察长共同出庭，围绕1件挪用公款案件开展示范庭审 （陈晓华 摄）

娱乐、建工、科技、健康等行业领域。审理旅游合同纠纷案件198件，推动文旅市场健康发展。调解物业管理、相邻关系等社区纠纷案件720件，营造和谐居住环境。审结婚姻家庭案件1094件，发出越秀区人民法院首份夫妻共同财产申报令，督促当事人如实申报、诚信诉讼。发出人身安全保护令1份，与街道、公安、妇联等单位共同保护妇女儿童人身安全。审结全区首件遗产管理人特别程序案件，判决诉争亲属共同担任遗产管理人，保障相关企业正常经营。立足司法实践，开展遗产管理人课题研究，研究成果《遗产管理人制度司法实践研究》获评全市法院重点调研课题二等奖。

【知识产权审判】 2023年，越秀区人民法院审结知识产权纠纷案件1487件，发挥司法鼓励创新、规范引领的功能作用。审理“剧本杀”著作权侵权案件，为经营者提供行为指引，保护新业态发展。审理涉“游戏版号”新类型不正当竞争案，引导数字经济有序发展。审理“伟哥”商标侵权及不正当竞争案，加强药品销售和宣传过程中的商标保护。审理侵害知名品牌商标权案件1批，平等保护国内外市场主体合法权益。开展“4·26”世界知识产权日系列宣传活动，召开特许经营合同审判实务研讨会，发布研究报告和典型案例，助力品牌有序推广，推动行业健康发展。

【涉外涉港澳台民商事审判】 2023年，越秀区人民法院审结一批涉外涉港澳台民商事案件。探索完善涉港澳诉讼程序，优化诉讼主体资格认定，简化授权委托公证手续。应用科技手段赋能在线解纷，调解结案112件、调解后撤诉案件452件。发挥越秀区涉港澳商事多元解纷服务站作用，先后聘任港澳籍调解员2批15人，与越秀区人民法院法官共同开展调解工作，调解成功的跨境产品质量纠纷、FOB（Free on Board，船上交货）清关延迟纠纷等案件受到媒体关注。越秀区人民法院涉外审判工作被《人民法院报》以“打造大湾区商事纠纷化解优选地”为题报道。越秀区人民法院与广东财经大学共同签署“合作培养粤港澳大湾区卓越涉外法治人才共建协议”，开展涉外法治研究合作，培养涉外法治人才。举办湾区青年法律座谈会，促进粤港澳三地法治交流。

【案件执行】 2023年，越秀区人民法院受理执行案件3.82万件，办结3.46万件，执行到位金额38.65亿元。推进执行变现，腾空拍卖不动产1002套，成交金额8.62亿元。发布失信信息2.92万条，对22人采取罚款、拘留措施，移送公安机关6人。8—9月，越秀区人民法院执行局开展“夏日风暴”专项行动，集中清理涉民生执行案件1批，40天执行到位金额3.1亿元，完成搬迁清场90件。是年底，越秀区人民法院开展“暖冬执行”“执行信访接待月”行动，倾听群众诉求，做好案款发放。完成农林下路某拆迁房屋的腾空工作，保障地铁八号线施工。推动矛盾纠纷实质性化解，“强制砌墙案”“公司原址换名规避执行案”等案例被《人民日报》《环球时报》及人民网报道。坚持善意执行、文明执行，推行执行宽限期、预处罚、活封活扣、灵活置换等方式，助力经济回升向好。在商铺清退案件中，设置合理宽限期予以缓冲，帮助小商户另寻经营场所，实现平稳过渡。对价格波动大的执行标的，根据市场规律，避免机械执行，促成峰值变现。通过“预处罚”措施，促使大型场地使用者主动清场搬迁。坚持信用修复与惩戒并重，将1559名履约者从失信名单中移除。

【矛盾纠纷多元化解】 2023年，越秀区人民法院注重“抓前端、治未病”，通过诉前联调工作室直接调解、与基层调解组织合作调解及委托委派专业调解方式调解纠纷3.72万件，诉前调解分流率66.8%。法官每周驻点越秀交警大队，现场为道路交通事故当事人提供法律咨询、居中调解、出具调解书，双方到场的调解成功率89%。研发司法确认庭审辅助系统，使用人像活检、AI法官助理、远程视频、在线电子签名技术，提高金融类案件的司法确认效率、履约率，降低金融案件成讼率，上线4个月完成司法确认229件。

【“无讼社区”建设】 2023年，越秀区人民法院在越秀区委领导和越秀区委政法委牵头推动下，与驻地东山街道五羊北社区探索建设的“无讼社区”多元解纷工作模式向全区推广。越秀区委政法委、区司法局与区人民法院联合印发《越秀区“无讼社区”试点推广工作方案》，在全区18个街道各选取1个社区打造样板，成立1个由社区工作人员、社区律师、社区民警、司法所工作人员组成的矛盾调解“四人小组”，作为最小解纷单元，构建基层解纷服务网。越秀区人民法院通过调解业务培训、编辑“家边问诊”指导丛书、编制常见邻里纠纷调解要素表、提供生效案例指引等方式，提升社区解纷能力。与社区建立“双挂点”对口联络渠道，与社区相关的起诉案件可通过“双向互通”渠道，由法院向社区提供法律支持，与社区“四人小组”共同化解，推动“小事不出社区”。是年底，在最高人民法院举办的研讨会上，越秀区人民法院作为全国受邀参会的2家基层人民法院之一，专题汇报“无讼社区”特色工作。

【民事诉讼改革】 2023年，越秀区人民法院配合上级法院做好《中华人民共和国民事诉讼法（修正草案）》立法调研，贯彻落实关于涉外民事诉讼程序制度的规定，提升涉外民事案件审判质效，保障当事人的诉讼权利和合法权益。推进民事案件繁简分流，优化团队管理，结合随机分案与相对集中办案模式，提高案件办理效率。对简易案件依法适用简易程序审理或独任审理，提高小额诉讼程序适用率。全年适用小额程序审理的案件平均用时低至35天。

【审判管理】 2023年，越秀区人民法院统筹政治建设、人员考核、案件管理、审判监督与指导，推进审判管理现代化。推进案件阅核工作机制建设，细化明确院庭长、审判长、合议庭、独任法官权责清单和履职指引，完善审判权监督运行机制。推进院庭长办案实质化，院庭长主审或担任审判长办理案件1.76万件，占全院同期结案数的22.8%，示范导向作用得到发挥。全年开展案件评查4批，对500多件案件进行质量评查。落实审判委员会议事程序和规则，发挥审判委员会总结审判经验，加强监督管理、统一裁判尺度的作用，讨论重大疑难复杂案件并形成决议12项；召开专业法官会议86次，讨论议题137个次。一审案件发改率保持较低水平，案件质量在全市基层法院中领先。

【诉讼服务体系建设】 2023年，越秀区人民法院强化“一站式”诉讼服务体系建设，为群众提供线上线下、多元可选的优质司法服务。畅通现场立案、网上立案、自助立案、跨域立案等渠道，尊重各类群体不同立案需求，打造立体化、多层级的便民立案格局；设立党员先锋岗，提供跨层级跨区域服务指引，为老弱病残等特殊群体提供优先服务，定期为群众提供义务法律咨询服务；设立劳动争议等纠纷立案绿色通道。加强在线诉讼服务平台建设，提供便捷化网上服务，努力实现诉讼服务全天“不下班”，群众“少跑腿”；推进在线庭审、在线调解、在线委托鉴定、在线勘测等服务，提高案件办理效率；加强科技应用，全年各智能诉讼服务设备为群众提供风险评估建议、诉状生成、类案查询、导诉等服务3.37万人次。

（吕雪）

司法行政

【概况】 2023年，广州市越秀区司法局（以下简称“越秀区司法局”）推进公共法律服务实体、网络、热线三大平台融合发展，创新提供涉外法律服务，推动现代法律服务业健康有序发展，坚持和发展新时代“枫桥经验”，化解社会矛盾纠纷3770件，推进“智慧矫正中心”建设，提升社区矫正规范化建设水平，开展重点领域、重要节点的主题法治宣传活动900多场，推进全覆盖普法宣传教育。

【法治宣传】 2023年，越秀区推进“八五”普法规划实施，落实广州市“八五”普法规划中期评估验收。组织开展2023年度越秀区国家机关“谁执法谁普法”履职报告评议活动，越秀区市场监管局、区退役军人事务局、区工商联、登峰街道获评“优秀”等次。开展领导干部学法用法工作，区委常委会会议传达学习《关于建立领导干部应知应会党内法规和国家法律清单制度的意见》及省、市相关会议精神，区政府党组会议传达学习纪念宪法公布施行40周年文章，推出“一月一法”普法学习资料12期，组织领导干部现场旁听行政诉讼案件庭审活动。完成年度国家工作人员学法考试，参考人数1.6万人，优秀率99.8%。结合非遗文化宣传，开展“弘扬传统法律文化越秀行”社区巡展活动。开展民法典宣传月、全民国家安全教育日、安全生产宣传月、全民反诈百日集中宣传等专项宣传活动900多场，举办法治专题讲座300多场。指导东湖新村社区、新河浦社区、旧南海县社区、梅东社区4个社区开展2023年广东省“民主法治示范村（社区）”创建，均获评广东省“民主法治示范社区”。打造“越秀区‘三融合’激发‘法治+文化’新活力”项目入选广州市“谁执法谁普法”十大创新创先项目。

【公共法律服务】 2023年，越秀区司法局升级越秀区公共法律服务中心建设，设置“三区六室”，划定查询引导区、休息等候区、办事服务区3个区及听证室、调解室、法律援助业务室、私密接待室、行政复议庭、母婴室6个功能分室，推进司法行政业务“一站式”办理。构建由1个区级中心、18个公共法律服务工作站及222个公共法律

2023年10月24日，“百名法学家百场报告会”越秀基层专场在粤港澳大湾区（广东）人才港举行　（区委宣传部供图）

服务工作室“区—街道—社区”三级实体组成的公共法律服务体系，推动“12348”免费律师咨询热线平台、广东法律服务网平台形成“线上两翼”，与线下实体平台同频共振，形成“15分钟法律服务圈”。全年全区公共法律服务平台提供法律服务2.1万人次。

【律师工作】 2023年，越秀区司法局落实区内律师事务所及律师年度检查考核，通过“双随机、一公开”（在监管过程中随机抽取检查对象，随机选派执法检查人员，抽查情况及查处结果及时向社会公开）方式检查律师事务所18个，促进律师行业健康有序发展。至年底，全区有律师事务所177个，其中50人以上律师事务所13个、规模以上律师事务所37个、重点律师事务所20个。通过搭平台、优环境、强服务、聚人才等举措，全年法律服务业营业收入呈上升趋势，稳中向好。搭建律企协作平台，挑选38名律师组成“民营企业合规服务团”，为东山街道商会、广州白马服装市场等60多家民营企业开展企业合规宣讲，提升企业依法合规经营管理水平。

【涉境外法律服务创新】 2023年，越秀区司法局融入广州湾区中央法务区建设，推动“越揽众星”人才引育扶持办法落地，激发高端法律服务机构和优秀涉境外律师集聚。是年，全区有涉境外律师300多人、港澳台居民律师12人、大湾区律师9人，有75人入选国家、省、市等各级涉境外律师人才库。鼓励律师事务所设立境外分支机构2个，境外律师事务所在越秀区设立代表处7个。培育广东盈隆律师事务所入选首届中国涉境外法律服务展、全国涉外法律服务示范机构，并加入“一带一路”律师联盟。组织穗港澳三地律师、法官、专家学者等涉外法治人才座谈，推动境外法查明适用、涉境外商事调解、涉境外法律文书送达等涉境外法律服务规则连接、机制对接。组建包括5名香港大律师、1名澳门律师在内的23人港澳律师专家库，推荐受聘为越秀区人民法院特邀调解员，推动涉外民商事争议化解。是年，广交会期间专家库律师仅用50分钟，化解1宗广交会跨境商事纠纷；厘清“FOB”专业术语，化解1宗涉国际货物买卖合同纠纷。

【社区矫正和安置帮教】 2023年，越秀区司法局开展社区矫正“法治、平安、精准、智慧、廉洁”五项建设，年度列管的473名社区矫正对象实现“零重犯”“零脱管”“零漏管”。与区人民检察院联合印发实施《越秀区社区矫正调查评估负面清单（2023年版）》及社区矫正对象外出、经常性跨市县活动证明材料清单，完善管理工作机制。开展“智慧矫正中心”创建，落实“穗智矫”系统定位监管。升级改造园艺矫治项目3.0版，开展入矫教育、专题教育、震撼教育、解矫教育，提升社区矫正工作效能。是年，越秀区社区矫正工作考核成绩居广州市各区第一。

【人民调解】 2023年，越秀区司法局构建“大调解”格局，深化人民调解、行政争议调解、律师调解“三调联动”工作机制，做实区、街道、社区三级人民调解委员会264个，做优行业性专业性调解组织14个，提升1487名人民调解员业务水平，1名干部入选广州市人民调解专家库。是年，组织开展风险隐患排查9726次，调解纠纷3806件，调解成功3770件，成功率99%。推动“无讼社区”创建，开展业务培训44场次，培训人民调解员551人次。健全人民调解“后半篇文章”工作机制，回访调解案件3770件，调解协议履行率100%。

（卢中）

【公证工作】 广州公证处成立于1953年，本部地址位于东风中路437号越秀城市广场南塔10—12楼，其中在越秀区设有越秀城市广场办证大厅、仓边路办证大厅、越秀办证大厅、东山办证大厅4个办证大厅。2023年，广州公证处受理各类公证业务19.23万件，比上年增长57.6%，占全市业务总量的43.6%。其中，受理民事类公证13.98万件，比上年增长64.4%；受理内地经济类公证5.21万件，增长42.1%；受理涉港澳公证3128件、涉台公证1051件，向海峡交流基金会寄送副本1457件，分别增长1.49倍、26%和70%；受理涉外经济类公证473件，增长26.5%。拓展知识产权公证服务1234件，比上年增长1.34倍；推动开展“金融+”线上赋强公证，以“诉前调解+赋强公证”模式参与调解353件，拓展金融领域新业务3549件。公证辅助司法电子送达成功率87%。至年底，广州公证处有公证员67人，占全市执业公证员总数的34.5%，其中具有涉港澳台涉外公证资格、中高级职称分别占40.1%和46.8%。（黎莉芩）

表13　2023年越秀区人民调解与法律援助情况表

项目	单位	实绩
人民调解委员会情况		
调解委员会	个	264
调解人员	人	1556
调解民间纠纷总数	件	3806
调解纠纷成功数	件	3770
法律援助工作		
受理法律援助	件	1367
为当事人挽回经济损失或取得利益	万元	527.26

【司法鉴定】2023年，越秀区有司法鉴定机构8个、司法鉴定人109人，业务范围涵盖法医类、物证类、声像资料和环境损害司法鉴定。在广东省2022年度司法鉴定机构诚信等级评估中，越秀区3个司法鉴定机构获评A级。是年，越秀区司法鉴定人参加年度广州市司法鉴定人培训，学习司法鉴定人法律法规、政策文件、专业知识和专业技能，提高司法鉴定服务质量。（市司法鉴定协会）

【法律援助】 2023年，越秀区法律援助中心受理指派法律援助案件1367件，其中民事案件978件、刑事案件389件，为当事人挽回经济损失或取得利益527.26万元。维护特定群体合法权益，援助妇女496人次、未成年人105人次、老年人52人次、残疾人27人次、农民工581人次，为农民工追回薪资128.02万元。为审判阶段通知辩护的案件被告人提供法律援助242人次，为适用认罪认罚案件犯罪嫌疑人、被告人提供法律帮助839人次。完善法律援助人员管理，落实“先培训后上岗”制度，执行案中卷宗抽查、案件庭审旁听、结案归档材料审核等机制，开展案件质量评估、征询办案部门意见和受援人满意度回访等措施，提高法律援助服务质量。

【在全国率先成立“法治非诉中心”】 2023年11月17日，越秀区在区公共法律服务中心的基础上，全方位链接法治资源、全领域拓展法治功能、全流程优化法治服务，在全国率先成立“法治非诉中心”。“法治非诉中心”融合矛盾纠纷多元化解联动平台、粤港澳大湾区法律服务交流圈、民营企业合规体检服务站、法治建设综合研究实践基地“四大功能”，成为法治护航经济社会高质量发展的创新探索。

【第二批人民陪审员选任工作完成】 2023年，越秀区司法局开展人民陪审员选任工作宣传，公开选任名额、选任条件、权利义务等内容，提高群众知晓率。落实报名人员资格审查，对候选人年龄、职业履历、诚信记录等要素进行审查。落实选任程序，按照随机抽选、个人申请和组织推荐相结合方式进行选任，完成新一届408名人民陪审员选任，并首次选任6名港澳籍人士担任人民陪审员。

【越秀区首个粤港联营律师所开业】 2023年3月29日，越秀区第一个粤港联营律师事务所、广州市第四个合伙联营律师事务所——宏安信陈（广州）联营律师事务所在广州市越秀区开业。此类合伙联营律师事务所由1个或者多个香港或者澳门律师事务所与1个内地律师事务所在广东省内组建，以联营律师事务所的名义对外提供法律服务，承担法律责任。（卢中）

仲裁

【概况】 2023年，越秀区受理劳动仲裁案件2514件，处理集体性劳动争议18宗，仲裁结案率98.7%、终结率78.2%、劳动人事争议大调解成功率83.7%。越秀区劳动人事争议三方联调中心调解案件545件，成功474件，调解成功率87%，三方调解成功率均位于广州市各区前列。

【仲裁业务技能提升】 2023年，越秀区仲裁队伍专业化建设不断增强。5月，人民街道劳动人事争议调解中心被广东省人力资源和社会保障厅等四部门评为工作突出基层劳动人事争议调解组织，获通报表扬；第四季度，越秀仲裁人员领衔的代表队相继获广州市劳动关系板块练兵比武二等奖、广州市人社系统窗口单位业务技能练兵比武二等奖、广州市劳动争议多元化解业务技能竞赛二等奖等。12月，越秀区劳动人事争议仲裁院依托三方联调中心建立全区首个新业态劳动权益调解工作室。

【普法宣讲】 2023年，越秀区劳动人事争议仲裁院坚持开展“送法上门”活动，相继到人民街道、大塘街道、越秀区环保协会开展劳动法等普法宣讲，为街道和50多家企业提供劳动人事争议法律宣讲服务，提升街道和企业的风向防控能力和用工管理水平。同时，组建11人的青年仲裁员志愿者队伍，开展青年志愿者活动2场，发挥仲裁员先锋作用，关注市场主体自身诉求，为30多家企业提供咨询和建议服务。（林洁）

■编辑 王海捷

军　事

区人民武装部

【概况】 2023年，广州市越秀区人民武装部（以下简称“越秀区人民武装部”）以习近平新时代中国特色社会主义思想为指导，贯彻新时代军事战略方针，落实上级决策部署和命令指示，开展练兵备战、优化民兵整组，落实训练执勤任务和党管武装工作，做好高校征兵宣传，各项工作取得进步。是年，2人获广州警备区嘉奖、1人获评人民武装部建设优秀个人。

【思想政治建设】 2023年，越秀区人民武装部开展学习贯彻习近平新时代中国特色社会主义思想主题教育和“学习强军思想、建功强军事业”主题实践活动，推进全面从严治党、军委主席负责制学习教育，结合民兵集训、征兵宣传、学生军训等时机，邀请国防教育讲师团开展党史军史教育和战斗精神培育，做好该部人员、专武干部和民兵政治教育工作，自觉做到“两个维护”。是年，召开党管武装工作会议、区委议军会，组织区级班子成员过“军事日”活动和各街道党工委书记述职。组织开展党管武装绩效考评工作，落实专职人民武装干部提名推荐、资格认证、履职考评等各项制度规定。

【战备训练】 2023年，越秀区人民武装部贯彻落实军委军事训练会议精神，提升能打胜仗的能力，抓好练兵备战、民兵整组、训练执勤等工作。落实党委议战议训制度，组织区有关单位系统修订战备方案计划，研究制订国防动员相关方案，完善民兵分队紧急出动、物资装载、后勤保障、指挥所开设等非战争军事行动方案、预案，参与“羊城天盾-2023”城市人民防空演习、网络应急攻防等演练，选派民兵骨干参加广州警备区指挥员、教练员集训和轻舟分队集训，组织整建制任务民兵分队人装结合训练演练，提升备战打仗能力。深化民兵“十四五”规划建设任务，优化民兵组织和队伍，统筹全区重点行业系统、优质企业编兵资源，开展民兵任务分队建设，完成普通民兵和基干民兵编组任务。完成民兵基地化轮训任务，指导专业分队开展在岗训练。采取基地训练方式，组织民兵分队进行针对性演练考核，完成年度军事训练任务。结合民兵分队集结点验、重阳节防火执勤、汛期抢险备勤、突发情况处置演练等活动，组织民兵参加安保和抢险任务，提升民兵应急应战能力。

2023年12月6日，越秀区2023年度党管武装工作会议暨区委议军会在区机关大楼召开　（钟涌　摄）

【双拥共建】 2023年，越秀区人民武装部利用征兵、学生军训、民兵集训等时机做好国防教育工作，协助推进国防教育讲师团“七进”（进机关、进企业、进学校、进社区、进乡村、进军营、进网络）工程，全年组织国防教育讲座40多场次；利用国防教育示范学校挂牌时机，举办国防知识讲座，增强中小学生国防意识。动员、组织民兵参与垃圾分类和文明创建、卫生创建活动，做好抢险救灾和应急处突准备，投身地方经济建设和扶贫帮困工作；在六一儿童节、教师节期间慰问驻地学校；参与乡村振兴和对口帮扶工作，采购帮扶产品。与越秀区双拥办一起联系驻区部队，收集驻地陆海空及武警部队支援地方建设和拥政爱民先进事迹和图片，制作双拥工作展板，迎接全国、省、市双拥工作中期检验评估。协调解决军人军属在涉军维权、法律援助、转业安置、子女入学、家属随军、优抚优待等方面遇到的问题。

【基层武装部正规化建设现场观摩会】 2023年，越秀区人民武装部贯彻军委国防动员部“江西集训”精神，推进基层治理规范化建设。越秀区委议军会研究后落实军地联合发文，发挥农林街道、黄花岗街道、梅花村街道规范化建设示范引领作用。9月，在农林街道召开基层武装部正规化建设现场观摩会，组织各单位专职人民武装干部观摩学习，提升街道基层武装阵地建设水平和规范化水平，夯实基层武装工作基础。（高明）

中国海警局南海分局

【概况】 2023年，中国海警局南海分局学习贯彻党的二十大精神，坚决落实上级党委部署要求，开展学习贯彻习近平新时代中国特色社会主义思想主题教育，在战斗中砥砺忠诚、在转型中建设发展、在奉献中建功南海，维权执法勇担使命，全面建设向上向好。是年，2名执法员被评为“中国武警忠诚卫士”，10名执法员被中国海警局表彰、树为标兵典型。

【政治工作】 2023年，中国海警局南海分局严密组织党委理论学习中心组集中研学，统筹推进党内主题教育和教育实践活动。开展“五个（理论、文化、法律、心理、医疗）服务到一线”活动，“三有［人人有才艺、舰舰（站站）有精品、队队有特色］”文化活动持续深入，精神底蕴不断厚实。培树过硬典型，聚力以文化人，号召全体执法员向“中国武警忠诚卫士”汪晓龙、林清平学习，组织颁授一等功仪式和巡回报告会，宣扬他们的先进事迹，网络点击量超7亿次，并以此为创作题材，举办“为梦想远航”“建功南海、同心筑梦”等主题晚会。

2023年越秀区征兵工作宣传海报
（区人民武装部供图）

【执法执勤】 2023年，中国海警局南海分局依法维权，彰显坚定维护国家主权和海洋权益的信心决心；执法为民、坚定履行“海上有警情，拨打95110”的承诺，严密组织“净海”“獴猎”“碧海”以及伏季休渔期等专项执法行动，打击非法采砂、走私贩毒、破坏海洋生态等违法犯罪活动。2月，下属广东海警局侦破国际海底电缆损坏案1件，下属中国海警局直属第三局联合公安机关破获海上跨国走私毒品案1件。（葛少白）

国防动员

【概况】 2023年1月10日，越秀区整合区发展改革局经济动员、区房管局人民防空、区商务局交通战备等方面综合协调职能，组建越秀区国防动员办公室，在区发展改革局挂牌。3月16日，越秀区政府办公室和区人民武装部联合印发《关于调整区国防动员委员会的通知》，明确区国防动员委员会主要职责等事项，同步成立区国防动员委员会联合办公室，负责承担委员会的日常事务工作，主任单位为区国防动员办公室，副主任单位为区人民武装部。初步建立主要领导高位统筹、区属部门各司其职、军地协同推进的工作格局。是年，越秀区组织学生参加“爱我国防”暨广州市第九届“南粤长城杯”中学生演讲比赛并获奖，举办国防动员法律制度专题讲座，完成全年征集新兵任务。

（区国动办）

【国防教育】 2023年，越秀区在辖区内户外电子屏、社区宣传栏以及政务微博、微信等平台投放征兵主题宣传片和宣传海报，营造人人保家卫国的社会氛围。2月，在“爱我国防”暨广州市第九届“南粤长城杯”中学生演讲比赛中，越秀区委宣传部、区教育局获优秀组织奖，推荐的学生8人次分获

一、二、三等奖，5名教师获评优秀指导老师。9月，以“羊城天盾-2023”城市人民防空演习为契机，在广州市第七中学组织100名高一学生进行紧急疏散掩蔽暨人防宣传进学校活动。11月，举办国防动员法律制度专题讲座，邀请市委宣传部国防教育讲师团教授为越秀区国防动员委员会29个成员单位和18个街道相关工作人员进行国防动员专题授课。12月，越秀区全民国家安全教育基地在越秀区中小学生综合实践活动教育基地揭牌。是年，在该基地接受国防教育的学生有2.88万人次。　　（区国动办、张雯）

2023年9月16日，越秀区在广州市第七中学配合广州市开展“羊城天盾-2023”城市人民防空演习　　（区发展改革局供图）

【征兵工作】2023年，越秀区开展高学历兵员宣传工作，发动高校学生报名参军。将征兵工作列入全区重要会议进行研究部署，压实高校院系和辅导员工作责任，利用人才引进的优惠政策，发动外地“双合格”（体检检查和政治审查合格）毕业生从越秀区落户入伍，推进体检系统联网监控，规范体格检查、政治考核和审批定兵的组织流程，完成全年征集新兵任务。　　（高明）

人民防空

【概况】2023年，越秀区深入贯彻习近平强军思想和新时代军事战略方针，紧扣国防动员工作决策部署，创新人民防空建法战法训法，强化责任担当，落实人防指挥体系建设、人防队伍训练、人防工程管理工作。是年，越秀区推进人防组织指挥体系和人防专业队伍力量建设，加强人防工程、人防警报建设与管理，配合开展“羊城天盾-2023”城市人民防空演习。

【人防组织指挥体系建设】2023年，越秀区推进人防城市防护能力建设，统筹落实人防力量潜力调查、人防工程数据统计工作，完成11个街道的社区疏散预案编制，实现全区各街道社区疏散预案全覆盖目标。严格按纲施训，完成指挥信息系统专业化训练和拉动演练，训练到岗率100%。开展指挥体系设备设施的维护管理，完成人防工程物业维保单位的政府采购服务。

【人防专业队伍力量建设】2023年，越秀区落实上级工作部署，制定工作方案，完成人防专业队整组，组建人防专业队、综合救援队、人防工程平战转换专业队和人防志愿者队伍。开展人民防空、警报知识宣讲，落实人防宣传进机关、进学校、进企业。

【人防工程建设与管理】2023年，越秀区加强人防工程政务服务管理，完善人防工程服务事项办事指南、材料清单，严格行政审批和验收备案，协助税务部门完成易地建设费收取。是年，越秀区推动结建式人防工程设备设施维护，完成结建人防工程质量评定。注重安全生产和日常巡查检查，完成年度检查任务和安全生产目标。开展自有物业平战结合工作，成立工作专班，推进历史欠租追缴，追缴完成率99.2%。按程序推动人防工程公开招租，完成项目临时管理、合同签订和平稳移交等任务。

【人防警报建设与管理】2023年，越秀区履行人民防空“战时防空、平时服务、应急支援”任务，做好相关设备设施维护管理，配合完成广东省、广州市重要演习演练任务。落实人防警报和通信系统管理规定，高质量完成警报器定期巡查和维护管理工作。

【越秀区“羊城天盾-2023”城市人民防空演习】2023年9月16日，越秀区配合广州市开展“羊城天盾-2023”城市人民防空演习，以平战转换、紧急疏散、警报试鸣等科目为演习重点，在广州市第七中学及属地街道，开展紧急疏散掩蔽演练及人防宣传进学校、进社区活动，按照广东省、广州市演习工作部署同步参加珠三角城市群人民防空协同演习。　　（范苗）

退役军人事务

【概况】2023年，越秀区推进退役军人和双拥工作“越忠诚”“越弘扬”“越舒心”“越保障”“越助飞”“越动能”“越情深”七大工程、“1923工作法”（“1”指坚持党的领导，“9”指紧抓阵地、平台、体系、力量、资源、机制、手段、全程、军地9个融合，“2”指坚持“高质量打造服务保障体系”与“高标准推进双拥创建工作”两线同步推进，“3”指发挥退役军人投身经济建设、参与社会治理、促进精神文明的三大作用），强化越秀区老兵驿站和“越传承”红色双拥品牌。是年，东山街道退役军人服务站站长张安国获评全国优秀主任（站长），越秀区军队离退休干部第三休养所第三党支部获评广州市银映红棉——示范党支部，东山街道红棉老兵志愿服务队获评广州市最美红棉老兵志愿服务队，4人获评广州市最美退役军人事务员，越秀区参赛队伍在广州市退役军人服务体系知识竞赛中获一等奖。

【退役军人移交安置】 2023年，越秀区实施“阳光安置”和“精准一站式”服务举措，按照“应接尽接、准确高效”工作原则，全年完成转业军官、转业士官、逐月领取退役金军官、军休干部、退役士兵等各类政策性接收安置任务。

【退役军人就业创业】 2023年，广州市越秀区退役军人事务局（以下简称“越秀区退役军人事务局”）实施“越助飞”行动，链接军营、院校和企业，推进适应性培训和职业技能培训。开展“送政策、送岗位”进军营系列活动，承办“2023年金秋招聘月活动”“戎归羊城——广州市2023年秋季退役士兵就业招聘会”等活动，提供就业岗位1万多个，达成初步就业意向700多人次。

【退役军人优待抚恤政策落实】 2023年，越秀区按时足额发放优抚对象、军休干部、义务兵、企业军转干部、自主择业军转干部等服务对象的抚恤金、生活补贴、慰问金、医疗补助等待遇，走访慰问重点帮扶对象、困难优抚优待对象，组织优抚对象、自主择业干部、企业军转干部、军休干部体检，为烈属提供异地祭扫服务。开展悬挂光荣牌、立功受奖送喜报、伤残人员核查、办理优待证和优抚人员乘车卡等工作。

【退役军人权益维护】 2023年，越秀区开展全区退役军人思想引领、困难帮扶、权益维护等工作，帮扶困难退役军人及提供医疗救助，协助申请应急救助资金。梳理《中华人民共和国退役军人保障法》《中华人民共和国军人地位和权益保障法》等与退役军人服务管理相关的各项法律法规和政策文件30多份、行政执法职能5项，结合“法律政策落实年”工作，在全区退役军人事务系统举办法治专题讲座200多场次。

【退役军人荣誉激励】 2023年，越秀区组织召开庆祝中国人民解放军建军96周年表扬大会，对驻区部队和户籍现役军人获功勋表彰的集体和个人通报表扬。多渠道发挥退役军人作用，开展“听老兵心声、讲英雄故事”“行走中的红色党课”系列活动，挖掘区内40名“最美退役军人”“最美拥军人物”“最美军嫂”“最美红棉老兵”的先进典型事迹，开展“最美”典型学习宣传活动。

【退役军人服务体系优化提升】 2023年，越秀区优化提升服务体系建设水平，落实深入推进越秀区退役军人服务体系固本强基若干措施，开展“党委统领、全域尊崇、党建引领、红星闪耀、军地同频、真情服务”六大行动和服务中心（站）能力提升三年行动，“星级创建”“银映红棉”“三个一”（一所一行家、一所一品牌、一所一典型）提质工程、“六好”（组织设置好、班子建设好、党员队伍好、学习活动好、作用发挥好、制度坚持好）军休党支部建设等工作成效明显。为越秀区退役军人服务中心和18个街道退役军人服务站配发会议系统、录音录像设备、评价系统、移动办公设备等，区、街道、社区三级退役军人服务体系实现从“有”到“优”。是年，越秀区接待退役军人事务部主要领导和新疆、西藏、内蒙古等地退役军人、双拥工作部门学习调研50多批次600多人次；红色文化传承教育基地——越秀老兵驿站接待参观学习人数超3万人次。

2023年9月30日，越秀区在广州起义烈士陵园开展烈士纪念日公祭活动
（区退役军人事务局供图）

2023 年 11 月 18 日，越秀区“花好月圆”军地联谊活动在珠江游船上举行 （区退役军人事务局供图）

【军队离退休干部服务管理】 2023年，越秀区以落实军队离退休干部待遇为重点，开展军队离退休干部服务保障提质行动，巩固军队离退休干部服务保障机构“三个一”工程成效，打造越秀区军队离退休干部第二休养所红棉老兵医疗志愿服务队品牌。是年，完成军队离退休干部服务保障机构调整，越秀军休服务保障体系“中心+所+站”改革取得初步成效，区军队离退休干部第三休养所并入区军队离退休干部第一休养所，组建越秀区军队离休退休干部服务保障中心。

【退役军人志愿服务】 2023年，越秀区壮大“红棉老兵”志愿服务队伍，在基层治理、应急救援、心理咨询、医疗救治、法律援助、乡村振兴等领域开展志愿服务。越秀区“红棉老兵”志愿服务队常态化开展志愿服务，开展“五进”（进机关、进企业、进军营、进社区、进学校）活动近3000场次，形成“志愿服务+社会力量+常态化联系”经验，提升“红棉老兵”的品牌影响力。

【英烈褒扬纪念】 2023年，越秀区赓续红色血脉，弘扬英烈精神。结合清明节开展“2023·清明祭英烈”系列活动，组织近2万名学生、干部和居民群众开展“忆先烈·寄哀思”网上云祭扫活动。结合烈士纪念日开展“崇尚·传承”红色九月系列活动，组织2批次400多名烈属、部队官兵、优秀退役军人、学生和工作人员代表在广州起义烈士陵园开展祭扫活动。组织全区近万人参加“弘扬烈士精神，缅怀烈士功绩”网上云祭扫活动，举办敬献花篮、瞻仰纪念设施等纪念仪式。

【拥军优属】 2023年，越秀区在广州市双拥模范区创建检查中成绩位居全市各区第一。着眼军地一体化国防战略，与驻区部队保持常态化联系，更新军地联络会商和互办实事清单制度，落实双拥工作领导小组全体会议议定事项、互办实事清单，发挥教育、医疗等资源优势，协调解决“军人子女入园入学”问题，推动官兵“三前三后”（“三前”指前线、前沿、前哨，“三后”指后路、后代、后院）问题解决。八一建军节前夕由区领导带队走访驻区部队，开展拥军优属工作。是年，越秀区主动对接部队需求，建成营院排水单元达标创建、军营文化长廊、双拥桥等项目，推动双拥示范街、“忠诚卫士俱乐部”等项目建设，提升少年军校、海航班、“花好月圆”等特色品牌优势。是年，越秀区双拥联络站和“第一站长”抓落实经验在广东省推广。

【军地企双拥共建启动会】 2023年6月30日，越秀区驻地部队、区双拥办、东山街道办事处、珠江宾馆联合举办“庆祝建党102周年暨军地企双拥共建启动会”。现场为“光荣在党50年”老党员颁发荣誉纪念章。启动军地企双拥共建机制，即建立沟通联络制度、军地企党建共建、节假日为军惠民、联合开展国防教育、共同推动拥政爱民、拥军优属工作、共同提升军地企双拥共建发展水平。

【退役军人专场招聘会】 2023年10月31日，越秀区退役军人事务局承办的“戎归羊城——广州市2023年秋季退役军人专场招聘会”在广州白云国际会议中心举行。此次招聘会邀请包括中国邮政、中国联通公司等大型企业在内的100家上市公司及重点企业参会，涵盖互联网、金融、人工智能、电子商务、综合服务等行业，提供就业岗位，多层次多领域满足退役军人差异化就业要求。 （巫雅君）

■编辑 王海捷

经济管理

宏观经济管理

【概况】 2023年，越秀区实施激活、优化、疏解三大策略，统筹发展和安全，推动经济社会发展。实施越秀区“十四五”规划纲要，组织开展中期评估，形成《越秀区“十四五”规划纲要中期评估的报告》。是年，越秀区地区生产总值3810.24亿元，比上年增长4.5%；地方一般公共预算收入增长7.3%，区域税收收入增长15.5%；固定资产投资额增长10.3%。联动区内六大商圈开展线上及线下促消费活动400多场，推动社会消费品零售总额增长8.7%。

【经济稳增长工作统筹调度】 2023年，越秀区落实国家及广东省、广州市稳增长系列政策，出台《关于印发推动越秀区经济社会发展开好局起好步工作方案的通知》《越秀区新时期高质量发展的行动方案》等文件，开展经济常态化周调度，全区经济整体企稳向好，越秀区地区生产总值比上年增长4.5%，实现年初亮诺目标。市场信心加快恢复，新增“四上”（规模以上工业、规模以上服务业、限额以上批发零售业和住宿餐饮业、有资质的建筑业和有开发经营活动的全部房地产开发经营业）企业378家，“四上”企业累计超4000家、比2018年增长18.7%，实有商事主体突破24万户。推出《广州市越秀区关于贯彻落实促进民营经济发展壮大若干措施的工作方案》，民营经济实现增加值585.54亿元，比上年增长5%。地方一般公共预算收入比上年增长7.3%，区域税收收入增长15.5%。

【重点建设项目管理】 2023年，越秀区健全落实“每周一报、每月一报”工作管理机制和“市+区”两级督导机制，压实各方责任，保障全区重点建设项目提质提速。是年，全区20个市重点建设项目、63个市“攻城拔寨”重点建设项目、64个区重点建设项目分别完成投资25.27亿元、45.45亿元、46.05亿元，分别完成年度计划投资的115.7%、114.5%、116%。全年办理立项审批、招标事项核准31件，企业投资项目备案（不含变更、延期）61件，项目赋码（不含变更）926件，平均办结时间比要求时限压缩50%以上，为8个信用状况良好的项目业主单位颁发越秀区工程项目信用服务金卡，提供全程跟踪服务、报批绿色通道、综合信用服务、融资信贷支持等权益保障服务。

【粮食安全保障】 2023年，越秀区关注国际粮食市场价格变化，克服市场波动较大影响，开展旧粮拍卖和新粮入库工作，拍卖承储到期的小麦，完成小麦和大米入库工作。开展储备粮月度检查和年度轮换工作，委托第三方机构抽检

2023年10月21日，越秀区粮食安全宣传周活动在六榕街道旧南海县社区文化广场举行
（区发展改革局供图）

库存储备粮和区内市场流通粮油，保障粮食质量安全。以视频播放和现场演练形式开展2023年越秀区粮食应急演练，提高区各单位对粮食应急工作的认识。结合2023年第41个世界粮食安全宣传日，开展“食光集市”、小学生爱粮节粮主题海报比赛等活动，推动粮食安全宣传进社区、进校园、进企业。

【“十四五”规划中期评估】 2023年，越秀区编制并印发《广州市越秀区“十四五”规划实施中期评估工作方案》，根据主要目标指标、重大任务、重点项目的进展情况，组织开展评估工作，形成《越秀区“十四五”规划纲要中期评估的报告》。从评估情况看，越秀区“十四五”上半程发展突出“稳”字，实现稳定发展、共享发展、创新发展，实施整体进展顺利，达到“时间过半、任务过半”要求。“十四五”后半程将聚焦“活”字，以激活、优化、疏解三大策略为主线推动高质量发展。

（范苗）

国有资产监督管理

【概况】 2023年，越秀区区属国有企业有广州越富投资控股有限公司及其下属企业等42家企业。全年区属国有经济保持稳定发展态势，区属国有企业资产总额43.7亿元，比上年增长3.4%；实现营业收入4.14亿元，增长26.3%；净利润7832万元，增长528.4%。上缴国有资本收益1061万元。

【国有资产营运】 2023年，越秀区对全区资产管理实施“穿透式”监管，聚焦强化基础管理、合规租赁管理、租金收缴管理、盘活闲置房产四大管理目标，逐个单位、逐个房产、逐个问题推进解决。落实闲置房产分类盘活若干措施，全年盘活行政事业单位和国有企业房产273处，面积2.21万平方米，其中盘活大宗、连片物业6处，引入社会资本4000万元，升级改造房产约4万平方米，提高国有资产资源使用效益。督导区属房产管理单位追缴拖欠租金7016万元。对闲置的东华东路342号（原云香酒楼）进行更新改造，推动闲置房产于2023年底投入运营，带旺周边地区的“烟火气”。

【国有企业监管】 2023年，越秀区按照“一企一策、科学设置”原则，对监管国有企业进行分类考核，根据企业主要功能作用，完善监管企业2023年度经营业绩目标考核，要求企业加强合规高效经营管理，做好资产运营管理、历史遗留问题解决及各项风险防控工作。加强激励和约束机制，落实国有资产保值增值责任。组织开展国有企业专项检查，以查促管强化企业内部管理，督导企业落实整改，促进企业合规高效安全经营。推动企业加强党的建设，健全现代企业管理制度，提高国有企业发展质量。

【国有企业改革调研】 2023年，越秀区研究部署国有企业改革和发展工作，梳理国有企业治理和监管情况，结合上级对国有企业的要求，到广州市国有资产监督管理委员会、市属国企及兄弟区国资监管部门学习管理机制和做法，完善国企改革深化提升的思路。以问题为导向，提出加强国企党的领导、优化区属国企设置布局、完善企业法人治理举措，推进国企改革深化提升行动。是年，开展国有企业调研5次。

【国有企业安全风险防控】 2023年，越秀区试行区国资系统安全生产工作监管机制，在制度层面防范化解重大安全生产和消防安全风险，保障企业生产安全稳定，制定重大节假日和特别防护期房产和网络系统检查工作方案，出动人员约2300人次，检查出租场所面积240万平方米。督导区属国企做好历史信访案件维稳工作，推动企业成立以主要负责人牵头包案的“一案一专班”，建立牵头领导、分管领导、部门负责人和经办人四级责任制。对重大信访维稳事项，督促企业召开与信访人的当面协调会，并通过提级主持督导等方式疏导群众情绪，解决群众诉求，化解矛盾，维护群众利益。（蔡梓详）

【广州越富投资控股有限公司】 该公司成立于2020年10月，注册资本约1亿元，作为投资控股及融资服务平台，主要业务为产业园区建设运营、创新性金融业务、政府投融资顾问。该公司下辖广州民间金融街管理有限公司、广州越富人才发展有限公司、广州越富健康产业有限公司3家全资子公司和广州越富基金管理有限公司、广州民间金融街信息科技有限公司2家控股子公司。是年，广州越富投资控股有限公司在管经营物业4.22万平方米，区直管房年底整体出租率超93%，广州民间金融街服务中心大楼完成移交、建设、招商等工作。广州越富基金管理有限公司开展直投业务，投资2580万元，落地投资项目11个。广州越富人才发展有限公司、广州越富健康产业有限公司处于初创阶段，全年实现业务收入521.97万元。

（程紫琳）

财　政

【概况】 2023年，越秀区加强财政资源统筹，优化财政支出结构，落实落细区重大战略任务和重点项目，兜实基层“三保”（保基本民生、保工资、保运转支出）底线，构建财会和绩效监督创新发展机制，防范债务风险，夯实国有资产管理工作。是年，越秀区实现一般公共预算总收入156.7亿元，其中本级收入57.64亿元，本级收入比上年增长7.3%，完成年度预算计划的101.5%；一般公共预算总支出155.64亿元，其中本级支出137.52亿元。

【财政收入】 2023年，越秀区开展财政收入每月上旬旬调度、下旬日调度制度，定期召开收入分析专题会议，深入挖潜，研究解决组织收入存在问题。1—2月税收收入比上年同期下滑，3—6月实现收入增长，7月达到序时进度，8—10月保持平稳增收，11月再次达到序时进度，连续十一个月实现当月比上年同期增长，收入指标持续好转，实现全年经济社会发展目标的基本面稳固，完成全年高质量发展收入目标任务。是年，在地方一般公共预算收入中，税收收入40.8亿元，比上年增长9.2%。其中，增值税14.48亿元，增长19.1%；企业所得税3.94亿元，下降15.7%；城市维护建设税7.36亿元，下降5.2%；房产税4亿元，增长3.7%；城镇土地使用税2.11亿元，增长277.7%；印花税6.12亿元，增长8.3%；车船税2.77亿元，增长3.2%；环境保护税等其他税收收入0.03亿元，增长12.1%。非税收入16.84亿元，比上年增长3.1%。其中，专项收入3.04亿元，下降4.1%；行政事业性收费收入0.78亿元，增长365.1%；罚没收入1.57亿元，增长12.5%；国有资源（资产）有偿使用收入3.55亿元，下降36.5%；其他收入7.89亿元，增长31.5%。

【财政支出】 2023年，越秀区围绕高质量发展要求，实施积极的财政政策，保持高强度财政支出，控制一般性支出，优先支持经济恢复重振、“三保”、民生实事等重点领域资金需求，兜牢民生保障底线。是年，全区民生类支出107.75亿元，占一般公共预算支出近八成。在地方一般公共预算支出中，一般公共服务支出10.95亿元，比上年增长1.2%；公共安全支出16.77亿元，下降1.5%；教育支出33.81亿元，增长1.9%；科学技术支出6641万元，增长57%；文化旅游体育与传媒支出1.31亿元，下降11%；社会保障和就业支出34.55亿元，下降6.3%；卫生健康支出21.08亿元，增长20.5%；节能环保支出840万元，下降81.8%；城乡社区支出10.38亿元，下降8.5%；农林水支出1.83亿元，增长32.1%；交通运输支出3977万元，增长269.3%；商业服务业等支出2936万元，下降18.2%；金融支出1359万元，增长21.9%；住房保障支出2.83亿元，增长4.2%；粮油物资储备支出3410万元，下降12%；灾害防治及应急管理支出1.14亿元，增长4.2%；债务付息支出6944万元，增长23.3%。

重大项目财政保障 2023年，越秀区通过挖掘策划、优化整合，做好近期、中长期项目财政支出储备计划。全年获分配一般债券资金2亿元，重点保障区排水设施建设、农林街道执信南健康友好街区建设、东风东路小学本部校区及广州市第二幼儿园教学楼改扩建项目开工建设。获分配专项债券3.67亿元，重点保障大小马站书院群项目关键部位征收工作及考古配合项目，加快海月东、解放中路东侧安置房建设，启动老旧小区改造项目18个，统筹推进城区环境品质化提升。

“百千万工程”项目财政保障 2023年，越秀区投入超22亿元用于“百县千镇万村高质量发展工程”（以下简称“百千万工程”）项目，出台《广州市越秀区实施“百县千镇万村高质量发展工程”促进城乡区域协调发展若干财政支持政策》，从资金和政策上保障头号工程。创新实施差异化激励政策改革，强化街道统筹协调功能，缓解区内各片区、各街道发展不平衡不充分问题，提升街道公共服务水平。推动优质公共文化体育资源向街道、社区、城中村延伸。实施城乡免费义务教育补助，推动城乡义务教育一体化发展，促进义务教育均衡发展。落实就业补助资金，推进公共就业服务均等化。全年投入对口协作资金超2亿元，支援地区覆盖西藏、新疆、贵州、广东省湛江市、福建省龙岩市等，协助销售对口帮扶地区的农特产品金额4.62亿元，新增落地支援区投产企业10家，实际到位投资额5.04亿元，在北京路南段打造花城花街暨“百千万工程·惠农集市”，推动消费帮扶从助贫增收转向惠农增收。

【债务管理】 2023年，越秀区向上级争取政府债券资金5.67亿元，按时足额偿付债券利息，做好债券资金“借、用、管、还”全周期管理、常态化风险管控。建立越秀区地方政府隐性债务风险防范长效机制，通过加强监管，保障隐性债务“零新增”，保持隐性债务“清零”成果，全区债务风险总体安全可控。

【绩效管理】 2023年，越秀区加强财政预算编制、执行和监督全过程绩效管理，贯彻月度常态化日常监督机制、年度“财监+绩效+会计信息+内控管理”的“四融合”专项监督检查机制，嵌入财政预算编制、执行和监督全过程，建立精准预算编审、精准预算执行、精准盘活资金、精准落实减税降费、精准绩效评价、精准结果运用的“六精准”财会和预算绩效监督控制体系，严把事前评估、事中运行监控、事后检查评价和结果运用关口，形成财会监督大闭环，保障重点任务资金投入精准有效。是年，越秀区选取贯彻落实党中央、国务院重大方针政策和决策部署以及区委、区政府重点关注的2个单位和94个项目开展绩效评价，以绩效评价结果作为预算安排和政策调整的重要参考依据，提高财政资源配置效率。

【财政管理改革】 2023年，越秀区创新年初预算“ABC”项目分类编审法，在财政“紧平衡”形势下，优先保障A类的“三保”和上级转移支付支出，足额保障B类的民生刚性和上级重点项目支出，妥善安排C类的区级重点项目和其他工作经费支出，压减非急需、非重点、非必要支出需求，保障各级党委、政府重大战略任务实施。创新中长期大额支出可持续分析评估办法，围绕中长期大额支出申请事项，强化关联数据的采集分析和研判，评估财力可持续性，推动调研成果转化为增收节支、强化管理、防范化解风险等举措。推进街道财务管理规范化，修订《广州市越秀区财政局印发关于进一步加强街道财务管理的若干意见的通知》，建立街道财务管理综合评价体系，将各街道财务管理综合情况与下一年度预算安排直接挂钩，发挥以考核促业务的导向作用，缓解越秀区各片区、各街道发展不平衡问题，巩固对街道财政的保障，将监督触角延伸至街道基层一线。

【财会监督】 2023年，越秀区在广州市各区率先建立以数据为核心，涵盖收入组织、预算执行、资产资源盘活和收益收缴等方面的月度常态化数据监控分析和警示反馈机制。在线上依托“数字财政”系统，并扩面监控所有财政业务的数据系统，对每日疑点数据逐条督促纠偏、清零；在线下通过统计查询、关联分析、因果分析、分类和聚类等方法，汇总月度疑点数据台账，定期召开专题工作会议，落实疑点数据纠偏。是年，月度常态化数据监控分析从1个类别19项监控事项扩展到8个类别99项监控事项，通过线上监控发现疑点数据155条，及时组织单位完成整改。创新“财监+绩效+会计信息+内控管理”的“四融合”专项监督检查机制，围绕越秀区委、区政府重点任务和财政中心工作，开展“一支队伍、一次进场、一体监督检查评价”同步进场监督检查。运用大数据和信息化技术，采取“全面+重点”“线上+线下”“现场+非现场”“检查+调研”等方式，对绩效目标实现程度和预算执行情况、资金资产使用效果和会计信息合规性、工作成效和单位内控管理存在问题等监督重点，开展财会监督专项行动，规避检查盲区，聚焦问题寻找根源，推动绩效管理、财会监督、会计信息检查和内控管理融入财政主体业务和财政运行全过程。全年通过开展“财监+绩效+会计信息+内控管理”“四融合”专项监督检查，发现财务管理、资产管理等方面疑点问题197个，对发现问题穿透检查到单位内控管理，挖掘单位内部管理的风险点，以“内控补丁”形式提出对单位内控制度设立与执行流程、执行效果进行完善的意见，从根本上改善单位内部风险控制管理，提高资金使用效益。构建各类监督贯通协调的机制，强化财会监督、预算绩效监督与巡视巡察、审计监督和监督检查等监督的贯通协作。开展预算联网监督，实现预算数据实时、动态和全过程监督，推进人大对政府预算管理的全口径审查、全过程监管，发挥各自优势，增强监督合力。（蔡梓详）

税　务

【概况】 2023年，国家税务总局广州市越秀区税务局（以下简称“越秀区税务局”）发挥税收职能作用，落实系列税费支持政策，推动税收征管改革、智慧税务建设，优化税收营商环境。是年，越秀区税务局组织税费收入483.93

2023年11月27日，越秀区税务局诗书路办税服务厅启用。图为市民群众在服务厅办理业务（李俊峰 摄）

表14 2023年国家税务总局广州市越秀区税务局税费收入情况表

项目	实绩（万元）	比上年增加（万元）	比上年增长（%）
自行组织税费收入合计	4839283	123933	2.6
国内税收收入合计	2173157	95792	4.6
费金收入合计	2666126	28141	1.1

亿元，其中税收收入217.32亿元、费金收入266.61亿元。

【税费收入】 2023年，越秀区税收总收入（含广东省第三税务分局、广州市第三税务分局管辖企业税收及海关代征情况）491.79亿元。越秀区税务局全年实现税费收入483.93亿元。年内，越秀区税务局提升重点税种、地方税种征管质效，开展税源分析研究。靠前服务政府安商暖企项目，常态化落实"首席服务官"机制，组建税收服务专业团队，提供"一对一"税收政策定制服务。

【减税降费】 2023年，越秀区税务局落实组合式税费支持政策，推进减税降费数据"一户式"归集，常态化推送纳税人、缴费人减税降费红利账单。是年，越秀区税务局新增减税降费及退税缓费27.1亿元。

【依法治税】 2023年，越秀区税务局提升税费治理能力，打造税费大数据集成管理中心和税费风险防控中心。深化"外贸税情分析所"品牌建设，运用大数据分析防范税收风险。强化"社保云网格""税务专窗+专员派驻""24小时自助服务区"建设，推动社保费个人业务"指尖即办"、高频跨部门业务"一窗通办""一厅联办"。

【税收征管改革】 2023年，越秀区税务局落实税收征管改革相关工作，完善地方税费种管理及税收风险管理。建设智慧税务，推进全面数字化电子发票试点，发挥广州市首家开放民生领域"乐企直连"税务局的先行优势，引导更多符合条件的企业使用乐企数字开放平台，助力企业数字化转型升级。全面取消管理员固定管户模式，转变团队化管事管户模式，深化清单式分类分级管理。

【税收营商环境优化】 2023年，越秀区税务局助力建设市场化、法治化、国际化税收营商环境。打造家门口党群"智税圈"，在区内各党群服务中心和社会化网点推广建设智税站"智慧微税厅"11个。开展党员先锋行动，引进智能双屏辅导机，嵌入高频税费业务同屏指引，该项目入选2023年越秀区十大民生实事。在区内各街道落地和挂牌运行社保费争议联合处置中心，培育涉税费矛盾争议专职调解团队，拓宽"网格化+"共治格局。深化纳税信用提升行动计划，试点推广"广州税信码2.0"，健全完善守信联合激励机制。开展便民办税春风行动，依托粤港澳大湾区税收法治宣传共建基地，升级"法治护航"系列品牌，推进"策直达"行动，推出"越秀税务智能小税官"微信小程序，向纳税人推送税收优惠政策。撤并五羊新城和交易广场办税服务厅，启用诗书路办税服务厅，推进实体税费服务场所功能转型。（林婷婷）

地方金融管理

【概况】 2023年，越秀区深化地方金融监管链、司法链、征信链、风控链、服务链"五链协同"监管与服务体系建设，完善准入、制度、流程、系统、服务、团队"六位一体"工作机制。普及金融知识，通过线上及线下方式举办金融知识宣教活动20多场。是年，越秀区金融秩序良好，风险可控，连续第七年在广州市地方金融风险防控工作考评中位列全市各区第一。

【地方金融组织非现场监管系统提档升级】 2023年，越秀区运用大数据、区块链、人工智能等数字科技手段，升级完善广州民间金融街非现场智能监管系统，具备数据资源汇集、风险预警监测、协同监管等功能。是年，提档建设广州小额贷款公司"瞭望塔"智能监管系统，实现全市小贷公司100%接入，采集业务数据增至3600多万条。

【地方金融行业规范发展】 2023年，越秀区引导地方金融行业规范发展，完成6家小贷公司、商业保理、典当行等地方金融组织接入中国人民银行征信系统的初步审核，接入范围和企业数量扩大。其中，助推广东广物典当有限公司成为全国首家接入中国人民银行征信系统的典当企业，助力完善地

2023年6月28日，越秀区防范非法集资暨地方金融行业高质量发展专题培训活动在广州大厦举行（区金融局供图）

方金融行业征信体系建设。

【金融风险防范】 2023年，越秀区金融局、区公安分局等职能部门与各街道协同联动，加强对非法集资风险监测预警和处置化解工作。依托全国首个区县级地方金融消费者教育基地——越秀区地方金融消费者教育基地，实现各街道地方金融科普宣传站全覆盖，全年举办金融知识宣教活动20多场，引导社会公众提高自我防范意识和风险识别能力。

【金融风险处置】 2023年，越秀区组织开展小贷公司现场检查、监管评级，支持商业保理企业加入监管白名单，参加省、市、区联动组织的融资担保、商业保理企业现场检查，督促企业合规经营。建立健全“打早打小”的依法惩处机制，推进金融放贷领域专项整治工作。是年，走访检查企业100多家，督促336家企业完成规范整治。

【金融纠纷“诉调对接”解纷法】 2023年，越秀区加强金融纠纷诉源治理。全国首个区县级地方金融调处中心——越秀区嘉驰地方金融调处中心于3月受聘为越秀区人民法院特邀调解组织，探索“诉前调解+司法确认+科技赋能”金融解纷新路径，受理区人民法院委派的调解案件1.6万件，调解案件从法院立案受理到调解结束平均用时约30天，将当事人履约比例从不足20%提升至86.7%。运用技术手段实现同一法官同时在线开庭审理司法确认案件最多30件，创新经验金融纠纷“诉调对接”解纷法获评2023年度广州市优秀“枫桥式工作法”。

（许昀）

审　计

【概况】 2023年，中共广州市越秀区委审计委员会办公室、越秀区审计局开展审计项目18个，查出违规金额132.98万元、管理不规范金额1.13亿元，上缴财政6025万元，移送处理事项3项、移送处理金额3483.18万元，提出审计建议69条，相关审计报告、专报获区领导批示10次。审计质效提高，其中查出不规范金额比上年增长195.2%，上缴财政金额增长100.2%。开展区委、区政府议题和其他交办事项的前置审核工作，回复区各类征求意见函420多份。连续第五年组织开展全区性审计专题培训，编发《审计常见问题汇编（2023年版）》和审计工作提醒3期，开展送审计服务进机关下基层活动2次。牵头开展区主要领导经济责任审计整改工作。全年撰写审计信息101篇，获刊登94篇次，在广州市各区审计局中排名第一，采用篇次数比上年增长123.8%。是年，越秀区审计局获评“全省审计机关先进集体”，是广州市审计系统唯一获此荣誉的区县级审计机关。

【政策落实跟踪审计】 2023年，越秀区开展促进制造业高质量发展政策落实情况专项审计调查，围绕“政治—政策—项目—资金”主线，揭示政策措施落实及专项资金分配、管理和使用中存在的问题，分析原因，提出审计建议1条，推动相关政策措施落地落实。

【财政审计】 2023年，越秀区开展2022年度财政预算执行、决算草案和其他财政收支情况审计，涉及预算收支规模167.29亿元，提出审计建议7条，督促区属相关单位按规定清理上缴结余资金和非税收入3254.88万元。以越秀区总工会、区残联和广州市第七中学实验学校为重点，开展2022年度部门预算执行和其他财政收支情况审计。代区政府起草《2022年度越秀区财政预算执行及其他财政收支审计工作报告》并向区人大常委会报告。配合广东省审计厅开展2022年政府专项债券审计，涉及资金总额2.37亿元，发挥专项债券投资拉动作用，防范化解政府债务风险。

【国有企业审计】 2023年，越秀区审计局采取先巡后审模式，对辖区内重组整合的广州越富投资控股有限公司2020—2022年度资产负债损益以及其他财务收支情况开展专项审计，其中存量资金清理上缴财政1570.06万元，补缴税款92.01万元，针对国企主营业务存在问题和隐患，提出对策建议，助力深化国企改革，提升国企运营管理质效。

【公共投资审计】 2023年，越秀区开展区公共管网完善工程——水均岗涌清污分流专项审计调查。通过审查相关工程资料、勘查工程现场等方式，发现现场实际完成情况与原工程设计图有不符之处、前期准备工作不充分、施工资料不实、使用未经批准的施工材料、多支付结算工程费用等问题。

【民生审计】 2023年，越秀区开展“双减”（减轻义务教育阶段学生作业负担和校外培训负担）情况专项审计调查，抽查区属学校6所、校外培训机构10个，推动“双减”政策落地见效。开展公办初中理化实验室整体提升项目绩效情况审计调查，发现资金支出不规范、实验室安全管理不到位等问题，督促整改到位。

【经济责任审计】 2023年，越秀区对7个区属单位主要领导履行经济责任情况开展审计，发现管理不规范金额2591.26万元，督促上缴区财政1187.52万元。召开2023年经济责任审计工作联席会议，制定印发《越秀区经济责任审计中长期规划》。编制越秀区经济责任审计全覆盖分类计划，加强与越秀区委组织部、区委编办等部门的沟通协调，获取人事变动信息，更新审计项目库，实现对审计对象的实时动态管理。

【内部审计】 2023年，越秀区加强内部审计指导监督，开展内部审计统计调查，指导全区各单位完成内部审计统计调查数据报送工作。落实内审资料备案制度，收集区属各单位报送的内部审计工作计划、审计报告、审计整改情况、工作总结等备案资料。结合经济责任审计，开展内部审计专项检查项目7个，对被检查单位内部审计领导体制建立和执行、内部审计制度建立健全、内部审计人员配备、内部审计职责履行、审计结果运用等情况开展检查，发现问题18个，提出建议17条。

【审计整改】 2023年，越秀区审计局跟进审计整改情况。通过建立台账、挂账销号、定期督促检查等方式，落实审计查出问题整改，做好审计整改“下半篇文章”。落实2022年度区级预算执行和其他财政收支审计工作报告反映的50个问题整改，促进区属单位建立健全相关制度。向越秀区人大常委会汇报2021年度、2022年度审计查出问题整改落实情况。牵头开展越秀区主要领导经济责任审计整改工作，协助召开审计整改工作推进会、审计结果反馈会、审计整改督进会。

【审计服务】 2023年，越秀区开展审计服务工作。举办2023年审计专题培训班，发挥审计“治已病、防未病”作用。加强审计指导，梳理汇总审计发现的常见问题，编制《审计常见问题汇编（2023年版）》作为培训教材并下发至全区各单位，发出审计工作提醒3期。坚持送审计服务进机关下基层，对全区教育系统各单位行政负责人、分管领导、财务人员、结算中心人员共200多人开展审计法规培训，对7个街道的街联组人大代表60多人进行人大预算监督培训。做好审计宣传，全年撰写审计信息101篇，被审计署官网、广东省审计厅官网、“广州审计”微信公众号等刊登94篇次，在广州市各区审计局中排名第一，采用篇次数比上年增长123.8%。

（杜舰）

统　计

【概况】 2023年，越秀区落实全区经济社会发展情况的统计调查和统计分析工作，发布统计公报，提供统计资料并实行统计监督。完成2022年企业一套表统计（年报）调查、2023年企业一套表统计（定报）调查、2023年“四下”单位（除“四上”企业以外的单位）抽样调查等方面的统计调查，发布《2022年越秀区国民经济和社会发展统计公报》、月度统计数据等，编印《越秀区统计年鉴（2022）》。是年，越秀区统计局在广州市统计局2023年度业务工作考评中获“优秀”等次，在广州市统计系统业务技能竞赛中获一等奖。至年底，越秀区登记在册统计员110人。

【统计数据质量】 2023年，越秀区执行联网直报各项规定，加强企业一套表在联网直报环境下各专业统计基础工作，完成全区4134家企业统计年报、4136家企业定期报表的录入、报送、审核、验收工作，以及436家单位抽样调查和其他临时性调查任务。坚持统计数据随报随审，动态监测企业上报数据情况，加强对异常波动数据的审核，规范数据查询佐证材料的收集整理流程，提高统计数据质量。组织开展统计年报数据会审，实施区、街道分级会审制度，创新实施各街道“交叉会审”机制。是年，越秀区组织统计年报数据会审26场，实现“四上”企业会审全覆盖。

【经济运行监测】 2023年，越秀区以季度统一核算制度为基础，开展“报前研判、报中监测、报后分析”监测，对主要经济指标实行动态跟踪监测，对地区生产总值、主要行业增加值进行监测分析，每季度发布越秀区经济运行简析。通过走访企业，掌握企业经营发展情况，加强对重点领域、重点行业、重点企业的统计监测预警，形成《2022年以来越秀区消费品市场运行情况分析》《2019—2022年我区民营经济发展情况分析及建议》等专题调研报告，研判经济运行走势，为经济运行调度提供参考。实施单位名录库动态监管，开展

2023年12月28日，《中华人民共和国统计法》颁布40周年普法宣传活动在越秀区中山四路城隍庙忠佑广场举行　（区统计局供图）

基本单位调查清查和新增“四上”单位审批入库工作，加强部门间数据交流协作，建立完善“准四上”企业名录库。区、街道联动做好企业服务，挖掘新增“四上”单位，形成有效增量，全年新增“四上”单位378家。

【统计分析服务】2023年，越秀区针对经济运行中的苗头性、倾向性、趋势性问题以及人民群众关心的热点问题开展统计分析研究，通过横纵对比、立体分析等方式研判经济运行情况，反映监测中发现的需重点关注问题，发挥统计参谋助手作用，全年编印统计分析50期。撰写的《越秀区文化产业发展研究》《越秀区商贸企业内外贸一体化发展调查报告》分获广州市2022年度优秀统计分析报告一等奖、优秀奖。编印《越秀国民经济和社会发展统计月报》《2022年越秀区国民经济和社会发展统计公报》《越秀区统计年鉴（2022）》等统计资料，为越秀区委、区政府和有关部门、社会团体、市民群众提供统计数据服务。

【统计业务培训】2023年，越秀区坚持统计教育培训制度化、常态化、规范化，对培训内容、培训方式、管理和纪律进行完善和规范。全年组织基础统计队伍业务培训12次，区、街道和部门统计人员429人次参训，统计定报培训30场次。分专业制作培训简明指南和统计教育培训视频，在越秀区人民政府门户网站和区内共享平台发布。建立统计培训满意度评价体系，就课件资料、授课运行、考试评估等环节开展问卷调查。落实“逢训必考”制度，保障企业“课堂随测”做到100%，提高企业统计人员业务水平。

【统计法治建设】2023年，越秀区坚持常态化推进统计法进党校，推进统计知识进部门、进街道，召开“走进统计”——统计业务交流座谈会，营造了解统计、认识统计、支持统计氛围。开展统计造假屡禁难绝专项治理行动，成立区级专项治理行动领导小组，制定实施方案，召开专项治理行动动员部署会议。强化统计监督协同，联合越秀区纪委监委、区委巡察办、区财政局、区审计局印发《越秀区纪检监察、巡察、审计、财会、统计等监督贯通协调工作机制》，贯通协调各类监督，防范和惩治统计造假、弄虚作假行为。落实“双随机、一公开”（在监管过程中随机抽取检查对象，随机选派执法检查人员，抽查情况及查处结果及时向社会公开）制度，全年对103家企业（项目）开展执法检查。其中，对62家企业（项目）开展重点执法检查，对7家企业（项目）开展入退库检查，对34家企业开展跨部门执法检查。

【统计基层基础建设】2023年，越秀区统计局以广东省统计局制定的加强基层统计“7个一”［一支有信仰有担当的高素质基层统计队伍、一个科学规范的基层统计管理体系、一揽子基层统计数据质量管理工作举措、一个完备的基层统计工作保障机制、一个基层统计创新发展主题、一套乡镇（街道）统计规范化标准、一方基层统计求真求实净土］规范化建设为标准，落实落细基层统计队伍建设各项制度，指导全区18个街道全部达到统计规范化建设先进标准。对全区统计人员的信息实行在线登记、动态管理，提高人员管理效率。以考核促管理、以评价促提高，推进街道统计人员年度工作实绩评价。

【第五次全国经济普查单位清查】2023年，越秀区开展第五次全国经济普查（以下简称“五经普”）单位清查工作，成立由越秀区政府主要领导任组长的越秀区“五经普”领导小组，明确各街道党工委书记为街道“五经普”领导小组第一组长、街道分管领导为街道经普办公室主任。越秀区统计局牵头制定工作方案，明确责任分工，落实各项保障，为“五经普”各项工作奠定基础。开展“五经普”业务培训，分别对街道党工委书记、普查“两员”（普查指导员、普查员）、个体户、重点行业开展专场培训，组织区、街道业务骨干参加省级、区级综合试点，积累普查经验。健全工作机制，加强通报督导，每日通报全区清查工作进度，定期开展工作督导，提升普查登记质效。加强宣传引导，协调组织街道、相关部门开展“五经普”宣传，扩大社会影响力，增强普查对象的统计法治意识，引导普查对象理解、支持、配合普查工作。至年底，越秀区普查底册市场主体10.05万户，其中单位9.48万户、样本个体户5728户。

【城乡一体化住户调查】2023年，越秀区开展城乡一体化住户调查，为国民经济核算和居民消费价格指数权重制定提供基础数据。制定住户调查记账户资料核实工作计划，指定社区挂点人员逐个社区逐个记账户上门核实地址、人数和收支等情况。每月组织指导12个社区的120户居民家庭按时报送日常家庭收支情况，区调查员收集、审核、汇总后上报国家统计局广州调查队。

【万户居民调查】2023年，越秀区根据《广州市统计局关于开展2023年万户居民调查入户调查的通知》，制定越秀区2023年万户居民调查工作实施方案，组织光塔街道、梅花村街道、珠光街道、矿泉街道4个街道20个社区的调查人员，对全区1000户居民家庭进行入户问卷调查。根据调查情况撰写《智慧政务利居民 数字政府提效能》《经济预期渐向好 消费潜力待激发》等分析报告，为有关部门了解社情民意提供参考和建议。

【劳动力调查】2023年，越秀区对黄花岗街道、华乐街道、建设街道、登峰街道、矿泉街道5个街道的112户居民家庭开展全国月度劳动力调查。越秀区统计局每月到社区进行督导跟访入户，调查数据由上级统计部门汇总并测算失业率，为政府判断就业形势、加强就业服务提供依据。（许楠）

市场监督管理

【概况】 2023年，越秀区商事登记改革连续第三年获广州市政府督查激励，全区首个服装类产品质量基础设施“一站式”服务点在广州白马服装市场落地；加装电梯连片托管、医用计量管理经验在全市推广；知识产权、标准化、电梯托管工作入选区“百千万工程”改革创新项目库；在2023年度广州市质量工作考核中越秀区获评“A级”。是年，越秀区实有商事主体24.26万户，比上年增长4%。

【商事制度改革】 2023年，广州市越秀区市场监督管理局（以下简称“越秀区市场监管局”）推动开办企业全链条“一网通办、半天办结”，30项高频涉企事项与营业执照智能联办，实现“一网联办、一照通行、e证准营”。简化食品药品连锁经营许可办理模式，推行告知承诺、容缺受理、审前服务等举措，支持大型企业分支机构变更登记集中办理、个体户经营者直接变更，在广州市各区率先推行市场主体市内迁入“指尖办”。

【质量强区建设】 2023年，越秀区辖区内企业广汽集团获第五届中国质量奖提名奖，辖区内12家企业首席质量官参与广东省市场监督管理局首轮备案，4家企业入围广州品牌故事大赛，10个品牌入选“广州百强质量品牌”并获推广，品牌活力持续释放。建成全区首个服装类产品质量基础设施“一站式”服务点，规范检验检测、认证认可市场秩序，以高质量建设推动产业高质量发展。

【市场主体信用监管】 2023年，越秀区市场监管局强化信用风险分类与“双随机、一公开”监管、重点领域风险防控有机融合，开展“双随机”抽查92项、重点领域抽查23项，覆盖6162户，企业年报率95%。将2.21万家次企业列入经营异常名录，将3.74万户次个体户标记为经营异常状态，清理空挂企业699家。优化信用修复“零跑腿、网上办”、信用修复驿站“线上及线下同服务”，重塑市场主体信用1.49万户次。

【市场监管执法】 2023年，越秀区组织开展市场监管系统“双打”（打击侵犯知识产权和制售假冒伪劣商品违法犯罪行为）行动、民生领域“铁拳”（严打市场监管领域违法行为）行动，推进市场领域扫黑除恶常态化。加强网络交易监管，开展互联网广告领域治理专项行动。组织实施9个农贸市场提升行动，开展小餐饮场所安全生产、无证无照经营、“散乱污”场所等专项整治，推进城中村治理、平安越秀建设、创建文明城市、巩固卫生城市工作。落实狂犬病强制免疫、动物疫病监测、非洲猪瘟疫情和红火蚁防控，完成农业审批备案124宗，办结农业案件5件。是年，8件案件获评全国、广东省、广州市优秀典型案例。

【农贸市场综合治理】 2023年，越秀区推动农贸市场落实管理责任，健全市场管理制度，落实市场水污染防治常态化，强化食品安全管理，规范市场经营秩序，提升市场卫生环境，加快推进市场升级改造，开展文明诚信经营活动。整治农贸市场环境卫生、出摊经营、塑料袋使用等问题，提升辖区内农贸市场规范化、制度化管理水平，营造干净整洁、文明有序、安全卫生的市场消费环境。杜绝市场禽类经营档口、生活超市、社区流动摊贩违规销售活禽等行为。落实农贸市场“1110”制度（第一个“1”指一日一清洗，第二个“1”指一周一消毒，第三个“1”指一月一休市，“0”指过夜零存栏）消毒登记工作，杜绝野生动物非法交易、宰杀现象。推进东川市场、东山市场、沙河登峰市场、旺季市场、小北登峰市场、东园市场、东兴市场、东华市场、太平沙市场9个农贸市场提升工作。

【消费维权保障】 2023年，越秀区推进“放心消费粤行动”，认定ODR（Online Dispute Resolution，在线消费纠纷解决）企业2家、放心消费承诺单位104个、线下无理由退货承诺单位34个。开展预付费纠纷“防火墙”行动，整治医美行业虚假夸大宣传行为。全年处理投诉举报8.9万宗，比上年增长36%，为消费者挽回经济损失710万元。消费者满意度测评得分居广州市各区前列。

表15 2023年越秀区“12315”维权站一览表

序号	经营主体	维权站类型	地址	建立时间	市场监管所名称
1	广州市海印电器总汇有限公司	“12315”进市场	东湖西路56—58号首层，大沙头四马路13号首层、14号2—3层	2006年1月	白云市场监管所
2	丽柏广场	“12315”进商场	环市东路367号白云宾馆和友谊商店连体楼1—5层	2008年1月	华乐市场监管所

续表 15

序号	经营主体	维权站类型	地址	建立时间	市场监管所名称
3	广州市新大新有限公司东山广场分公司	“12315”进商场	先烈中路 63 号裙楼 1—4 层	2008 年 1 月	黄花岗市场监管所
4	广州旺角钟表城	“12315”进市场	站西路百兴街 1、11、25、35 号 1—2 层	2008 年 1 月	矿泉市场监管所
5	广州市御龙外贸服装城	“12315”进市场	广园西路 235 号凯达大厦 1—4 层	2008 年 1 月	矿泉市场监管所
6	广州市新大新有限公司北京路分公司	“12315”进商场	中山五路 4 号	2008 年 1 月	北京市场监管所
7	广百股份有限公司北京路分公司	“12315”进商场	西湖路 12 号 -2—9 层	2008 年 1 月	北京市场监管所
8	广东安华美博经济发展有限公司广州安华美博城市场经营管理中心	“12315”进市场	广园西路 121 号	2008 年 1 月	矿泉市场监管所
9	广州市山海城市场经营管理有限公司	“12315”进市场	一德路 369 号 5 楼 A4	2008 年 1 月	人民市场监管所
10	广州市越和中六市场经营管理有限公司	“12315”进市场	中山六路 190 号 1—4 层	2008 年 1 月	光塔市场监管所
11	红棉国际时装城	“12315”进市场	环市西路 184 号	2012 年 1 月	流花市场监管所
12	广州白马物业管理有限公司白马服装市场经营管理服务中心	“12315”进市场	站南路 16 号	2012 年 1 月	流花市场监管所
13	广园致友汽配城分场	“12315”进市场	广园东路 1881 号	2012 年 1 月	登峰市场监管所
14	广园致友汽配城	“12315”进市场	广园东路 1540 号，横枝岗 96 号	2012 年 1 月	登峰市场监管所
15	广州市奥森堡经济发展有限公司	“12315”进市场	永福路 79 号倚云汽车用品广场	2012 年 1 月	登峰市场监管所
16	广州市利远贸易有限公司市场经营管理分公司	“12315”进市场	永福路 45 号大院自编 A33 号 1—6 层	2012 年 1 月	登峰市场监管所
17	广东江海机电工程有限公司金永福汽车配件用品城市场经营管理分公司	“12315”进市场	广园东路 1686—1688 号、1702—1716 号	2012 年 1 月	登峰市场监管所
18	华润万家生活超市（广州）有限公司五羊新城店	“12315”进超市	寺右新马路 106 号	2012 年 10 月	东山市场监管所
19	广州友谊商店	“12315”进商场	环市东路 369 号自编 1 号楼，环市东路 371—375 号	2012 年 10 月	华乐市场监管所
20	米市新街市	“12315”进市场	惠福路甜水巷 27 号 1—2 层	2012 年 10 月	光塔市场监管所
21	广州市康富物业管理有限公司	“12315”进市场	人民北路 833 号越富大厦 G 层—3 层	2012 年 10 月	六榕市场监管所
22	广州市海印广场商业有限公司	“12315”进市场	大沙头路 21 号 1—5 层	2012 年 12 月	白云市场监管所
23	广州盛贤大沙头旧货市场有限公司	“12315”进市场	大沙头绿荫路 2 号 -1—4 层	2012 年 12 月	白云市场监管所
24	广州市精鸿国际数码城市场经营管理有限公司	“12315”进市场	大沙头三马路 32 号 -1—2 层	2012 年 12 月	白云市场监管所
25	广州市东湖新村市场经营管理有限公司	“12315”进市场	大沙头三马路 34 号 201 铺	2012 年 12 月	白云市场监管所
26	广州市星之光家电市场有限公司	“12315”进市场	大沙头三马路 11 号	2012 年 12 月	白云市场监管所
27	广州市海印布料总汇市场经营管理有限公司	“12315”进市场	沿江东路 429 号 1—4 层	2012 年 12 月	白云市场监管所
28	广州市粮食集团有限责任公司金海印电器市场经营管理分公司	“12315”进市场	大沙头四马路 8 号 1—2 层，东湖路 168 号首层	2012 年 12 月	白云市场监管所
29	广州盛贤纺织（布艺）城	“12315”进市场	大沙头四马路 7 号海印花园 B 栋 1—3 层	2012 年 12 月	白云市场监管所
30	广州市越秀区新濠畔鞋材皮革五金批发广场	“12315”进市场	站西路 39 号 1—6 层	2013 年 10 月	矿泉市场监管所

续表 15

序号	经营主体	维权站类型	地址	建立时间	市场监管所名称
31	广州市越秀区站西服装城	“12315”进市场	站西路 57 号 2 号楼 1—6 层	2013 年 10 月	矿泉市场监管所
32	广州市西亚兴安商业有限公司东堤分店	“12315”进超市	广舞台二马路 20 号	2013 年 10 月	珠光市场监管所
33	广东天河城百货有限公司北京路分公司	“12315”进商场	北京路 238 号 1—6 层	2013 年 10 月	北京市场监管所
34	广州市凯荣都服装批发中心	“12315”进市场	站西路 57 号 1 号楼 -1—6 层	2013 年 10 月	矿泉市场监管所
35	广东海印缤缤广场商业市场经营管理有限公司	“12315”进商场	广州起义路一号主楼第四层 4604 室	2013 年 10 月	人民市场监管所
36	广州金赛物业管理有限公司	“12315”进市场	站西路 57 号 9 号楼 -1—7 层	2013 年 10 月	矿泉市场监管所
37	广州市金山象市场开发有限公司	“12315”进市场	童心路 6 号 1—3 层	2013 年 10 月	登峰市场监管所
38	广州卓越地王广场经营管理有限公司	“12315”进商场	较场西路 26 号	2013 年 10 月	大东市场监管所
39	广州市越洋锦都贸易有限公司	“12315”进市场	麓景路黄田直街 1—2 号 1—2 层	2013 年 10 月	登峰市场监管所
40	广州市李占记钟表有限公司	“12315”进企业	中山四路 344—348 号	2014 年 12 月	北京市场监管所
41	广州市广百置业有限公司广州眼镜城市场经营管理分公司	“12315”进市场	人民中路 260 号 1—5 层	2014 年 12 月	人民市场监管所
42	广州市百车达投资管理有限公司	“12315”进企业	登峰街濂泉路 41 号自编 2 号大院内自编 11 栋 301 房	2015 年 1 月	登峰市场监管所
43	广州市广福物业管理有限公司	“12315”进市场	麓景路 6 号 1—3 层广州广福（国际）商贸城	2015 年 1 月	登峰市场监管所
44	广州市越洋锦都贸易有限公司市场经营管理分公司	“12315”进商场	下塘宝汉直街 2 号新登峰宾馆商场 1—2 层	2015 年 1 月	登峰市场监管所
45	广州市香江家具有限公司	“12315”进商场	广州大道中 599 号 1—5 层	2017 年 7 月	黄花岗市场监管所
46	广州市登峰肉菜市场	“12315”进市场	小北路 73 号	2017 年 7 月	洪桥市场监管所
47	广州市越秀区天惠超级商场	“12315”进超市	广园西路 43 号地下	2017 年 7 月	矿泉市场监管所
48	广州市珠光市场经营管理有限公司	“12315”进市场	文德南路 62 号 201A 室	2018 年 8 月	珠光市场监管所
49	北京仲量联行物业管理服务有限公司广州分公司	“12315”进商场	中山三路 33 号六层 A、B 塔楼中间位置	2018 年 8 月	大东市场监管所
50	广州市广百股份有限公司农林分公司	“12315”进商场	农林下路 37 号广州建和商业广场	2018 年 8 月	农林市场监管所
51	广州盛照市场经营管理有限公司	“12315”进市场	大沙头路 31 号	2018 年 8 月	白云市场监管所
52	广州市东区力美健健身运动有限公司	“12315”进企业	中山三路 33 号八层 ZH04 房	2018 年 8 月	大东市场监管所
53	广州熠景辉商务服务有限公司	“12315”进企业	先烈中路 80 号汇华商贸大厦 501 单元	2018 年 11 月	黄花岗市场监管所
54	深圳盒马网络科技有限公司广州第三分公司	“12315”进超市	建设大马路 20 号负一层自编 ZB101 房	2018 年 11 月	建设市场监管所
55	广东文投创工场投资管理有限公司	“12315”进企业	水荫路 119 号星光映景大厦 16 层 06 室	2018 年 11 月	黄花岗市场监管所
56	广东壹号大药房连锁有限公司	“12315”进企业	共和西路 1 号 2 层	2018 年 11 月	梅花村市场监管所
57	广州市东山百货大楼股份有限公司	“12315”进商场	署前路 3 号	2020 年 6 月	东山市场监管所
58	广州桃花江实业发展有限公司	“12315”进商场	站西路 57 号二号楼站西服装城二楼 2888 号	2020 年 6 月	矿泉市场监管所
59	广州金耀物业管理有限公司（南方国际钟表城）	“12315”进商场	站西路 59 号	2020 年 6 月	矿泉市场监管所

续表 15

序号	经营主体	维权站类型	地址	建立时间	市场监管所名称
60	广州优衣仕国际时装城市场经营管理有限公司	“12315”进商场	广园西路 14 号 1—9 层	2020 年 6 月	矿泉市场监管所
61	广州市福怡市场经营管理中心	“12315”进市场	永福路 49 号	2020 年 6 月	登峰市场监管所
62	广州市东利企业管理有限公司豪贤肉菜市场	“12315”进市场	豪贤路 143 号	2021 年 6 月	北京市场监管所
63	广州市越秀区惠福新街市	“12315”进市场	惠福西路 367 号首层	2021 年 6 月	北京市场监管所
64	广州铁路低产置业有限公司共和西市场分公司	“12315”进市场	共和西横街自编 1—2 栋首层	2021 年 6 月	梅花村市场监管所
65	广州鼎盛市场管理有限公司	“12315”进市场	泰兴直街 58 号金迪大厦西塔首层杨箕新街市	2021 年 6 月	梅花村市场监管所
66	广州东川新街市有限公司东兴市场分公司	“12315”进市场	东兴南路 67 号首层	2021 年 6 月	梅花村市场监管所
67	广州东川新街市有限公司东园市场分公司	“12315”进市场	共和西路 61 号首层	2021 年 6 月	梅花村市场监管所
68	广州市粤戈市场经营管理有限公司	“12315”进市场	寺右新马路 122 号首层	2021 年 6 月	东山市场监管所
69	广州市越秀区龟岗农副产品市场经营管理中心	“12315”进市场	龟岗大马路江岭东街 4 号首层	2021 年 6 月	东山市场监管所
70	广州市越秀区明月农贸市场	“12315”进市场	明月二路 612 号首层	2021 年 6 月	东山市场监管所
71	广州市越秀区荣华肉菜市场	“12315”进市场	中山三路荣华北街 20—2 号地下	2021 年 6 月	大东市场监管所
72	广州东川新街市有限公司东华市场分公司	“12315”进市场	东华西路 15 号	2021 年 6 月	大东市场监管所
73	大北肉菜市场	“12315”进市场	百灵路 2 号	2021 年 6 月	六榕市场监管所
74	广州市越秀区盘福肉菜市场	“12315”进市场	东风西路医国街兰湖里 19 号	2021 年 6 月	六榕市场监管所
75	广州市越秀区先烈中肉菜市场	“12315”进市场	先烈中路 81 号大院 35 栋	2021 年 6 月	黄花岗市场监管所
76	广州市耀华物业管理有限公司东山肉菜市场经营管理分公司	“12315”进市场	龟岗大马路二号之三首层	2021 年 6 月	东山市场监管所
77	广州市穗隆企业管理服务有限公司（东富市场）	“12315”进市场	东华东车路边 37 号之一首层	2021 年 6 月	大东市场监管所
78	广州东川新街市有限公司东川市场经营管理分公司	“12315”进市场	东川路 92 号	2021 年 6 月	大东市场监管所
79	广州裕隆市场经营管理有限公司（广州市福今肉菜市场）	“12315”进市场	福今路 53—55 号二楼自编 1 房	2021 年 6 月	农林市场监管所
80	广州东川新街市有限公司建设新村市场分公司	“12315”进市场	建设二马路 13 号 1 楼	2021 年 6 月	建设市场监管所
81	广州市越秀区淘金农贸市场	“12315”进市场	淘金路 142 号二层，150 号 1—2 层	2021 年 6 月	华乐市场监管所
82	越升（广东）信息科技有限公司	“12315”进市场	淘金北路正平一巷 3—5 号	2021 年 6 月	登峰市场监管所
83	横枝岗新街市	“12315”进市场	横枝岗路 56 号大院之 42 首层	2021 年 6 月	登峰市场监管所
84	金贵肉菜市场	“12315”进市场	广园东路东街 1 号	2021 年 6 月	登峰市场监管所
85	广州市沙河兆联经济发展有限公司沙河登峰综合市场经营管理分公司	“12315”进市场	麓景东路 37 号首层	2021 年 6 月	登峰市场监管所
86	广州东川新街市有限公司桂花市场分公司	“12315”进市场	解放北路桂花岗二街 0001 号	2021 年 6 月	流花市场监管所
87	广州市锐源物业管理有限公司（王圣堂旺角街市）	“12315”进市场	王圣堂大街 78 号首层	2021 年 6 月	矿泉市场监管所

续表 15

序号	经营主体	维权站类型	地址	建立时间	市场监管所名称
88	广州市越秀区兆丰物业管理服务部	“12315”进市场	北站路 166 号	2021 年 6 月	矿泉市场监管所
89	广州市越秀区瑶台君辉新街市	“12315”进市场	瑶池西街 25 号	2021 年 6 月	矿泉市场监管所
90	广州市瑶台兴隆市场经营管理有限公司	“12315”进市场	瑶台瑶池西街 53 号首层	2021 年 6 月	矿泉市场监管所
91	广州市机务段市场管理有限公司	“12315”进市场	机务段机场新街 1 号 101 房	2021 年 6 月	矿泉市场监管所
92	广州市旺季商务服务有限公司	“12315”进市场	水荫路水荫直街 30 号	2021 年 6 月	黄花岗市场监管所
93	广州东川新街市有限公司黄花市场分公司	“12315”进市场	先烈中路 63 号东山广场二楼	2021 年 6 月	黄花岗市场监管所
94	广州市越秀区农副产品配送中心市场经营管理分部	“12315”进市场	海珠南路 126 号	2021 年 6 月	人民市场监管所
95	广州市朴朴网络科技有限公司	“12315”进市场	广州大道中 289 号采编楼 2301—2304 室	2022 年 3 月	梅花村市场监管所
96	广州市盒马鲜生网络科技有限公司越秀区第二分公司	“12315”进市场	小北路 319 号 201 房	2022 年 3 月	洪桥市场监管所
97	广东南方新媒体股份有限公司	“12315”进企业	人民北路 686 号自编 25 栋 411 房	2023 年 2 月	六榕市场监管所

【特种设备安全监管】 2023年，越秀区建立电梯连片托管社区19个，连片托管电梯近500台，创建广州市首个加装电梯连片托管示范街道——黄花岗街道，全区托管电梯超1200台。保障重大活动重要场所特种设备安全，开展重大节日重点时段安全检查，检查单位230个，整改严重安全隐患86处，立案查处18件，推进老旧电梯更新48台。监督抽查在用电梯980台，发现并消除隐患465处，立案查处4件。

【工业产品质量监管】 2023年，越秀区落实电动自行车销售单位质量安全主体责任，“粤品通”“电车专家服务端”销售单位质量安全总监、质量安全员的录入率超80%。对电动自行车、燃气器具、文具玩具、休闲服装等重点产品开展质量专项提升33批次，抽检电线电缆、成品油、灭火器等50批次，在国家级、省级、市级、区级监督抽查中发现并处理不合格工业产品129批次，立案查处质量违法案件44件。

【标准化管理】 2023年，越秀区指导区内企事业单位开展标准研制和推广，区内2个单位申报的项目入选广东省标准化助力制造业高质量发展重点项目“揭榜挂帅”中榜项目名单（全省20家）。是年，越秀区市场监管局主导广东省“粤智助”政府服务标准化试点、广东办公用房管理“两化融合”标准化试点2个国家级标准化试点项目；主导广东省无人机水稻植保作业服务标准化试点、广东省医学数据资源生产要素化路径标准化试点等8个省级标准化试点项目；主导制定3项国际标准（广州船舶及海洋工程设计研究院ISO 24569：2023，广东省中医院ISO 7177：2023、ISO 5228：2023）。

【计量监管】 2023年，越秀区市场监管局推出医用计量管理“一建立、二坚持、三杜绝”（“一建立”指建立健全

2023 年，越秀区市场监管局指导朴朴超市与广州计量院签订计量服务协议。图为 4 月 20 日，广州计量院与朴朴超市在广州市朴朴网络科技有限公司举行计量服务协议签约仪式
（钟涌 摄）

医用计量器具管理制度；“二坚持”指坚持将医用计量器具按期检定、校准，坚持将医用计量器具台账按时备案；“三杜绝”指杜绝医用计量器具未检即用，杜绝医用计量器具少检多用，杜绝医用计量器具超期使用）模式并在广州市推广。在广东省各区县率先开展生鲜电商精准计量提升行动，指导超市建立“五统一”（统一配置、统一检定、统一标识、统一管理、统一维修）计量管理体系。加强民生和能源计量管理，打造北京路商圈诚信计量示范街。是年，越秀区新增诚信计量示范单位3个，327个单位开展诚信计量自我承诺。

【知识产权保护】 2023年，越秀区推进国家知识产权服务业集聚发展试验区创建。全年发明专利授权量5401件，比上年增长36.4%；高价值发明专利7688件，比上年增长39.6%，PCT（Patent Cooperation Treaty，专利合作条约）国际专利申请222件。9项专利获中国专利奖、2项专利获广东专利奖，新增国家知识产权示范优势企业3家，5家企业入选国家知识产权局“千企百城”商标品牌价值提升行动名单。布局“一岗一路一山”（“一岗”指黄花岗科技园，“一路”指先烈中路，“一山”指花果山超高清视频小镇）知识产权服务机构集聚发展核心区，建设国家商标品牌创新创业（广州）基地、国家版权贸易基地（越秀），打造越秀区知识产权综合服务中心，设立知识产权服务特色园区工作站4个、商标品牌培育指导站2个，出台“高质量发展十条”等扶持政策，集聚知识产权服务人才、知识产权部门专职人员逾3000人，引进6名国家特聘专家落户发展。建设重点产业知识产权运营中心，推动知识产权服务机构和制造业企业联合布局专利，引导加速创新成果转化，推进广州市首单知识产权证券化产品ABN（Asset Backed Medium-term Notes，资产支持票据）发行，筛选62项入池专利或商标。落地广州市首单跨境电商解除TRO（Temporary Restraining Order，临时禁令）禁令侵权责任保险，完成知识产权质押融资超24亿元，比上年增长超200%。是年，越秀区市场监管局与广东省知识产权保护中心签订加强知识产权合作框架协议，完善知识产权纠纷多元解决机制，编制《专利纠纷诉调（裁）对接规范》，办结专利纠纷行政裁决18件，立案查处知识产权行政案件231件；越秀区获评全国首批国家知识产权服务业高质量集聚发展试验区。

2023年5月8日，越秀区市场监管局执法人员在金宝服装城进行商标检查
（区市场监管局供图）

【国家基本公共服务标准化综合试点工作完成】 2020年3月，越秀区获批创建全国首批国家基本公共服务标准化综合试点。2023年6月，越秀区完成试点建设各项任务，以105.5分（总分110分）通过考核评估。越秀区试点创建工作经验被国家市场监管总局作为案例向国际标准化组织（ISO）推介。试点创建过程中，越秀区印发实施《越秀区基本公共服务标准化管理办法》，搭建涵盖9个领域5个层次的标准体系框架，梳理基本公共服务事项清单140项，各领域标准实施效果评价的满意率均超过95%。参与编制国家基本公共服务标准3项，参与制定或主导立项省、市地方标准15项，主导编制团体标准13项，编制实施内部标准351项，实现9个领域基本公共服务事项“有标可依、标准齐全”。2015—2022年，越秀区政府公共服务公众服务满意度连续七次位居广东省各县（市、区）第一。打造区特殊教育指导中心、社区卫生服务中心等一批标准运行实施的国家基本公共服务实景展示点。 （古晓斌）

【越秀区获评2023营商环境质量全国十佳县（市、区）】 2023年，越秀区优化投资创业环境，推行经营者直接变更服务，实行非必要材料容缺受理。打造“首席服务官”团队，覆盖辖区内龙头企业423家，走访联系企业超5100家次，收集企业诉求810条。举办2023年第七届“越青杯”越秀区青年创新创业技能大赛，征集参赛项目367个。打造环市东片区慢行系统和空中连廊，丰富“一刻钟便民生活圈”，将“珠江·星火1926”从传统肉菜市场改造成为新商业体，推动中华广场商圈地下空间联动发展，日均客流量提升至7.3万人次，高峰期最大客流量超过10万人次。推进国

家产融合作试点建设，对接项目签约金额超1000亿元。年内新引进生物医药企业13家，打造汇华、一方长堤、一方惠福3个特色产业园区，征集生物医药成果转化项目10个。举办2023中国流花国际服装节、2023中国（广州）国际时尚产业大会越秀区分会场暨第46届广东美妆节（美博城）等活动，3个市场采购试点市场采购贸易交易额4.49亿元，试点市场出口数据在广州市各区中领先。是年，越秀区新增各类商事主体3.07万户，实有各类商事主体24.26万户，比上年增长4%。12月20日，越秀区获评2023营商环境质量全国十佳县（市、区）。

（范苗）

【越秀区首个服装类产品质量基础设施“一站式”服务点建设】 2023年，越秀区首个服装类产品质量基础设施“一站式”服务点在广州白马服装市场落地，整合计量标准、认证认可、检验检测和质量管理等要素资源，设立服务站点，提供“一站式”办理体验。依托技术机构网络资源，设立“越秀区一站式服务白马服装市场服务点（白马工作站）”线上链接，提供线上及线下融合服务，增强质量基础设施“一站式”服务的运作效能。开展休闲服装产品质量专项检查工作，围绕服装不合格问题，借助技术机构专业力量对服装经营者进行技术指导，为企业解读服装产品标准，分析问题原因，从原料、工艺、检验等方面研究提升服装质量的方法。

（古晓斌）

价格管理

【概况】 2023年，越秀区加强重要民生商品价格监测，开展收费价格初审，落实广州市价格调控政策，协调发放价格调控补贴和一次性价格临时补贴，向辖区内6.55万名困难群众和优抚对象发放价格补助405.52万元。组织查处价格收费违法违规行为、涉企违规收费行为，落实肉、粮、油、蛋、菜等食品稳价措施，保障重要民生商品和服务价格稳定。

（古晓斌、范苗）

【价格调控与价格管理】 2023年，越秀区完成辖区内4户新建住宅前期物业服务收费超政府指导价申请的初审工作。加强对参与2022年度市农副产品价格调控的华润万家超市和胜佳超市旗下28家门店的监管，全年拨付绩效补贴78.9万元，保证价格调控政策落到实处。落实对辖区内困难群众和优抚对象价格补助发放工作，向6.55万人发放价格补助405.52万元。（范苗）

【价格监督检查】 2023年，越秀区加强重要民生商品和涉疫药品用品的价格监督检查。设立价格监测点6个，其中药店2个、市场2个、超市2个。组织涉疫药品和医疗用品稳价保质专项行动，检查涉疫商品、医疗用品经营主体1700多家。加强节假日价格监督检查，检查百货商超、饭店餐馆、烟酒销售点、酒店旅馆、旅游景点、交通客运站场及周边商户、商业旺地的停车场等1557家次。组织非免疫规划疫苗的收费标准检查，对社区卫生服务中心、越秀区保健院、中山大学肿瘤防治中心等23个医疗机构开展检查，重点检查明码标价和实际收费情况。开展教育收费调研和专项检查行动。加强第133届、第134届中国进出口商品交易会期间重点领域价格监管。

【价格行政执法】 2023年，越秀区开展涉企收费专项检查，组织区内18个行政部门开展涉企收费自查，没有发现违规收费问题。全年查办价格案件33件，其中查办非电网直供环节加收电费案件12件、医疗机构价格违法案6件、涉疫药品用品价格违法案件5件。（古晓斌）

【价格认定】 2023年，越秀区坚持重大疑难案件集体讨论制度，为区内行政机关、司法机关办理的涉及民事、经济、行政等案件中价格不明物品进行认定评估。是年，越秀区受理涉案物品价格认定协助案2773件。其中，刑事案件1041件、涉案金额5.2亿元；出具价格证明1732件。推进价格认定档案管理工作，整理完成历史档案2173份。

（范苗）

2023年9月20日，越秀区市场监管局工作人员对永旺超市明码标价行为进行监督检查（区市场监管局供图）

食品药品监督管理

【概况】 2023年，越秀区强化食品药品全链条监管，促进隐患治理常态化、风险管控科学化，食品药品安全形势稳定向好，食品药品安全保障水平提升。全年快检食品1.04万批次，合格率99.7%；抽检药品257批次、医疗器械43批次，其中发现药品不合格2批次、医疗器械不合格0批次。没有发生食品药品安全重大事故。是年，越秀区在2022年度广州市食品、药品工作考核中均获评"A级"。区食品药品安全科普基地被评为广东省市场监督管理局食品安全科普基地（广州市首个）。

【食品安全监管】 2023年，越秀区落实食品安全属地管理责任和企业食品安全主体责任，推动1.74万个单位建立健全分层分级、层级对应的包保责任清单制度，580名干部承诺坚决完成包保任务，守牢食品安全底线。全年快检食品1.04万批次，合格率99.7%，抽检不合格食品按时核查率100%。开展校园食品安全守护、"四个最严"（最严谨的标准、最严格的监管、最严厉的处罚、最严肃的问责）攻坚年、"湿粉统一查"等专项行动，处置风险隐患75处、食品安全突发事件8件、市场监管舆情129件，保障28项重大活动、11个中高考供餐考点的食品安全。

【药品、医疗器械监管】 2023年，越秀区有药品生产经营企业437家、医疗机构439个。是年，越秀区市场监管局检查药品生产、经营、使用单位1559家次，检查疫苗接种、配送单位50家次，检查特殊药品批发企业10家次、医疗器械生产企业12家次、医疗器械使用单位173家次、医疗器械经营企业2659家次。全年抽检药品257批次、医疗器械43批次，其中发现药品不合格2批次、医疗器械不合格0批次。全年办结药品、医疗器械类案件20件。

【农业动植物安全监管】 2023年，越秀区加强农业动植物安全监管，加强农业审批与监管执法，夯实农资打假、动物卫生、植物检疫、水生野生动物保护、"三农"（农业、农村、农民）工作等基础。支持农业龙头企业做大做强，全年新增市级农业龙头企业（总部）2家、累计10家。支持企业开展广东省无人机水稻植保作业服务标准化试点工作。整合优化农业种质资源保护与利用，区内13家种子企业年销售额2127万元。

【广州市首个零售药店服务+监管街区创建】 2023年4月27日，越秀区市场监管局在金城宾馆召开越秀区药品高质量发展暨东川路、中山二路零售药店服务+监管街区建设启动大会，越秀区20家药品零售企业参会，现场签订诚信文明经营承诺书参与建设。年内，制定越秀区示范街区零售药店建设标准，强化企业主体责任，实施标准化、规范化监管。构建"品种全、信得过、放心购"药品零售生态，街区内175家企业使用"码上放心"追溯系统。加强网络售药监管，抽检"两品一械"（"两品"指药品、化妆品，"一械"指医疗器械）371批次，监管"港澳通药械"配送企业和医疗机构9家次，立案查处药品案件42件，排查纠正风险点310个。

（古晓斌）

海　关

【概况】 2023年，越秀海关履行区内进出口企业海关业务管理以及集约化负责广州关区稽查行动管理职责，创建"关徽映红棉"服务品牌，整合海关业务措施和成果资源，对标新发展时期属地型海关建设要求，参与越秀区国内国际双循环建设，制定推进支持越秀区高水平开放高质量发展措施18项，升级与区商务局联合外贸形势研判、联合政策宣讲、联合走访企业的"三联"工作机制，深化"关长联系企业"，推进"信用+海关服务"，强化属地监管改革，履行全员打私职责。全年越秀区外贸进出口总值540.8亿元，外贸进出口规模排名广州市各区第八、增速排名第八，其中进口额比上年增长5%、增速排名第四。

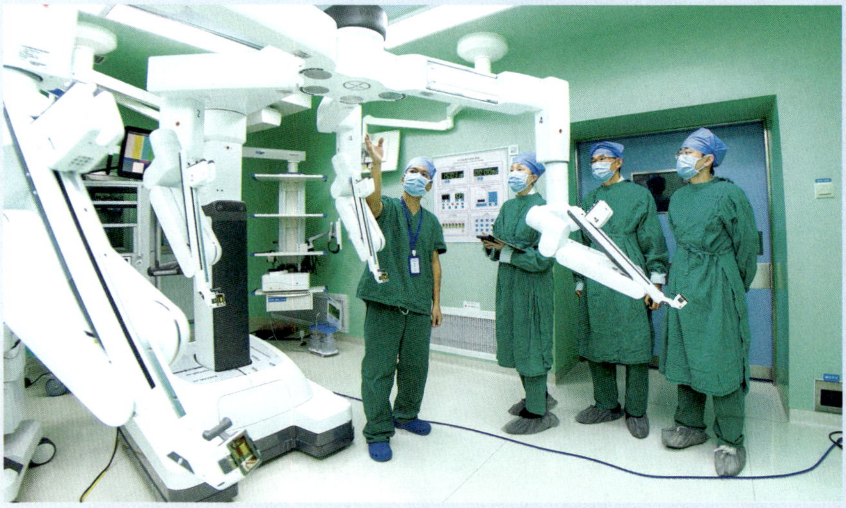

2023年9月27日，越秀海关关员到广州市第一人民医院对进口"达芬奇"手术机器人实施目的地检验　（方健明　摄）

【海关税款征收】 2023年，越秀海关发挥属地海关税收征管职能，开展税政调研，对辖区内企业进口应税商品加强政策适用和合规申报指导，推广汇总征税、关税保证保险、集团财务担保等税收担保便利措施。完善外贸市场主体台账，以街道为单元统计辖区内市场主体外贸情况，加强与区内各街道联系，配合企业服务工作，定期更新越秀区综合调度指挥平台动态外贸展示数据。全年为辖区内企业减免税款2400多万元，RCEP（Regional Comprehensive Economic Partnership，区域全面经济伙伴关系协定）项下企业税款享惠373万元。

2023年2月21日，越秀海关关员在流花服装批发市场开展调研
（方健明 摄）

【海关备案企业信用管理】 2023年，越秀海关强化海关备案企业日常信用管理，综合运用信息系统预警研判、企业违规案件信息共享及关地企业信用监测等机制，全年形成信用监测报告4期，完成AEO（Authorized Economic Operator，经认证的经营者）认证复核4家，认定失信企业2家，信用修复1家。至年底，辖区内失信企业数量比年初减少33%。聚焦外贸综合服务、电子信息等重点产业链龙头企业开展AEO选育，培育AEO企业2家。依托广州海关认证专家团队为企业提供跨业务领域、跨关区服务，依托“信用+海关服务”推动属地各行业主管部门开展AEO联合激励，辖区内AEO企业为越秀区贡献外贸值超四成，8家企业新获评或通过区诚信企业复评，参与的广州海关强化信用合作推进“信用+海关服务”品牌建设获评广东省发展改革委“学习贯彻党的二十大精神大力弘扬诚信文化”诚信典型案例。

【进出口货物监管打私】 2023年，越秀海关办理目的地查检421票，查处异常货物12批次，把好合格入市关，落实食品安全“四个最严”要求，监管进口食品19批次，检出不合格食品2批次，联合越秀区市场监管局约谈食品专业市场及行业商会，压实企业主体责任。落实D级特殊物品审批改革，支持广州血液中心、广东省妇幼保健院等3个重点医疗机构获得资质，监管特殊物品31票。推进“国门利剑2023”联合行动，强化与区商务、税务部门打私合力，移交缉私案件线索14条、货值1009万元。

【海关服务外贸发展】 2023年，越秀海关制定“越秀海关支持越秀区高水平开放高质量发展措施任务分解表”，包含5个方面18条措施，升级“三联”（即与越秀区商务局联合外贸形势研判、联合政策宣讲、联合走访企业，促进外贸保稳提质）工作机制。制定重点企业调研计划，推进“关长联系企业”和“关长进街道”制度，完善服务企业长效机制。参加外贸联席会议15次，向区委、区政府报送各类外贸报告22期，主动走访单位11家，联合调研产业园和专业市场4次，调研重点企业83家次，通过“一企一策”解决问题38个。是年，越秀海关货物整体通关时间9.72小时，通关时效优于广州海关平均水平。全年越秀区外贸进出口总值540.8亿元，生命健康产业进出口总值比上年增长53.6%，辖区内3个市场采购拓区试点交易额比上年增长34%，RCEP项下企业享惠货物总值2.6亿元，税款享受优惠373万元。

【海关属地服务】 2023年，越秀海关畅通政务服务事项办理渠道，通过窗口受理各类业务1600多件，全部在规定时限内办结，通过“多证合一”渠道备案企业数量占比保持在45%以上，窗口受理各类咨询近2000次，没有收到企业投诉。海关行政相对人统一管理子系统（3.0版）试运行。规范属地查检预约工作，推进作业过程流程化、模块化，提升属地查检工作质效；综合运用“提前介入+预约检验+快速放行”措施，强化进口医疗器械监管，助力生命健康行业高质量发展。 （石美航）

■编辑 陈林琳

总部经济

综　述

【总部项目】 2023年，越秀区引进南威软件广东区域总部、英国达瑞恩集团华南区总部、国家电投新疆公司区域总部等总部型项目30个。至年底，全区有广州市认定的总部企业84家，包括广发银行股份有限公司、百威（中国）销售有限公司广州分公司、广州友谊集团有限公司、广州国盈医药有限公司、广州市广百股份有限公司等。

【总部企业认定】 2023年，越秀区根据《广州市人民政府办公厅关于印发广州市促进总部经济发展若干措施的通知》要求，经组织申报、初审和复审等程序，越秀区辖区内百威（中国）销售有限公司广州分公司、广州友谊集团有限公司等78家企业入选广州市2023年度拟认定总部企业公示名单。

【总部企业服务】 2023年，越秀区委办公室、区政府办公室联合印发《越秀区"首席服务官"暖企行动方案》，为辖区内423家龙头企业配备含区领导、行业主管、属地街道、市场监管、税务等部门在内的专属服务团队，年内完成首席服务企业全覆盖走访，解决企业诉求545条。配套建立微信群，每天推送政策、行业信息等资讯，宣传越秀区营商环境。启动"增值服务礼包"，主动为企业对接业务、对接需求，畅通企业间产品服务"内循环"，向企业免费赠送价值1000万元的移动云资源。利用"艾小越"政务私聊机器人、"越秀商家"微信小程序、"越秀先锋"移动工作台等数字化工作平台，推出"越秀金卡"服务，联动办证、审批部门开通企业绿色通道服务，让政策、资源、诉求直达政企，全年服务企业超5100家次，收集企业诉求810条，协助解决场地物色、商事登记、入户申报等诉求652条。（黄永桢）

楼宇经济

【概况】 2023年，越秀区发展以总部楼宇经济为核心的集约型经济，融合招商、服务、信用、健康、文明等内涵元素推动越秀区经济集约高效发展，建设具有越秀区特色的"1+1+N"（第一个"1"指党建引领这一块基石，第二个"1"指星级带动这一条主干，"N"指招商先行、服务创新、信用护航、健康安全、文明体现等若干个维度）楼宇经济命运共同体，支撑全区经济密度、服务密度位居广东省各县区第一。至年底，全区有重点商务楼宇328栋，总建筑面积1034万平方米，实现纳税超320亿元。其中，年税收超1亿元商务楼宇66栋，年税收超10亿元总部型商务楼宇6栋。全区66栋年税收超1亿元楼宇总建筑面积396万平方米，纳税290亿元，产税密度7323元／平方米，月产税密度610元／平方米。

【楼宇经济顶层设计】 2023年，越秀区提出以大抓项目建设提升城市能级，以激活存量空间价值提升环境品质，带动区域高质量发展。强化顶层设计、规划引领，完善"多规合一"（统筹国民经济和社会发展规划、城乡规划、土地利用总体规划以及其他各类规划的空间布局，实现全市规划空间、国土空间、经济空间在"一张图"上协调）国土空间规划体系，优化"一轴三带六组团"（"一轴"指城市传统中轴线，"三带"指东风路总部经济产业带、环市路数字经济创新带、沿江路创新金融集聚带，"六组团"指北京路文商旅融合发展示范区、海珠广场文化金融商务区和国家产融合作试点区、黄花岗科技园、花果山国家超高清视频创新产业示范区、广州火车站现代商务会展区、东山口粤港澳大湾区生命健康产业创新区）产业空间布局。推进广州站（大湾区中心站）地区"站城产居"一体化规划，串联"花果山—流花—广州站—瑶台"238万平方米区域，汇聚会展服务、总部经济、旗舰商业、科创时尚产业融合发展的现代产业族群，打造成为中心城区新的增长极。配套支持辖区内楼宇、企业"敢干、敢闯、敢投"，迭代实施营商环境6.0改革，实行"首席服务官"暖企行动，设立具体改造项目专班，强化项目审批服务前置指导和事后监管，以"一楼一策”方式协调解决问题，全年改造提升商务楼宇、老旧物业50万平方米，新增楼宇载体20万平方米。

【越秀区楼宇经济高质量发展大会】 于2023年3月23日在大沙头路29号工商银行广州分行举行。会上，越秀区领导为高质量发展楼宇、改造示范楼宇和新晋优质楼宇授牌；工商银行广州分行推出“百亿信贷赋能楼宇经济”专项行动，为越秀区商务楼宇改造整体提供金融支持100亿元。该次活动还邀请融通地产广东公司、省广物集团、省广晟集团、市岭南商旅集团、市轻工集团、同创集团6家公司共同就年内拟开展的楼宇改造项目举行启动仪式。大会围绕“加快推进辖区内商务楼宇更新改造和物业服务优化提升，破解制约商务楼宇高质量发展的瓶颈问题，激活存量空间，增加现代服务业活力”等主题进行讨论。

【越秀区2023年诚信企业、诚信楼宇、诚信商会（协会）、诚信园区授牌仪式】 于2023年12月18日在珠江国际大厦举行。该次诚信评选活动由区社会信用体系建设专家库成员、专业信用服务机构和信用协会组织主要负责人等组成专家评审委员会，依据评选标准进行量化评分，按得分由高到低确定获评单位。经企业自主申报、资料复核、专家评审、结果公示等环节，评选出诚信企业10家、楼宇2栋、商会（协会）2个和园区2个，同时对2021—2022年获评单位进行资格复核，18家企业、4栋商务楼宇和2个商会（协会）通过复核。　（黄永桢）

【珠实同创·环东广场】 由广东珠江投资股份有限公司、同创集团于2023年改造建设，位于越秀区环市东路与先烈中路交会处，是环市东商圈首个“科技+健康”微改造产业综合体范本。该项目前身是广州嘉福国际大酒店，始建于1986年。2023年，改造后的珠实同创·环东广场明确以生命健康产业为发展主题，总建筑面积3.33万平方米，楼高30层，内、外设“双大堂+双广场”，拥有停车位70个。1—3层为商业配套，4层为产业服务空间，6—10层为酒店，11—28层为写字楼。写字楼面积1.87万平方米，其中，11—20层标准层面积1140平方米、21—24层标准层面积1000平方米、25—28层标准层面积600平方米，标准层高3米。至年底，珠实同创·环东广场入驻医疗大健康企业30多家，涵盖创新药研制、眼科

2023年12月18日，广州市越秀区2023年诚信企业、诚信楼宇、诚信商会（协会）、诚信园区授牌仪式在珠江国际大厦举行　（胡强明　摄）

表16　2023年越秀区诚信企业、诚信楼宇、诚信商会（协会）、诚信园区一览表

序号	类别	名称
1	诚信企业	广州国盈医药有限公司
2		国义招标股份有限公司
3		广州协安建设工程有限公司
4		广州市广德昌科技有限公司
5		广东建伟工程咨询有限公司
6		中智广州经济技术合作有限公司
7		广东稳健药业有限公司
8		广州技客信息科技有限公司
9		广州市益友企业管理有限公司
10		广东粤财信托有限公司
11	诚信楼宇	东方金融大厦　广州市新蓝德物业管理有限公司
12		珠江颐德大厦　广州珠江商业经营管理有限公司
13	诚信商会（协会）	广州市越秀区北京街道商会
14		广州市越秀区人民街商业联合会
15	诚信园区	国盈众创空间　广州盈丰企业管理服务有限公司
16		国创孵化器　广州国创孵化器有限公司

（赵宁浙）

医疗器械、临床及临床前CRO（Contract Research Organization，合同研究组织）、合成生物等高成长性科技企业；集聚医疗大健康垂直产业，落户全国首个CRO产业地标运营中心——粤港澳大湾区生命健康产业创新区CRO产业地标越秀区运营中心，入选广州市提质增效试点园区，年租赁收入超4000万元。

（黄永桢、钟浩晖）

【珠江颐德大厦】 由广州珠江实业集团承建，位于越秀区东风中路362号，2017年底落成，是一栋由7层商业裙楼、33层全玻璃幕墙塔楼组成的集商务办公、购物、餐饮于一体的综合性5A甲级商业大厦。大厦占地面积1700平方米，建筑面积5.81万平方米，标准层面积1400平方米，标准层层高4.5米，地上32层，地下4层。拥有37米超高中空大堂、电梯13台、停车位243个（含露天停车位11个）。至2023年底，大厦入驻广州珠江发展集团股份有限公司、数字广东网络建设有限公司、国泰君安证券股份有限公司广州东风中路证券营业部、广东胜伦律师事务所、中国银河证券股份有限公司广州东风中路证券营业部、华泰人寿保险股份有限公司广东分公司、南威软件广东区域总部等企业。2023年，珠江颐德大厦税收超亿元，获评越秀区诚信楼宇。（黄永桢）

总部企业

【百威（中国）销售有限公司广州分公司】 该公司成立于1995年，注册地址为越秀区中山三路33号中华广场A塔21楼，主营啤酒饮料销售。作为世界500强百威集团在华南区的销售总部，负责管理广东省、海南省的销售业务。2019年，该公司被广州市政府认定为“广州市总部企业”。2023年，该公司联合越秀区市场监管局、大东街道食品安全委员会办公室在中华广场正门前举办“食品安全，人人关心，社会共治，你我同行”主题活动，展示啤酒酿造工艺，并与居民群众进行啤酒常识互动。

2023 年，广州友谊集团有限公司入选全国“诚信兴商”典型案例。图为广州友谊商店（钟涌 摄于2023年1月）

【广州友谊集团有限公司】 该公司是广州市属唯一定位高端经营的国有商业企业，前身是创建于1959年的“广州友谊商店”。业务领域涉及零售、物业等板块。区内广州友谊商店环市东商店是公司深耕高端零售的旗舰店，也是商务部认定的“金鼎百货店”，位于环市东品质消费商圈，经营面积5.69万平方米，主要经营国际一、二线高端产品和时尚潮流精品，吸引多个奢华品牌入驻，国际名表的品牌阵容位列华南第一。2023年，该公司入选全国“诚信兴商”典型案例。

【广州国盈医药有限公司】 该公司成立于1978年，是广州医药有限公司旗下全资子公司，为广药集团属下第二大单体销售子公司，具有独立法人资格，经营独立运作。注册地址为越秀区沿江中路298号C座。经营品种、规格1.2万个，以国产名优品牌为主，覆盖广州市及广东省各地级市医院、社区、乡镇卫生院、诊所、工矿卫生室和连锁门店及零售单店，形成以广州市为中心、辐射广东省的医疗和商业的营销网络平台。该公司构建有供应商服务、销售客户服务、质量服务、政府服务、电子商务、现代医药物流服务延伸项目六大服务平台。2023年，该公司被评为越秀区诚信企业。（黄永桢）

编辑 陈林琳

商圈经济

北京路—海珠广场商圈

【概况】 2023年，越秀区北京路—海珠广场商圈西起人民路，东至越秀北路，北至东风路，南至沿江中路。该商圈以北京路历史文化街区为依托，集聚广百百货、新大新、星寰国际商业中心等商业综合体，是全国示范性步行街、全国示范智慧商圈、国家级夜间文化和旅游消费集聚区，也是融汇时尚产业升级、广府名品焕新、国际消费集聚、特色文旅体验的岭南特色商圈。年内，北京路—海珠广场商圈商业综合体升级焕新，粤潮楼、粤海天河城B区（粤海壹桂府）开业。

【北京路—海珠广场商圈商业综合体升级焕新】 2023年，越秀区围绕中心城区存量空间价值提升，推动北京路步行街二期改造提升工作，升级落成粤潮楼、粤海天河城B区（粤海壹桂府）等一批商业综合体。打造商圈新名片，组织开展海珠广场魔幻之旅Citywalk、星市集、粤海天河城B区车尾箱集市、万事大吉年货节等活动，吸引超150万人次关注参与，提升商圈文、商、旅、学消费潜力，带动产业链上、下游协同发展。星寰国际商业中心创新升级潮流业态，开展招商进驻，全年引入No Choice广州首店、Hair Code星级店、珠影星寰国际影城系列旗舰店等商户。

【粤潮楼开业】 粤潮楼位于越秀区北京路和文明路交界处。前身为潮楼，是北京路曾经的潮流地标。2021年租约期满，潮楼开始升级改造。2023年9月20日，粤潮楼开业。改造后的粤潮楼总建筑面积2.5万平方米，在保留北京路商业街传统岭南骑楼风格同时，打造182级阳光阶梯，将架空式骑楼风格廊道叠在建筑每一层。全新组合商业业态，入驻公路商店、撒米DIY潮牌工厂、今后柠檬茶、吐司猫、巴渣食堂等广州首店，并在6层天台打造“城市营地”，不定期举办夜间创意市集、宠物活动、咖啡生活节、乐队驻唱等互动活动，打造“粤潮楼NEW IN”潮流新地标。在8月25日开幕的“夜·耀2023广报之夜”中，粤潮楼入选“广州夜间经济高质量发展榜单”、“夜·耀”五大主题路线中的活力购路线。

【粤海天河城B区（粤海壹桂府）开业】 粤海天河城B区（粤海壹桂府）位于北京路。2023年10月27日，粤海天河城B区（粤海壹桂府）开业，与街对面的粤海天河城A区形成联动，成为北京路—海珠广场商圈最大的商业综合体。天河城B区占地4万平方米，在第四、五层打造北京路—海珠广场商圈首个8000平方米的沉浸式情景体验的空中花园，将客群向“上”引流，形成花园式时尚餐饮集聚地。商户以餐饮社交、新潮零售、创新体验等为主，集聚星巴克臻选、M Stand、PEPO、姆明咖啡（广州首店）、MANNER COFFEE、LAVAZZA、酸奶罐罐（广州首店）等品牌，是北京路—海珠广场商圈最集中的咖啡聚集地。引进广州市首个开心麻花剧场及乐刻运动、扶光书店等，在补充社区生活配套同时，满足年轻客户群体的体验需求。（黄永桢）

环市东商圈

【概况】 2023年，越秀区环市东商圈西起麓湖路，东至先烈中路，北至恒福路，南至环市东路。作为广州市最早商务区，环市东商圈集聚花园酒店、白云宾馆等高品质星级酒店6家，汇聚丽柏广场、广州友谊商店、广州保利时光里等商业综合体，是以时尚生活、高端消费与金融商务为主的现代化商圈。是年，环市东商圈提质增效，“淘金印象”商业综合体项目建成开业；在广州保利时光里商业综合体打造“致趣生活社交地”；打造越秀区首个市集品牌“时光市集”。（黄永桢）

【环市东商圈提质增效】 2023年，越秀区推进环市东商圈消费新载体、新场景打造，促进百胜餐饮（广东）有限公司与广州报刊亭公司合作打造KCOFFEE报刊亭，盘活存量空间，提升报刊亭经济效益，形成消费“新增量”。推动重点项目落实，在淘金路沃尔玛超市撤场后，盘活存量空间，加大招商力度，协调引入新承租方，促进“淘金印象”商业综合体项目建成开业。利用环市东广场位置优势，常态化开展“时光市集”品牌消费活动，打造环市东后街经济、夜间经济消费场景，为周边商铺引流，提高环市东商圈品牌知名度。（钟烁）

【“致趣生活社交地”打造】 2023年，广州保利时光里商业综合体以“致趣生活社交地”为定位，围绕“精致烟火气”“美好社交”“品质生活”，从品牌焕新、特色场景打造、营销活动赋能入手，对特色街区、主题场景进行改造，打造“漫食光”美食空间、城市口袋公园“时光花园”、城央天台运动场、百变连廊空间四大精品社交场景，推出“建设街一刻钟便民生活圈暨国庆时光妙会”“非遗鱼灯展”“冒泡马路艺术季”等活动。是年，川限杂谈等17个首进广州市品牌、松鹤楼苏式汤面等33个首进越秀区品牌入驻广州保利时光里，焕发首店经济活力。

【“时光市集”打造】 2023年，越秀区响应当代都市青年社交互动空间的消费需求，打造越秀区首个市集品牌“时光市集”，将环市东商圈消费力从白天延长到夜晚，从商场延伸到户外。在1600多平方米的环市东广场空间内，联动独立摊主、品牌、在地文化、演出、展览等模块，以“消费+互动式”的线下场景，打造主题性强、体验多元化市集品牌。至年底，越秀区举办“时光市集”活动10多场，日均客流量2万~3万人次。其中，8月4—6日举办的广州保利时光里“古越今秀——夏日时光市集”是全区首个单点单场超100个独立摊主和品牌参与的大型当地生活市集活动。（黄永桢）

中山三路商圈

【概况】 2023年，越秀区中山三路商圈西起陵园西路，东至越秀北路，北至东风东路，南至中山三路—中山四路，是广州市最早的年轻潮流文化商圈，也是广州市滑板文化发源地、街舞集聚地。商圈汇聚中华广场、地王广场、珠江·星火1926等商业综合体，集聚广州农民运动讲习所旧址、广州起义烈士陵园、广东咨议局旧址等红色文化地标以及芳草街等城市文化地标。年内，珠江·星火1926商业综合体开业，打造“老广新潮”聚集地。

【中华广场商圈提质升级研讨会】 于2023年7月4日在中华广场召开。区内相关部门、街道负责人以及商圈内主要载体负责人、专业机构负责人参加。商圈内主要商业载体负责人介绍经营发展情况，相关部门负责人解读发展规划，专家及媒体提出商圈提质升级的思路。各方分别就利用商圈优势资源、统一商圈形象、优化商圈动线等方面进行研讨。会议决定由中华广场统一运营方广州新星投资发展有限公司牵头成立商圈提质升级工作小组，拉开中华广场商圈提质升级工作序幕。

【2023广州国际购物节越秀区分会场暨越秀区×羊城通城市权益卡发布】 2023年9月26日，广州国际购物节越秀区分会场暨越秀区×羊城通城市权益卡发布仪式在中华广场启动。越秀区以“交通+消费权益”为亮点，联动广州羊城通有限公司和中华广场等区内商业综合体，将羊城通卡叠加商家、文旅的促销优惠，推出“古越今秀”城市权益卡2款，1款是带有全国交通联合标识的羊城通卡，选购充值后持卡可畅行全国300多个城市的公交、地铁、轮渡；1款是面向到穗游客和第134届中国进出口商品交易会客商的24小时标识城市旅游卡，购卡后可以在24小时内免费乘坐广州公交、轮渡以及广州、佛山地铁、有轨电车。此外，交通权益卡还可以享受市内100多家旅游景区、酒店、商圈餐饮的整合配套，包括珠江夜游、广州塔夜景等旅游观光、酒店入住及餐厅自助餐、旅行社报名、租车旅行等折扣优惠。同时，越秀区还叠加优惠权益55项，餐饮店、服装店等优惠情况可通过卡折背面二维码查看。通过手机钱包添加羊城通空发卡的市民游客也可以在卡版商城内选购此款卡片，无须换卡就能享有同等城市权益。（黄永桢）

【珠江·星火1926商业综合体开业】 珠江·星火1926商业综合体位于越秀区

2023年9月26日，广州国际购物节越秀区分会场暨越秀区×羊城通城市权益卡发布仪式在中华广场启动。图为羊城通城市权益卡（钟涌 摄）

中山四路与德政中路交会处，前身是德政中路肉菜市场。2023年8月26日，珠江·星火1926商业综合体开业，整座商场8层，其中地下2层、地上6层，总建筑面积3.5万平方米。珠江·星火1926商业综合体名称源于“星星之火，可以燎原”，与对面广州农民运动讲习所旧址交相辉映，外墙设计融入岭南文化的雅韵红砖与雕花铜屏，在建筑设计上体现红色文化。商场进驻国内外知名品牌40多家，汇聚麦当劳&中信书店、潮豪轩、美心烘焙所、美奈小馆等越秀区首店5家以及永旺超市、六福珠宝等知名品牌。突出夜游观光、美食品鉴、沉浸体验、文商旅联动等主题，通过创造多元化消费模式和场景，打造“老广新潮”聚集地。（黄永桢、吕妙君）

农林下路—东山口商圈

【概况】 2023年，越秀区农林下路—东山口商圈西起东华北路—农林下路，东至达道路，北至中山一路，南至沿江东路。依托新河浦历史文化街区，打造传统商业与策展型商业相互交融的商圈，以沉浸式体验集聚“一方东山”文化创意园、广百百货东山店等商业综合体，打造年轻人潮流时尚文化汇聚地和艺术生活社区。年内，农林下路—东山口商圈举办小红书“REDBLOCK”潮流街区活动、“东山口×MINI经典重现”活动等。

【小红书“REDBLOCK”潮流街区活动】 2023年6月16日至7月2日，“小红书”App以“古越今秀 悦享精彩”为主题，协同“一方东山”文化创意园推出“REDBLOCK”潮流街区活动。此次活动联动街区内40多家潮流商铺，市民在“小红书”App领取“潮流羊城通”后，可在40多家潮流商铺享受折扣优惠。活动方还安排“出街接头车”巡回街区，市民跟随出街接头车，即可领取打卡攻略，完成打卡15家门店的任务后，可获得联名限量环保袋及周边产品。活动期间，东山口商圈在“小红书”App搜索数据日均2.5亿人次，站内关于“#东山口#”的话题数量900多个。（黄永桢）

【“东山口×MINI经典重现”活动】 2023年11月15—26日，“一方东山”文化创意园协同宝马MINI汽车品牌在农林下路—东山口商圈推出“东山口×MINI经典重现”活动，将1969年生产的“THE MINI CLUBMAN”等7辆“全球唯一”老爷车在庙前西街沿线商铺展出，打造街区活态汽车博物馆。利用艺术提升商圈美学氛围，设计融合经典与潮流的涂鸦墙、广告牌、标语等，创造在地式文化新体验。联动街区六大国潮标杆品牌商家，推出打卡兑换周边礼品、限定套餐、品牌折扣等活动，打造消费新场景，促进商圈提质升级。（黄永桢、冯淑贞）

2023年6月21日，“REDBLOCK”潮流街区活动在“一方东山”文化创意园举行（钟涌 摄）

流花—矿泉商圈

【概况】 2023年，越秀区流花—矿泉商圈西起广园西路，东至人民北路，北至广园中路，南至环市路。商圈内集聚各品类的专业市场、商户、商业综合体，依托区位优势和时尚品牌培育，形成集展示、销售、时尚研发于一体的时尚产业链条，通过开展服装节、时尚周、采购节等主题活动，成为广州市时尚产业集聚区域。是年，大气公园·碗池焕新升级，城壹汇·流花店开业。

【大气公园·碗池焕新升级】 2023年，位于越秀区流花路117号广州流花展贸中心西广场的大气公园·碗池开放。该碗池是广州市内最大专业水泥碗池，能满足陆冲、滑板、小轮车训练需要，高度包括1.5米、1.8米、1.9米、2米、2.5米，街式道具摆放在1500平方米碗池上，有标准弧面、垂直墙、大斜面、人字墙等。碗池周边绘有1000平方米的开放式艺术涂鸦墙，将街头活力融入赛场竞技中。是年，大气公园举办碗池赛事，并设置绘画、抽奖等环节。

【“秋艺浓——双节游秋企划”系列活动】 2023年9月29日至10月6日，广州流花展贸中心推出“秋艺浓——双节游秋企划”展贸系列活动。该活动以“古时分三秋，孟仲季各一”为概念，结合传统民俗，在流花中心打造孟秋区、仲秋区、季秋区3个区域，横跨展馆南广场、中庭及夏庭三大区域，以文化、文创、文娱多元内容表达，集时下热门活动形式“艺术展”“游园会”于一身，加入非遗手作坊和国风民乐舞台，满足市民文娱需求。游园会还同步开设文娱互动摊位，以打卡集章的形式串联整场企划，同步联动场内商家推出优惠好礼，开启限时好礼兑换活动。

【城壹汇·流花店开业】 2023年8月1日，城壹汇·流花店开业。该项目位于越秀区流花路119号广州越秀国际会议中心负一层，直通越秀公园地铁站，是广州城投集团下属经营公司推出的“城壹汇”商业品牌。作为广州越秀国际会议中心配套的地下商业空间，主要服务广州越秀国际会议中心及周边参展商、商务人士、会议办公人群等。面积约5000平方米，汇聚特色餐饮、精品零售、文化展览等业态。是年，城壹汇·流花店融入越秀区“古越今秀 悦享精彩”品牌，与流花中心、城壹汇·北京路店等举办广州国际美食节流花分会场等三店联动的活动，助力激发中心城区消费动能。至年底，引入必胜客、茶救星球、瑞幸咖啡等品牌商家进驻。

（黄永桢）

2023年4月26日，全国首辆观光音乐餐饮双层巴士——粤陶巴在二沙岛陶苑酒家发车。图为粤陶巴 （钟涌 摄）

江湾—二沙岛商圈

【概况】 2023年，越秀区江湾—二沙岛商圈西起北京路，东至广州大道中，北至沿江中路,南至二沙岛。商圈依托珠江两岸、二沙岛的人文风情，结合珠江夜游等文旅资源，集聚江湾阳江天地、文立方等商业综合体，打造沿江夜间消费新场景。年内，全国首辆观光音乐餐饮双层巴士——粤陶巴在二沙岛陶苑酒家发车。

【“Young城Yeah市”广州夜间消费节“JOIN ME微醺生活节”】 2023年7月28—30日，越秀区商务局与广州江湾阳光天地商业综合体联合举办“JOIN ME微醺生活节”活动。该活动为“Young城Yeah市”广州夜间消费节越秀区分会场活动之一。活动以“美食+音乐+咖酒+运动”为主题，现场有20多个独立品牌和江湾阳光天地商业综合体的在地门店及文创、手办等摊位，并在现场举办音乐会，共同探索越秀区沿江路的夜间消费新玩法。

【粤陶巴】 2023年4月26日，全国首辆观光音乐餐饮双层巴士——粤陶巴在二沙岛陶苑酒家发车。该辆“粤陶巴2号——音乐茶歇”是在越秀区商务局指导下，由广州市双城观光巴士有限公司联合陶苑酒家——陶苑·林匠饼舍共同策划的文旅项目。整辆车以欧式复古风格打造，定位为一辆移动的复古音乐餐巴，巴士一层是备餐和周边产品区域，二层是观景客座区域和音乐舞台，当地乐队驻唱，重现粤式音乐茶座场景，乘客可一边听粤语经典金曲，一边品尝下午茶。整个车程约1小时，从二沙岛陶苑酒家出发，途经广州大桥、广州塔、星海音乐厅等广州地标，到达陶苑酒家，中途不设站点。 （黄永桢）

■编辑 陈林琳

数字经济

数字基础设施建设

【概况】 2023年，越秀区落实《越秀区加快5G网络建设和产业发展行动方案（2021—2023年）》，完善5G（5th Generation Mobile Communication Technology，第五代移动通信技术）网络建设协调工作机制、智慧灯杆建设联席会议制度，推进5G网络、智慧灯杆等基础设施建设。推动区属公共资源免费开放支持5G基站建设，实现全区5G信号全覆盖。推动基础电信运营企业打造高速全光纤网络，实现新建住宅建筑及商住楼光纤到户，构建“千兆进楼宇、百兆到桌面、全面覆盖”的宽带网络体系。全区新建5G基站723个，5G基站总数增至5264个；建成智慧灯杆341根；有在用数据中心2个。

【5G网络建设】 2023年，越秀区加强与中国铁塔股份有限公司广州市分公司及各基础电信运营企业的沟通联系，支持基础电信运营企业开展5G网络建设，协调公有物业开放通信基站建设，推动解决选址难、进场难等问题10个。至年底，各基础电信运营企业在越秀区新建5G基站723个，完成市下达年度任务数的110.1%，5G基站总数增至5264个。

【云计算基础设施建设】 2023年，越秀区有在用数据中心2个，分别是广州电信人民中数据中心、广州互联网数据中心（较场西）。广州电信人民中数据中心位于越秀区人民中路246号，建筑面积1.57万平方米，于2010年启用。广州互联网数据中心（较场西）位于越秀区较场西路21号，建筑面积3343平方米，于2001年启用。按标准机架2.5千瓦／架计算，2个数据中心在用机架2000多架，满足企业数据存储和处理需求，为区域云计算信息化建设提供支撑。

【智慧灯杆建设】 2023年，越秀区落实《广州市智慧灯杆建设管理工作方案》要求，推进智慧灯杆建设，支持智慧灯杆建设运营主体——广州信息投资有限公司在越秀区开展集照明、多媒体、视频监控、环境监测、通信等功能于一体的智慧灯杆项目建设。至年底，越秀区建有智慧灯杆341根，主要分布在市委大院、市政府大院、北京路步行街、较场路、下塘西路等区域。（张琳琳）

数字产业化

【概况】 2023年，越秀区围绕广州市打造“数产融合的全球标杆城市”目标要求，加快推动数字产业化，依托黄花岗科技园人工智能产业园、花果山超高清视频产业特色小镇、创意大道等载体，促进电信广播电视和卫星传输服务业、互联网和相关服务业、软件和信息技术服务业等发展，培育壮大集成电路、新型显示、人工智能、大数据、云计算、物联网等新兴产业，打造数字产业化发展集聚地。是年，越秀区软件和信息服务业实现营业收入116.57亿元，比上年增长10.5%；互联网和相关服务业实现营业收入40.25亿元，下降13.5%。年内，黄花岗科技园入选广州人工智能特色产业园区。

【集成电路产业】 2023年，越秀区以米市路、惠福路一带的电子专业批发市场为依托，完善集方案设计、定制生产、测试组装、仓储物流等于一体的电子专业配套服务，集聚半导体、集成电路相关概念的商事主体3600多户，主要集中在信息传输、软件和信息技术服务业和科学研究技术服务业等行业门类。从产业链环节来看，绝大多数主体处于产业链协作和外围配套位置，缺乏自主研发设计能力，多数产品处于产业链和价值链的中低端。

【物联网产业】 2023年，越秀区推进物联网产业发展，聚焦工业互联网、智慧园区、智慧健康、智慧零售、智能停车、智能穿戴等领域，加快新型基础设施建设，拓展物联网应用场景，集聚物联网相关行业企业20多家。推荐广州中浩控制技术有限公司“美妆日化产业工业互联网平台”入选广州市“四化”（数字化、网络化、智能化、绿色化）赋能重点平台名单（第一批），广百股

2023年，越秀区升级花果山超高清视频4K/8K+5G展示体验中心。图为电信展区
（钟涌 摄于2023年6月）

份“数智零售，智慧广百”数字化转型等9个项目入选广州市数字经济应用场景标杆案例。

【超高清视频产业】 2023年，越秀区加快发展超高清视频产业，依托花果山超高清视频产业特色小镇，统筹推进基础建设、内容生产、技术支撑、媒体融合，配合办好2023世界超高清视频产业发展大会，举办越秀超高清视频产业高层次人才圆桌会，升级4K/8K+5G展示体验中心，打造广州市唯一高端XR（Extended Reality，扩展现实）演播厅，构建“云平台”技术资源共享格局，启动超高清视频产业红链建设，形成产业发展集聚效应。是年，花果山超高清视频产业特色小镇新开广电城投686创意园、草莓V视园区2个园区，产业面积增至12万平方米，带动越秀区超高清视频产业规模以上企业超200家，产值增加超210亿元。 （张琳琳）

产业数字化

【概况】 2023年，越秀区加快推进产业数字化转型，重点拓展数字贸易、数字文旅、数字金融等领域的数字化应用场景，催生更多新技术、新产业、新业态、新模式，促进经济发展。是年，越秀区建设数字普惠金融监管试验区，办理全市首笔数字人民币财政国库集中支付业务。举办第三届直播电商节（中国广州）越秀区分会场等活动，优化线上跨境电商平台LIUHUAMALL商城功能。打造“互联网+医疗健康”“广东省中医院——越秀区医养联合体”等智慧健康养老应用场景，启用5G智能眼科巡诊车。完成19所学校智慧校园建设，获广州市创建全国智慧教育示范区活动“优秀”档次。依托北京路全国示范智慧商圈建设，优化北京路智慧管理服务平台，引入无人零售车、智慧导览机器人、智慧安防巡逻机器人、3D（三维）试衣镜等智慧化设施设备。选送数字文化作品“广府庙会”元宇宙、“广州非遗街区”元宇宙，分别获首届数字赋能中华文化国际传播创新应用案例征集活动创新引领奖、最佳元宇宙应用场景奖。

【工业数字化】 2023年，越秀区贯彻落实《广州市培育“四化”赋能平台推动制造业高质量发展行动方案》，聚焦推动“四化”赋能平台建设，助力辖区内工业企业数字化转型。至年底，区内有5家规模以上工业企业实施数字化转型。是年，广州中浩控制技术有限公司“美妆日化产业工业互联网平台”、广东省科学院智能制造研究所“智能生产与数字化工厂服务平台”、广东省循环经济和资源综合利用协会“工业绿色化服务平台”入选广州市“四化”赋能重点平台名单。支持工业企业与“四化”赋能平台对接合作，召开“智算赋能 共赢未来”人工智能高端产业发展交流会，推动广州粤显光学仪器有限责任公司等企业与广东省科学院智能制造研究所等“四化”平台服务商交流沟通、共谋发展。强化工业领域信息安全保护，组织广州中浩控制技术有限公司、广东凯联网络科技有限公司等企业参加工业互联网产品漏洞扫描、渗透性测试等攻防演练，督促广州市自来水有限公司对运行的工业控制系统和设备进行安全自查，推动工业领域数据安全能力提升。 （张琳琳）

【数字化贸易】 2023年，越秀区社会消费品零售总额1329.57亿元，比上年增长8.7%。限额以上批发和零售业企业通过公共网络实现零售额比上年增长13.3%，其中中小企业通过公共网络实现商品零售额增长14.6%。限额以上住宿和餐饮业企业通过公共网络实现营业额比上年增长34.5%，其中中小企业通过公共网络实现营业额增长199.7%。全区规模以上服务业企业实现营业收入2975.29亿元，比上年增长12.5%，其中中小企业实现营业收入1621.54亿元，增长5.2%，占规模以上服务业企业营业收入的54.5%。是年，越秀区在营注册资本100万元以上且主营业务为电商的企业有30多家，线上跨境电商平台LIUHUAMALL商城吸引905家企业入驻。 （黄永桢）

【数字文旅】 2023年，越秀区推动公共文化服务数字化和图书馆服务数字化。在北京路步行街内运用5G、云计算、大数据、物联网、人工智能等新技术加强管理和服务，全年客流量首次突破1亿人次。

公共文化服务数字化 2023年，越秀区打造“越秀文化云”数字平台，提升公共文化服务覆盖率。至年底，“越秀文化云”用户数增至8.61万人，发布文化场馆数116个，入驻文艺团队231个、文化机构54个，可提供文化慕课资源400门。区内18个街道分馆均实现平台入驻，实现市、区、街道三级公共文化服务网络互联互通。“越秀文化云”数字平台全年访问量200万人次。

图书馆数字化 2023年，越秀区图书馆总分馆智慧服务云平台建成，实现总馆、分馆的统一智能管理、统一智能服务。至年底，通过越秀区总分馆智慧服务云平台网上办证5811个，发布活动185场次，网上咨询1.84万人次，数字资源浏览下载量572.26万篇（册）次。打造越秀区智慧“越读吧”，引入云计算、大数据、区块链、5G、人工智能、元宇宙等技术，为公共图书馆智慧服务提供技术支持、数据支持和知识支持，赋能智慧借阅、智慧馆员、智慧文创等应用场景落地。

“元宇宙”模式创建 2023年，越秀区通过搭建虚拟公共文化空间，整合非遗、美食、商贸、展演等体验，引领群众融合参与广府民俗文化活动，打造集文化、场景、消费于一体的活动新模式，设有“广府庙会元宇宙”和“元宇宙非遗街区”两大特色空间。是年，越秀区创新打造公共文化服务“元宇宙”模式获评2022年广州市公共文化服务高质量发展优秀案例，“广州非遗街区”元宇宙入选广东省2022年文化和旅游领域数字化应用十大典型案例。

北京路步行街管理和服务数字化 2023年，越秀区整合北京路步行街内商圈游客、政务、商业、文化等77项数据资源，通过大数据动态反映客流、消费态势，对客群消费情况进行分析，实现商圈数据一网览尽、一屏感知，为商圈发展、商户经营、街区管理提供决策信息支撑。通过智慧系统对街区内实时客流进行分级预警管理，即时客流如果达25万人次，将立即触发一级预警，系统将自动以手机短信、系统站内信等形式推动至相关部门，并根据应急预案快速启动和响应，实现对街区的精细化管理，保障消费者的安全。推动文化场景数字化，将北京路及周边超60个热门点位资源转换成数字视听格式，建成北京路全域旅游智慧导览系统，游客通过识别北京路智慧导览桩上的标识二维码，即可通过手机获取北京路吃、喝、玩、乐、游、购、娱等信息，听取真人录播的景点介绍，了解北京路的历史文化故事。

（陈振超、戴曼）

2023年，越秀区加强北京路步行街管理和服务数字化。图为广州北京路智慧服务中心　（核心区管委会供图　摄于2023年1月）

【数字金融】 2023年，越秀区联合银行机构探索创新数字人民币应用场景。9月，落地广州市首笔数字人民币财政国库集中支付业务，实现数字人民币政务场景建设新突破。12月，推动中国工商银行广州北京路支行联合广州广建小额贷款股份有限公司，探讨通过数字人民币开展小贷公司贷款发放业务，合作完成业务流程设计和数字人民币钱包开立，为客户发放广州市首笔传统小贷公司数字人民币贷款业务。（许昀）

【5G智能眼科巡诊车启用】 2023年6月，由越秀黄花岗科技园管委会联合中山大学中山眼科中心、广州通达汽车电气股份有限公司、中国移动通信集团广东有限公司等打造的创新移动医疗产业项目——5G智能眼科巡诊车启用。该巡诊车通过搭载“一网一车一平台两智能”新型智慧医疗技术，即以5G医疗专网为基础，以搭载眼专科检测设备的医疗车为载体，以覆盖“预防—筛诊—干预—追踪”等全方位眼科医疗服务的一体化应用平台为着力点，以人工智能辅助筛诊和区块链数据管理系统为技术保障，推动眼科医疗资源扩容下沉，赋能全民眼健康。10月，该项目获第六届“绽放杯”5G应用征集大赛“5G+医疗健康”赛道全国一等奖。（张琳琳）

编辑　陈林琳

民营经济

综　述

【民营经济增加值】 2023年，越秀区民营经济实现增加值585.54亿元，比上年增加31.01亿元，增长5%；占全区地区生产总值的15.4%，占比比上年增加0.18个百分点。

是年，越秀区规模以上民营企业2977家，占全区“四上”（规模以上工业、规模以上服务业、限额以上批发零售业和住宿餐饮业、有资质的建筑业和全部房地产开发经营业）企业数的72.8%。规模以上民营企业实现营业收入2168.1亿元，比上年下降5%，占全区规模以上法人企业营业收入的26.9%。

【民营经济支持政策落实】 2023年，越秀区落实《广州市优质中小企业梯度培育方案》要求，构建优质中小企业梯度培育机制。开展区内优质中小企业奖补资金、贷款贴息下达发放工作，向3家优质中小企业下达2022年度贷款贴息资金47.76万元，向区内121家省级专精特新中小企业发放认定奖励金2420万元。协助区内优质中小企业开展2023年省级促进经济高质量发展专项资金（民营经济及中小微企业发展）项目入库工作，保障中小企业健康稳定发展。制发《广州市越秀区关于贯彻落实促进民营经济发展壮大若干措施的工作方案》，聚焦民营企业融资难、办事难、维权难、信心不足等问题，细化提出推广“越商贷（海味贷）”金融产品、打造“10号直通车”政企交流平台、开展“首席服务官”暖企行动、建设越秀区政企沟通服务中心实体阵地等具体措施20条、事项清单48条，推动全区合力构建重商、亲商、安商、富商的亲清政商关系，促进民营经济做大做优做强。

【民营经济发展环境优化】 2023年，越秀区通过创新扶持政策、优化政务服务、迎接民营企业专项巡察等方式优化民营经济发展环境。

政策扶持 2023年，越秀区制定《广州市越秀区促进产业高质量发展的实施意见》，聚焦企业高质量发展的要素需求，从高端人才、企业发展、载体提升、资本市场、招商引荐、行业活动、知识产权、配套服务、荣誉奖励、重点专项10个方面给予支持，吸引一批创新能力强、具有核心竞争力的高成长型企业和高端要素集聚，推动区域经济发展。

政务服务 2023年，越秀区印发《越秀区“首席服务官”暖企行动方案》，为130多家民营龙头企业配备由区领导牵头，行业主管部门、属地街道、市场监管、税务等部门在内的“首席服务官”团队，提档升级做好民营企业服务。全年走访联系企业1000多家次，收集企业诉求100多条，协助解决场地物色、商事登记、入户申报等困难诉求。

专项巡查 2023年，越秀区迎接广

2023年11月6日，越秀区民营经济发展政策解读“读懂日”活动在广州大厦举行　　（区工商联供图）

州市优化营商环境促进民营经济发展壮大专项巡察。通过以巡促改，查找优化营商环境、促进民营经济、服务民营企业方面存在的问题；通过以巡促建，加大营商环境相关领域尤其是中小微企业急难愁盼问题排查和解决力度；通过以巡促治，以到中小微企业实地走访和座谈调研等方式，倾听企业诉求，查找深层次问题，推动专项巡察任务落实。（黄永桢）

【民营企业监督管理】 2023年，越秀区围绕商事改革后出现的虚假注册问题，对633家作出虚假承诺、提供虚假地址材料的民营企业作出撤销决定。联动税务等部门对符合条件的民营企业"僵尸户"予以吊销处理，过滤不良状况的民营企业，提高市场活跃度。推进不同等级差异化监管，依托市市场监督管理局包容审慎库开展"双随机、一公开"工作，实施包容监管和触发式监管，建立宽严相济量身定制式的市场监管机制。全区229家民营企业被纳入市市场监督管理局2023年重点行业"白名单"，设立"白名单"企业专属服务电话，提供"一对一"帮扶服务，实行"无事不扰"的包容监管方式、审慎包容的信用监管措施。（古晓斌）

【民营企业合法权益维护】 2023年，越秀区维护民营企业合法权益，处理民营企业拖欠账款线索。是年，越秀区商务局收到并处理涉区职能部门、大型企业拖欠民营中小企业账款的线索2条。通过发函核实、走访沟通等方式督促相关单位、企业及时沟通并做好支付工作。其中，1条线索由于没有进行工程验收，不符合支付条件，告知相关投诉人；另外1条属于无效投诉，通过平台退回。定期组织区内各部门、街道自查自纠、排解拖欠线索、做好台账整理，按照"属地管理、分领域负责，谁监管谁负责"要求，落实涉越秀区的清理拖欠责任，加强全区清理拖欠工作的督促指导。（黄永桢）

【民营企业家队伍建设】 2023年，越秀区健全非公经济人士理想信念教育常态化机制，利用企业走访、集中培训、网络平台学习等形式，向区各商（协）会及非公经济组织传达党中央、省委、市委、区委会议及文件精神、政策法规。组织非公经济人士参加"广州民营经济20条"政策宣讲及政策解读活动。建设政企恳谈会、政企见面会等"政企面对面"活动的实体场所——越秀区政企沟通服务中心，通过专家讲座、案例分析、交流研讨等形式，向企业家开展惠企纾困政策宣传，全年举办"恳谈日""读懂日"系列活动10场。依托华南理工大学学科及师资优势，聚焦青年企业家的特点，组织实施新越商青年企业家培育工程，助力新一代企业家创新变革、自我超越，为培育规模型、潜力型行业龙头企业做好人才准备。举办广州市越秀区工商业联合会第十四届一次执委会（区总商会第三届理事会）就职典礼暨越秀区民营企业高质量发展大会，增补区工商联执委会成员。（曾雪萌）

【新越商青年企业家培育工程】 2023年，越秀区工商联联合区委统战部、区委组织部等9个部门组织实施新越商青年企业家培育工程，遴选区内核心产业和具有发展潜力的非公经济人士60多人，打造青年企业负责人学习、交流和合作的平台。依托华南理工大学学科及师资优势举办第一期新越商青年企业家培训班，首期培训班围绕国家特别是粤港澳大湾区经济社会发展对人才培养的需求和培训热点，聚焦青年企业家特点，助力新一代企业家创新变革、自我超越。（罗镜辉）

民营企业项目建设

【概况】 2023年，越秀区各级领导干部合作引进优质招商项目374个。其中，被纳入市招商系统的注册落户项目221个，签约项目151个。以该年度引进的365个优质企业项目（剔除9个增资项目）为基数，引入民营企业312家，占总数的85.5%。

【广东省数字城市研究院有限公司项目】 2023年9月22日，广东省数字城市研究院有限公司项目签约落地越秀区西湖路12号西湖商业大厦。广东省数字城

2023年5月12日，越秀区首期新越商青年企业家培训班在华南理工大学（五山校区）开班（区工商联供图）

市研究院有限公司注册资本1000万元，是互联网及移动互联网技术供应服务商——北京金和网络股份有限公司的全资子公司。项目设立后，将面向华南地区运营，其人工智能软件系统研制平台（SoftwareGPT）可每年研制软件10万套，公司研发的数字技术产品及服务拥有100亿元/年产能。

【广州壹皓互联网信息技术有限公司项目】 2023年2月1日，该项目落户越秀区。广州壹皓互联网信息技术有限公司是壹药网科技（上海）股份有限公司全资设立的线上销售公司，成立于2023年2月。该项目注册资本1000万元，将以“1药网”App为平台，打造一站式综合性网上药店，为顾客提供易诊、健康百科、专题导购、营养搭配建议等服务。

【欧太医疗科技（广州）有限公司项目】 2023年7月31日，该项目落户越秀区人民街金汇大厦，注册资本1000万元。欧太医疗科技（广州）有限公司公司是上海欧太医疗器械公司在广州市的研发及销售总部，是国家高新技术企业和专精特新企业，专注于开发创新型医疗软镜，是集医用内窥镜的光、机、电于一体的高科技元素公司。

【广州优必选智慧健康产业有限公司项目】 2023年8月17日，该项目落户越秀区。广州优必选智慧健康产业有限公司成立于2023年8月，是深圳市优必选科技股份有限公司在广州市设立的首个法人主体，注册资本2000万元，作为深圳优必选科技股份有限公司打造广州样板示范项目的经营主体。该项目将推动人工智能康养技术应用，通过优必选智慧康养云平台，围绕服务运营、生活护理、安全保障、记忆照护、精神需求、医疗康复六大场景，以科技力量建设机构、社区、居家三位一体的智慧养老综合服务平台，打造全方位保障体系。

【荣越智能科技（广州）有限公司项目】 2023年9月1日，该项目落户越秀区。荣越智能科技（广州）有限公司成立于2023年9月，注册资本1000万元，是荣电集团在越秀区设立的子公司。该项目定位为华南区营销中心，将联合广东省百越职业培训学院，打造成为产品直营体验中心、智能数字培训学院和互联网直播人才就业孵化基地。（黄永桢）

专精特新中小企业

【概况】 2023年，越秀区开展“专精特新万企行”活动，通过定期走访、优质资源赋能、专家“把脉问诊”等方式，推进专精特新中小企业梯度培育工作。至年底，全区累计培育国家级专精特新“小巨人”企业3家、省级专精特新企业227家、创新型中小企业288家。

【广州中浩控制技术有限公司】 该公司于2002年由广东省科学院智能制造研究所的重点实验室转制，是工业和信息化部首批国家级专精特新“小巨人”企业。该公司主要业务是助力食品药品、日用化工、电子、电力、汽车、市政、轻化工、物流及其他民用行业生产制造型企业打造智慧工厂，帮助中小企业建立云端的智能生产管控系统。该公司自主开发的“基于工业互联网的数字化协同平台”，为流程制造企业规范生产过程的运营管理，可替代“施耐德”“西门子”等国际品牌；该平台还通过“统信”“鲲鹏”“飞腾”等操作系统以及“麒麟”芯片测试与验证，是国产自主可控的工业软件，服务汤臣倍健、丹姿、诺斯贝尔等150多家日用化学品公司及其上、下游企业。2023年，该公司实现营业收入1亿~3亿元。

【广州中科云图智能科技有限公司】 该公司成立于2017年，是由广东省科学院孵化并投资的混合所有制企业，是国家高新技术企业、广东省专精特新中小企业、广州市种子企业、广州市未来独角兽企业、广州拟上市企业最强科创领头羊。该公司致力于安全、智能、自主、可控的低空无人机遥感设备的制造与销售，并提供专业运营服务及行业解决方案，自主研发无人机遥感网全链条产品体系；拥有授权发明专利16件、实用新型专利37件、外观设计专利12件、计算机软件著作权69项，发表国内外期刊论文17篇，主持、参与制定团体标准16项；在佛山市建立“新一代5G网联无人机系统智能制造中心”，具备完善的生产、试验能力，满足全线产品专业化生产需求。2023年，该公司实现营业收入1亿~3亿元，入选第五批国家级专精特新“小巨人”企业。

【南方环境有限公司】 该公司成立于2017年，是中国船舶集团有限公司旗下环保企业，是国家高新技术企业、广东省专精特新企业、“十三五”广东省环保产业骨干企业。该公司聚焦船舶工业企业环境污染治理需求，推出涂装有机废气治理、焊接烟尘净化处理、修造船工业废物处理及资源化利用、修造船高压水除锈废水治理以及船厂污染地块修复等以“产品+增值服务”为特色的全流程环保服务；拥有授权知识产权51件。其中，发明专利3件、实用新型专利40件、软件著作权8件，主导和参与制定行业标准1项，注册商标24项。2023年，该公司实现营业收入1亿~3亿元，入选第五批国家级专精特新“小巨人”企业。（黄永桢）

■编辑 陈林琳

工业·建筑业

工　业

【概况】 2023年，越秀区有规模以上工业企业14家，规模以上工业总产值81.64亿元，比上年增长7.2%；规模以上工业增加值24.22亿元，增长5%；工业投资额完成4.77亿元，增长8.6%；工业技改投资额完成2.3亿元，下降18.6%。至年底，越秀区有省级企业技术中心24个。年内，五仙门发电厂旧址、广州电力展示馆入选第一批广州市工业遗产名单。

【制造业】 2023年，越秀区有规模以上制造业企业11家，涉及印刷和记录媒介复制业，医药制造业，通用设备制造业，专用设备制造业，电气机械和器材制造业，仪器仪表制造业，纺织服装、服饰业7个行业，制造业实现增加值比上年增长51.6%。

印刷和记录媒介复制业 2023年，越秀区有规模以上印刷业企业3家，产值贡献主要来自广东新华印刷有限公司（以下简称“广东新华印刷”）。广东新华印刷注册成立于1949年，位于越秀区永福路44号，是广东省出版集团有限公司、南方出版传媒股份有限公司下属大型国有综合性书刊印刷企业。公司业务涵盖图书、期刊、画册等印制品，是广东省中、小学教材、教辅的主要印制基地。该公司贯彻创新、协调、绿色、开放、共享的发展理念，以“转型升级、跨越发展”为目标，打造智能化、绿色化、数字化融合发展的现代综合印刷企业。是年，广东新华印刷被认定为国家印刷示范企业（保障支撑类）。

医药制造业 2023年，越秀区有规模以上医药制造业企业1家，为广州达晖生物技术股份有限公司。该公司注册成立于2005年，位于越秀区先烈中路80号2806室，业务涵盖生命科学和生物技术领域的产品研发、生产、销售和技术服务，提供专业医学遗传检验系列产品等。2019年，该公司在全国中小企业股份转让系统（新三板）挂牌。2022年，该公司被认定为广东省专精特新中小企业。至2023年底，该公司持有获准入证书产品17项、商标专用权18项、软件著作权1项、发明专利7项、实用新型专利13项、外观专利2项。

仪器仪表制造业 2023年，越秀区有规模以上仪器仪表制造业企业1家，为广州粤显光学仪器有限责任公司。该公司成立于1954年，位于越秀区淘金北路81号，前身为广州光学仪器厂，业务范围包括研制、生产、销售显微镜等光学仪器产品，主要产品包括冠以“L”的各型号生物显微镜、金相显微镜、体视显微镜、荧光显微镜等30多种型号的显微镜。2022年，该公司被认定为广东省专精特新中小企业、广东省创新型中小企业。至2023年底，该公司持有获准入证书产品3项、商标专用权3项、发明专利2项、实用新型专利9项、外观专利1项。

【电力、热力生产和供应业】 2023年，越秀区有电力、热力生产和供应业企业1家，为广东广合电力有限公司。该公司注册成立于1992年，位于越秀区东风东路836号三座3101房，是广东省沙角（C厂）发电有限公司的全资子公司，负责兴建和经营管理沙角发电厂C厂。沙角发电厂C厂于1993年1月动工建设，1996年6月，3台机组移交商业营运，是广东省最大火力发电厂之一。至2023年底，该公司累计上网电量2703亿千瓦时。

【水的生产和供应业】 2023年，越秀区有水的生产和供应业企业1家，为广州市自来水有限公司。该公司注册成立于1981年，位于越秀区中山一路12号，是广州市水务投资集团有限公司全资子公司，是一家集自来水生产、销售、服务和多种经营于一体的特大型供水企业，供水范围覆盖广州市中心城区，并相继实施南部供水工程、西江引水工程、北部水厂工程等省、市重点工程建设项目，构筑起东江、北江、西江、流溪河“四源共济”优质水源格局。是年，该公司通过省级企业技术中心评价，与湖南大学共同完成的“基于DMA的大型城市复杂管网漏损监测预警控制关键技术研究与应用”项目成果获2023年度中国城镇供水排水协会科学技术奖一等奖，与浙江大学共同完成的“基于物联网大数据的供水系统爆管在线监控平台研究及工程示范”项目获第十五届广东省水利学会水利科学技术奖三等奖；该公司获2022年度（第二十届）水业企业评选“水业最具社会责任服务企业”称号，连续第十二年居广东省供水服务公众满意度第一名。

【工业企业服务】 2023年，越秀区加强与广州市自来水有限公司、广东广合电力有限公司、广东新华印刷有限公司等重点工业企业联系，了解企业生产经营情况，帮助企业解决发展中遇到的困难和问题，强化工业经济运行分析预警，推动工业经济稳步发展。落实上级支持工业企业2023年春节期间稳岗留工举措，向广东新华印刷有限公司发放稳岗留工补贴资金4.93万元。落实国家、省、市工信领域政策，推荐企业申报制造业增值税加计抵减、企业技术改造、首台（套）重大技术装备研制推广等项目60多个。支持珠实同创·环东广场获得2023年广州市促进工业和信息化产业高质量发展资金产业园区建设专题提质增效试点产业园区奖补方向项目补助资金1000万元。

2023年1月，位于越秀区泰康路162号的广州电力展示馆入选第一批广州市工业遗产名单。图为广州电力展示馆仿真电缆隧道

（区科工信局供图 摄于2023年10月）

【工业遗产】 2023年1月，广州市工业和信息化局公布第一批广州市工业遗产名单，越秀区五仙门发电厂旧址、广州电力展示馆入选。五仙门发电厂旧址位于越秀区沿江西路183号，始建于1901年，1905年投产，1975年停止发电，是华南地区最早商办电厂，也是广州市第一座火力发电厂。2021年，经活化利用被改造成广州华侨博物馆，成为全国首家利用百年文物建筑建设的华侨专题博物馆。2023年，“五仙门发电厂旧址修缮提升与活化利用项目”被列入广州市第二批文物保护利用典型案例。广州电力展示馆位于越秀区泰康路162号，由广州市第三批历史建筑华安楼活化改造而成。华安楼始建于1936年，是广东电网首个电力调度大厅原址所在地，广州电网形成后第一条调度指令在此发出，被誉为“广州电力祖屋”。是年，广州电力展示馆（华安楼）入选国务院国有资产监督管理委员会中央企业工业文化遗产（电力行业）名录。

【省级企业技术中心培育】 2023年，越秀区围绕强化企业技术创新主体地位，发动辖区内企业申报广东省省级企业技术中心，引导和支持企业增强技术创新能力，加快关键技术研发和产业化。是年，越秀区新增南方电网电力科技股份有限公司、广州市城市规划勘测设计研究院等省级企业技术中心5个，全区有省级企业技术中心24个。

表17 2023年越秀区省级企业技术中心一览表

序号	省级企业技术中心所在企业	所属行业
1	广州汽车集团股份有限公司	制造业及其他行业
2	广州纺织工贸企业集团有限公司	制造业及其他行业
3	广州市市政集团有限公司	建筑业
4	广州建筑股份有限公司	建筑业
5	广州珠江建设发展有限公司	建筑业
6	中国广电广州网络股份有限公司	制造业及其他行业
7	广州市第三建筑工程有限公司	建筑业
8	广州市第二建筑工程有限公司	建筑业

续表 17

序号	省级企业技术中心所在企业	所属行业
9	广州市环境保护工程设计院有限公司	制造业及其他行业
10	广汽零部件有限公司	制造业及其他行业
11	广州市水电建设工程有限公司	建筑业
12	广州市公路工程公司	建筑业
13	中通服建设有限公司	建筑业
14	广州环保投资集团有限公司	制造业及其他行业
15	广州市自来水公司	制造业及其他行业
16	广州羊城通有限公司	制造业及其他行业
17	广州普邦园林股份有限公司	建筑业
18	广东省广物控股集团有限公司	建筑业
19	广东省工业设备安装有限公司	建筑业
20	南方电网电力科技股份有限公司	制造业及其他行业
21	广州市城市规划勘测设计研究院	制造业及其他行业
22	广州地铁设计研究院股份有限公司	制造业及其他行业
23	广州市市政工程试验检测有限公司	制造业及其他行业
24	数字广东网络建设有限公司	制造业及其他行业

（张琳琳）

建筑业

【概况】 2023年，越秀区实现建筑业增加值100.79亿元，比上年增长13.9%。全区总承包和专业承包企业完成建筑业总产值605.13亿元，比上年增长6%。其中，中小企业实现建筑业总产值113.33亿元，比上年下降7.4%，占全区建筑业总产值的18.7%。房屋建筑和土木工程建筑总产值464.5亿元，占全区建筑业总产值的76.8%。是年，全区受理房屋和市政建筑工程施工报建61项（其中分阶段核发施工许可4项）；办理房屋建筑工程和市政基础设施工程联合验收23项，建筑面积35.14万平方米，工程造价17.33亿元。

【建设项目审批制度改革】 2023年，越秀区完善工程建设项目分类审批机制，推进信用审批、容缺受理，对过程可管、后果可控的审批事项及材料实行“清单+承诺”制，依托广州市工程建设联合审批平台，实现工程建设项目全程网办“零跑动”。突出“互联网+政务服务”特色，优化审批流程，提供便民惠企信息化服务。跟进广东省人民医院院区改扩建等77个市、区重点建设项目进度，在立项、规划、施工、资金落实等环节给予业务指导，搭建多层级、跨部门的联动审批服务平台，助力项目早开工、早建成。针对辖区内老旧物业较多、既有建筑物历史遗留产权资料缺失等情况，越秀区了解企业和群众的困难、诉求，在既有建筑使用功能活化利用上给予鼓励引导、畅通审批流程，实现在建筑结构及消防安全、周边环境影响等要素可控的前提下活化利用，增进民生福祉。

【建设施工安全生产监管】 2023年，越秀区督促在监在建项目参建单位落实安全生产、文明施工等措施，开展在监在建工地安全生产、消防安全、文明施工专项排查，聚焦高支模、深基坑、人工挖孔桩、塔吊等危险性较大工程，建立“排查—整改—建档—监控”闭环管理机制，筑牢安全生产防线。加大限额以下小型工程监管力度，按照每月抽查20%限额以下小型工程的频次强化小型工程监管。面对强降水、雷雨大风、局地冰雹等恶劣天气，密切关注气象发展趋势，及时停止户外高空作业，提前布置易涝区域抢险力量，提升应急处突效能。是年，越秀区有建设工地444个，其中市管项目24个、区管项目57个、限额以下小型工程项目363个；存在重大危险源112项，其中深基坑19个、塔吊12台、施工电梯11台、钢井架1台、超50米落地式脚手架或分段架体超20米悬挑式脚手架10个。全年出动5690人次检查在监在建工地2208个次，发现各类问题8871个，开具整改通知书1077份，对59个项目156名责任人员及13家责任企业作广东省安全生产动态管理扣分处理，对36个项目68个责任单位作广州市建设领域不规范行为公示扣分处理，责令26个项目全面停工整改，立案查处12件，罚款32.35万元，全区在监在建项目工地处于安全生产平稳可控状态。

【限额以下小额工程监管】 2023年，越秀区落实限额以下小型工程监管，制定限额以下小型工程施工质量安全监督工作指引，涵盖监督内容、监督程序、监督方式、社区网格化监督制度、抽查频次、监督措施、监督工作中止及终止等方面，通过统一监督工作标准，提高监督效能。建立完善“指导+培训+督查+通报”监管机制，创新业务培训方法，召开由行业专家带队，区质监站、各街道分片区参加的全区小型工程专家现场培训会议5场，会同区城管部门开展“城建+城管”联合巡查49次，建立限额以下小型工程督查定期通报机制，推动问题隐患立即整改。印发限额以下小型工程“互联网+”安全监管工作方案，在农林街道、东山街道、流花街道、六榕街道、北京街道、白云街道等街道开展试点，强化建设项目全覆盖、全过程、实时化监管。完善社区网格化监督制度，会同农林街道开展社区网格化监督制度试点，成立街道、社区监督委员会，收集并反馈群众意见建议，对重要事项实行“一事一监督”，打通监管“最后一米”。

【建设工程消防设计审查验收】 2023年，越秀区落实建设工程消防设计审查验收工作。履行审批职责，全年完成建设工程消防设计审查验收行政审批许可事项225宗，其中特殊建设工程消防设计审查28宗、特殊建设工程消防验收31宗、其他建设工程消防验收备案与抽查166宗，把好技术关口，为工程建设和竣工后场所安全投入使用提供源头保障。优化审批模式，针对“先天缺陷”“疑难杂症”项目，采取专家咨询、灭火救援模拟实操测试等“一事一议、一案一审”做法，推进先烈南路23号地块项目、越秀南地块项目、海月东安置房项目、广州市审计局办公业务用房维修改造项目等重点项目消防审查验收工作。对区重点项目以及技术难度较高的建设工程，提前开展技术指导和方案预审，提供专业建议和指引，规避因设计及实体工程可能不合规引发的后续整改问题，推进各个重点项目建设。

【建筑工程招投标监管】 2023年，越秀区按照《中华人民共和国招标投标法》《中华人民共和国招标投标法实施条例》等相关规定，关注监管招投标活动程序的合法性及招标文件的合法合规性，通过“双随机、一公开”（在监管过程中随机抽取检查对象，随机选派执法检查人员，抽查情况及查处结果及时向社会公开）监管模式对招投标活动进行监管，并为辖区内项目单位提供政务服务工作。全年完成招投标监管标段113个，交易金额20.86亿元，重点保障服务区内老旧小区微改造项目、军队老旧住房小区改造项目，以及城区内涝排水管网、市政道路设施改造项目等民生工程共71个标段的业务指导、咨询和招投标情况备案工作，促进城区环境的持续优化和提升。

【建筑业从业人员安全教育】 2023年，越秀区建设和水务局结合每季度建设系统质量安全工作会议安排，组织在监在建工地关键管理人员开展用电安全、重大事故隐患排查等安全教育培训，培训93人次。联合区总工会面向在监在建项目的安全员和班组长等一线岗位人员开展建筑工地从业人员安全教育培训，培训40人次。

【建设工程联合检查机制建立】 2023年，越秀区加强职能部门协同，做好建设工程联合检查工作，结合复工复产、文明施工、隐患排查等阶段性工作要求，区建设和水务局、区应急管理局、区城管和综合执法局、市生态环境局越秀分局等职能部门分头行动，成立检查组，分片分类开展专项检查。是年，越秀区建设和水务局出动818人次，检查重点场所740个次，排查整治隐患323处，发出责令整改通知书95份。

（陆诗茗）

编辑　何俊楠

商贸服务业

综　述

【商贸服务业发展】　2023年，越秀区现代商贸业实现增加值527.42亿元，占全区地区生产总值的13.8%。全区实现社会消费品零售总额1329.57亿元，比上年增长8.7%；批发业销售额4383.37亿元，增长0.2%；零售业销售额466.56亿元，增长10.2%；住宿业营业额56.74亿元，增长71.9%；餐饮业营业额120.17亿元，增长20.1%。年内，越秀区以“古越今秀 悦享精彩”为主题，举办促消费活动超600场，激发消费市场潜力。

【商贸企业服务】　2023年，越秀区开展商贸企业服务，落实“首席服务官”制度，关注企业发展预期和重点项目落地情况，引导区内重点批发、零售、住宿、餐饮企业在地发展、数据纳统，以“一企一策”方式提供企业服务。优化安商暖企工作机制，强化部门牵头暖企稳企职责。组建暖企小分队，推动税务专管员、街道统计专员强化企业服务，完善区内企业外迁预警机制，为各部门做好意向外迁企业稳企暖企服务提供预警。加大与楼宇合作的留企力度，以楼宇出租率为重点，开展政楼合作，促进楼宇协助预警。鼓励龙头企业拓展营销模式，扶持鼓励市场主体举办具有广府文化特色的沉浸式体验促消费活动。组织发动区内零售、住宿、餐饮龙头企业参与省、市、区促消费活动。联动商务、旅游、会展等相关行业，全年推出系列促消费活动超600场，推动相关零售、住宿餐饮企业参与省、市消费代金券发放活动，并通过线上渠道叠加企业优惠。

【夜间经济发展】　2023年，越秀区推动商旅文融合，打造沉浸式夜间消费新场景。发动各商圈商业综合体参与广州市2023“Young城Yeah市”夜间消费节活动，支持商业综合体、商户加入广州市消费券可用商户，全年组织夜间活动150场。

北京路夜间消费热门　2023年，越秀区依托北京路这一首批国家级夜间文化和旅游消费集聚区，提升街区内大佛寺、北京路古道遗址、拱北楼遗址等文化景观夜间展陈；打造铜壶滴漏、室外裸眼3D艺术灯光秀、圣贤里“粤来粤爱”互动光影秀等夜间景观节点10多处，提升北京路消费潜能。在周末和节假日期间，北京路众多品牌商铺、饮食店铺实施24小时营业模式，推动北京路成为广州夜间消费热门地标。

沉浸式夜消费新场景　2023年，越秀区打造北京路、环市东商圈、海珠广场、沿江路“夜广州”消费地标，发动重点商业载体打造新型夜消费场景，举办潮流夜市、文创集市、沉浸式夜游等文化创意活动，引导各大商圈载体适当延长营业时间，增设24小时便利店等夜间消费场所，鼓励演艺场所、电影院线、文博场馆延长开放时间，提供潮玩手作、现场音乐驻唱表演、露天电影等夜间特色消费服务，打造夜间经济新体验。

夜间消费特色品牌　2023年，越秀区举办“星市集”“时光市集”“府学西街集市”等，以市集形式联动独立摊主、品牌、演出、展览等，提供丰富的消费场景，激发消费新活力，提供城市居民与青年文化夜间的多重体验。培育“Young城Yeah市”夜间消费品牌，推出“逛北京路 夜游珠江”经典文旅线路，创新培育府学西街“车尾箱集市”等夜间消费特色品牌，支持大众创业，提振消费信心，带旺商圈“烟火气”。

【“一刻钟便民生活圈”打造】　2023年，越秀区以“互联网+社区商业”模式推动社区服务升级。引导胜佳超市、朴朴超市、盒马生鲜超市等提供社区团购、线上消费等服务。开展采用烹饪熟食运输到保温柜自取方式的智能餐厅项目，采用配送生鲜制品到客户端、用智能烹饪机器制熟的新型餐饮模式。加快建设快递智能柜、美团便民取货柜等智能设施。加大“赛壹”等品牌连锁24小时便利店建设力度，优化提升线上夜间消费服务，以建设街道保利中环社区为夜市示范点，推动广州夜间社区消费升级。强化社区商业服务主体，完善居家社区相配合、医养康养相结合的养老服务体系，越秀区辖区内建设街道有9个社区实施“一刻钟便民生活圈”项目，7个颐康服务站通过验收系统备案。

【“古越今秀　悦享精彩”系列主题活动】 2023年，越秀区围绕“古越今秀悦享精彩”主题，通过商圈总动员、行业总动员、企业总动员、部门总动员、街道总动员5个总动员，从商圈消费、文旅消费、品质消费、夜间消费等8个维度构建“月月有主题、周周有活动”消费促进新平台，依托特定节日、商超门店周年庆和年中大促等消费场景，策划“悦享”系列主题活动，全年组织促消费活动600多场。

【“广交会商务考察团”活动】 2023年4月16日，越秀区商务局、中国对外贸易中心邀请20多名来自马来西亚、印度尼西亚、巴西、土耳其等国家的第133届中国进出口商品交易会（以下简称“广交会”）境外采购商到越秀区，参加“兰缘盛荟”文化旅游艺术周活动，到辖区内万菱广场等专业市场交流商贸投资信息。10月17日，越秀区商务局、中国对外贸易中心邀请40多名来自“一带一路”共建国家的第134届广交会采购商及26名来自中墨商业科技商会、中墨商会香港分会的客商，组成“走进越秀——第134届广交会商务考察团”，到广州非遗街区（北京路）、广州城隍庙和南越王博物院（王宫展区）等景点参观，参加海丝文化节，体验特色非遗项目，开展商贸交流。（黄永桢）

电子商务

【概况】 2023年，越秀区在营注册资本100万元以上且主营业务为电子商务的电商企业有30多家，业务范围主要涉及食品、药品、化工、玩具、黄金和电商综合服务等。年内，越秀区在流花服装批发市场举办第三届直播电商节（中国广州）越秀区分会场活动，揭牌流花服饰跨境电商选品中心。

【线上跨境电商平台LIUHUAMALL商城】 2023年，越秀区加快构建完善跨境电商发展生态。至年底，线上跨境电商平台LIUHUAMALL商城吸引905家企业入驻。优化LIUHUAMALL商城平台功能，加大全球推广力度，来自全球215个国家和地区的客户访问平台。加快建设流花跨境直播基地，引入平台头部机构和服务资源，扶持培育直播创业团队。建设跨境电商直播选品中心，打造集产品展示、卖家选品、供应链对接、线上推广等服务于一体的平台，入驻即实现线上商城365天展示交易。

【第三届直播电商节（中国广州）越秀区分会场】 于2023年4月3日在广州流花服装批发市场开幕。流花服饰跨境电商选品中心在开幕式上揭牌。直播节期间，越秀区辖区内流花服装批发市场、万菱广场、胜佳超市、广百百货、友谊商店等200多家专业市场、商户和商场、超市通过专场直播、场内走播、机构联播、达人探店等形式，搭建直播矩阵，并在国内外热门社交媒体进行传播。推荐区内8户商家19个产品资源参加“东方甄选”选品，涉及佛跳墙、轻食花胶、包包精品、零食坚果等产品，打造知名流量平台与地方优质产品合作矩阵。

【广州市朴朴网络科技有限公司】 该公司成立于2020年2月，注册地址为越秀区广州大道中289号，注册资本2亿元，是1家30分钟即时配送的移动互联网购物平台。经营品类包括水果、蔬菜、肉禽蛋奶、粮油调味、酒水饮料、休闲食品、个人护理、清洁用品等7000多SKU（最小存货单位）。该公司通过与广东省内地方特色产品生产企业建立合作关系，开展营销活动、品牌合作、专区推广，并不定期开展促销活动，推广和销售特色产品。至2023年底，该公司拥有员工1.2万人，开设城市中心仓1个、前置仓95个。（黄永桢）

物流业

【概况】 2023年，越秀区推行寄递物流行业安全管理（共建共治共享）工作联席会议制度，通过联合督导检查、平安建设考核、约谈警示教育、情报信息通报等措施，检查寄递物流企业、网点6327家（个），压实行业主管部门、公安机关、属地、企业各方主体责任，推动实名收寄、收寄验视、技防安检、持证经营、从业登记制度“五项制度”落

2023年4月25日，大塘街道办事处联合大塘派出所对辖区内寄递物流行业开展法制教育宣传（大塘街道供图）

实，防范和堵截危险因素流入寄递物流渠道，实现重大案事件“零”发生。

【寄递物流行业安全管理】 2023年，越秀区强化寄递物流行业规范管理，排查整治风险隐患，检查寄递物流企业、网点6327家（个），发现、整改隐患102处，发出整改意见书38份，警示谈话20人次，责令停业整改10家（个）、取缔15家（个），保障全区寄递物流渠道平安畅通。组织开展从业人员宣传培训，指导从业人员按照人防、技防、物防、制度防要求，提高对禁寄物品的防范意识和工作警惕性。 （谢淮）

【广州交通集团物流有限公司】 该公司隶属于广州市公共交通集团有限公司，成立于2001年12月13日，注册资本（实缴）1.1亿元，总部位于越秀区农林下路80号冠怡大厦。该公司是从“传统物流”向“现代物流”“智慧交通”转型发展并构建“健康中国”医药流通领域供应链专业化服务的企业。通过打造医药物流服务平台、医药供应链服务平台、互联网健康服务平台，构建中国互联网医药流通领域的医药流通智慧服务生态，专注为医药、医疗、医保“三医联动”新业态、新模式提供专业化供应链服务。2015—2023年，该公司营业收入从2.08亿元增长至18.21亿元，增长近8倍。至2023年底，建设覆盖华南、华北、华东、华中、西南等核心物流节点GSP标准（《药品经营质量管理规范》）的医药物流枢纽中心，跨境医药保税物流中心1个、跨境电商清关中心1个，实现全国多仓联动、配送一站到底，并获评国家AAAA级（综合型）物流企业、国家高新技术企业、广东省专精特新企业、广东省创新型中小企业、广州市重点供应链服务企业。

（黄永桢）

邮政服务业

【概况】 2023年，越秀区有邮政普遍服务网点27个，均为自办网点。其中，纯邮务网点15个，分别为广大路邮政支局、嘉业大厦邮政支局、解放北路邮政支局、南关邮政支局、流花邮政支局、东湖西路邮政支局、广东国际大酒店邮政支局、净慧路邮政支局、明月邮政支局、区庄邮政支局、水荫直街邮政支局、五羊邮政支局、永福路邮政支局、中山一路邮政支局、宜安广场邮政支局；综合网点12个，分别为长堤邮政支局、站南路邮政支局、盘福路邮政支局、三元里邮政支局、越秀北路邮政支局、珠光路邮政支局、麓景路邮政支局、荣华南邮政支局、淘金北路邮政支局、盈泽苑邮政支局、水荫路邮政支局、署前路邮政支局。另外，区内设有专业集邮营业点1个，为北京路集邮专卖店。主要业务包括信件、印刷品、普通包裹、汇兑、报刊、集邮、快递包裹、EMS特快专递、储蓄、电商分销、电动自行车上牌、警医邮业务等。

【主题邮局打造】 2023年9月6日，中国邮政集团有限公司广州市分公司位于越秀区署前路与东华路辅路交叉口的广州咖啡邮局东山口店开业。该店结合地方特色打造“东山少爷”“广州题材”等文创产品，通过以邮搭台，把传统集邮文化与潮流咖啡品鉴文化相结合；通过以邮会友，运用邮政文创打造沉浸式体验场景，吸引集藏爱好者、市民参观体验。联动广州动物园，以“动物园+邮政”为特色，借助双方优势打造小吉象主题邮局，以“邮票上的动物园”为主题，开展节假日主题活动、生肖设计大赛颁奖活动、“可爱的动物邮票”讲座、“方寸童趣”邮展等活动。

【“魔法邮局嘉年华”快闪活动】 2023年9月28日至10月6日中秋国庆假期，中国邮政集团有限公司广州市分公司联合越秀区人民街道举办“魔法邮局嘉年华”快闪活动，在广州石室圣心大教堂、万菱广场、星寰国际商业中心、海印缤缤广场、维新横文化广场5个知名地标打造魔法主题邮局。以主题邮局为载体，为该次活动特别定制纪念戳、叠色戳、集戳本、明信片等主题产品及文创产品，通过文创展销、公益书摊、游戏互动、集市摊位等活动，将邮政文化元素与新消费热点相结合，展示邮政主题活动魅力和乐趣，给游客提供更多样的购物和纪念选择。该次魔法邮局主题活动实现业务收入和品牌传播双收益，日均客流量5万~7万人次，带动邮政函件集邮、文创产品、报刊书籍等销售。

表18 2023年越秀区邮政服务网点一览表

序号	网点名称	网点地址	网点类型
1	广大路邮政支局	广大路37号	纯邮务网点
2	嘉业大厦邮政支局	东风中路318号101房	纯邮务网点
3	解放北路邮政支局	解放北路机巷25号	纯邮务网点
4	南关邮政支局	北京路7号	纯邮务网点

续表 18

序号	网点名称	网点地址	网点类型
5	流花邮政支局	环市西路 155 号	纯邮务网点
6	东湖西路邮政支局	东湖西路 19 号	纯邮务网点
7	广东国际大酒店邮政支局	环市东路 339 号裙楼 110 铺	纯邮务网点
8	净慧路邮政支局	海珠北路净慧街 7 号大院 1 号楼 1 层	纯邮务网点
9	明月邮政支局	明月二路 24、26 号	纯邮务网点
10	区庄邮政支局	环市东路 429 号之五	纯邮务网点
11	水荫直街邮政支局	水荫路水荫直街四五巷 2 号 102	纯邮务网点
12	五羊邮政支局	寺右北一街三巷 2 号	纯邮务网点
13	永福路邮政支局	永福路 36 号首层 102 房	纯邮务网点
14	中山一路邮政支局	中山一路 53 号之七	纯邮务网点
15	宜安广场邮政支局	建设六马路 33 号宜安广场 2 楼 216 房	纯邮务网点
16	长堤邮政支局	长堤大马路 272 号	综合网点
17	站南路邮政支局	站南路 4 号	综合网点
18	盘福路邮政支局	盘福路 102 号之左首层	综合网点
19	三元里邮政支局	三元里大道 57 号	综合网点
20	越秀北路邮政支局	越秀北路 13 号	综合网点
21	珠光路邮政支局	珠光路 80 号越秀尚御大厦 121 商铺	综合网点
22	麓景路邮政支局	麓景路 99 号	综合网点
23	荣华南邮政支局	荣华南 1 号	综合网点
24	淘金北路邮政支局	淘金北路 22 号之二（自编之 10—12 房）	综合网点
25	盈泽苑邮政支局	较场东路 73 号	综合网点
26	水荫路邮政支局	水荫路 25 号首层自编 7—8 号	综合网点
27	署前路邮政支局	署前路 29 号	综合网点
28	北京路集邮专卖店	北京路 284 号	集邮专卖店

【“书香越秀·邮阅天下”阅读活动】 2023年10月20—22日，中国邮政集团有限公司广州市分公司联合广东省立中山图书馆举办“书香越秀·邮阅天下”越秀区新时代文明实践“读懂广州”系列主题阅读活动。现场设置主题书展专区、名校邮票打卡、草坪咖啡阅读角、图书捐赠、邮政文创、邮政助农、广州题材套印戳等活动内容，吸引众多亲子家庭到场参加。活动向12所小学派发打卡券6300张，回收率97.4%，接收捐赠图书105箱。（陈雀锋）

快递服务业

【概况】 2023年，越秀区有持证许可快递企业16家、快递企业分支机构9个、末端网点265个、快递柜1211组。区内快递网点较多，交寄物品便捷，安全可靠。年内，强化对寄递企业的监督管理，统筹谋划寄递服务保障，推动寄递安全畅通，满足市民寄递服务需求。

（姚彩玲）

【广州顺丰速运有限公司】 该公司成立于2000年11月，注册地址为越秀区东风东路776号3—4楼全层。主要经营国内、国际快递及相关业务，在国内建有信息采集、市场开发、物流配送、快件收派等业务机构。至2023年底，该公司发展成为1家年均增长速度30%以上、基层营业网点200多个、服务网络覆盖全国31个省、员工1万多人的大型综合性速递企业，建立集采购、生产、流通、销售、售后于一体的供应链。2023年，

该公司营业收入31.58亿元，比上年增长5.8%。（杨蕊嘉）

【中国邮政速递物流股份有限公司广州市中区分公司】 该公司成立于2010年，主要经营业务包括国际快递，国内快递，普通货运，货物进出口，普通货物仓储、装卸、包装、装配，海上、陆路、航空国际货物运输代理业务等。至2023年底，该公司有寄递营业部9个、邮政营业网点19个，仓储面积0.5万平方米，从业人员约500人。新开拓ETC（电子不停车收费）卡、银行卡、水果、政务类邮件、法院类邮件等配送服务。全年快递进出口业务量1744万件，其中进口邮件1400万件、出口邮件344万件，实现营业收入4300万元。（罗志东）

住宿餐饮业

【概况】 2023年，越秀区住宿业实现营业额56.74亿元，比上年增长71.9%；餐饮业实现营业额120.17亿元，增长20.1%。全区有星级饭店33家。其中，白金五星级饭店1家，为花园酒店；五星级饭店4家，分别为中国大酒店、东方宾馆、广东亚洲国际大酒店、白云宾馆。

【惠福美食花街】 越秀区惠福美食花街地处广州传统中轴线、北京路全国示范步行街范围内，东起禺山路，西至惠福东路470号，于2010年11月开街，集聚广府特色美食餐饮店70多家，形成以粤菜为主、东南亚菜为辅的美食街。惠福美食花街以“粤菜体验+粤菜师傅+美食花街”为模式，打造全市首家粤菜文化体验馆，引进粤菜师傅工作室并开展厨艺竞技等活动，集聚陶陶居、幸运楼、庄臣美食坊等中华老字号或旗舰店，汇聚陈添记鱼皮、张太公竹篙粉、八珍煎饺等知名粤菜数十种。2023年，越秀区在惠福美食花街举办广府庙会美食展销、广州国际美食节越秀分会场等特色餐饮节庆活动。

【广府庙会美食展销】 2023年2月5—7日，越秀区在惠福美食花街打造广府庙会美食展销区域，设置美食摊位34个。以广府味为主题，同时邀请部分来自大江南北的小吃和国际美食参展，包括聚宝乳鸽王、陈添记鱼皮、清心鸡沙田乳鸽、潮府潮州菜、顺德杨荣饭店以及榴莲西施、榴莲泡芙等美食。搭建“掌中庙会”微信小程序，推广广府美食文化，策划“寻找广府美食品牌传承人”节目，探讨美食品牌的成长和传承发展故事。联动“饿了么”平台，推出“广府味·幸福年”广府美食区活动专场，覆盖平台餐饮商户1000多户，并推出20元活动红包福利，助力活动专场推广传播。

【2023年广州国际美食节越秀分会场】 2023年11月18日，广州国际美食节越秀分会场活动在惠福美食花街启动。该活动在北京路—海珠广场商圈、环市东商圈、中山三路商圈、流花—矿泉商圈等商圈设有分会场12个，以“古越今秀 悦享精彩”为主题，围绕“美食+文化+消费”思路，与区内商业综合体、酒店、餐饮企业联合推出系列美食主题活动。活动将美食品鉴、美食文化和美食消费相结合，融合五湖四海的地道风味美食、创意美食市集、非遗文化体验活动等，打造有得吃、有得玩的体验式美食盛会。

【餐饮业老字号创新发展】 2023年，越秀区为在北京路步行街开设餐饮业老字号、非物质文化遗产等特色品牌店、体验店的商户提供入驻奖励，支持“陶陶居”等老字号企业、非遗特色店铺改造提升，创建智慧商店。至年底，北京路北段引入“宝生园”“生茂泰”“皇上皇”“仁信双皮奶”“利口福”等老字号店铺10多家，北京路商圈有老字号店铺43家，其中中华老字号12家，集聚效应明显。在北京路两侧骑楼下安装玻璃橱窗，展示老字号品牌和非遗产品，与中山四路北京路非遗街区连贯成片，为老字号品牌提供产品展示平台。

（黄永桢）

2023年2月7日，广府庙会美食展销活动在惠福美食花街举行

（钟涌 摄）

表19 2023年越秀区星级饭店一览表

序号	星级	饭店名称	地址
1	白金五星级	花园酒店	环市东路368号
2	五星级	中国大酒店	流花路122号
3		东方宾馆	流花路120号
4		广东亚洲国际大酒店	环市东路326号之一
5		白云宾馆	环市东路367号
6	四星级	华厦大酒店	侨光路8号
7		凯旋华美达大酒店	东山明月一路9号
8		广东迎宾馆	解放北路603号
9		远洋宾馆	环市东路412号
10		广东大厦	东风中路309号
11		广州大厦	北京路374号
12		流花宾馆	环市西路194号
13		越秀宾馆	小北路198号
14		三寓宾馆	三育路23号
15	三星级	广州宾馆	广州起义路2号
16		爱群大酒店	沿江西路113号
17		湖天宾馆	东风西路156号
18		东方丝绸大酒店	东风东路752号
19		新世界大酒店	人民北路520号
20		珠海特区大酒店	海珠北路11—15号
21		广东邮电大厦	中山二路18号
22		广州五羊城酒店	人民中路322号
23		广东长城酒店有限公司	寺右新马路19号
24		山西大厦	三元里大道瑶泉街6号
25		三茂大酒店	环市东路374号
26	二星级	白云城市酒店	环市西路179号
27		新华大酒店	人民南路2—6号
28		新亚大酒店	人民南路10—12号
29		北京大酒店	西濠二马路10号
30		广东大酒店	长堤大马路294号
31		新粤新大酒店	环市东路329号
32		广东鸿运大厦	站西路37号
33		金川宾馆	西华路525号

（陈振超）

商务服务业

【人力资源服务】 2023年，越秀区推进人力资源服务业发展。至年底，全区有人力资源服务机构306个，从业人员7706人，区域人力资源服务业产值居广东省各县区前列。是年，越秀区制定《越秀区推动人力资源服务业高质量发展三年行动计划（2023—2025年）》，加快推进人力资源服务业高质量发展，推荐区内6个人力资源服务机构入选省级人力资源服务行业“龙头”专精特新名单，数量约占广州市的三分之一。 （林洁）

【税务代理】 2023年，越秀区进行行政登记的税务师事务所有87家，从业人员980人。其中，2023年度涉税专业服务机构信用积分达到TSC5级的有58家。区内税务师事务所业务范围包括纳税申报代理、一般税务咨询、专业税务顾问、税收策划、涉税鉴证、纳税情况审查等。 （林婷婷）

【会计服务】 2023年，越秀区组织全区代理记账机构开展年度备案工作，通过年度备案的代理记账机构有262个。其中，代理记账专职从业人员903人，代理客户1.84万户，年度代理记账收入1.42亿元，年度总收入30.59亿元。组织全区会计专业技术人员开展继续教育，全区完成会计专业技术人员继续教育2.1万人次。5月、9月，越秀区分别组织全区会计专业技术初级、中级资格考试，全区报名参加会计专业技术初级、中级资格考试人员分别为4095人、4821人，初级、中级合格人数分别为643人、710人。 （蔡梓详）

会展业

【概况】 2023年，越秀区有会议、展览及相关服务业的规模以上企业30家，实现营业收入11.1亿元，比上年增长60.4%。其中，广州佳美展览有限公司、广东潮域展览有限公司、广州城投智奥发展有限公司营业收入均超1亿元；广东科展国际展览有限公司营业收入5000万~8000万元。除广州城投智奥发展有限公司经营拥有广州越秀国际会议中心场地，属于会展承办企业外，广州佳美展览有限公司、广东潮域展览有限公司、广东科展国际展览有限公司均属于策展型企业。（黄永桢）

【2023世界超高清视频产业发展大会】2023年5月8—10日，2023世界超高清视频产业发展大会在广州越秀国际会议中心召开。大会以“超高清视界高质量发展”为主题，汇集国内外超高清视频产业重要企业和机构，同期举办超高清视频产业创新成果展示会，展示超高清视频新技术、新产品、新应用、新内容。大会期间，越秀区配合做好外围保障、氛围营造、主题参观及企业交流活动。8日，越秀区在花果山超高清视频产业特色小镇举办草莓V视园区开园暨越秀超高清视频产业高层次人才圆桌会，现场启动越秀区超高清视频产业“红链计划”，启用越秀区超高清视频产业人才会客厅。该会客厅是全国首个以超高清产业为建设主题的人才会客厅，助推越秀区超高清视频产业发展。（张琳琳）

【“读懂中国”国际会议（广州）】2023年12月1—3日，“读懂中国”国际会议（广州）在广州举行，主会场设在广州越秀国际会议中心。会议主题是“百年变局下的中国新作为——扩大利益汇合点，构建命运共同体”，来自30多个国家和地区的知名政治家、战略家、学者、企业家、外国驻华使节、国际组织和跨国公司驻华代表参会，与中国有关部委和地方负责人、学者、企业家展开对话。会议设置开幕式、领导致辞、主旨演讲、午餐演讲及10场平行研讨会、8场专题会议、3场闭门研讨会和一系列配套活动。嘉宾驻地在越秀区辖区内中国大酒店和东方宾馆，活动总人数约1000人，出席外宾70多人。会议期间，越秀区成立服务保障领导小组，组建酒店服务保障、调研参访、新闻宣传、交通保障、安全保障、环境提升、城市管理、志愿服务、市场监管保障、医疗保障10个专项工作团队，配合做好属地保障。（张雯）

【2023中国流花国际服装节（春夏）】2023年5月19—31日，中国流花国际服装节（春夏）暨流花外贸服装采购季活动在流花服装批发市场主会场举行。该届中国流花国际服装节以“时尚流花、品质流花、诚信流花、开放流花、活力流花”为主题，突破往届以内贸服装为重点的做法，将外贸服装作为主要展示要素，突出“中国·流花”外贸优势。融入诚信元素，组织开展流花商圈诚信文化宣传暨送广州“信易贷”服务进商圈活动，营造守信重信的市场氛围，吸引海内外采购商汇聚流花—矿泉商圈。注重区域合作，活动范围扩大至含流花—矿泉商圈在内的越秀区、荔湾区有关服装专业市场，打造集订货会、新品发布会、行业政策探讨会和零售消费欢乐购于一体的系列活动，激活越秀区服装业态，推动服装产业发展。

【时尚源点·2023广州白马服装采购节】2023年9月8—22日，以“引领时尚消费趋势，促进时尚商贸流通”为主题的时尚源点·2023广州白马服装采购节在越秀区站南路16号广州白马服装市场举行。9月8日，时尚源点·2023广州白马服装采购节暨广州市“正品正货在市场”活动启动仪式在白马服装市场内的时尚空间“越尚·16 Space”举行。白马服装市场作为广州市“正品正货在市场”活动首站，建设知识产权保护示范区，展示正品广货，打造正品原创放心入驻、采购商放心采购的消费环境。越秀区人民政府与广东省知识产权保护中心签订关于加强知识产权合作协议。9月9—13日，白马服装市场与广州国际轻纺城、深圳·上上城国际面辅料交易中心、浙江中国轻纺城、越秀·中港皮具城等上下游供应链市场近100个品牌开展2023广州白马供应链采购对接会，助力采购对接与产业发展，实现优势互补，驱动产业链各核心环节的资源联动。（黄永桢）

2023年5月19日，中国流花国际服装节（春夏）暨流花外贸服装采购季活动开幕式在越秀区流花宾馆举行。图为时装秀表演（钟涌 摄）

居民生活服务业

【律师服务】 2023年，越秀区辖区内律师事务所代理民事案件10.56万件、刑事案件5200件、行政案件822件，代理申诉案件75件、非诉案件5852件，提供公益法律服务1682件。全区律师行业建立独立党支部40个、联合党支部6个。推进“一社区一法律顾问”工作，162名律师服务全区222个社区，全年提供法律服务5570项，其中接待咨询4197人次，参与调解纠纷215件，开展法治宣传1014次，为群众提供便捷法律服务。

（卢中）

【广告服务】 2023年，越秀区有规模以上广告企业161家，全区广告业实现营业收入166.2亿元。区内广告业二十强企业中，9家企业营业收入超过5亿元，其中4家超过10亿元；7家企业营业收入增长20%以上，其中2家企业跃升至区内广告业二十强企业行列，均实现营业收入增长700%以上。 （古晓斌）

【家政服务】 2023年，越秀区推进“南粤家政”工程羊城行动，建成街道“羊城家政”基层服务站18个、省级“南粤家政”基层服务示范站点5个。其中，北京街道、洪桥街道、白云街道、黄花岗街道4个省级示范站点均获评2023年度省级“A级（优秀）”站点。推进党建引领，融合街道养老、社卫、社工站、就业帮扶、技能培训等资源，打造包含居家家政、母婴服务、养老服务、医疗护理、就业服务的家政基层服务站，为居民提供家政服务，打造15分钟生活圈。是年，越秀区开展“南粤家政”技能培训5097人次，推荐的颐家（广东）医疗养老有限公司分别获评“南粤家政”省级、市级家政服务龙头企业，广东爱信医护人才服务有限责任公司分别获评“南粤家政”省级、市级家政服务诚信企业。 （林洁）

【公证服务】 广州公证处成立于1953年，本部地址位于东风中路437号越秀城市广场南塔10—12楼，其中在越秀区设有越秀城市广场办证大厅、仓边路办证大厅、越秀办证大厅、东山办证大厅4个办证大厅。2023年，广州公证处发布《广州公证处服务经济高质量发展若干举措》，从“优服务、防风险、护稳定’3个方面提出举措10项，优化法治化营商环境。创新打造集公证服务、法律咨询、法治宣传三大功能于一体的“广州公证便民直通车”，提供便捷公证服务。深化粤港澳大湾区建设公证服务保障，现场监督南沙大型城市综合体规划设计研究国际竞赛、粤港澳大湾区基础设施互联互通专项规划重点项目和国家地下综合长廊试点项目的回迁房摇珠分房、2023年“粤地优品”广东高品质地理标志评选活动，进驻粤港澳大湾区（广东）创新创业孵化基地公共法律服务工作站。全年受理“最多跑一次”、跨省通办、全省通办范围内的公证事项4.54万项，办理“公证+不动产”“公证+无犯罪记录证明”6551件，办理“公证+认证（或附加证明）”128件。 （黎莉芩）

专项经营

【盐业经营】 广东省盐业集团广州有限公司越秀分公司位于越秀区中山四路18号1—2层，隶属于广州东省盐业集团广州有限公司，承担着包括越秀区、荔湾区、海珠区的盐业经营任务。2023年，广东省盐业集团广州有限公司探索向复合调味品经销商转型之路，依托食盐传统渠道，拓展餐饮、学校等特通渠道，以蚝油、海盐黑胡椒、复合调味包为主推调味产品，生态海盐小青柠汁、老盐牙膏为补充，将非盐商品纳入各类企业、学校、饭堂、工厂的集中采购及团购业务。是年，广东省盐业集团广州有限公司实现营业收入2.38亿元，比上年下降5.6%；实现利润3208万元，增长28.7%；小包装食盐销售9.7万吨；中高端盐销售占比36%。

（省盐业集团广州有限公司）

【烟草专卖】 2023年，越秀区烟草专卖局履行专卖管理职责，加强烟草市场监管，维护市场秩序。联合越秀区发展和改革局开展广东省首个“信用+烟草零售”应用场景试点，项目入选首届全国数字化监管典型案例，被评为“第五届‘新华信用杯’全国优秀信用案例”“2023年度广州市信用创新应用案例”，在辖区内形成“主体自治、行业自律、社会监督、政府监管”共建共治共享新格局，为推动烟草行业信用建设逐步融入社会信用体系提供“越秀经验”。与广州市从化区、花都区建立“农产城销”互助模式，通过开展产销对接、产地调研、农产展区设置等形式实现城农网终端客户合作共赢，探索城农网络一体化路径。 （刘哲）

【酒类经营】 2023年，广州市越秀区酒类行业协会（以下简称“越秀酒协”）发挥桥梁纽带和行业引领作用，组织会员企业参加行业展会和相关活动70多场，其中组织会员代表参加2023年世界美酒中国行·科通全国巡展收官站广州展，助力会员企业获取酒类行业资讯，并从中互相学习和借鉴。是年，越秀酒协会员企业有150多家，会员经营酒类有葡萄酒、白酒、烈酒、啤酒及白兰地、威士忌等；协会理事单位宜宾永乐古窖酒业旗下的“永乐古窖·1403”和“红楼梦酒·名典88”2款产品入选新华社乡村振兴频道《了不起的国货》，中央新闻纪录电影制片厂（集团）发现之旅频道《发现者》栏目认定“红楼梦酒·名典88”符合“崛起中的国货”选品标准，双方签订战略合作协议。 （关小平）

专业市场

【概况】 2023年，越秀区推动市场体系建设，引导专业市场瞄准新市场、捕捉新商机。至年底，越秀区在册专业市场151个，数量占广州市总数近三成，是全市专业市场最集聚的区域。总占地面积超50万平方米，经营面积约160万平方米，经营商品涵盖服装、精品玩具、鞋材皮具、汽配用品、海味干果、钟表眼镜等品类30多个。至年底，越秀区形成流花—矿泉商圈、一德路商圈、海印商圈、永福商圈等专业市场集聚群，产品远销俄罗斯、东南亚、中东、中欧、非洲等国家和地区，是国内外商贸流通集散基地。越秀区连续第九年获评中国服装商贸名城，为延伸产业链、提升流通效率、提高商圈能级奠定基础。

【越秀区专业市场高质量发展大会】于2023年3月29日在新濠畔万豪鞋材广场举行。广州市、越秀区政府部门、商协会、行业专家及专业市场代表近200人参会。此次大会是广州市首个专业市场行业的高质量发展大会。大会颁发"越秀区高质量发展示范市场""越秀区优秀设计师平台市场""越秀区优秀电商发展市场""越秀区优秀供应链中心市场"4项奖项，表彰践行创新发展理念成果良好的专业市场23个，发挥优秀市场示范引领作用。会上，新濠畔集团、流花服装批发市场、美博城、汇富FIT时尚数创园等6家市场企业进行主题分享；新濠畔集团与捌笠社（广州）文化创意发展有限公司、白马服装市场与广州市时尚设计师协会、美博城与OMC中国青云社、广东伊伟科汽车文化俱乐部与中阿经济文化联合会签订战略合作协议。

【新濠畔国际时尚设计师服务中心成立】 2023年3月3日，新濠畔国际时尚设计服务中心启动仪式在越秀区东方宾馆举行。新濠畔国际时尚设计服务中心致力于打造行业的"社交中心、信息中心、产业服务中心"，增进广东鞋业和政府、协会、院校、企业特别是与设计师的交流，搭建信息交流和共商合作平台，夯实并提高设计研发水平。

【广州流花服装批发市场】 位于越秀区环市西路194号，至2023年底，占地面积7000多平方米，经营面积5万平方米。该市场于1996年开始运营，是全国最早一批外贸服装批发市场之一，主要经营全品类各国服装，提供设计、定制、生产、加工等全产业链服务，是海外知名的外贸服装生产出口集散基地，贸易覆盖全球160多个国家和地区。加快发展外贸新业态新模式，自建跨境电商平台LIUHUAMALL商城。2021年，该市场被纳入广州首批市场采购贸易拓展试点，被认定为越秀区首批跨境电商综合服务基地，培育跨境电商科技孵化器，成为TikTok（抖音短视频国际版）认证服务商，建设全新业态的数字贸易中心，打造发展新引擎。2023年，该市场有商户1200多户，从业人员3000多人，市场年交易额35亿元。

【万菱广场】 位于越秀区解放南路39号，至2023年底，占地面积7000平方米，经营面积12万平方米，入驻商家1500多家。该广场于2004年开业，是大型综合性专业市场，汇聚家具饰品、花艺装饰、精品饰品、工艺品、玩具、文体用品、灯饰、年货八大产品种类，经营商品1200多万种，为全球70多个国家和国内100多个城市提供商品，是国内大规模的商品集散地和批发中心之一。支持发展贸易新业态新模式，引进金融、新媒体直播企业及"一带一路"国际商务馆，集聚28个国家和商务代表企业。2020年，万菱广场成为广州市首批市场采购贸易集聚区拓展试点市场，广场内商户普莱斯特公司一批精品文具出口新加坡，成为广州市市场采购贸易试点集聚区拓展的第一单。2020—2023年，万菱广场连续四年跻身税收亿元楼宇，并为社会提供近20万人的就业供应链。2023年，万菱广场有商户1000多户，从业人员6000多人，市场年交易额10亿元。 （黄永桢）

■编辑 陈林琳

2023年3月29日，2023越秀区专业市场高质量发展大会在新濠畔万豪鞋材广场举行 （胡强明 摄）

金融业

综　述

【金融业增加值】 2023年，越秀区金融业以服务实体经济、防控金融风险、深化金融改革为重点，提升现代金融体系效能，为辖区内经济社会发展提供高质量金融服务。全年实现金融业增加值893.77亿元，比上年增长8.4%，约占全区地区生产总值的25%，为全区第一大主导产业。

【金融安商暖企服务】 2023年，越秀区落实“首席服务官”制度，走访银行、保险等金融企业超210家次，引导金融企业加强对重点产业、中小微企业、城市更新项目的金融支持，协调对接人才服务、业务拓展等诉求54个，向7名金融行业杰出人才发放奖励，服务21名金融人才获得人才引进入户指标。

【金融服务实体经济】 2023年，越秀区营造产业与金融良性互动、互利共赢的生态环境，与中国人民银行广州分行营业管理部、广州市地方金融监督管理局签署“共同推动广州（越秀）国家产融合作试点城市建设合作备忘录”，缓解中小企业融资难题，促进产业与金融融合。加强政金合作，区政府与3个银行机构签署战略合作协议，加大对辖区内重点项目建设和重点产业发展的融资支持力度。联合金融机构、行业协会，举办旅游业、一德路商圈、货运代理行业等专场融资对接活动，促进银企合作对接。联动深圳证券交易所广州服务基地、广东股权交易中心，举办企业上市培育活动2场，为拟上市企业解读全面注册制政策，支持企业扩大直接融资规模，推动广州中浩控制技术有限公司成为广东省专精特新专板首批入板企业之一。

2023年3月9日，“越投融·秀活力”企业上市培育系列活动之全面注册制政策解读在越秀区辖区内海珠广场文化金融商务区举行　（区金融局供图）

【地方金融组织高质量发展】 2023年，越秀区支持优质地方金融组织拓展发展空间，服务地方金融行业高质量发展。引入圆通速递有限公司、华北金科智慧服务（天津）有限公司等各行业头部企业优化小贷公司股权，推动8个存量地方金融组织增加注册资本，合计增资超20亿元。是年，越秀区有24家小贷公司在广东省小贷公司“楷模”监管评级中获评“A级”以上（含）。广州TCL互联网小额贷款有限公司、广东盈峰普惠互联小额贷款股份有限公司发行全市小贷行业首批资产证券化产品。广州地铁小额贷款有限公司获准拓展经营区域。

【全国首批助贷业务团体标准发布】 2023年12月6日，由广州市地方金融监督管理局、中央财经大学指导，广州金融业协会、越秀区金融工作局主办的第31期珠江金融论坛在广州举行。由越秀区金融工作局、中央财经大学、广东小微集团有限公司、广州民间金融研究院等单位起草的全国首批助贷业务团体

2023年5月31日，助力越秀区个体私营企业经济高质量发展政银企对接会暨“越秀个私贷”金融产品发布会在新濠畔万豪鞋材广场举行
（区市场监管局供图）

标准发布，包括助贷机构与助贷业务基本术语、助贷机构业务流程规范、助贷机构客户信息采集与运用标准、助贷机构及人员从业禁止4项内容，从业务术语、业务流程、信息采集、行为准则等方面规范助贷业务行为，引导助贷机构及业务稳健发展。（许昀）

【广东省内首个地方个体户、私营企业融资产品发布】 2023年5月31日，“越秀个私贷”金融产品发布会在越秀区新濠畔万豪鞋材广场举行。工商银行大德支行发布“越秀个私贷”金融产品，该产品是广东省首个区属个体工商户、私营企业主题融资产品。（古晓斌）

【“广州（越秀）国家产融合作试点城市建设合作备忘录”签署】 2023年3月7日，广州（越秀）国家产融合作试点城市建设合作备忘录签约仪式暨产融对接活动在越秀区广州大厦举行。越秀区政府与中国人民银行广州分行营业管理部、广州市地方金融监督管理局签署“共同推动广州（越秀）国家产融合作试点城市建设合作备忘录”，带动43家金融机构、企业签约产融对接项目，覆盖科技、商贸、文旅、能源、汽车、医药等行业，签约金额合计超1000亿元。（许昀）

银行业

【概况】 2023年，越秀区集聚银行机构12个，其中总部机构1个（广发银行股份有限公司）、区域总部机构11个。区域总部机构中，政策性银行区域总部机构2个（中国农业发展银行广东省分行、中国农业发展银行广东省分行营业部）、国家控股商业银行区域总部机构5个（中国工商银行股份有限公司广东省分行、中国工商银行股份有限公司广州分行、中国银行股份有限公司广东省分行、中国银行股份有限公司广州分行、中国建设银行股份有限公司广东省分行）、地方性商业银行区域总部机构2个（广州银行股份有限公司广州分行、江西银行股份有限公司广州分行）、外资银行区域总部机构2个［大新银行（中国）有限公司广州分行、大丰银行股份有限公司广州分行］。

【广发银行股份有限公司】 该银行注册地址为越秀区东风东路713号。是唯一一家总部在广州市的全国性股份制银行，1988年经国务院批准成立，原名广东发展银行，是国内首批组建的股份制银行之一，2021—2023年连续三年被列为国内系统重要性银行。广发银行广州分行成立于1994年，为广发银行一级分行，2023年有机构网点60个，其中越秀区网点10个。至年底，广发银行广州分行在越秀区各项存款余额293.1亿元，各项贷款余额346.2亿元。

2023年，广发银行广州分行践行服务先进制造业强市战略，扶持新能源、新材料、芯片制造、高端装备制造等重点产业发展，推出适配专精特新专板企业的普惠型小微企业信用贷款产品“专精特新E贷”，至年底，广州地区战略性新兴产业贷款余额183.3亿元，较年初新增39.8亿元，增长27.7%。发展科技金融，打造“科创慧融”专属方案，为科技企业提供“保险+投资+银行”一揽子服务，至年底，广州地区科技贷款余额113.3亿元，较年初新增13.5亿元，增长13.5%。助力绿美生态建设，支持广东电网广州直流背靠背工程、广州珠江电厂二期等项目落地，至年底，广州地区绿色信贷余额185.2亿元，较年初新增84.3亿元，增长83.5%。支持扩内需、稳外需，广发银行广州分行全年在广州地区上线超5000家商户促消费活动，开展各类优惠补贴金额累计近500万元，服务客户超106万户，拉动居民消费2.6亿元。连续第八届成为中国进出口商品交易会（以下简称“广交会”）金融服务商，推出跨境电商专属产品“广商贷”“广商汇”，为外贸企业提供一站式跨境结算融资服务方案，全年通过进出口代付、跨境直贷、福费廷跨境资产转让等方式为广州地区企业引入境外资金26.3亿元。助力城乡区域协调发展，做好“百县千镇万村高质量发展工程”（以下简称“百千万工程”）金融配套支持，出台“惠农贷”等特色农业产品

专案，至年底，广州地区普惠涉农贷款余额13.2亿元，比上年增长11.6%。广发银行获由广东省农业农村厅、广东省地方金融监督管理局联合颁发的金融助力“百千万工程”优秀贡献奖，广州分行获金融助力“百千万工程”推广奖。助力恢复和扩大消费，整合各类商户资源，广发银行全年在广州地区开展各类优惠活动累计补贴4.2亿元，服务客户443万户，拉动居民消费1533亿元，发放信用消费贷款1643亿元。支持养老第三支柱建设，搭建全周期养老财富管理体系，形成涵盖储蓄、理财、基金、保险的个人养老金融产品超80款，加强系统建设，提升开户体验，广州地区个人养老金账户开户数35.8万户。

【中国工商银行股份有限公司广州分行】 该银行注册地址为越秀区大沙头路29号工银大厦。2023年，在越秀区设有一级支行13家、网点57个。至年底，越秀区各支行本外币各项存款余额4441.86亿元，比年初增加289.7亿元；本外币各项贷款余额4130.34亿元，比年初增加630.48亿元。

2023年，中国工商银行股份有限公司广州分行坚持信贷先行，为区域经济发展注入金融“活水”，人民币信贷投放超4800亿元，比上年增加近600亿元。承办越秀区楼宇经济高质量发展大会，推出“百亿信贷赋能楼宇经济”专项行动，为越秀区商务楼宇改造整体提供金融支持100亿元。联合举办助力越秀区个体私营企业经济高质量发展银企对接会暨“越秀个私贷”金融产品发布会，根据不同客户经营特征匹配专属融资产品，满足企业融资需求。做好科技金融、绿色金融、普惠金融、养老金融、数字金融，发挥“科技金融中心+科技支行”组织优势，至年底，服务科创企业突破4000家，科创贷款余额超780亿元，增量连续两年超100亿元。践行绿色发展理念，绿色贷款余额近2000亿元。中国工商银行股份有限公司广州分行推出工行系统首款绿色低碳主题联名卡业务，发卡量7.5万张。构建普惠、便捷、广覆盖的金融服务体系，推动“人人普惠、普惠人人”，普惠贷款余额超1000亿元，净增客户超万户。做好涵盖基本养老保险、企业年金和个人养老金在内的全方位和全生命周期的养老金融服务，个人养老金账户超70万户，缴存人数近20万人，缴存金额超10亿元。探索研发数字金融应用新技术，提升数字服务能力，发行全国首张商用账户模式硬钱包、首个广州马拉松赛手环硬钱包。落地首笔住房和城乡建设部平台数字人民币公积金汇缴。

【中国银行股份有限公司广东省分行】 该银行注册地址为越秀区东风西路197—199号一层、二层（自编01号）、三层至十层、十一层（自编01号）、十五层、十六层（自编01号）、十七至十九层。2023年，中国银行股份有限公司广东省分行有机构网点1012个，下设二级分行22家及广州市管辖分支行13家。本外币各项存款余额1.88万亿元，比年初增加2830.69亿元，增长17.8%；本外币各项贷款余额1.73万亿元，比年初增加2512.63亿元，增长17%。

2023年，中国银行股份有限公司广东省分行加强金融服务实体经济、服务人民群众，普惠贷款、制造业中长期贷款增幅均超30%，消费贷款、战略新兴产业贷款、绿色贷款增幅分别为51%、61%、78%，服务科技企业1.4万家。发挥全球化特色优势，支持高水平对外开放，跨境人民币结算业务量突破万亿元大关，国际贸易结算、跨境人民币结算全口径市场份额均位居广东省（不含深圳）第一，跨境理财通、外贸新业态业务市场份额居市场首位。助力企业“走出去”“引进来”，作为独家全球战略合作伙伴，支持第133届、第134届广交会举办。作为粤港澳大湾区全球招商大会合作伙伴，独家承办金融服务产业对接会，先后服务广东省政府在新加坡和德国法兰克福、日本东京等国家和城市开展跨境经贸推介，提供个人跨境金融服务，推出“澳门开户易”等业务，打造手机银行“港澳客户专区”，提供“一站式”线上服务。

【中国建设银行股份有限公司广东省分行】 该银行注册地址为越秀区东风中路509号。2023年，中国建设银行股份有限公司广东省分行有分支机构超

2023年12月15日，建行广州越秀支行开展“情暖公租，建行伴您幸福同行”活动 （区金融局供图）

1000个。至年底，该行一般性存款日均余额2.44万亿元，新增3829亿元，增长18.6%；各项贷款余额2.11万亿元，新增2433亿元，增长13.1%。其中在越秀区的分支机构一般性存款日均余额1858亿元，增长9.4%；各项贷款余额1700亿元，增长13.5%。

2023年，中国建设银行股份有限公司广东省分行推进金融创新，运用住房租赁基金、保障性公募房地产信托投资基金等新型金融工具，探索构建住房租赁“投、贷、管、退”金融服务闭环，服务市民安居、优居。落地全国首个住房租赁子基金、广州市首个住房租赁资金监管系统。首创数字人民币公积金贷款服务等项目，落地广州市首笔住房租赁子基金。发展绿色金融，推动经济社会向绿色低碳转型发展。推出“分布式光伏支持贷”，落地全省首笔“绿色气候贷”，6个案例入选广东省绿色金融改革创新案例。绿色贷款余额3911亿元，比上年增长39%，新增对公贷款绿化率超70%。发展普惠金融、养老金融，构建普惠、便捷、广覆盖的金融服务体系，支持社会民生事业。与广东省政府签署助推共建广东省高质量发展全面战略合作协议。签署金融支持“百千万工程”和绿美广东生态建设专项协议，投放重大项目116个，金额379亿元。基础设施贷款余额5360亿元，新增880亿元。支持越秀区重大项目，跟进广州火车站及周边地区改造项目，投放6700万元助力广州自来水公司北部厂区二期厂区建设。联合越秀区金融局落地广州市首笔数字人民币财政国库集中支付业务，助力越秀区在数字人民币政务场景建设方面的推广应用实现突破。

【大丰银行股份有限公司广州分行】 该银行注册地址为越秀区沿江西路181号19楼01—09房。于2021年11月10日获得中国银行保险监督管理委员会广东监管局的开业批复，于2021年12月28日营业。该银行是大丰银行在粤港澳大湾区设立的首家内地分行，也是大丰银行内地分行的管理行，统筹负责大丰银行内地业务的管理。

2023年，大丰银行股份有限公司广州分行立足广州市、承接澳门特区，以“连通粤港澳、服务大湾区”为宗旨，统筹境内外资源支持粤港澳大湾区建设，发挥跨境服务功能，支持绿色金融、科技金融、先进制造业等产业领域，为粤港澳大湾区企业及个人提供金融服务，促进粤港澳大湾区金融合作和互联互通，丰富澳门“特色金融”服务内涵，实践国家“一带一路”倡议，为粤港澳大湾区建设和祖国发展作出贡献。2023年6月，大丰银行股份有限公司广州分行完成7亿元营运资金增资工作，加大对广州市、越秀区的金融服务和信贷资金支持力度，为实体经济提供金融支持。（许昀）

保险业

【概况】 2023年，越秀区集聚保险机构（区域总部）30家。其中，财产险保险公司（区域总部）15家，包括中国人民财产保险股份有限公司广东省分公司、永安财产保险股份有限公司广东分公司、华泰财产保险有限公司广东省分公司、中国人民财产保险股份有限公司广州市分公司等；人身险保险公司（区域总部）15家，包括友邦人寿保险有限公司广东分公司、中英人寿保险有限公司广东分公司、中国人寿保险股份有限公司广州市分公司等。

【中国人民财产保险股份有限公司广州市分公司】 该公司注册地址为越秀区广州大道中303号，305号101房、201房、301房、601房、701房、801房、1401房、2201房。2023年，该公司下辖四级机构19个、五级营业部及营销服务部40个，从业人员1918人。全年实现保费收入超93亿元，比上年增长7.7%；承保各类风险总额19.3万亿元，处理赔案84.6万件，与上年持平。作为金融央企驻穗机构，开展科技金融、绿色金融、普惠金融、养老金融、数字金融等工作。是年，推动广州市首批跨境电商解除TRO（Temporary Restraining Order，临时禁令）禁令知识产权侵权险在越秀区落地承保。

【友邦人寿保险有限公司广东分公司】 该公司注册地址为越秀区沿江西路181

2023年3月15日，“友邦友爱·乐龄计划”长者嘉年华活动在越秀长者综合服务中心举行（区金融局供图）

号16楼02—04单元、20楼01—09单元。2023年，该公司在省内14个地级市设立机构64个，员工近1000人。在广州地区设立中心支公司1家及营销服务部11个，员工人数超580人，保险营销员超5000人。全年实现原保险保费收入160.97亿元，赔付支出29.56亿元。落地公益项目“友邦友爱·乐龄计划”，该项目获得南方日报社、“南方+”客户端共同颁发的南方公益传播奖·网络人气奖项。作为“越秀号”为老服务直通车项目的主要支持单位和养老服务联盟首批10个成员单位之一，被授予“越秀区养老服务联盟”牌匾。

【中英人寿保险有限公司广东分公司】 该公司注册地址为越秀区侨光西路13号12楼01—08房、13楼01—12房。2023年，该公司实现保费收入9.57亿元（不含深圳市）。其中，新保单保费收入4.6亿元，赔款支出2.55亿元，保险金额2450.1亿元（新增）。践行社会责任，开展系列企业共建、主题教育、保险知识进社区等活动。5月8日，开展“金融知识进校园”活动，到广州市第三中学为600多名师生普及理财、保险知识，提高金融风险防范意识，为学校赠送金融科普书籍一批。

【中国人寿保险股份有限公司广州市分公司】 该公司注册地址为越秀区八旗二马路40号。2023年，该公司下设区县级经营机构20个、经营服务网点63个，有内勤员工820人，代理制营销员1.2万人。全年公司自营总保费172.45亿元，为超1000万名客户提供保险保障28.8万亿元，为超98万人次赔付金额32亿元。年内续标广州市“穗岁康”商业补充保险项目，中标广州市新业态职业伤害保险。（许昀）

证券业

【概况】 2023年，越秀区集聚证券机构（区域总部）5个，分别为兴业证券股份有限公司广州分公司、华安证券股份有限公司广东分公司、西南证券股份有限公司广州分公司、粤开证券股份有限公司广州分公司、开源证券股份有限公司广东分公司。

【兴业证券股份有限公司广州分公司】 该公司注册地址为越秀区天河路45号之二701自编704—706单元。该公司注册成立于2014年，于2018年迁入越秀区，下辖营业部2个。2023年，该公司管理资产规模140亿元，推进2家企业首次公开募股项目。与越秀区兴业银行等网点共同开展客户服务工作。组织党员和青年员工走进学校、社区、企业，开展投资者教育活动，发挥证券经营机构正面引导作用，落实投资者保护要求。

【华安证券股份有限公司广东分公司】 该公司前身为华安证券广州东湖西路证券营业部，注册成立于2002年5月，2014年1月迁至越秀区东华南路98号海印中心，同时更名为华安证券广州东华南路证券营业部，2020年1月16日更名为华安证券股份有限公司广东分公司。该公司主要从事证券交易、证券投资活动有关的财务顾问、融资融券、证券经纪、代销金融产品、为期货公司提供中间介绍业务（限证券公司）、证券资产管理、证券投资基金代销、证券投资咨询、证券承销和保荐等业务。2023年，该公司下辖营业部3家，管理资产规模合计61亿元，证券交易量851亿元。（许昀）

其他非银行金融机构

【概况】 2023年，越秀区集聚期货机构（区域总部）3个，包括华泰期货有限公司广州分公司、中信期货有限公司广东分公司、东吴期货有限公司广州分公司。集聚信托公司2家，包括广东粤财信托有限公司、广东华侨信托投资公司。集聚广州TCL互联网小额贷款有限公司、广东盈峰普惠互联小额贷款股份有限公司、广州建信小额贷款有限公司等小额贷款公司87家、注册资本260.9亿元，为中小微企业和个人发放贷款226万笔、金额464.2亿元。集聚广州市融资再担保有限公司等融资担保公司12家、广东粤海融资租赁有限公司等融资租赁公司5家、天翼商业保理有限公司等商业保理公司29家、广东广物典当有限公司等典当行14家。

【中信期货有限公司广东分公司】 该公司注册地址为越秀区东风东路761号3601A、3601B、3602房。该公司注册成立于2012年12月28日，是中信期货有限公司国内9家一级分公司之一，下辖二级分公司4家，同时对接服务多家证券IB服务网点。业务范围覆盖北京、上海、深圳等城市，以及浙江、广东、江西、广西等省份的产业聚集区域，立足全产业链研究，秉承“源于期货、服务现货”服务理念，积累一批高质量国企、央企、上市公司、龙头民企资源，为实体产业发展保驾护航。2023年，该公司组建志愿队伍参加社区志愿服务活动，在全市开展走进社区、走进校园金融投教知识普及宣传活动20多场，覆盖4000多人。围绕农产品品种创新“保险+期货”服务模式，践行国有金融企业责任，助力乡村振兴，服务实体经济推动高质量发展。2023年期末客户权益规模31.59亿元。

【广东粤财信托有限公司】 该公司注册地址为越秀区东风中路481号粤财大厦1楼自编C区、4楼、14楼、40楼。该公司注册成立于1984年，是经中国银行业监督管理委员会批准设立的非银行金融机构，是国内首批设立的信托公司。2023年，管理资产规模3853亿元，较年初增加309.08亿元，增长8.7%；实现营业收入15.08亿元。该公司获评越秀区2023年诚信企业。

【广州TCL互联网小额贷款有限公司】 该公司注册地址为越秀区长堤大马路果菜西一街8号、10号、14号三层。该公司是TCL金融控股集团旗下品牌，坚持“科技创造精彩，贷出美好未来”经营理念，聚焦小微企业和普惠金融市场，打造以大数据、智能风控、线上及线下融合的新型金融服务生态，为小微企业、新型农业、物流运输等提供普惠金融服务。2023年，新增贷款投放24.84万笔，合计86.26亿元，贷款不良率0.2%。

【广东盈峰普惠互联小额贷款股份有限公司】 该公司注册地址为越秀区果菜街17号自编D区。该公司依托控股股东盈峰集团有限公司的产业资源及自身金融科技力量开展小额贷款业务，为企业和个人提供普惠金融服务。2023年，面向小微企业主推出的特色产品“盈生快贷”投放额超13亿元，服务中小微企业超200家。9月，该公司在上海证券交易所发行首期资产支持专项计划，实现融资渠道多元化。

【广州建信小额贷款有限公司】 该公司注册地址为越秀区解放南路123号16层1601房。该公司是厦门建发集团旗下金融企业，以“互联网+产业银行”为定位，服务股东生态圈产业链上的合作伙伴及业主，助力产业与消费升级。2023年，该公司注册资本由3亿元增资至7亿元，从业人员23人。全年实现资金投放超21亿元，服务客户近6000户。至年底，生息资产余额比上年增长50%，达9亿元。是年，支持农牧小微企业放款位列广州市互联网小贷公司前十。公司连续第五年不良贷款率在0.2%以内，获广东省金融监管“楷模”评级AAA+级。

【广州市融资再担保有限公司】 该公司注册地址为越秀区长堤大马路230号首、二层，是由广州市工业和信息化局主导，广州金控集团发起设立的国有融资再担保机构，注册成立于2016年12月，注册资本10.8亿元，主体信用评级AA+级。2020年9月，该公司被广东省财政厅确定为“政府性融资再担保机构”，是广东省首批、广州市级唯一政府性融资再担保机构。该公司主要有银担批量融资担保、机构再担保、工程保、诉讼保业务产品。2016—2023年，该公司为近1万家中小微企业和“三农”（农业、农村、农民）主体提供超320亿元担保支持和服务。至2023年底，该公司获得9家合作银行152亿元银行授信，并接入广州市普惠贷款风险补偿机制，加入市科学技术局风险补偿资金池。对接国家融资担保基金分险体系，搭建“国家、省、市和银行”多级分险机制，首创“批量担保+”广州模式，银担批量担保业务撬动银行普惠贷款金额121.49亿元，服务担保客户6428户，带动近6万人就业。完成白云担保、增城南粤担保和番禺担保3个区级担保机构的投资入股，累计再担保业务规模近160亿元。承接广州市人力资源和社会保障局创业担保贷款服务工作，累计审核创业担保贷款金额18.19亿元，完成贷款贴息审核超1万笔。至年底，该公司融资担保代偿率为0.4%，处于行业较低水平。

【广东粤海融资租赁有限公司】 该公司注册地址为越秀区东风东路555号粤海集团大厦3105房，于2020年9月开始市场化运营，注册资本25.2亿元。该公司依托广东粤海控股集团有限公司在水务行业优势，专注水务等行业客户开拓，服务城乡供水和水环境治理事业发展。结合集团水务板块专业优势，实现对广东省21个地市主要水务企业以及全国重点城市的营销全覆盖。至2023年底，该公司累计实现投放金额98.45亿元，新增投放29.8亿元；业务余额44.58亿元，全年营业收入3.06亿元，比上年增长27.5%，净利润1.2亿元，总资产规模58.14亿元；水务相关行业租赁资产规模41.89亿元。围绕集团水务重点投资地区，通过投租联动等方式拓展业务范围，公司业务区域拓展，客户主要集中在广东省、浙江省、江苏省等。至年底，公司租赁资产中广东省、浙江省和江苏省占比分别为28.7%、25.8%和18.2%。

【广东广物典当有限公司】 该公司注册地址为越秀区北较场横路12号301房、302房，成立于2013年9月，为省属国有企业广东省广物控股集团有限公司下属控股子公司，是广州市典当行业协会会长单位、广东省典当行业协会副会长单位。2023年，该公司提升内部服务能力和优化流程，为超100名中小微企业主、个体户提供融资支持，总贷款规模超1亿元，解决中小微企业融资贵、融资难问题，支持中小微企业、实体经济稳定经营、持续发展。立足“专注主责主业，服务实体经济”金融定位，发挥典当业务特点，创新融资产品和服务模式，针对不同行业特点和需求，开发定制化融资产品，如动产质押、权利质押等，满足实体经济的多元化融资需求。自主研发广物典当数字化管理平台，打造“科技+典当”运营模式，通过数字化平台一体化管理，实现进件管理、流程审批、风险防控、贷后管理等业务流程一体线上智能操作，拓宽普惠金融服务半径。是年，该公司成为全国首家接入中国人民银行征信系统和首家获批银行融资的典当企业。 （许昀）

编辑 何俊楠

旅游业

综　述

【概况】 自秦始皇三十三年（公元前214年）至2023年的2237年间，越秀区一直是未迁移的广州城市中心区域，是“千年商都核心、广府文化源地”，辖区内旅游资源丰富，呈现经评定等级的旅游景区多、文保单位多、博物场馆多、文化街区多、等级骑楼多、历史建筑多、宗教活动场所多的特点。至2023年底，辖内有旅行社企业295家、星级饭店33家、国家AAA级以上旅游景区15家，数量均居广州市各区之首。

【全域旅游发展】 越秀区自2020年创建省级全域旅游示范区，至2023年底，越秀旅游的知名度和影响力提升。2023年9月，越秀区入选“2023年全国市辖区旅游综合实力百强区”，位居第六；12月，越秀区入选“2023年中国市辖区旅游综合竞争力百强区”，位居第二，均是广东省唯一位居前十的区域。是年，越秀区发动文旅企业参加2023中国旅游商品大赛，“南狮首饰系列第一福”“广彩文创首饰琉璃瓜子”获大赛铜奖。

【黄金周旅游】 2023年，越秀区内有组团出游旅行社196家，旅行社组团签约出团人数超93万人次。春节假期，越秀区经评定等级的旅游景区接待游客436.19万人次，比上年同期增长57.4%，门票收入713.17万元；“五一”假期接待游客357.93万人次，比上年同期增长77.1%，门票收入739.68万元；中秋国庆期间接待游客496.55万人次，门票收入近900万元，其中广州动物园、越秀公园、中山纪念堂、南越王博物院等热门旅游景区游客量均比上年同期增长3成以上。

【越秀区旅游高质量发展大会】 2023年3月20日，越秀区旅游高质量发展大会在海珠广场文化金融商务区举行，区内近40家重点文旅企业、金融企业相关人员参加会议。会议以“惠民惠企惠文旅”为主题，首次发布十大旅游精品项目，与相关企业签署文旅推广战略合作协议，为旅游推广大使颁发证书，组织旅游企业投融资对接，畅通文商旅企业沟通渠道。

【自驾游发展线上分享会】 2023年3月24日，越秀区文化广电旅游体育局联合广东省中国旅行社等公司举办以“自驾游活动组织及策划”为主题的自驾游发展线上分享会，推动以自驾游为引领的休闲旅游相关业态发展，加速旅游业复苏，强化越秀区全域旅游品牌形象。该分享会联动越秀区结对帮扶的贵州省安顺市镇宁布依族苗族自治县（以下简称“镇宁县”）、福建省龙岩市连城县，通过行业专家向同行分享相关旅游运营经验，加入研学、民宿经营等方面内容，助力西部地区丰富旅游业态。（陈振超）

2023年3月20日，越秀区旅游高质量发展大会在海珠广场文化金融商务区举行（区文化广电旅游体育局供图）

旅游资源

【概况】 2023年，越秀区开展旅游资源普查工作，培育指导中国共产党第三次全国代表大会会址纪念馆旅游区、毛泽东同志主办农民运动讲习所旧址纪念馆旅游区、广州起义纪念馆旅游区3个国家AAA级旅游景区晋升为国家AAAA级旅游景区。至年底，全区有国家AAAA级旅游景区10个、国家AAA级旅游景区5个。

【旅游资源普查】 2023年，越秀区开展旅游资源普查工作，梳理全区旅游资源。至年底，全区有旅游资源3758个，入级旅游资源1321个，入级资源数量位居广州市各区第一。全区有优良及以上旅游资源594个，其中五级旅游资源32个、四级旅游资源82个、三级旅游资源480个；普通级旅游资源727个，其中二级旅游资源331个、一级旅游资源396个；有未入级资源2437个。

【北京路文化旅游区】 广州北京路文化旅游区位于北京路文化核心区中心地带，2230多年来均为广州市的政治文化商贸中心，是广州市建城的城市原点、广州市对外展示的窗口、构建国际旅游中心城市的重要基础。北京路文化旅游区是岭南商业风向标，2016年被评为国家AAAA级旅游景区，2017年被世界优秀旅游目的地组织评为“世界优秀旅游目的地”（全国仅3处）。2020年至

北京路文化旅游区是广州市建城的城市原点、岭南商业风向标。图为旅游区入口 （钟涌 摄于2023年8月）

表20 2023年越秀区国家AAA级以上旅游景区一览表

序号	级别	名称	地址	门票
1	AAAA	北京路文化旅游区	北京路	免费
2	AAAA	广州市黄花岗公园	先烈中路 79 号	免费
3	AAAA	广州中山纪念堂	东风中路 299 号	主体建筑 全票 10 元、半票 5 元
4	AAAA	广州市越秀公园	解放北路 988 号	免费
5	AAAA	广州动物园	先烈中路 120 号	全票 20 元，半票 10 元
6	AAAA	南越王博物院	解放北路 867 号	全票 10 元，半票 5 元
7	AAAA	广州起义烈士陵园	中山二路 92 号	免费
8	AAAA	中国共产党第三次全国代表大会会址纪念馆	恤孤院路 3 号	免费
9	AAAA	毛泽东同志主办农民运动讲习所旧址纪念馆	中山四路 42 号	免费
10	AAAA	广州起义纪念馆	广州起义路 200 号之一	免费
11	AAA	广州博物馆	越秀公园内	全票 10 元，半票 5 元
12	AAA	广州近代史博物馆	陵园西路 2 号大院 2 号	免费
13	AAA	广州市南粤先贤馆—五仙古观文化旅游区	惠福西路 233 号	免费
14	AAA	中国（广州）超高清视频创新产业园旅游区	环市中路 233 号	免费（暂不对外开放）
15	AAA	广州艺术博物院	麓湖路 13 号	免费（经营主体搬迁）

2023年底，北京路文化旅游区先后获全国示范步行街、国家级文化产业示范园区、国家级夜间文化和旅游消费集聚区、广东省文化和旅游融合发展示范区等称号。2023年，北京路文化旅游区举办迎春花市、广府庙会、广府文化旅游嘉年华、广东地理标志产品展销活动、全国“诚信兴商宣传月”活动启动仪式、广州北京路国际青年文化周等活动。11月，广州北京路智慧旅游项目被工业和信息化部、文化和旅游部评定为广东省唯一入选全国首批“5G+智慧旅游”应用试点项目。

【广州市越秀公园】 越秀公园，位于越秀区解放北路960号，始建于1927年，占地总面积69万平方米，由7座山岗和3个人工湖组成，是广州市规模最大的综合性公园。该园自然环境优美，历史文化深厚，名胜古迹众多，是国家重点公园、国家AAAA级旅游景区、中国百家名园。公园所在的越秀山为白云山余脉，历史上又称粤秀山、越王山、观音山，是广州城市文脉起点和传统城市中轴线地标，见证和承载着千年羊城的历史文明。自元代起，历次“羊城八景”评选，均有越秀山的景点入选。园内不仅有广州明城墙、镇海楼、中山纪念碑等众多古迹，还有广州市的标志性建筑物——五羊石雕。2023年，越秀公园组织举办越秀公园花灯会、“千年越秀山，读懂广州城”——越秀山故事主题展、“中秋国庆齐欢腾 共聚越秀舞华章”迎中秋庆国庆文艺汇演、“越秀木棉红”——越秀山红色史迹寻踪研学等活动。

【广州动物园】 广州动物园位于越秀区先烈中路120号，于1958年建成开放，占地面积近42万平方米，是国家AAAA级旅游景区、国内展览动物种类和数量最多的城市动物园之一，被评为全国“十佳动物园”。广州动物园拥有丰富野生动物科普资源和庞大科普受众群，是广州市内最具特色和重要的科普教育基地，获认定并授予“全国野生动物保护科普教育基地”“国家防震减灾科普教育基地”“广东省自然教育基地”“广东省科普教育基地”“广州市科学技术普及基地”等牌匾。2023年，广州动物园举办“‘兔’气扬眉游园会、与自然同行”——和孩子一起晨观鸟活动、动物园奇妙夜等活动，入园人数462.42万人次。

越秀公园，是广州市规模最大的综合性公园 （钟涌 摄于2023年6月）

【南越王博物院】 南越王博物院是以南越国重要考古遗存为依托的大型遗址类博物院，为国家一级博物馆、国家AAAA级旅游景区，分为王墓和王宫2个展区。王墓展区位于解放北路867号，前身是1988年开放的西汉南越王博物馆；王宫展区位于北京路374号，前身为2014年开放的南越王宫博物馆。王墓展区以1983年发现的南越文王墓为核心，该墓是岭南地区发现等级最高、规模最大、保存最好的汉代彩绘石室墓，墓中出土1000多件（套）文物，其中“文帝行玺”金印、角形玉杯、丝缕玉衣等具有重要历史价值。南越文王墓被誉为“岭南文化之光”。2023年，南越王博物院举办“千年南粤 同心同圆”——广州市铸牢中华民族共同体意识主题展、寻找“南海Ⅰ号”研学活动、“年华·花样”——南越国宫署遗址出土文物纹饰专题展等活动，入院参观人数172万人次。 （陈振超）

旅游业态

【概况】 2023年，越秀区依托辖区内旅游文化资源，发展红色旅游、文化旅游、美食旅游。以文塑旅、以旅彰文，推进红色文化传承弘扬示范区建设，擦亮“红游越秀”品牌，促进文化强区建设。以游为核心，以“吃住行游购娱”等传统要素为配套，推进旅游跨界融合，打造多样化“旅游+”创新活动，提升越秀旅游品牌的影响力。

【红色旅游】 2023年，越秀区推进红色文化传承弘扬示范区建设，依托“广州欢迎您”——2023广州红色文化旅游宣传推广活动，发布“红色八景”旅游路线，擦亮“红游越秀”品牌。5月19日（中国旅游日），在南粤先贤馆—五仙古观文化旅游区举办以“红游越秀·追寻英雄路”为主题的特色文旅活动，以数字化方式打造适合各年龄段用户群体的数字红色文旅活动；配合“星火燎原、薪火相传”教育实践活动暨2023年越秀区红色研学季启动仪式，推出红道特色旅游线路5条，赋能红色文化与旅游资源深度融合。

【文化旅游】 2023年，越秀区探索文旅融合发展道路。推动“越秀区红色文旅——黔贵乡村游”旅游精品落地，由广州交通电台《一路开心》栏目主持人带队，走读越秀区红色文化历程，联动贵州乡村红色旅游精品项目，将贵州省和广州地区红色文化串联融合，整合革命传统教育与旅游产业发展，打造越秀区东西部协作和红色研学文化旅游名片。10月15日，依托海丝文化节，越秀区文化广电旅游体育局联合中国大酒店、一汽巴士公司、羊城通公司等企业举办“穿越千年的海丝印迹”Citywalk活动及海丝主题巴士活动，“海丝号”主题巴士同时启动。

【美食旅游】 2023年，越秀区文化广电旅游体育局举办“美食+旅游”活动，促进旅游跨界融合。4月9日，在“兰缘盛荟”文化旅游艺术周开幕式暨越秀区文商旅高质量发展论坛活动上，发布以公交巴士为载体，将区内景区景点、古城美食连成一体的美食旅游线路，让市民游客在便捷出行同时，品味越秀区美食。9月16日，联合“大众点评”在越秀公园举办“城心乐跑——打卡城市好风景”活动，将美食、夜跑等年轻元素与地方文化旅游融合，为越秀区夜经济注入新活力。是年，指导区内天天假期旅行社推出“先饮茶、再出发”广府特色旅游线路，解锁广府文化旅游线路跨界新玩法，组织8期旅游团，参团人数约2000人。策划制作“广府味·幸福年”广府十二年味宣传折页，其中“好餐饮”部分重点介绍惠福美食花街，推广越秀区美食，吸引游客在越秀区过年。（陈振超）

旅游节庆活动

【概况】 2023年，越秀区在政策调整优化、文化旅游市场加速恢复形势下，市民出行热情得到释放，旅游市场复苏。举办广府庙会、“兰缘盛荟”文化旅游艺术周、二沙岛户外音乐季、海丝文化节、“红游越秀”等特色文旅活动。

【元旦小长假旅游】 2023年元旦假期，越秀区经评定等级旅游景区接待游客197.13万人次，门票收入110.05万元。越秀公园举办留住“老广味道”——包道非遗系列亲子研学活动，吸引游客近距离品读广府地区优秀传统饮食文化。广州动物园举办广州动物园65周年生日会，首发癸卯年特种邮票，设置萌兔打卡区，让公众全方位了解动物园。南越王博物院、越秀公园、广州艺术博物院等旅游景区设置展览活动，供市民游客参观游览。

【春节期间旅游】 2023年春节假期，越秀区经评定等级旅游景区接待游客436.19万人次，门票收入713.17万元。打造“广府庙会”等传统民俗节庆品牌，开展广府特色商贸，举办线上“广府庙会”美食街、线下美食展销、“预包装食品节”，推介广府手信，7天假期客流量412.5万人次，带动北京路商圈营业额3.77亿元。国家级非遗代表性项目之“春节（行花街）”线下重启，越秀西湖花市于1月19—21日9—22时，在北京路（省财政厅至泰康路段）、西湖路（教育路至北京路段）、城隍庙广场设置年花、年货、手工艺品、非遗展示以及公益、对口支援等档位120多个，参观游客152万人次。

【端午期间旅游】 2023年端午假期，越秀区经评定等级旅游景区接待游客127.8万人次，门票收入237万元。广州动物园举办动物故事会活动，通过“绘本讲读+游戏互动+科普知识讲解”形式为游客科普动物知识。南越王博物院举办端午节限定印章打卡、“囊纳馨香”萌物香包手工制作、“年华·花样”吹塑纸版画活动。广州起义烈士陵园开启“崇尚·传承——红色故事我来讲”红色宣讲员大赛。广东革命历史博物馆举办“粽情一夏”之端午挂件手工活动，营造节日氛围。

【中秋国庆期间旅游】 2023年中秋国庆假期，越秀区经评定等级旅游景区接待游客496.56万人次，门票收入896.16万元。举办“二沙音乐岛 律动五羊城”——2023年二沙岛户外音乐季，邀请专业艺术院团举办交响乐、民族乐、爵士乐、流行乐、合唱等户外音乐会。举办海丝文化节，开展文旅体商贸活动超100场次，涵盖展演、展览、讲座、研学、体育赛事、非遗体验等活动场景，吸引逾300万人次参与；发动北京路步行街、环市东等商圈30个商业综合体组织海丝主题促消费活动超60场次，促进文化旅游消费。（陈振超）

旅游推介

【概况】 2023年，越秀区搭建平台，加强旅游供需对接，加大对外交流合作，走访文旅相关企业214家。通过发动企业参与旅游展销会等措施，推进“旅游+”产品跨界融合发展，促进旅游产品开发，强化“越秀旅游”产品的宣传推介。

【旅游产品开发】 2023年4月，越秀区文化广电旅游体育局邀请福建省连城县文化体育和旅游局到越秀区就加大旅游合作进行探讨交流，发掘合作空间，提炼旅游精品，深化线路合作。辖区内天天假期旅行社推出包含连城县冠豸山等旅游景区的“福建闽西南系列团”，以

“百万老广游龙岩”为口号，受到媒体关注。

【旅游宣传】 2023年，越秀区加强研学旅游的宣传推广，区文化广电旅游体育局与广州交通电台合作，由区旅游推广大使、广州交通电台主持人带队，开展一系列科普研学文旅活动：在东山口举办“寻宝回顾：我们的东山足迹”亲子研学活动；在南越王博物院（王宫展区）举办“南越寻龙之蕃水流觞”研学活动；在南粤先贤馆—五仙古观文化旅游区举办“中秋奇妙游”主题研学活动，探索南粤先贤的故事和传奇，传承中华优秀传统文化。

【旅游展会推介】 2023年，越秀区走访区内旅行社，发动旅行社参加第31届广州国际旅游展览会，宣传推广旅游产品，促进旅游消费，广东中旅、金马国旅、广东青旅、假日通旅行、中旅旅行、铁青旅行社、康辉旅行社、天天假期旅行社等区内重点旅行社参展。

（陈振超）

旅游项目建设

【概况】 2023年，越秀区推进旅游资源建设，提升旅游资源品质，扩大“越秀旅游”影响力，促进越秀区旅游业高质量发展。打造旅游精品项目，坚持以文塑旅、以旅彰文，打造文旅精品旅游线路10条，擦亮“红游越秀”旅游品牌，将文化融入现代生活，推动文旅服务创新升级。

【“越秀区红色文旅——黔贵乡村游”项目】 2023年3月，越秀区文化广电旅游体育局与广州交通电台在越秀区旅游高质量大会上签订相关合作协议，共同推出“越秀区红色文旅——黔贵乡村游”项目。首发团于4月10日从广州市出发，到越秀区东西部协作结对帮扶的镇宁县旅游。以大湾区广电融媒矩阵为宣传推广平台，由越秀区旅游推广大使、广州交通电台主持人带队走读越秀区红色文化历程，联动贵州省乡村红色旅游精品项目，把贵州省和广州地区红色文化串联融合，整合革命传统教育与旅游产业发展，打造越秀区东西部协作和红色研学文化旅游名片。

【“穿越千年的海丝印迹”Citywalk活动暨“海丝号”主题巴士启动活动】 2023年10月，越秀区文化广电旅游体育局配合海丝文化节的举行，联合中国大酒店、一汽巴士公司、羊城通公司等企业开展“穿越千年的海丝印迹”Citywalk活动暨“海丝号”主题巴士活动。围绕南越国宫署遗址、南越文王墓、光孝寺、怀圣寺光塔、清真先贤古墓等海丝史迹设计发布旅游线路，在海丝史迹附近设置艺术打卡装置，组织“越秀海丝游径”Citywalk活动，邀请道德模范、身边好人、劳动模范、港澳青年和外国友人作为首发团的“品鉴官”。同时，“海丝号”主题巴士启动，市民可通过“巴士+Citywalk”的绿色出行模式，感受海丝文化氛围，探索海上丝绸之路的历史遗迹。

【四大文化旅游线路】 2023年4月10日，越秀区联合广州巴士集团有限公司在“兰缘盛荟”文化旅游艺术周开幕式暨越秀区文商旅高质量发展论坛活动现场发布“红色八景——红游越秀”“传统中轴线”“海上丝绸之路”“食在越秀——美食之旅”四大文化旅游线路，以公交巴士为载体，将越秀区内景区景点、古城美食连成一体，打造更富文化旅游内涵的旅游线路，让市民游客在便捷出行的同时，体会越秀区的文化底蕴。

●延伸阅读

四大文化旅游线路的具体情况

线路一：红色八景——红游越秀主题游线路（定制公交）。游玩景点：1.河浦同舟。2.红墙求索。3.东园潮起。4.文德新征。5.红陵旭日。6.珠水丹心。7.长堤扬旗。8.岭南曙光。

线路二：传统中轴线主题游线路（常规公交）。182路公交车：越秀公园站—迎宾馆站—中山五路站—文德路站—万福路站—万福东站—越秀南路站。游玩景点：越秀公园—镇海楼—中山纪念堂—北京路文化旅游区。

线路三：海上丝绸之路主题游线路（常规公交）。528路公交车：广卫路总站—中山五路站—迎宾馆站—越秀公园

2023年7月1日，“研学越秀红 共享好时光”越秀区红色研学季启动活动在周恩来同志主持的中共两广区委军委旧址举行 （钟涌 摄）

站—三元里大道（桂花岗）站—三元里站。游玩景点：南越王博物院（王宫展区）—光孝寺—怀圣寺—越秀公园（广州兰圃）—南越王博物院（王墓展区）。

线路四：食在越秀——美食之旅主题游线路（常规公交）。106路公交车：梅花村站—农林东路站—东山口（东华北路）站—东华东路西站—东华西站—三角市站—中山图书馆站—文明路站—大南路站—惠福路站—惠福西站。游玩景点：北京路文化旅游区—惠福美食花街—文明路美食区—东山口。

【"五条红道"红色精品线路】 2023年7月1日，越秀区在红色研学季启动仪式上，发布"五条红道"红色精品线路，即工农青革命红道、中国革命统一战线红道、毛泽东伟人足迹、周恩来伟人足迹、陈独秀革命先锋足迹。"五条红道"红色精品线路串联中共三大会址纪念馆、广州农民运动讲习所旧址纪念馆、团一大纪念馆等红色景点，整合红色旅游资源，丰富红色文化内涵，推动文旅融合，助力越秀区经济文化高质量发展，为市民游客游赏越秀区红色史迹提供指引。

【"研学越秀红　共享好时光"主题活动】 2023年7月1日，"研学越秀红 共享好时光"越秀区红色研学季启动活动在周恩来同志主持的中共两广区委军委旧址举行并同步进行线上直播，越秀区上万名党员干部、群众和青少年观看该场活动。活动邀请周恩来的侄孙女、广东红色文化研究会副会长分享《信仰——周恩来岭南纪事》一书，讲述周恩来的家世生平、革命之路、理想信仰故事，勉励青少年努力学习，报效祖国。越秀区文德路小学学生表演课本剧《百年传志　作育栋梁》，向伟人致敬。首批9名红色小小宣讲员接受中共两广区委军委旧址馆颁发的荣誉证书，并向青少年发出红色研学和参与红色宣讲的倡议。整场活动以"同上一堂红色思政课"形式学习红色历史、感悟初心使命，庆祝中国共产党成立102周年。该活动的举办，标志着2023年越秀区红色研学季正式启动。（陈振超）

旅游管理

【概况】 2023年，越秀区辖区内有旅行社企业295家、星级饭店33家、国家AAA级以上旅游景区15个。是年，越秀区注重旅游业服务质量、安全生产、旅游品牌等方面的建设，加强旅游市场管理，借助专业力量加强旅游行业安全管理，严抓安全生产，开展服务提升行动，辖区内旅游业整体质量呈现诚信守法、安全健康、文明有序的发展态势。

【旅游行业执法监督】 2023年，越秀区强化旅游市场监管，加强旅游市场执法检查，对违法行为做到"零容忍"，维护游客权益，规范旅游市场秩序。全年检查89辆旅游大巴，核查5家旅行社132条"不合理低价游"线索。出动执法人员160人次，执法检查旅游场所54个次。办理旅游类案件6件，比上年上升50%，办理的广州某国际旅行社有限公司未经许可经营旅行社业务案获评2023年上半年市级文化市场行政处罚优秀案卷，入选文化和旅游部旅游市场执法培训班典型案例教材。

【旅行社分支机构备案】 2023年，越秀区开展旅行社分社和服务网点备案工作，注重质量与效率，助力企业办事"零跑腿"。完成全年旅行社分支机构备案53家，其中新成立分社25家、注销9家。是年，越秀区辖区内有旅行社总社295家（其中新成立19家），备案分社124家、服务网点126个。

【旅游安全监管】 2023年，越秀区以旅游安全生产为工作重点，发动旅游企业参加旅游安全相关培训8场，涵盖出境游、入境游业务指导、旅游行业交通安全、旅游行政违法行为、旅游安全问题等，提升各旅游企业安全生产专业能力，依法依规经营旅游业务，营造安全旅游环境。打通网络壁垒，加快平台整合对接，推动国家AAAA级旅游景区与视频监控数据信息共享。完成旅游景区燃气排查及整改，指导旅游景区根据要求合理配备自动体外除颤器（AED）。加强节假日期间旅游景区的联动机制，特别是越秀公园、广州动物园等旅游景区机动游戏区的联动响应。开展对区内星级酒店、经评定等级的旅游景区、旅行社风险点危险源排查，强化三防应急处置能力，提升应急处置水平。

【旅游行业管理】 2023年，越秀区强化旅游行业管理服务，点对点走访旅游企业单位200多个。加大对经评定等级的旅游景区和星级饭店的培育和指导力度，中国共产党第三次全国代表大会会址纪念馆旅游区、毛泽东同志主办农民运动讲习所旧址纪念馆旅游区等3个国家AAA级旅游景区晋升为国家AAAA级旅游景区。15家星级饭店创建为"无废酒店"，广州宾馆创建为四星级旅游饭店。指导中国大酒店、东方宾馆做好"读懂中国"等重大会议服务保障。根据质量强区工作领导小组要求，做好旅游服务质量迎检工作，越秀区旅游质量工作连续第三年被广州市质量强市工作领导小组办公室评为"优秀"等次。印发《关于强化全区旅游市场秩序、规范经营行为的通知》，推荐旅游企业参加信用评定，广东省中国旅行社股份有限公司、广东省香江旅游公司、中国大酒店被广州市文化和旅游市场主体信用等级评定委员会评为AAA级文化和旅游市场主体信用等级企业。提高越秀区旅游行业服务质量，保障消费者权益，全年受理涉旅游投诉2391件，涉及金额2256.7万元。（陈振超）

编辑　王海捷

产业园区

广州北京路文化核心区国家级文化产业示范园区

【概况】 广州北京路文化核心区国家级文化产业示范园区（以下简称“广州北京路文化园区”）位于越秀区核心区域，规划面积4.2平方千米。主体片区为北京路文化核心区（东起仓边路、东濠涌，西至人民路、解放路、吉祥路，北接大新路、越华路、文明路，南到沿江路），面积3.2平方千米。分片区为黄花岗科技园片区（东起越秀区永福路、云鹤路，西至先烈中路区庄段、太和岗路东段，北接广深铁路，南到环市东路），面积1平方千米。该区以广州古代传统中轴线为轴，发展文化旅游、文化商贸、文化创意、文化金融4个特色鲜明、产业集聚的片区，形成“一轴四区”产业空间布局。2023年，开展广州北京路文化园区结对工作，与钦州坭兴陶文化创意产业园、重庆北仓文创街区等结对园区签订战略合作协议，发挥广州北京路文化园区引领示范作用。

【广州北京路文化园区产业发展】 2023年，越秀区推进广州北京路文化园区建设和文化产业发展。园区连续两年（2021年、2022年）进入广州最具价值文化产业园区10强。至年底，园区有规模以上文化企业170家。聚集国家版权贸易基地（越秀）、国家商标品牌创新创业（广州）基地、国家高新区黄花岗科技园、全国民间金融产业知名品牌创建示范区、国家体育产业示范基地等国家级平台。建有众创空间21家，其中国家级4家；孵化器19个，孵化面积27.6万平方米。是年，广州北京路智慧旅游项目入选全国第一批“5G+智慧旅游”应用试点项目，为广东省唯一入选的项目。

【广州北京路文化园区活动】 2023年，广州北京路文化园区举办西湖花市、广州北京路国际青年文化周、“020赫兹”城市音乐营地等文化活动超500场次。举办2023广府庙会民俗文化巡游，庙会期间7天客流总量412.5万人次，北京路商圈营业额3.77亿元，网络相关话题讨论量1.3亿人次。开展广东省首届地理标志产品广货手信节等东西部合作和消费帮扶活动9场次，支持广东省21个地市名优土特产和福建、广西等省份优质文商旅资源在北京路展销。组织府学西街夜间文创集市28期，吸引游客约200万人次，成为北京路夜间文旅新亮点。2023年，北京路步行街总客流量1.19亿人次，比上年增长83.8%；总营业额195.6亿元，增长58.7%。

【广州北京路文化园区宣传】 2023年，越秀区依托各级媒体及网络媒体平台开展广州北京路文化园区宣传报道，打造全媒体宣传矩阵。“广州：消费引领，千年商都焕发新活力”“粤港澳大湾区消费季暨第三届直播电商节启动”等采访报道登上中央广播电视总台《新闻联播》。新华社专题报道《从广府老街看消费复苏活力》，《人民日报》等媒体报道《广州北京路，粤港澳青年共同唱响“我爱你中国”》。与《南方日报》合作，开展《古老的街，智慧的路》等报道，提升街区影响力。2023年，北京路步行街接待中共中央办公厅、国家发展改革委等各级各地考察团，以及德国、喀麦隆等国外考察团116批次超2000人次。（戴曼）

【广州北京路国际青年文化周】 2023年5月4—8日，越秀区举办广州北京路国际青年文化周活动，开展文艺演出、创意集市、主题沙龙等活动30多场，传承弘扬中华优秀传统文化，促进青年文化交流，激发青年创新活力，凝聚青年智慧。文化周期间，越秀区发起“越秀青年发展型文创街区”倡议，组织青年就业、健康、创意、人才交流等主题沙龙。联合华南农业大学植物保护学院举办“青年助力绿美广东”“青年助力乡村振兴”主题沙龙。现场展示国家级非物质文化遗产代表性项目曾氏榄雕，展现广东地方特色。越秀区以青年喜爱的文化活动、文化项目为纽带，促进粤港澳青少年交往、交流。

（韩蓉）

广州民间金融街

【概况】 广州民间金融街位于素有岭南“十里洋场”之称的商业文化集散地和现代金融发源地——越秀区长堤大马路，东至回龙路，南至沿江路，西至人民南路，北至一德路以北街区，总面积约59公顷。2023年，广州民间金融街按照“树品牌、兴功能、抓项目、塑生态、强服务”总体工作思路，优化园区建设与服务，推进海珠广场品质提升，助力园区经济高质量发展。至年底，广州民间金融街园区入驻机构815个，其中，金融类企业344家，年税收超500万元金融类企业35家。2023年税收21.39亿元，2012—2023年累计税收超110亿元，培育亿元税收楼宇4栋。是年，新增引入金融机构10个，其中地方金融机构7个，推动4个金融机构合计增资12.5亿元。

【金融街金融集聚优势巩固】 2023年，广州民间金融街发挥品牌效应，巩固金融集聚优势。全年新增安达保险广东分公司（区域总部）、广东微烨信息技术有限公司（金融科技公司）、旅金融担（同程控股集团旗下新设）、君瑞小贷、银鑫小贷等金融机构10个。推动4个金融机构增资12.5亿元，其中广州港集团财务有限公司增资5亿元、大丰银行广州分行增资7亿元。支持优质小贷公司开展资产证券化、票据贴现等创新业务，广州TCL互联网小额贷款有限公司、广东盈峰普惠互联小额贷款股份有限公司发行资产证券化产品，广州盈峰商业保理有限公司、广东中和农信小额贷款有限公司等获批推进资产证券化发行，广州地铁小额贷款有限公司获批准跨市经营。在2022年度全省小额贷款公司“楷模”监管评级中，园区小贷公司获评“A级”以上（含）24家，占广州市的75%、广东省的36.9%。是年，广州民间金融街有年税收超500万元金融类机构35个，其中地方金融机构20个（小贷公司17家、保理公司2家、融资再担保公司1家）。

【金融街金融服务能级提升】 2023年，广州民间金融街引导入驻机构践行普惠金融，加强服务实体经济。金融街小贷公司为中小微企业和个人发放贷款464.2亿元，投放226万笔，笔均贷款金额2.05万元。推动18个优质小贷机构接入中国人民银行征信系统，提升小贷数据采集和应用能力，支持小微企业和“三农”（农业、农村、农民）发展。修订金融街政策，联合区属部门印发《广州高新区黄花岗科技园管委会、广州市越秀区文化广电旅游体育局、广州民间金融街管理委员会关于贯彻落实〈广州市越秀区促进产业高质量发展的实施意见〉的具体措施》，为楼宇企业降本减负。完善越秀区产融服务平台，优化“地方金融、股权融资、知识产权、诉前调解”四大特色功能专区。至年底，越秀区产融服务平台有注册企业9084家，授信金额1.46亿元，放款金额4501万元。

【金融街营商环境优化】 2023年，广州民间金融街以“长堤复兴”为目标，组建产融合作示范区项目专班，推动金融街改造提升。打造楼宇经济，星寰国际商业中心办公楼入驻率超90%。按出租面积计算，世界500强企业、各行业龙头企业、领事馆等机构占比超90%；丽丰国际中心写字楼部分签约完成率60%，商业裙楼部分签约完成率70%，平安人寿保险广东分公司营业部、敦豪全球货运（中国）有限公司广州分公司（DHL）等项目入驻。盘活历史建筑，将原大三元酒家旧址改造提升为广州民间金融街服务中心大楼，吸引丘大集团、耳序信息技术有限公司等入驻。协调区房管局等部门解决海珠大戏院、羊城电影院历史遗留问题并达成租赁协议。海珠大戏院在围蔽施工中，羊城电影院改造完成并于10月18日试运营。

【“金水星光”人才会客厅启动】 2023年，广州民间金融街联合星寰国际商业中心、友邦人寿保险广东省分公司、深圳证券交易所广州服务基地、德事商务中心等5个单位，建成越秀“金水星光”人才会客厅，设置星光厅、友才厅、广才厅、德才厅、丰才厅5个分会场，落实“季季有主题，月月有活动”，为人才、企业提供创新资源要素和空间服务配套设施，优化人才发展环境、区域营商环境，让人才走进越秀、读懂越秀、留在越秀。（程紫琳）

越秀粤港澳大湾区生命健康产业创新区

【概况】 2023年，越秀区推进越秀粤港澳大湾区生命健康产业创新区（以下简称“越秀创新区”）建设，推动生命健康产业发展。越秀创新区建设被纳入广州市推进粤港澳大湾区建设重点工作，以打造国际健康医疗中心、生命健康产业转化高地、药品器械流通高地、高端医学人才高地为目标定位。至年底，越秀创新区指导建成特色产业园区14个，载体面积60多万平方米，把环东广场园区打造为旧楼宇改造标杆，引入建成CRO（Contract Research Organization，合同研究组织）产业地标越秀区运营中心等生命健康创新成果转化服务平台，引进生命健康规模以上企业826家。是年，越秀区生命健康产业增加值422.86亿元，占全区地区生产总值的11.1%。

【一方惠福园区】 该园区位于越秀区诗书路132号，总建筑面积6900平方米，在海珠中历史文化街区内，周边有广东省人民医院、广东省中医院、广州市妇女儿童医疗中心、越秀区中西医结合医院等医疗机构20个。2023年，广东省商业集团有限公司融入越秀区生命健康产业规划布局，投入1300多万元对一方惠福园区进行自主投资改造，以“产业+物业”发展模式，通过政府引导、国企搭台，连接大健康产业链，引入健康管理与咨询、心理治疗与认知教育、药膳食疗与保健营养、体态纠正与运动康复等产业，将园区打造为大健康主题产业中心，为越秀区大健康产业发展提供平台支撑。是年，该园区成为黄花岗科技园合作园区，并加挂“越秀粤港澳大湾区生命健康产业创新区特色园区”牌子，吸引广州市越秀区雨昕康复社会服务中心、广州市福民假肢矫形康复器材有限公司等生命健康产业相关企业入驻。

【医学成果转化】 2023年，越秀创新区依托粤港澳大湾区生命健康产业技术转化中心、广州市创新药物临床试验服务中心等成果转化支撑平台，构建“基础研究+技术攻关+成果转化+科技金融+人才支撑”全过程创新链，推动医学成果从实验室走向市场。至年底，粤港澳大湾区生命健康产业技术转化中心、广州市创新药物临床试验服务中心累计导入广州市健康医疗重大专项成果77项，协助成果推广和医院企业对接600多项，服务企业和机构1800多家，促进创新链产业链融合。在2023广州医疗与健康产业博览会上，粤港澳大湾区生命健康产业技术转化中心、广州市创新药物临床试验服务中心签订临床试验、体外诊断等7类项目合作意向书563份，涉及金额约2亿元。

【粤港澳大湾区生命健康产业创新区CRO产业地标越秀区运营中心揭牌】 2023年2月10日，粤港澳大湾区生命健康产业创新区CRO产业地标越秀区运营中心揭牌仪式在越秀区环东广场举行，标志越秀区率先成立全国首个CRO产业地标运营中心。该中心通过CRO集聚集群发展，搭建医药生态“政、产、学、研、投、医、融”各要素融通桥梁，凝聚生物医药产业各方力量和资源，引进生物医药产业链上下游优秀企业一批，围绕医疗机构成果转化，推动越秀区生物医药产业高质量发展。

【“港澳药械通”交流座谈会】 于2023年3月30日在黄花岗科技园创意大道园区举行。广东省、广州市、越秀区卫生健康和市场监管、药监、医保等部门，中山大学附属第一医院、中山大学孙逸仙纪念医院、广东省人民医院等“港澳药械通”指定医疗机构，辉瑞公司、罗氏制药、阿斯利康、华润广东医药、国盈医药、广东壹号大药房等10多家药企及广东省精准医学应用学会共同参与，会上就“港澳药械通”有关药品目录、收费标准、医保政策等内容进行交流。

【广州生物医药院企创新成果对接会】 于2023年9月19日在黄花岗科技园创意大道园区举行。会议由越秀区科技工业和信息化局、黄花岗科技园管委会指导，广东医谷、广州现代城市更新产业发展中心主办。会议邀请中山大学肿瘤防治中心专家、大湾区生物科技企业、投资人等40名代表参加，现场推介中山大学肿瘤防治中心成果转化项目8个。各项目方与企业家、投资方就技术合作、研发合作、临床试验、市场推广等主题进行讨论，促进医院成果产业化、产业化成果进医院。

【广州医动医疗健康产业有限公司】 于2022年注册成立，位于越秀区太和岗路20号一号楼3楼22—028房，是一家专业从事医疗服务和车载移动医疗产品研发、生产、销售、租赁的企业。该公司具备上门移动医疗服务资质、定点医疗服务资质，与广州越富健康产业有限公司开展移动医疗战略合作，运营5G（5th Generation Mobile Communication，第五代移动通信技术）智能眼科巡诊车项目。2023年，该公司拓展健康体检中心业务，牵头成立广州医动健康体检中心有限公司，打造具备检查、诊断等服务功能的综合性、连锁性体检中心。 （张琳琳）

花果山超高清视频产业特色小镇

【概况】 2023年，越秀区围绕打造全球超高清视频演示展示中心目标，以“内容制作+应用+服务”为核心，推进花果山超高清视频产业特色小镇建设。推动广电城投686创意园、草莓V视园区开园。配合办好2023世界超高清视频产业发展大会。升级5G+4K／8K展示体验中心，打造高端XR（Extended Reality，扩展现实）演播厅。举办“越秀Citywalk”短视频大赛颁奖礼等活动，集中展示超高清产业前端摄录、中端内容制作以及后端显示全产业链成果。

【广州电视台园区】 位于越秀区环市中路231号，于2019世界超高清视频（4K／8K）产业发展大会期间开园。2019—2023年，园区先后改造物业外立面6万平方米，完善3D（三维）光子透明屏、塔顶8K鹰眼、AR（Augmented Reality，增强现实）全息可视化应用系统等设施，打造超高清视频云渲染平台，升级超高清演播厅软硬件配备和5G+4K／8K展示体验中心。完成西胜街市政道路拓宽、云道、人行步梯等基础设施建设，开通花果山至小北地铁站便民巴士。打造雷曼光电、聚飞光电、丰光显示等超高清企业展厅，成为越秀区超高清产业发展的重要平台。至年底，该园区有广州雷曼光电科技有限公司、泰禾（广州）影视传媒有限公司等40多家企业签约入驻。

【广电城投686创意园】 位于越秀区人民北路686号，于2023年3月开园，由广东广播电视台和广州市城市建设投资集团有限公司共同打造，首期运营面积约4万平方米。该园区面向文化创意产业链，围绕音像制作、出版发行、版权贸易、数字出版等广东广播电视台传统优势业务板块，融入“音乐+短视频”“音乐+动漫”“音乐+科技”等跨界发展模式，吸引音乐影视创意及衍生产业加入，打造综合性音乐文化基地和产业服务平台，是花果山超高清视频产业特色小镇创新“超高清+数字音乐”模式的重要支撑。至年底，该园区有广州市企恒商务服务有限公司、广州华派影视文化传媒有限公司等50家企业签约入驻。

【草莓V视文创园】 位于越秀区下塘西路19号，于2023年5月开园，由草莓微视（广州）视频科技有限公司通过升级改造花果山超高清视频产业特色小镇山顶2.7万平方米物业打造而成。该园区以智能智慧园区为设计基础，配套超高清展厅、演播厅、运营中心、XR制作基地等服务设施，打造融合科技、生态、移动互联网、IP（Intellectual Property，知识产权）孵化、视频文化、文旅产业等新型数字视频文创基地，推动花果山超高清视频产业特色小镇优化视频拍摄、声音录制、移动直播、数字加工等一体化综合服务，成为小镇内容制作和平台分发的重要组成部分。至年底，该园区有长影时代（广州）传媒有限公司、广东文商旅投资集团有限公司、广州天畔影视传媒有限公司等20家企业入驻。

【“越秀Citywalk”短视频大赛】2023年12月1日，第二届“金木棉”数字影像盛典暨“越秀Citywalk”短视频大赛颁奖典礼在花果山超高清视频产业特色小镇草莓V视园区举行。大赛由广东文艺职业学院、越秀区委宣传部、越秀区科技工业和信息化局、越秀区教育局、共青团越秀区委员会、广州动漫行业协会主办。活动自10月20日启动，收到参赛作品500多份，经过专业评委筛选和评比，评选特等奖1名、一等奖2名、二等奖5名、三等奖10名。（张琳琳）

国家高新区黄花岗科技园

【概况】 2023年，黄花岗科技园加大扩容提质力度，按照“一园多区”错位发展格局思路，培育壮大信息服务业、健康医疗产业、文化创意产业等新兴产业集群，打造花果山超高清视频产业特色小镇、粤港澳大湾区生命健康产业创新区等重点项目。至年底，黄花岗科技园有合作园区60个，合作运营载体面积约223万平方米，园区有入园企业2765家。是年，该园区实现营业收入1250.14亿元，比上年增长3.8%；实现税收30.43亿元，增长5.5%。

【黄花岗科技园合作园区管理】 2023年，黄花岗科技园管委会组织开展黄花岗科技园提质增效专题调研，召开合作园区高质量发展座谈会3场，修订印发《广州国家高新技术产业开发区黄花岗科技园合作园区管理指引（试行）》《广州国家高新技术产业开发区黄花岗科技园入园批复工作指引》，完善合作园区审批和退出机制，加强企业入园审批把关，推动合作园区提升运营水平、优化产业结构。至年底，梳理合作协议到期合作园区36个，完成协议续签24个，新增入园企业25家。

【碧水源华南科技有限公司】 注册成立于2016年，注册地址为越秀区东风中路268号三层01东半层（自编），为北京碧水源科技股份有限公司全资子公司，定位为华南地区水务环保科技领域技术与产品的服务商和供应商。该公司围绕膜材料、膜工艺包应用与生产，膜技术与膜创新推广与测试，膜集成、膜系统设计与调试等，以技术与产品的销售和服务为核心，在市政供排水、工业零排与回用、民用商用净水和饮用水、军品装备等领域开展业务。至年底，该公司在广州市实施完成水处理项目3个，总处理规模为每日32万吨。

【广州市匠思文化传播有限公司】 注册成立于2017年，注册地址为越秀区先烈中路100—67号14楼自编1403A房，是一家数字视觉技术公司。该公司依托数字服务经验和自主开发的虚拟技术应用，在广州、北京、上海等多地建设AR、XR数字演播厅基地，为国内外头部品牌提供品牌宣传及营销全链路数字解决方案。2023年，该公司控股子公司广州市匠思元数字科技有限公司参加首届2023粤港澳数字经济展览会暨粤港澳区块链创新展览会，获2023大湾区数链展元宇宙创意奖。（张琳琳）

■编辑 何俊楠

开放合作

对外经济贸易

【概况】 2023年，越秀区打造开放创新的营商环境，做好外贸稳定和创新发展工作，提升对外贸易质量和水平，推动外资外贸经济高质量发展。是年，越秀区外贸进出口总值540.8亿元，比上年下降6.2%。其中，进口329.3亿元，比上年增长5%；出口211.5亿元，下降19.6%。全年实际利用外资10.58亿元。

【对外贸易促进】 2023年，越秀区利用中国进出口商品交易会（以下简称“广交会”）的外贸平台优势，主动挖掘外贸商机，在花园酒店、中国大酒店等10家外宾集中的酒店放置越秀区宣传促销折页、招商英文手册、专业市场宣传资料等。发动区内专业市场的外贸商户主动接洽外商，对接外贸业务，拓展外贸进出口新订单。年内，“走市场拓商机——外国驻穗商务机构走进专业市场”交流活动在越秀区举行，来自马来西亚、菲律宾、新加坡等东盟国家的驻穗领事、商会及相关企业代表20多人到白马服装市场、万菱广场探店、走访，并在万菱广场开展座谈交流，加强联络，拓展商机。

【外贸基本盘稳住】 2023年，越秀区制定落实支持高水平开放、高质量发展的措施18项。巩固重点外资企业“一对一”联络服务机制，稳住外贸基本盘。推动解决企业提出的16个属地海关职能领域问题诉求。依靠微信群、“投资越秀”微信公众号等渠道，不定期推送宣传国家政策、培训通知等内容，多方位畅通政企沟通渠道。鼓励外贸企业及时调整产品出口结构、优化物流供应链条、开拓多元国际市场。举办线上及线下政策宣讲会10场，覆盖重点外贸企业130家，行业、企业代表逾800人次，提升企业对出口退税规则、RCEP（Regional Comprehensive Economic Partnership，区域全面经济伙伴关系协定）关税减让、原产地规则等政策的认知水平。做好出口信用保险覆盖工作，协调中国信用保险公司广东分公司进驻区政务服务中心并开设保单申领专窗，服务中小微外贸企业688家。促进企业服务精准直达，提升企业政策获得感，帮助中小微企业更好地拓展市场。

【外贸新业态扩容增效】 2023年，越秀区推动市场采购拓区试点建设。3个拓区试点市场（新大地服装城、万菱广场、广州流花服装批发市场）备案商户905户，全年实现市场采购出口额2.07亿元，比上年增长34%。指导广州流花跨境电子商务产业园围绕广州城市更新和国际大都市发展战略，发挥商贸产业优势，打造集设计、生产、出口、孵化功能于一体的跨境电商产业园区。至年底，园区有跨境电商相关企业超900家。上线全国首个专业市场跨境垂直服饰电子商务交易平台LIUHUAMALL商城，为中小外贸企业开展海外业务提供新机遇。通过提供“一揽子”外贸综合服务，降低中小微企业贸易成本，帮助企业开拓市场、促进成交，缓解融资难等问题。是年，广东省泓泰供应链有限公司获评广东省2023年外贸综合服务示范企业，广州轻出集团易链通有限公司获评广东省2023年外贸综合服务成长型企业。

【外资利用】 2023年，越秀区新设立外商投资企业1676家，经营范围包括电子产品销售、服装服饰批发、食品进出口、生物化工产品技术研发、技术服务等。全年实际利用外资10.58亿元。

【对外经贸交流】 2023年，越秀区参会企业在第133届、第134届广交会上实现意向成交额4.45亿美元。新大地服装城、万菱广场、广园致友汽配城3家外向型市场的商户在广交会出口展区、线上展区参展。来自俄罗斯、马来西亚、巴西、蒙古国、日本、韩国等20多个国家和地区的客商到万菱广场、新大地服装城、富骊外贸服装批发市场、美博城等专业市场开展商务考察和外贸洽谈。年内，越秀区组织辖区内企业参加第十届中国—东盟（泰国）商品贸易展览会、2023中国跨境电商交易会（秋季）等线下展会超40场，鼓励企业参加线上境外展会。组织外贸企业到东南亚、西欧、中东、非洲等“一带一路”沿线地区开展经贸交流活动，到俄罗斯、德国、意大利等国家参展。主要参展展会有阿联酋迪拜国际汽车零部件展览会、越南灯光音响展、印度新德里国际皮革及鞋材鞋机展、孟加拉国际鞋业及皮革鞋材展等。

【外资使用提质增效】 2023年，越秀区运用以商招商、外出招商等招商模式，推动日本万代南梦宫集团在区内集聚发展，支持达芮恩（广州）有限公司、巴斯夫一体化基地（广东）有限公司广州分公司、广州慧通能源有限公司落户越秀区。推进大丰银行广州分行增资7亿元项目纳统，成为广东省首个纳统的外资银行增资项目。（黄永桢）

招商引资

【概况】 2023年，越秀区激活各类物业载体，优化招商举措，引进优质招商项目374个（其中被纳入市招商系统的注册落户项目221个），签约项目151个，协议投资总额499.21亿元，协议达产年营收509.54亿元；落户巴斯夫一体化基地广州项目、国家电投新疆公司区域总部、中交碧水源华南区域总部等央企、百强（世界500强、中国500强、中国民营企业500强）项目17个，南威软件广东区域总部、荣电集团华南区营销中心等总部型项目30个。完成11项市级招商指标。（黄永桢）

【金融招商】 2023年，越秀区组建金融招商工作队伍，到北京、上海、深圳等地开展招商考察活动8次，推动4个小贷公司股权优化项目落地越秀区，引进地方金融组织4家、国企背景私募基金及投资公司5家，引入注册资本超215亿元。支持存量金融企业增强资本实力，推动大丰银行广州分行、广州建信小额贷款有限公司、天翼商业保理有限公司等12家企业增加注册资本合计75亿元。（许昀）

【《2023年越秀区招商引资工作方案》印发】 2023年，越秀区印发《2023年越秀区招商引资工作方案》，梳理招商线索16条，形成“招商项目挖掘及跟踪服务流程图”，挖掘身边资源，找准有投资、有项目的招商路径，建立联系，挖掘项目线索。

【“首席服务官”暖企行动】 2023年，越秀区制定并印发《越秀区“首席服务官”暖企行动方案》，为辖区内400多家龙头企业配备含区领导、行业主管部门、属地街道、市场监管、税务等部门在内的“首席服务官”团队，完成首席服务企业的全覆盖走访，解决企业诉求545个。

【第9届中国广州国际投资年会越秀区“古越今秀　共筑未来”平行分会】 2023年4月18日，第9届中国广州国际投资年会暨福布斯中国创投高峰论坛越秀区“古越今秀　共筑未来”平行分会在广州白云国际会议中心举行。会上，越秀区政府与壹药网全国线上零售总部、浪潮集团与讯猫科技公司合作项目等12个项目举行签约仪式，涵盖现代商贸、数字经济、城市更新、生命健康、创新金融等领域。会上还发布招商数字地图，表彰产业杰出贡献奖获奖人员。

【招商数字地图打造】 2023年，越秀区强化数字招商，运用科技手段，建立全产业、可视化、智慧化的招商数字地图，汇集区情、公共服务、楼宇载体、企业、政策等数据超32万条，为越秀区营商环境推介提供数据支撑，展示越秀区行政服务资源丰富便捷、城区引领作用强、文化主导地位稳固、国际交往功能突出等特点。（黄永桢）

【在广州市各区率先实现市场主体市内迁入“即报即办”】 2023年5月，越秀区依托“越秀商家”微信小程序，开发“市场主体迁入”模块，在广州市各区率先实现市场主体市内迁入“即报即办”，通过“数据多跑动”方式破解跨区迁移须在迁入地和迁出地之间多次跑动的难题。企业无须预约，按照系统提示上传申请材料即可办理，并能实时查询业务办理进度。至年底，“即报即办”业务服务全区企业698家次。（古晓斌）

2023年4月18日，第9届中国广州国际投资年会暨福布斯中国创投高峰论坛越秀区“古越今秀　共筑未来”平行分会在广州白云国际会议中心举行
（钟涌　摄）

对口支援与合作

【概况】 2023年，越秀区承担东西部协作结对帮扶贵州省安顺市平坝区、镇宁布依族苗族自治县（以下简称“镇宁县”），帮扶黄果树旅游区，对口帮扶广东省湛江市霞山区、赤坎区、遂溪县，驻镇帮镇扶村帮扶湛江市遂溪县乌塘镇、建新镇、乐民镇、江洪镇、草潭镇，对口合作福建省龙岩市连城县，承担援疆援藏、支援巫山县等工作。是年，越秀区投入财政帮扶资金2.63亿元。

【东西部协作】2023年，越秀区结对帮扶贵州省安顺市平坝区、镇宁县，帮扶黄果树旅游区。是年，越秀区投入财政帮扶资金8948万元用于支持东西部协作工作。

人才支援 2023年，越秀区选派6名干部到贵州省平坝区、镇宁县挂职交流，派出34名教师、医疗骨干支教支医，接收协作地区的68名医疗教育专业技术人员到越秀区交流。开展乡村振兴专业技术人才培训52期，培训专业技术人才1327人次。

结对帮扶 至2023年底，越秀区有20个单位、街道与平坝区、镇宁县和黄果树旅游区的11个乡镇、20个社区和29个村结对，动员越秀区5家企业及社会组织参与结对帮扶。越秀区辖区内7家医院与协作地区7家医院建立医疗结对帮扶关系，辖区内61所学校与协作地区63所学校开展教学结对活动。

产业协作 2023年，越秀区新增引导10家东部企业到对口帮扶地区投资产业。推进“一县一园”建设，在与平坝区共建天龙镇高田坝区越秀·平坝共建农业产业园、与镇宁县共建越秀·镇宁“精品水果蜂糖李”农业产业园区的基础上，引导5家企业入驻园区，吸纳农村劳动力555人。完善易地扶贫搬迁安置区基础设施建设，援建帮扶车间20个，吸纳农村劳动力3630人就业。

2023年12月29日，广州市越秀区与湛江市赤坎区、霞山区、遂溪县飞地合作科创中心揭牌仪式在黄花岗科技园创意大道园区举行 （钟涌 摄）

劳务协作 2023年，越秀区与协作地区人力资源和社会保障局深化协作，分别在平坝区、镇宁县和黄果树旅游区建立粤黔劳务协作就业驿站，推动劳务培训就业，举办劳务协作培训17期，培训劳动力873人次，全年新增帮助农村劳动力4989人就业，累计帮助农村劳动力就业8172人，引导73名农村学生到东部职业学校就读。

消费协作 2023年，越秀区以市场需求为导向，通过工会采购、社区布点、零售平台搭建以及举办2023镇宁蜂糖李品牌代表“蜜思你”产品广州推介活动、推动“百千万工程·惠农集市”建设等措施，全年消费协作总额4.62亿元。

【对口产业帮扶】 2023年，越秀区对口帮扶广东省湛江市赤坎区、霞山区和遂溪县，投入财政帮扶资金6000万元推进对口产业帮扶工作。

产业园区共建 2023年，越秀区投入3200万元用于产业园区共建，推动建设越秀区·霞山区合作共建产业园、赤坎都市产业园和遂溪县域特色产业园。越秀区·霞山区合作共建产业园于2023年11月8日揭牌。

“反向飞地”建设 2023年，越秀区分别与湛江市赤坎区、霞山区、遂溪县签订“反向飞地”合作协议和招商引资合作框架协议。在黄花岗科技园为协作地区免费提供场地、设施、设备，加挂三地科创中心牌匾，并在协作地区招商部门设立“双向飞地”招商中心。全年举办企业交流沙龙活动1场、湛江市对口帮扶招商推介会1场。

文旅产业发展 2023年，越秀区挖掘湛江市赤坎区、霞山区、遂溪县的文旅资源，促进赤坎区文旅部门与红线女艺术中心交流对接，协调非遗项目调顺网龙、遂溪醒狮在越秀区海丝文化节上表演。在北京路北段和南段的电子显示大屏上循环播放湛江地区文旅宣传片，加强文旅推介宣传。

营商环境提升 2023年，越秀区与湛江市赤坎区、霞山区、遂溪县共同印发优化营商环境对口帮扶举措清单，开设“跨域通办”专窗，为越秀区、湛江市两地企业、群众提供“收受分离、异地办理”服务。

消费民生帮扶 2023年，越秀区发挥北京路世界优秀旅游目的地的优势，通过北京路步行街南段“百千万工程·惠农集市”、辖区内商超专柜、线下展销活动等推广湛江市霞山区、赤坎区、遂溪县农特产品。依托越秀区教育、医疗等资源优势，推进双方教育、医疗、劳务双向交流。

【驻镇帮镇扶村】 2023年，越秀区安排财政帮扶资金7509万元，对口帮扶湛江市遂溪县乌塘镇、草潭镇、建新镇、乐民镇、江洪镇，推进乡村振兴驻镇帮镇扶村工作。

防返贫监测 2023年，越秀区定期走访遂溪县乌塘镇、草潭镇、建新镇、乐民镇、江洪镇原建档立卡贫困户4178人次、防返贫监测户461人次，走访困难群众、困难党员2931人次。依托广东省防返贫大数据监测平台，跟进上述地区脱贫不稳定户、边缘易致贫户、突发严重困难户情况，消除返贫风险监测户2户。

项目建设 2023年，越秀区结合对口帮扶镇域"十四五"发展规划，协助推进项目入库程序，并对项目施工做好巡查、记录等资料存档工作，全年上报入库项目268个，涉及规划、民生、产业发展等领域。

消费帮扶 2023年，越秀区搭建展销平台，举办2023广东（遂溪）湛川河谷"仙品荔"湾区品鉴会、"十城联动 千品惠购——消费帮扶工惠行"、广州市对口帮扶协作地区特色产品展销会和消费帮扶助力"百千万工程"——越秀区对口支援协作地区农特产品展销会等，全年采购及帮扶销售当地消费帮扶产品金额1055.25万元。

社会民生帮扶 2023年，越秀区对湛江市遂溪县乌塘镇、草潭镇、建新镇、乐民镇、江洪镇实施教育帮扶、医疗帮扶、劳务帮扶。开展教育帮扶项目25个，开展送教上门、学术交流、结对帮扶活动，推进城乡教育一体化。开展医疗帮扶项目13个，举办"广湛同心，健康同行"党员义诊帮扶活动、"医心向党促健康，乡村振兴齐助力"义诊活动等。邀请中山大学护理学院"文化、科技、卫生三下乡"团队"送医下乡"，开展义诊服务150人次。举办急救知识技能宣讲会，培训群众80多人。开展劳务帮扶项目19个，惠及劳动力660人。举办2023年遂溪县"春风行动"暨乡村振兴、民营企业现场招聘会，组织60家企业进场招聘，提供用工岗位近2300个。通过农田改造，新增复耕撂荒地面积26.76万平方米。

金融帮扶 2023年，越秀区用好金融帮扶政策，协助解决346户农户资金困难问题，发挥派驻金融助理资源优势，实施帮扶项目334个。

【援疆援藏】 2023年，越秀区投入财政帮扶资金3402万元，开展对口支援新疆维吾尔自治区喀什地区疏附县、重庆市三峡库区、西藏自治区林芝市的协作工作。选派教师4人到疏附县支教，区内14所学校与新疆维吾尔自治区喀什地区14所学校结对，4所学校（幼儿园）与西藏自治区林芝市4所学校（幼儿园）结对，通过云端课堂、讲座培训、优质课例分享等方式"送教上门"，增强教育援疆援藏力量。

【对口合作革命老区】 2023年，越秀区、增城区共同与福建省龙岩市连城县对口合作，越秀区安排财政资金500万元，助力连城县革命老区高质量发展。围绕推进产业和园区合作，开展对口合作交流及产业调研、招商引资工作。

结对帮扶 2023年，越秀区属相关职能部门及区内9个街道、2所学校、1家医院、2个社区卫生服务中心与连城县相关部门、乡镇、学校、医院等签订对口合作框架协议，开展部门交流互访40多次，促进资源共享和优势互补，加快产业及技术转移。

人才交流 2023年，越秀区接收连城县3名干部到越秀区跟岗学习，双方开展异地教学培训5期164人次。

文旅康养合作 2023年，越秀区举办"兰缘盛荟"文化旅游艺术周，在系列活动中推介连城县文旅资源。组织劳模和先进职工代表33人到连城县开展职工疗休养活动。组织志愿者跑团约40人到连城县参加"奔赴山海·直通厦马"马拉松联赛（连城站）2023年环冠豸山马拉松赛等活动，通过区内融媒体、北京路步行街电子显示屏展播等方式宣传推广连城县兰花、旅游、康养、体育等产业。

产业合作 2023年，越秀区协调区内广州市时代中国控股有限公司和国家级孵化器"羊城同创汇"与连城县搭建农副产品供销渠道。越秀区、连城县两地科工信局及工业园管委会互访调研交流，推动两地科技企业孵化。

消费合作 2023年，广州—龙岩农特产对口合作专馆在越秀区大沙头路江尚东山商厦开设，占地面积800多平方米。越秀区借助举办"十城联动，千品惠购"消费帮扶活动、消费帮扶助力"百千万工程"——越秀区对口支援协作地区农特产品展销会等契机，现场设立展销档口宣传推广连城县特色产品，全年销售额25.54万元。

【越秀区·霞山区合作共建产业园建成】 2023年11月8日，越秀区·霞山区合作共建产业园在湛江市霞山区揭牌。越秀区在资金、项目、资源等方面给予支持，安排专项资金1200万元投入岑擎生物医药与健康产业园项目，推动合作园区扩容提质，规划建设标准厂房6栋，其中建成标准厂房2栋，具备企业进驻条件。越秀区协助霞山区完善基础设施配套建设，合作产业园内华夏路与湛江大道打通连接，园区配套能源集中供给项目完成招拍挂并开工建设，排污排水管网完成修复、交通安全设施完成升级，建成生态停车场7个共2.8万平方米。（蔡蓓婷）

■编辑 何俊楠

交通・通信

道路交通管理

【概况】 2023年，越秀区推进辖区内道路运输管理，开展道路普通货物运输、道路运输站（场）经营、机动车驾驶员培训、机动车维修、停车场经营、客车租赁经营、货运代理、道路运输从业资格证到期换发等审批和监管。是年，越秀区辖区内有普通货物运输企业59家、普通货运营运状态车辆929辆、客运站场1个，机动车驾驶员培训总部企业2家、机动车维修企业65家、经营性停车场583家、停车泊位7万个（其中地面泊位2.4万个、地下泊位4.6万个）、客车租赁企业19家、客车租赁车辆85辆。是年，越秀区换发到期广东省内道路运输从业资格证659个。

【交通运输安全生产监管】 2023年，越秀区属交通运输行业平安稳定，没有发生较大及以上安全生产责任事故，管辖企业亡人交通事故数在广州市各区中与花都区并列最低。是年，广州市越秀区交通运输局（以下简称“越秀区交通运输局”）制定《广州市越秀区交通运输领域重大事故隐患专项排查整治行动实施方案》《越秀区交通运输局关于全面落实企业全员安全生产责任制推动高水平安全生产实施方案》，以风险管控和隐患排查治理为重点，通过行业检查和联合检查相结合方式，加强对违章数高、处置率低、事故多发的交通运输企业监督管理。与广州市交通运输局和越秀区公安、交警、应急等部门联动，每月开展联合督导、检查、约谈、惩戒，每季度召开全区运输行业安全工作例会，分析行业安全形势，提出工作要求。全年出动检查人员1004人次，检查各类企业334家次，组织或参与联合检查执法行动53次，联合约谈15次，发现并整改问题172个，移交执法机关立案查处8件，压实辖区运输企业安全生产主体责任，维护行业安全稳定。

【重点运输车辆动态监督管理】 2023年，越秀区交通运输局制定《越秀区重型货车动态监控管理工作方案》，做好营运车辆动态监控，利用“两客一危一重”（“两客”指公路客运、旅游客运，“一危”指危运，“一重”指重货运）车辆智能监管系统，预警纠正超速、疲劳驾驶等风险驾驶行为。按月开展统计分析，对“两高一低”（“两高”指车均风险高、风险总量高，“一低”指按时处置率低）企业，采取警示通报、车辆停运、移交处罚等措施，倒逼运输企业提升车辆监管水平，在广州市各区率先实现营运资质异常车辆“动态清零”。通过技防手段保障运输安全，全年预警、纠正风险驾驶行为8450起，风险总量比上年下降79%，风险及时处置率提升12.7%、达到97.5%。

（黄永桢）

2023年7月7日，越秀区公安分局联合交警部门在中山三路小学对面开展联合车辆查控勤务

（区公安分局供图）

【道路交通秩序大整治行动】 2023年，越秀区强化道路交通秩序大整治工作领导小组办公室实体化运作，健全会商、考核、督办、通报四大机制，推进道路交通秩序大整治行动。查处交通违法行为，各类交通违法查处数比上年增长51.1%。缓解交通拥堵，整治成效明显的拥堵点位有15个，成效较好的点位有30个。完善基础建设，优化道路通行条件，增设或完善非机动车道56条，路段总长34.4千米，增设机非隔离栏3.68千米，设置大货车内轮差警示区17个，改造港湾式公交站3个。强化安全宣传，开展交通安全宣讲695场，派发交通安全宣传单约10万份，增强居民交通安全意识。至年底，全区重点路口总守法率95%以上，重点路段头盔佩戴率90%以上，亡人交通事故数及死亡人数均为广州市各区最少。（谢淮）

【节假日旅客运输】 2023年，越秀区流花地区管理委员会办公室（以下简称“越秀区流花管委办”）按照《广州地区重大节假日旅客运输组织工作规范（试行）》以及市、区关于各重要节假日旅客运输组织工作的要求，在各假期前组织相关部门单位召开工作协调会，对假期客流情况、流花地区综合治理、旅客出行环境保障等进行沟通协调，对接广州火车站，掌握各假期有关客流数据和运力安排，为站场管理提供依据。春运期间，流花地区客流总量 652.3万人次（不含公路到达数），比上年同期增长7%。其中，铁路疏运旅客307.2万人次，下降12%（发送旅客145.3万人次，下降14%；到达旅客161.9万人次，下降10%）；公路发送旅客28.9万人次，下降 15%；地铁疏运旅客316.2万人次，增长47%。“五一”期间，流花地区铁路疏运旅客67.6万人次，公路发送旅客5.8万人次。中秋、国庆长假期间，流花地区铁路疏运旅客 110.3万人次（其中发送旅客 57.7万人次、到达旅客 52.6万人次），公路发送旅客 8.7万人次。

越秀区流花管委办在春运期间为过往旅客提供暖心服务。图为 2023 年 1 月 16 日，春运志愿者在母婴候车棚为儿童旅客提供写春联、做手工、画画等服务（区流花管委办供图）

2023年春运从1月7日开始至2月15日结束，历时40天，越秀区流花管委办组织公安、城管、民政、市场监管、交通、环卫、民政救助等相关部门，通过“常态排查+突击行动+集中整治”的措施开展广州火车站及周边地区综合整治。安全保障方面，在广州火车站地区设置保障岗位49个，接报“110”有效案件类警情13宗，比上年同期下降7.1%，没有发生重大刑事、治安案件和火灾等安全事故，没有发生大规模人流拥堵和旅客滞留现象。在志愿服务上，设置志愿服务岗位25个，投入志愿者2784人次，服务时数1.39万小时，服务覆盖旅客超100万人，处理相关应急事件20多件。在医疗服务上，广场医疗点每天配备内、外科医生及护士各1人；春运期间派出医疗队12支，出动医务人员376人次，诊治病人1807人次，免费为旅客提供药物一批。（林锦乔）

【越秀区大东门智慧停车场】 2023年5月，越秀区大东门智慧停车场建成并投入试运营。该停车场位于越秀区大塘街道，总占地面积约3400平方米，设有停车位141个。该停车场综合考虑新能源汽车超充、智充及市民配套停车需求，提供“智充+停车”服务，分类规划普通停车位71个、无障碍停车位3个、充电停车位25个，其中超充、快充车位20个。同时，该停车场启动无人值守智慧收费系统，落实24小时全天候服务，升级自动化系统和智能化管理，提高停车效率和服务水平，缓解老城区充电难、停车难的问题。（黄永桢）

通信业

【概况】 2023年，越秀区辖区内中国电信、中国移动、中国联通三大运营商相关分公司加大资金投入，加强通信基础设施建设，提升网络服务质量和网络安全运营能力，助推智慧城区建设，满足社会公众通信需求，为越秀西湖花市、广府庙会、越秀公园灯会、2023世界超高清视频产业发展大会等活动提供通信保障。是年，中国电信分公司在越秀区建设开通800兆站点、5G站点／室分，部署万兆端口，区内电信客户万兆端口覆盖率100%，完成重要用户机房双路由备份。中国移动分公司在越秀区建成5G基站超500个，中国联通分公司在越秀区建成5G基站383个（含共享电信站）。（越鉴）

【电信通信】 2023年11月1日，中国电信广州分公司完成原中国电信广州越秀分公司、原中国电信广州东山分公司的合并，成立新的中国电信广州越秀分公司（以下简称“越秀电信”）。是年，越秀电信秉承“用心服务，客户至上”服务宗旨，实施中国电信“云改数转”战略，打造千兆示范小区，实施反诈宣传、提速降费和建设智慧社区建设等重点事项，响应落实辖区政府、部门关于智慧街道、智慧校园、平安越秀、生命健康产业建设以及辖区内项目数字化转型等相关工作。获集团公司“天翼云”技能大赛一等奖1人、集团公司渠道数字化转型标兵个人赛三等奖2人，在“天翼工匠杯”网络安全技能竞赛、“天翼云”营销技能竞赛、GBHC（“G”指政府，“B”指企业，“H”指家庭，“C”指个人）协同营销技能竞赛中获单位及个人奖项25个。

助力建设智慧城市 2023年，越秀电信围绕智慧消防、智慧安防、智慧宣传及网格化管理，建设物联感知的信息基础设施、数据汇聚平台，涵盖高低空AR（Augmented Reality，增强现实）监控系统、人流统计监控系统、高空抛物监控、智慧消防应用系统、垃圾分类管理系统、交通劝导系统等，提升属地街道的应急管理能力、消防应急能力，强化民生服务能力和街区运行安全的智慧监控，助力智慧社区建设。结合部分医院及社区卫生服务中心疫情后发展新模式，提供信息化基础设施服务及国产化云平台资源，协助实现辖区医疗业务协同开展和信息资源互联互通，提升医疗卫生业务协同和运营管理水平，助力智慧医疗建设。通过加载中国电信自研大数据AI能力，搭建信息化管理平台，满足学校安防管理要求，提升教育教学质量和效率，助力智慧校园建设。

提升网络能力 2023年，越秀电信建设开通800兆站点、5G站点/室分，部署万兆端口，区内电信客户万兆端口覆盖率100%，完成重要用户机房双路由备份。组织开展重要路由、机房、光交箱安全隐患整治，提升网络质量和网络安全运营能力。

保障重大活动 2023年，越秀电信受理重要客户保障302单，出动人员220人次，保障期间实现“零”设备线路故障。支撑越秀区政府的越秀西湖花市筹备工作，在花市现场提供大数据、云计算、线上花市等新一代数字技术展示，让市民感受“大数据+5G+AI”技术，为花市增添现代科技元素，保障花市举办。（朱淼）

【移动通信】 2023年，中国移动越秀分公司聚焦越秀区内省市机关单位、医院、学校等重要场所，在无线网络投资建设方面投资超2亿元，加快5G建设，建成5G基站超500个，提升网络覆盖能力和网络灾备能力，完成针对2023年越秀西湖花市、越秀公园灯会、2023世界超高清视频产业发展大会等区域特殊场景的通信保障200多次。在有线网络投资建设方面投资超1亿元，新增千兆光纤入户覆盖超2万户。千兆光纤覆盖超40万户，其中企业千兆覆盖近20万户，完成党、政、军等重要场所的双路由建设。在光网网络服务方面投资超1000万元，开展“网络质量整治，提升客户满意度”专项攻坚，重点解决网络老化问题，提升网络质量。完成网络隐患点整治超1000个，上门维修宽带故障超6万次，网络故障率下降超50%，网络质量和客户满意度提升。（黄剑锋）

【联通通信】 2023年，中国联合网络通信有限公司广州市分公司越秀区分公司下设营业厅17个、精品社区店12个、渠道网点183个、4G基站381个、5G基站383个（含共享电信站），拥有移动电话用户30万户、有线宽带用户2万户，服务企业约2200家。北京路智慧商圈项目获第六届“绽放杯”5G应用征集大赛全国赛三等奖、文旅专题赛一等奖、广东区域赛二等奖，是广东省唯一入围的全国首批“5G+智慧旅游”试点项目。广府庙会元宇宙项目获首届数字赋能中华文化国际传播创新应用案例征集活动“创新引领奖”。（谢佛泉）

■编辑 王海捷

城区建设与管理

城市规划

【概况】 2023年，广州市规划和自然资源局越秀区分局（以下简称“越秀区规划和自然资源分局”）坚持规划引领，推进规划编制、历史文化保护传承等工作，深化审批制度改革，打造优质营商环境，为越秀区经济社会发展各项事业取得新突破贡献规划和自然资源力量。全年办理政务案件8071件、业务案件3307件、信访案件及广州“12345”政务服务便民热线（以下简称“12345”热线）工单2694件。

【规划编制】 2023年，越秀区规划和自然资源分局推动《越秀区国土空间总体规划（2021—2035年）》编制，促进成果通过社会风险稳定评估、环境稳定评估、合法性专家评审会，并经区政府常务会议、区委常委会、区人大常委会审议通过。推进广州火车站地区控制性详细规划优化及专项规划编制相关工作，协同各方开展研讨，促成控制性详细规划优化及专项规划成果。完成《越秀区“后街经济”发展与对策研究》项目编制，指导老旧小区改造，注入老城经济新动能。创新越秀区社区设计师制度，制定《2023—2024年越秀区“绣花针”社区设计师工作实施方案》，以“绣花针”社区设计师服务基层活动。

【控制性详细规划优化调整】 2023年，越秀区规划和自然资源分局推动南洋电器厂及周边更新单元详细规划一期子单元、花果山产业小镇综合配套工程控制性详细规划调整、东风东路小学及广州市第二幼儿园项目、东山培正小学（海印苑）校区项目、省委机关幼儿院等控制性详细规划调整项目获得市政府批复。对接广州大道中土储地块、市美术中学地块、广大路土储地块等控制性详细规划调整项目，完成项目初审、批前公示、征询意见等工作。参与城市更新项目前期策划研究，对瑶台村和西坑村等旧村改造策划方案、环市东商圈和五羊新城旧城更新项目、景豪坊烂尾项目盘活方案、省体育场周边改造等项目前期研究提供国土空间规划管控指引建议，为实现越秀区战略目标做好规划和自然资源服务。助力联审平台建设，参与政府投资项目立项前期工作，对东风东路小学及广州市第二幼儿园项目、东山培正小学（海印苑）校区项目、广州市正骨医院新院区建设项目可行性研究论证报告及规划前期比选方案提供规划和自然资源服务。

【测绘单位和地勘行业管理】 2023年，越秀区规划和自然资源分局加强测绘资质和地勘行业行政管理，审核办理测绘资质申请、注销、变更等事项23批次，其中新注册乙级测绘资质企业3家，审核办理测绘作业证295本。开展测绘地理信息领域安全生产检查，与辖区内39个测

2023年2月1日，广州站及周边地区规划专家研讨会在广州兰圃召开（钟涌 摄）

绘地理信息单位和11个地质勘查行业单位签订安全生产承诺书，压实企业主体责任。加大测绘资质单位安全生产检查力度，每季度组织辖区测绘资质单位开展安全风险分级管控自查自纠。

【市政规划审批服务】 2023年，越秀区规划和自然资源分局配合推进全区规划道路、电、水、气、通信等市政类规划审批，配合落实河长制、湖长制相关工作。核发太平通津规划路、越秀南西侧规划路道路工程选址意见书2件，核发太和岗路、杨箕小学西侧规划路断头路连通、太平通津规划路道路工程建设工程规划许可证3件。保障基础管线建设，核发管线工程建设工程规划许可证40件。

【城市规划执法】 2023年，越秀区规划和自然资源分局深化法治政府建设，办理行政复议、行政诉讼等行政案件89件，办理规划条件核实案件106件，协助城管部门提供违法建设规划意见9件。加强行政执法人员岗位培训，规范业务流程，完善局内部制度，提升业务办理质量。加强负责人出庭应诉，全年负责人出庭率100%，促进规划和自然资源行政争议的实质性化解。落实以案促法活动，梳理行政应诉应议中出现的问题，推动行政案件规范办理。定期举办局内法律培训，邀请法律顾问剖析被纠错和败诉原因，提升行政执法水平。

（陈可莹）

公用事业

【供水】 越秀区自来水供应主要来自广州市自来水有限公司的西村水厂、南洲水厂。广州市自来水有限公司下设北区、南区、东区、中区4个供水分公司，越秀区的供水由中区供水分公司保障。2023年，越秀区城市公共供水管网供水量约2.08亿立方米，中区供水分公司完成市政供水抢修5389宗，抢修及时率和修复率均为100%。

供水服务到终端 2023年，越秀区建设和水务局（以下简称“越秀区建设水务局”）针对中心城区老旧楼宇多、居住人口密集、供水设施缺水缺压等问题，搭建由水务部门、街道社区、市自来水公司等单位组成的多维沟通平台，通过入户走访、现场咨询、热线电话等方式征集居民诉求与建议，摸清供水管网底数，优先改造2000年前建成的无物管、无加压设施社区，解决加压泵房和水箱选址、电费分摊等供水“最后一公里”问题，公开群众关切的改造内容，提高项目透明度。结合小区管网改造与周边雨污分流项目，避免二次开挖问题，提高施工效率。2019—2023年，供水服务到终端项目让越秀区3.65万户社区居民用上干净水、安全水、放心水，获社区居民代表赠予锦旗13面、感谢信3封。

节水型社会创建 2023年，越秀区建设水务局牵头推进节水型社会创建。坚持对标节水型社会评价要求，健全区级节水型社会创建领导小组及职责分工，构建“政府统筹调度、部门协同推进、街居分级负责”的创建责任体系，完善区节水型社会创建实施方案。坚持把公共机构、企业、学校、小区等载体建设作为节水型社会创建的关键，下沉一线调查用水定额管理、供水管网漏损、再生水利用等节水指标现状，采取“点、线、面”结合思路，以“示范点”带动“行业线”再推广至社会面，典型示范引领全区创建工作，完成36个公共机构、1所高校和19个居民小区的节水载体创建。根据《珠江委关于进一步推进珠江流域计划用水管理覆盖二作的通知》要求，将年用水量在1万立方米以上的非居民用户纳入计划用水管理，按上半年471户、下半年408户的任务推行超计划用水加价收费管理。通过每2个月考核区内单位用水量，掌握各单位用水情况。以“世界水日”“中国水周”为契机，联合城管、教育、团委等部门及属地街道，到社区、学校、企业进行宣传，组织开展“巡河护河”“节水进公共机构”“节水进校园”等主题宣传教育活动11次，通过实地巡河清理垃圾、举办线下讲座、派发节水宣传小册子等方式，科普节约用水行为规范，增强市民的节水意识。是年，越秀区通过创建节水型社会建设达标县（区）验收与复核工作。

（陆诗茗）

【供电】 2023年，广东电网有限责任公司广州越秀供电局售电量52.6亿千瓦时。做好供电服务，在国内首创“木棉花型”中低压协同自愈配电网，签约投产充电桩19个。围绕服务“双碳”目标（中国二氧化碳力争于2030年前达到峰值、2060年前实现碳中和）、构建新型电力系统总体目标，打造大沙头游船船电绿色示范项目，促成广州医科大学附属肿瘤医院能源托管绿色医院项目。优化客户服务，组建客户投诉管控中台，实现“12398”能源监管热线全年“零投诉”。落实电水气网一次办，拓展市政公用基础设施联合服务模式，完成电水联合过户156单、电水联合报装1单。深耕“信用+供电服务”，解决老城区历史建筑用电难题，受理小微企业新装及增容申请20家，入选2023年广东省信用应用创新“揭榜挂帅”行动计划项目，被评为广东省首批信用建设服务实体经济发展试点典型案例。推进新型电力负荷管理系统建设，联合越秀区科技工业和信息化局召开需求响应注册协调推进现场会7场，指导用户完成需求响应注册234户，完成用户新型负荷管理系统改造47户，总可控负荷2.8万千瓦，实现用电负荷精准控制和精细用能管理。落实安全生产部署，开展事故隐患专项整治行动，排查消防安全、涉电公共安全、人身安全等安全隐患466处，政企联动形成越秀区治理涉电公共安全和电气防火的长效机制，守牢电网安全生产底线。开展技术创新，挂牌建立保供电前沿技术和先进装备创新实验室，研制发电车无感转供及台区合环转供一体化测控装置，新增发明专利授权6项。

（张琳琳）

【供气】 2023年，越秀区有管道天然气经营企业1家，为广州燃气集团有限公司西区分公司，有天然气居民用户约30万户，燃气管道里程1483千米（其中埋地管705千米、盘立管778千米），全年管道燃气供气量9132.65万立方米。向越秀区集中供气的瓶装液化石油气经营企业有8家，瓶装液化石油气较活跃居民用户2.4万户，越秀区瓶装液化石油气供应站点全年供应量约18万瓶。

（邝艳晖）

市政建设

【概况】 2023年，越秀区建设水务局推进城市更新、水环境治理、环境提升等建设任务59项，实施“百千万工程”，打造宜居宜业宜游的城区环境。按照“一年谋新篇、三年见成效”发展路径，分批开展辖内60多条主要道路的全要素提升，推进五羊新城特色街区、越秀流花片区、共和片区等环境品质提升。开展区路外公共停车设施建设规划研究、区慢行环境提升建设项目研究，为配套设施建设提供规划指引。成片连片改造东湖新村社区、执信南片区等一批老旧社区，全方位提升基础设施、无障碍通行系统、适老化设施等方面品质。攻坚排水单元达标创建、合流渠箱雨污分流、配套公共管网建设等水环境治理项目30个，全年新建污水管网24千米、雨水管网21千米，全区排水单元达标认定面积19.04平方千米，认定率88.4%。轨道交通站点建设和重点项目征收进展顺利。建成沙河涌碧道1.3千米，海绵城市建设达标面积占比提升至44%以上。推进河长制、湖长制，排查各类污染源9076处，发现并整改问题901个，清捞水面漂浮物和垃圾1550吨，保障辖区内“一江五涌六湖”［“一江”指珠江前航道（越秀区段7.32千米），“五涌”指东濠涌、新河浦涌、水均岗涌、景泰涌（跨区）、沙河涌（跨区），“六湖”指东山湖、麓湖、流花湖、越秀公园北秀湖、南秀湖、东秀湖］、10个小微水体水质“长制久清”。精细化管养城区基础设施，会同区城管和综合执法局、属地街道等单位建立三级巡查机制，形成城建城管联合巡查合力。按照“管行业必须管安全、管业务必须管安全、管生产经营必须管安全”要求，压实在监在建项目安全生产责任，建立“排查—整改—建档—监控”闭环管理机制，提升应急处突效能，筑牢安全生产防线。优化提升区域营商环境，完善工程建设项目分类审批机制，落实信用审批、容缺受理、“清单+承诺”制度，破解审批堵点难点问题，实现全程网办“零跑动”。

表21 2023年越秀区市政建设情况表

项目	单位	实绩
市政建设投资	亿元	3.36
道路改造	万平方米	4.4
排水改造	千米	45
清理沙井	万个	4.01
疏管	千米	1432.5

注：表中“市政建设投资”项仅包含道路、排水、雨污分流等市政道路、排水改造工程投资。

【重点项目征收】 2023年，越秀区建设水务局健全“指挥部+街道+社区工作组”征收工作模式，推进广州市轨道交通十号线、十一号线、十二号线、十三号线二期、十四号线二期5条线路及芳村至白云机场城际铁路共30个站点及区间的征借地工作，完成借地近24万平方米，21个站点及区间进场施工；完成征拆654户，签约率97%；完成梅东路站、仓边路站A9住宅用房、建设六马路站建设街片区的阶段性签约工作。东园文化广场项目、大小马书院群保护项目、海月东复建房项目、市第一人民医院整体扩建项目4个重点项目签约1101户，签约率95%。大小马站书院群保护项目、市第一人民医院整体扩建项目的征收工作提速增效。

●延伸阅读

征借地：包含国有土地上房屋征收工作及借地工作。国有土地上房屋征收将同步收回房屋所在的国有土地。

借地：因工程项目施工，需要临时借用项目主体周边土地，涉及与土地权利人协商临时借用补偿等工作任务，施工完毕后项目业主将原状恢复土地归还土地权利人。

【人居环境改善】 2023年，越秀区建设水务局按照“一年谋新篇、三年见成效”发展路径，结合雨污分流系统建设，编制《越秀区道路提升改造设计技术指引》，协调各管线单位完成五大流域市政道路地下管线建设，对全区60多条主要道路分批开展消除道路病害、海绵建设、慢行系统、消防设施、三线下地、城市家具等12个元素的全要素提升。是年，农林下路、西华路等样板路处于进场施工阶段。制定老旧社区改造标准，推进五羊新城特色街区、越秀流花片区、共和片区等环境品质提升，谋划城市更新改造补短板项目（三期），统筹市政、水务等各类工程衔接；开展区路外公共停车设施建设规划研究、区慢行环境提升建设项目研究，推进广州市华侨外国语学校、东风公园、广州市第十六中学实验学校、广州市育才中学等地下停车场项目，为配套设施建设提供规划指引。成片连片改造东湖新村社区、执信南片区等一批老旧社区，涵盖基础设施、无障碍通行系统、适老化设施、儿童活动空间、社区照明等方面，听取居民意见，通过改造工程提升居民幸福感、获得感。

【水环境治理工程建设】 2023年，越秀区建设水务局牵头实施排水单元达标创建、合流渠箱雨污分流、配套公共管网建设等水环境治理工程30项，通过强化现场调研、定期会商督办、流域数据建模分析等措施，加快水环境治理项目进度。全区新建污水管网24千米、雨水管网21千米，排水单元达标认定面积19.04平方千米，认定率88.4%。

【污染源查控】 2023年，越秀区河长办发挥“河长+”领治效应，完善“河长+部门+网格化”源头控污体系，开展餐饮、医疗场所、农贸市场等重点场所污染源排查。是年，越秀区河长办组织排查各类污染源场所9076个，发现问题901个，开展“洗河”“清漂”专项行动，清理河流13.91千米，清捞水面漂浮物近1500吨、塑料垃圾约50吨，提升“一江五涌六湖”及周边环境综合质量。

【城市建设管理体系健全】 2023年，越秀区建设水务局建立完善城市道路管理制度，健全城市道路管理制度体系，从道路占用挖掘计划和统筹协调、许可审批、批后监管、验收和移交、修复标准等方面规范和强化城市道路管理。制定城市道路改造养护技术指引，完成《广州市越秀区道路提升改造设计技术指引》《越秀区道路养护术指引》《越秀区桥梁隧道养护技术指引》等技术文件编制。其中，《广州市越秀区道路提升改造设计技术指引》从车行道、非机动车道、人行道、管线及海绵城市、智慧道路、城市家具等方面，提出越秀区城市道路提升改造、养护标准和要求，指导越秀区城市道路养护和改造提升工作。

【设施养护管理品质提升】 2023年，越秀区建设水务局会同区城管和综合执法局等单位和属地街道开展联合巡查，针对道路问题开展路政巡查，组织专业队伍落实日常巡查，建立三级巡查机制，巡查自辖区内重点线路向全区次要干道、背街小巷延伸，内容扩展至市容市貌、工程建设、市政设施等13类“大城管”领域，逐项明确巡查标准，形成工作台账，构建“问题交办—跟踪督办—整改回复—通报”全链条工作机制，形成城建城管联合巡查合力。是年，出动4985人次日常巡查道路2.8万条次，处置越秀区城建城管联合巡查、文明创建机构交办、各街道等渠道反馈设施问题4000多个；修补路面沥青5.71万平方米，维护人行道1.36万平方米，维修侧平石1441米，交通设施养护划线1.28万平方米，新装、修复、更换标志牌1024块；巡查越秀区市政消火栓2225个，完成市政消火栓季度放水、防锈、测量压力8998次，更换铭牌2296个、标识带155条，油漆翻新1027个，抢修更换消火栓88个。

【健康友好街区创建】 2023年，越秀区建设水务局推进越秀区健康友好街区周边改造提升工程（一期）建设。该项目位于越秀区执信南路，通过优化中山医小东门交通管制及人行道设置，引导医院设置临时港湾停车位，增设执信南智能停车指引牌及医疗专用道，畅通生命通道；引入“路灯+腰灯”，改善夜间出行环境，将医疗专用通道路灯设在原行道树设施带中，保障人、车顺畅通行。优化慢行空间，采用花岗岩、透水砂基砖等材料，辅以呼吸树池铺装人行道，将过街三面坡调整为全宽式坡道，在人流密集处缩小机动车转弯半径、拓宽人行空间，增加过街横道、地面信号灯、斑马线等交通设施，为人行天桥配备自行车推行槽、无障碍扶手、垂直电梯，打造全域友好慢行环境。在东山口地铁口、中粤大厦、邮电大厦北侧社区等区域增设街角公园，设置休憩座椅与功能照明设施，完善无障碍坡道，通过景墙遮挡地铁设备井、垃圾站，提高街角环境品质。推进新裕数码大厦、广百百货大厦、珠鹰大厦等6个排水单元达标创建，通过改善照明设施、修缮楼

越秀区重视人居环境改善工作。图为位于农林下路至电信大厦旁2023年建成的竹丝岗公园 （区建设水务局供图 摄于2023年12月）

道、“三线”（电力线、通信线、广播电视线）规整下地、提供适老适幼活动场地等方式，提高居民生活幸福感。是年，该项目提升道路、街旁绿地公园等公共空间5850平方米，改善楼栋面积1.64万平方米、公共空间1600平方米、照明272处。（陆诗茗）

【电动汽车充电设施建设】 2023年，越秀区推进电动汽车充电基础设施建设，新建投运充电站点9个、充电设施74个，服务功率5868千瓦。至年底，越秀区在营电动汽车充电站点92个、充电设施1259个，服务功率6.73万千瓦。是年，越秀区科技工业和信息化局组织开展2022年度电动汽车充电基础设施建设补贴资金项目申报，向广东电网有限责任公司广州供电局下达补贴资金33.44万元。制定《越秀区电动汽车充电基础设施安全管理实施细则》，召开电动汽车充电设施安全隐患排查整治培训会，依托第三方专业机构开展电动汽车充电设施安全隐患排查，全年出动260人次，检查充电站点169站次、充电桩2020台次。（张琳琳）

【电动自行车集中充电换电设施建设】 2023年，越秀区建设水务局制定《越秀区电动自行车集中充电设施建设基本工作流程》《关于加快推进电动自行车集中充电设施建设工作的通知》《越秀区电动自行车室外充（换）电场所建设工作方案》，将电动自行车充（换）电设施统计范围分为有物业管理的在建和既有小区（含老旧小区）、没有物业管理的小区、城中村、学校、工业（产业）园区、农贸市场、商业综合体、公园、公共停车场和快递行业、外卖行业等11类，条块结合，做好建设工作。将辖区18个街道划分为6个片区，由越秀区建设水务局、区应急管理局、区房屋管理局、区规划和自然资源分局、区城管和综合执法局、区科工信局6个职能局明确对应联系人，协调处理选址问题。对不符合供电部门接电要求的选址，由企业直接向供电部门提出申请，供电部门现场勘查后，以“先完成装表接电、再进行建设施工”原则，提高建设效率。11月3日，组织相关职能部门、街道在登峰街道召开电动自行车充（换）电设施现场观摩会，建立“见缝插针、能设尽设”工作导向，构建“政府主导、企业经营、市场运作、社会参与”的电动自行车充（换）电设施建设模式。提高电动自行车集中充电换电设施建设标准，要求在相应场所配置灭火器、安装24小时可视监控系统，保障运维全过程符合规范，降低火灾、触电等风险。是年，越秀区电动车保有量13.3万辆，有电动自行车充电点1796个、充电端口4.4万个。（陆诗茗）

【海绵城市建设】 2023年，越秀区加强海绵城市建设。越秀区规划和自然资源分局在控制性详细规划和城市更新单元详细规划新编、调整及修正时，按程序征询有关管理部门指导意见，并按其要求编制控制性详细规划阶段洪涝评估、海绵城市专章。按照《广东省河道管理条例》《广州市排水条例》等规定，对涉及河湖等设施管理范围内的事项严格把控，要求征求水务部门意见，在核发建设工程规划许可证时，载明相关执行要求；核发“一书两证”（“一书”指建设项目用地预审与选址意见书，“两证”指建设用地规划许可证、建设工程规划许可证）时，载明海绵城市建设要求。越秀区建设水务局印发《越秀区建设工程海绵城市建设联合检查方案》，建立区海绵城市建设办公室与区质监站联合检查机制，明确检查内容、责任分工、工作要求，发挥越秀区海绵城市建设办公室的技术优势和区建设工程质量安全监督站的行业监管作用，形成工作合力。聚焦房屋建筑、道路、水务、园林绿化4个领域，按照广州市管控指标分类指引和相关行业规范，明确检查要点，制定检查用表，对监督员开展集中培训，结合现场检查详细指导，提升监督工作质效。按照海绵城市建设相关规范要求，对70多个在监项目，根据区位、类型、建设规模、建设阶段等因素科学分析，精细化制定检查方案。对海绵城市示范储备项目、在开展海绵要素施工项目加大检查频次，提高项目建设质量。高标准开展海绵设施专项验收，对在规划上载明海绵城市建设要求的新、改、扩建工程，督促建设单位开展海绵城市效果评估，安排专业技术人员参与联合验收、提出指导意见，严把海绵城市管控“最后一道关”。是年，全区建成海绵城市区域1.83平方千米。自2020年启动海绵城市建设起至2023年底，全区建设海绵城市区域达标面积15.19平方千米，占建成区面积的44.9%。（陈可莹、陆诗茗）

城市更新

【概况】 2023年，越秀区推进城市更新，提升城区环境品质。其中，城中村改造项目按照“拆除、治理、兴建”并举思路，研究推动项目谋划和实施；老旧小区改造项目以“绣花”功夫推进；旧城改造项目以大小马站书院街项目、南洋电器厂及周边更新改造项目为重点，加强与市、区部门沟通对接，解决项目建设“堵点”“卡点”问题，推动项目取得进展。

【城市更新项目】 2023年，广州市越秀区房屋管理局（区城市更新局）（以下简称“越秀区房管局”）推进南洋电器厂及周边更新改造项目片区策划、控制性详细规划调整、实施方案、改造主体及土地出让金等前期工作；发布南洋电器厂及周边更新改造项目（一期）征收国有土地上房屋决定，启动房屋征收工作，利用旧厂区域开工建设。推进大小马站书院群保护项目历史遗产保护工作，组织编制《大小马站书院群保护项目历史文化价值评估和保护利用指引》并通过专家评审、公示、审批和备案程序。成立大小马站保护和利用工作专班，推进考古发掘、项目策划工作，根据北区考古调查结果和南区历史文化遗存情况划分南、北两片区，实施梯度建设和保护利用。以国企统筹做地思路推进环市东、五羊新城共和片区等更新改造项目。

●延伸阅读

做地是指在政府指定范围内，由政府认定的国有企业筹集资金，配合属地政府实施征收补偿安置工作，实施道路、供水、供电、供气、排水、通讯、照明、绿化、土地平整等配套设施建设后将土地统一交由政府收储。

【老旧社区微改造】 2023年，越秀区房管局以“绣花”功夫推进老旧小区改造项目，完成2022年投资启动的18个项目。其中，农林街道“乐活小院”，珠光街道、白云街道、人民街道、洪桥街道“和谐上学路”，梅花村街道、大东街道“社区灯光球场”等改造内容分别被《人民日报》《广州日报》《南方都市报》刊载；梅花村街道、东山街道、流花街道项目分获大湾区城市设计大奖。推动2023年新增18个专项债品质提升项目实施，完成永福路社区等19个老旧小区改造项目的前期谋划和施工招标工作。

【城中村改造】 2023年，越秀区房管局推进城中村改造项目。瑶台村改造项目被纳入越秀区2023年城市更新项目年度计划、广州市首批“依法征收、净地出让”城中村项目范围，按照“统筹做地”模式推进前期工作，完成基础数据调查核查、数据公布，向广州市规划和自然资源局提交详细规划方案，由广州建筑集团成立瑶台片区城中村项目工作小组，负责项目征拆、建设、投资、运营等事项。西坑村由越秀区房管局提出“拆、治、兴”并举改造方案，推进新登峰宾馆升级改造工作。 （黄小琴）

园林绿化

【概况】 2023年，越秀区建成区绿地面积979.31万平方米，绿地率29.2%，绿化覆盖率35.4%；公园绿地面积667.21万平方米，人均公园绿地面积5.68平方米，公园绿地服务半径覆盖率92.1%，越秀区管养的公共绿地面积39.1万平方米。新增城市绿地1.19万平方米，新建立体绿化3462.8平方米、绿道1.6千米，提升绿道4千米；修剪乔木1.6万株次、地被草皮94万平方米，补植乔木115株、地被草皮3.98万平方米；作出区级涉绿行政许可57宗；开展绿化专项执法行动，立案4件，结案1件。推进华南国家植物园城园体系建设，启动东山湖公园、西湖路、东风东路小学（天伦校区）、旧部前小学、登峰小学、回民小学、广州市人民公园、中山纪念堂、越秀公园9个科普生态宣教点选址建设。打造东山湖“广府东湖”绿美生态示范点，配套建成千米自然教育径和自然教育之家科普馆。修复小微湿地2处，其中东山湖公园小微湿地被列入广东省首批小微湿地示范点名录。全区238株古树名木得到“树医生”精心呵护，东山湖公园入选广州市第一批古树公园名单。建立东山湖公园陆生野生动物疫源疫病监测点。建成社区公园1个及口袋公园6个，面积1.17万平方米，广州鲁迅纪念园、广九铁路纪念园分别被评为2023年度广州最美口袋公园、最具创意口袋公园。培育广州华苑园林股份有限公司、广东省岭南院勘察设计有限公司、广州市花木有限公司3家省级林业龙头企业。建设自然教育基地2个，其中广州中山纪念堂被广东省林业局认定为2023年广东省自然教育基地，广州动物园被广东省林业局认定为2023年广东省高品质自然教育基地。环市东路、白云路、麓湖路、中山三路—中山四路4条林荫路被评为广州市首批特色风貌林荫路。全年举办爱绿护绿植绿活动150多场。在“绿美广东竞风华”活动中，越秀区获三等奖。由越秀区绿化养护第二工区、广州市绿化有限公司联合组成的越秀区代表队获2023年“羊城工匠杯”绿化技能竞赛（修剪专项）金奖。

【林长制推行】 2023年，越秀区健全“区—街道—社区”三级林长体系，设置三级林长642人、护绿员224人、绿管员19人，设置林长公示牌223个，通过“智慧林长”平台实现巡林巡绿数据动态更新共享。“区—街道—社区”三级林长全年巡林3万多次，发现涉绿化管理问题200多个。举办年度全区林长制业务培训班，近600人次参加培训。在越秀区中小学组建“林长小队”3000多支，在“南方+”和“越秀少先队”微信公众号开设“林长小队护绿周记”专栏，点击量260万人次。制定8项配套制度和“一长两员”（“一长”指社区林长，“两员”指绿管员、护绿员）工作制度，将园林绿化管理和野生动植物保护纳入网格化管理体系，明确末端管护责任，整合属地环境保洁、交通辅助、治安管理等力量，加大对公共绿地、行道树树池、园建设施等的巡查力度，建立“发现—转办—跟踪—解决”问题处理闭环机制。创新建立“林长+河长”“林长+检察长”工作机制，研究解决突出问题、打通精细化管理“最后一米”。

【绿化管理体制机制优化】 2023年，广州市越秀区林业和园林局（以下简称“越秀区林业园林局”）健全完善园林绿化审批体系，全方位加强行政审批事前事中事后全流程监管。是年，出具加建电梯涉绿问题意见43件，指导服务群众办理申请涉绿行政许可395次，协助广州市林业和园林局办理涉绿行政许可指引和预审案件78件，发出区级涉绿行政许可57件，落实批前实地勘查、意见征询、专家论证及事中事后监管工作。协调跟进重点项目涉绿审批进度，加强与广州市林业和园林局沟通对接，协助完成中山大学附属第一医院临床研究大楼、广州大道北西苑雅居等9个涉市级部门审批的重点项目办理树木审批手续。发挥网格化管理优势，夯实属地林长巡查监管责任，及时发现、制止擅自砍伐迁移修剪树木、毁坏古树名木、侵占绿地等违法行为。开展专项执法行动，查处各类绿化违法案件，立案4件，结案1件。

【越秀区树冠规划编制】 2023年，越秀区林业园林局委托广州市城市规划勘测设计研究院完善《广州市越秀区树冠规划》编制，将树冠作为生态基础设施，以“越城冠福”为目标，制定树冠民生、树冠安全、树冠乡愁、树冠生态四大目标体系，通过民生需求调查、树冠全域摸查、数据抓取等方式，将民生场景、树冠安全、树冠乡愁、树冠生物4类树冠相关绩效可视化，完善越秀树冠总体评估。在现状评估数据基础上，提出相应指标提升要求与策略，制定“冠下通勤径”“树冠街区”“树冠抗风措施”“树冠遗产道”“缓冲树冠公园”等典型越秀树冠空间及管理措施，探索大都市存量绿地资源增效利用新途径。

【越秀区绿地规划编制】 2023年，越秀区林业园林局委托广州市城市规划勘测设计研究院编制《越秀区绿地系统规划（2022—2035年）》，整合越秀区全要素自然资源，构建重要生态屏障、廊道和绿色游憩网络，彰显“云山珠水”交相辉映的城市山水格局，形成“一屏五核多节点、三横三纵成绿网”的绿地系统空间结构。参与华南国家植物园城园融合体建设，推动实施林荫路建设计划，推进城市道路绿化升级，推广屋顶花园、立体公园等立体绿化，营造南亚热带植物特色景观。建设东湖绿美古树公园，推动有条件的防护绿地和附属绿地开展公园化利用，完善体育健身、文化休闲、科普教育等功能设施，打造居民便捷可达、功能复合的绿地空间。

●延伸阅读

一屏五核多节点：“一屏”指承担越秀区生态屏障和城市绿肺功能的白云山。“五核”指由区内大型综合公园构建的五个区级生态绿核，包括麓湖公园—雕塑公园、越秀公园、流花湖公园、东山湖公园以及二沙岛公园群。“多节点”指区内多个重要的专类公园和大型社区公园，包括广州动物园、广州起义烈士陵园、人民公园、中山纪念堂、海珠广场、黄花岗公园等。

三横三纵成绿网：“三横三纵”指以道路、水系和绿地为依托建设的六条主要景观带。“三横”包括广汕铁路、环市路和珠江前航道景观带，“三纵”包括传统中轴线、东濠涌和沙河涌景观带。重点强化传统中轴线地区文化景观提升，激发历史文化资源价值，让老城市在保护传承和活化利用中焕发新活力。“绿网”指区域内多条品质绿廊构成的绿色网络，主要包括景泰涌等滨水型绿廊，北京路、新河浦等文化型绿廊以及恒福路、广州站—白云站等防护型绿廊。滨水型绿廊聚焦生态净化河涌水体，增补水系景观植被。沿河贯通步行设施，设置开放景观节点，提升滨水空间品质，形成高品质生态休闲走廊和碧道示范段；文化型绿廊注重自然人文有机结合，沿绿廊设置文化主题设施，弘扬商贸文化、红色文化；防护型绿廊重点关注绿化防护型与观赏性有机结合。

【古树名木保护】 2023年，越秀区林业园林局以林长制为重点，协同属地街道、管护单位签订“越秀区古树名木管理责任书”，构建“区—街道—社区”三级责任体系，层层压实管理职责；建立沟通平台，健全快速处理流程及业务指导机制，提高管护效率。在城市建设、旧城改造过程中，会同广州市林业和园林局指导项目建设单位编制树木保护专章，从源头上优化方案，避让、保护古树名木。精准定位全区238株古树名木，并将数据共享至“令行禁止、有呼必应”指挥平台，实现古树名木管理版图化和智能定位导航、动态管理、数据更新等功能。会同共青团越秀区委员会联动“蚂蚁森林”公益项目、广州中山纪念堂、东山湖公园举办“我的城我的树”探秘广州最美古树公益活动。邀请专家创作粤语版顺口溜，以荔枝、乌榄、人面子等乡土树种为题材，结合花果期特征，通过粤语传唱，提升群众对古树的认知度与亲切感，强化古树与母语的情感纽带功能。是年，越秀区有古树名木238株，其中二级古树7株、三级古树228株、名木3株，均建档挂牌进行保护；委托广州市林业和园林科学研究院完成对12株古树的体检，出具调查报告10份，并对广州贸易职业高级中学、怀圣寺、东山湖公园等单位的古树名木给予养护指导。

【口袋公园建设】 2023年，越秀区林业园林局邀请广州园林建筑规划设计院等专业机构参与口袋公园设计，依据服务功能、区域布局、服务半径等开展选址建设；通过调整游园动线、局部腾退绿地、优化绿植布局等方式，拓宽人行及活动空间，适地配置休憩座椅、健身步道、庭廊凉亭等设施，提高绿地利用率。全年建成社区公园1个（文溪公园）、口袋公园6个（广九铁路纪念园、金陵台口袋公园、广九社区儿童公园、桂花岗社区生境花园、麓景西路口袋公园、信息大学口袋公园），总面积1.17万平方米，其中广州鲁迅纪念园、广九铁路纪念园分别被评为2023年度广州市“最美口袋公园”“最具创意口袋公园”。是年，全区93%的社区实现“300米见绿、500米见园”，竹丝岗拆违复绿口袋公园建设情况获《人民日报》宣传报道。

【绿化日常管养维护】 2023年，越秀区林业园林局强化绿化设施底数管理，全覆盖摸查测量辖区内所有胸径5厘米（含）以上行道树、非行道树（除公园等区域）的树木位置与冠幅，结合原有二维数据和无人机航拍采集三维影像数据，通过软件算法、人工判读、现场调研等方式获取树木高度、树冠位置、冠幅等信息，汇集形成树木电子数据地图，提高全区园林绿化工作精细化管理水平。聘请广州市林业和园林科学研究院建立“树医生”队伍，运用弹性波树木断层画像诊断装置开展树木健康检测，评估树高、冠幅、长势等指标，完善树木生长状况、生境变化等台账；按照“识别一批、保护一批、救治一批”原则，“一树一策”量身定制分株保护方案及日常养护指引，采取树洞防腐修补、改善立地环境、有害生物防治、树木支撑加固、促根施肥等措施对树木进行养护。是年，修剪乔木1.6万株次、地被草皮94万平方米，补植乔木115株、地被草皮3.98万平方米。

【东山湖公园古树保护】 2023年，越秀区林业园林局挖掘东山湖公园本底植物优势和风景园林资源禀赋，尊重场地地理和人文现状，以增强湖泊生态系统稳态和丰富人文科普功能为目标，构建具有城市公园特色的古树生境。聘请“树医生”对全园树木进行体检防治，清理寄生植物，开展全园古树和后续资源巡查及树木专项健康检查，为古树大树把脉问诊。聘请有害生物专业灭治队伍，遏制红火蚁、白蚁，加强对天牛的灭杀，控制害虫种群数量。加大复壮力度，由“树医生”进行树干空洞检测，抽取土壤化验理化特性并组织开展古树复壮工作，对长势健康的古树深层施肥，通过清理地表铺装、改良土壤等措施，推动古树树冠显著恢复。依托园内湖心岛2株古树和5株古树后续资源，建设古树科普园，开展“走进东山湖古树公园”科普活动，打造古树主题自然教育实地课堂。在全国绿化委员会办公室组织开展的2023年全国古树名木保护科普宣传周活动中，东山湖公园入选广州市第一批古树公园名单。

【公园主题花会活动】 2023年，越秀区在东山湖公园、东风公园、越秀儿童公园3个区属公园，结合春节、国庆等重要节日主题组织举办主题花会活动，通过设立主题花景、摆放观花植物、悬挂红灯笼等方式，营造节日氛围，提升群众游园体验。春节、国庆期间，3个区属公园共接待游客22.17万人次。

【辖区公园特色活动】 2023年4月9—16日，越秀区林业园林局参与组织兰圃公园“兰缘盛荟”文化旅游艺术周活动，以兰为媒，交天下友，以园为台，聚四方客，举办活动超100场，8天吸引观光游览市民和中外游客超20万人次；在人民公园推出“相约星期三”“榕树头”议事厅2个“绿色+”社区共建共治共享新平台，丰富市民和游客的游园体验。

【广州鲁迅纪念园】 该园坐落于越秀区东川路与白云路交界处，公园面积约2600平方米。因鲁迅在广州生活期间曾居住于白云路西段白云楼，故在其居住旧址附近选址建设纪念性公园。该园开广州市人物纪念公园先河，将文化传承与园林景观相融合，成为集纪念性、休闲性和生态性于一体的口袋公园。园内历史文脉和园林景观相互交融，设置“鲁迅先生纪念像”、主题雕塑、语录景墙、作品景墙等景观元素，市民可在此重温《无声的中国》《野草·题辞》等作品。园内利用东侧楼顶空间种植绿化打造双层绿地：一层空间供游人活动、二层空间密植植物，种植乔木28株，在高密度老城区建筑群中为市民提供“小而精、小而美”城市氧吧。此外，园内设置雨水花园、下凹绿地等“海绵城市”设施，便于雨水汇集与排放，周边种植美人蕉、天冬、木贼等海绵植物，通过植物与沙土的综合作用净化雨水，涵养地下水，减少地表径流。是年，广州鲁迅纪念园获评2023年广州市“最美口袋公园”。

【广九铁路纪念园】 该园位于越秀区大沙头二马路广九车站旧址，是1911年建成通车的广九铁路起点站，终点站位于香港尖沙咀。2023年，该园通过放置

广九铁路纪念园借助园林艺术手法，再现车站门廊和两侧围栏，让城市留住记忆。图为广九铁路纪念园车站门廊（区林业园林局供图 摄于2023年10月）

铁路设施方式还原当年广九车站场景，放置有旧式“建设型”蒸汽机车和绿皮车厢2节，铺装300米铁轨和枕木，通过保护和翻新广九铁路旧物来重塑广九车站场景。园区借助园林艺术手法，结合档案图片和现场园林空间围合需要，提炼、再现广九车站门廊和两侧围栏的场景。园中陈设有当年广九车厢餐车食品价目单、营业收支一览表、简明行车时刻表、营业里程表等，并以地面雕刻方式再现广九铁路路线全图。是年，广九铁路纪念园获评2023年广州市“最具创意口袋公园”。

【越秀区代表队获2023年“羊城工匠杯”绿化技能竞赛（修剪专项）金奖】 2023年12月5日，由越秀区林业园林局下属事业单位——越秀区绿化养护第二工区、广州市绿化有限公司联合组成的越秀区代表队参加2023年“羊城工匠杯”绿化技能修剪专项竞赛。该竞赛由广州市林业和园林局、广州市总工会主办，全市19支队伍同台竞技，经过日常修剪方案评比、专业知识竞赛、实操技能竞赛3个环节的比拼，越秀区代表队获得修剪专项“金奖”（最高奖项）。

【越秀区选送作品“云上越秀”“明月照古今”参展第30届广州园林博览会】 2023年，越秀区林业园林局选送作品“云上越秀”和“明月照古今”参展第30届广州园林博览会，分别获艺术园圃类银奖、大型花境类团体奖铜奖。作品“云上越秀”结合白云山场地特色，以越秀传统广绣艺术为载体，传承本土地域文化，设计以飘逸祥云与雾喷效果带出具有越秀传统建筑特色的屏风，利用简约线条勾勒出五仙观古风古貌，营造“云上越秀”仙景，让游客仿佛置身于白云缥缈的天上宫阙中，感受到传统文化的熏染。作品“明月照古今”化用李白《把酒问月，故人贾淳令予问之》中“今人不见古时月，今月曾经照古人。古人今人若流水，共看明月皆如此”诗句，用场景展现明月照耀下的越秀区自然山水、人文景点，展现越秀区悠久的历史文化。（陆诗茗）

城市管理

【概况】 2023年，广州市越秀区城市管理和综合执法局（以下简称“越秀区城管和综合执法局”）围绕越秀区委“激活、优化、疏解”策略及10个“求突破、走前列”工作举措，聚焦背街小巷环境品质提升、环卫保洁高质量发展等重点工作，落实推动“百千万工程”，在广州市建设干净整洁平安有序城市环境评价中连续第七年获评“A”档。

【背街小巷环境整治提升】 2023年，越秀区委、区政府针对背街小巷存在问题，将2023年定为“背街小巷环境整治提升年”。5月16日，越秀区城市管理领导小组印发实施《广州市越秀区背街小巷环境整治提升年行动方案》《越秀区2023年背街小巷环境整治检查评价实施方案》，成立由越秀区委书记、区长任总指挥的领导机构，在全区启动整治行动，改变在全市干净整洁平安有序城市环境评价中成绩不稳定的局面，下半年连续五个月成绩均位列广州市各区前三。是年，越秀区在全市建设干净整洁平安有序环境检查评价中获评“A”档。8个重点区域、4条精品道路通过市环卫保洁精品区验收。建设街道、北京街道探索建成小型垃圾转运站，建设街道垃圾进站率80%，北京街道全面取消路面直收直运作业。全区垃圾进站转运率提升8个百分点，路边直压点减少101个。新河浦社区“东山印象”品牌、华侨新村社区“归侨寻根”文化更加彰显。以“绣花”功夫改造老旧小区，农林街道“乐活小院”，珠光街道、白云街道、人民街道、洪桥街道“和谐上学路”，梅花村街道、大东街道“社区灯光球场”等获居民群众肯定。全区治理违建12.62万平方米，完成进度在广州市各区排名第一。全域服务治理实现突破，大塘街道在全市试点单位中实现“五个全市第一”（第一个建立全域服务治理中心、第一个成立政企合作专班、第一个配备运营中心专职主任、第一个以老旧小区改造为工作切口、第一个突破“停车”难题）。“智慧城管”建设初见雏形，在北京街道试点智慧环卫收费系统、环卫一体化收运系统建设；在59个瓶装气餐饮场所安装智能型报警器，实现线上监管。

【环境卫生保洁】 2023年，越秀区城管和综合执法局按照广州市、越秀区环卫管理作业规范，指导18个街道环卫站及局属作业单位做好辖区日常环卫保洁，日常保洁面积879.63万平方米，河涌水域保洁长度16.4千米，交通护栏清洗长度88.07千米，清洗全区重点区域及主干道193.78万平方米、次干道81.71万平方米。建成新型垃圾转运站2座，垃圾进站率由31.8%提升至47.3%，路边收运点由501个减少至400个。推动环卫保洁高质量发展，出台措施29条，建立抽调干部进驻环卫站的常态机制，助力提升环卫管理水平。探索形成“洒水车+人工”、运用小型电动扫路机等一批符合越秀实际的作业方式方法。是年，各街道组织开展城中村内街巷环境综合整治行动936场次，出动人员19.5万人次，清除积水9.17万处，清理卫生死角5.11万处，清理垃圾杂物6.1万吨，清洗内街巷路面5507.98万平方米。全区173座环卫公厕24小时对外开放，实行16小时保洁制度，配备免费纸巾、洗手液，并全部被纳入城市公厕云平台。

【生活垃圾分类管理】 2023年，越秀区生活垃圾总量73.23万吨，低于市下达控制指标，连续第七年完成生活垃圾总量控制任务。垃圾总量中，其他垃圾39.35万吨，厨余垃圾8.56万吨，有害垃

表22 2023年越秀区环境卫生情况表

项目	单位	实绩
清扫总面积	万平方米	879.63
环卫职工	人	3665
公共厕所	座	173
果皮箱	个	3407
粪便中转池	个	4
环卫作业车拥有量	辆	996
其中：垃圾车	辆	702
吸粪车	辆	8
其他车辆	辆	286

圾7.36吨；分类收集低值可回收物0.71万吨、高值可回收物24.62万吨。厨余垃圾分类率17.9%，生活垃圾可回收利用率46.3%，资源化利用率88.1%。全区有星级投放点207个，覆盖率18.8%；投放点从年初1081个增加至1100个，有厢房式投放点117个。全区大中型餐饮单位签订餐厨垃圾收运协议4161个，废油大户签订收运协议1666户。全区设置大件垃圾收集点20个、废玻璃回收板房7间、智能旧衣（旧书报）回收箱400个、“两网融合”（生活垃圾收运网和可回收物回收网相融合）点46个。是年，全区开展生活垃圾分类主题宣传活动5719场次，入户宣传97.27万户次，开展各类垃圾分类志愿活动4412场次，组织垃圾分类培训2002场次，在国家、省、市级媒体发布宣传报道378篇，全区居民小区生活垃圾分类平均覆盖率100%，居民群众垃圾分类知晓度99%以上。全年开展生活垃圾分类执法检查1.91万家次，教育处理5238宗，责令整改893宗，行政处罚571宗，行政罚款18.99万元。黄花岗街道党工委书记被住房和城乡建设部办公厅评为“生活垃圾分类达人”。推送的低值可回收物回收处理案例，作为绿色低碳类优秀案例被推荐至住房和城乡建设部。在2023年广州市“以赛促学展风采 以学促行践时尚”生活垃圾分类知识竞赛中，登峰街道家庭代表队获家庭赛一等奖，越秀区代表队获团队赛三等奖。登峰街道家庭代表队代表广东省参加全国垃圾分类知识竞赛。

2023年7月25日，越秀区代表队参加2023年广州市生活垃圾分类知识竞赛活动，获团体赛三等奖　　（区城管和综合执法局供图）

【市容景观提升】 2023年，越秀区以“绣花”功夫推动社区容貌品质全域提升，助推老城区焕发新活力。从容貌秩序、环境卫生、广告招牌等14个方面入手，推动梅花村街道东兴中社区、东山街道新河浦社区、白云街道筑南社区、华乐街道华侨新村社区、六榕街道盘福社区和登峰街道金麓社区6个区级容貌品质社区培育提升，覆盖面积1.2平方千米，惠及市民3.56万人，白云街道筑南社区、东山街道新河浦社区、华乐街道华侨新村社区获评广州市容貌品质社区。《南方都市报》、《南方日报》、《广州日报》、搜狐网、“南方+”、国家公共文化云等多家媒体报道越秀区容貌品质社区培育提升成效。推动梅花村街道、东山街道打造广州市“门前三包”样本街，梅花村街道640户、东山街道622户责任人环境卫生责任区制度告知书签订率、知晓率100%，东山街道打造成为广州市“门前三包”样本街道。全区18个街道1.13万户责任人的市容环境卫生责任区制度告知书签订率、知晓率均为96%。开展全区“最美招牌”评选工作，参加广州市组织的“羊城最美商铺”评选活动，全区4家商铺获评。

【市容秩序整治】 2023年，越秀区城管和综合执法局在每月2次开展的全区市容环境统一整治行动的基础上，结合“打造高品质城市市容和卫生环境专项整治行动”“越秀区背街小巷环境整治提升年行动”，通过常态治理和专项整治相结合，强化区与区、区与街道、街道与街道执法联动，加大对主要路段、窗口地区、校园周边、市场周边、地铁出入口、河涌水域、背街小巷等区域以及媒体曝光、网络舆情、群众投诉的“六乱”（乱搭建、乱摆卖、乱停放、乱拉挂、乱堆挖、乱张贴）问题整治，维护市容秩序。全年整治占道经营4.09万宗、乱摆卖2.54万宗、其他“六乱”行为2万宗，清理、规整共享自行车50.2万辆。

【违法建设治理】 2023年，越秀区城管和综合执法局指导全区各街道、各部门协同推进，齐抓共管违法建设治理工作。全年全区治理违法建设面积12.62万平方米，完成市下达越秀区10万平方米违法建设治理年度任务的126.2%。按照市下达的任务时序进度要求，超额完成全年违法建设治理任务，任务完成率在广州市各区排名第一。

【环卫基础设施建设】 2023年，越秀区城管和综合执法局推进越秀区环卫设施改造工程（二期），建设内容包括对辖区157座公厕和11个垃圾收集桶点实行雨污分流的勘察及改造，升级改造15座环卫公厕，建设2座“大师作”公厕、改造27座公厕无障碍通道及其配套设施等内容，总投资1039.84万元。项目采用勘察设计施工一体化的方式开展，通过公开招标完成勘察设计施工总承包、施工监理单位的选取，项目按工程建设程序推进，完成施工图设计初步方案评审、施工图设计评审、概预算评审、施工许可证办理、施工合同签署、监理合同签署等工作，10月进入项目施工阶段。至年底，公厕升级改造完成6座，广州大桥下空间“大师作”公厕建设完成96%，雨污分流改造完成28座，公厕无障碍通道及其配套设施改造完成16座。

【燃气管理与执法】 2023年，越秀区城管和综合执法局加强城镇燃气安全监管工作，遏制燃气安全生产事故的发

2023年6月8日，越秀区城管和综合执法局组织燃气企业在五仙观广场门口开展燃气应急演练和宣传（区城管和综合执法局供图）

生。制定年度燃气工作要点和《越秀区城镇燃气安全专项整治工作专班工作方案》等，成立区城镇燃气安全专项整治工作专班，实行“实体化”运作，形成横向到边、纵向到底的工作格局。推进“大起底”排查、“全链条”整治，开展燃气安全业务培训，提前完成集中攻坚阶段的隐患排查和整改“2个百分百”工作任务。落实春节、“五一”、高考、广州马拉松、“读懂中国”国际会议等重要节点燃气安全保障。全年检查餐饮场所、医院、学校等燃气非居民用户7800多户次，检查燃气供应站165家次，排查、整治问题1198个，督促供气企业落实入户安检责任，管道气企业入户安检22.5万户次，瓶装气企业入户安检13.34万户次。督促管道燃气企业完成福行街、医国街等8.49千米老旧管网更新改造，提升燃气管道设施安全水平。全区新增管道燃气居民覆盖用户2121户，完成率212.1%；新增管道燃气居民安装用户3174户，完成率105.8%；新增管道燃气非居民安装用户312户，完成率111.4%。建立涉燃气管道保护施工项目每月通报制度，压实第三方工程项目参建单位和属地街道责任，全年通报第三方施工项目488个次。聘请第三方专业机构对燃气工程质量与安全进行监管，成立越秀区城镇燃气行业安全专家顾问团，提高燃气工程监管水平和质量。建立燃气供应站点季度考评和管道燃气设施运行状况季度抽查制度，强化企业人员管理、设施维保、制度落实、安全管理等方面评价，促进企业管理标准化、规范化，为燃气安全常态化管控提供坚强保障。组织各街道、各燃气经营企业开展燃气宣传进企业、进学校、进社区、进家庭和“安全生产咨询日”活动141场次，发放宣传资料2.1万份，提升用户安全用气意识，普及燃气安全知识。举办全区城镇燃气管理业务工作培训2次，到应急、出租屋管理、教育、商务等行业主管部门和白云街道、黄花岗街道等街道开展燃气业务培训6场次，覆盖学员940多人次。组织燃气经营企业开展燃气突发事件、三防、反恐等应急演练活动21场次，实战检验应急预案，强化应急处置能力，提高反应速度。开展燃气专项执法行动26次，落实燃气交办件13件，进行燃气业务指引10次。

【城市信息化网格化管理】 2023年，越秀区城管和综合执法局开展视频智能

识别系统建设，发挥广州市数字化城市管理信息系统平台作用，受理、转办、督办、回复巡查发现和投诉案件。发挥市容监督管理所、机动巡查组城管通综合巡检作用，形成网格化管理、督导巡查、视频监控“三位一体”巡查监管模式。是年，受理广州市数字化城市管理信息系统案件7.4万件，工单完成率100%；通过城管通综合巡检发现并转办案件6.4万件，通过视频监控巡查发现并转办案件1万件，接听来电咨询81件；抽查复检上级督办、媒体曝光、群众反映和日常巡查督办问题444个，发出督办单332件。

【城管应急保障机制健全】 2023年，越秀区城管和综合执法局完善城市应急保障机制，通过党组及办公等会议研究部署安全生产和消防工作20次，与局属各基层单位签订安全生产和消防安全责任书，制发《越秀区城市管理和综合执法局2023年安全生产和消防安全工作要点》《越秀区城管系统重点领域安全生产日常检查指引（要点）汇编》《越秀区城市管理和综合执法局应对各类突发事件总体应急预案》等文件，组织“安全生产月”“违法户外广告执法培训”“燃气执法培训”“建筑废弃物执法培训”等宣传培训活动。落实领导节假日带班24小时在岗值守，督促行业相关抢险队伍落实人员24小时值班值守制度，保持24小时通信联络畅通，密切关注天气，提前做好人员和物资准备，加强突发事件、三防实战演练，确保响应及时、处置迅速。在迎春花市、“五一”、国庆节等节庆活动期间，派出抢险队伍值班人员646人次，组织备勤人员871人次。

【建筑工地执法及建筑废弃物管理与执法】 2023年，越秀区城管和综合执法局加大对建设工地及建筑废弃物排放运输消纳执法巡查检查力度，组织开展建筑工地和建筑废弃物处置专项整治行动，办理建筑废弃物处置许可审批，加强建筑废弃物监督管理。是年，越秀区城市管理和综合执法局牵头组织建设水务、交通运输、公安交警、生态环境部门和街道开展建设工地和建筑废弃物处置专项执法行动98次；联合荔湾区、海珠区、天河区、白云区的城管和综合执法局，开展跨区建筑废弃物运输专项联合执法行动82次；实施建筑废弃物许可全流程网办，办理建筑废弃物处置许可审批34宗。

【井盖设施和户外广告招牌管理】 2023年，越秀区城管和综合执法局坚持‘小井盖，大民生”工作理念和“以人为本、预防为主”工作方针，开展井盖设施监督管理工作。加强区内各行业管理部门的沟通联动，共同督促井盖设施权属单位落实主体责任，开展井盖设施巡查、排查及应急处置，提高井盖设施维护管理水平。构建由“区+18个街道+222个社区”242人构成的井盖设施监管体系，开展网格化巡查，发现问题第一时间上报，形成问题发现、上报、响应、处置、反馈的闭环处理流程。全年出动7246人次，巡查井盖设施70.8万个，发现问题井盖2145个，处理井盖缺失、破损、沉降、移位、松动、堵塞等问题1744个，全年没有发生井盖设施安全事故。引入社会专业技术力量，通过购买第三方服务形式，解决居民楼井盖设施和权属不清井盖设施的病害问题，全年应急处置居民楼和权属不清井盖设施121个。做好井盖设施投诉（含媒体曝光）和“12345”热线工单处置工作，全年处理投诉226宗，保障群众出行安全。落实户外广告和招牌设置管理工作，行政许可办结268宗（审批同意268宗），新增户外广告规划点位1个、广告牌7块。推动7个点位的公有物业户外广告牌位置使用权公开出让，完成3个点位公有物业的4块广告牌使用权公开出让成交，缴款57.6万元。开展户外广告和招牌设置安全工作，制定应急预案，成立户外广告和招牌应急队伍，开展应急演练活动，委托第三方专业检测机构协助开展针对全区1766块户外广告牌和1.52万块户外招牌的全覆盖巡查，发现并整改户外广告和招牌安全隐患76处。对新增违法户外广告行为，指导各街道依法执法、快速查处、坚决拆除。依据户外广告设置许可情况，分期分批开展设置规划区域违法广告清理整治工作，全年整改、拆除违法户外广告174宗，面积1396.04平方米。

【全域服务治理“越秀”模式探索】 2023年，越秀区城管和综合执法局深化大塘街道全域服务治理试点工作，利用越秀中路闲置地块，建成1个面积约3400平方米、有141个停车位的智慧停车场，缓解中心城区“停车难”问题。与试点企业合作打造“智慧环卫平台”，为一线环卫作业人员配备智能工牌86套，提升环卫作业效能。8月，在大塘社区开启“智能收费”服务试点，利用微信小程序实现网上缴纳环卫收费，提高环卫收费效率。在社区设置科技充电桩60个，助力解决居民充电难问题，提升消防安全。解决水浸黑点、公共服务设施老旧、无障碍适老化设施缺失等老旧社区问题，改造面积2.19万平方米，惠及居民2383人。大塘街道实现“五个全市第一”，试点经验做法在全市推广，被《羊城晚报》《广州日报》《南方都市报》等媒体报道。选取黄花岗街道作为第二批试点街道，推动街道与相关物业公司签订协议，以科苑社区为试点区域建成全域服务运营中心。推动政企合署办公，以电梯托管为切口，在全市各区率先推出“电梯连片托管管家”服务，实现分散主体加装电梯“集约化”管理，成为全市首个加装电梯连片托管示范街道。

【城建城管联合巡查】 2023年，越秀区开展城市管理城建城管联合巡查，由越秀区城管和综合执法局选派21名业务骨干，联合区建设水务局14名业务骨干，组成“建设+管理”专职巡查队伍，巡查内容扩展至市容景观、环境卫生、生活垃圾分类、燃气管理、建筑废弃物、城管“六乱”、井盖设施、市政设施、园林绿化、排水设施、路灯设施、在建工地施工围蔽、文明施工管理13类“大城管”领域。对巡查发现的问题，由区城管和综合执法局呼叫相关街道交办，同时在“区城市建设管理工作群”进行通报，由相关街道认领、整改。建立“日巡查、日通报、日整改”制度，每日对巡查情况进行分析，及时通报，立即整改。是年，发现并转办案件5.5万件。

【“智慧城管”试点建设】 2023年，越秀区城管和综合执法局在华乐街道、六榕街道开展“智慧城管”试点建设。华乐街道试点沿用白云街道智慧城管模式，实现一张图上展示环卫人员动态、环卫设施分布、工单处理流程，取得环卫业务“一张图展示、一张图调度、一张图协同”的突破。六榕街道的试点模式是在既有系统上进行融合叠加，用于研究相对于白云街道智慧城管方案，该方案是否有资金投入少、运行机制变动小、参与人员接纳好的优势。（邝艳晖）

房地产管理

【概况】 2023年，越秀区房管局推进重点项目建设，实施城市更新，加强直管房管理，加大公有物业更新活化力度，强化房屋安全管理，提升物业管理水平，加强房地产市场调控监管，完成广州市政府、越秀区政府下达的住房保障目标任务，解决863户中低收入家庭的住房困难问题，筹集认定保障性租赁住房1505套。

【重点房地产项目建设】 2023年，越秀区房管局推进大小马站书院群保护项目、南洋电器厂及周边更新改造项目、老旧小区改造项目等区重点建设项目，完成年度投资7.46亿元，投资完成率超100%。大小马站书院群保护项目完成历史文化价值评估和保护利用指引编制、地形测量、地籍调查、地下空间及管线测量工作，推进北地块考古工作；南洋电器厂及周边更新改造项目完成厂房拆除，启动国有土地上房屋征收工作，利用厂区部分启动开工建设；越秀区老旧小区改造一期补短板项目全部完工验收，二期品质提升项目开工街道16个。

【直管房管理】 2023年，越秀区房管局推进直管房管理，收缴直管房租金2.21亿元，落实直管房物业租金减免0.3亿元。落实直管房征用补偿房屋接管177宗，其中住宅160宗、非住宅17宗；完成征用房屋撤管46宗、发还房屋4宗。接收市房屋安全管理所、市公安局等单位在管直管房物业43宗1.96万平方米。印发《关于开展直管房住宅承租人核查工作的通知》，开展直管房违规违约整治，收回违规使用直管房住宅152宗。全年开展直管房非住宅的公开招租1139宗，成交192宗。建立公有物业更新活化联席会议制度，制定《越秀区实施公有物业更新活化行动推进城市高质量发展的若干措施》和促进公有物业更新活化具体措施。编制越秀区公有物业更新活化专项规划，印发《越秀区公有物业摸查工作方案》，建立区内整体公有物业工作台账。召开直管房物业推介交流会，了解企业及相关单位用房需求。定向租赁直管房物业19宗4795平方米，用于基层党建服务中心、社区民生服务设施建设。

【房屋安全管理】 2023年，越秀区房管局督导各街道成立房屋使用安全排查工作专班，开展全域房屋使用安全大排查，实现辖区内4.3万处房屋全覆盖，对排查发现、复查复核鉴定为危房的168处房屋发出整治通知书，联合街道督促指导房屋业主（使用人）按规定进行治理。对闲置隐患房屋，由属地街道进行围蔽警戒，防止发生房屋坍塌伤亡事故。开展直管房品质化提升工作，室内局部改造类完工976处，室内全面改造类完工146处，整幢改造类完工1处。加大全区55处在册危房督修和巡查力度，制定《越秀区危房治理工作指引（试行）》，对尚未解危的危房发出限期治理通知书并张贴危房标志牌，会同各街道督促产权人（使用人）及时对房屋进行彻底解危，配合街道在台风、暴雨等恶劣天气期间组织在住人员撤离。对全区249处玻璃幕墙开展全覆盖检查，对存在隐患的玻璃幕墙开展督修，指引责任单位按规定进行整改，并将相关问题及督修情况归集到省玻璃幕墙信息归集平台，100%完成广州市住房城乡建设局的排查整治工作要求。对存在严重安全隐患的11处挡土墙（一级），完成治理3处，剩余8处督促街道加强巡查，压实主体责任。印发《越秀区历史建筑、传统风貌建筑修缮工程流程图及办事指引（试行）》，会同市房屋安全管理所、市建设科技中心、属地街道等部门，开展历史建筑修缮宣传进社区活动，全年开展历史建筑修缮咨询服务65宗（其中轻微修缮55宗、非轻微修缮10宗），开展传统风貌建筑修缮咨询服务1宗（轻微修缮1宗）。对排查发现存在结构安全隐患的14处历史建筑发出告知书，联同属地街道督促指导保护责任人落实整改，指引办理修缮咨询手续，做好修缮前期工作。开展2023年度越秀区房屋应急抢险演练，处置越秀北路81号之一、挞子大街26号、共和路3号、广华道14号房屋通道、区庄村28号、水荫路68号、大新路172号、大新路271号等房屋险情。

【物业管理】 2023年，越秀区房管局实施物业管理动态监督，开展事中事后监管工作，出动1300多人次，巡查物业服务项目611个，发出责令整改通知书68份，作出行政处罚决定1宗。制定关于加快业主组织成立的工作方案，印发《关于进一步加强物业小区治理和物业服务监管工作的通知》及相关工作指引文件。加强政策法规培训，组织开展政策法规培训20场，培训人数超5000人次。推进物业管理矛盾纠纷调处化解工作，调处物业管理合同履行、物业管理收费、业委会换届选举、业委会日常运作、公共区域使用、公共收益分配、公共设施维修等方面的信访投诉1400多件。加强物业服务行业党的建设活动，发挥行业党委、行业协会引领作用，发动物业服务头部企业深入社区开展红联共建活动。推动物业小区落实垃圾分类，深化背街小巷整治提升行动，将生活垃圾分类管理纳入物业服务企业的信用管理体系，督促物业服务企业落实垃圾分类各项措施。推动物业小区电动自行车充电设施建设，摸清物业小区电动自行车集中充电点以及充电端口底数，建立完善台账。督促物业服务企业利用空置场地建设充电点，推动小区建设集中充电、换电设施348个，充电端口4613个。

（黄小琴）

【既有住宅加装电梯工程】 2023年，越秀区规划和自然资源分局核发既有住宅增设电梯工程建设工程规划许可证250宗，批复成片连片开发方案4个（越秀区矿泉街道机务段小区、登峰街道狮带岗小区、黄花岗街道先烈中路81号大院、东山街道东湖北大院），涉及梯口309个。是年，全区完成既有住宅电梯加装271台，发放财政补助150宗，金额1500万元。落实街道“一梯一团队”机制，将加装电梯纳入社区议事平台协议范围，引入驻社区律师、司法调解员等法律资源，帮助住户协调、解决分歧。运行“1+1+18”（第一个“1”指越秀区政务服务中心受理窗口，第二个“1”指越秀区加装电梯服务中心，“18”指18个街道的咨询窗口）加装电梯服务体系，全年接待群众咨询900多批次。搭建企业与群众对接平台，推动志愿服务下沉社区，发动社会组织、志愿组织、企业组织参与旧楼加装电梯工作。推广电梯管养特色服务，对新建电梯运行实行“有物管找物管，无物管找托管”，全区办理电梯托管600台。

（陈可莹、黄小琴）

【房地产市场调控监管】 2023年，越秀区房管局强化房地产市场调控监管，围绕商品房销售面积增速、工资总额2项房地产业核算指标，做好数据监测。全年房地产销售面积8.95万平方米，比上年增长9.4%。房地产工作专班每周走访企业，了解企业建设、销售、办证等方面存在的问题和困难，协调区有关职能部门合力做好纾困和服务保障工作。举办越秀区首届线上和线下房展会，邀请区内在建、在售的7个项目参加，提供看房、选房、购房一站式服务。加大巡查和监管力度，督促房地产企业及中介服务机构通过审批并缮证的机构规范经营，全年新增通过审核并缮证房地产中介企业47家，完成变更、注销业务40件，通过年审房地产中介服务机构500个。规范商品住房销售行为，实行“一房一价”、售房明码标价制度，禁止虚假标价，打击投机违法行为。

【房屋租赁管理】 2023年，越秀区房管局加强对街道综合保障中心的业务指导，督促落实房屋租赁登记备案，对没有办理租赁备案的租赁当事人发出催办通知，提高租赁备案率。全年办理租赁登记备案3.83万件，办理直管公房租赁备案7589件，完成积分入学审核502宗，检查租赁档案1200份。对11个领取奖补的租赁住房项目开展巡查，推动租赁市场持续健康发展。组织辖区内城中村街道开展出租房屋摸查，督促街道落实房屋租赁管理工作，派发办理房屋租赁登记备案通知书1000多份。

【经营性自建房全部销号】 2023年，越秀区推进自建房安全隐患整治，制定印发《越秀区自建房监管长效机制工作方案》《2023年越秀区自建房安全专项整治工作方案》《越秀区自建房安全隐患整治工作指引（2023年5月）》《关于持续做好自建房安全专项整治以及“回头看”工作的通知》等文件，明确2023年度自建房工作任务，指引各街道做好排查整治，要求各部门落实自身行业主管职责。全区85栋经营性隐患自建房完成整治销号，省、市2023年底销号目标任务全部完成。

（黄小琴）

■编辑 王海捷

生态环境

环境质量

【概况】 2023年，越秀区环境空气质量有所改善，环境空气中细颗粒物（$PM_{2.5}$）、可吸入颗粒物（PM_{10}）、优良天数比例均达到年度空气质量考核目标，优良天数比例88.8%，比上年提升9.6个百分点。环境空气中细颗粒物（$PM_{2.5}$）、可吸入颗粒物（PM_{10}）、一氧化碳第95百分位浓度指标在中心城区中保持最优，其中环境空气中细颗粒物（$PM_{2.5}$）浓度连续第四年达到国家二级和世卫组织第二阶段标准；水环境质量保持稳定。

2023年，广州市生态环境局越秀分局（以下简称“市生态环境局越秀分局”）牵头统筹并完成首次区级生态环境保护目标责任考核，强化生态环境保护目标责任全过程监督。建立强化具有越秀区特色的大气污染联防联控工作机制，印发空气质量保障单元工作任务清单。组建秋冬季污染防治专班，集中力量解决秋冬季突出生态环境问题。推动14家企业锅炉改造项目被纳入中央资金项目储备库，18家企业完成燃气锅炉低氮改造、拆除或停用，可实现氮氧化物每年减排22吨。在广州市各区率先开展实验室环境管理新领域专项执法，建成广州市首个智能化、信息化小微医疗机构医疗废物集中收集点，完成180个“无废细胞”建设目标，区级党政机关在广州市各区率先100%建成“无废机关”。推动街道落实生态环境执法权，帮扶指导镇街执法项目获广州市法治建设创新项目二等奖。推动节能环保和生态产业链高质量发展，组织召开越秀区环保企业高质量发展座谈会，加强招商引资推介、高新技术企业认定等政策宣传。加强生态环境执法队伍建设，2名执法骨干获生态环境部、广东省生态环境厅通报表扬；获广州市突发环境事件应急演练大比武团体一等奖、信息报告奖第一名；1名执法骨干入选全国生态环境保护综合执法培训国家级师资库。越秀环境监测站通过6年一次的省市场监管局资质认定复查评审。

【大气环境质量】 2023年，越秀区空气质量综合指数为3.43，越秀区达标天数324天，达标比例88.8%，比上年提升9.6个百分点。其中一氧化碳第95百分位浓度0.9毫克／立方米，比上年下降10%；臭氧第90百分位浓度161微克／立方米，下降14.8%；二氧化氮（NO_2）浓度34微克／立方米，上升9.7%；二氧化硫（SO_2）浓度6微克／立方米，上升20%；环境空气中细颗粒物（$PM_{2.5}$）浓度23微克／立方米，上升4.5%；可吸入颗粒物（PM_{10}）浓度41微克／立方米，上升5.1%。

【水环境质量】 2023年，越秀区水环境质量保持稳定。涉越秀区的国考及省考墩头基断面水质为Ⅲ类，水功能区考核海珠桥断面水质为Ⅳ类。重点区域一级支流东濠涌水质类别为Ⅳ类。驷马涌水质类别为Ⅳ类。沙河涌水质类别为Ⅴ类，流花湖水质类别为Ⅲ类，中营养；麓湖水质为Ⅳ类，中营养；东山湖水质为Ⅳ类，轻度富营养。

【声环境质量】 2023年，越秀区区域声环境质量方面有测点8个，昼间平均等效声级为53.7分贝，优于2类区限值；夜间平均等效声级为50.7分贝，超出2类区夜间限值。道路交通声环境质量方面有测点46个，昼间平均等效声级为67.9分贝，优于4a类区限值；夜间平均等效声级为63.3分贝，超出4a类区限值。城市功能区声环境质量方面有2类区测点1个，昼间平均等效声级为51.9分贝，夜间平均等效声级为46.8分贝，均优于2类区限值。（潘莉莉）

自然资源管理

【概况】 2023年，越秀区推行河长制、湖长制，区、街道、社区三级河长累计巡河约9000次。统筹自然资源管理和利用，推进土地储备和土地管理工作、自然资源确权登记工作。推进不动产登记服务，办理辖区内集体土地不动产登记案件591件、国有土地存量房非涉税登记业务424件。是年，越秀区入选首批全国自然资源节约集约示范县（市）名单，是广州市唯一入选的行政区。

2023年8月15日，越秀区河长办联合共青团越秀区委员会在流花湖公园开展“争做环保小卫士 我为生态绿添彩”河长制、湖长制宣传贯彻活动
（区河长办供图）

【河长制、湖长制推行】 2023年，越秀区坚持问题导向、结果导向、目标导向，制定并下达2023年度区河湖长制工作要点及治水重点工作目标任务书，建立会商会议、信息共享、问题督办三大机制，促进河长制各成员单位、区河长办各工作组的工作衔接。全区全年召开区级工作协调会议16次，开展河长专项培训、履职提升培训等30多次，印发水务工作简报6份和排水单元达标创建、合流渠箱清污分流、污染源防控等专项工作通报7份，区、街道、社区三级河长累计巡河约9000次，巡河率100%。处置设施维护、河涌污染等问题600多个，巩固提升治水成效。（陆诗茗）

【土地储备】 2023年，越秀区探索开展广州站片区做地工作，通过实地踏勘、全面对接、核查权属资料、调研取经等做法，配合做地主体开展做地方案的编审报批，推动做地相关工作取得突破。推进区自行储备地块项目，动物园北门公交总站地块完成实物储备，广州大道中地块完成地籍调查、建（构）筑物清点测量等工作。推动广大路、文园等低效用地盘活。

【用地保障和管理】 2023年，越秀区协助市级部门编制《广州市2023年度土地利用计划》《广州市2023年土地储备计划》《2023年度建设用地供应计划》，推进广州市深层隧道排水系统东濠涌试验段工程—隧道尾端竖井项目、东风东路小学本校区及广州市第二幼儿园教学楼改扩建工程供地方案审核，为芳村至白云机场城际项目广白区间盾构井临时用地等项目提供用地要素保障。加强供后巡查监管，推动完成将军东路地块、中山二路21号地块、东风西路宝安约地块等闲置土地调查程序，督促已供应地块动工开发建设。

【自然资源确权登记】 2023年，越秀区推进农村房地一体宅基地确权登记颁证，以“登记成果汇交国家级信息平台、颁证到户、规范登记、日常更新”为标准，推进登记发证任务。开展年度变更调查和月度常态化监测，按时完成外业调查、图斑判别、材料报送等工作。组织开展2022年度耕地资源质量分类更新与监测，成果通过省质检软件检查并按程序上报。开展征收地上附着物和青苗等补偿标准制定，到矿泉街道、登峰街道和黄花岗街道等5个涉集体土地或集体物业的街道开展座谈会和实地调研，完成资料收集、标准测算和成果编制。组织听证会，征求区内有关部门意见，公开征求公众意见，进行社会稳定风险评估。完成专家评审、部门法律顾问审查、部门讨论审议等工作，依程序呈报上级审核。根据《中华人民共和国土地管理法》要求，就重新公布征收农用地区片地价事项召开听证会，逐级上报至广东省自然资源厅，由广州市人民政府公布实施。

【不动产登记服务】 2023年，越秀区深化不动产登记便民暖企服务，设置“搞得掂”办事窗口和党员模范示范窗口，办理辖区内集体土地不动产登记案件591件、国有土地存量房非涉税登记业务424件，协助司法机关办理查询8件，提供不动产登记档案利用服务100卷次，为约6100人次提供不动产登记自助查询服务。在梅花村街道杨箕村复建房小区驻点推进杨箕村城中村改造复建安置房的分户确权工作。联合矿泉街道瑶台村经济联合社党支部等单位开展现场服务，将不动产登记服务向乡镇、村延伸，擦亮“全心登记，情暖万家”党建+不动产登记工作品牌。协助广州站片区城市更新有限公司提供片区房屋基本数据情况，为制定做地方案、补偿方案提供数据支撑。协助完成2023年度越秀区来穗人员子女积分入学数据核查约300人次。协助完成越秀区公共服务设施信息核查项目900个。

【土地执法】 2023年，越秀区按照国家、省、市工作部署，加强对耕地的巡查保护，保障耕地红线范围不被随意侵占使用。全年开展土地执法巡查50次，出动125人次；核查省、市下发卫片图斑17宗，没有发现违法用地现象，按要求完成上报工作。

【越秀区获评自然资源节约集约利用示范县（市）】 2023年1月，自然资源

部印发《自然资源部关于认定自然资源节约集约示范县（市）的通知》，越秀区入选自然资源节约集约示范县（市）名单，为广州市唯一入选的行政区。是年，越秀区按照省、市相关工作部署，结合广州市低效用地再开发试点工作，开展低效用地摸查认定，建立低效用地再开发试点“项目库”。总结提炼在自然资源节约集约利用方面的经验，相关创新典型案例入选自然资源部自然资源开发利用司印发的《自然资源节约集约示范县（市）第一批创新典型案例》。

（陈可莹）

生态保护与修复

【生态碧道建设】 2023年，越秀区重视水安全保障和水生态修复，按照“一年做示范、三年见成效、七年成网络、2035年全面建成”的阶段目标，利用流域水系生态、历史、文化等资源，推进都市型生态碧道项目建设。全年建成沙河涌碧道项目1.3千米，聚焦“水安全、水环境、水生态、水文化、景观游憩功能”综合提升，以安全生态优先、因地制宜为原则，打造绿美越秀生态宜居的滨水空间。越秀区自2019年启动碧道建设，至2023年底，全区建成碧道31.6千米，以满足群众对优美生态环境的需要。

【绿美越秀生态建设】 2023年，越秀区编制《越秀区深入贯彻〈广州市贯彻落实《中共广东省委关于深入推进绿美广东生态建设的决定》的行动方案〉的工作方案》，制定实施《绿美越秀五年行动计划（2023—2027年）》《绿美越秀五年行动计划2023年工作要点》，成立绿美越秀五年行动计划工作领导小组，越秀区林业园林局组建的工作专班实体运行，实施绿美越秀生态建设“1+7”工作任务（“1”指华南国家植物园城园融合体系；“7”指7项绿美生态建设任务，包括城乡一体绿美家园优化建设工程、保护地建设提升工程、生物多样性保护培育工程、活力精品绿廊提升美化工程、古树名木保护修复工程、现代惠民林业集聚发展工程、全民爱绿护绿植绿工程）。把握华南国家植物园城园融合体系建设机遇，按照“区、园、点”3个层面工作内容，建设生态科普宣教点，推动城市科学绿化和高质量发展。制定全区“树冠规划”，立体统筹越秀区全域绿化资源，打造榕荫风貌路，其中环市东路、白云路、麓湖路、中山三路—中山四路4条林荫路被列入广州市第一批20条特色风貌林荫路名录。制定《广州市越秀区生物多样性保护实施方案（2022—2024年）》，细化落实越秀区生物多样性的保护、利用和管理各项内容。修复小微湿地2处，其中东山湖公园小微湿地入选广东省首批15个小微湿地示范点名录。开展自然教育，建设自然教育基地2个，其中广州中山纪念堂被认定为2023年广东省自然教育基地、广州动物园被认定为2023年广东省高品质自然教育基地。推进“林长制”工作，强化各级林长林业园林资源保护发展目标责任制考核，以督促考核促履职尽责。全年新增城市绿地1.19万平方米，新建立体绿化3462.8平方米。

【东山湖公园小微湿地入选广东省首批小微湿地示范点名录】 2023年，越秀区依托东山湖原有小微湿地本底，结合地形新增雨水花园与生物沟、生物洼地、下凹式绿地等水敏性结构区域，发挥小微湿地雨洪调蓄、生态补水的“城市海绵”效应，提升原有滨水绿地系统，改造东山湖公园小微湿地面积1.06万平方米，缓解城市内涝问题。梳理园区植物类型，综合植物花果期、景观性、经济性等要素，结合岭南传统水乡文化，打造垛基果林生境恢复区，搭配种植乔木、灌木丛等开花浆果植物，满足不同鸟类的觅食需求。设置深水区、浅水区、滩涂等多样化生境，结合湿地植被恢复和人工放养，建立物种共生关系，为鱼类、水禽、两栖类营造良好的觅食、栖息、繁衍自然生态空间。增设东山湖自然教育径标识系统，根据鸟类分布与园区地形特点设置观鸟区域，邀请志愿团体开展湿地科普、自然体验、研学交流等专题活动；以鸟类外形、行为、行进方式为素材，设计跳房子游戏科普主

2023年，东山湖公园小微湿地入选广东省首批小微湿地示范点名录。图为东山湖公园

（钟涌 摄于2023年12月）

题地绘，在趣味互动中向游客普及湿地保护、科学观鸟等知识。（区林业园林局）

环境污染防治

【大气污染防治】 2023年，越秀区建立大气污染联防联控工作机制，将全区划分为3个空气质量联合保障区域，组建区域统筹协调工作组，印发空气质量保障单元工作任务清单。组建2023年秋冬季污染防治专班，制定越秀区秋冬季污染防治专班工作措施清单，核查餐饮单位846个次、建设工地293个次。推进辖区内在用燃气锅炉升级改造，支持指导相关单位申请中央专项资金，14个单位的锅炉改造项目被纳入中央资金项目储备库。推动18个燃气锅炉在用单位完成锅炉低氮升级改造、拆除或停用，可实现氮氧化物每年减排22吨。制定并印发《2023年扬尘污染精细化监管工作方案》，定期联合城管、建设部门开展建设工地扬尘污染执法检查。使用可移动式喷雾降尘设备，加强重点路段、重点区域和重点时段喷雾降尘力度，全年实施喷雾降尘作业3814车次、喷水量3.4万立方米，喷雾降尘作业里程5.5万千米。加强对辖区内表面涂装、印刷厂、加油站等涉挥发性有机物企业、机动车机车维修企业的全覆盖检查。对辖区内7个加油站开展“一季度一覆盖”油气排放专项执法检查。组织开展加油站油气泄漏检测工作，委托第三方单位对辖区内加油站开展加油站油气泄漏检测帮扶。联合交警部门定期开展柴油货车尾气路检，强化非道路移动机械尾气和柴油样品抽检。组织开展柴油车用车大户台账检查。制定印发《关于加强2023年餐饮场所油烟执法监管工作的通知》《关于强化餐饮油烟排放监管的通知》，督促指导各街道加强餐饮油烟排放执法检查，围绕新颁布实施的《广州市餐饮场所污染防治规定》举办普法培训3场。强化污染天气部门和街道联合协作，落实挥发性有机物和氮氧化物减排，加强涉气污染源检查，增加喷雾降温降尘应急作业频次，及时排查走航高值路段，加强对有关单位的督导提醒。

【水污染防治】 2023年，越秀区印发《越秀区2023年水污染防治工作计划》，强化全区水污染防治工作统筹调度。印发实施《东濠涌水质提升攻坚工作方案》《沙河涌（越秀段）“一河一策”工作方案》，组织开展东濠涌水质提升现场调研，对重点河涌实施水质进行攻坚协同治理。印发“越秀区落实广州市2023年近岸海域污染防治工作计划任务分工表”，召开总氮污染治理与管控等治水专题会议，强化对河涌、断面总氮污染管控。开展专题调研，完成《越秀区重点区域一级支流总氮综合研究分析及总氮削减工作建议》专题调研报告并组织实施。定期对辖区内“一江五涌六湖”［“一江”指珠江前航道（越秀区段7.32千米），“五涌”指东濠涌、新河浦涌、水均岗涌、景泰涌（跨区）、沙河涌（跨区），“六湖”指东山湖、麓湖、流花湖、越秀公园北秀湖、南秀湖、东秀湖］开展巡查，重点排查超标排污、设非法排污口及污染源污水直排河涌等违法行为。发挥交叉巡查联合执法工作机制作用，联合市生态环境局荔湾分局、天河分局开展跨界河涌污染源联合执法行动，加强跨界河涌周边污染源排查整治。加强入河排污口排查整治，强化涉水污染源日常监管，对辖区内14个水环境重点排污单位开展在线监管；制定印发重点企业排污单位、重点监管医疗单位监测任务表，开展专项执法及监测；加强工业、医疗涉水污染源全覆盖巡查执法。

【噪声污染防治】 2023年，越秀区制定并印发《越秀区2023年建筑工地夜间施工噪声联合执法专项工作计划》，联合建设水务、城管部门和街道开展联合执法行动，打击建筑工地夜间施工噪声扰民行为，推广安装噪声显示屏。强化考试考场环境噪声监管，对各考点及周边环境开展执法巡查和声环境质量监测，及时处理涉考信访投诉。

【固体废物及辐射污染防治】 2023年，越秀区建成广州市首个小微医疗机构密集区域信息化、智能化医疗废物集中收集点，实现服务范围内医疗废物从产生到处置的全流程追溯，提高小微医疗机构医疗废物清运处理效率，相关工作经验在全市推广。在广州市各区率先全覆盖开展实验室新领域环境管理执法行动，坚持严格执法与普法服务相结合，指导帮扶74个实验室规范环境管理，督促整改到位，形成闭环管理；督促大中院校、医疗机构及科研检测机构落实实验室危险废物产生、收集、贮存、转移、处置全过程污染防治工作。推进危险废物规范化管理，制定《2023年危险废物规范化环境管理评估工作方案》，评估检查年产生危险废物10吨以上企业47家，组织各街道环保员简易检查危险废物企业1084家次；围绕多行业、多领域开展危险废物专项执法行动，打击危险废物环境违法犯罪行为，制定并印发专项通知方案5份，检查相关企业约500家次。开展固体废物申报登记审核和质量抽查，审核完成率100%；面向辖区内产废单位组织开展业务培训3场。加强核技术利用单位环境监管，制定并印发《2023年辐射环境管理工作方案》，组织开展核技术利用单位监管执法、放射源安全专项执法。成立越秀区推进广州市“无废城市”建设工作小组，印发《越秀区推进广州市“无废城市”建设试点实施方案》，建立“1+2+N”（“1”指由分管区领导担任组长的1个领导小组，“2”指工业和危险废物领域、生活与建筑领域2个工作专班，“N”指若干个成员单位）专班工作机制，围绕机关、学校、工地、商场、酒店、景区、医院等领域建成

2023年10月27日，市生态环境局越秀分局在北京街道建成广州市首个小微医疗机构密集区域信息化、智能化医疗废物集中收集点。图为收集点
（市生态环境局越秀分局供图）

“无废细胞”180个。创新开发“无废细胞”类型，探索建成“无废医院”，区级党政机关在广州市各区率先100%建成“无废机关”。（潘莉莉）

环境监督管理

【环境执法监管】 2023年，越秀区组织对大气、水、噪声、固体废物、核与辐射等生态环境重点领域开展专项执法检查行动，出动5600人次，执法检查污染源单位2800个次。推进“双随机、一公开”（在监管过程中随机抽取检查对象，随机选派执法检查人员，抽查情况及查处结果及时向社会公开）工作，“双随机”抽查执法抽查排污单位242个次，发现问题并督促整改单位16个次。全覆盖推广使用移动执法系统，执法人员和环保员活跃度均在广州市各区前列。完成2022年重点排污单位环境信息年报披露工作。依法实施环境行政处罚，全年立案35件，作出行政处罚决定8件，处罚金额39.2万元，入库额39.41万元。综合适用免罚清单制度、执法“观察期”制度等发出行政处理决定或不予处罚决定21件，免罚金额200万元。强化街道环保员业务管理和培训，各街道环保员全年检查餐饮单位、在建工地、非移动道路机械、机动车维修企业、医疗机构等污染源单位1.15万个次，处理生态环境信访投诉660宗。

【环境信访】 2023年，市生态环境局越秀分局落实领导接访、下访和包案制度，加强生态环境保护督察案件整改成效巩固，开展环境矛盾纠纷排查化解行动。全年受理环境信访投诉案件257件，其中废气投诉104件、噪声投诉66件、废水投诉7件、其他投诉80件，案件办结率100%。

【环境应急管理】 2023年，越秀区落实领导带班应急值守和节假日、重大活动在岗值班制度。常态化开展环境安全隐患排查治理，督促104个风险源单位完成自查自纠，执法抽查相关单位152个，发现并责令整改环境安全隐患问题10个。分类分级督促16个单位完成应急预案备案，39个危险废物产生单位完成简化备案。落实国控省控监测站点安全隐患和干扰风险排查，建立举报和应急处置工作机制。对麓湖疑似污水偷排、二沙岛排水口排放白色污水等4件应急事件开展应急执法、监测和处置，及时上报处置信息和监测数据。

【环境监测】 2023年，市生态环境局越秀分局围绕污水、噪声、油气回收、油烟、辐射、烟气黑度项目监测污染源单位84个次，其中达标单位77个次，对未达标单位依法依规进行处理。对220个污染源单位的污水、辐射、废气等项目开展辅助性监测。编制《2022年度越秀区环境质量报告书》《广州市越秀区环境监测年鉴（2022年度）》。全年完成河涌水质、降尘碱片、道路交通声环境和区域声环境监测等指令性任务，获得有效监测数据2858个。强化水环境总氮削减技术服务，开展涉重点断面河涌水环境总氮监测26次。开展东濠涌、景泰涌多断面多参数水质加密监测。加强声环境质量监测及综合分析研判，参与广州市功能区声环境质量监测点位优化布设工作组，配合开展相关监测。全年编制空气质量分析报告5篇、空气质量月报12期、空气质量状况1期、主要湖涌水质通报4期、加密监测情况通报4期。

【涉生态环境领域下放事项帮扶指导】 2023年，越秀区印发《越秀区强化街道涉生态环境领域综合行政执法工作方案》，推进街道生态环境综合行政执法队伍建设。印发《关于强化生态环境领域涉群众信访举报投诉问题调处的工作方案》，对近30个街道上报的重难点信访问题开展帮扶指导。更新下放事项行政执法手册，定期编制工作简报共享执法信息，录制生态环境执法培训微视频，开展案例指导和执法卷宗评查，6个案例作为广州市生态环境下放事项典型案例获推广示范。全年对各街道开展涉生态环境下放事项执法培训5

次，接受下放事项业务咨询324次，实施现场带教指导185次，参加涉下放事项座谈会或协调会27次，移送相关案件线索22条，参与涉下放事项投诉协助处理87次，书面答复街道咨询5宗，牵头组织统筹事项培训16场次。全年各街道立案查处生态环境领域违法案件38件，处罚案件26件，罚款总额54.59万元，发出责令改正通知书166份，发出免罚决定12宗。是年，越秀区“1+3+N”（“1”指1个通知、“3”指3个清单、“N”指若干个措施）生态环境领域下放事项督导工作体系获广州市法治建设创新项目二等奖。

【环境服务】 2023年，越秀区印发实施《广州市越秀区节能环保和生态产业链高质量发展三年行动计划（2022—2024年）》，组织召开越秀区环保企业高质量发展座谈会，加强招商引资推介、高新技术企业认定等政策宣传。优化营商环境，拍摄《15分钟学环境执法》视频短片，向企业科普介绍柔性执法制度，获市生态环境局肯定和推广。落实首席服务官机制，由区领导挂点服务重点企业，提升服务效能。对11家企业开展安商暖企走访活动。优化环保行政许可审批服务，落实容缺受理和告知承诺机制，全年受理环评审批项目6个，网上登记备案项目346个；落实工程建设项目联合会审、验收机制，对11个重点工程项目出具生态环境部门专业意见。开展环评审批突出问题专项整治，完善并印发《建设项目环境影响评价文件内部审查程序》《环境影响评价事项集体审议制度》，提高环评审批规范性、专业性、严谨性、时效性。开展排污许可证延续、变更、申请和质量抽查相关工作，办理排污许可相关业务41件。落实排污许可“双百”（3年内排污许可证质量检查率100%，1年内执行报告提交率100%）目标任务，开展持证单位清单式检查和自行监测帮扶指导，执行报告年报提交率100%。印发《关于进一步规范建设项目事中事后监管工作的实施方案》，完善建设项目环境保护闭环管理机制。推进生物多样性保护，印发实施《广州市越秀区生物多样性保护实施方案（2022—2024年）》，明确各部门工作任务，落实保护、管理、监督措施；面向有关部门和社区群众开展生物多样性保护工作培训。落实《广州市越秀区国家生态文明建设示范区规划实施方案》，完成创建技术、创建工作、创建指标分技术、特色亮点、典型事迹、满意度和参与度调查等报告6份。编制并发布广州市首份生态文明建设绿皮书，完成“生态古城，风华越秀”创建工作专题宣传片的拍摄。承办第三期“越碳云讲堂”活动，加强生态文明建设普及宣传。

2023年6月2日，市生态环境局越秀分局联合越秀区相关职能部门在麓湖公园举办“争创国家生态文明建设示范区 谱写绿美越秀新篇章”越秀区世界环境日主题宣传活动 （市生态环境局越秀分局供图）

【环境文化宣传】 2023年，越秀区组织举办第十二届越秀区中小学生环保漫画大赛，主题为“建设人与自然和谐共生的现代化”，有61所学校参加，收到参赛作品1197件，评选出一、二、三等奖及优秀奖作品195件。结合国际生物多样性日、世界环境日、全国低碳日、全国生态日等时间节点，全年举办生态环境保护主题宣传活动7场，倡导低碳绿色生产生活方式，凝聚生态环境保护共识。 （潘莉莉）

节能减排

【概况】 2023年，越秀区应对能耗总量和强度双控形势，践行“碳达峰、碳中和”越秀区模式。全区实际用电53.5亿千瓦时，比上年增长5.3%。用电控制情况连续第三年位居全市各区前列，能耗“双控”（能源消费总量和单位地区生产总值能耗控制）完成情况优于全市平均水平。全区用水总量2.2亿立方米，单位地区生产总值用水量6.03立方米/万元，比上年下降16.8%。

【公共机构节能】 2023年，越秀区开展公共机构能源资源消耗统计，推动区机关大楼、区公安分局、区市场监管局、广州市第七中学、广州市培正中学、越秀区正骨医院等场所实施综合节能改造。是年，区属党政机关单位面积综合能耗6.72千克标准煤/平方米，人均能耗82.68千克标准煤。发挥节能专项资金杠杆作用，推动区内公共机构实施绿色化改造和应用可再生能源。全年推动广州市培正中学、越秀区市场监管局、区卫生健康局等学校、部门实施分布式光伏发电项目4个，预计装机容量约360千瓦时；实施综合绿色改造项目2个，补助资金约25万元。创建国家节约型公共机构，推动广东工业大学（东风东路校区）、中山大学附属肿瘤医院、广州市越秀区机关事务管理局（合署办公区）3个单位创建为国家节约型公共机构示范单位。推进绿色学校创建，“广东省绿色学校”增至57所。区内有73所中小学开展“无废学校”创建活动，知用学校等24所学校入选广州市第一批“无废学校”。

【商圈节能】 2023年，越秀区探索在北京路等重点商圈开展能效摸查，从建筑规模、资源利用、能效水平、绿色创新等方面构建评价指标体系，促进重点商业载体提升用能管理水平和社会责任意识。是年，北京路步行街商圈单位营业收入能耗比上年下降11.2%。越秀区结合商业载体主要能耗系统，从供暖通风、电机、电梯、照明、变压器、风机等11个板块设置立体化台账体系，实地核查采集翔实基础信息，探索与供电部门搭建数据共享机制，及时掌握商圈能耗变化情况。开发绿色商圈管理平台，设计动态区域看板，公开商圈内各商业载体星级评定结果，展示商圈内节能改造项目、区域环境监测、能耗强度等数据。创新配置“绿色二维码”标识，设于各商业载体大厅前台，游客扫码即可查看节能信息，提出节能意见建议。开设绿色商圈管理平台管理端端口，设置纵向对比、品种分析、台账提取、更新维护等功能模块，为日常管理工作提供信息化、智能化节能管理工具。组织商户代表发出节能倡议，号召弘扬勤俭美德、节约用水用电、承诺减少使用一次性用品、主动选用更高能效设备，推动“绿色商圈”发展。（范苗）

【建筑节能】 2023年，越秀区创新开展公共建筑能耗限额管理。下沉用户一线，系统摸清掌握区内用电大户能耗设备情况。围绕重点用户“一户一策”制定节能改造方案，开展公共建筑能耗限额管理，推动节能降耗。围绕区用电大户，“一户一档”建立工作台账，从空调、电梯、变压器、风机、照明等11类能耗系统开展设备清查，覆盖建筑面积超400万平方米，发现24个重点用能单位存在违规使用落后用能设备情况。联合广州市发展改革委、越秀区科工信局、区建设水务局、越秀供电局、街道等单位，对重点用能单位开展现场节能监察指导，“一户一策”形成综合改造方案。依据法律法规要求，制发限期整改通知书，上门沟通督促落实，推动相关重点用能单位启动落后设备淘汰工作，结合实际用能保障需求分批更新到位。筛选重点用能建筑，推进公共建筑能耗限额执行和节能绿色改造。根据《广东省建筑节能与绿色建筑发展“十四五”规划》，加大对绿色建筑、建筑节能和装配式建筑实施情况的监管力度，督促工程建设主体严格执行《广东省建筑节能与绿色建筑工程施工质量验收规范》，提升建筑节能低碳水平。（范苗、陆诗茗）

2023年7月3日，2023年广州市越秀区北京路绿色商圈发布仪式在北京路天河城举行（区发展改革局供图）

【生活节能】 2023年，越秀区开展全国节能宣传周和全国低碳日活动，在区属公园、广场、志愿驿站、社区等公共场所组织节能宣传活动。在全区推广节粮、节水、节电、绿色健康出行等绿色生活理念，推广“视频会议”“无纸办公”“无纸通信”，减少使用纸杯、纸巾、筷子、塑料袋等一次性物品。举办第十二届越秀区中小学生环保漫画大赛，活动有61所学校参加，收到参赛作品1197件。指导辖区内18个街道举办“建生态文明，树环保新风”每月一主题系列环境宣传活动，促进全社会参与垃圾分类、节约用水、绿色出行。（范苗）

■编辑 何俊楠

教 育

综 述

【教育优质均衡发展】2023年，越秀区辖区内有各级各类中小学（含职业中学）、幼儿园202所。其中，幼儿园122所（区属公办幼儿园20所、其他类别幼儿园102所），区属小学46所，普通中学（含九年一贯制学校7 所）32所（区属学校21所、省市属学校7所、社会力量办学4所），区属职业中学1所，区属特殊教育学校1所。是年，越秀区投入教育经费47.41亿元，其中，公共财政预算安排教育经费40.89亿元、政府性基金预算安排教育经费0.02亿元、事业收入5.19亿元、民办学校投资人投入0.25亿元、其他收入1.06亿元。完成全区 52 所公办小学（含九年一贯制学校和特殊学校）一年级1.7万名适龄儿童招录工作，实际扩班136个，新增6120个小学优质学位，保障适龄儿童受教育权。学前三年毛入园率108%，小学毛入学率100.5%，普通初中毛入学率100.8%。坚持系统构建与“老城市新活力创新发展示范区”相匹配的区域基础教育高质量发展体系，越秀区入选国家级“幼儿园保育教育质量提升实验区”（为广东省唯一入选该项目的区县）、“广东省基础教育高质量发展示范区”（全省125个区县有13个区县立项）、广州市创建全国“智慧教育示范区”支撑区、广州市普通高中新课程新教材实施市级示范区。4月，越秀区文德路小学、越秀区建设大马路小学入选首批“全国健康学校建设单位”。5月，越秀区东风东路小学“基于人工智能+学习空间的育人方式变革及实践”项目获2022年基础教育国家级教学成果二等奖。7月，越秀区中小学生综合实践活动教育基地获“全国自然教育基地”称号。12月，越秀区建设六马路小学获“国家体育后备人才基地”称号，广州市第三中学获“全国中小学舞蹈美育人才实践基地”称号。

表23 2023年越秀区中小学（含职业中学）、幼儿园一览表

名称	地址	创建时间	教职工（人）	专任教师（人）	在校生（人）
广东华侨中学	起义路158号	1930年	94	80	1139
广东实验中学	中山四路51号	1924年	171	137	1952
广州大学附属中学	越秀校区：黄华路6号	1948年	145	136	1498
广州市第二中学	应元路21号	1930年	165	139	1744
广州市铁一中学	东兴南路文化里13号	1952年	224	195	2095
广州市执信中学	执信路校区：执信南路152号	1921年	210	183	2545
	水荫路校区：水荫二横路12号		41	39	464
	二沙岛校区：春晓街2号		48	36	185
广州市艺术中学	东风东路580号	1976年	98	88	960
广州市第三中学	大新路163号	1863年	248	227	3345

续表 23

名称	地址	创建时间	教职工（人）	专任教师（人）	在校生（人）
广州市第七中学	烟墩路 28 号 寺贝通津 11 号 白云区桂花路 11 号	1888 年	260	236	3340
广州市第十中学	起义路维新横素波巷 30 号	1906 年	84	78	1038
广州市第十三中学	文德校区：文德北路 83 号 禺山校区：禺山路 14 号 豪贤校区：中山四路榨粉街 91 号	1902 年	181	167	2242
广州市第十六中学	校本部：中山二路 37 号 南校区：大沙头三马路 20 号 水荫校区：水荫一横路 38—1 号	1934 年	307	282	3895
广州市第十七中学	校本部：小北路 280 号 西校区：西华路新桥直街 1 号	1929 年	176	156	2013
广州市第三中学实验学校	惠福西路仙邻巷 42 号	1956 年	60	56	889
广州市第十六中学东华实验学校	东华西路海月西街 5 号	1958 年	77	73	992
广州市培正中学	培正路 2 号	1889 年	241	224	3331
广州市越秀区育才实验学校	二沙岛烟雨南街 1 号	2000 年	75	69	967
广州市育才中学	初中部：中山一路水均南街 21 号 高中部：福今路 2 号	1951 年	274	246	3433
广州市第十六中学实验学校	恒福路 250 号	1994 年	107	96	1465
广东实验中学越秀学校	盘福校区：盘福路 98 号 天胜校区：环市东路天胜村 16 号之一	1948 年	245	222	3048
广州市东风实验学校	东风东路 755 号	1985 年	80	75	930
广州市第七中学东山学校	寺右二马路 30 号	1986 年	74	67	961
广州市培正中学矿泉学校	三元里大道北站路 37 号	1992 年	54	52	763
广州市知用学校	百灵路 83 号 海珠北路祝寿巷 11 号 净慧路 39 号 净慧路 90 号	1924 年	194	175	2772
广州市第七中学实验学校	小学部：站西路机山一巷 9 号 中学部：站西路机山一巷 30 号	2017 年	116	110	1786
广州市八一实验学校	南校区：达道西路 5 号 北校区：共和大街共和八巷 24 号	1948 年	173	165	2848

续表 23

名称	地址	创建时间	教职工（人）	专任教师（人）	在校生（人）
广州市华侨外国语学校	校本部：环市东路华侨新村友爱路 1 号之一	1955 年	212	204	3289
	淘金校区：淘金西街 17 号				
广州市真光学校	一德西路 419 号	1872 年	93	88	1451
	石公祠直街 20 号				
	长堤大马路 348 号				
广州市贸易职业高级中学	中山六路瑞兴新街 7 号	1956 年	123	108	2358
	文德东路 2 号				
广州市越秀区名德实验学校	一德中路旧部前街 56 号之三	2013 年	69	59	652
广州海印实验学校	回龙路 6 号	2018 年	53	46	309
广州市越秀区汇泉学校	北站路 144 号	2013 年	123	95	1565
广州市越秀区雄鹰学校	广园东云泉路 163 号大院	2006 年	69	68	1017
广州市越秀区东山培正小学	培正路 5 号之六	1889 年	140	138	2566
	永胜东街 5 号				
广州市越秀区铁一小学	共和大街 1 号	1952 年	204	198	3663
广州市越秀区署前路小学	署前路署前横 5 号	1926 年	75	72	1375
广州市越秀区东山实验小学	五羊新城寺右南一街六巷 1 号	2003 年	90	86	1590
	五羊新城寺右南三街五巷 1 号				
广州市越秀区文德路小学	文德路 77 号	1933 年	94	89	1682
	文德路 19 号				
广州市越秀区东川路小学	元运街 12 号	1905 年	75	71	1491
	东川路 47 号				
广州市越秀区清水濠小学	德政中路清水濠 46 号	1904 年	114	89	1571
	德政中路清水濠 148 号				
	德政中路清水濠 160 号				
广州市越秀区朝天小学	朝天路 81 号	1864 年	109	105	1888
	光孝路陶家巷 9 号				
广州市越秀区旧部前小学	大新路白米巷 90 号	1921 年	108	105	1899
广州市越秀区东风东路小学	东风东路 756 号	1948 年	198	191	3593
	东风东路 862 号				
	天河路 10 号				
	天河路 45 号				

续表 23

名称	地址	创建时间	教职工（人）	专任教师（人）	在校生（人）
广州市越秀区小北路小学	小北校区：小北路 80 号 丹桂校区：小北路丹桂里 11 号 天香校区：小北路天香街 4 号 天秀校区：环市中路 298 号	1907 年	208	201	3799
广州市越秀区先烈中路小学	先烈中路 107 号	1969 年	75	72	1396
广州市越秀区农林下路小学	农林下路 76 号	1964 年	96	93	1738
广州市越秀区中星小学	东校区 : 淘金东路 106 号 北校区 : 正平北街正面一巷 12 号	1991 年	128	125	2271
广州市越秀区黄花小学	区庄原道路 46 号	1950 年	77	73	1354
广州市越秀区云山小学	云泉路 151 号	1959 年	75	74	1306
广州市越秀区登峰小学	登峰校区：下塘西路 84 号 下塘校区：下塘新村 55 号	1950 年	114	110	2046
广州市越秀区东风西路小学	东风西路 265 号 盘福路 7 号 盘福路双井街 12 号 流花路 109 号之十三	1942 年	168	163	3066
广州市越秀区桂花岗小学	飞鹅路 68 号	1981 年	69	66	1285
广州市越秀区育才学校	东风东路福今东 10 号	1920 年	124	118	2192
广州市越秀区大沙头小学	大沙头路三马路 8 号之四 大沙头路 15 号	1951 年	89	87	1540
广州市越秀区红火炬小学	东华西路海月东街 93 号 东华西路永安横街 24 号	1923 年	89	86	1610
广州市越秀区永曜北小学	越秀南路永曜北街 70 号	1947 年	47	44	816
广州市越秀区八旗二马路小学	东校区：八旗二马路 60 号 西校区：北京南路同庆坊 39 号	1956 年	53	51	956
广州市越秀区珠光路小学	珠光路 40 号	1946 年	54	51	914
广州市越秀区瑶台小学	广园西路瑶台前进大街 40 号	1937 年	46	43	863
广州市越秀区水荫路小学	水荫路 71 号 水荫路 94 号	1995 年	128	125	2333
广州市越秀区豪贤路小学	豪贤路 32 号	1947 年	57	55	1056
广州市越秀区建设大马路小学	建设三马路 71 号	1952 年	81	78	1364

续表 23

名称	地址	创建时间	教职工（人）	专任教师（人）	在校生（人）
广州市越秀区雅荷塘小学	德政北路雅荷塘 10 号 仓边路旧仓巷 67—69 号	1948 年	52	49	917
广州市越秀区养正小学	广园西路 78 号	1938 年	36	33	686
广州市越秀区环市路小学	环市中路 318 号	1966 年	62	59	1122
广州市越秀区建设六马路小学	建设六马路 5 号	1951 年	100	99	1738
广州市回民小学	解放中路 468 号 解放中路 398 号	1929 年	109	106	1873
广州市越秀区执信南路小学	竹丝岗三马路 11 号	1972 年	71	68	1187
广州市越秀区中山三路小学	中山三路 58 号 荣华南 46 号	1949 年	66	62	1112
广州市越秀区秉正小学	德政中路担干巷 21 号 中山四路秉政街 42—48 号	1953 年	59	56	1012
广州市八一希望学校	西华路司马街 7 号 西华路凉亭街 12 号	1946 年	87	84	1531
广州市越秀区海珠中路小学	正校：海珠中路 15 号 分校：纸行路 34 号 分校：海珠中路七株榕街 9 号	1948 年	55	53	1001
广州市越秀区五羊小学	五羊邨寺右北二街一巷 1 号	1987 年	54	51	932
广州市越秀区杨箕小学	雄镇外街 9 号	1930 年	89	86	1536
广州市越秀区中山二路小学	中山二路菜园东 14 号	1958 年	59	55	1010
广州市越秀区大南路小学	大南路 173 号	1964 年	34	32	562
广州市满族小学	大德路象牙街 48 号 大德路 203 号	1946 年	59	56	1059
广州市越秀区广中路小学	正南路锦荣街 13 号之一 越华路小东营 3 号之一 广中路 22 号	1946 年	45	42	755
广州市越秀区沙涌南小学	三元里大道沙涌南村南大街 42 号	1973 年	43	40	721
广州市越秀区启智学校	白云路义利街 4 号 东华东路五常里 23 号 海珠南路濠畔街 254 号后座	1985 年	166	162	345
广州市越秀区中六幼儿园	西华路司马街 66 号	1933 年	50	23	277

续表 23

名称	地址	创建时间	教职工（人）	专任教师（人）	在校生（人）
广州市越秀区云台里幼儿园	总园：解放中路云台里 28 号 分园：朝天路崔府街 24 号	1952 年	56	30	265
广州市越秀区东方红幼儿园	总园：寺贝通津 15 号	1950 年	99	37	487
	分园区：新天地街 2 号	2022 年			
广州市越秀区东山教工幼儿园	南园：大沙头路 27 号之三 北园：合群一马路 139 号	1956 年	54	23	231
广州市越秀区烟墩路幼儿园	烟墩路 18 号	1909 年	53	29	290
广州市越秀区水均岗幼儿园	东风东路福今东 9 号	1987 年	35	19	182
广州市越秀区黄花实验幼儿园	淘金东横路 3 号	2001 年	35	13	167
广州市越秀区泰康路幼儿园	总园：泰康路水母湾 14 号 分园：泰康路 120 号	2006 年	67	27	352
广州市越秀区小北幼儿园	小北路丹桂里 14 号	1959 年	36	16	209
广州市越秀区真光幼儿园	总园区：一德路 331 号 分园区：天成路新桥市 18 号	2003 年	60	23	293
广州市越秀区锦城幼儿园	东风东路 858 号锦城花园 A6 首层	1999 年	26	10	118
广州市越秀区登峰幼儿园	淘金北路 75—77 号首层	1955 年	47	20	274
广州市越秀区人民北路幼儿园	东风西路德坭新街 14—16 号 101 房	1958 年	42	21	219
广州市越秀区文化幼儿园	海珠中路麻行街 6 号	1952 年	35	16	200
广州市越秀区德艺实验幼儿园	大德路 187 号	1961 年	34	16	176
广州市越秀区都府幼儿园	正南路 4 号	1952 年	40	17	204
广州市越秀区惠吉西幼儿园	中山六路惠吉西 8 号	1956 年	26	10	118
广州市第一幼儿园	北较场路 5 号	1951 年	156	74	922
广州市儿童福利会幼儿园	烟墩路烟墩新街 20 号	1988 年	37	15	182
广州市第二幼儿园	三育路 10 号	1954 年	119	68	605
广东省育才幼儿院一院	北较场路 6 号	1950 年	172	97	945
广东省育才幼儿院二院	农林东路 26 号之四	1954 年	122	78	645
广东省公安厅幼儿院	黄华路 95 号大院 80 号	1954 年	84	36	388
中共广东省委机关幼儿院	中山一路梅花村 71 号	1950 年	134	61	729
越秀区安安幼儿园	农林上路二横路 13 号	1989 年	43	16	170
广东省食品药品职业学院附属幼儿园	德政南路 63 号	1958 年	40	22	240
广东省体育局幼儿园	较场东路 16 号	1977 年	47	24	280

续表 23

名称	地址	创建时间	教职工（人）	专任教师（人）	在校生（人）
中共广州市委员会机关幼儿园	光孚路 9 号	1960 年	52	25	213
广州市公安局机关幼儿园惠福西园区	惠福西路白薇街 70 号	1989 年	19	12	61
广东省科学院幼儿园	先烈中路 81 号大院 115 号	1958 年	52	30	383
广州机务段幼儿园	机务段工人新街 2 号机务段幼儿园	1955 年	36	13	185
广州铁路（集团）公司第一幼儿园	共和大街 3 号	2017 年	71	30	425
中国人民解放军广东省军区第一幼儿园	寺右二横路 2 号	1948 年	105	50	650
中国人民解放军广东省军区第二幼儿园	寺右二横路 14 号	1951 年	80	38	434
南部战区空军直属机关幼儿园	天河路 47 号	1951 年	157	65	652
南部战区总医院幼儿园	流花路 111 号	1965 年	51	24	324
广东省广州警备区幼儿园	永福路一号大院 54 号	1962 年	65	31	374
南部战区空军保障部机关幼儿园	小北路 243 号大院	1990 年	56	25	270
中国人民解放军广东省军区第三幼儿园	建设二马路 15 号	1952 年	52	23	230
中国人民解放军南部战区空军医院幼儿园	东风东路 801 号大院	1978 年	45	22	208
中国人民解放军 95107 部队幼儿园	永福路 45 号大院	2017 年	23	10	111
越秀区水荫幼儿园	水荫路水荫直街东一巷 4 号	1989 年	48	22	295
越秀区珠光街东堤幼儿园	东堤二马路 12 号之二	1956 年	18	8	120
越秀区珠光街丽水坊幼儿园	德政中路丽水坊 47 号	1981 年	20	8	117
越秀区永汉南幼儿园	珠光街 190 号 3 楼	1956 年	19	8	120
越秀区新河浦幼儿园	新河浦路 22 号首层	1958 年	21	8	125
越秀区北京街盐运西幼儿园	惠福东路盐运西街 5 号之一	1991 年	18	8	120
越秀区沙涌南幼儿园	沙涌南村南大街 44 号	2017 年	22	12	171
越秀区爱乐幼儿园	犀牛路农本新村 16 号	2017 年	37	16	234
越秀区华林幼儿园	沙涌南连涌街 36 号	2006 年	41	18	244
越秀区御景花园幼儿园	北站路 132 号	1992 年	27	12	156
越秀区小太阳幼儿园	北站路 166 号	1999 年	30	14	189
越秀区瑶华幼儿园	三元里大道瑶华中街 122 号	2009 年	25	12	180
越秀区为民幼儿园	北站路 26 号	1995 年	19	8	101
越秀区欢欢幼儿园	广园西路瑶台前进大街 33 号	2009 年	18	8	100
越秀区红苹果幼儿园	站西路机务段西侧中铁二十五局 3 号大院	2001 年	32	13	169
越秀区瑶台幼儿园	瑶台永红大街 17 号	2007 年	21	8	123
越秀区中大北校区幼儿园	竹丝岗大马路 1 号	2006 年	52	24	256

续表 23

名称	地址	创建时间	教职工（人）	专任教师（人）	在校生（人）
越秀区环市东幼儿园	环市东云鹤南街 3 号大院 50 号首层	2006 年	16	8	113
越秀区智晟幼儿园	较场东路 19 号盈泽苑	2006 年	62	28	401
	东湖路永胜上沙 1—7 号	2006 年			
越秀区阳和汇贤幼儿园	东华西路汇贤里 11 号	2023 年	14	5	53
越秀区红黄蓝文德路幼儿园	文德路陈家巷 14 号	2003 年	33	13	89
越秀区思媛幼儿园	东风西路兴隆东 7 号	2003 年	141	60	792
	光孝路 65 号				
越秀区北京南幼儿园	北京南路太平沙 27 号 2 楼	2003 年	34	16	203
越秀区百兴幼儿园	站西路北街 30 号	2003 年	25	12	163
越秀区流花街幼儿园	解放北路桂花岗南街一号之一	1985 年	25	10	146
越秀区燕宝幼儿园	小北路丹桂里 28 号	2004 年	35	14	184
越秀区洪桥街幼儿园	小北路小石街大石三巷 14 号	2004 年	22	10	119
越秀区惠福东路幼儿园	惠福东路 389 号后座	2003 年	14	6	70
越秀区大塘拔萃中英文幼儿园	中山四路大塘街 54 号	1991 年	13	5	55
越秀区珠江实业幼儿园	华乐路 47 号首层	2005 年	33	16	205
越秀区东湖康体幼儿园	东西路 20 号一、二层	2005 年	32	13	155
越秀区卓艺菜园东幼儿园	东川路东川一街 12 号首层	1999 年	24	12	144
广州睦心幼儿园有限公司	寺右南新马路二街六巷 13 号	2021 年	28	6	36
越秀区华侨幼儿园	环市东路华侨新村爱国路 24 号	2002 年	32	14	235
越秀区二沙岛启思幼儿园	二沙岛潭月街 2 号	2003 年	28	12	96
越秀区新星中英文艺术幼儿园	白云路筑南大街 32 号	1956 年	38	14	168
越秀区轻工工程院幼儿园	盘福路医国后街 29 号	1997 年	25	8	124
越秀区雅宝幼儿园	仓边路凌霄里 7 号	2016 年	25	8	106
越秀区豪贤路嘉兴幼儿园	豪贤路万福里 5 号	2003 年	40	18	265
	珠光路 43—55 号粤海拾桂府首层、二层				
越秀区艾瑞克幼儿园	东兴南路 25 号	2005 年	25	12	110
越秀区瑞兴纸行幼儿园	光塔路 123 号	1991 年	37	16	220
越秀区儿童福利会幼儿园	五羊新城寺右北三街三巷 2 号	1999 年	34	14	180
越秀区小云雀艺术幼儿园	中山一路 49 号金羊花园内	2010 年	45	20	259
越秀区童仁幼儿园	五羊新城寺右一马路寺右二巷 7 号	2010 年	18	8	100
越秀区盛心幼儿园	二沙岛烟雨路 28 号	2020 年	37	12	91

续表 23

名称	地址	创建时间	教职工（人）	专任教师(人)	在校生（人）
越秀区建设大马路幼儿园	建设大马路 23 号之一 建设大马路西六街 17、19、21 号 01、02 房	2010 年	35	16	220
越秀区希望之星幼儿园	中山六路 108 号	2007 年	33	14	207
越秀区洋紫荆东风幼儿园	东风东路 787 号东风广场内	2007 年	48	23	335
越秀区恒福幼儿园	恒福路 270 号	2004 年	23	12	68
越秀区西濠艺术幼儿园	西濠二马路回栏新巷 18 号	2004 年	30	12	156
越秀区光塔街甜水幼儿园	光塔街甜水巷 25 号	2000 年	17	8	106
越秀区六榕仓前幼儿园	仓前街 21 号 建设二马路 8 号、10 号、12 号首、二层 西华路凉亭街 4 号	1996 年 2022 年	82	36	525
越秀区将军东幼儿园	将军东路 12 号 101、102 房、瑞南路 34 号	2022 年	29	12	169
越秀区远景启慧幼儿园	环市东路天胜村 36 号	2002 年	14	5	44
广州市黄金实验幼儿园	八旗二马路福行街 5 号	2006 年	49	23	224
越秀区东风西幼儿园	东风西路 134 号之三四首层	1987 年	34	14	198
越秀区阳和东风幼儿园	西华路司马街 24.26 号首层及 26 号二楼	2006 年	30	12	150
越秀区麓湖幼儿园	横枝岗 79 号	1991 年	36	16	236
越秀区麓景路幼儿园	麓景路 77 号	1998 年	17	6	34
越秀区健鹰幼儿园	云泉路 163 号大院	1987 年	35	16	220
越秀区西坑集团公司幼儿园	广园东路西坑云泉后街 93 号	2016 年	35	16	233
越秀区穗华幼儿园	淘金北路正平中街 9 号	2016 年	38	14	180
越秀区南方中英文幼儿园	淘金北路 30 号	1995 年	27	10	152
越秀区童的梦幼儿园	麓景路 75 号	2014 年	27	14	198
越秀区宝汉幼儿园	登峰下塘新村 2/28 号	1993 年	14	8	102
越秀区舒曼音乐幼儿园	大通路 263 号	2004 年	22	8	93
越秀区淘金幼儿园	东湖西路 33—44 号肯辛顿大厦 3 楼	2004 年	27	12	188
越秀区洋紫荆陶街幼儿园	解放中路陶街 20 号	2012 年	47	21	305
越秀区水荫翠苑幼儿园	水荫路 74 号	2012 年	24	8	121
越秀区童星幼儿园	中山三路永胜街 46 号	2006 年	20	8	120
越秀区红黄蓝东海嘉园幼儿园	东兴北路 94 号	2015 年	41	19	154
越秀区俊华幼儿园	竹丝岗新南路 15 号	2014 年	27	12	180
越秀区百兴瑞花幼儿园	三元里大道 569 号	2016 年	22	10	128

续表 23

名称	地址	创建时间	教职工（人）	专任教师（人）	在校生（人）
越秀区爱尔堡幼儿园	麓湖路 280 号	2016 年	45	20	283
越秀区五羊幼儿园	明月一街 6 号	2016 年	31	14	182
越秀区方圆悦宜幼儿园	相公巷 9 号	2018 年	29	12	180
越秀区启萌贝贝幼儿园	珠江路 80 号文德先生裙楼三楼	2018 年	22	8	105
越秀区爱乐德幼儿园	沙涌南莲涌街 36—38 号首、二层	2018 年	40	16	242
越秀区正蒙幼儿园	杨箕大街 67 号	2018 年	49	27	226
越秀区卓越悦学幼儿园	温泉新街 14 号	2019 年	33	14	201
广州市江畔雅苑幼儿园	太平沙 30 号首、二层（太平沙 30 号 101、201 房）	2019 年	22	6	89

【基础教育高质量发展示范区创建】2023年1月，越秀区被广东省教育厅立项为广东省基础教育高质量发展示范区。越秀区教育局制定《广州市越秀区推进广东省基础教育高质量发展示范区建设实施方案（2023—2025年）》和区内部门工作清单，明确责任分工和完成进度。推动区域学前教育向更高水平迈进，推进义务教育优质均衡发展，促进普通高中教育优质特色发展，健全特殊教育体系，促进区域基础教育高质量发展。召开教育系统高质量发展大会和机关作风建设会议，部署创建广东省基础教育高质量发展示范区工作。新增省级优质基础教育集团培育对象一个（东方红幼教联盟）。广州市第七中学教育集团、广州市第十六中学教育集团和培正教育集团在对口帮扶增城过程中率先探索区属教育集团一区连多地的跨区域办学模式，把增城区学校纳入作为集团成员校。制定《越秀区创建全国学前教育普及普惠区工作方案》及重点工作任务清单。督促各校动态更新“一校一案”，推进达标整改，促进普通高中优质、特色、多样化发展。印发、实施《越秀区普通高中多样化特色发展行动方案》《越秀区特殊教育高质量发展实施意见（2023—2025年）》，基础教育高质量发展示范区创建工作稳步推进。

2023 年 3 月 7 日，越秀区教育高质量发展小学系列现场会“体能发展”专场在桂花岗小学举行（区教育局供图）

【教育国际化推进】2023年，越秀区推进教育国际化。越秀区东风东路小学、文德路小学和中星小学被确定为“广州市教育国际化窗口学校培育创建单位”，广东实验中学越秀学校和广州市华侨外国语学校成为首批广州市教育国际化窗口学校之一，华侨外国语学校等13所区属中小学成为广州市中小学国际理解教育试点学校；广东实验中学越秀学校与加拿大哥伦比亚国际学院合作举办高级中等学历教育中外合作办学项目通过省教育厅审批；越秀区小北路小学与法国奥佛涅—罗纳—阿尔卑斯大区里昂市第三区安德烈菲利普小学缔结为国际友城学校。

【教育帮扶】2023年，越秀区教育局落实教育帮扶引领示范，在援疆援藏、东西部协作（援黔）、援闽、乡村振兴、省内全口径全方位融入式帮扶粤东西北、县中托管、市内“2+2+1”帮扶行动（第一个“2”指越秀区、天河区两个基础教育发展水平相对较高的区；第二个“2”指从化区、增城区两个基础教育发展水平待提升的区，越秀区与增城区结对、天河区与从化区结对；

“1”指市教研院统筹指导下组建包含白云、花都、从化、增城4个区的广州市教研第一片区）等项目上取得成果。各单位通过结对帮扶、组团帮扶、联合办班帮扶等多种形式，开展多层次的教育合作支援。79所学校分别与受援地201所学校结对，实现教育帮扶全覆盖。发挥组团式教育帮扶优势，派出57名优秀教师到受援地开展一年以上的支教活动，通过师徒结对、教学引领等举措，构建传帮带机制，提升受援学校管理和教育教学工作水平。接收340多名受援地骨干教师到越秀区跟岗培训、挂职锻炼。发挥81个名校长、名师工作室示范带动作用，组织名校长、名教师工作室团队到受援地开展“名师送教”活动，帮扶受援地开展骨干教师培训近1000人次，线上培训超3.5万人次。通过VPN（Virtual Private Network，虚拟专用网络）等信息化帮扶方式，将越秀区优质信息化教学资源传送至教育帮扶地区。

【集团化办学覆盖面扩大】 2023年，越秀区扩大集团化办学的覆盖面。培正教育集团扩增一中学一小学2所区属成员校——矿泉中学和沙涌南小学，其中矿泉中学由集团核心校培正中学托管并更名为“广州市培正中学矿泉学校”，集团在扩员增效中逐步迈向紧密型办学。是年，越秀区新增1个省级优质基础教育集团培育对象——东方红幼教联盟，区属省级优质基础教育集团培育对象增加到4个。按照市内“2+2+1”帮扶行动工作方案要求，越秀区对口帮扶增城区，3个省级优质基础教育集团培育对象率先探索区属教育集团一区连多地的跨区域办学模式。

【教育数字化】 2023年，越秀区实施中小学人工智能教育融合创新发展行动计划，举办人工智能教学研讨活动8场，培育广州市人工智能教育示范课15节、优秀课例8节，“名师课堂”应用案例入选首批教育部人工智能助推教师队伍建设行动试点典型案例。3所学校获广东省网络学习空间应用普及活动优秀学校、4名教师获广东省活动优秀教师。是年，组织参加教师教育教学创新应用评奖活动，获评广州市优秀作品134件、广东省优秀作品44件，获全国优秀作品10件，代表全省基础教育系统参加全国活动展示交流作品1件，获2023年广州市活动优秀组织单位13个，在广东省教育“双融双创”教师信息素养提升实践活动总结及优秀案例示范展示活动示范交流作品5件。组织开展越秀区学生信息素养提升实践活动，获评广州市优秀作品114件、广东省优秀作品36件、全国优秀作品2件。完成校园网络升级改造17个，建设大屏幕互动一体机150套、智慧黑板351套。开展教育部“基于教学改革、融合信息技术的新型教与学模式”实验区成果推广活动28场、数字化转型讲座3场；展示交流智慧教学课例60节、教学案例23个；打造教育部基础教育精品课22节、省级精品课40节、市级精品课126节，获评广州市创建“智慧教育示范区”年度绩效优秀。获推荐参加第六届中国教育创新成果公益博览会数字教育成果2项。新华网以《广州越秀：解锁数字育人新路径 让教育更“智慧”》为题对越秀教育数字化成果进行专题报道。

【课堂教学智能研训体系建设】 2023年，越秀区课堂教学智能研训体系建设从完善区域课堂教学质量评价表、构建能精准识别教学行为的人工智能系统、科学收集并分析师生教学行为9个维度数据、实施课堂教学智能教研行动、推进人工智能智慧作业项目5个方面开展研究。基于智能研训体系开展专项课题研究8项，其中上半年3项省信息技术专项课题结题，成功推荐2023年省专项课题8项。参加广州市信息技术2.0区域考核，通过41名导师与186个参与考核单位的结对，186所学校按时提交绩效考核资料，提交率100%，达标率100%，优良等级占比81.7%。实施智能环境提升行动，加大17所学校的建设与推动力度，取得阶段性成果。

【教师队伍建设】 2023年，越秀区强化师资队伍，提升专任教师学历层次。区属学校各学段专任教师高一层次学历占比达成市2023年目标，其中幼儿园、初中、高中提前达成省2025年目标。区属幼儿园专任教师专科及以上学历占比98.8%，2019—2023年年均提升2个百分点；小学专任教师本科及以上学历占比91.8%；初中专任教师本科及以上学历占比99.7%；高中专任教师研究生人数占比33.7%。统筹谋划加大补员力度，通过公开招聘补充幼儿园、中小学教职员350人，重点向紧缺学科、体艺类以及心理教师等师资需求倾斜，设置多样化考核方式遴选乐教适教高素质人才，为越秀区教育高质量发展提供人才支撑。探索实施“省外定点+本地招聘”的公开招聘策略，组织开展及参与“优才计划”“越揽英才”校园招聘，成功签约部属师范院校应届毕业生，组织71所局属学校在广州市公开招聘专任教师190人。加快培育各类骨干和领军人才，越秀区东风东路小学校长彭娅（享受政府特殊津贴）成为“国培计划”中小学名师名校长领航工程学员（全国113名、全省3名），中星小学校长林伟贞成为教育部新时代中小学名校长培养对象（全国150名、全省5名）。6人被认定为广东省名书记、名校（园）长、名教师工作室主持人（2024—2026年）。其中，铁一小学张婷恩被评定为广东省中小学名书记工作室主持人，中星小学林伟贞、东山培正小学叶志丹、广州市华侨外国语学校许昌良3人被评定为广东省中小学名校长工作室主持人，陈永莉被认定为广东省幼儿园名园长工作室主持人，许凯被认定为广东省幼儿园名教师工作室主持人。72人被认定为新一轮（2023—2025年）广州市基础教育系统名教师工作室主持人。组织区级骨干教师遴选认定工作，认定第三批骨干教师403人。

【师德师风建设】 2023年，越秀区坚持把师德师风作为第一标准，健全师德师风建设长效机制，以教育家精神培养躬耕教坛、教书育人的良师。面向区辖公民办中小学（幼儿园）开展广州市中小学师德师风建设优秀学校选树推荐，越秀区铁一小学等5所学校获评首批中小学师德师风建设优秀学校。组织新录用教师宣誓仪式，增强为党育人、为国育才的责任感和荣誉感。组织2022年和2023年局属事业单位教师师德考核工作，强化师德考核结果运用，坚持师德考核与岗位聘任、职称晋升相统一。落实广州市中小学教师师德师风全员考试工作，推进教师对师德师风"应知应会"知识的学习和掌握。重视教育系统职工文化建设，促进教职工身心健康，举办以"同心共筑教育梦 踔厉奋发新时代"为主题的越秀区教育系统教职工趣味运动会。区教育系统的95支队伍、1295名运动员参加比赛。

【第二届"感动越秀最美教师"和"敬业"系列教师评选】 2023年，越秀区组织开展系列活动庆祝第39个教师节，弘扬尊师重教的社会风尚。组织开展2023年"感动越秀最美教师"宣传活动，评选产生"感动越秀最美教师"10人。组织开展2023年越秀区"敬业"系列教师宣传活动，评选产生"敬业科组长"30名、"敬业级组长"30名、"敬业班主任"100名，形成校校有典型、榜样在身边、人人可学可做的局面。9月7日，2023年越秀区庆祝教师节活动暨第二届"感动越秀最美教师"颁奖仪式在区少年宫举行，"感动越秀最美教师"现场展示风采，"敬业科组长""敬业级组长""敬业班主任"代表受到表彰。首次为即将退休或转任的10名校长、书记，以及当年退休的老教师代表赠送鲜花和纪念品。活动当日同时举行"越教名师培育工程"启动仪式，旨在聚焦提升教师创新能力和专业素养，打造教师领军人才学习共同体，培养一支师德高尚、业务精湛、结构合理、充满活力的高素质教师队伍，赋能老牌教育强区跑出高质量发展的"加速度"。

表24 2023年越秀区第二届"感动越秀最美教师"和"敬业"系列教师名单一览表

序号	姓名	工作单位	序号	姓名	工作单位
2023年"感动越秀最美教师"名单					
1	陈琼环	广州市第十六中学	6	庞　雯	越秀区中山二路小学
2	卢少毅	广州市矿泉中学	7	唐倩雯	越秀区珠光路小学
3	贾鸿斌	广州市贸易职业高级中学	8	彭少健	越秀区启智学校
4	高锡妍	越秀区东山培正小学	9	唐妙红	广州市第一幼儿园
5	李希烈	越秀区东风东路小学	10	陈昕翘	中共广东省委机关幼儿院
2023年越秀区"敬业科组长"名单					
1	简艺蕾	广州市第三中学	11	蔡国华	广州市东风实验学校
2	巫红涛	广州市第七中学	12	高　虹	越秀区育才实验学校
3	梁悦敏	广州市第十三中学	13	易朝芳	广州市华侨外国语学校
4	刘　虹	广州市第十六中学	14	黄颂平	越秀区东山培正小学
5	张婉华	广东实验中学越秀学校	15	余愿媛	越秀区五羊小学
6	汤　俭	广州市培正中学	16	郑光英	越秀区东风东路小学
7	冼　威	广州市第十中学	17	叶　彤	越秀区先烈中路小学
8	姚静瑜	广州市第十六中学东华实验学校	18	唐丽萍	越秀区中星小学
9	徐桂兰	广州市第七中学东山学校	19	杜景丰	越秀区红火炬小学
10	吴　静	广州市第十六中学实验学校	20	谭蔼君	越秀区清水濠小学

续表 24

序号	姓名	工作单位	序号	姓名	工作单位
2023 年越秀区“敬业科组长”名单					
21	郑　巍	越秀区珠光路小学	26	郭敏敏	越秀区铁一小学
22	杨　超	越秀区八旗二马路小学	27	洪英惠	越秀区东方红幼儿园
23	冼桂芳	广州市回民小学	28	官少君	广东省育才幼儿院二院
24	黄碧玉	越秀区小北路小学	29	罗文勇	越秀区启智学校
25	洪　琳	越秀区东风西路小学	30	张维波	广州市贸易职业高级中学
2023 年越秀区“敬业级组长”名单					
1	林　娜	广州市第三中学	16	刘穗珊	越秀区水荫路小学
2	李典初	广州市第七中学	17	黄健霞	越秀区先烈中路小学
3	徐　敏	广州市培正中学	18	高瑞梅	越秀区建设大马路小学
4	吴小毅	广州市第十中学	19	江　翔	越秀区建设六马路小学
5	曹玉娟	广州市第七中学东山学校	20	张　琼	越秀区中星小学
6	周　阔	广州市第十六中学实验学校	21	唐毅洁	越秀区红火炬小学
7	钟瑞云	广州市东风实验学校	22	黄丽文	越秀区清水濠小学
8	何颖仪	越秀区育才实验学校	23	胡振波	越秀区杨箕小学
9	刘咏仪	广州市知用学校	24	黄飞燕	广州市回民小学
10	梁　盈	广州市八一实验学校	25	裴利红	越秀区小北路小学
11	陈泳君	广州市华侨外国语学校	26	张彩霞	广州市八一希望学校
12	郭　昕	越秀区东山培正小学	27	于晓婷	越秀区铁一小学
13	李敏霞	越秀区育才学校	28	蔡　颖	越秀区东方红幼儿园
14	卢杰东	越秀区署前路小学	29	萧洁卿	越秀区泰康路幼儿园
15	郭桂萍	越秀区东风东路小学	30	黄家莉	越秀区人民北路幼儿园
2023 年越秀区“敬业班主任”名单					
1	黄智文	广州市第三中学	10	陈愈惜	广州市第十七中学
2	张巍巍	广州市第三中学	11	罗　亘	广州市第十七中学
3	李婷婷	广州市第七中学	12	陈敏怡	广东实验中学越秀学校
4	黄会丹	广州市第七中学	13	曾子晴	广东实验中学越秀学校
5	陈　薇	广州市第十三中学	14	潘洁敏	广州市培正中学
6	李瑞雯	广州市第十三中学	15	李　宜	广州市培正中学
7	李粤华	广州市第十六中学	16	黄欣宁	广州市第十中学
8	朱健敏	广州市第十六中学	17	陈　娟	广州市第三中学实验学校
9	周松根	广州市第十六中学	18	林艳霞	广州市第十六中学东华实验学校

续表 24

序号	姓名	工作单位	序号	姓名	工作单位
2023 年越秀区“敬业班主任”名单					
19	陈泽莹	广州市第七中学东山学校	49	李钰丹	越秀区建设六马路小学
20	卢少毅	广州市培正中学矿泉学校	50	曾蔚蔚	越秀区豪贤路小学
21	许亚格	广州市第十六中学实验学校	51	李　静	越秀区中星小学
22	梁丽莎	广州市东风实验学校	52	翁丽丽	越秀区中星小学
23	杨　彤	越秀区育才实验学校	53	张艺珊	越秀区红火炬小学
24	林卫贞	广州市知用学校	54	朱颖欣	越秀区中山三路小学
25	徐俊琳	广州市八一实验学校	55	冯凯珊	越秀区清水濠小学
26	凌碧莎	广州市八一实验学校	56	陈泽萍	越秀区清水濠小学
27	袁　媛	广州市真光学校	57	卢小云	越秀区珠光路小学
28	何琬瑜	广州市第七中学实验学校	58	陆燕薇	越秀区文德路小学
29	刘建红	广州市第七中学实验学校	59	邓丽灵	越秀区文德路小学
30	邓丽茵	越秀区名德实验学校	60	黄莹之	越秀区八旗二马路小学
31	孙　芳	越秀区东山培正小学	61	冯丽嫦	越秀区登峰小学
32	古凤岚	越秀区东山培正小学	62	杨　驰	越秀区登峰小学
33	罗淑君	越秀区育才学校	63	叶敏婷	越秀区杨箕小学
34	李　静	越秀区署前路小学	64	李晓泓	越秀区云山小学
35	许秀萍	越秀区五羊小学	65	曹丽茹	越秀区朝天小学
36	冯坤虹	越秀区东山实验小学	66	李　冰	越秀区朝天小学
37	林　毅	越秀区东风东路小学	67	曾群少	越秀区大南路小学
38	刘　婵	越秀区东风东路小学	68	李健宁	广州市满族小学
39	朱红瑛	越秀区执信南路小学	69	刘海清	广州市回民小学
40	王晓雯	越秀区农林下路小学	70	李毓侃	广州市回民小学
41	陈少静	越秀区农林下路小学	71	吕凯琳	越秀区旧部前小学
42	李晓勤	越秀区水荫路小学	72	陈惜银	越秀区小北路小学
43	黄少珊	越秀区水荫路小学	73	龙艳丽	越秀区小北路小学
44	杨婷玉博	越秀区东川路小学	74	黄红曼	越秀区雅荷塘小学
45	梁颖妤	越秀区中山二路小学	75	李贻冰	越秀区东风西路小学
46	陈卓琳	越秀区先烈中路小学	76	王　凌	越秀区东风西路小学
47	詹素媛	越秀区建设大马路小学	77	曾淑婷	广州市八一希望学校
48	余海鸣	越秀区建设六马路小学	78	张燕斌	广州市八一希望学校

续表 24

序号	姓名	工作单位	序号	姓名	工作单位
2023 年越秀区“敬业班主任”名单					
79	黄海艳	越秀区桂花岗小学	90	梁思莉	越秀区登峰幼儿园
80	林诗芸	越秀区瑶台小学	91	郑晓琳	越秀区惠吉西幼儿园
81	许丹曼	越秀区沙涌南小学	92	黎婉婷	越秀区德艺实验幼儿园
82	阳　萍	越秀区铁一小学	93	黄振菁	越秀区人民北路幼儿园
83	罗淑冰	越秀区铁一小学	94	肖芳芳	越秀区启智学校
84	鄞云娜	越秀区东方红幼儿园	95	苏燕芳	越秀区启智学校
85	崔　媛	越秀区烟墩路幼儿园	96	彭　韵	广州市贸易职业高级中学
86	罗尚珠	越秀区水均岗幼儿园	97	黄每璇	广州市第一幼儿园
87	张韵怡	越秀区云台里幼儿园	98	唐艳萍	广州市儿童福利会幼儿园
88	袁　雪	越秀区黄花实验幼儿园	99	何春兰	广东省科学院幼儿园
89	任敏儿	越秀区泰康路幼儿园	100	轶　彦	广东省育才幼儿院二院

【越秀区中小学校长领导力提升工程】 2023年，越秀区委组织部、区总工会、区教育局联合推进越秀区中小学（幼儿园）校（园）长领导力提升工程和区教育系统劳模工匠人才培养项目，通过举办中小学（幼儿园）校级（储备）干部高级研修班，提升教育系统中小学（幼儿园）校（园）长后备人才的专业素养与核心能力，造就一支政治过硬、品德高尚、业务精湛、治校有方、开拓创新的管理人才队伍，为越秀区教育高质量发展奠定干部人才基础。高级研修班有65名学员，分2期进行。根据新时代校级领导干部的最新要求，项目聚焦校级领导干部工作中面临的现实问题和热点问题，组织专题培训、主题研讨、跟岗学习等不同主题、不同形式的研修活动。采取“双导师制”为每名学员配备理论导师和实践导师各1名。专题培训主讲嘉宾为大学专家学者、中小学优秀校长、教育出版社相关专家，围绕学校教学成果凝练、科研课题研究、学术规范表达、教师队伍建设、学校管理策略等内容开展培训。主题研讨及跟岗学习力求“培、教、研”合一，注重理论与实践结合，“学思结合”与“在岗实践”并行，依据学员面临的实际发展需求，递进式设计培训活动。通过有针对性、系统性的模块研修，培养学员掌握科学的教育理念，形成独特的教育艺术和风格，提高管理创新能力、自我反思和研究能力，努力成为“反思型、研究型、策略型、智慧型”管理干部。

【备课质量提升年系列活动】 2023年，越秀区教育局确定该年为“中小学备课质量提升年”。是年，越秀区教育局组织开展“一二三四”系列活动（“一”是指研制1套具有创新性的越秀区备课质量提升框架图，“二”是指分别组织2场备课质量提升推进会和推广会，“三”是指在备课质量提升年主题下开展“学科基地建设”“义务教育阶段单元整体教学设计比赛”“青越杯命题项目比赛”3项活动，“四”是指组织推进会和推广会，全年开展40场分学科论坛或展示活动）。2月，发布《越秀区学校备课质量提升工作指引》，研制出1套具有创新性的越秀区备课质量提升框架图；组织“初中强腰”工程精博学科基地评审和高中新课程新教材实施区级学科基地评选工作，遴选出初中精博学科基地31个、高中区级新课程新教材示范学科基地26个；组织开展2023年越秀区高质量备课项目——义务教育阶段大单元教学设计案例评选活动，全区小学有343件作品获奖，中学有162件作品获奖；组织举办2023年度越秀“工匠杯”暨“青越杯”中小学中青年教师技能（命题项目）大赛，全区小学、中学各学段1811人参加比赛。5月、12月分阶段召开2场高质量备课成果推广会，展示在构建专业化备课范式打造高质量课堂方面取得的阶段性成果，主会场设在广州市第三中学，分会场由16所中小学共同承办，开

展“小学固基”“初中强腰”“高中逐梦”专场活动，展示学科基地建设和高质量备课研究成果。（赵瑞典）

教育管理

【高水平安全文明校园建设】 2023年，越秀区在广州市各区率先完成区属中小学100%创建为区级更高水平“平安校园”目标任务，其中被认定为首批广东省更高水平“安全文明校园”9所、广州市更高水平“安全文明校园”18所。推进实施2023年民生实事项目，局属学校100%完成校园应急广播系统和自动体外除颤仪配备任务。开展教育系统重大事故隐患专项排查整治2023行动，排查整治校园安防、消防、燃气、危化品、信访维稳和矛盾纠纷、校舍建筑及施工、学校食品及饮用水安全等重点领域安全隐患，建立工作台账实行销号管理。开展防范中小学生欺凌专项治理，完善预防、排查、处置中小学生欺凌问题机制。越秀区中小学生综合实践活动教育基地被认定为“越秀区全民国家安全教育基地”，越秀区铁一小学获评广州市首批“总体国家安全观教育示范学校”；越秀区东风西路小学、广州市第二幼儿园、越秀区豪贤路小学接受省、市安全宣传“五进”（进企业、进农村、进社区、进学校、进家庭）督导检查获好评。是年，越秀区教育局强化经费保障，争取上级财政转移支付、社会支持，共同投入，多渠道筹集资金及使用政府一般债券资金，用于教育重点领域建设和重大改革项目发展，提升和改善校园基础设施条件，推进越秀区教育高质量发展；全年总投资1.84亿元，涉及63所学校和幼儿园、74个子项目，相关学校办学空间扩大，办学环境品质提升。完成“东风东路小学锦城校区微改造工程”等校园建设项目10个，推进“东风东路小学本校区及广州市第二幼儿园教学楼改扩建工程”，实施“2023年越秀区公办小学教学场室扩容提质改造项目”，完成51个小学扩班课室改造。常态化开展校舍安全检查工作，结合校舍升级改造，对安全等级不达标的校舍进行加固，消除校舍安全隐患，保障师生安全。

【教育督导】 2023年，越秀区教育局组织20所义务教育阶段样本校、区辖11所高中，完成2023年广东省义务教育质量监测、2023年广东省普通高中教育质量监测。做好2021年国家义务教育质量监测结果应用，分解任务，细化指导，完成“八项任务”（向区政府主要领导和分管领导进行一次汇报、制定一个监测结果应用具体工作方案、建立一支监测结果应用核心团队、开展一次监测报告的全面解读、开展一次监测报告的二次解读、遴选一次监测结果应用研究课题、制定一份针对2021年监测发现问题的区各职能部门整改方案、开展一次监测整改落实情况的督导检查）。接受2022年广州市对区级政府落实教育重点工作专项督导的实地检查，获评“优秀”等级。通过广东省2023年专项教育督导工作的市级实地检查、完成2023年市对区级政府落实教育重点工作专项督导的自评工作和2022年履职评价整改落实工作。对12所中小学、幼儿园办学情况开展综合督导，形成督导报告和问题整改提升清单。完成2023年幼儿园办园行为督导的自评和区级督评，并通过市级抽查。完成73所区辖义务教育标准化学校的区级复评并通过市级抽检。完成2023年初中毕业班评估、2022年度局属事业单位绩效考核，组织开展2023年度局属事业单位绩效考核。加强督学队伍建设，制定实施《越秀区教育局专职督学管理暂行办法》，组织市、区专职督学开展2023年“双减”（减轻义务教育阶段学生作业负担和校外培训负担）专项督导，面对面、点对点完成对区辖中小学校的全覆盖督导。

【中小学校党组织领导的校长负责制改革推进】 2023年，越秀区教育局按照“成熟一个、调整一个”的工作要求，全年分6批推进69个中小学校党组织领导的校长负责制改革，100%完成具有独立法人资格且设立党的基层委员会、总支部委员会、支部委员会的中小学校领导体制调整。按照专业强、素质高、年轻化的标准选优配强学校领导班子，确保党组织在教育系统履行“把方向、管大局、作决策、抓班子、带队伍、保落实”的领导职责。

【教育评价改革】 2023年，越秀区教育局把握新时代教育评价改革的内在要求，着眼高质量发展，从党和政府履职、学校评价、学生评价、用人评价等方面发力，探索和构筑教育评价的新模式。通过专题调研、课题立项和案例研究等途径推动教育评价改革走深走实。开展新时代教育评价改革自查自纠，促进各类学校规范办学。6篇征文在2023年广东省教育评价改革征文活动中获奖；14篇征文或案例在市级评选中获奖，其中，5个案例入选《2023年广州市深化新时代教育评价改革典型案例汇编》，1个案例入选《2023年广州市深化新时代教育综合改革典型案例汇编》。（赵瑞典）

学前教育

【概况】 2023年，越秀区辖区内有幼儿园122所，其中公办幼儿园46所、民办幼儿园76所（含普惠性民办幼儿园57所）。全区在园幼儿2.79万人，其中公办幼儿园在园幼儿1.45万人、普惠性民办幼儿园在园幼儿1.09万人，公办幼儿园和普惠性民办幼儿园在园幼儿占全区在园幼儿数的91%。区辖常住人口中3~5岁年龄组人口数2.59万人，学前三年毛入园率108%。全区学前教育普惠率超过国家、广东省、广州市提出的目标要求。是年，越秀区推动学前教育普及普惠区创建工作，新增公办幼儿园学位360个。

【幼儿园保育教育质量提升实验区建设】2023年，越秀区制订《越秀区推进国家级幼儿园保育教育质量提升实验区实施方案》，提出力争通过3年时间，推动全部幼儿园的保教质量明显提高，打造幼儿园保育教育高质量发展的“越秀样板”。是年，越秀区被教育部认定为“幼儿园保育教育质量提升实验区”（全国24个，广东省唯一）。承办广东省教育厅主办的“普惠·高质——共探学前教育高质量发展”现场会，越秀区在会上分享国家级幼儿园保育教育质量提升实验区创建经验，组织11所幼儿园为全省同行提供“浸润式”观摩，扩大越秀区学前教育影响力。同时，以“优化布局、普及均衡、共享共生、量质并举”为原则，发挥区域9个幼教联盟的优质资源辐射效应及孵化作用，盘活联盟内教育资源，打造联盟式学前教育特色品牌，助力区域普及普惠水平全面提升。2023年东方红幼儿教育联盟获“广东省优质基础教育集团培育对象”称号。

【普惠性民办幼儿园发展】2023年，越秀区引导和扶持民办幼儿园面向社会开展公益性、普惠性的学前教育，组织开展公民办幼儿园四年一轮的线上及线下办园行为区级督评和新开办幼儿园的联合视导，强化规范化管理，认定57所普惠性民办幼儿园。5月，在广东省教育厅组织的广东省首届幼儿园自主游戏活动方案和幼小衔接活动方案遴选中，越秀区有3个方案获评“优秀方案”，7个方案获评“入围方案”。12月，越秀区被教育部认定为“幼儿园保育教育质量提升实验区”。

【普惠性学前教育学位供给目标任务完成】2023年，越秀区对标全国学前教育普及普惠区的评估要求开展自查，制定《越秀区创建全国学前教育普及普惠区工作方案（2023—2025年）》，统筹协调各相关职能部门，将学前教育发展需求细化并纳入全区国土空间总体规划。完成3所幼儿园改扩建和迁址工作，其中区文化幼儿园整体搬迁至原旧部前小学惠福西路麻行校区，改善办园条件。是年，通过改扩建，越秀区新增公办幼儿园优质学位360个，高质量完成省、市“5085”目标任务（指扩大普惠性学前教育学位供给，公办幼儿园在园幼儿占比达50%，公办幼儿园及普惠性民办幼儿园在园幼儿占比达85%）。

表25　2023年越秀区幼儿园情况表

项目	单位	数量
幼儿园数	所	122
公办幼儿园	所	46
其中：区属公办幼儿园	所	20
民办幼儿园	所	76
教职工人数	人	5127
其中：园长	人	237
专任教师	人	2322
保育员	人	986
卫生保健人员	人	219
行政人员	人	154
教辅人员	人	183
工勤人员	人	1026
在园幼儿数	人	27944

【幼儿园与小学科学衔接推进】2023年，越秀区推进广东省学前教育高质量发展实验区项目“幼儿园与小学的科学衔接”，打造家、园、校共同参与的幼儿园与小学衔接生态，开展家长学校培训、交流活动，引导幼儿园大班家长和小学低年级家长协同做好幼儿园与小学科学衔接。制作由区内园校教师主讲的幼儿园与小学科学衔接家长学堂视频20个，并在“广州越秀教育”微信公众号推出“越秀区幼儿园家长学堂”。健全幼儿园与小学联合教研机制，编制出版《幼小科学衔接·入学准备教育课程》《幼小科学衔接·入学适应教育课程》2部研究成果，使幼儿园和小学成为幼儿园与小学科学衔接的宣传主平台。是年，举办全区第一届幼儿园与小学科学衔接成果评比活动，设置四大类评比项目，涵盖教学方案设计、教研方案设计、教育案例、论文等方面，吸引幼儿园教师和小学教师参与，促进幼儿园与小学科学衔接经验的梳理。（赵瑞典）

义务教育

【概况】2023年，越秀区辖区内有公办、民办学校80所。其中，省、市属学校7所，区属职业中学1所、小学46所、完全中学8所、特殊教育学校1所、九年一贯制学校7所（民办2所）、初中学校10所（民办2所）。区属义务教育阶段学校在校生10.71万人（公办10.36万人），专任教师6034人（公办5765人）。实施“小学固基”“初中强腰”工程，推动义务教育学校深化教学改革，提升教育质量。贯彻落实“双减”政策（指减轻义务教育阶段学生作业负担和校外培训负担），让教育回归校园，构建高质量的教育体系。全区义务教育阶段学校100%建立五项管理制度（指对中小学生作业、睡眠、手机、读物、体质5个方面的管理），作业管理和考试次数100%达“双减”要求，100%开设校内课后托管服务。

【初中升学考试】 2023年，越秀区报名参加初中毕业生升学考试考生人数1.13万人，其中非户籍生1466人（含政策性照顾学生50人、随迁子女1258人）；办理政策性照顾加分794人。中考平均分超广州市各区水平，居全市领先地位。

【义务教育教学改革实验区建设】 2023年，越秀区深化教育教学改革，推进“初中强腰”“小学固基”迭代升级工程。创新“一二三四五六”教研转型路径，构建“1+3+N”教研新格局，推进课程教学改革新发展。创建“一核二体四力八维”备课范式，实现教学管理和学科研训“双轮驱动”。搭建素质教育图谱，培育复合型创新型人才。抓实作业管理过程，发挥作业促进学生核心素养发展作用。围绕“共治共享教育新生态”目标，打造教研核心与区域名师两支队伍，明确其参谋、引领、助推角色，通过强化四级教研联动机制，推动教研五大转型，构建六种研训范式，促进学生核心素养发展。至年底，越秀区通过定期培训提升能力，组建高素质的教研核心与区域名师队伍；四级教研联动机制运行，促进资源共享；六种研训范式及“一核二体四力八维”越秀备课范式在区内各校推广；“1+3+N”教研格局构建完成，作业管理机制得到优化。

●延伸阅读

1.越秀“一二三四五六”越秀教研转型路径，即围绕一个目标（共治共享教育新生态），打造两支队伍（教研核心队伍和区域名师队伍），落实三个定位（参谋人、领头雁和助推器），强化四级教研联动（市、区、集团、校），推进教研五大转型（教研重心、目标、重点、方式、形态），建设六种教师研训范式。

2.构建“1+3+N”越秀教研新格局，“1”指区教研院，“3”指“669”学区化集团化办学新格局的教育集团、小学学区和幼教联盟这三类办学联合体，“N”指支撑学生全面发展的区内学校。

3.创建“一核二体四力八维”越秀备课范式。“一核”指坚持以“核心素养”为纲，准确把握高质量备课的方向；“二体”指在备课过程中促进“教师发展共同体”“学生成长共同体”融合建设，深度推进集体备课，关注学生的“学”，强调学生学习主体性；“四力”指以“协同力”“研究力”“转化力”“反思力”作为重要的突破口和着力点，机制上关注集体备课，过程中突出研磨备课，实施时强调备课转化，效果上重视备课反思，实现备课的高质量提升；“八维”指以集体备课的“力度”和“广度”、研磨备课的“深度”和“精度”、备课转化的“效度”和“活度”、备课反思的“强度”和“高度”这八个维度作为“备课专业化”的追求目标，推动学与教的深度变革。

表26 2023年越秀区中小学及在校学生情况表

项目	单位	数量
学校数合计	所	80
省、市属中学	所	7
区属公办中小学校	所	69
初级中学	所	8
完全中学	所	8
职业中学	所	1
九年一贯制学校	所	5
小学	所	46
特殊学校	所	1
民办学校	所	4
初级中学	所	2
九年一贯制学校	所	2
学生数（不含省、市属中学）合计	人	123021
区属公办中小学校在校学生数	人	119478
初中	人	23960
高中	人	13221
职业中学	人	2358
小学	人	79594
特殊学校	人	345
民办学校在校学生数	人	3543
小学	人	1793
初中	人	1750

【义务教育阶段招生】 2023年，越秀区落实租购同权、随迁子女入学、军人优抚等惠民政策，完成全区52所公办小学（含九年一贯制学校和特殊学校）一年级1.7万名适龄儿童招录，实际扩班136个，新增小学优质学位6120个，保障适龄儿童受教育权。按每人每年5000元的标准，为约1800名在读民办义务教育学校小学生购买民办学位服务。是年，越秀区制定小学升初中工作日程，紧盯重要节点和关键环节，构建责任链条，保障各类招生工作平稳有序进行。2023年有小学毕业生1.21万人（比上年增加748人），返区生333人（比上年增加6人），其中符合电脑派位资格223人、统筹学位110人。有各类教育优待人员子女30人，其中军人子女28人、高层次人才子女1人、领馆人员子女1人。跟进特殊困难户（非穗生）的入学情况，对人数较多的小学进行“一对一”指导，采取“星级评分”制定“一生一案”，关注重要敏感群体，协调相关初中落实学位安排，推动积分入学政策过渡衔接。

【义务教育阶段“双减”政策落实】 2023年，越秀区继续推动“双减”政策落地。落实“五项管理”，全区实现5个100%（100%小学开展校内课后托管服务；100%小学提供午休服务；100%小学作业管理达到“双减”要求；100%小学考试次数达到“双减”要求；100%小学建立五项管理制度）。优化校内课后托管服务，全区53所小学开展课后托管服务，参加课后托管6.5万人次，其中午休托管学生5.3万人全部实现午休平躺睡、1.4万人实现躺床睡。参加素质类托管学生4.3万人。配合广州市、越秀区审计部门完成全区减轻义务教育阶段学生作业负担和校外培训负担情况的专项审计调查，推动“双减”工作落地。是年，越秀区加强校外培训机构管理，多方协同做好审批办证，制定《越秀区非学科类校外培训机构办学许可证审批工作实施方案》，举办政策宣讲会、办证咨询会等，发布“受理清单”和“告知书”，动员辖区内无证非学科类校外培训机构提交办学申请，联合区文化广电旅游体育局、区科工信局加大对非学科类校外培训行业的管理，实现校外培训机构合规化经营。选聘18名社会监督员参与校外监督，形成社会公众参与监督的共治格局，规范校外教育培训机构办学行为。开展“中小学生校外培训材料规范管理年”“平安消费”“数据稽核”专项行动，协同区教育发展研究院推进培训教材自查自纠和全面排查。

2023年2月28日，越秀区教育高质量发展小学系列现场会“数字育人”专场在越秀区东风东路小学天伦校区举行　　（区教育局供图）

【义务教育高质量发展现场会举办】 2023年，越秀区教育局以“聚焦育人方式变革　促进教育高质量发展”为主题，选取“数字育人”“心理健康”“校家社协同”“体能发展”“以美育人”“学生发展”6个切入点，率先在越秀区东风东路小学等6所小学举办高质量发展系列现场会，深化教育教学改革，发挥示范辐射作用，总结提炼优秀经验，展示育人成果，推进越秀区基础教育高质量发展示范区创建。

【初中教育教学质量发展体系推进】 2023年，越秀区教育局继续落实《越秀区初中教育“强腰工程”项目三年行动方案（2022—2024学年）》，推进初中“强腰工程”。是年，越秀区认定第二批精博学科基地19个，发挥优质学科基地的示范、引领与辐射作用，扩大优质教育资源，推动初中教育教学高质量发展。加强项目团队保障，促进紧密型的校际联动，形成“共立管理制度、共建有效课堂、共研教学策略、共享人力资源、共促教育质量”的教研氛围。　　（赵瑞典）

普通高中教育

【概况】 2023年，越秀区辖区内有普通高中15所。其中：省、市属普通高中7所，区属普通高中8所；国家级示范性高中5所，广州市示范性高中2所，示范性高中占比为87.5%，全部通过广州市特色课程立项。在校学生1.32万人。是年，越秀区推进普通高中新课程新教材实施，促进普高优质特色多样化发展，实现普通高中新课程新教材市级以上示范区、示范校和学科基地“133”目标

（“1”指越秀区成为市级示范区，第一个“3”指有3所学校成为市级或以上示范校，第二个“3”指有3个学科成为市级或以上学科基地），越秀区获评广州市市级普通高中新课程新教材实施示范区，广州市第十六中学、广州市第七中学、广州市第三中学获评广东省普通高中新课程新教材实施省级示范校。

【普通高中招生】 2023年，越秀区有高中学校8所，均是公立完全中学，在校学生1.32万人，总体学位处于饱和状态。是年，全区高中招生计划4750人，比上年增加194人，招生计划占全市公办比例维持在8%以上。

【普通高考】 2023年，越秀区普通高考报名人数8882人，其中物理类考生4456人、历史类考生1137人、体育类考生40人、艺术类考生786人、单考单招类考生1252人、“3+证书”类考生（学生必须具备一门专业技能证书，同时笔试考语文、数学、英语3科）1211人。高考全省关键段位人数增长，再创新高。广州市第七中学、广州市第十六中学特控上线位于广州市区属学校前列，呈现双龙头竞争发展格局。

【高中新课程新教材实施示范区建设】 2023年，越秀区升级打造“逐梦”高中工程教育品牌，确定立德树人重点任务和深度学习教学、学科审题能力提升、数学思维能力提升、拔尖创新人才培养四大实施项目。探索以“双新”（新增课程、新教材）促特色，以示范促建设，推动普通高中新课程新教材实施示范区建设，广州市第七中学和广州市第十六中学入围广东省新一轮英才计划。推进课程改革和高中多元化发展，印发《越秀区普通高中多样化特色发展行动方案》，制定《越秀区普通高中新课程新教材实施学科基地建设管理办法（试行）》，遴选认定区级高中新课程新教材实施学科基地26个，建成高中多样化特色发展学科群，形成省级引领、区级示范的高中教育发展新格局。

【高中教育高质量发展现场会】 2023年，越秀区在实施“中小学备课质量提升年”背景下，高中教育从课标、教材、学情、考情、评价、作业等多方面提升备课质量，以高质量教研推动高质量备课，以高质量备课推进高质量课堂建设，开展系列高质量发展现场会活动。6月，越秀区教育局召开越秀区教育高质量发展备课项目推进会，开展相关学科的课程改革实践研究，推进越秀区教育高质量发展备课项目的实施。8月，召开越秀区2023学年第一学期中学教学工作会议，围绕“深化新课程改革，引领高质量发展”主题，着眼于教育发展的现状、难点、痛点和趋势，推动育人方式变革和教学方式变革。12月，举办高中高质量备课成果推广会，13个学科通过组织研讨课、同课异构、专题讲座、研讨交流等活动，开展相关学科的课程改革实践研究，以教研员作专业引领、以示范校作展示汇报，发挥示范辐射作用，总结提炼优秀经验，全方位展示育人成果和“双新”（新增课程、新教材）学科基地建设的成果，促进“教—学—评”一体化，形成区域范本。

【高中拔尖创新人才培养】 2023年，越秀区教育局探索高中创新人才的培养机制，推动高中教育优质均衡、广育英才，发现并培养“志趣高远且富有创新精神和实践能力”的优秀学生，在拔尖创新工作实践培养中凝聚并培养“勇于创新、敢于突破”的优秀教师。坚持“学校推荐、区域选定、市区校共育”原则，遴选并组建区域培养团队，挖掘具有学科竞赛潜能、综合素质优秀的学生组建拔尖创新人才班级，设置区域拔尖创新人才课程，开展形式多样的培训课程。是年，高考拔尖创新人才学生群体和关键段位学生人数增长。广州市第七中学、广州市第十六中学教育质量位于全市区属学校前列。

【高中学校与高校及企业协同育人】 2023年，越秀区教育局落实立德树人根本任务，鼓励高中学校与高校、企业协同育人，探索建立基础课程基地和社会实践基地，拓宽育人新路径。区属高中均设立高校拓展课程，借助高校优质教育资源，开发和实施以发展性、专长性、实践性为核心的高校拓展课程，通过走进高校及重点实验室，为区属高中学生创设更好的课程学习平台。广州市第三中学开展“扬鹰拓展课程”，组织学生到华南农业大学、广东省外语外贸大学进行沉浸式研学，了解国家重点学科，体验生涯教育与探究性学习模式，为学生适应社会生活、高等教育和职业发展奠定基础。广州市第七中学实施拔尖创新人才培养计划——“四叶草计划”，组建“四叶草班”到中山大学、华南理工大学、香港科技大学（南沙）开展研学活动，链接高校资源，助力学生科学素养提升，提高对职业规划的认识。广州市第十六中学组织学生到中山大学、华南理工大学和南方科技大学开展科技创新体验研学活动，助力青少年拓展科学视野，增强科技意识，培养创新实践能力和团队合作精神，促进学生全面多元发展，增强协同育人实效性。

（赵瑞典）

普通高等教育

【概况】 2023年，越秀区辖区内有中山大学广州校区北校园、广东工业大学东风路校区、广州医科大学越秀校区、广州大学桂花岗校区等普通高等教育学校校区。是年，中山大学广州校区北校园公共卫生学院入选国家高水平公共卫生学院。广东省工业设计展览馆在广东工业大学东风路校区开馆，是广东省首家设于高校的工业设计主题展览馆。广州医科大学完成呼吸疾病全国重点实验室重组工作。广州大学桂花岗校区刘宝辉团队研究成果“光周期调控大豆开花的分子遗传基础”获教育部自然科学一等奖。（越鉴）

【高校教育教学】 2023年，越秀区辖区内高等学校教育教学取得成果。

中山大学广州校区北校园（以下简称“北校园”） 2023年，北校园在办本科专业9个，均入选国家级一流专业建设点；基础医学专业入选国家“强基计划”招生专业和“基础学科拔尖学生培养计划2.0”基地。中山医学院参加基础医学领域本科教育教学改革试点工作计划，参与牵头“医学分子细胞遗传基础”“人体形态与功能”2门核心课程及教材建设。北校园各学院全年立项支持大学生创新创业训练计划项目220个，其中国家级21个、省级17个。北校园教师在第三届全国高校教师教学创新大赛中获国家级二等奖1项、省级一等奖（特等奖）1项；在广东省第五届高校性健康和预防艾滋病教育骨干教师授课比赛中获优秀奖1项。2名教师获评中山大学校级教学名师，1名教师获宝钢优秀教师奖。12门课程获国家级一流课程认定，11门课程获省级一流课程认定。1项成果获国家级教学成果二等奖，39项成果获校级教学成果奖（特等奖1项、一等奖12项、二等奖26项）。北校园建设有一级学科博士学位授权点10个，博士、硕士专业学位类别4个，硕士专业学位类别2个。有研究生导师3426人，其中博士生导师1172人、硕士生导师2254人。北校园及广州各附属医院获广东省研究生教育创新计划立项5项，其中专业学位研究生教学案例库建设项目1个、示范课程建设1个、学位与研究生教育改革研究2个、暑期学校1个。（王珂）

广东工业大学东风路校区 2023年，广东工业大学东风路校区设有表演、产品设计、城乡规划、动画、风景园林、服装与服饰设计、工业设计、环境设计、建筑学、美术学、视觉传达设计、数字媒体技术、数字媒体艺术13个本科专业；有工商管理、会计学、建筑学、给排水科学与工程、工程管理、人力资源管理、土木工程、电气工程及其自动化、法学、机械设计制造及其自动化、计算机科学与技术、人力资源管理、商务英语13个成人网络本科专业。国际交流学院负责计算机科学与技术、国际经济与贸易2个专业国际学生的教学管理工作。获批省级以上教改项目13个，其中国家级2个、省级11个。（谢锦文）

广州医科大学 2023年，广州医科大学新增国家级一流课程12门（比上一轮增长140%）、省级一流课程25门。新增全国高校黄大年式教师团队1个。获国家级教学成果奖二等奖1项，国家级教师教学竞赛表彰3项、省级教师教学竞赛表彰38项、省级课程思政示范典型表彰8个。新增国家级质量工程项目25个、省级教研课题84个、广东省研究生教育创新计划项目23个。研究生学位论文抽检优秀率位居全省第四。毕业生医学类执业资格考试通过率位居全国前列，其中中西医结合执业医师通过率（94.6%）位居全国高校第一、公共卫生执业医师通过率（91.4%）位居全国前五。（关秀雯）

广州大学桂花岗校区 2023年，广州大学桂花岗校区分子遗传与进化创新研究中心、大湾区环境研究院、精准基因编辑中心等校区科研机构发表核心期刊以上论文117篇，有智库成果25份，获市级以上科研项目立项42项，立项经费超1800万元，其中刘宝辉团队研究成果“光周期调控大豆开花的分子遗传基础”获教育部自然科学一等奖、闫兵团队在人工智能和分子模拟加速纳米毒性大数据到关键信息转化研究中取得进展、王雄军团队合作发现改善PD—1阻断治疗的潜在新策略、王孟欣主持的“数字贸易核算与全球产业链重构统计研究”获国家社科基金重大项目立项。（彭长春）

【高校学科建设】 2023年，越秀区辖区内高等学校学科建设取得成果。

中山大学广州校区北校园 2023年，中山大学广州校区北校园设有学院5个及直属附属医院7家（其中5家位于越秀区），支撑建设一级学科9个。在第五轮全国学科水平评估中各学科表现优异，基础医学、临床医学、药学入选第二轮“双一流”建设学科，公共卫生学院入选国家高水平公共卫生学院。是年，中山大学在北校园成立医科公共平台（广州校区）、高性能计算公共平台（北校园），为北校园医科院系和附属医院提供科研条件保障。（王珂）

广东工业大学东风路校区 2023年，广东工业大学东风路校区设有设计学、建筑学、城乡规划学3个一级学科硕士学位授权点；有艺术、风景园林、机械（工业设计工程领域）、土木水利（人工环境工程领域）4个专业学位硕士授权点。设计学为省级攀峰重点学科、“冲一流”重点建设学科，2023软科中国最好学科排名首度跻身“中国顶尖学科”（位列全国前3%）。8月18日，由广东省工业和信息化厅主办、广东工业大学承办的第十一届“省长杯”工业设计大赛颁奖典礼在广州市越秀国际会议中心举行，大赛征集作品3.6万件，评选出钻石奖3个、金奖6个、银奖9个、铜奖12个、单项奖40个及优胜奖806个，以设计赋能制造业高质量发展。（谢锦文）

广州医科大学 2023年，广州医科大学与医学直接相关的10个ESI（基本科学指标数据库）学科全部进入全球前1%且排名持续上升，临床医学进入全球前0.9‰。ESI全学科居全球第749位（比上年提升74位）、居内地高校第74位。新增国家高水平中医药重点学科1个、省中医药防治传染病重点学科1个。10个学科入选2023年“软科世界一流学科”。

（关秀雯）

【高校科研创新】 2023年，越秀区辖区内高等学校科研创新取得成果。

中山大学广州校区北校园 2023年，中山大学广州校区北校园科研经费总量稳定保持在近14亿元。医药领域2个全国重点实验室顺利通过重组，新增省部级科研平台4个。获2022年度广东省科学技术奖10项，含一等奖4项、二等奖5项、青年科技创新奖1项。此外，获2023年度何梁何利基金科学技术奖、2023年度谈家桢临床医学奖和第三届全国创新争先奖等社会科技奖项。（王珂）

广东工业大学东风路校区 2023年，广东工业大学东风路校区获批各类科研项目立项102个（横向科研项目66个、纵向科研项目40个），立项资助金额2700多万元。其中，获批国家自然科学基金项目3个、国家社科基金项目2个、省部级项目18个。授权专利186件（发明专利48件、外观设计专利69件、实用新型专利69件）、计算机软件著作权2件。发表A级（权威核心刊物论文）以上论文44篇，其中T级（特种刊物论文）论文13篇。（谢锦文）

广州医科大学 2023年，广州医科大学获批各级各类纵向科研项目668个，合同经费1.97亿元，其中国家自然科学基金立项数204个，资助经费1亿元；牵头获批国家重点研发计划项目2个、子课题5个，资助金额5573.5万元。完成呼吸疾病全国重点实验室重组，新增教育部呼吸健康国际合作联合实验室，增强学校在国际呼吸研究领域的影响力和话语权。新增省级重点科研平台3个。发表SCI论文3382篇，其中以第一作者或通讯作者在Nature、Science、Cell、JAMA的子刊发表高水平论文44篇；ESI高影响力论文288篇、比上年增长21.5%，位居全国独立建制医科院校第五；8人入选爱思唯尔2023年中国高被引学者榜单，31人入选“全球前2%顶尖科学家榜单2023”。新获授权专利565项，持有有效专利2742项。荣获第三届全国创新争先奖、第十届“树兰医学奖”、第48届日内瓦国际发明展金奖各1项，获广东省发明专利金奖（广东省内高校唯一获奖），以第一完成单位获广东省科学技术奖3项、华夏医学科技奖4项、广东省第十七届丁颖奖1项。完成科技成果转化项目124个，比上年增长74.5%；签订科技成果转化合同金额4366.51万元，比上年增长33.8%。钟南山院士团队牵头研发的国际首款无需联用利托那韦的拟肽类3CL蛋白靶点新冠治疗药物、拥有全球自主知识产权的原创Ⅰ类新药——来瑞特韦片获批上市。（关秀雯）

【高校交流合作】 2023年，越秀区辖区内高等学校交流合作取得成果。

广东工业大学东风路校区 2023年，广东工业大学东风路校区来华国际学生教育按照“扩大规模、优化结构、规范管理、保证质量”的指导原则，坚持高质量党建引领高质量来华留学，打造“留学广工”品牌，国际学生教育内涵式发展稳步推进。国际学生执导的《柑·甜》《竹茗》等短视频在中国外文局主办的国内国际大赛上获奖，英国籍学生获第五届中华经典诵写讲大赛“诗教中国”诗词讲解大赛总决赛留学生组全国二等奖，获广州地区第十二届中外友人运动会七人制足球赛亚军。（谢锦文）

广州医科大学 2023年，广州医科大学获广州金域医学检验集团捐赠1亿元建设国家现代产业学院。加入“一带一路”国际医学教育联盟，与澳大利亚阿德莱德大学、格里菲斯大学及澳大利亚华人医师协会签订合作谅解备忘录，与加拿大麦克马斯特大学健康科学学院、香港中文大学续签合作协议。获批国家自然科学基金委员会国际（地区）合作与交流项目2个、科技部政府间国际合作项目1个。（关秀雯）

附录：驻区高校简介

1.中山大学广州校区北校园 中山大学广州校区北校园位于越秀区中山二路74号。2023年有在校本科生3149人；有10个研究生培养单位，在读研究生8824人，其中博士生3320人、硕士生5504人。北校园（含附属医院）有专任教师937人，全年引进人才20人、新增国家级人才19人（含院士1人），博士后进站454人。（王珂）

2.广东工业大学东风路校区 广东工业大学东风路校区位于越秀区东风东路729号，占地面积14.06万平方米，校区突出国际设计创意特色优势，设有艺术与设计学院、建筑与城市规划学院、国际交流学院和继续教育学院。2023年，广东省工业设计展览馆在该校区开馆，是全省首家设立于高校的工业设计主题展览馆，成为广州市区核心区域的设计文化地标。是年，东风路校区有教职工365人，其中专任教师253人；有在校生4125人，其中普通本科生3337人、硕士研究生639人、博士研究生24人、国际学生125人；成人本科在校生960人。（谢锦文）

3.广州医科大学越秀校区 广州医科大学越秀校区位于越秀区东风西路195号，占地面积5.59万平方米，建筑面积14.02万平方米，教学及辅助用房面积5.49万平方米。2023年有在校生3343人，其中普通全日制本科生 2742人、硕士研究生468人、博士研究生133人。是年，该校在2023年软科中国大学医科实力评级中位居全国高校第十八、独立建制医科院校第五，均比上年提升6位，整体进入“A+”院校行列。（关秀雯）

4.广州大学桂花岗校区 广州大学桂花岗校区位于越秀区桂花岗东1号，校区横跨越秀区和白云区，总用地面积10.19万平方米，总建筑面积15.18万平方米，分南区、东区（即后山）及北区三个部分。2023年有全日制学生近3600人（其中本科生约2500人、研究生约1100人），涵盖管理学院、经济与统计学院、公共管理学院、法学院、人文学院、外国语学院、生命科学学院、环境科学与工程学院、土木工程学院、计算机科学与网络工程学院、网络空间安全学院11个学院。校区实行延伸管理模式，设有校区管理服务中心，负责统筹协调校区各项事务。学生处、研究生院、教务处、保卫处、后勤服务处、财务处、网络中心、图书馆等单位均在校区设有派驻办公室。离退休干部处、教师培训学院（继续教育学院）、广州发展研究院、广州大学金融研究院（广州国际金融研究院）、大湾区环境研究院、精准基因编辑工程中心、分子遗传与进化研究中心等单位和高水平科研团队均常驻校区。校区建有功能齐全的教学楼、实验楼、学术交流中心、图书馆、学生公寓、运动场地等。（彭长春）

特殊教育

【概况】 2023年，越秀区有特殊教育公办学校1所（越秀区启智学校），覆盖学前至职高等学段，有31个教学班，在校学生345人，在职在编教职工134人（其中专任教师131人）。全区开展融合教育的学校（园）有80所、资源教室39个（幼儿园15个、义务教育阶段24个），有随班就读学生275人（幼儿园13人、小学学段47所学校185人、初中学段21所学校77人）。有特殊学校送教上门学生10人（小学段4人、初中段6人），占3%。义务教育阶段适龄残疾儿童入学率100%。全区形成以公办特殊教育学校为骨干，以普通学校随班就读、运用资源教室为主体，以送教上门和远程教育为辅助，向学前、中职两头延伸的特殊教育格局。是年，越秀区制定《越秀区特殊教育高质量发展实施意见（2023—2025年）》，深化“秀霓虹”项目，构建特殊教育“全覆盖、深融合、高质量”的发展格局。5月，承办广东省融合教育交流研讨活动。6月，越秀区特殊教育指导中心作为国家基本公共服务综合标准化越秀区试点的现场展示点，高分通过“国检”。

【“秀霓虹”普通教育、特殊教育融合项目】 2023年，越秀区贯彻落实《“十四五”特殊教育发展提升行动计划》，推动区域融合教育质量上台阶，探索普通教育、特殊教育共融项目实施路径，区特殊教育指导中心与区启智学校组建第二批“秀霓虹”共融学校，包括广州市第十六中学东华实验学校、回民小学、红火炬小学、东山教工幼儿园。第二批“秀霓虹”学校主要研究纵深学段融合教育模式，以解决核心关键因素为着力点开展深度合作，在校际间师生融合活动、融合教育核心问题项目研究、以校家社联动为主题的社区活动等方面开展探索。5月，开展以“融合有爱，友好同行”为主题的“手拉手，融合庆六一”活动。10月，举办以“创新赋能、共享双赢，拓展教育新格局”为主题的“秀霓虹”融合项目座谈会，围绕高质量融合教育核心问题进行研讨。11月，组织《画布上的起跑线》融合观影活动。12月，邀请中山大学附属第三医院儿童发展行为中心主任医师邹小兵教授举行“家校医合作，助力自闭症儿童健康快乐成长”主题讲座。

【“加减乘除共支持，多彩生命齐绽放”案例入选教育部首届全国融合教育优秀教育教学案例】 2023年，越秀区推动特殊教育与普通教育的深度融合，区特殊教育指导中心与区启智学校联合推出以总结区域融合教育经验为思路的融合教育案例“加减乘除共支持，多彩生命齐绽放”，经过区、市、省的层层选拔，被推荐到教育部参与全国首届特殊教育教师教学基本功展示和融合教育优秀教育教学案例的遴选，7月该案例获评优秀案例。该案例展示区域内在融合教育领域的深度探索，通过实施“多元化、全方位、立体式”的融合教育方案，促进特殊儿童和普通儿童的共同成长，体现越秀区“人人享有公平而有质量的教育”理念。

【《越秀区特殊教育高质量发展实施意见（2023—2025年）》制定】 2023年，越秀区落实特殊教育政策，制定《越秀区特殊教育高质量发展实施意见（2023—2025年）》。该意见提出，到2025年，实现残疾儿童少年义务教育入学率99%、持证残疾幼儿学前三年入园率90%、中职教育阶段残疾学生入学机会持续增加。重点任务包括加大资源供给、推进多元融合、提升支撑能力等，并明确加大财政投入、改善办学条件等保障措施。该意见同时要求提高政治站位，加强组织领导，健全工作机制，强化督导评估，加强宣传引导，形成全社会关心支持特殊教育改革发展的氛围。（赵瑞典）

中等职业教育

【概况】 2023年，越秀区有区属公办职业中学1所——广州市贸易职业高级中学，为广东省重点职业中学，有在校学生2358人、专任教师96人，其中具备高级职称教师占比38.5%。是年，该校加强中职专业建设，动态完善中职专业体系，开设会计事务、金融事务、商务英语、电子商务、大数据技术应用、物流服务与管理、服装设计与工艺、艺术设计与制作等八大前沿专业，培养学生成为“升大有优势、就业有专长、创业有本领、发展有基础”的高素质技术技能型人才，形成优势专业群，打造广州市人工智能助推教师队伍建设试点校和广州市人工智能通识课试点校。2021—2023年学生参加省、市中职学校技能竞赛获奖174人次，毕业生就业率保持100%。

【中等职业学校招生】 2023年，广州市贸易职业高级中学根据市场需求和学生特点，制定科学合理的招生策略，以“立足越秀，尽纳教育强区生源；面向广州，欢迎广大考生报读”为招生方向，通过多渠道、多形式的宣传方式，让更多人了解学校的教育理念、师资力量和办学特色，提高知名度和美誉度，实现生源“稳规模，提质量”。是年，学校招生录取超过普高线的学生有209人。

【职业教育内涵建设】 2023年，越秀区中等职业技术教育围绕区经济发展战略需求，坚持做精做强做优目标，推动广州市贸易职业高级中学“强内涵、创优质”，优化学科专业结构，对接新兴产业需求，成为区经济建设技能人才的培养基地。探索开展“人工智能+”人才培养综合改革，推进“人工智能+”专业建设和课程建设。实施学校财经商贸类专业向“智能会计”“智能电商”“智能金融”“智慧物流信息化作业”等专业方向调整和发展。结合学生特长和个人意愿进行科学规划，提供个性的、适合的、有选择的教育，培养可持续、可迁移的发展能力，促进学生的全面可持续发展。广州市贸易职业高级中学在2022—2023学年广州市中等职业学校“强内涵、创优质”办学质量评价中获第三名，其教师团队获2023年广州市中等职业学校教师教学能力大赛一等奖。

【职业教育产教融合】 2023年，越秀区推进产教融合、校企合作，增强学生就业竞争力。以市场需求为导向，推进专业动态调整机制。牵头成立越秀职业教育集团，涵盖4所高职院校、1个行业协会和19个校企合作单位，打造校内校外产教融合实训示范基地，推动广州地区财经商贸类、信息技术类、艺术类高素质技能应用型人才培养，打造广州市特色鲜明、产教深度融合的育人共同体。深化校企合作，共建人才培养模式，邀请行业专家参与学校人才培养方案制定，探索开设“人工智能通识”课程，赋能专业发展。引进企业专家进校园授课，加强产教融合型师资队伍建设，培养“双师型”教师（指具备理论教学和实践教学两种能力的教师）。是年，广州市贸易职业高级中学有“双师型”教师67人，占专业教师总数的97.1%。学校与广州市各大银行、会计师事务所及其他知名企业等10多家优质企业达成战略合作意向，实现校企协同育人。将“1+X”证书（指“学历证书”及“若干职业技能等级证书”）制度试点与专业建设、课程建设、教师队伍建设结合，深化教师、教材、教法“三教”改革，提升职业教育质量和学生就业能力。（赵瑞典）

社区教育

【概况】 2023年，越秀区推进街道党校规范化建设，探索建立街道党校“3+N”（“3”指政治理论课、党性锻炼课和实务培训课，“N”指“行走中的红色党课”、主题党日、志愿服务结对帮扶等N项自选课）培训模式。组织开展越秀区社区老年教育现状线上问卷调查，探索越秀区未来老年教育工作方向。社区教育学院二院少儿活动部（设在越秀区少年宫）强化学校、社区、家庭“三位一体”教育模式，创造青少年儿童社区教育环境。推动青少年儿童走进社区、了解社区、服务社区、融入社区，成为社区教育活动的受益者、参与者和创造者。

【青少年校外教育】2023年，越秀区开展“红诗越秀——学习二十大，争做好队员”暑假青少年红色立体研学活动，吸引4000多个小队参与，通过“学、访、讲、唱、画”等形式，引导队员体验红色文化。依托越秀区红色研学季推出的“五大红道”（指工农青革命红道、中国革命统一战线红道、毛泽东伟人足迹红道、周恩来伟人足迹红道、陈独秀革命先锋足迹红道），为队员量身打造5条主题研学线路，全覆盖设置线下打卡装置。首次将青少年研学与党员、团员进行融合联动，构成党员、团员、少先队三级研学体系，越秀区红色立体研学品牌代表广东省先后2次在全国少先队社会化工作交流会上作经验分享。创新校外少先队建设，以街道、社区少工委为支撑，按照“应建尽建、能建必建”原则，指导成立街道少工委12个、社区少工委56个、少先队校外实践教育营地（基地）少工委2个，实现对全区66%有中小学的街道、68%有中小学的社区的覆盖，越秀区少年宫少工委通过“送教到校”活动打造“流动少年宫”。深化馆校合作，挂牌校外实践教育营地（基地）57个，79所学校结对共建，近5万名学子走进艺术、科技等场馆开展实践活动，各大场馆组织非遗文化进校园、科学家进校园、艺术大师进校园等活动46场次，惠及学生近3万人。成立“红色公交”党团队志愿讲解团，从思想引领角度开展志愿服务活动，每个周末以党、团、队员结对子的形式在“红色公交”上为乘客讲解1路公交途经的红色史迹及特色景点。以“红领巾奖章”为激励，深化校外少先队建设。联合各校外基地举办红色立体研学成果展、主题展板进校园等活动，推动馆校资源的双向流动和共享。

【街坊学堂】 2023年，越秀区利用街坊学堂课程、师资、教材及学习平台，在“街坊学堂”微信公众号推出社区教育和老年教育资讯、中华优秀文化传承、越秀区红色革命史迹全记录、日常实用技能微视频等微课程栏目，受到社区居民欢迎，全年点击学习1099人次。

【社区基层教育】 2023年，越秀区社区教育学院一院对全区各街道设立的18个社区教育学院分院实施业务指导和统筹管理服务。继续定期开展线下的“小云雀周末广场”及线上的“小云雀智慧父母课堂”“心理咨询”等公益活动课程，为少年儿童及家长提供健康向上的活动空间及优质的活动指导。是年，通过社区教育学院一院、二院双轮驱动，形成具有鲜明越秀区特色的中心城区终身教育品牌，构建“政府统筹领导、教育部门主管、有关部门配合、社会积极支持、社区自主活动、群众广泛参与”的社区教育管理运行机制。（赵瑞典）

素质教育

【概况】 2023年，越秀区教育局坚持把立德树人作为根本任务，培养德智体美劳全面发展的社会主义建设者和接班人，以“五育并举 越秀图谱”为引领，重视学生的身心健康和全面发展，构建德智体美劳“五育”融合发展的教育体系，落实“五育”融合的实践路径，为国家未来发展输送优秀的栋梁之材。

【德育】 2023年，越秀区教育局通过强化学校“小课堂”，推进社会“大课堂”，建设家校“宽课堂”，构建区域大思政课研训“立体课堂”，举办思政一体化基地校建设、思政课名师大讲堂、团一大青年说等系列主题活动，构建“越秀大思政课”新样态。印发《越秀区学校思想政治理论课建设行动计划（2023—2025年）》，开展“思政一体铸魂育人”越秀区大思政课建设活动。印发《越秀区中小学校内少先队标准化建设实施办法》，提升少先队工作的规范化和标准化水平，成立街道少工委12个、社区少工委57个、基地少工委2个。与越秀区委网信办、区文明办联合举办“涵养向上向善，刚健朴实的文明新风”越秀区青少年网络安全线上法治公开课，作为新学期法治教育第一课。与越秀区卫生健康局、区精神卫生中心合作，组建越秀区社会心理服务专家库，开展心理讲座8场，线下参与人数达1500多人、线上参与人数2.5万人。开通心理危机绿色转介通道，完善医校联动合作模式，持续优化运行机制，转介有需要的学生10人，完成8所区属中学心理健康专项调研。开展“青年大学习”和团员主题教育，参加“青年大学习”人数10.12万人次。下属370个团支部全部完成“4+1”（4个专题+1次组织生活会）专题活动，覆盖团员5.16万人次。举办成人宣誓仪式、歌手大赛和志愿服务活动，近万名青少年加入红色研学活动，总志愿服务时长超3.8万小时。辖区内中小学、幼儿园近200个教育单位参与2023年越秀区学校生活垃圾分类的培训学习，71所中小学创成“广东省绿色学校”和“无废细胞学校’。是年，全区中小学实现配备专职心理教师、兼职心理教师取得心理健康教育B证、其他科任老师及学校管理人员取得心理健康教育C证“三个100%”。9所学校（单位）被认定为广州市大中小学思政一体化建设基地学校（单位）．26所学校被评为广州市红色教育示范校，“家门口的红色学堂”活动被《新华每日电讯》《中国教育报》等媒体报道。

【体育】 2023年，越秀区教育局建立学生体质健康监测体系。6月，开展2023年越秀区中学体质健康中期抽测。10月，开展《国家学生体质健康标准测试》统测工作，越秀区优良率在广州市各区排名第二，优良率67.1%；全区72所学校达标率全市第一，达标率74.8%；小学优良率全市第一，优良率78.1%；仰卧起坐、跳绳、立定跳远、50米×8往返跑4项测试项目优良率全市第一。是年，举办越秀区中小学生田径运动会2次，来自区辖中小学校1700多名中学生和1900多名小学生参赛。中学组打破1项市纪录、6项区纪录，小学组打破24项区纪录。举办越秀区中小学生游泳锦标赛，有536名中小学生运动员参赛，其中，小学组打破5项区纪录，中学组打破16项区纪录。全年举办21项中小学生体育赛事，参赛人数2万多人，占全区中小学生总人数的10.5%，创参赛人数最多纪录。全年区属各校开展体育活动83场，举办学校体育节13场、学校运动会16场、阳光体育特色活动33个。

2023年4月16日，广州市第三中学师生从学校出发，徒步5.4千米到达烈士陵园，开展“缅怀革命先烈，传承红色基因”为主题的徒步祭英烈活动

（区教育局供图）

2023年11月19日，“越秀逐梦 雏鹰奋飞——2023年越秀区中小学生田径运动会”在东山体育场开幕（区教育局供图）

【美育】 2023年，越秀区以“聚焦育人方式变革，促进美育高质量发展”为工作重心，把美育纳入人才培养的全过程和全学段。依托新时代校园美育发展的“越秀图谱”，做好“双减”中的美育加法，减负提质，以“教会、勤练、常赛”为重点，贯彻“教师专业能力提升”“落实新课标学段任务”“艺术比赛常态化”三大策略。举办“越秀爱正浓——越秀区第三届美育节”，完成器乐、合唱、舞蹈、语言艺术、书画、传统艺术等6个大项52个子项赛事。通过比赛展演，内外联动、开拓创新，创设机会，以美育人，做到“人人美育”常态化，推送作品在市级艺术类比赛中获奖319项次。在全国第七届中小学生艺术展演活动中，广东实验中学越秀学校获艺术作品类中学组一等奖，越秀区雅荷塘小学获优秀案例二等奖，越秀区教育局获优秀组织奖。越秀区少年宫小云雀剧场“壹号舞台”年度完成展演活动43场，全年73所中小学，上万人次的越秀学子登上“壹号舞台”。3月，18所学校与广州艺术博物院签订合作协议，推进校内外开展有创新的美育实践课程。6月16日，具有36年历史的壹号演艺厅完成修缮并揭牌。10月24日，“学习强国”学习平台对越秀美育进行专访，以“以爱育美 向美而行——广州越秀教育绽放校园美育之花”进行专题报道。

【劳动教育】 2023年，越秀区围绕劳动教育场域、课程、师资、评价等维度，推进劳动教育发展。依托区中小学生综合实践活动教育基地的建设，营造有利于劳动教育的优质环境，举办广州市中小学劳动教育现场会暨广州市中小学劳动教育特色学校成果展示交流活动。是年，有131所学校被认定为劳动教育示范学校，其中3所学校获“第二批广州市中小学校科学种植科技劳动教育示范校园”称号。加强课程体系建设和劳动教育师资队伍建设，组建区域劳动教育学科中心组，区属中小学校实现100%配备至少1名专任劳动教育教师及若干名兼职教师。举办2023年越秀区劳动教育教师教学技能比赛，评选出一、二、三等奖49个，优秀组织奖10个，9名教师被推荐参加市级决赛。承办2023年广州市劳动教育教师教学技能比赛。开展“学校劳动周”“五个一”劳动教育实践活动（学生劳动实践活动“五个一”内容：我为爸妈做道菜，我为自己洗次衣，我给劳模写封信，我为社区保清洁，我为节日做贺卡；教师教学成果“五个一”内容：一篇教学论文，一个劳动项目案例，一节劳动教学课例，一则劳动教学叙事，一项劳动技能）等主题活动，丰富学生的劳动体验，打造具有区域特色的劳动教育品牌。研究制定《越秀区学校劳动作业质量评价体系》《越秀区义务教育阶段学校劳动教育质量监测评价指标体系》，定期开展劳动素养监测，完善和构建新时代的劳动素养评价体系。

【校家社协同育人】 2023年，越秀区发挥校家社协同育人作用，探索校家社协同育人新模式，加强学校与家庭、社会的联系与沟通，以创建全国规范化家长学校实践活动实验区为重点，在广州市张婷恩家庭教育名师工作室引领下，推进校家社协同育人工作，开展一系列校家社协同育人活动，推动越秀区家庭教育高质量发展。5月，在越秀区铁一小学举办“校家社”协同育人现场会，以移动宣讲车为载体，创办全国首个“校门口的家校学堂”，推出“越秀家校学堂”，通过15个工作坊分布涵盖全区学校，以点带面，串联起6个学区，以1个学区、1个教育集团作为试点，探索运行模式。启动“越秀医校联动”项目，开展校家医社心理健康公益课堂活动，建立学校、家庭、医院、社区相衔接的社会心理服务模式。11月，举办“越秀家校大讲坛”中学专场、小学专场活动，家长通过线上及线下方式同上一堂课，覆盖辖区内14万户学生家庭。（赵瑞典）

■编辑 王海捷

科学技术

综　述

【研发投入】　2023年，广州市统计局公布2022年全市各区研究与试验发展经费投入情况。其中，越秀区投入全社会研究与试验发展经费54.01亿元、占地区生产总值的1.48%，总量位列广州市各区第六。是年，越秀区科技工业和信息化局（以下简称“越秀区科工信局”）统筹做好越秀区2022年研发经费统计工作，联合广州市科技局、越秀区统计局、广州市生产力促进中心走访重点企业60多家，召开越秀区创新发展暨2022年度研发经费归集研讨会等线上及线下培训活动，挖掘数据潜力，提高纳统单位填报数据质量。越秀区推荐辖区内企业单位申报上级科技项目立项480项，获得上级拨付科技资金1.18亿元。

【创新人才引育】　2023年，越秀区科工信局编制《越秀区产业创新类人才（团队）评审具体措施》，向2021年度入选的创新创业领军人才（团队）发放补助资金并授予产业创新贡献奖。发动辖区内企业符合条件的人才申报2023年国家、省、市人才项目，促进人才享受政策红利，激活人才创新创业活力。搭建人才服务平台，在黄花岗科技园创意大道园区落地全国首个中国海外人才交流大会暨中国留学人员广州科技交流会人才服务站，打造越秀区科创、超高清视频产业、生命健康产业等“1+9+N”（“1”指书记人才会客厅，“9”指科创、体育、超高清视频产业、生命健康产业、设计产业、金融产业、人力资源产业以及二沙岛国际人才会客厅、青年人才会客厅9个主题人才会客厅，“N”指其他各部门及各街道按需设置人才会客厅）主题人才会客厅，举办越秀超高清视频产业高层次人才圆桌会等产业科技人才交流活动20多场。邀请诺贝尔化学奖得主等人才到访人才会客厅对接项目。参展2023中国海外人才交流大会暨第25届中国留学人员广州科技交流会，与广东省精准医学应用学会等单位共同承办2023广州生命健康未来领军人才论坛。开展总量控制类人才入户指标遴选，帮助12名科技类人才入户。

【创新创业环境优化】　2023年，越秀区加强科技载体培育建设，建立孵化载体培育储备库。是年，新增北极星、国创越秀2个市级孵化器培育单位，新登记聚诚众创谷、Newspace城市办公服务社区越秀星光店2个市级培育众创空间，年末有孵化器19个（其中国家级1个）、众创空间21家（其中国家级4家）。开展创新创业活动，发动155家企业参加第十二届中国创新创业大赛（广东·广州赛区）暨2023年广州科

2023年4月14日，中国海外人才交流大会暨中国留学人员广州科技交流会人才服务站、越秀科创人才会客厅揭牌仪式在黄花岗科技园创意大道园区举行　（钟涌　摄）

技创新创业大赛常规赛。举办“越青杯”2023年越秀区青年创新创业技能大赛。联合海创人才南方创业服务中心、广州远望股权投资基金管理公司举办2023创交会系列活动之远望基金—黄花岗科技园投融资对接会暨粤港澳青年创新创业交流活动，吸引青年人才到越秀区创业。（张琳琳）

科技成果转化运用

【概况】 2023年，越秀区企业及科研机构承担和参与的科技成果获广东省科学技术奖58项。其中，省自然科学奖一等奖1项、二等奖4项；省技术发明奖一等奖2项、二等奖1项；省科技进步奖一等奖10项、二等奖31项；省科技合作奖1项；省青年科技创新奖4项；省科技成果推广奖4项。在越秀区的个人和单位牵头获奖的有34项，占全市的24%。越秀区各类技术合同登记数2859项，成交额206.4亿元，技术交易额119.99亿元，成交额在全市各区排名第五，比上年增长149%。

【“卫生陶瓷高质高效智能生产关键技术及其应用”项目】 2023年11月28日，由广东省科学院智能制造研究所、广东金马领科智能科技有限公司、广东恒洁卫浴有限公司共同参与的“卫生陶瓷高质高效智能生产关键技术及其应用”项目获得2023年中国建筑卫生陶瓷行业创新奖一等奖。该项成果实现基于内外差异化结构的分体成型模内粘接制造技术、面向脆性复杂型面的机器人高质高效修坯与喷釉技术、基于多单元协作与调度的智能化生产技术等技术创新，开发智能调度与生产数字化管控系统，构建起成型、修坯、喷釉等高端卫生陶瓷制造单元及生产线，整体技术在知名卫浴企业规模化应用，并出口东南亚和非洲。

【居民厨余垃圾智能识别精准投放项目】 2023年4月18日，越秀区人工智能产业链总链主单位中科巨匠人工智能技术（广州）有限公司与广州市城市管理技术研究中心（广州市生活垃圾分类管理事务中心）举行居民厨余垃圾智能识别精准投放项目合作签约仪式。该项目采用专利共享、收益共享、联合研发、数据共享合作模式，通过共同研发5G（5th Generation Mobile Communication，第五代移动通信技术）智能厨余垃圾分类机器人，基于人工智能算法识别，对未按时、未分类、垃圾乱丢的情况进行识别，实现垃圾的自动分拣和精准投放，推动广州市生活垃圾分类管理工作开展。7月，首批5G智能厨余垃圾分类机器人在广州市试点投放运营。

表27 2023年越秀区项目获2022年度广东省科学技术奖情况一览表

奖项类别	名称	主要完成单位	奖项等级
省自然科学奖	恶性胶质瘤的发生进展分子机制与诊疗新靶点	中山大学附属第一医院	一等奖
省自然科学奖	口腔黏膜免疫稳态失衡与疾病发生和防治	中山大学附属口腔医院	二等奖
省自然科学奖	神经胶质瘤的发病机制及靶向干预研究	中山大学孙逸仙纪念医院	二等奖
省自然科学奖	高效率高稳定性量子点发光材料与器件研究	广东工业大学	二等奖
省自然科学奖	橡胶混凝土动静态应变率影响下的力学性能机理研究	广东工业大学	二等奖
省技术发明奖	微生物细胞多元赋能强化毒害有机物治理技术	广东省科学院微生物研究所、广东省科学院	一等奖
省技术发明奖	固体废弃物再生混凝土材料关键技术及其工程应用	广东工业大学、广州建筑股份有限公司	一等奖
省技术发明奖	杂交鳢的育种和养殖方法	广东省科学院微生物研究所	二等奖
省科技进步奖	特高压 ±800 千伏混合多端柔性直流输电关键技术及工程应用	广东电网有限责任公司	一等奖
省科技进步奖	复杂过程信息物理融合系统关键技术与应用	广东工业大学	一等奖
省科技进步奖	高档数控机床高速精密电主轴关键技术及应用	广东省科学院智能制造研究所	一等奖
省科技进步奖	软土—城市隧道耦合体系性能演化理论与安全控制技术	广州地铁设计研究院股份有限公司	一等奖
省科技进步奖	放射性神经损伤精准诊疗体系的建立与推广应用	中山大学孙逸仙纪念医院	一等奖
省科技进步奖	晚期肺癌精准化治疗的创新与策略	中山大学肿瘤防治中心	一等奖
省科技进步奖	乙肝防治重大专项的创新突破和推广应用	广州医科大学	一等奖

续表 27

奖项类别	名称	主要完成单位	奖项等级
省科技进步奖	脊柱脊髓疾病的微创核心技术体系创建及推广应用	中山大学孙逸仙纪念医院	一等奖
省科技进步奖	炎症相关性角膜病精准诊疗技术研发及推广应用	中山大学中山眼科中心	一等奖
省科技进步奖	中医治未病健康辨识与干预关键技术创建及推广应用	广州中医药大学第二附属医院、广州市奥正计算机科技有限公司	一等奖
省科技进步奖	广东南亚热带退化荒坡适生植物选育与生态修复技术研究及应用	广州华苑园林股份有限公司	二等奖
省科技进步奖	多源直流大面积侵入交流电网的精准防控技术及应用	广东电网有限责任公司	二等奖
省科技进步奖	基于绝缘油中新特征物的变压器绝缘缺陷诊断及处理技术	广东电网有限责任公司	二等奖
省科技进步奖	隐匿网络空间情报监测与溯源分析关键技术及应用	中国电信股份有限公司广东分公司	二等奖
省科技进步奖	智能医学影像分析研究及临床应用示范	中山大学孙逸仙纪念医院、中山大学肿瘤防治中心	二等奖
省科技进步奖	大型机械结构件自动焊接系统及焊缝磁光检测技术与应用	广东工业大学	二等奖
省科技进步奖	高精度复杂汽车零部件冲压稳健生产关键技术研究与应用	广东省科学院智能制造研究所	二等奖
省科技进步奖	高效智能药品包装技术、装备及产线	广东省科学院智能制造研究所	二等奖
省科技进步奖	机器人智能打磨抛光关键技术及装备研发与应用	广东工业大学、广东开放大学	二等奖
省科技进步奖	高比能、高安全软包聚合物锂离子动 力电池研发 与产业化	广东工业大学	二等奖
省科技进步奖	高性能 3D 打印光敏树脂的原创制备技术与产业化	广东工业大学	二等奖
省科技进步奖	城市公共交通操作系统构建及其创新应用	广东工业大学、广州羊城通有限公司	二等奖
省科技进步奖	富水地层桩隧工程地质灾害防治与协同建造关键技术及应用	广东工业大学、广州市城市规划勘测设计研究院	二等奖
省科技进步奖	混凝土桥梁火灾后应急检测评估与快速处治技术及其应用	广东省交通集团有限公司	二等奖
省科技进步奖	时—空—人耦合的城市信息模型与空间规划关键技术	广州市城市规划勘测设计研究院	二等奖
省科技进步奖	无人组网集群协同测绘系统关键技术创新与应用	广州中科云图智能科技有限公司	二等奖
省科技进步奖	广东省宫颈癌防治工程项目关键技术创新及实践成效	广东省妇幼保健院、广东省生殖医院	二等奖
省科技进步奖	基于免疫炎症的抗肿瘤研究及临床诊断应用	广东药科大学附属第一医院	二等奖
省科技进步奖	急性冠脉综合征优化治疗体系的建立与推广应用	广东省人民医院	二等奖
省科技进步奖	糖尿病精准管理及视网膜病变筛查平台的建立和推广应用	中山大学中山眼科中心	二等奖
省科技进步奖	高级认知功能唤醒手术精准定位与脑灰质数字图谱建立的研究	中国人民解放军南部战区总医院	二等奖
省科技进步奖	脉络膜新生血管的关键致病机理和临床诊疗体系的建立与推广	中山大学中山眼科中心	二等奖
省科技进步奖	龋源性牙髓根尖周病微创诊疗新体系的建立与应用	中山大学附属口腔医院	二等奖
省科技进步奖	乳腺癌早筛早诊和精准诊疗	中山大学孙逸仙纪念医院、广州医科大学附属第一医院	二等奖
省科技进步奖	天然抗氧化剂防护皮肤光损伤的新靶点、新策略及其应用推广	广州市皮肤病防治所	二等奖
省科技进步奖	基于“培土清心”的特应性皮炎中医诊疗体系创新与应用	广州中医药大学第二附属医院	二等奖
省科技进步奖	乳腺癌中西医结合分期辨证理论与诊疗模式的创新与应用	广州中医药大学第二附属医院	二等奖
省科技进步奖	超高清近红外荧光精准导航内窥镜摄像关键技术及产业化	广东省人民医院	二等奖
省科技进步奖	听力障碍药物研究体系关键技术创新与应用	中国人民解放军南部战区总医院、广东药科大学附属第一医院	二等奖
省科技进步奖	面向国家战略科技力量培育的新型研发机构理论研究和实践应用	广东省科学技术情报研究所、广东工业大学、广东省科技创新监测研究中心	二等奖
省科技进步奖	基于铁基材料修复重金属污染土壤关键技术与应用	广东省环境科学学会	二等奖

续表 27

奖项类别	名称	主要完成单位	奖项等级
省科技合作奖	张邦林（美国国家海洋和大气管理局国家天气预报环境模式中心）	中国气象局广州热带海洋气象研究所	/
省青年科技创新奖	苏士成（主任医师）	中山大学孙逸仙纪念医院	/
省青年科技创新奖	梁文华（教授）	广州医科大学附属第一医院	/
省青年科技创新奖	赵建（副主任法医师）	广州市刑事科学技术研究所	/
省青年科技创新奖	冯景春（教授）	广东工业大学	/
省科技成果推广奖	基于农业微生物精准制造的化药双减技术集成及应用	广东省科学院微生物研究所	/
省科技成果推广奖	规模化畜禽养殖废水深度处理关键技术及产业化与推广应用	广东工业大学	/
省科技成果推广奖	高产右旋龙脑梅片树资源化与综合利用关键技术推广	广东工业大学	/
省科技成果推广奖	地热发电及高效高集成梯级利用关键技术与应用	广东工业大学	/

（张琳琳）

科研机构和平台建设

【概况】 2023年，越秀区新增省级重点实验室11家，新增南方电网电力科技股份有限公司等省级企业技术中心5家。至年底，越秀区有国家级重点实验室6家、省级重点实验室57家、省级企业技术中心24家、省级工程技术研究中心182家。

【中医证候全国重点实验室】 该实验室于2023年3月获科技部批准立项建设，于2023年9月在广州市启动，是广东省首个中医类全国重点实验室。该实验室由广州中医药大学、中国中医科学院西苑医院、杭州极弱磁场重大科技基础设施研究院、广东省中医院（广州中医药大学第二附属医院）共同建设，由1名中国工程院院士担任实验室主任、1名中国科学院院士担任实验室学术委员会主任委员。该实验室以癌症、心脑血管、呼吸、风湿免疫及代谢性疾病等重大疾病的中医常见证候为突破口，围绕制约临床疗效提高瓶颈和证候科学内涵阐释等问题进行研究，打造中医药应用基础研究的国家基地。2023年，该实验室获广东省科学技术奖科技进步奖一等奖1项。

【中科巨匠人工智能联合实验室】 该实验室位于越秀区先烈中路100号中国科学院广州分院内，是由中科院广州电子技术有限公司和中科巨匠人工智能技术（广州）有限公司共同打造的华南地区人工智能领域内首家成果产业化实验室。该实验室拥有机器视觉边缘计算技术、人工智能算法、智能硬件开发、光学溯源区块链等技术，聚焦居家养老、智慧商业、智能家居等领域，打造“人工智能+物联网”专业龙头企业。2023年，该实验室参展2023中国创新创业成果交易会；创建单位中科巨匠人工智能技术（广州）有限公司入选广州人工智能创新发展榜单“最佳人工智能初创企业”。

【华南应用微生物国家重点实验室】 该实验室是在广东省菌种保藏与应用重点实验室的基础上发展而成，于2009年底开展国家重点实验室培育基地建设，于2013年通过专家论证，是中国首批进入国家重点实验室建设序列的2个实验室之一。该实验室依托广东省科学院微生物研究所，面向国家和广东省在生物技术领域的战略需求，围绕华南特色应用微生物的学科布局，以特色微生物资源挖掘为核心，开展热带亚热带微生物资源多样性与利用、环境微生物与区域生态安全、有害微生物监测与防控等基础与应用基础研究，培养微生物学科学术带头人并组建相应的研究队伍。2023年，该实验室与广东省科学院微生物研究所共同主办2023年医学营养与食药用菌创新发展峰会；获广东省科学技术奖技术发明奖一等奖1项。

表28 2023年越秀区国家级重点实验室一览表

实验室名称	依托单位	入选时间（年）
华南肿瘤学国家重点实验室	中山大学	2005
眼科学国家重点实验室	中山大学	2006

续表 28

实验室名称	依托单位	入选时间（年）
呼吸疾病国家重点实验室	广州医科大学	2007
省部共建华南应用微生物国家重点实验室	广东省微生物研究所	2013
省部共建精密电子制造技术与装备国家重点实验室	广东工业大学	2019
国家药品监督管理局疫苗及生物制品质量监测与评价重点实验室	中山大学	2021

表29 2023年越秀区省级重点实验室一览表

实验室名称	依托单位	入选时间（年）
广东省菌种保藏与应用重点实验室	广东省微生物研究所	1987
广东省呼吸疾病研究重点实验室	广州医科大学	1993
广东省中医药研究开发重点实验室	广东省第二中医院	1994
广东省冠心病防治研究重点实验室	广东省心血管病研究所	1994
广东省中医急症研究重点实验室	广东省中医院	1995
广东省计算机集成制造重点实验室	广东工业大学	1996
广东省现代控制技术重点实验室	广东省智能制造研究所	1997
广东省中医证候临床研究重点实验室	广东省中医院	1999
广东省鼻咽癌诊治研究重点实验室	中山大学	1999
广东省遥感与地理信息系统应用重点实验室	广州地理研究所	2001
广东省眼科视觉科学重点实验室	中山大学	2001
广东省肾脏病重点实验室	中山大学附属第一医院	2002
广东省化学危害应急检测技术重点实验室	广东省测试分析研究所	2003
广东省骨科矫形技术及植入材料重点实验室	广州军区广州总医院	2007
广东省高性能计算重点实验室	广东省科技基础条件平台中心	2008
广东省泌尿外科重点实验室	广州医科大学	2010
广东省重大神经疾病诊治研究重点实验室	中山大学附属第一医院	2010
广东省微纳加工技术与装备重点实验室	广东工业大学	2011
广东省物联网信息技术重点实验室	广东工业大学	2011
广东省地震监测预警与重大工程地震安全诊断重点实验室	广东省地震局	2011
广东省产科重大疾病重点实验室	广州医科大学	2011
广东省肺癌转化医学重点实验室	广东省人民医院	2012
广东省华南结构性心脏病重点实验室	广东省心血管病研究所	2012
广东省数值天气预报重点实验室	中国气象局广州热带海洋气象研究所	2012

续表 29

实验室名称	依托单位	入选时间（年）
广东省生殖医学重点实验室	中山大学附属第一医院	2012
广东省功能软凝聚态物质重点实验室	广东工业大学材料与能源学院	2013
广东省器官捐献与移植免疫重点实验室	中山大学附属第一医院	2013
广东省恶性肿瘤表观遗传与基因调控重点实验室	中山大学孙逸仙纪念医院	2013
广东省信息物理融合系统重点实验室	广东工业大学	2016
广东省骨科学重点实验室	中山大学附属第一医院	2016
广东省分子靶标与临床药理学重点实验室	广州医科大学	2017
广东省智能决策与协同控制重点实验室	广东工业大学	2018
广东省环境催化与健康风险控制重点实验室	广东工业大学	2018
广东省中医药防治难治性慢病重点实验室	广州中医药大学第二附属医院	2018
广东省流域水环境治理与水生态修复重点实验室	广东工业大学	2019
广东省结构性出生缺陷疾病研究重点实验室	广州市妇女儿童医疗中心	2019
广东省蛋白质修饰与降解重点实验室	广州医科大学	2019
广东省智能电网新技术企业重点实验室	广东电网有限责任公司电力科学研究院	2012
广东省电力装备可靠性企业重点实验室	广东电网有限责任公司电力科学研究院	2015
广东省城市轨道交通工程建造新技术企业重点实验室	广州地铁设计研究院有限公司	2017
广东省河道淤泥处理及资源化利用企业重点实验室	广州市水电建设工程有限公司	2018
广东省城市感知与监测预警企业重点实验室	广州市城市规划勘测设计研究院	2019
广东省医学影像智能分析与应用重点实验室	广东省人民医院	2022
广东省心脏病发病机制与精准防治重点实验室	广东省心血管病研究所	2022
广东省隧道工程安全与应急保障技术及装备企业重点实验室	广东省交通集团有限公司	2022
广东省电子政务信息技术应用创新企业重点实验室	数字广东网络建设有限公司	2022
广东省口腔医学重点实验室	中山大学附属口腔医院	2023
广东省微创手术器械设计与精密制造重点实验室	广东工业大学	2023
广东省植物资源生物炼制重点实验室	广东工业大学	2023
广东省信息光子技术重点实验室	广东工业大学	2023
广东省海洋能源装备先进制造技术重点实验室	广东工业大学	2023
广东省传感物理与系统集成应用重点实验室	广东工业大学	2023
广东省过敏反应与免疫重点实验室	广州医科大学	2023
广东省神经科学疾病研究重点实验室	广州医科大学	2023
广东省微生物安全与健康重点实验室	广东省科学院微生物研究所	2023
广东省化学测量与应急检测技术重点实验室	广东省科学院测试分析研究所（中国广州分析测试中心）	2023
广东省精神活性物质监测与安全重点实验室	广东省公安厅	2023

（张琳琳）

科学技术普及

2023年9月27日，“科技创新引领 科普实践前行”——越秀区新时代文明实践科技创新交流活动在广东省科学院智能制造研究所举行（钟涌 摄）

【概况】 2023年，越秀区创新科普活动模式，构建以街道、社区、学校、科研机构等科普场所为基础，以广大社会科普设施资源为支撑的科普示范体系。贯彻落实《广东省科学技术普及条例》，弘扬科学精神，传播科学思想，提高科学意识，展示越秀区科普工作风貌和科技创新成果。至年底，全区有国家级科普教育基地7家、省级科普教育基地25家、市级科普教育基地29家。

（张琳琳、陈婉峰）

【科普信息化建设】 2023年，越秀区加强科普信息化建设，完善科普中国e站建设，推进优质资源落地应用，发挥科普中国e站在党群服务中心和新时代文明实践中心的作用。依托“越秀区科协”微信公众号，开展新时代科普宣传工作，提高科普影响力和服务覆盖面。该微信公众号全年发布推文181篇，总阅读量18.87万人次。（陈婉峰）

【科普活动】 2023年，越秀区举办2023年广州地区“讲科学，秀科普”大赛越秀区预赛，30多名参赛者围绕“热爱科学，崇尚科学”主题展开竞赛。最终，成人组7名选手、青少年组3名选手分别获“2023年越秀区优秀科普使者”称号，并代表越秀区参加广州地区“讲科学，秀科普”大赛决赛。5月26日，越秀区在粤港澳大湾区（广东）人才港举办2023年全国科技活动周全国科技工作者日暨“创新枢纽助发展，智慧越秀赋新能”科普大讲坛活动，为20名越秀区“最美科技工作者”颁发证书。（张琳琳）

【绿美主题科普路线】 2023年，越秀区辖区内的东山湖公园融入绿美科普元素，打造集休闲娱乐、健康运动、科普教育功能于一体的便民公园。越秀区整合绿美科普场地，打造“生态文明小苑—海印桥底垃圾分类科普—树叶银行—东山湖公园”绿美主题科普路线，配套研发绿美主题实践课程，为周边中小学生、社区居民提供绿美农业实践基地，全年接待超500人次。

（王钿）

表30 2023年越秀区省级及以上科普教育基地一览表

序号	科普教育基地名称	依托单位	科普教育基地等级
1	呼吸疾病国家重点实验室	广州医科大学	国家级
2	广东省妇女儿童活动中心	广东省妇女儿童活动中心有限公司	国家级
3	广东省科技图书馆	广东省科技图书馆（广东省科学院信息研究所）	国家级
4	中山大学附属口腔医院	中山大学附属口腔医院	国家级
5	广东省中医院中医药科普教育基地	广东省中医院（广州中医药大学第二附属医院）	国家级
6	中山大学附属第一医院大健康传播中心	中山大学附属第一医院	国家级
7	广州电力展示科普馆	广州市供电局	国家级
8	广东省科技图书馆	广东省科技图书馆（广东省科学院信息研究所）	省级
9	广东省地震科普教育馆	广东省地震局信息中心	省级

续表 30

序号	科普教育基地名称	依托单位	科普教育基地等级
10	广东省微生物真菌标本馆	广东省科学院微生物研究所	省级
11	广东省科学院智能制造研究所	广东省科学院智能制造研究所	省级
12	广州市越秀区食品药品安全科普基地	越秀区市场监督管理局	省级
13	广州市公众应急教育与传播科普基地	广州市第一人民医院	省级
14	呼吸疾病国家重点实验室呼吸健康科普基地	广州医科大学附属第一医院	省级
15	中山大学附属第一医院健康教育基地	中山大学附属第一医院	省级
16	广州电力展示馆	广东电网有限责任公司广州供电局电力展示馆运营管理中心	省级
17	广东省科技报社有限责任公司	广东省科技报社有限责任公司	省级
18	广东省科学院电子电器研究所电器安全科普基地	广东省科学院电子电器研究所	省级
19	广东省科学院工业分析检测中心材料评价科普基地	广东省科学院工业分析检测中心	省级
20	广东省科学院广州地理研究所科普基地	广东省科学院广州地理研究所	省级
21	广东省中医院	广东省中医院	省级
22	广东省人民医院	广东省人民医院	省级
23	广州动物园	广州动物园	省级
24	智慧支付科普基地	广州羊城通有限公司	省级
25	中山大学医学院标本馆科普基地	中山大学中山医学院	省级
26	广州青少年科技馆	广州市科学技术发展中心	省级
27	广州越秀公园	广州越秀公园	省级
28	广州市越秀区妇幼保健院	广州市越秀区妇幼保健院	省级
29	中山大学附属口腔医院科普教育基地	中山大学附属口腔医院	省级
30	中山大学附属肿瘤医院	中山大学附属肿瘤医院	省级
31	广州市越秀区中小学生综合实践活动教育基地	广州市越秀区中小学生综合实践活动教育基地	省级
32	中国（广州）超高清视频创新产业园科普教育基地	广州市广播电视台	省级

（陈婉峰）

科技企业培育

【概况】 2023年，越秀区强化企业创新主体，培育科技企业，构建“科技型中小企业—高新技术企业—硬科技企业—‘独角兽’企业—上市高新技术企业”科技企业梯次培育体系，推动科技企业做强做优做大，发挥科技企业引领支撑作用。至年底，越秀区有高新技术企业562家、科技型中小企业1055家。是年，广州中科云图智能科技有限公司、广州市拿火信息科技有限公司获评2023年广州“未来独角兽”创新企业，广州中科云图智能科技有限公司、广州中浩控制技术有限公司入选“2023广州拟上市高企百强榜”。

【高新技术企业培育】 2023年，越秀区新认定高新技术企业194家。梳理高新技术企业清单，委托专业科技服务支撑机构，联合行业协会、合作园区、孵化载体和属地街道，为高新技术企业提供宣传发动、培育跟踪、申报指导、政策送达等服务。全年举办高新技术企业线下宣讲会21场、线上宣讲会5场，覆盖企业2000多家。

【科技型中小企业培育】 2023年，越秀区推进科技型中小企业入库，联合专业科技服务支撑机构梳理培育潜力名单。落实政策宣传，引导企业加大研发投入，指导企业申报入库，提高企业申报积极性和成功率。是年，入库科技型中小企业1055家，比上年增长38.3%。（张琳琳）

■编辑 何俊楠

文 化

公共文化

【概况】 2023年，越秀区锚定打造国家文化中心城市核心区、湾区文化中心区的目标，实施文化强区“九大行动”，推进文化强区建设。构建与中心城区地位相适应的区、街道、社区三级公共服务网络，形成“10分钟文化圈”。建有区级图书馆、文化馆、博物馆各1个。全区18个街道文化站均获评省特级文化站，222个社区均建有社区综合性文化服务中心。推进广东省广府文化（越秀）生态保护实验区建设，运用元宇宙、大数据、AR（Augmented Reality，增强现实）、VR（Virtual Reality，虚拟现实）等新理念新技术推动传统文化创新发展。以“越秀文化云”为载体，将元宇宙应用于公共文化服务，搭建虚拟公共文化空间。是年，越秀区在2021年度广东省公共文化服务评价中位居全省各县（市、区）第九、全市各区第一，是广州市唯一入选全省前十的行政区。

【公共文化服务均等化推进】 2023年，越秀区对公共文化场所、设施设备、开放运作以及信息化建设等方面实施标准化管理，优化公共文化服务设施布局，以文化馆、图书馆总分馆建设为着力点，推动优质文化资源向基层倾斜，开展“公共文化补短板”建设，推进图书馆、文化馆、街道文化站、社区综合文化服务中心等公共文化设施更新改造，建成图书馆“百馆之区”。以“融合—创新—共享”为驱动，构建完善区、街、社区三级公共文化服务网络，建有区级图书馆、文化馆、博物馆各1个，街道文化站18个，社区综合性文化服务中心222个。融汇省、市和社会文化资源，构建五级服务网络，形成全省公共文化设施密度最高、最齐全、最便利的“10分钟文化圈”，群众在家门口就能享受均等化公共服务。

【文化服务规范标准化建设】 2023年，越秀区推进公共文化服务标准化建设，梳理公共文体服务事项。结合区基本公共服务及重点领域发展实际，按条目逐项细化，制定项目清单，发布实施54项基本公共文化服务工作标准。其中，区文化广电旅游体育局起草的《民间文艺团队孵化基地建设和服务规范》成为广州市地方标准，《公共图书馆总分馆智慧服务云平台服务规范》《地方文献普查和征集工作规范》作为团体标准发布实施。通过实施“标准化+”战略，推进公共文化服务提质增效，引领城市公共文化服务焕发新活力。

【图书馆及文化馆总分馆建设】 2023年，越秀区图书馆在全区18个街道建有分馆，通过服务下沉、资源巡回等方式向基层输送图书、设备、活动、业务辅导、技术支持等资源，常态化推动优质文化资源向基层倾斜，强化各街道分馆建设。在各街道分馆设“一街道一品牌”特色馆藏专架，每月开展“一街道一品牌”阅读圈系列活动，主题包括客家山歌文化、建筑文化、本草文化等，让社区居民在文化积淀中吸收养分。区文化馆通过实施总分馆制，整合区域内的文化资源，协调全馆资源并配合市文化馆组织开展送文化、送活动、送培训等下基层活动，指导各分馆创编节目及品牌建设工作，市公共文化产品全年配送越秀区系列活动80场（其中面向特殊人群特色专场配送活动25场），服务人群近2000人次。

【文化艺术类校外培训机构监管】 2023年，越秀区根据义务教育“双减”（减轻义务教育阶段学生作业负担、减轻义务教育阶段学生校外培训负担）工作要求，做好文化艺术类校外培训机构专业性审核及日常监管，全年完成文化艺术类校外培训机构专业性审核43 个。在专业性审批过程中，按《广东省文化和旅游厅 广东省教育厅关于印发〈广东省文化艺术类校外培训机构设置标准（试行）〉的通知》要求开展专业审核，对消防验收、场地设施、教师资质、培训教材、培训时间等严格把关，并指导培训机构制定自编教材内部管理制度及党建制度，减少安全隐患，保证教学质量。 （陈振超）

群众文化

【概况】 2023年，越秀区打造“4+N”（“4”指红色文化、岭南文化、海丝文化、创新文化“四大品牌”，“N”指结合“一街道一品牌”“一社区一特色”群众文化活动）群众文化活动矩阵，扩大“广府味·幸福年”广府文化系列活动、广府庙会、越秀西湖花市、红色研学季、二沙岛户外音乐季等文化活动影响力，开展首届“兰缘盛荟”文化旅游艺术周、“悦读阅秀”全民阅读系列活动、“020赫兹”城市音乐营地、“潮读阅秀”系列活动、首届海丝文化节等活动，以文化活动增强群众文化获得感、幸福感，延续千年城脉、文脉、商脉，展现经典魅力与时代活力的高品质空间。全年举办社区文艺演出、艺术讲座、艺术展览、电影放映等线上及线下文化惠民活动3213场，邀请老年人、低收入人员、来穗务工人员等市民群众免费观看演出，惠及616.9万人次。引导街道、社区及机关团体单位组织开展以社区居民为主体、群众喜闻乐见的文化活动，丰富街道、社区群众文化生活。（陈振超）

【“诗词之区”建设】 2023年，由越秀区委宣传部、区文化广电旅游体育局、区总工会、区文联主办，广州市工人文化宫、越秀区图书馆及区新时代文明实践分中心承办的“文脉传千年 学宫新诗韵”悦读圆梦活动在广州市工人文化宫举行，发布《越秀区“诗词图书馆体系”三年行动规划（2023—2025）》，启动全国首个“诗词图书馆体系”建设，在广府学宫阅读馆内打造第一个“诗空间”示范点。“诗词图书馆体系”行动规划包括5项重点任务：打造“诗词之馆”总分馆体系，推进“诗词之约”品牌项目，构建“诗词之友”社会网络，打造“诗词之美”资源体系，开展“诗词之研”学术研究。活动当日同步启动《诗心如幻——连登口述诗词创作》图书编写工作。越秀区图书馆立足越秀区诗词文化底蕴，从顶层设计、馆校联动、常态长效、融合特色、抓好试点五方面入手，着力构建立体化的“诗词之约”品牌活动矩阵，“诗词阅读推广规范指南研究——以‘诗词之约’阅读推广项目为例”课题被中国图书馆学会确立为2022年阅读推广课题。年内，越秀区文联组织举办“越秀杯”诗词大赛，收到全国各地1177人投稿诗词2251首。同时，大赛特邀诗词界名家、学者张采庵、朱帆、吕君忾、梁鉴江、陈永正、李经纶、周克光、刘斯奋等结合越秀区历史文化底蕴及新时代新风尚进行创作。最终大赛诗和词作品分别评出一等奖1名、二等奖2名、三等奖3名、优秀奖30名，入围诗15首、词28首。（陈振超、陈伟娟）

2023年5月22日，第31届中国戏剧梅花奖获奖演员在越秀区开展下基层慰问演出活动（区文化馆供图）

【“020赫兹”城市音乐营地品牌创建】 2023年，越秀区依托“东平大押”（东平典当博物馆）、花果山超高清视频产业特色小镇、北京路千年古道、中华广场、星寰广场、“一方东山”文化创意园等文化地标和潮流街区，推出“020赫兹”城市音乐营地音旅融合品牌，举办大东门、古道边、长堤外、学宫里、东山口等音乐唱享会。该音乐营地品牌以城市生活为背景，以定点秀的形式运作，结合特色自然景观和文化空间，入驻一批有影响力的民间艺术家，通过展演展示优秀传统文化和多元当代艺术，激活文艺原创新动能，带动社区多元音乐文化发展，打造城市音乐会客厅，满足市民游客文化消费需求，促进文化演艺与商业、旅游深度融合。

【红色研学季】 2023年，越秀区开展红色研学季品牌活动，推出六大“越秀红”活动板块，开展红色游学等12类100多场红色文化活动。发布“五条红道”红色精品研学路线，在周恩来同志主持的中共两广区委军委旧址建设“越读吧·红色书屋”，联动开展2023年“红色研学季——越读研学营”首场活动，为市民提供线上及线下融合、多场景沉浸式的红色阅读研学体验。开展“越读研学营”研学活动，囊括“广府”“生态”“红色”等8个活动板块，推出“丹心品阅”阅读之旅、“红研阅秀”阅读之旅，带领青少年走读岭南红色史迹、岭南文物史迹等，通过“行走+研学”的方式，引导青少年了解岭南革命历史，读懂岭南文物建筑，传承岭南红色基因。开通“东园拾光”红色客厅主题公交，拓展红色研学空间。组织参与“英雄花开英雄城”活动，扩大“红色研学季”“家门口的红色学堂”等红色文化活动影响力，全面

推动红色资源“活”起来、红色教育“动”起来。（陈振超）

【2023年越秀西湖花市】 2023年1月19—21日，越秀西湖花市在北京路步行街和西湖路举行，设主牌楼1处、花市景观10处、花市档位124个，以售卖年宵花为主，还设有非遗、公益、对口支援（东西部协作）及工艺品等特色档位。相较往年花市，该次花市以最短的筹备时间，实现规模倍增、景观打卡点倍增、社会效益倍增，3天内市民游客游览量152万人次，比2019年同期增长12%，比2020年同期增长258%（该花市2021年和2022年停办）。各类媒体报道西湖花市信息2万多条，登上抖音等自媒体热搜热榜，花市盛况在除夕夜代表广州市登上中央广播电视总台《春晚特别节目》，大年初二《新闻联播》栏目播放3分钟专题片《花市里的幸福传递》，让全国人民感受越秀西湖花市百年传统花市的独特文化魅力，共享“广州过年·花城看花”喜悦。（刘佩）

【2023年“广府味·幸福年”广府文化系列活动】 2023年1—3月，越秀区推出“广府味·幸福年”广府文化系列活动，活动范围以东山口、中山四路、惠福东路、西湖路、忠佑广场、五仙观等区域为主，辖区内18个街道设置分会场。越秀西湖花市与广府庙会时隔3年首次恢复线下举办，重新开展广府民俗文化巡游。策划“广府情·英雄花开”“广府秀·粤韵华章”“广府潮·玩转非遗”“广府乐·云间畅游”“广府购·精品荟萃”五大“最广府”系列、10场精选主题活动、逾200场文化惠民活动，参与人数超1000万人次，网络相关话题讨论量逾1.3亿人次。

【2023年广府庙会】 2023年广府庙会于2月5日（元宵节）至11日在越秀区举行，在北京路、城隍庙忠佑广场、中山四路、惠福东路、西湖路、五仙观等地组织220场惠民活动展演，包括南国醒狮、汉唐舞游、传统杂技等传统文艺节目。恢复开展民俗文化巡游，组织五仙送福、南越雄风、龙狮闹春等队伍为市民送祝福，同时串接北京路文化核心区内文化、商业和旅游资源，通过“三展”（广府文化展示、民俗文化展演、文化产业展销）形式，促进传统文化与现代产业对接，促进区域内“文商旅”融合。举办广府达人秀、街头快闪等文化活动，提升“广府庙会元宇宙”虚拟空间，以数字化为传统文化赋能，实现丰富人民群众文化生活与增强城市文化综合实力的“双赢”。是年，广府庙会活动参与人数412.5万人次，“广府庙会元宇宙”线上及线下互动超50万人次，获新华社、央视新闻、广东电视台《广东新闻联播》栏目，以及《人民日报》《中国日报》《南方日报》《广州日报》等中央、省、市媒体报道。新华社、CCTV Asia Pacific、Discover GuangZhou、Macao in Touch等媒体报道的“Yuexiu Temple Fair”获海外网友点赞，相关报道及转载2.5万多条。

2023年2月5日，广府庙会民俗文化巡游在北京路举行　（区文化馆供图）

【第二届广州比例模型交流会暨越秀大湾区比例模型大赛】 2023年4月1—2日，由越秀区大湾区办、越秀区文化广电旅游体育局指导，广州微缩模型协会筹委会主办，海西传媒集团华南区总部承办的IPMS·CHINA第二届广州比例模型交流会暨越秀大湾区比例模型大赛在岭南活力非遗艺术馆举行。包括粤港澳大湾区在内的全国各地选手超300人参赛，参赛作品超600件。活动向市民群众展示大湾区模型文化和模型艺术生活内涵，并通过作品展示、科普海报、漫画展览、教育讲座等方式对观众进行国防科普教育和亲子科技教育。

【首届“兰缘盛荟”文化旅游艺术周】 2023年4月9—16日，越秀区在广州兰圃举办首届“兰缘盛荟”文化旅游艺术周系列活动。依托广州兰圃岭南园林景观，挖掘兰花高洁典雅的文化内涵，组织国潮音乐秀、国香非遗墟、名家风雅集、兰花摄影赛、兰花主题展等十大系列活动100场，涵盖文化、旅游、美食、非遗、联谊、商贸等内容，吸引超20万人次参与。链接流花、六榕街道海丝史迹点，促进与“一带一路”沿线国家对接交流，引进格鲁吉亚、伊朗、印度、尼泊尔等国家和地区特色产品入驻艺术周活动商贸市集，推动多元文化交流。邀请第133届广交会商务考察团走进兰圃，巴西、马来西亚、土耳其、印度尼西亚等国家的数十名广交会嘉宾共享“兰缘盛荟”。以兰花为文化载体，推动文商旅融合发展，成立融合发展联盟，吸纳文旅业、数字文化业、电影业、动漫业、文化创意等50家优质企业加入，打造独具特色的文商旅融合交流平台，推动文旅成果宣传展示、文旅企业深度对接、文化产业合作签约。与“世界兰花之乡”福建省龙岩市连城县签订文商旅对口合作协议，旨在通过多层次对口合作促进互惠互利，实现合作共赢。

【“悦读越秀”越秀读书月系列活动】 2023年4月，越秀区图书馆开展“悦读越秀”越秀读书月活动，举办“‘行走·阅图’之千年文道体验之旅”“书说湾区情 共读家国梦”“文脉传千年 学宫新诗韵”三大重点活动。其中，“书说湾区情 共读家国梦”活动发布“丹心品阅”阅读之旅路线，发动青少年在行走与阅读中，厚植爱国情怀，砥砺强国之志。该活动推出“越活动”“阅经典”“云选书”“诗体系”四大阅读版块，线上、线下开展阅读活动230场，推荐经典图书2300册，为读者带来阅读盛宴，掀起全民阅读热潮。

【“潮读阅秀”系列活动】 2023年8月，越秀区图书馆以“一路一圈”“三大板块”为带动，组织开展“潮读阅秀”系列阅读推广活动。“一路”为潮读“阅秀书香路”，打造一条从越秀区图书馆到“一方东山”文化创意园的“阅秀书香路”，让市民在行走与阅读中，感受历史街区的人文风貌和时尚潮流碰撞的魅力；“一圈”为“红色文旅阅读圈”，以红色阅读为纽带，串联起越秀区内的红色史迹、书店、新型阅读空间，用群众喜闻乐见的方式讲好越秀红色故事；三大板块为“文学”“广府”“智慧”三大阅读板块，邀请文化名人等在图书馆、社区、街道等地开展阅读分享会、讲座、优秀读物推介、数字资源展示等阅读推广活动30场。在8月22日的首场“名家分享会”活动中，邀请知名作家马伯庸在越秀区图书馆与读者分享苏轼的读史秘诀——“八面受敌”读书法。

【首届海丝文化节】 2023年10月13—17日，由越秀区海丝文化节活动组委会主办的首届海丝文化节在广电城投686创意园举行。活动以“帆起南越·丝语千年”为主题，发布一条“海丝游径”，推出海丝文化Citywalk活动，策划打造串联南越国宫署遗址、南越文王墓、光孝寺、怀圣寺光塔、清真先贤古墓五大海丝史迹点的旅游线路，串联千年海丝印迹。发布海丝专题旅游手册，招募海丝文化品鉴官，开展景点有奖打卡活动，展示广州千年海丝文化底蕴。在广电城投686创意园、流花湖公园、北京路非遗街区、南粤先贤馆等场所，打造风情海丝、绿美海丝、魅力海丝、古风海丝四大主要会场，推出涵盖展演、展览、雅集、导赏、讲座、研学、非遗体验、全民健身等多样活动场景，让市民、游客沉浸式感受海丝文化魅力。策划夜展、夜游、夜话、夜市、夜娱、夜购、夜赏七大“夜间玩法”，推出“海贸枢纽——越秀与海上丝绸之路”展览、“南海神号”主题游船、海丝主题复古文创市集、异域风情美食啤酒音乐节、古风打卡点等夜间活动，结合“古越今秀”品牌开展主题促消费活动，邀请第134届广交会境外参展商走进越秀区，带旺城市“烟火气”。发动北京路步行街、流花商圈、环市东商圈、农林下东山口商圈、中山三商圈、沿江路商圈等六大商圈30个商业综合体组织海丝主题促消费活动超60场次，掀起文化旅游消费热潮。整场活动吸引逾300万人次参与。

【二沙岛户外音乐季】 2023年10—12月，由广东省文化和旅游厅、越秀区人民政府主办，广东星海演艺集团、越秀区委宣传部、越秀区文化广电旅游体育局承办，广州交响乐团、星海音乐厅、广东星海演艺发展有限公司协办的第十四届二沙岛户外音乐季在二沙岛广东星海演艺集团大楼前草坪举行，于每周末下午4时演出。该音乐季以“二沙音乐岛 律动五羊城”为主题，邀请广东歌舞剧院、广州歌舞剧院、金爵士大乐团、小云雀合唱团、珠海民族管弦乐团、广州鳟鱼歌剧艺术团、南方歌舞团等院团开展惠民演出，演出形式包括民族乐、爵士乐、流行乐、合唱、歌剧等，线上及线下参加观众50多万人次。

【2023首届华语演艺盛典颁奖典礼】 2023年11月19日，由广州演艺人协会、越秀区文化广电旅游体育局主办的2023首届华语演艺盛典颁奖典礼在广州中山纪念堂举行。该活动以传承与发展为宗旨，聚焦演艺人生态圈发展，深化艺术创作、人才培养、文化演出等方面的交流合作，通过表彰杰出贡献演艺人、培育新生力量成长，助力演艺事业高质量发展。黄俊英、倪惠英、唐彪、安李、麦子杰、廖百威、“东山少爷”、“八两金”等来自粤港澳大湾区不同艺术领域的80多名演艺人士参加活动，现场颁发涵盖音乐、戏剧、艺术创作、主持、舞蹈、杂技魔术、模特、艺术教育、戏曲、网络演艺、美食文化传播等领域的杰出贡献奖15项，粤语相声表演艺术家黄俊英被授予终身成就奖，粤剧表演艺术家倪惠英被授予杰出贡献奖。（陈振超）

文化场馆

【概况】 2023年，越秀区建有区级图书馆、文化馆、博物馆各1个。其中，区图书馆、区文化馆被评为国家一级馆，区博物馆被评为国家三级馆。全区18个街道文化站均获评省特级文化站，

222个社区均建有社区综合性文化服务中心。是年，越秀区打造一批在该区域有影响力、示范性的“小而美”新型公共文化空间，构建与中心城区地位相适应的区、街、社区三级公共文化服务网络，融汇省、市公共文化资源，构建五级服务网络，以“融合—创新—共享”为驱动，形成“10分钟文化圈”，满足群众在家门口就能参与文化活动的需求，促进公共文化建设出新出彩。

2023年11月29日，越秀区图书馆联动越秀区各小书虫阅读馆开展“诗词之约之越读开启人生 诗词浸润心灵”活动　（区图书馆供图）

【越秀区图书馆】 2023年，越秀区图书馆深耕全民阅读，打造公共文化共同体品牌“阅秀文化联盟”。以阅读为核心，链接多元主体参与建设公共文化空间，整合不同机构的优势资源策划公共文化活动，引入新业态丰富公共文化服务，建成新型文化空间6个。推进越秀区馆校合作“小书虫阅读馆”项目建设，建成“小书虫阅读馆”108个，实现馆校合作全覆盖。是年，越秀区图书馆获评2022年度全国图书馆参考咨询联盟先进单位并获2022年度全国图书馆参考咨询联盟优秀服务二等奖；越秀区“小书虫阅读馆”项目被评为“最美未成年人阅读推广项目”；越秀区图书馆旧部前小学“小书虫阅读馆”、广州市真光学校“小书虫阅读馆”（豫章书院）获评“最美馆校合作阅读空间”。

表31　2023年越秀区图书馆情况表

项目	单位	实绩
总面积	平方米	16196
阅览座位	个	1438
藏量	册（件）	1711760
其中：图书	册	1672235
视听文献	件（套）	39525
电子图书	册	1300000
当年新增藏量	册（件）	79727
总流通人次	人次	2541746
其中：书刊文献外借人次	人次	76776
书刊文献外借册次	册次	2129940
分馆数量	个	151

【越秀区文化馆】 越秀区文化馆成立于1950年，是国家一级文化馆、广东省十佳文化馆，设有展览厅、剧场、舞蹈室、培训室、书画创作室等文化活动厅室42个，常年开展文艺演出、艺术展览、培训、讲座等公益性群众文化活动，满足市民各方面的文化需求。2023年，越秀区文化馆通过线上及线下相结合的方式丰富群众文化生活。全年举办各类文化活动、文艺培训、展览598场次，惠及773.02万人次；配合广州市文化馆在辖区内18个街道开展2023年广州市公共文化产品配送，依托总分馆服务网络向基层开展文化产品配送服务，实现基层公共文化供需精准对接，配送演出、讲座、培训等服务活动66场次，惠及群众1440人次。

【越秀区博物馆】 越秀区博物馆成立于1999年，位于惠福西路233号，是国家三级博物馆、广东省爱国主义教育基地、“标准型”广东省社会科学普及基地、台盟广东省委员会爱国主义教育基地、广州市社会科学普及基地。管辖五仙观、南粤先贤馆、中国共产党广东区执行委员会旧址和4个委托管理场馆（陈树人纪念馆、高剑父纪念馆、万木草堂、东平典当博物馆）。其中，中国共产党广东区执行委员会旧址为广东省中共党史教育基地，南粤先贤馆——五仙古观文化旅游区为国家AAA级旅游景区。全馆有藏品4708件（套），包括文物3370件（套）、藏品1138件（套），其中一级文物1件（套）、二级文物1件（套）、三级文物19件（套），构成以五仙观文物、56名岭南先贤有关的典型实物和反映广府地区历史文化的文物为主，以其他地区精品文物以及南粤先贤相关藏品为辅的越秀区博物馆藏品体系。馆藏品总体价值珍贵，具有历史、艺术、科学价值，其中“明洪武十一年有铭铜钟” 为广东省现存最大最完整的古铜钟，是广州市历史名城的可靠见证，具有代表意义。2023年，越秀区博物馆开展“从这里出发——红棉同行·廉动广州”红色文化旅游特色党日活动、“诗”意英雄花“文”颂英雄城——中共广东区委旧址传承弘扬红色文化原创作品征集活动、“越博奇妙夜”——沉浸式导赏活动等，接待入馆观众18.5万人次。

【南粤先贤馆】 南粤先贤馆于2017年5月17日开馆，位于惠福西路五仙观广场西侧，是广东省首个大型人物纪念类专题展馆，常设展览为“南粤先贤固定陈列”。展览分古代先贤、近代先贤两大部分11个单元，以人物组团和场景式互动项目等模式，通过文物、图片、文献资料、艺术品等传统陈列手段，集纪念性、知识性、趣味性、参与性于一体，展示从秦汉时期到辛亥革命时期56名影响全国、造福南粤的南粤先贤事迹，囊括岭南地区的政治、经济、文化、军事等各个领域。2023年，南粤先贤馆开展“我们的节日·精神的家园”系列活动、“越博奇妙夜”——沉浸式导赏活动等，参观人数8.3万人次。

越读吧·海丝阅读馆 位于南粤先贤馆内，与海上丝绸之路“坡山古渡”遗址相邻，是越秀区公共图书馆服务网络建设的第150个图书馆、广东省首个海丝主题公共图书馆，2023年10月17日由越秀区图书馆与越秀区文物博物管理中心、光塔街道办事处合作共建开馆。馆内设有海丝文化主题文献专柜，收藏丝路文化、宗教文化、沿海文物、海运贸易、风俗物产等海丝文化主题文献。该馆采用线上智能预约系统、智能场馆系统、自助借还系统和智能终端系统，建设远程预约、扫码开灯、智慧自习、自助借还、无人值守等智慧应用场景，为读者提供便捷化、人性化的服务；设置智慧自习区，有10个融入书架的独立学习空间。（陈振超）

文艺创作

【概况】 2023年，越秀区以红色文化、岭南文化及非遗等为题材，创作文艺精品佳作。其中，区文化馆创作的作品获国家级奖项3个，省级金奖5个、银奖6个、铜奖2个、单项奖8个，市级金奖13个、银奖13个、铜奖10个、单项奖49个。区文联文艺家创作的作品获国家级奖项2个、省级奖项1个、市级奖项1个。

【文艺创作成果】 2023年，越秀区打造精品作品参加各级赛事，助推文化强区建设，创作成果获国家和省、市表彰。其中，越秀区文化馆以国家级非遗项目“行花街”为主题创作的少儿群舞《行花街》获第十二届“小荷风采”全国少儿舞蹈展演“小荷新秀”奖、广东省第七届少儿舞蹈大赛表演金奖和创作奖，少儿群舞《我可以》《雨屐随响》《以“你”为荣》3个节目获银奖、《超级奶爸》获铜奖。创作的广场舞《花街·行》获“羊城之夏”2023广州市民文化季广州市第八届广场舞大赛金奖和最佳创作奖。器乐合奏《乐秀新韵》在2023广东省群众艺术花会上获音乐类金奖。群舞《爷爷们》《茉莉花开》获第七届广东省中老年舞蹈展演表演金奖。以非遗“五羊传说”主题创作的音乐快板说唱《羊城新愿》、原创群舞《傩声》获2022广东省群众艺术花会（少儿艺术）银奖，粤语说书《杨匏安清廉显风骨》获铜奖。原创音乐《花城春早》在2022年度广东省群众文艺作品评选中获音乐类银奖。以省级非遗项目“粤语讲古”为表演形式，创作《单刀赴会》获广州市群众文艺作品评选曲艺类优秀作品奖。以红色题材为背景，创作三人舞《走到底》，获“羊城之夏”广州市群众原创音乐舞蹈大赛银奖。越秀区文联艺术家领衔主演的粤剧电影《谯国夫人》获第三十六届中国电影金鸡奖最佳戏曲片奖、《白蛇传·情》获第十九届中国电影华表奖“优秀故事片奖”。越秀区作家协会作家创作的《华衣锦梦》被广东省委宣传部、省文化和旅游厅、省文联授予“第十一届广东省鲁迅文学艺术奖（文学类）”。越秀区文联创作的情景诗剧《穿越时空的对话——诗说岭南先贤》，被市文联评为2023年广州市各区文联“出新出彩”创新项目。（陈振超、陈伟娟）

【话剧《春园·1923》首演】 2023年6月15日，由越秀区文化广电旅游体育局与广东省演出有限公司以及中共三大会址纪念馆、广州文学艺术创作研究院联合出品的大型革命题材话剧《春园·1923》在广东艺术剧院首演。该剧是为纪念中国共产党第三次全国代表大会在广州召开100周年而创排。剧目内容经过史实考证并经党史专家审议，真实地、艺术地再现三大会议过程。全剧粤曲、荔枝等岭南元素与《国际歌》、国共合作、国民革命、党的建设等重大历史元素有机融合，形成一幅既有岭南风韵、又有厚重历史的艺术画卷。

【广播剧《英特纳雄耐尔之歌》录制完成并播出】 2023年6月，由广州市委宣传部、广州市文学艺术界联合会、广东广播电视台“新闻广播”栏目、越秀区委宣传部联合出品的“可视化”广播剧《英特纳雄耐尔之歌》完成。6月17日在广东广播电视台新闻广播频率

2023年5月13日，广播剧《英特纳雄耐尔之歌》剧本围读会在越秀区文化馆举行
（区文化馆供图）

（FM91.4，AM648）进行首播，4天连播3集。随后相继在广东新闻广播触电新闻客户端、“南方+”客户端、网易新闻、“花城+”客户端、羊城晚报客户端、央视频客户端、“广州越秀发布”微信公众号、陕西经济广播电台、陕西交通广播电台等15家媒体及平台进行展播、宣传，受到专家、业内人士等好评。该剧讲述《国际歌》激励中国人民为共产主义的远大理想而奋斗的故事，激励新时期的中国人民为实现中华民族伟大复兴、创造更加美好的世界而高歌前进。

【“千人同绘英雄花”“三大百年”主题通草画展】 2023年4—6月，由越秀区教育局、区文化广电旅游体育局、中共三大会址纪念馆主办，越秀区少年宫、区文化馆（越秀区非物质文化遗产保护中心）、豪贤路小学、署前路小学、广中路小学、广州市满族小学协办的“千人同绘英雄花”通草画美术作品征集活动在越秀区少年宫、豪贤路小学、署前路小学、广中路小学、满族小学等学校开展。6月18日，由中共越秀区委宣传部指导，越秀区教育局、越秀区文化广电旅游体育局、中共三大会址纪念馆主办，越秀区少年宫、越秀区文化馆（越秀区非物质文化遗产保护中心）承办的“最美思政课·童绘1923通草画作品线上展”“纪念中国共产党第三次全国代表大会召开100周年”主题通草画作品展在越秀区文化馆数字展厅、“广州市越秀区少年宫”微信公众号、“中共三大会址纪念馆”微信公众号上同步发布，展出学生们结合“中共三大”红色历史故事、景貌及校内外红色文化资源创作的红色文化通草画美育作品70张，浏览量5000多人次。

（陈振超）

【情景诗剧《穿越时空的对话》上演】 2023年10 月17日，海丝文化节闭幕式在南粤先贤馆文化广场举行，情景诗剧《穿越时空的对话》同时上演。该剧由越秀区文联艺术顾问李仁义携手首君文化策划团队历经1年多时间构思创作，融合历史故事、人物形象，辅以音乐、诗歌、话剧、造型等舞台艺术，展示赵佗、冼英、张九龄、韩愈、苏轼、陈献章、湛若水和梁启超8名南粤先贤的卓越贡献。该情景诗剧由李仁义、孙洪涛、禤智红、史子兴、卢吉雄等领衔出演，由1名历史老人贯穿7个章节，10个鲜明角色携56名青年、少儿表演者共同演绎18首经典诗词，以穿越时空的对话形式再现越秀（广州）千年发展历史。

（陈伟娟）

【“艺脉相承——岭南画派粤台港澳青年画家邀请展”举行】 为纪念高剑父创建“春睡画院”100周年，2023年11月10—17日，“艺脉相承——岭南画派粤台港澳青年画家邀请展”在高剑父纪念馆和南粤先贤馆举行，展出台港澳青年43名画家近100幅美术作品。参展作品以岭南画派风格为主，题材涵盖山水、花鸟、综合材料等，展现岭南画派后裔青年画家的艺术探索与追求。

（陈振超）

文化遗产保护

【概况】 2023年，越秀区辖区内有各级不可移动文物186处（206个），其中全国重点文物保护单位19处（28个）、省级文物保护单位20处（23个）、市级文物保护单位有83处（90个）、区级文物保护单位有6处（7个）；尚未核定公布为文物保护单位的不可移动文物有58处（58个）。是年，越秀区有非遗代表性项目48个，其中国家级1个、省级12个、市级15个、区级20个；非遗代表性传承人56人，其中省级9人、市级18人、区级25人、已故4人；新增非遗线索431条；建设省级广府文化（越秀）生态保护实验区1个。

【文物保护管理】 2023年，越秀区强化文物安全日常巡查及专项检查，组织文物保护监督员开展文物日常巡查2.94万人次，督促整改文物安全隐患，要求管理使用单位落实文物安全主体责任，针对巡查周恩来同志主持的中共两广区委军委旧址、黄埔军校同学会旧址、中共广州市委特派员旧址、古家祠等发现的文物管理问题，函告相关责任单位，要求依法依规履行文物保护职责。推动周恩来同志主持的中共两广区委军委旧址的活化利用，协助越秀区纪委按程序推进广东省农民协会旧址保护利用项目的实施。梳理区内文物审批办事指南，推进高第街片区改造，指导开展拜庭许大夫家庙、许卓故居文物保护工程，开展许地门楼修缮工程，依法完成上述文物保护工程的行政审批。

【革命文物管理】 2023年，越秀区完善管理革命文物史料的收集、整理，配合广州市文物局开展广东省革命文物安全评估采集系统填报，对全区70处革命文物进行田野调查，完善各革命文物所处的经纬坐标、整体状况、病害部位、安保系统等信息，加强数字化信息技术的运用，完善革命文物数字化档案建设及开放共享。推进中国民主同盟南方总支部机关旧址、中苏人民血谊亭等6个革命文物保护标志、说明牌的制作、安装，明确文物保护责任和义务。建设文物安防设施，开展中共广东区委旧址修缮工程、安全防范系统建设项目，实现对文物安全管理数据的动态化、常态化和规范化管理。 （陈振超）

【历史文化保护传承推进】 2023年，越秀区编制的《北京路、传统中轴线（近代）、文德南历史文化街区保护规划（2021—2035年）》经广州市文物管理和历史文化名城保护委员会审议通过，由广州市政府批准公布实施。是年，越秀区落实区级历史文化保护传承重点任务，认定公布区级保护对象，第三批传统风貌建筑名录经越秀区文物管理和历史文化名城保护委员会审议通过。延长平民宫、广东美术馆的保护期限，开展预先保护。结合历史文化遗产调查评估，向市名城办推荐庙前直街16号等5处历史建筑认定线索，为广州市第八批历史建筑认定工作提供前期支持。强化名城保护业务指导，将日常巡查纳入社区网格化管理范畴，要求各街道做好日常巡查。做好重点项目规划资源服务，为市、区重点项目提供规划审批指引。配合北京路步行街二期、高第街改造、昌兴街改造等重点项目推进，推动修缮更新“一栋一策”“一街一策”精细化设计，探索保护利用新路径、新模式和新机制。

【历史建筑活化利用】 2023年，越秀区坚持以用促保，探索名城保护路径，公布实施《北京路、传统中轴线（近代）、文德南历史文化街区保护规划（2021—2035年）》，为做好历史文化保护传承工作下的城市规划管理环节提供指引及遵循依据。对于历史建筑，坚持价值导向、应保尽保，完善保护体系，明确保护要求；坚持合理利用、传承发展，探索历史文化遗产的有效利用；分片区结合街区特点提出历史文化遗产展示利用与街区业态活化策略，通过提升文化体验、串联历史文化遗迹，打造特色文化游径，建设非遗传承基地、搭建文化活动平台，探索文商旅发展新路径。配合市级单位做好相关政策的研究制定，落实《广州市促进历史建筑合理利用实施办法》等政策文件，促进历史建筑合理利用。 （陈可莹）

【“越赏非遗 秀美新彩”活动】 2023年6月10日，越秀区启动“越赏非遗 秀美新彩”2023年“文化和自然遗产日”系列活动，以非遗展览、展演、体验、培训、比赛等形式，庆祝国家文化和自然遗产日。通过组织畅享非遗购、探访非遗味、共赴非遗游等活动，把非遗带到市民游客的身边。6月10—12日，在越秀区文化馆举办“赏通草画意 颂广州故事”青少年通草画作品展，展出包含写实、写意、卡通等技法绘画的通草水彩画、通草版画、通草手工立体作品150多件，以革命故事、广府文化、湾区见闻等为主题，讲述新时代的中国故事，吸引1万多人次参观。

【“诗响南粤 越美广州”通草画系列活动】 2023年7月6日至10月31日，由越秀区教育局、区文化广电旅游体育局主办，越秀区少年宫、区文化馆（越秀区非物质文化遗产保护中心）承办的2023年“诗响南粤 越美广州”通草画美术作品比赛举行。大赛收到参赛作品2100件，评出一等奖作品292件、二等奖作品369件、三等奖作品379件；优秀组织

2023年10月13—30日，“诗响南粤 越美广州”青少年通草画作品展在南粤先贤馆举行 （区文化馆供图）

单位55个，优秀指导教师147人。10月13—30日，以“海上丝绸之路”为主题的“诗响南粤 越美广州”青少年通草画作品展在越秀区南粤先贤馆负一层举行。11月，该展览在越秀区少年宫壹号艺术坊举行巡展。2次展览展出越秀区20所中小学、少年宫及广州城市职业学院特殊教育学院的学生们围绕海上丝绸之路主题创作的通草画作品近70幅，参观人数约5000人次。通过通草画比赛和展览，推动中华优秀传统文化创造性转化和创新性发展。

【非遗展览及系列体验活动】 2023年6月18—30日，2023年越秀区“文化和自然遗产日”非遗宣传展示系列活动——“径寸之木”广州榄雕国家级代表性传承人曾昭鸿从艺50周年作品展在广州市第一工人文化宫举行。活动现场展示曾昭鸿从艺以来创作的130件榄雕作品，开设“我在越秀玩非遗”系列体验活动和“玩转非遗”市集，集中展示榄雕、手掌画、玉雕、打铜、铜印制作、广绣等非遗技艺，参与非遗体验人数超100人次，展览吸引2.6万人次参观。

【周恩来同志主持的中共两广区委军委旧址活化利用项目入选广东省文物古迹活化利用典型案例】 2023年4月17日，由广东省古迹保护协会组织的2022年广东省文物古迹活化利用典型案例宣传推介活动公布11个入选的典型案例，越秀区文化广电旅游体育局牵头开展的“周恩来同志主持的中共两广区委军委旧址活化利用项目”入选。该旧址以珍贵的史料和档案，介绍中共两广区委军委作为中国共产党成立的第一个地方军事机构的发展历史，以军事文化为主题设计展览，展示中国人民解放军50、55、65式军服等珍稀展品，开展与时事相关的国防教育、认识革命先烈等主题公共教育活动。该旧址持续设计、展示并发售一批红色文创产品，推出多款军旅咖啡、文具礼品、polo衫、围巾等，凸显其“军事展览馆”的定位和发挥文创产品对宣传革命历史的作用。作为越秀区“越学·思践”宣讲体系中重要的宣讲场所，在旧址中创设红色阅读空间，与越秀区图书馆共建“越读吧·红色书屋”，读者可以体验线上及线下融合、多场景沉浸式的红色阅读研学之旅，把革命文物作为新时代理想信念教育的生动教材。 （陈振超）

文化产业

【概况】 2023年，越秀区有规模以上文化及相关产业（以下简称“文化产业”）法人单位546个，实现营业收入568.27亿元，比上年增长4.7%。其中，作为主引擎的规模以上文化服务业实现营业收入386.94亿元，增长7.6%，占全区规模以上文化产业营业收入的68.1%；文化批发和零售业实现营业收入173.07亿元，增长5.3%；文化制造业实现营业收入8.26亿元，增长2.7%。是年，文化、体育和娱乐业在春节、暑期、中秋国庆节等假期电影票房火热，在广播、电视、电影和录音制作业高速增长的带动下，保持两位数增长，但增速稍有回落。全年规模以上文化、体育和娱乐业企业实现营业收入89.51亿元，比上年增长10.2%，产值排名广州市各区第一，占广州市的30.7%，规模优势明显。6月，越秀区上榜“2023中国文化产业竞争力百强区综合指数”第八名；辖区内广东省出版集团、新媒股份入选2023年度第十五届全国文化企业30强（广东省共3家企业上榜）；广州漫友文化科技发展有限公司获中国文化艺术政府奖第四届动漫奖（最佳动漫团队）；广州久邦世纪科技有限公司获评国家文化出口重点企业、国家知识产权优势企业；广州广江大象文化传媒有限公司获第20届中国动漫金龙奖非遗传承动漫奖。12月16日，广州市文化广电旅游局举办广州市“文旅体一证通”授牌仪式，广东星海音乐厅、广东友谊剧院、中山纪念堂、蓓蕾剧院等4家演艺场馆获“文旅体一证通”授牌，入选数量居广州市各区之首。辖区内企业广州漫友文化科技发展有限公司承办第十六届中国国际漫画节暨第20届中国动漫“金龙奖”颁奖大会，与抖音“轻漫计划”等平台开展合作，为动漫企业提供更多“破圈”和变现的新机遇，活动期间入场观众数16.2万人次，带动消费额超2亿元，微博热度超3亿人次。

【新型文化空间打造】 2023年，越秀区广聚社会力量，引导和鼓励社会力量参与公共文化服务，挖掘、培育、扶持一批有区域影响力、示范性的“小而美”的新型公共文化空间。打造出周恩来同志主持的中共两广区委军委旧址、逵园艺术馆、药洲遗址公共文化空间、JC动漫馆青少年公益动漫体验空间、陈树人纪念馆、广州新华连锁公司北京路书店花街粤书吧等“新型文化空间”。与荣宝斋广州有限公司、广州市美术有限公司等社会力量合作，将荣宝斋广州、广州非遗街区（北京路）打造成为越秀区文化馆社会力量分馆，并签订服务保障合作协议，与社会力量合作开展艺术普及、文化展览、非遗传承等活动。在社会力量广泛参与下，公共文化服务供给主体由“单一”走向“多元”。至年底，建有新型文化空间8个。 （陈振超）

【“一方东山”文化创意园消费矩阵优化】 “一方东山”文化创意园是广东省商业集团有限公司融入越秀区“东山印象·新河浦”片区发展规划，打造的特色商业、旅游休闲、文化创意产业的重点项目。该项目依托新河浦历史文化街区百年历史沉淀和文化底蕴，以“绣花”功夫精细改造，营造展示、共创、休闲、交流、体验的活动空间，引入有行业号召力的国际品牌全球旗舰店与大中华总部，形成总部集聚效应；引入线上新锐国潮品牌打造线下实体店，带动激活实体经济；引入沉浸式体验品牌，吸引年轻、家庭亲子客群，成为越秀区线下体验消费热门地。2023年，引入40多家文化创意优质企业，形成集艺术、文化、体验与消费于一体的全新业态。以策展型商业打造新消费场景和多元特色主题空间，突破艺术、文化、体验与消费的界限，定期邀约知名艺术家、潮流设计师、独立插画家进行艺术策展、涂鸦喷绘。举办“春日行大运”花街、东山文化艺术月等文化活动，联动街区推出创意市集、品牌展示、户外运动、天台露营、音乐汇演、艺术展览等特色活动，打造充满烟火气的艺术生活社区，培育国内先锋品牌孵化地、文旅活动样板间、新兴消费聚集区。

（陈振超、黄永桢）

【元宇宙花市】 2023年，越秀区花市办与中国电信公司合作运用数字化技术对越秀西湖花市多种信息进行系统、准确的采集和再现，依托5G移动互联网和3D视觉技术搭建“越秀西湖元宇宙花市”平台。该平台融合立体花市地图、电商平台、新闻资讯、交通指引等服务，突出百年花市品牌，弘扬国家级非物质文化遗产项目“行花街”，展现岭南传统民俗文化的魅力，市民游客通过“元宇宙花市”平台可沉浸式体验“行花街、办年货、过新年”，实现云端“行花街”。（刘佩）

新闻出版

【概况】 2023年，越秀区落实新闻出版（电影）和版权工作，履行出版物发行及电影放映审批职责，组织开展行政监管和执法检查，举办版权宣传周和全民阅读系列活动，保障文化市场稳定有序。是年，办结出版物发行许可、电影放映经营许可等审批件162件，检查经营场所超1万个次，查缴非法出版物3700多册。

【新闻出版审批服务及行政监管】 2023年，越秀区优化出版物发行审批流程，利用“云勘查”手段，提高审批服务效率，全年办结出版物发行许可及备案、电影放映经营许可等审批件162件，按期办结率100%。做好群众来电、来信解答及“12345”热线工单的回复处理，搭建微信、QQ等问询渠道，回应群众关注问题，全年处理工单250多件。强化对辖区内新闻出版、印刷复制、电影放映的行政监管，开展行政许可的批前、批后检查，实地检查影院、书店100多间次，各类网店200多间次，作出注销公示7宗。落实出版物经营许可证年审制度，指导200多个出版物经营单位完成年审业务。落实印刷复制发行行业管理，组织开展“双随机、一公开”执法检查，涉及商家近100户。

【版权宣传周活动】 2023年4月25—28日，越秀区举办版权宣传周主题活动。组织区内大型书店成立“正版联盟”，共同发出销售正版、抵制盗版的公开承诺。组织东山培正小学、署前路小学等举办版权知识竞赛。举办“寻找小凡尔纳”原创科幻故事创作比赛，发动全区中小学生参与创作，培养增强尊重版权、保护正版的意识。（张雯）

【版权保护监管执法】 2023年，越秀区文化广电旅游体育局以“剑网”“新风”等专项行动为重点，深化重点领域版权专项整治，依法治理线上及线下空间，打击侵权盗版，净化辖区内版权环境。开展校园周边非法出版物清理、院线电影版权保护、校外辅导机构的出版物整治等一系列行动。加强书店、电影院等文化市场的执法检查，全年出动执法人员3042人次，检查文化市场经营场所1217家次，查处无证经营出版物企业4家。开展“净网”“护苗”“清朗”“清朗·杭州亚运会和亚残运会网络环境整治”等系列专项行动。全年自主开展网络巡查30次，巡查微信公众号28个、网络出版物经营单位74个次、平台直播带货商家30家次。核查办理著作权侵权投诉举报和线索33条，依法查处著作权案件1件。

【文化市场监管】 2023年，越秀区文化广电旅游体育局加强辖区内文化经营场所线上及线下巡查，维护文化市场安全稳定。以2023年“扫黄打非”专项整治、院线电影版权保护专项整治、2023卫星电视广播地面接收设备整治等专项整治工作为重点，加大对出版物、电影院等重点领域监督检查。开展未成年人保护专项行动，清查中小学校园周边文化市场、涉未成年人网络环境，打击非法有害少儿出版物和信息，加强对剧本娱乐经营场所、网吧、KTV是否严格履行保护未成年人责任的巡查和督导。加大对卫星电视接收设施监管力度，做好7家持证单位的“接收卫星传送的境外电视节目许可证”续审。开展对32家涉外酒店和星级酒店的“双随机”检查，对中旅商业城、动漫星城、陶街等专业市场54家售卖网络电视机顶盒经营单位进行执法检查。根据上级转办线索，依托越秀区文化市场领导小组管理办公室，联合市场监督、公安等部门开展执法检查，打击违法违规行为，全年对8件违法违规行为作出行政罚款、没收违法所得、没收非法出版物等行政处罚决定。

（陈振超）

融媒体

【概况】 2023年，越秀区建强用好区融媒体中心，通过选题共商、创意共生、团队共融方式，借助优势媒体力量，提升越秀融媒出品的质量和影响力。深耕本土内容，打造更多传播精品，推动外拓式“融媒体中心+融媒工作室”模式发展。是年，越秀区推出专题片《好景正当时 越秀春潮涌》以及“越秀山君话健康”“越秀山君护苗行动”等系列原创MG动画视频等融媒产品。“广州越秀发布”官方微平台“广府味幸福年”广府文化系列融媒体策划获2022年度广州市最佳传播策划奖。

【融媒发展】 2023年，越秀区强化“广州越秀发布”官方微平台、海外媒体账号运营管理，助推城区形象传播。“广州越秀发布”微平台全年发布推文1万多篇，累计阅读量近2000万人次，获2022南方号年度传播奖、2022年度广州市政务微博优秀互动力奖、2022年度广州市政务微信优秀传播力奖。“广州越秀发布”官方微平台“广府味幸福年”广府文化系列融媒体策划获2022年度全市最佳传播策划奖。

【“融媒体中心+融媒工作室”模式强化】 2023年，越秀区坚持探索外拓式“融媒体中心+融媒工作室”模式，通过与媒体机构共同合作，分阶段打造政务观察室、精品创意工作室、社区工作室、视觉工作室、音频工作室、对外传播工作室等融媒体工作室10个，形成外拓式“融媒体中心+融媒工作室”模式，提高新闻生产能力和效率。该工作模式强化资源整合，通过选题共商、创意共生、团队共融方式，借助优势媒体力量，提升越秀融媒出品的质量和影响力。

【融媒精品】 2023年，越秀区整合资源，打造融媒精品，策划“进击的越秀”“更新的越秀”“你我的越秀”“古越今秀”“绿色越秀”等特色专题专栏。对焦越秀区高质量发展大会，通过专题片《好景正当时 越秀春潮涌》、推文报道《就一个字，干！》，彰显越秀发展信心，营造全区上下锚定蓝图谋发展、凝心聚力抓落实的氛围。创新全民科普传播手段，以“广州越秀发布”官方微平台吉祥物越秀山君为载体，推出“越秀山君话健康”“越秀山君护苗行动’等原创MG（Motion Graphics，动态图形或图形动画）动画视频，宣传卫生健康、网络安全等方面知识。

【“漫游红道”系列短视频】 2023年7月，越秀区在红色研学季活动上发布“五条红道”红色精品线路，即工农青革命红道、中国革命统一战线红道、毛泽东伟人足迹红道、周恩来伟人足迹红道、陈独秀革命先锋足迹红道，串联起中共三大会址纪念馆、农讲所、团一大纪念馆等红色景点。越秀区融媒体中心围绕“五条红道”，制作推出“漫游红道”系列短视频，通过家庭、情侣、大学生的视角，以骑行、跑步、漫步等形式，带领观众穿梭在革命年代中，跟随英雄的脚步感受热血燃烧的岁月，与革命先辈英勇无畏的爱国情感同频共振，增强观众对红色文化的认识，追寻红色记忆、传承红色基因。 （张雯）

档 案

【概况】 2023年，越秀区国家档案馆拍摄任务137场次，拍摄照片3.78万张，归档1.07万张。对到期的13万件档案进行智能开放鉴定。接受市民现场咨询、电话咨询等3780多人次；利用数字档案馆平台接待查阅文书、婚姻、公证等门类档案1976人次，利用档案2164卷（件），办理异地档案查询利用服务72人次。完成2023年越秀区大事记编纂工作。至年底，馆藏档案总量66万多卷（件）。

【档案工作基础建设】 2023年，越秀区国家档案馆开展各项档案基础业务工作，加强档案资源体系建设，拓展档案资源收集范围，加强档案资源质量管控。对区属各单位的档案制订应收尽收方案，接收43个全宗单位文书档案3723卷、3.8万件。到区属各部门、各街道开展档案业务指导和培训，提高入馆档案质量。加大越秀区特色档案资源库建设力度，在区人民政府网站和馆微信公众号等发布档案资料征集公告，与区委老干部局联合发出档案征集倡议，鼓励社会力量向区档案馆捐赠文献、音像、书画、实物等档案资料。全年接收“学报告书金句”书画作品42件，红色文化通草画作品67件、“百家齐颂大湾区”书画摄影作品17件。

【档案开放鉴定】 2023年，越秀区国家档案馆依托智能技术辅助档案开放鉴定，创新“智能辅助+人工审核”档案开放审核模式。在数字档案馆数据库中自动筛选档案全宗目录和全文数据，实现初审、复审、征求意见、鉴定领导小组审批等全流程自动化辅助管理，并将鉴定后的数据根据鉴定结果自动分类在数字档案馆数据库中进行标注，提升工作效率，推进档案鉴定开放工作规范化、精准化、高效化。是年，在系统智能鉴定的基础上，实现对到期的13万件馆藏档案进行初审、复审、征求意见、鉴定领导小组审批等全流程自动化辅助管理。

【档案安全保护】 2023年，越秀区国家档案馆以制度为保障，完善数字档案馆管理机制，建立健全23项数字档案管理制度，贯穿数字档案资源收管存用等环节，确保档案实体安全和档案信息安全。构建“三位一体”档案安全防范体系，以“人防”为基础，开展安全检查和应急演练；以“物防”为保障，全面升级改造软硬件设备，保障网络、数字化加工、安全保密等设施条件，满足数字档案馆安全防范要求；以“技防”为核心，在网络安全防护和档案资源保存上下功夫，应用入侵检测、数据保全等高新技术，保障运行安全高效。

【档案公共服务】 2023年，越秀区国家档案馆着力提升服务中心大局和人民群众水平。举办街道和区国资公司档案业务培训工作会议，明确档案业务具体要求和工作方法；为区委编办、区委老干部局等单位提供档案数字化加工场地，并进行现场指导把关；到区民政局、农林街道等单位开展档案业务调研和培训，对档案整理工作中存在的问题进行指导，从源头上提高档案管理人员的综合能力。向越秀区委组织部、区人力资源社会保障局等区属单位和广州市文物考古研究院提供档案资料利用。拓宽便民渠道，提升窗口服务水平，优化档案为民服务流程，开拓档案线下、线上利用服务，设立党员先锋岗，配置自动查档机，加强急事急办，为群众提供便捷高效的档案服务。是年，接受市民现场咨询2330人次、电话咨询1450人次；利用数字档案馆平台接待查阅文书、婚姻、公证等门类档案1976人次，利用档案2164卷（件），办理异地档案查询利用服务72人次，服务群众满意率100%。

【档案宣传】 2023年，越秀区国家档案馆发挥档案宣教及文化传播作用。通过网站和微信公众号等平台提供馆藏介绍、网上展厅、越秀区地情等数字资源服务，群众可以在手机或者电脑上看到越秀区的红色史迹、名胜古迹、方言、特色街巷、专题展览等资料信息。在“广州市越秀区国家档案馆”微信公众号定期发布“越秀印象”系列文章，推进越秀区历史文化信息宣传常态化。向“广州市情”微信公众号报送《越秀海珠广场片区品质提升展示老城市新活力》《越秀区聚焦社区群众居家养老需求 守护长者“舌尖上的幸福”》等推文。《红色绘本讲述杨匏安英雄事迹》信息获《中国档案》杂志刊登。

【全国示范数字档案馆创建】 2023年3月，越秀区数字档案馆通过全国示范数字档案馆系统测试。6月，经国家档案局批准成为全省第一家区县级“全国示范数字档案馆”，也是“十四五”期间广东省第一家通过测试的全国示范数字档案馆。是年，越秀区国家档案馆推进档案工作“数字转型”和“服务转型”，做好数字档案馆后半篇文章。依托数字档案馆系统，辅助档案实体管理，对30多万件馆藏档案实现射频识别技术（RFID）电子标签管理；辅助档案移交进馆，实现区属单位档案数据在线移交，通过数字档案馆系统对档案数据进行四性（真实性、完整性、可用性、安全性）检测，提高档案数据在线移交进馆的质量和效率。推进全区档案工作“网络化”，将73个区属立档单位纳入馆室一体化系统统一管理，并延伸到社区居委会等基层单位，形成“区—街道—社区”档案网络体系，打通档案信息服务基层“最后一公里”，解决基层档案工作管理分散、投入有限、规范性不强等问题。

【“6·9”国际档案日系列活动】 2023年6月6日，越秀区国家档案馆与区档案局、区教育局、六榕街道、区少年宫、朝天小学、清水濠小学等单位联合在六榕街道文化广场启动越秀区2023年“6·9”国际档案日系列活动，包括“花姿映红老街巷—走进《三家巷》”图片展览、通草画作品展览、粤语讲古“红色基因代代传”及播放“走进《三家巷》”视频、《三家巷》老影片。此外，还在越秀区图书馆展厅举办《清风扬越秀 非遗颂廉韵——越秀区廉洁文化主题通草画作品展》，同时编印《岭南古代廉吏通草画册》；与区委老干部局联合举办《百家齐颂大湾区》——老干部书画诗词摄影作品展。 （唐珊）

地方志

【概况】 2023年，越秀区人民政府地方志办公室（以下简称“越秀区地方志办公室”）发挥地方志“存史、资政、育人”作用，开展年鉴编纂、志书编修等工作。出版发行《越秀年鉴（2023）》，指导推动《光塔街道志》出版，推进《黄花岗街道志》《梅花村街道志》《大塘街道志》编修工作，策划启动编写《越秀花市史》。落实地方志资料年报制度，收集整理75个单位的年报资料。是年，《越秀年鉴（2022）》获评第九届全国地方志优秀成果（年鉴类）一等年鉴、广东省优秀一等年鉴，是《越秀年鉴》连续第三年获评广东省优秀一等年鉴。

【年鉴编纂】 2023年12月，《越秀年鉴（2023）》由广州出版社出版。全书81.8万字，设类目27个，下设分目185个、条目940个，收录图片196幅、表格42个，全面系统地记述越秀区2022年自然、政治、经济、文化、社会的基本面貌和年度发展情况。在卷首图片专辑设置“喜迎二十大，越秀这十年”专题，彰显党的十八大以来越秀区经济社会发展成就，展现越秀区为实现老城市新活力、“四个出新出彩”作出的探索；在“年度关注”设置《越秀区入选中国楼宇经济（总部经济）标杆城区》专文，体现楼宇经济、总部经济在越秀区经济社会发展中的引擎作用；在“民政”分目下设“社会救助”“养老服务”“儿童福利”“慈善帮扶”等条目，记录越秀区民生事业的新发展。为提高年鉴的便民性、实用性，除在广东省情网上推出全书内容外，还在封底印制二维码，让读者用手机扫描二维码便可在线阅读。

【街道志编修】 2023年，越秀区地方志办公室修订完善《越秀区街道志编修工作指引》，加强对街道志编修工作的业务指导。指导黄花岗街道、梅花村街道、大塘街道开展街道志编修工作，其中，被纳入广州市名镇名街名村志丛书的《梅花村街道志》进入终审阶段；《黄花岗街道志》完成初稿，处于街道初审阶段；《大塘街道志》编修方案确定。8月，《光塔街道志》出版，该志被纳入第六批中国名镇志丛书，是广东省第五部中国名镇志。

2023年10月25日，越秀区地方志办公室联合北京街道党工委、办事处在广府文化会馆方志驿站举办越秀历史文化知识系列讲堂第一讲“从历史中走来 千年城脉之北京街” （区国家档案馆供图）

【地方志资政】 2023年，越秀区地方志办公室根据广州市全面小康志编纂工作要求，开展越秀区全面小康建设相关内容的组稿工作。推进《越秀花市史》编写工作，成立《越秀花市史》编写委员会，制定编写出版工作方案，选定编写专家，收集整理越秀花市史有关文字、图片资料，召开篇目评审会。向区委宣传部提供《大公报》临时社址相关资料，向区总工会提供2020—2022年年鉴中的全区先进人物和先进集体资料以及广州市工人文化宫相关资料，向六榕街道提供旧南海县社区相关资料，向人民街道提供广东省立宣讲员养成所遗址周边街巷的历史资料，参与整理提供高第街有关资料并报送给区委主要领导等。收集整理越秀区在2012年11月至2023年4月期间堪称全省、全国乃至全世界“之最”的事件和事物相关条目45条，报送至广州市委党史文献研究室。

【方志文化场馆建设】 2023年，越秀区地方志办公室推进方志驿站建设，提升地方志工作的公共服务能力和社会影响力。核查建成的43个方志驿站的名称、地址、主要特色、服务内容和方式、开放时间、联系方式等信息，保证方志驿站对外服务信息规范、有效。为各方志驿站配送方志书籍，充实地情资料。开展地情文化宣传进驿站工作，在南粤先贤馆方志驿站等驿站开展“越秀历史古迹”巡回展览，在广府文化会馆方志驿站举办越秀区历史文化知识系列讲堂第一讲，提高方志驿站的服务效能。做好迎接广州市委党史文献研究室到越秀区方志文化场馆调研的相关工作。

【《越秀印象》系列宣传画册第一辑编印】 2023年9月，越秀区地方志办公室完成《越秀印象》系列宣传画册第一辑编印。该辑画册包括“历史古迹”“革命遗址”“老字号店铺”“近现代著名建筑”“名街巷”5卷，图文并茂地展示越秀区辖区内的南越国宫署遗址、北京路古道遗址等历史古迹15处，中共三大会址、广州农民运动讲习所旧址等革命遗址16处，陈李济、太平馆等老字号店铺13处，广州中山纪念堂、东亚酒店等近现代著名建筑22处以及广州起义路、芳草街等名街巷33处，带领读者走进越秀区、读懂越秀区。

【“越秀历史古迹”巡回展览】 2023年9—12月，越秀区地方志办公室利用《越秀印象》宣传画册“历史古迹”卷中的图片和内容制作展板，开展“越秀历史古迹”巡回展览。自9月底在南粤先贤馆方志驿站首展，至12月底在黄花岗街道水荫南社区党群服务站方志驿站收官，历时3个月，巡展方志驿站和学校11个（所），有8200多人观展。

【越秀历史文化知识系列讲堂】 2023年10月25日，越秀区地方志办公室联合北京街道党工委、办事处在广府文化会馆方志驿站举办越秀区历史文化知识系列讲堂第一讲“从历史中走来 千年城脉之北京街”，从新格局中的北京街道、览阅千年古街等方面讲述千年城脉北京街道的“广府文化发源地、千年商都核心区”故事，吸引北京街道党员、群众参加。

（王海捷）

编辑 王海捷

卫生健康

综　述

【医疗卫生机构】　2023年，越秀区有医疗卫生机构398个（不含军队医院），其中三级医疗机构19个、三级甲等医疗机构15个。全区医疗机构在岗职工5.91万人（其中卫生技术人员4.98万人），实有病床2.69万张，总诊疗人次4019.97万人次。越秀区有区属医疗卫生机构28个，其中医院4家、区妇幼保健院1个、专科疾病防治所1个、区卫监所1个、区疾控中心1个、区卫生发展中心1个、区保健办公室1个、社区卫生服务中心18个。在18个社区卫生服务中心中，政府办15个、非政府办3个。越秀区区属医疗卫生机构的在岗职工3859人（其中卫生技术人员3179人），开设病床1655张，总诊疗581.52万人次。

【公立医院改革】　2023年，越秀区推进公立医院高质量发展。支持区属公立医院发展特色专科，越秀区中医医院脑病专科、广州市正骨医院骨伤科—中西医结合小儿骨科入选广州市中医优势专科建设单位。是年，越秀区中医医院在2021年度全国二级公立医院绩效考核中成绩 位列全国第十九、全省第一，获“A+”等级。越秀区中医医院、广州市正骨医院通过“二级甲等医院”复审。

【分级诊疗体系建设】　2023年，越秀区获中央财政医疗服务与保障能力提升（公立医院综合改革）补助资金195万元，根据2022年越秀区公立医院绩效考核结果，以及《广州市卫生健康委关于印发2023年广州市加快推进分级诊疗制度建设工作方案的通知》中关于“2023年划拨至各区的中央财政医疗服务与保障能力提升（公立医院综合改革）补助资金，应用于推动上下转诊和建立分级诊疗制度”等要求，结合2023年上半年区属6家公立医院和18个社区卫生服务中心开展上下转诊工作的情况，分配中央财政医疗服务与保障能力提升（公立医院综合改革）补助资金。全年区属各医疗卫生机构双向转诊3438人次。

【国家基本药物制度实施工作推进】　2023年，越秀区获中央财政基本药物制度补助资金143.02万元。根据补助资金工作要求，制定《越秀区卫生健康局 越秀区财政局关于印发越秀区落实中央财政转移支付基本药物制度补助资金管理办法的通知》，为15个政府办社区卫生服务中心分配资金，完善资金管理制度。是年，全区基层医疗卫生机构基本药物采购品种数占比区间为66%~74%，配备使用金额占比区间为58%~82%，达到广州市要求。

【医疗卫生队伍建设】　2023年，越秀区完成2023年度区卫生健康局公务员考试录用工作，招录公务员1人。推进2023年区属事业单位公开招聘事业编制人员工作，公开招聘专业技术人员20人。完成2022年卫生专业高级职称评审。

【医联体建设】　2023年，越秀区推动区属公立医院和社区卫生服务中心参与全区110个医联体合作项目，覆盖医疗机构23个（三级医院16家、二级医院6家、民营医院6家），医联体包括广东省人民医院医联体、广州市第一人民医院—越秀区儿童健康联盟、广州市传染病专科联盟、广州市消化病专科联盟等。　（姜泓敏）

疾病预防控制

【概况】　2023年，越秀区推动基本公共卫生服务，提升居民健康素养水平，完善疾病预防控制体系。做好传染病疫情调查处置和监测预警，全区没有报告一般及以上级别突发公共卫生事件。保持高水平免疫接种率，全年全区儿童免疫规划疫苗接种率超95%。完善越秀区慢性病防控服务体系，全区癌症患者及时随访率96.2%。

【疾控体系建设】　2023年，越秀区强化疾控机构核心能力建设，区域疾控中心实验室建成并投入使用。壮大区疾控中心人才队伍，核定编制数165名，在编在岗116人。开展“补短板”业务用房升级改造工程，推进区疾控中心整体升级改造。

【重点传染病防控】 2023年，越秀区完善传染病监测预警体系。推进新冠病毒感染“乙类乙管”转段工作，总体平稳可控。强化监测预警，规范疫情处置工作。开展污水、人群抗体水平及重点场所环境监测预警。开展风险评估和趋势研判，通报预警信息，全年发出风险评估报告81篇。做好“多病共防”工作，处置流感、登革热、百日咳等疾病聚集性疫情。开展艾滋病防控，建成艾滋病确证实验室，开展HIV-（人类免疫缺陷病毒）抗体筛查；在区疾控中心和18个社区卫生服务中心开展免费自愿咨询检测服务，采用线上预约检测系统“查呗”，实现艾滋病咨询检测服务从预约到检测全程在线化、电子化、自动化；艾滋病抗病毒治疗率95.5%，随访检测率96.9%，配偶检测比例97.5%，均达到市级考核要求。

【免疫规划】 2023年，越秀区儿童免疫规划疫苗接种率在95%以上，推进免疫规划疫苗查漏补种。推进开展广州市民生实事项目工作，强化老年人等人群疫苗接种，2022年下半年至2023年上半年为辖区内65岁及以上常住老年人免费接种流感疫苗4.4万剂次，2023年5—12月为65岁及以上老年人免费接种肺炎23价疫苗2.1万剂次。维持高水平常规免疫接种率，越秀区儿童乙肝、卡介苗、脊髓灰质炎等疫苗基础免疫累计接种率均超95%。推进免疫规划工作标准化建设，新增甲级犬伤门诊（广东药科大学附属第一医院）、成人接种门诊（中山大学附属第一医院）各1个。

【登革热疫情防控】 2023年，越秀区以登革热防控工作为重点，市、区领导通过组织调度会、现场督导等方式，建立“领导班子+专业技术骨干”逐级分片挂点包干工作机制。8月，越秀区启动四级应急响应，区公共卫生委员会联动各部门，统筹全区力量防控登革热，处置工地、学校等重点场所疫情。

【慢性病综合防控示范区建设】 2023年，越秀区推进慢性病综合防控示范区创建。开展健康单位、健康食堂、健康餐厅等支持性环境建设培训、督导。健全服务网络，优化资源配置，理顺管理体制，提升服务能力，构建与居民健康需求相匹配、体系完整、分工合作、优势互补、上下联动的整合型慢性病综合防控体系，推动越秀区国家慢性病综合防控示范区工作，开展实施慢性病综合防控服务体系建设。 （姜泓敏）

医疗卫生服务

【概况】 2023年，越秀区优化医疗服务环境，购置和更新区属15个社区卫生服务中心的医疗仪器设备。推进基层医疗卫生机构标准化建设，全区18个社区卫生服务中心优质服务基层行基本标准达标率100%。与香港联合医务集团联合培养GOLD-A进阶金牌医生8人、GOLD-C核心金牌医生10人、GOLD-EN金牌护士10人。全区18个社区卫生服务中心组建家庭医生团队154个，每万人口拥有家庭医生4.31人，达成“十四五”规划目标。扩大家庭病床供给，全区有家庭病床4399张，医护人员全年开展家庭巡诊7.14万人次、出诊7194人次。养老机构与周边医疗机构签约协作覆盖率实现100%。

【医疗服务环境优化】 2023年，越秀区依托公共卫生领域补短板项目，购置和更新区属15个社区卫生服务中心的医疗仪器设备，改造和修缮基础设施，增设重点部位候诊设施。在院区醒目位置和重点区域规范设置导向牌、指示牌等标识。在导诊台安排志愿者和专业导诊护士，为就诊患者及其家属提供指引。配置便民服务箱、轮椅等设施，提升基层医疗机构的就诊环境。

【医疗应急体系完善】 2023年，越秀区根据国家传染病新标准改造并完善全区发热门诊（诊室）47个，购买、改造负压救护车8辆，与辖区内8家三级医院建立专家“一对一”指导机构。健全分级分层分流医疗卫生服务体系，开展重点人群调查和健康管理，做好医疗物资储备和发放。广州市正骨医院、越秀区中医医院、区妇幼保健院、区骨伤康复医院作为区医疗卫生救援机构各成立医疗应急救援队1支，参与突发公共事件中受伤人员的医疗应急救援。

【基层卫生服务能力提升】 2023年，越秀区促进社区卫生服务中心服务能力提升。在全省首创PDCA（Plan计划、Do实施、Check检查、Action行动）工作模式，以“PDCA赋能基层，促高质量发展”为主题举办越秀区第二届服务质量与安全持续改进（PDCA）主题竞赛。推进基层医疗卫生机构标准化建设，在全区社区卫生服务中心开展“优质服务基层行”创建活动，年末全区18个社区卫生服务中心优质服务基层行基本标准达标率100%，其中11个达到推荐标准，8个申报为社区医院。鼓励、支持社区卫生服务中心申报高质量发展项目，16个优势专科重点项目获资金扶持。

【家庭医生签约】 2023年，越秀区构建家庭医生签约服务“1+3+N”模式（“1”指1个载体，即以“互联网+”手段开展签约服务；“3”指3支队伍，即家庭医生团队、医联体专家团队、健康教育团队，提供全方位全周期健康管理；“N”指若干种延伸服务，即建设越秀健康e站提供精准健康服务、开展家庭病床服务等），提升签约居民的获得感。开展培训，提升家庭医生岗位服务能力，组织252名各社区卫生服务中心医生参加全市基层医生全科能力提升工程三年（2021—2023年）培训。与香港联合医务集团联合培养GOLD-A进阶金牌医生8人、GOLD-C核心金牌医生10

人、GOLD-EN金牌护士10人。全区规划建设港式家庭医生工作室18个，至年底建成并启用14个。至年底，全区常住人口签约50.48万人，其中有偿服务包签约9.03万人，占比17.9%，在广州市各区排名第一。全区18个社区卫生服务中心组建家庭医生团队164个，每万人口拥有家庭医生4.31人，达成“十四五”规划目标。

【基本公共卫生服务】 2023年，越秀区推动基层慢性病管理医防融合，对接诊患者开展“两必查、两必建、两必访、一关注和告知”，提升居民对国家基本公共卫生服务的满意度和获得感。健康教育、预防接种、0~6岁儿童健康管理、孕产妇健康管理、慢性病患者健康管理、严重精神障碍患者管理、结核病患者健康管理、传染病及突发公共卫生事件报告和处理、中医药健康管理等11项28个工作效果指标达到考核指标要求。开展职业病防治、重大疾病与健康危害因素监测等14个国家基本公卫服务项目。推进项目宣传，通过微信公众号、短信平台、微信群等方式向辖区内居民宣传国家基本公共卫生服务项目和健康资讯，增强居民参与的主动性和积极性。根据第三方调查结果，辖区居民基本公共卫生服务满意度为90.7%。

●延伸阅读

两必查：一是接诊患者（主要指辖区内常住居民，下同）和新签约（家庭医生签约，下同）居民必须核查有无建立居民健康档案；二是慢性病患者及65岁及以上老年人（主要指辖区内常住居民和签约居民）必须核查有无落实年度体格检查。

两必建：一是经核查，接诊患者未建立该街道居民健康档案的必须新建档；二是经核查，签约居民未建立居民健康档案的必须新建档。

两必访：一是为该街道慢性病患者提供诊疗服务的同时完成慢性病随访服务；二是为患慢性病的签约居民提供健康服务同时提供随访服务。

一关注和告知：接诊患者扫码关注“广州健康通”微信公众号，工作人员需告知接诊患者或居民知晓如何查阅居民健康档案个人健康信息。

【医养结合服务】 2023年，越秀区强化老年人健康保障，探索医养结合服务。新增嵌入式医养结合机构1个，颐家惠福东护理站为北京街颐康中心提供嵌入式医疗护理服务。新增养办医医养结合机构1个，九如城（广东）养老产业发展有限公司在越秀区明月二路6号设置护理站。养老机构与周边医疗机构签约协作覆盖率实现100%。打造“社卫中心+养老院+颐康中心

表32 2023年越秀区公立医疗机构一览表

序号	机构名称	经营性质	机构类别	编制床位（张）
1	广东省人民医院	政府办	综合医院	3640
2	广东省妇幼保健院	政府办	妇幼保健院	1255
3	广东省中医院	政府办	中医（综合）医院	2631
4	广东省第二中医院	政府办	中医（综合）医院	1490
5	南方医科大学皮肤病医院（广东省皮肤病医院）	政府办	皮肤病医院	150
6	广东药科大学附属第一医院	政府办	综合医院	700
7	中山大学附属第一医院	政府办	综合医院	3523
8	中山大学中山眼科中心	政府办	眼科医院	508
9	中山大学肿瘤防治中心	政府办	肿瘤医院	2100
10	中山大学孙逸仙纪念医院	政府办	综合医院	2204
11	中山大学附属口腔医院	政府办	口腔医院	100
12	广东省生殖医院	政府办	其他专科医院	40
13	广州市第一人民医院	政府办	综合医院	2970
14	广州市胸科医院	政府办	胸科医院	650
15	广州市妇女儿童医疗中心	政府办	其他专科医院	1400
16	广州医科大学附属第一医院	政府办	综合医院	2850
17	广州医科大学附属肿瘤医院	政府办	肿瘤医院	1000

续表 32

序号	机构名称	经营性质	机构类别	编制床位（张）
18	广州市皮肤病医院	政府办	皮肤病防治所	41
19	广州市正骨医院	政府办	骨伤医院	265
20	广州市越秀区中医医院	政府办	中医（综合）医院	400
21	广州市越秀区骨伤康复医院	政府办	骨伤医院	60
22	广州市越秀区妇幼保健院	政府办	妇幼保健院	115
23	广州市越秀区儿童医院	政府办	儿童医院	112
24	广州市越秀区口腔医院	政府办	口腔病防治所	0
25	广州市越秀区光塔街社区卫生服务中心（广州市越秀区中西医结合医院）	政府办	社区卫生服务中心	189
26	广州市越秀区黄花岗街社区卫生服务中心	政府办	社区卫生服务中心	38
27	广州市越秀区珠光街社区卫生服务中心	政府办	社区卫生服务中心	55
28	广州市越秀区华乐街社区卫生服务中心	政府办	社区卫生服务中心	0
29	广州市越秀区东山街社区卫生服务中心	政府办	社区卫生服务中心	0
30	广州市越秀区白云街社区卫生服务中心	政府办	社区卫生服务中心	0
31	广州市越秀区六榕街社区卫生服务中心	政府办	社区卫生服务中心	188
32	广州市越秀区人民街社区卫生服务中心	政府办	社区卫生服务中心	51
33	广州市越秀区流花街社区卫生服务中心	政府办	社区卫生服务中心	0
34	广州市越秀区北京街社区卫生服务中心	政府办	社区卫生服务中心	98
35	广州市越秀区洪桥街社区卫生服务中心	政府办	社区卫生服务中心	0
36	广州市越秀区梅花村街社区卫生服务中心	政府办	社区卫生服务中心	0
37	广州市越秀区大东街社区卫生服务中心	政府办	社区卫生服务中心	0
38	广州市越秀区大塘街社区卫生服务中心	政府办	社区卫生服务中心	0
39	广州市越秀区矿泉街社区卫生服务中心	政府办	社区卫生服务中心	99
40	广州市越秀区农林街社区卫生服务中心	社会办	社区卫生服务中心	0
41	广州市越秀区建设街社区卫生服务中心	社会办	社区卫生服务中心	42
42	广州市越秀区登峰街社区卫生服务中心	社会办	社区卫生服务中心	0

（站）”联动配合的医养联合体，探索珠光街社区卫生服务中心医疗卫生资源与越秀区东山福利院养老服务衔接，为老年人提供个性化的优质医养结合服务。开展老年友善医疗机构建设，越秀区老年友善型医疗机构比例为87%。探索医养融合试点项目，在建设街社区卫生服务中心开展安宁疗护项目试点，在六榕街社区卫生服务中心开展老年人脑健康项目试点。

【“五好”镇（街）公共卫生委员会创建工程】 2023年，越秀区制定并印发《越秀区“五好”镇（街）公共卫生委员会创建工作任务清单》，形成一套“可参考、可复制”的“五好”（党建引领好、体系建设好、制度创新好、公卫服务好、群众反映好）创建方案，推动全区18个街道开展创建工作。全年以“一街道一特色，一社区一亮点”为目标，推送基层公共卫生委员会宣传报道300多篇。围绕机制建设、队伍建设、能力建设、村居公共卫生委员会推动“四个建设”，落实疾病防控、健康服务、健康宣教、人文关怀“四方面工作要求”。2023年，农林街道、东山街道获评市级优秀镇（街）公共卫生委员会。

【家庭病床保障】 2023年，越秀区扩大家庭病床供给，鼓励区属二级医院开展家庭病床服务，其中区中医医院、区骨伤康复医院开展家庭病床服务和上门出巡诊服务。至年底，全区有家庭病床4399张，医生和护士全年开展家庭巡诊7.14万人次、出诊7194人次。（姜泓敏）

附录：重点医院简介

1.中山大学附属第一医院 中山大学附属第一医院占地面积7.89万平方米，建筑面积30.75万平方米，有院本部、东院、南沙院区3个院区，托管惠州市中大惠亚医院，有中山大学北校区、中山大学东校区2个分门诊部。2023年，医院（南沙院区除外）门、急诊量376.3万人次，出院量17.61万人次，住院手术量14.95万例；平均住院日6.3天，实际开放病床3318张，病床使用率92.2%，病床周转量52.17次。有职工6507人，含卫生专业技术人员5561人，其中有高级职称人员1114人、享受国务院政府特殊津贴专家52人、博士研究生导师312人、硕士研究生导师727人。入选全国首批中西医协同“旗舰”医院试点单位，国家临床重点专科34个（总数位居全国第四）。无缺血移植技术被纳入《世界器官移植学会器官移植创新技术临床应用指南》。开展国际首例“无缺血”肝脏+胰岛移植技术等新技术、新项目68个。互联网医院开通云科室242个，有云端坐诊专家1745人，上线后累计服务患者超120万人次。公开发表科研论文1510篇，新增授权专利344项。获中华医学科学技术奖二等奖1项，获广东省医学科技奖一等奖2项。（翟坤）

2.广东省人民医院 广东省人民医院于1946年创建，2009年举办广东省医学科学院，2023年有研究所6个、门诊部5个，医院内各专科设置齐全，有15个国家级和34个省级临床重点专科，12月启动白云院区建设项目。医院受托管理珠海市金湾中心医院、佛山市南海区第二人民医院、赣州市立医院，高水平医院跨区域联动“一对一”帮扶河源市人民医院，与茂名市人民医院签约共建高水平医院。2023年门、急诊量271.32万人次；开展新技术、新项目71个；完成限制类技术执业备案8项；通过国家级胸痛中心认证。在国内首次运用外科途径脉冲电场消融技术治疗心房颤动；实施全国最低龄胸腹主动脉置换术；在国内首次运用“纳秒刀”治疗胰腺癌手术；刷新全国夹层动脉瘤外科诊疗年龄、体重双低纪录。医院获各类科研项目389个，纵向项目经费1.59亿元；获中华医学科技奖一等奖2项、中华医学科技奖二等奖2项、广东省科技进步二等奖2项、广东省丁颖科技奖2项。在全球首次提出“放疗早期MRD清零”概念；在全球首次针对罕见基因变异患者开展“以患者为中心”的创新性临床试验模式。2023年，医院受聘中国生物医学工程学会副理事1人、国际肺癌联盟理事1人，11人入选“2023年全球前2%顶尖科学家”。医院与清华大学主办杂志Medicine Advances（《医学进展》）在全球创刊发行。医院承担理论大课42门共5241学时的教学任务，新招收硕士研究生370人；成立南方医科大学广东省人民医院临床医学院。（王晓芳）

3.广东药科大学附属第一医院 广东药科大学附属第一医院设有农林院区、共和院区和健康管理中心、宝岗门诊部。设有国家级重点专科临床药学，省级重点专科药学部、口腔科、心血管内科、消化内科、神经内科、神经外科、肿瘤科、中西医结合代谢病临床研究中心临床研究部（广东省唯一），以及心胸外科、血液内科、呼吸与危重症医学科、急诊科、骨科、普外科、内分泌科、风湿骨内科、乳腺科、整形美容科、妇产科、儿科、眼科、耳鼻咽喉科、中医科等科室。2023年，医院门、急诊量76.3万人次，出院量3.9万人次，住院手术量2.9万例。2023年，院党委入选“全省党建工作标杆院系”培育创建单位，医院获评国家中西医协同“旗舰”医院试点项目建设单位，新增省级临床重点专科4个；成为中华口腔医学会第五届全科口腔医学专委会副主任单位、“粤港澳大湾区伤口造口专科护士培训认证项目”实践教育基地、广东省科普教育基地（肿瘤免疫治疗）、广东省示范性继续教育基地；获第三届全国卫生健康行业青年志愿服务项目大赛银奖1项，2023益苗计划广东志愿服务组织成长扶持行动暨志愿服务项目大赛持续扶持项目1个，院团委获评“广东省五四红旗团委”，急诊科获评“国家级青年文明号”。牵头成立广东药科大学附属第一医院越秀区城市医疗集团，与越秀区辖区内10个医疗机构签订医联体合作协议；新增5个医联体合作单位，新成立专科联盟3个；与阳江市江城区人民政府签署框架协议，托管江城区人民医院，托管医院增至2家；与内蒙古自治区呼伦贝尔市鄂温克族自治旗人民医院、福建省龙岩漳平市总医院开展医联体合作共建。2023年，医院获各级科研项目36个，获经费总额235万元。（王媛）

4.广东省妇幼保健院 广东省妇幼保健院占地面积19.2万平方米，建筑面积21万平方米。有番禺、越秀、天河、清远4个院区及广东省脐血库1个分支机构。有职工2588人，其中卫生技术人员2401人、具有高级职称人员456人、享受国务院政府特殊津贴人员2人、博士研究生导师14人、硕士研究生导师111人。越秀院区占地1.02万平方米，建筑面积2.2万平方米。编制病床300张，实际开放病床295张。2023年，医院门、急诊量79.8万人次，出院量1.78万人次，分娩量4100例，病床使用率85.6%，病床周转次数61.1次。门诊开设妇科、产科、儿科、生殖健康与不孕症科、医学遗传中心、儿童保健科、乳腺科等专科20多个，住院部开设妇科、产科、儿科、新生儿科、综合病区5个病区。是年，新生儿科、产科获得国家级临床重点专科建设项目，申报国家区域产前诊断中心，儿科楼建设项目启动，实施“双带头人”培育工程，3名青年拔尖人才入选第七批“广东特支计划”，获批广东省博士后实践创新基地。全院建立专病多学科会诊团队21个，住院多学科会诊125人次，门诊多学科会诊协助诊疗146人次。开展中医妇幼特色服务，设立中医专科9个，新增“广东省名中医”1人。开展“便捷就医服务行动”，建立日间手术管理制度，开设夜间门诊、午间门诊、周末专家门诊。作为全省妇幼保健业务指导中心，加强对全省妇幼保健业务、项目指导和管理工作，与50个医疗机构结成医联体，建立专科联盟397个，发展形成十六大专科联盟，搭建广东省产前诊断“优粤云”平台，促进优质医疗保健资源扩容下沉。 （罗灿）

5.广州市正骨医院 广州市正骨医院设有门诊部、急诊科、正骨科、住院部、手术室、康复医学科、保健办、药剂科、医学影像科等科室。门诊部开设常见病诊室、24小时急诊、专家诊室、疼痛专科、骨质疏松症专科和运动创伤专科。住院部分为创伤科·运动创伤病区、脊柱科病区、创伤科·足踝专业病区、小儿骨科·创伤科·肩肘手专业病区、骨关节科·髋关节专业病区和康复医学科·骨科康复专业病区。2023年，医院门、急诊总诊疗超52万人次。正骨科获广东省“十三五”中医重点专科称号；骨伤科—中西医结合小儿骨科获广州市中医优势专科建设项目立项；10个制剂品种（注册品种9个、备案品种1个）获市科技成果登记证书。黄氏正骨疗法入选越秀区第八批区级非物质文化遗产代表性项目名录。在第五届粤港澳大湾区中医药传承创新发展大会上，与澳门镜湖医院签署正骨技术协作项目合作协议书。与福建省龙岩市连城文川医院成立对口技术协作单位，加强两地医院技术交流与互助合作。5月30日，广州市第八人民医院东风院区移交暨广州市正骨医院东风东院区挂牌仪式在越秀区东风东路627号举行。12月，开通就医信用无感支付，是广州市第一家开通就医信用无感支付的二级医院。

6.广州市越秀区中医医院 广州市越秀区中医医院门诊开设内科、外科、康复科、治未病科等专科18个，设胸痛中心、影像中心、体检中心、血液净化中心4个专业中心，配置药剂科、检验科等医技科室4个；住院部开设住院病区7个（肿瘤科、外科、心病科、脑病科、肺病科、老年病科、脾胃科）。2023年，医院门、急诊总诊疗超52万人次。通过二级甲等中医医院复审。在国家公立医院绩效考核中获“A+”等级。在全国参评的二级中医综合医院中排名第十九。2023年，新开设血透中心、消化内科、小针刀专科，完成5个住院病区的重症监护病房建设。脑病科完成市级中医特色专科验收、市级名中医工作室项目验收。医保信用等级由AA上升至AAA。引进广东省名中医吴万垠建立名医工作室，与广东省中医院合作国家级自然青年基金课题1项。

2023年5月30日，市八医院东风院区移交暨广州市正骨医院挂牌仪式在东风东路627号举行 （胡强明 摄）

7.广州市越秀区骨伤康复医院 广州市越秀区骨伤康复医院设有内科、呼吸内科、消化内科、神经内科、心血管内科、内分泌专业、老年病专业、外科、普通外科、骨科、儿科、呼吸、急诊医学科、康复医学科、生化检验、医学影像科、X线诊断、超声诊断、心电诊断、脑电及脑血流图诊断、中医科等科室。提供中医、中西医专业的骨伤康复基本医疗、预防及保健服务。开展医学教育、科研及科研成果转化工作；完成政府指令性卫生应急和卫生保障工作。2023年，医院门诊、住院总诊疗超20万人次，青少年脊柱侧弯专科接诊相关病例1078人次，为79名确诊脊柱侧弯的学生提供首次免费治疗，为1338人次提供脊柱侧弯康复训练。

8.广州市越秀区妇幼保健院 广州市越秀区妇幼保健院提供基本医疗服务，重点提供妇女儿童保健、职业健康体检、优生优育指导及健康教育等服务。医院住院部设产科、妇科和新生儿科；门诊开设妇科、产科、儿科、妇女保健科、儿童保健科、优生筛查保健科、婚姻婚育服务中心、体检中心、中医科、内科、外科、口腔科、五官科等临床科室。开设高危妊娠、不孕不育、生殖内分泌、孕前保健、青春期保健、更年期保健、孕产妇身心健康管理、乳腺保健、儿童心理保健、儿童早期综合发展、中西医结合哮喘、中医保健康复、临床心理科等特色专科门诊。开展妇科高强度聚焦超声（HIFU）肿瘤消融治疗技术、腹腔镜微创手术、宫腔镜微创手术、腹式（阴式）子宫切除术、子宫肌瘤剔除术、子宫内膜异位症手术、异位妊娠手术、超声介入治疗术、宫颈锥形切除术、新式剖宫产术、无痛分娩术、无痛人流术等多种妇科手术。2023年，医疗服务量约32万人次。（姜泓敏）

中医药发展

【概况】 2023年，越秀区促进中医业态升级，打造大湾区中医康养区项目和“广东省中医院——越秀区医养联合体”，构建中医药标准体系，创建首批国家基本公共服务标准化综合试点，梳理确定“老年人健康管理服务指南”等145项基本公共服务事项清单，搭建涵盖9个领域5级标准层次的“越秀区基本公共服务标准体系框架”。全区18个社区卫生服务中心100%设置中医馆、中医科、中药房，中医类别全科医生达到每万人口拥有1.5人，高于国家和省每万人口拥有0.6人的标准，中医诊疗人次占总诊疗人次的45%，中医处方占总处方数的58%。老年人中医药健康管理率76.1%，0~36个月儿童中医药健康管理率82%。

【全国基层中医药工作示范区创建】 2023年，越秀区印发《越秀区创建全国基层中医药工作示范区工作实施方案》《越秀区基层中医药服务能力提升工程“十四五”行动计划实施方案》《越秀区中医药文化传播行动实施方案（2023—2025年）》等文件，3家区属二级中医医院中医类别执业医师占执业医师总数的67%，18个社区卫生服务中心全部设置中医馆、中医科、中药房，能规范开展6类10项以上的中医适宜技术，中医类别医师占同类机构执业（助理）医师总数的37%，中医诊疗人次占总诊疗人次的45%，中医处方占总处方数的58%，中药饮片处方数占总处方数的16%，中医非药物疗法治疗人次数占总诊疗人次的20%。是年，越秀区接受中医药健康管理服务的居民有12.75万人，老年人中医药健康管理率76.1%，0~36个月儿童中医药健康管理率82%，均达到国家要求。中医类别全科医生达到每万人口拥有1.5人，高于国家和省每万人口拥有0.6人的标准。

【中医治未病服务体系建设】 2023年，越秀区创建成为广州市中医治未病服务示范区，制定《广州市越秀区中医治未病服务提升工程项目实施方案（2023—2025年）》，形成专业相关中医治未病服务方案6个。至年底，特色中医治未病服务项目“聚力岭南中医文化传承，推动中医儿童保健知识进校园”和“越秀区青少年脊柱侧弯防治健康”公益项目覆盖青少年20多万人次。

【中医医院高质量发展】 2023年，越秀区拥有广东省中医药强省专项中医临床重点专科1项、广东省“十二五”中医重点专科4项、广东省中医特色专科4项、广东省“十三五”中医重点专科建设项目1项、广州市“十二五”中医重点专科4项、广州市中医重点专科3项、广州市中医特色专科（2020—2022年）4项、广州市中医特色专科（2020—2022年）培育项目6个、广州市中医优势专科建设项目2个、广州市中医护理重点专科建设项目1个。是年，越秀区中医医院在2021年度全国二级公立中医综合医院绩效考核中位列第十九。广州市正骨医院被确定为广州市针灸医院“1+N”（“1”指广州市针灸医院为核心，“N”指若干个联盟单位）体系建设（高质量发展）项目联盟建设单位；市正骨医院有10款取得批文的中药制剂；在2023年第五届粤港澳大湾区中医药传承创新发展大会上，与澳门镜湖医院签署正骨技术协作项目合作协议书。

【中医药人才培养】 2023年，越秀区新增陈国成广东省名中医传承工作室建设项目1个、广州市三级名中医工作室7个。获得省中医药局科研项目1个、广州市中医优势专科建设项目2个、市中医药特色诊疗技术建设项目3个、市中医药科技创新科研项目2个。明确中医（专长）医师执业注册管理事宜，完成中医医术确有专长人员医师资格执业注册前的培训及考核合格3人、注册在越秀区内2人。审核传统医学师承考核报名资格13人，考试合格1人；审核传统医学确有专长考核报名资格4人。联合广东省中医医院举办为期2年850学时的越秀区“西学中”培训，培养复合型医学人才94人。（卢芳、姜泓敏）

卫生监督执法

【概况】 2023年，越秀区出动监督员1.87万人次，监督检查卫生场所9328个次，下达监督意见书（检查表）2300份，实施行政处罚145宗，完成国家“双随机”（在监管过程中随机抽取检查对象，随机选派执法检查人员）抽查任务347宗、跨部门联合抽查任务10宗。开展专项整治和典型案例通报曝光，提升卫生健康综合监督执法工作效能，推动卫生健康事业发展。

【卫生政务服务】 2023年，越秀区推进卫生政务服务标准化、便利化、满意化。将所有依申请卫生政务服务事项纳入广东省政务服务网，规范和统一政务服务事项办事指南基本要素，对依申请事项的审查方式、审查环节、时限节点、审查要点进行规范和量化。实现所有依申请事项均可在广东政务服务网申请线上办理，让信息多“跑路”，让群众少“跑腿”。实行“一次性告知制”“首问负责制”和“限时办结制”，统一告知材料清单、格式文本及其他相关要求，压缩审批时限，落实公共场所卫生许可“告知承诺制”“诊所备案制”等措施。将卫生政务服务事项全部纳入区政务服务大厅集中办理。优化窗口审批工作和人员管理，运用政务服务“好差评”系统引导企业、群众主动评价，提升企业、群众办事满意度。通过“差评”查找服务水平和政风行风建设方面的差距和不足，加强窗口建设，提升窗口服务水平。

【医疗突出问题整治】 2023年，越秀区整顿健康体检机构，打击医疗美容乱象，查处出租承包科室。针对某医疗机构将真假体检数据混淆规避检查、超出核准登记科目擅自开展病原微生物检测的违法行为，对该医疗门诊部有限公司予以警告，责令其立即改正，没收违法所得176万元，罚款20万元，吊销医疗机构执业许可证。对辖区内12个具备健康体检资质的医疗机构开展专项检查，引导教育健康体检机构增强依法执业意识，依法开展体检工作。针对韦某没有遵守《医疗美容服务管理办法》相关规定、没有取得医疗美容主诊医师资质却单独为患者实施医疗美容项目的违法行为，经调查认定其存在主观故意，且连续违法时间较长，予以从重处罚，对其警告并罚款3.4万元。对全区医疗美容机构开展集中整治，立案31件，罚没款312万元。查处“出租承包科室”的违法行为，对越秀区人民法院转来某公司承包某门诊部违法行为的问题线索开展调查取证，依法对承租方某公司给予没收违法所得51万元并处罚款741万元，对出租方某门诊部予以没收违法所得5.3万元并处罚款44万元。

【医疗卫生综合监管】 2023年，越秀区推进医疗机构依法执业工作，制定印发《关于进一步加强医疗机构依法执业自查工作的通知》，组织召开全区医疗机构依法执业培训会议，增强医疗机构学习法律法规的自觉性和主动性，提升学法用法、遵法守法意识。印发《越秀区医疗卫生信用信息管理工作实施方案》，建立工作运行机制，落实行政许可、行政处罚“双公示”制度，行政许可、行政处罚的“双公示”数据上报率、合规率、及时率均为100%。制作医疗机构“信用二维码”，扫码即可查看医疗机构基本信息、行政处罚、监管信息、资质信息、违约信息、判决信息等信用报告，创新信用便捷服务模式。印发《越秀区医疗机构疾控监督员制度试点工作方案（试行）》，成立越秀区医疗机构疾控监督员制度试点工作领导小组。以越秀区中医医院为试点单位，在区疾控中心遴选1名具备5年以上医疗卫生行业管理工作经历的副主任医师作为专职疾控监督员，区中医医院按照床位数选配兼职疾控监督员2人。经过督导与自查，提升试点医疗机构疾病预防控制工作能力以及传染病疫情和突发公共卫生事件早发现、早报告能力。

（傅贵、姜泓敏）

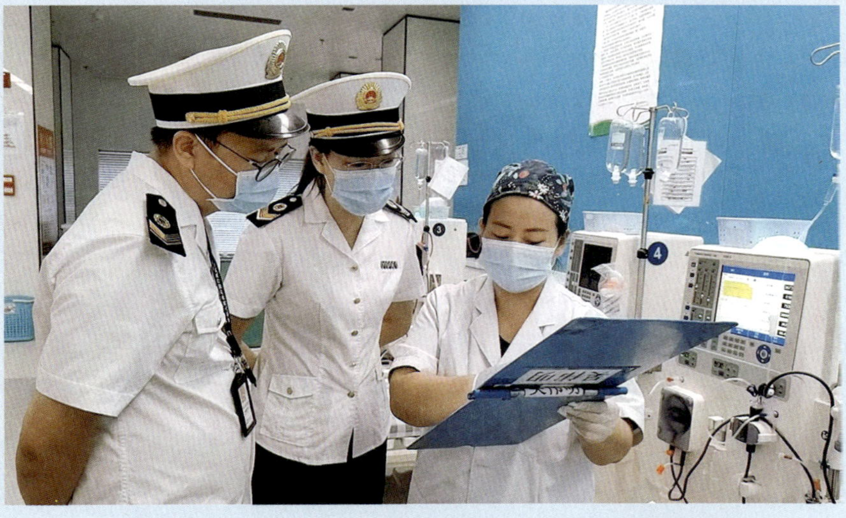

2023年5月22日，越秀区卫生监督员开展血液透析专项监督检查

（区卫生健康局供图）

妇幼保健

【概况】 2023年，越秀区以妇女儿童健康为中心，做好孕产妇和儿童健康管理工作，完善出生缺陷综合防控体系建设，推进妇幼健康事业高质量发展。全区免费婚检率78.7%、免费孕检率85.4%、孕产妇早孕建册率92%、产后访视率98.1%，无户籍孕产妇死亡，孕产妇艾滋病梅毒乙肝筛查率100%，儿童健康管理率98.4%，婴儿死亡率和5岁以下儿童死亡率均为2.7‰，妇幼健康总体水平提升。

【孕产妇健康管理】 2023年，越秀区完善区域孕产妇保健管理平台，以需求为导向提升整体服务水平，提供健康管理和个案跟踪随访服务。完善辖区内危重孕产妇、新生儿救治体系，加强妊娠风险筛查和评估，加强高危孕产妇闭环管理。是年，越秀区孕产妇早孕建册率92%，产后访视率98.1%。

【0~6岁儿童健康管理】 2023年，越秀区深化0~6岁儿童健康管理内涵，加强0~6岁儿童生长发育监测、眼保健和视力检查工作。是年，越秀区儿童健康管理率98.4%，0~6岁儿童眼保健和视力检查覆盖率98.6%。

【出生缺陷综合防控】 2023年，越秀区推进出生缺陷综合防控工作。整合免费婚前和孕前优生健康检查，发挥“一门式”婚育服务中心服务效能。是年，越秀区免费婚检率78.7%，比上年增长19%；免费孕检率85.4%，增长6.5%。推进消除艾滋病梅毒乙肝母婴传播项目，全年为1.9万名孕产妇提供艾滋病、梅毒、乙肝筛查服务，筛查率100%。　（姜泓敏）

爱国卫生运动和健康促进

【概况】 2023年，越秀区组织开展爱国卫生行动，约106万人次参加。完善区内三级［一级是区卫生健康局，负责组织工作；二级是区疾病预防控制中心（区健康教育所），负责具体承办和指导；三级是街道、医疗机构、学校三类工作网络，均设有健康教育专干］健康教育网络底册，全区健康教育专责人员培训率100%。在全市各区率先建立社会心理服务体系，在区妇幼保健院设立孕产妇心身健康门诊并成为全国示范基地。承办广东省全民营养周宣传系列活动，吸引省内超50万人次参加。至年底，全区创建有广东省无烟单位200个、广州市无烟单位591个。

【国家卫生城市迎复审】 2023年，越秀区开展迎国家卫生城市复审常态化督导巡查和暗检，组织有关部门成立6个督导巡查组开展巡查，出动7260人次，巡查街巷2145次，报送巡查日报291份，发现和整改问题7996个。

【心理健康和精神卫生工作】 2023年，越秀区加强心理健康、精神卫生工作。开展“世界精神卫生日”科普宣传活动，发动全社会共同参与。在全市各区率先建立社会心理服务体系，在区妇幼保健院设立孕产妇心身健康门诊并成为全国示范基地。推动并组建广州市惠爱医院—越秀区心理健康联盟，成立越秀区社会心理服务体系心理危机干预队暨区级心理健康志愿服务队，在全区18个街道组建社区心理危机干预队伍，为居民提供心理健康评估、心理压力疏导、心理危机干预、心理健康教育等服务。探索“家—校—医—社”四方联动机制，打造一体化心理健康服务模式，促进中小学生心理健康。为家长、心理教师、班主任和辅导员等群体开办“共撑一片天·一起向未来”心理健康公益讲堂。开展精神科专家巡诊帮扶指导和免费门诊工作，在7个社区卫生服务中心开设精神科免费门诊，在15个社区卫生服务中心设置长效针注射门诊点。与广东省心理健康协会签订合作协议，开展精神障碍患者社区康复服务。

2023年5月14日，广东省全民营养周暨“5·20”中国学生营养日主题宣传活动在越秀区流花湖公园举行　（钟涌　摄）

【全民健康素养普及行动】 2023年，越秀区开展全民健康素养普及行动，提高健康教育队伍能力水平。更新区内三级健康教育网络底册，区疾控中心被评为2022年度全省健康教育志愿服务先进集体。做好社区健康素养知识宣传，全年更换社区健康教育宣传栏84个，全区各宣传平台滚动播放“健康素养66条”漫画视频。承办广东省全民营养周宣传系列活动，举办学生营养云课堂、美食视频征集活动等营养健康教育活动，吸引省内超50万人次参加。

【无烟单位创建】 2023年，越秀区组织开展广东省无烟单位、广州市无烟单位创建，22个单位创建为广州市无烟单位，26个单位创建为广东省无烟单位。至年底，全区有各级无烟单位791个。

（姜泓敏）

编辑　何俊楠

体 育

体育设施

【概况】 2023年，越秀区有体育场地1964个（片），其中全民健身路径529条、大型体育公园1个、全民健身活动中心1个。体育场地总面积173.86万平方米，人均面积1.81平方米。区属18个街道均建有500平方米以上的健身广场（其中14个街道建有2000平方米以上的健身广场）；社区体育设施覆盖率97.7%。区域范围内实现“一公里半径必有健身点”，打造区域10分钟健身圈。全部街道均创建成为市级以上城市体育先进社区（其中国家级4个、省级7个、市级7个）。是年，越秀区全民健身活动中心完成公共体育场馆补短板项目建设，场馆年均接待市民群众135万人次，惠民72万人次，连续第三年获“全国群众体育先进单位”称号。

【社区体育公园建设】 2023年，越秀区在广州起义烈士陵园、越秀公园、东山街道五羊东文体广场、白云街道东湖新村文体广场等公园和广场新建体育设施，安装新一代智能健身设施45件，在越秀公园内升级改造小足球训练场、门球场各1个，更换升级公共体育健身设施，补齐智能健身设施短板，打造社区体育公园，提升社区生活品质。

【体育设施维护】 2023年，越秀区根据各社区年龄层次、常住人口总数、居民健身习惯、既有健身设施投入使用等情况，加强场地规划统筹，分步完善社区体育设施。至年底，新建（更换）、维修社区全民健身设施672件、铺设安全地垫3019平方米，满足社区群众体育健身需求，打造居民十分钟健身圈，推动全民健身开展。（陈振超）

表33 2023年越秀区体育事业情况表

项目	单位	实绩
体委系统体育场地使用个数	个	3
体委系统体育场地使用场次	场次	45
举办区以上运动会	次	6
参加运动会的运动员人数	人	1457
运动员在市级以上比赛中获得奖牌	枚	346
金牌	枚	78
银牌	枚	117
铜牌	枚	151

群众体育

【概况】 2023年，越秀区落实全民健身实施计划，营造“处处可健身、天天想健身、人人会健身”的全民健身城市环境，推动落实体育健身设施举步可就、体育健身组织充满活力、体育赛事活动丰富多元、科学健身指导专业高效、公共体育服务数字化转型。是年，越秀区参与承办2023广州马拉松赛、2023年广州国际龙舟邀请赛、“市长杯”乒乓球赛、羽毛球赛等赛事活动；组织开展国民体质监测测试、科学健身大讲堂、广府武林大会、8月8日全民健身日活动、100场惠民足球联赛、“海丝杯”乒乓球赛、干部职工徒步活动等区级群众性体育活动超200场次，惠民超10万人次。

【群众体育公共服务】 2023年，越秀区推进3个区属公共体育场馆免费、低收费开放，完成公共体育场馆补短板项目，对运动设施设备、球场灯光照明、智能化信息系统进行升级改造，提高场馆承载力、提升场馆公共服务水平。定期组织工作人员开展安全生产教育培训，其中消防演练3次、三防及反恐防暴演练11次、水上救生演练3次、心肺复苏应急演练（含AED使用）3次、危化品应急演练2次，增强工作人员应急救援能力。全年区属公共体育场馆工作人员正确使用AED抢救4名心跳骤停市民。二沙岛体育公园发挥场地优势，与广东省医疗辅助总队合作，开展“急救小课堂”项目；与广州市慈善联合会合作创建“二沙岛体育公园党群服务驿站慈善空间”项目，向青少年、特殊人群开展体育发展和普及活动；与广州市智力残疾人及亲友协会共建阳光特奥长跑、足球、篮球项目；与广州市加泰慈善基金会共建星儿融合体育项目，常态化开设星星儿童的亲子融合篮球、足球公益活动。为保障区属公共体育场馆惠民开放，全年投入资金1741万元，服务群众超135万人次，其中提供惠民服务人数72万人次（含优惠开放和免费开放）。

【国民体质监测】 2023年，越秀区依托1个市级国民体质监测站、9个街道国民体质监测点常态化开展国民体质测试活动、开具运动处方，全年测试人员9000人次。组织2400名抽样人员完成广东省国民体质监测测试，抽样问卷结果显示，越秀区经常参加体育锻炼人数比例为41.5%。组织52人参加广州市国家体育锻炼标准达标测验活动，增强人民群众参与运动健身的积极性和科学性。

【越秀区中小学生羽毛球、乒乓球、网球及“三棋”锦标赛】 2023年3月28—31日，由越秀区文化广电旅游体育局与区教育局共同主办的2023年越秀区中小学生羽毛球锦标赛在广州市培正中学羽毛球馆举行。赛事设团体和单打比赛项目10个，辖区内17所中学、28所小学共45支队伍、316名中小学生参赛。其中，初中组的男团、女团冠军均由执信中学获得。在小学非专业组别中，朝天小学获小学甲组男团和小学乙组女团冠军，小北路小学获小学甲组女团和小学乙组男团冠军。4月7日，2023年越秀区中小学生乒乓球锦标赛（初中组）在越秀区全民健身活动中心开赛。经过角逐，广东华侨中学、广州市知用中学、广东实验中学分获男子团体前三名，广东华侨中学、广州市培正中学、广州市铁一中学分获女子团体前三名。3月22日至4月11日，越秀区文化广电旅游体育局与区教育局共同主办的2023年越秀区中小学生网球锦标赛在越秀区东山体育场网球场举行，该比赛年龄段分为初中组、小学甲组、小学乙组、小学丙组，设单打和双打14个比赛组别，全区11所中学、30所小学的351名中小学生参赛。3月26日，由越秀区文化广电旅游体育局和区教育局共同主办的2023年越秀区中小学生“三棋”锦标赛在清水濠小学举行，比赛设国际象棋、象棋、围棋“三棋”的团体及男、女个人赛等24个组别，来自全区各中小学校的369支队伍、898名学生参赛，中学组的“三棋”团体冠军分别由育才中学、培正中学、八一实验中学获得，小学组的“三棋”团体冠军分别由东川路小学、登峰小学、朝天小学获得。

【惠民足球赛】 2023年11月20—30日，越秀区文化广电旅游体育局与区总工会共同主办越秀区第八届足球联赛（惠民足球赛）。机关组、街道组分别进行小组循环赛及淘汰赛34场，社会组在各街道社区开赛60多场。12月29日，由各组冠军队参加的“贺岁杯”足球精英赛开赛。该比赛是“一区一品牌”群众体育赛事——越秀区100场惠民足球赛的收官赛。

【“海丝杯”乒乓球赛】 2023年10月11—14日，越秀区文化广电旅游体育局与越秀区总工会、六榕街道联合在流花湖公园举行“帆起南越·丝语千年”2023“海丝杯”乒乓球赛。该比赛吸引区内18个街道的机关团体单位、企业和居民群众参赛，100多名选手经过抽签，最终决出男、女2个项目的前八名，其中六榕街道以主场优势，包揽男子单打冠、亚、季军，女子单打前三名则分别由珠光街道、人民街道、登峰街道获得。（陈振超）

【越秀区中小学生田径运动会开幕】 2023年11月19日，越秀区第一次全区教育系统运动会“越秀逐梦 雏鹰奋飞——2023年越秀区中小学生田径运动

2023年10月11—14日，2023“海丝杯”乒乓球赛在流花湖公园举行。图为决赛现场（区文化广电旅游体育局供图）

会”开幕式在东山体育场举行，奥运10米跳台冠军杨景辉、世界跳水大奖赛冠军林娜应邀出席。开幕式展示各小学学区、中学教育集团“一校一品”“高水平团队”等体育活动，展现学区化、集团化办学成果。300多名新入职青年教师参与开幕式广播体操表演。该运动会为期4天，来自全区85所中小学校的800多名中学生和1200多名小学生参赛，20人次打破10项区级纪录。（赵瑞典）

竞技体育

【概况】 2023年，越秀区文化广电旅游体育局加强竞技体育队伍建设，推动竞技体育高质量发展。备战竞技体育赛事，与教育部门共同筹备当年各项目区锦标赛事宜，做好市锦标赛保障工作。联合区体校召开全区教练员训练工作会议，加大业余训练保障力度，抓好队伍建设，根据各项目运动队训练的需要及时补充训练器材，保证训练工作落到实处。是年，经国家体育总局评估考核，越秀区少年儿童业余体校获评“国家重点高水平体育后备人才基地（2021—2024）”，在训运动员690人。全年全区申报运动员技术等级评定237人次。

【运动员输送】 2023年，越秀区少年儿童业余体校开展运动员注册输送工作，完成越秀区在广东省体育局、广州市体育局2023年业余运动员注册，向上级体育训练部门输送优秀运动员19人。由越秀区培养输送的运动员梁伟铿在杭州第19届亚运会羽毛球男子团体比赛中获冠军、在国际羽联男子双打世界排名中位列第一。

【运动员技术等级称号申报】 2023年，越秀区配合广东省、广州市体育局开展2023年运动员技术等级称号申报工作，确保运动员技术等级审核审批工作规范、公正高效，为运动员的技术水平提升和体育事业的发展提供保障。是年，越秀区有237人次申报运动员技术等级评定。

【体育苗子选育】 2023年8月，经国家体育总局评估考核，越秀区少年儿童业余体校获评“国家重点高水平体育后备人才基地（2021—2024）”。至年底，有在训运动员690人。在第一届全国学生（青年）运动会上，有越秀区籍运动员24人参赛，15人获奖（其中7人次1项第一），成绩位列广州各区代表团第一名。在广东省第十六届运动会上，越秀区籍运动员共获得金牌31枚，总分1299分。是年，越秀区文化广电旅游体育局推进体教融合，抓好青少年体育工作，与区教育局共同举办越秀区中小学生击剑、跳水、柔道等锦标赛项目8个。组织运动员参加市青少年各项锦标赛，乒乓球、体操、网球、击剑等项目获得团体总分第一名。（陈振超）

表34 2023年越秀区籍运动员参加省级以上比赛成绩第一名一览表

序号	项目	姓名	比赛小项	比赛名称
1	羽毛球	梁伟铿	男子双打	2023年印度羽毛球公开赛
2	羽毛球	冯雪颖	女子双打	2023中国（瑞昌）国际羽毛球大师赛
3	羽毛球	梁伟铿	混合团体	2023年苏迪曼杯世界羽毛球混合团体锦标赛
4	羽毛球	梁伟铿	男子双打	2023年泰国羽毛球公开赛
5	羽毛球	梁伟铿	男子双打	2023中国羽毛球公开赛
6	羽毛球	黄可欣	混合双打	2023年德国羽毛球青年国际赛
7	羽毛球	黄可欣	混合团体	2023年世界青年羽毛球锦标赛混合团体赛
8	水球	列荣堃	男子水球	2023亚洲男子水球锦标赛
9	羽毛球	黄可欣	混合双打	2023年亚洲青年羽毛球锦标赛
10	羽毛球	梁伟铿	男子团体	杭州第19届亚洲运动会
11	体操	张杨煜	男子跳马团体	2023年全国体操锦标赛
12	跆拳道	卜柱铭	男子-54KG	2023年全国跆拳道锦标赛（第二站）
13	跆拳道	卜柱铭	男子-54KG	2023年全国跆拳道锦标赛（第三站）

续表 34

序号	项目	姓名	比赛小项	比赛名称
14	跳水	陈艾森	男子团体	2023 年全国跳水锦标赛
15	跳水	陈艾森	男子团体	2023 年全国跳水冠军赛
16	羽毛球	冯雪颖	女子双打	2023 年全国羽毛球单项冠军赛
17	跳水	李冰乐	女子团体	中华人民共和国第一届学生（青年）运动会（公开组）
18	花样游泳	林珮晴	丙组集体	2023 年全国少儿花样游泳（U 系列）赛
19	花样游泳	羊一一	集体	中华人民共和国第一届学生（青年）运动会（公开组）
20	羽毛球	李茜	混合双打	中华人民共和国第一届学生（青年）运动会（公开组）
21	滑板	梁玥彤	女子街式 U12	2023 年中国青少年 U 系列巡回赛（广州站）
22	滑板	李佳婕	女子街式 U15	2023 年中国青少年 U 系列巡回赛（广州站）
23	足球	朱镜宇	U16 男子足球	中华人民共和国第一届学生（青年）运动会（公开组）
24	足球	闫宇喆	U16 男子足球	中华人民共和国第一届学生（青年）运动会（公开组）
25	足球	徐擎轩	U16 男子足球	中华人民共和国第一届学生（青年）运动会（公开组）
26	高尔夫球	何代谦	男子 A 组个人比杆赛	2023 年东西部青少年高尔夫球公开赛 广东阳江站
27	高尔夫球	何沁玥	女子 A 组个人比杆赛	吴阿顺·全国青少年高尔夫球队际挑战赛－第一站
28	田径	江语嫣	女甲 100 米	2023 年广东省青少年田径锦标赛
29	田径	江语嫣	女甲 200 米	2023 年广东省青少年田径锦标赛
30	田径	唐子然	女丙 200 米	2023 年广东省青少年田径锦标赛
31	田径	江语嫣	女子乙组 400 米	广东省第十六届运动会
32	田径	江语嫣	女子乙组 200 米	广东省第十六届运动会
33	田径	邓博韬	男子丙组 400 米	广东省第十六届运动会
34	田径	唐子然	丙组混合 4×200 米接力	广东省第十六届运动会
35	田径	谢成鑫	丙组混合 4×200 米接力	广东省第十六届运动会
36	田径	余冠彤	丙组混合 4×200 米接力	广东省第十六届运动会
37	体操	简丽玲	女子乙组全能	2023 年广东省青少年体操锦标赛
38	体操	于明志	男子丁 B 组鞍马	2023 年广东省青少年体操锦标赛
39	体操	简丽玲	女子乙组高低杠	2023 年广东省青少年体操锦标赛
40	体操	温一丹	女子丙组自由体操	2023 年广东省青少年体操锦标赛
41	体操	温一丹	女子丙组团体	2023 年广东省青少年体操锦标赛
42	体操	蔡的君	女子丁组团体	2023 年广东省青少年体操锦标赛
43	体操	蔡佩余	女子丁 A 组团体	2023 年广东省青少年体操锦标赛
44	击剑	黄梓轩	甲组男子佩剑团体	2023 年广东省青少年击剑锦标赛

续表 34

序号	项目	姓名	比赛小项	比赛名称
45	击剑	李　源	乙组女子佩剑个人	2023 年广东省青少年击剑锦标赛
46	击剑	李　源	乙组女子佩剑团体	2023 年广东省青少年击剑锦标赛
47	击剑	苏泳霖	乙组女子佩剑团体	2023 年广东省青少年击剑锦标赛
48	击剑	杨笑语	乙组女子佩剑团体	2023 年广东省青少年击剑锦标赛
49	击剑	罗梓月	甲组女子花剑个人	2023 年广东省青少年击剑锦标赛
50	击剑	黎丰睿	甲组女子重剑团体	2023 年广东省青少年击剑锦标赛
51	击剑	董雪瑶	乙组女子重剑团体	2023 年广东省青少年击剑锦标赛
52	击剑	翟芮翘	丙组女子重剑团体	2023 年广东省青少年击剑锦标赛
53	击剑	范佳音	丙组女子重剑团体	2023 年广东省青少年击剑锦标赛
54	击剑	翟芮翘	丙组女子重剑个人	2023 年广东省青少年击剑锦标赛
55	击剑	王振镛	甲组男子花剑个人	2023 年广东省青少年击剑锦标赛
56	击剑	王振镛	甲组男子花剑团体	2023 年广东省青少年击剑锦标赛
57	击剑	何文皓	丙组男子花剑团体	2023 年广东省青少年击剑锦标赛
58	击剑	龙煜道	丙组男子花剑团体	2023 年广东省青少年击剑锦标赛
59	击剑	龙天赐	丙组男子花剑团体	2023 年广东省青少年击剑锦标赛
60	击剑	叶林锋	丙组男子花剑团体	2023 年广东省青少年击剑锦标赛
61	击剑	周靖雄	乙组男子花剑个人	2023 年广东省青少年击剑锦标赛
62	击剑	何文皓	丙组男子花剑 个人	2023 年广东省青少年击剑锦标赛
63	击剑	胡国恩	甲组男子重剑团体	2023 年广东省青少年击剑锦标赛
64	击剑	黄欧辰	丙组男子重剑团体	2023 年广东省青少年击剑锦标赛
65	击剑	林昊仪	丁组女子重剑个人	2023 年广东省青少年击剑冠军赛
66	击剑	黄梓轩	甲组男佩团体	2023 年广东省青少年击剑冠军赛
67	击剑	李　源	乙组女佩个人	2023 年广东省青少年击剑冠军赛
68	击剑	黄欧辰	丙组男子重剑个人	2023 年广东省青少年击剑冠军赛
69	击剑	彭乐楷	甲组男子花剑个人	2023 年广东省青少年击剑冠军赛
70	花样游泳	羊一一	甲组双人	2023 年广东省青少年花样游泳锦标赛
71	花样游泳	曹佑宸	甲组双人	2023 年广东省青少年花样游泳锦标赛
72	花样游泳	曹佑宸	甲组规定动作	2023 年广东省青少年花样游泳锦标赛
73	花样游泳	曹佑宸	甲组单人	2023 年广东省青少年花样游泳锦标赛
74	花样游泳	曹佑宸	甲组集体	2023 年广东省青少年花样游泳锦标赛
75	花样游泳	曹佑宸	甲组组合	2023 年广东省青少年花样游泳锦标赛

续表 34

序号	项目	姓名	比赛小项	比赛名称
76	花样游泳	刘宇立	乙组男子单人	2023 年广东省青少年花样游泳锦标赛
77	花样游泳	刘宇立	乙组混双	2023 年广东省青少年花样游泳锦标赛
78	花样游泳	冯谕宣	乙组集体	2023 年广东省青少年花样游泳锦标赛
79	花样游泳	郑婉晴	乙组集体	2023 年广东省青少年花样游泳锦标赛
80	花样游泳	王家钰	乙组组合	2023 年广东省青少年花样游泳锦标赛
81	花样游泳	郑婉晴	乙组组合	2023 年广东省青少年花样游泳锦标赛
82	花样游泳	林珮晴	丙组集体	2023 年广东省青少年花样游泳锦标赛
83	网球	郑子健	甲组男子团体	2023 年广东省青少年网球锦标赛
84	网球	王国睿	丁组男子团体	2023 年广东省青少年网球锦标赛
85	网球	曲　晟	丁组男子团体	2023 年广东省青少年网球锦标赛
86	网球	王国睿	丁组男子单打	2023 年广东省青少年网球锦标赛
87	网球	尚子淇	丁组女子团体	2023 年广东省青少年网球锦标赛
88	网球	梁雅雯	丁组女子团体	2023 年广东省青少年网球锦标赛
89	网球	肖明芊	丁组女子团体	2023 年广东省青少年网球锦标赛
90	网球	邢卓然	丁组女子团体	2023 年广东省青少年网球锦标赛
91	网球	尚子淇	丁组女子单打	2023 年广东省青少年网球锦标赛
92	游泳	李洁俊成	B 组 100 米蛙泳	2023 年广东省第十六届运动会游泳比赛
93	游泳	杨浩然	D 组 100 米蝶泳	2023 年广东省第十六届运动会游泳比赛
94	游泳	杨浩然	D 组 4×100 米自由泳接力	2023 年广东省第十六届运动会游泳比赛
95	游泳	鲁沣逸	E 组 100 米仰泳	2023 年广东省第十六届运动会游泳比赛
96	游泳	鲁沣逸	竞技 D 组蛙泳全能	2023 年广东省青少年游泳锦标赛
97	现代五项	李玉山	男子乙组接力决赛	2023 年广东省青少年现代五项锦标赛
98	皮划艇	闫皓鸣	男子丙组 500 米双人划艇	2023 年广东省青少年皮划艇锦标赛
99	皮划艇	闫皓鸣	男子丙组 200 米单人划艇	2023 年广东省青少年皮划艇锦标赛
100	水球	苏真辉	男子乙组	2023 年广东省青少年水球球锦标赛
101	羽毛球	刘峻荣	甲组男子团体	广东省第十六届运动会竞技体育组羽毛球比赛
102	羽毛球	张耀聪	甲组男子团体	广东省第十六届运动会竞技体育组羽毛球比赛
103	羽毛球	刘峻荣	甲组男子单打	广东省第十六届运动会竞技体育组羽毛球比赛
104	羽毛球	刘峻荣	甲组男子双打	广东省第十六届运动会竞技体育组羽毛球比赛
105	羽毛球	冯奕朗	乙组男子团体	广东省第十六届运动会竞技体育组羽毛球比赛
106	羽毛球	吴　烨	乙组男子团体	广东省第十六届运动会竞技体育组羽毛球比赛

续表 34

序号	项目	姓名	比赛小项	比赛名称
107	羽毛球	冯奕朗	乙组男子单打	广东省第十六届运动会竞技体育组羽毛球比赛
108	羽毛球	冯奕朗	乙组男子双打	广东省第十六届运动会竞技体育组羽毛球比赛
109	羽毛球	梁馨文	丙组女子团体	广东省第十六届运动会竞技体育组羽毛球比赛
110	羽毛球	梁馨文	丙组女子双打	广东省第十六届运动会竞技体育组羽毛球比赛
111	羽毛球	梁皓龙	丁组男子团体	广东省第十六届运动会竞技体育组羽毛球比赛
112	羽毛球	梁皓骢	甲组男子团体	2023 年广东省青少年羽毛球锦标赛
113	羽毛球	刘峻荣	甲组男子团体	2023 年广东省青少年羽毛球锦标赛
114	羽毛球	夏钰森	甲组男子团体	2023 年广东省青少年羽毛球锦标赛
115	羽毛球	梁皓龙	丙组男子团体	2023 年广东省青少年羽毛球锦标赛
116	羽毛球	梁皓龙	丙组男子双打	2023 年广东省青少年羽毛球锦标赛
117	羽毛球	陈奕佳	丙组女子团体	2023 年广东省青少年羽毛球锦标赛
118	羽毛球	王芮熹	丙组女子团体	2023 年广东省青少年羽毛球锦标赛
119	滑板	接翼然	女子乙组街式	2023 年广东省青少年滑板锦标赛
120	滑板	李佳婕	女子街式	2022 年粤港澳大湾区滑板公开赛
121	滑板	梁玥彤	女子碗池丁组	2023 年广州青少年滑板锦标赛
122	射击	陈秋童	甲组女子 10 米气手枪团体（60 发）	2023 年广东省青少年射击（步手枪）锦标赛
123	射击	徐敬涛	乙组男子 10 米气手枪个人（60 发）	2023 年广东省青少年射击（步手枪）锦标赛
124	射击	吴婷婷	乙组女子 10 米气步枪团体（60 发）	2023 年广东省青少年射击（步手枪）锦标赛
125	射击	吴婷婷	乙组女子 50 米步枪三种姿势团体（3×20）	2023 年广东省青少年射击（步手枪）锦标赛
126	足球	叶释予	女子乙 B 组	2023 年广东省青少年足球锦标赛
127	足球	陆卓颖	女子乙 B 组	2023 年广东省青少年足球锦标赛
128	足球	陈雅婷	女子乙 A 组	2023 年广东省青少年足球锦标赛（U13 女子乙 A 组）
129	高尔夫球	罗翊豪	男子甲组团体比杆赛	2023 年广东省青少年高尔夫球锦标赛
130	高尔夫球	侯超越	男子乙组团体比杆赛	2023 年广东省青少年高尔夫球锦标赛
131	高尔夫球	何沁玥	女子乙组团体比杆赛	2023 年广东省青少年高尔夫球锦标赛

体育产业

【概况】 2023年，越秀区以建设“越秀国家体育产业示范基地”国家级平台为着力点，把握粤港澳大湾区建设发展的契机，加大招商引资力度，吸引优质企业、优秀人才以及优质资源向越秀区集聚，打造粤港澳大湾区“体育+”发展高地，推进体育产业高质量发展，做大做强体育市场主体。是年，印发实施越秀区体育与健身产业链高质量发展三年行动计划，全年走访重点企业54家次，推荐支持链主企业广东北斗星体育设备有限公司成功申报2022年度国家体育产业示范单位。推进星之光数字体育产业园二期建设和双鱼体育创新中心建设，全年体育彩票销售额4.61亿元。

【越秀区体育产业发展大会】 2023年4月12日，由越秀区文化广电旅游体育局主办、广州双鱼体育用品集团有限公司、广州双鱼体育文化发展有限公司协办的越秀区体育产业发展大会在双鱼体育创新中心召开，区内近20家重点体育企业、签约合作单位代表参加会议。大会为双鱼体育创新中心颁发“越秀国家体育产业示范基地——双鱼体育创新园”牌匾。越秀区文化广电旅游体育局与双鱼公司代表签订越秀区桥下空间共建协议，与广东省奥林匹克体育中心、广州市越秀山体育中心、广东文投创工场投资管理有限公司、中国工商银行股份有限公司广州大德路支行等单位代表签订战略合作协议。

【体育彩票销售点开设管理】 2023年，越秀区配合广州市体育彩票管理中心落实体育彩票销售点的开设管理，培育、扩大体育彩票销售网络，增设智能辅助终端，提高销售业绩。是年，越秀区体育彩票销售额4.61亿元，比上年增长23.6%；体育彩票公益金收入1544.23万元，增长19.9%。

【星之光数字体育产业园建设】 2023年，越秀区发挥越秀国家体育产业示范基地联席会议制度优势，推进星之光数字体育产业园二期建设。梳理越秀国家体育产业示范基地2019—2023年发展成果，组织申报复评新一轮“国家体育产业示范基地”。发挥基地招牌效应，吸引更多优质企业入驻。贯彻落实产业链高质量发展三年行动计划，发挥链主企业的领军作用，搭建产业链供需对接平台，构筑产业链良性发展生态格局；探索“体育+”发展理念，推进多业态融合发展，打造消费新业态，推动产业链和创新链“双向融合”。

【双鱼体育创新中心】 2023年，广州双鱼体育文化发展有限公司投资1500万元对东风西路253、255号原广州外贸大楼进行改造升级，推进“双鱼体育创新中心”项目（双鱼体育创新中心暨越秀国家体育产业示范基地双鱼体育创新园）建设。该项目位于大楼1~7层，面积约6000平方米，包含技术研发及展示、品牌产品展示、新产品体验、乒乓历史博览、智能场馆空间等区域。在技术研发及展示区域，通过公司创新体育产品，展示最新的智能体育前沿技术。在乒乓历史博览区域，展示广州体育制造业的起步与变迁、中国乒乓运动的发展历程、中国乒乓球运动的普及发展，打造“体旅融合”的体育产业科普教育基地。在品牌展示体验区域，打造商业空间特色、运动体验特色与展示陈列特色融合的综合服务体，宣传广州市、越秀区的体育文化。

2023年5月19日，第三届中国（广州）体育产业创新大会在中山纪念堂举行（胡强明 摄）

【第三届中国（广州）体育产业创新大会】 2023年5月19日，由国家体育总局体育器材装备中心、广东省体育局、广州市体育局支持，越秀区文化广电旅游体育局、华奥星空共同主办的第三届中国（广州）体育产业创新大会在中山纪念堂举行。会议以“新业态、新融合、新消费”为主题，聚焦新环境、新形势、新政策下的体育产业发展模式，就体育产业发展环境变化、把握发展自主权、提高核心竞争力，加快推进体育消费创新发展方式、探究新时代体育产业对经济发展的影响等问题进行交流，创新发展方式，挖掘增长动能，调整政策思路，促进多种业态融合共通，为体育产业发展凝聚思想合力。会上，越秀国家体育产业示范基地与广州双鱼体育文化发展有限公司、广东北斗星体育设备有限公司、江苏新起点实业有限公司等10家企业签订投资意向协议，意向资金20亿元；与广州体育学院、广州日报社、黄山揽胜天下户外用品有限公司、江苏千方科技体育发展有限公司等8个单位签订战略合作协议，加强体育产学研融合交流，促进“体育+旅游”“体育+科技”等融合发展，推动越秀国家体育产业示范基地高质量发展。（陈振超）

■编辑 王海捷

社会生活

人口家庭

【概况】 2023年，越秀区贯彻落实《中共中央 国务院关于优化生育政策促进人口长期均衡发展的决定》精神，按照《中共广州市委办公厅 广州市人民政府办公厅关于印发〈广州市优化生育政策促进人口长期均衡发展若干措施〉的通知》要求，围绕推动三孩生育政策及配套支持措施落地、提高服务管理水平、发展普惠婴幼儿照护服务、构建婚嫁生育教育新格局、落实计划生育家庭扶助关怀开展系列工作。在广州市各区率先建成普惠托育机构试点“向日葵”亲子小屋和新时代婚育文化建设示范社区，获全市重大政策措施养老服务体系建设督查激励表彰。是年，越秀区出生5599人，死亡6825人；全年办理婚姻登记1.48万对。

【人口监测】 2023年，越秀区完善全员人口信息，掌握出生、死亡、婚姻、流动迁移情况，提高全员人口数据覆盖率、准确率、完整率和及时率，发挥全员人口数据库作为全民健康信息人口基础数据库的作用，为评估生育政策效果、研判人口形势提供参考。完善区级全民健康信息平台建设，推进全员人口、居民健康档案的互联互通。是年，越秀区常住总人口96万人，出生5599人，死亡6825人，出生率5.2‰，自然增长率0.01‰。全年动态处理人口信息数据18.4万条。（姜泓敏）

【婚姻收养登记】 2023年，越秀区推进婚俗改革试点工作，举行“花城有囍·为爱出发”集体颁证仪式，邀请社会名人为新人颁发结婚证，弘扬“重登记、强责任、崇节俭”婚俗新风尚。全年办理婚姻登记1.48万对（结婚登记1.1万对、离婚登记2963对、补领结婚证574对、离婚证262对），其中涉港澳台居民、华侨、外国人婚姻登记254对，跨省婚姻登记174对，省内跨市婚姻登记1237对，市内跨区婚姻登记4739对，为非户籍居民办理的婚姻登记业务量占总业务量的43%。受理离婚登记申请3849对，出具（无）婚姻登记记录证明17份，提供婚姻咨询、婚姻家庭辅导业务81件。全年办理国内收养登记2件、解除收养登记3件。（刘欣）

【普惠托育】 2023年，越秀区推进普惠托育服务，推选1个托育机构入选第一批全省示范性托育机构，评选区级示范性托育机构3个。推进区妇幼保健院、大东街道社区卫生服务中心和民办普惠托育机构联合办园，为辖区内卫生健康系统干部职工及区内医疗机构医护人员提供优惠托育学位82个。推动广东广播电视职工福利爱心托育园开班运行，提供托位60个。推动越秀区用人单位办园托幼一体化工作落地实施，广州市委员会机关幼儿园新增托育学位20

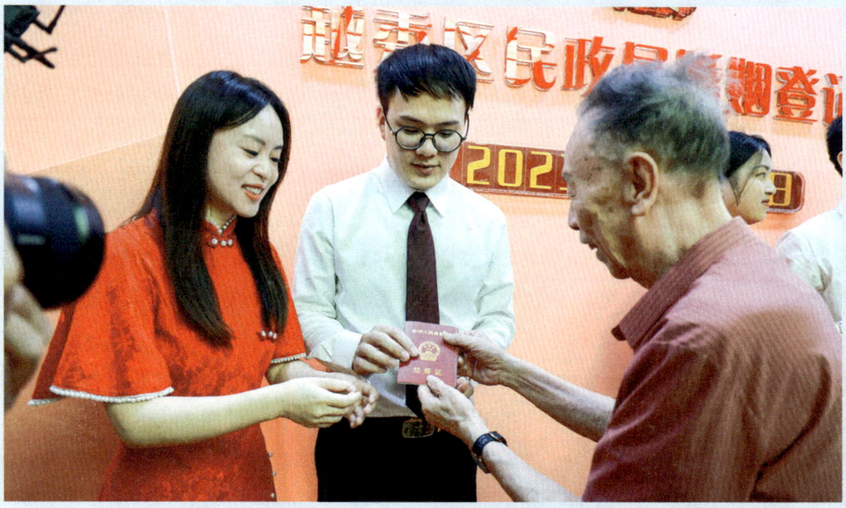

2023年5月20日，“花城有囍·为爱出发”婚姻登记名人集体颁证仪式在越秀区民政局婚姻登记处举行 （胡强明 摄）

个。是年，越秀区有普惠托位957个，占越秀区卫生健康局管理托育机构总托位的54.8%。

【计生家庭奖励】 2023年，越秀区对符合计划生育奖励领取资格的对象，每月发放奖励金。落实独生子女父母计划生育奖励制度，维护计划生育家庭的合法权益。全年为21.4万名符合条件的独生子女父母发放奖励金3.87亿元。

【优生优育宣传服务】 2023年，越秀区开展优生优育、健康教育、技能培训，提升家庭健康服务的可及性和普及性，推动基本公共卫生服务的宣讲场地从医疗机构到社区，开展线上及线下服务活动120多场，惠及2.5万人次。越秀区以洪桥街道三眼井社区为试点，在全市各区首创新时代婚育文化建设示范社区。组织各街道计生协于“5·29”会员活动日当日，开展“倡新时代婚育文化助家庭和谐幸福”主题宣传服务活动18场，服务群众3650人次。 （姜泓敏）

【殡葬服务】 2023年，越秀区祭扫场所实行预约祭扫制度，鼓励错峰祭扫，落实殡葬基本服务费用减免。全年减免1.31万名户籍居民殡葬基本服务费1116.6万元，节地生态安葬率保持100%。 （刘欣）

劳动就业

【概况】 2023年，越秀区城镇新增就业2.7万人，越秀区生源2023届离校未就业高校毕业生就业率95.7%，有就业意愿的困难高校毕业生实现100%就业。全区就业困难人员5173人，其中实现就业4766人，就业率92.1%。全年举办专场及综合招聘会175场。开展职业技能提升补贴性培训1.35万人次，补贴金额1789.6万元。促进创业3803人，创业带动就业2929人。受理2.85万家次企业、9.92万人次申领就业创业补贴2.16亿元。

2023年7月28日，“筑梦青春·就业启航”2023年广东省离校未就业高校毕业生招聘活动在中国广州人力资源服务产业园越秀园区举行
（区人力资源社会保障局供图）

【就业帮扶】 2023年，越秀区分类帮扶就业困难人员实现就业，区、街道、社区三级公共就业服务机构形成合力，开展“春风行动”“就业援助月”等专项活动，促进实现“零距离就业”，通过开展职业指导、创业指导、技能培训等活动，加大困难群体精准帮扶力度。开发兜底性安置公益性岗位，全年开发公益性岗位75个，安置在岗39人。推动高校毕业生多渠道就业，对离校未就业高校毕业生开展就业动态跟踪，提供职业指导、推荐就业服务，以就业见习、开展“直播带岗”等形式送岗位。全年组织258人参加见习，发放就业见习补贴54.33万元。围绕对口帮扶地区农村劳动力及脱贫人口特点，结合越秀区企业用工需求，遴选优质就业岗位定期通过线上及线下渠道推送，举办线上及线下劳务协作专场招聘会12场，164家次企业参与，提供岗位1.39万个。推动越秀区首个“一县一企”稳岗就业基地在广州市总保安服务有限公司挂牌成立。牵头打造全省首个覆盖“粤菜师傅”“广东技工”“南粤家政”三项工程的乡村振兴培训就业示范基地落地贵州省安顺市，为当地学员提供技能培训和就业指导。其中，“广府风味菜烹饪”培训学员考核通过率超95%，广州市、安顺市两地人社部门共同为33名通过考核的学员核发专项职业能力证书。促进广州市、湛江市两地人力资源供需对接，到湛江市举办招聘会6场，81家次企业参加，提供就业岗位超5000个。

【职业技能培训】 2023年，越秀区结合发展需求，以技能提升为目标，开展“粤菜师傅”“广东技工”“南粤家政”三项工程羊城行动，实施职业技能提升行动。全年为1.35万人次发放职业技能提升培训补贴1789.6万元。推动实施“广东技工”工程，引导具备职业技能等级评价资质的企业以高技能人才培养为目标，开展学徒制培养项目，提升企业技能人才质量、数量，缓解企业高技能人才短缺问题，全年备案开展企业新型学徒制培养150人次。开展职业指导下基层活动，解读政策文件，帮助辖区内劳动者找准就业方向、明晰就业定位、提升就业能力和就业竞争力，全年举办职业指导下基层活动18场，为高校毕业生、失业人员等重点人群提供职业指导、政策咨询、就业援助服务。

【创新创业服务】 2023年，越秀区推进创业担保贷款认定，对辖区内有需要、有困难的创业担保贷款项目予以辅导，提高项目创业成功率，缓解创业企业融资难、融资贵等问题，发放创业担保贷款11笔4318万元，促进创业3803人，创业带动就业2929人。推动培育创业孵化基地，对汇富FIT时尚数创园、广州国创孵化器有限公司开展创业孵化基地认定，了解辖区内5个市级创新创业（孵化）示范基地运作情况，开展政策宣传和工作指导。举办2023年第七届“越青杯”越秀区青年创新创业技能大赛，发挥“以赛引才，以赛助才”作用，推动青年双创事业发展。

【就业工作目标责任落实】 2023年，越秀区制定《越秀区就业工作领导小组关于印发越秀区就业工作目标责任制考核办法的通知》，逐级下达到街道和有关单位。越秀区在2022年度全市就业工作目标责任制考核中被评为“优秀”等次。根据《广州市人民政府办公厅关于对2022年落实有关重大政策措施真抓实干成效明显单位予以督查激励的通报》，越秀区被评为全市落实“稳就业”“保就业”政策措施、促进就业困难人员等重点群体就业创业等目标任务完成得好的3个区之一。

【“南粤家政”工程羊城行动】 2023年，越秀区推进“南粤家政”工程羊城行动。开展“南粤家政”补贴性培训5097人次。在光塔街道建成2023年度省级示范性“南粤家政”基层服务站点1个。指导全区羊城家政基层服务站运营，推广“南粤家政”“领跑学校+家政服务培训基地+工作站实训”产学研新型合作工作亮点经验，引导18个街道站点开展家政技能、就业吸纳的“一街道一品”创建。北京街道、白云街道、洪桥街道、黄花岗街道4个街道的省级“南粤家政”基层服务示范站在2023年度省级评估中被评为“A级”，在市级“羊城家政”基层服务站点年度评估中被评为“优秀”等级。推荐颐家（广东）医疗养老有限公司获评省级、市级“南粤家政”龙头企业；广东爱信医护人才服务有限责任公司获评省级、市级“南粤家政”诚信示范企业。

【民办职业培训学校办学许可审批】 2023年，越秀区办理民办培训学校设立、变更及办学水平评估等业务80件。至年底，越秀区有在册民办职业培训学校22所。根据《广东省人力资源和社会保障厅关于推荐首批职业技能培训线上平台机构的通知》，位于越秀区的广州市建设职业培训学校被纳入首批职业技能培训线上平台机构推荐名单。

【劳动人事争议案件处理】 2023年，越秀区受理劳动仲裁案件2514件，仲裁结案率98.7%，劳动人事争议大调解成功率83.7%。区劳动人事争议三方联调中心调解案件545件，成功474件，调解成功率87%。三方调解成功率均位于全市各区前列。

【劳动保障监管】 2023年，越秀区加强劳动保障监管，检查用人单位8575个，涉及劳动者16.9万人。受理投诉举报案件3981件（不含群体性事件和“12345”政务服务便民热线工单），为5831人次追回工资等各种待遇2239.27万元。处理群体性事件44件，涉及926人，涉及金额1667.3万元（含工程款）。

【农民工工资支付工作考核】 2023年，越秀区做好迎接国家、广东省、广州市保障农民工工资支付工作考核任务。根据《越秀区迎接2022年度保障农民工工资支付考核专项检查工作方案》等工作方案，2023年3—9月，越秀区对辖区内所有在建设工程项目特别是备检项目进行全方位排查，对各街道工程建设领域劳动用工情况、保障农民工工资支付制度落实情况及台账准备情况进行督导检查，督促有关单位落实整改。在广州市根治拖欠农民工工资工作领导小组对各区人民政府2022年度保障农民工工资支付工作考核中，越秀区考核等级为“A级”，位列全市各区第二。

【治理欠薪问题长效机制健全】 2023年，越秀区将保障农民工工资工作纳入政府有关部门绩效考核，调整根治拖欠农民工工资工作领导小组成员，印发《越秀区根治拖欠农民工工资工作领导小组2023年工作要点》《贯彻落实〈广东省源头治理欠薪问题实施办法〉实施方案》，坚持属地责任落实原则，明确各责任部门职能分工，统筹解决根治欠薪工作中存在的问题。推动工资支付分账、工资保证金等工资支付保障制度落实。推行用人单位重大劳动保障违法行为社会公布及拖欠农民工工资失信联合惩戒对象名单制度。健全打击恶意欠薪行政司法联动机制。

【劳动关系领域行政审批服务】 2023年，越秀区落实“放管服”改革工作要求，提升劳动关系领域行政审批服务水平，依法把握审批尺度，提高办事企业满意度。全年办理劳务派遣经营许可审批286 件；实行不定时工作制和综合计算工时工作制审批135 件，涉及职工3.81万人。

【人力资源服务许可审批】 2023年，越秀区办理人力资源服务许可、备案、变更、年度报告等业务412件。至年底，越秀区在册人力资源服务机构（含经营性及公共服务机构）306个。

（张智文）

社会保险

【概况】 2023年，越秀区按时足额发放企业职工基本养老保险、失业保险、工伤保险、医疗保险、生育保险待遇。推进“城乡居保镇村通”工程，至年底，全区城乡居保社区服务网点增至144个，包括杨箕社区、沙涌南社区、宝汉社区3个示范性社区服务网点；全区城乡居保社区服务网点覆盖率在50%以上，其中东山街道、黄花岗街道、矿泉街道、建设街道实现城乡居保社区服务网点全覆盖。是年，越秀区人力资源社会保障局报送的业务调研报告《从社保业务线上及线下并行办理新模式谈对社保基金管理风险防控优化的思考》获广州市人社系统综合业务调研报告评审优秀奖。

【养老保险】 2023年，越秀区为28.48万名退休人员发放企业职工基本养老保险待遇。推进个人养老金政策宣传“进机关、进企业、进园区”专题活动，分别面向全区各街道、区内各机关事业以及社区居民群众开展个人养老金政策宣讲，扩大政策知晓度和群众参与度。

【失业保险】 2023年，越秀区有3.13万人领取失业保险相关待遇（含月定期失业金、一次性领取失业金和农民工一次性生活补助）。做好失业补助金、一次性留工培训补助等待遇发放收尾工作，确保阶段性纾困帮扶政策的平稳过渡。

【工伤保险】 2023年，越秀区有1913人领取工伤保险相关待遇（含工伤长期待遇、一次性待遇、工伤医疗待遇）。推进新业态就业人员职业伤害保障试点工作，通过加强人员政策培训、落实待遇申领告知、业务“快办快结”等方式，受理、审核工伤医疗待遇报销业务，完成待遇支付。 （张智文）

【医疗保险】 2023年，越秀区有125.74万人参加职工基本医疗保险，其中在职人员86.81万人、退休人员38.93万人；参加城乡居民基本医疗保险28.49万人。全年有1051.52万人次享受医疗保险待遇，其中住院报销25.62万人次、门诊特殊病种报销233.85万人次、普通门诊报销792.05万人次。6月，越秀区在广州市各区率先实现一级以上定点医疗机构医保异地就医直接结算全覆盖。是年，推动就医信用无感支付工作，实现就医医保报销、交费“零排队”“零操作”。

【生育保险】 2023年，越秀区有82万人参加生育保险，支付生育保险待遇3.26万人次，其中生育医疗费用1.48万人次、生育津贴1.77万人次。

（吴伟青）

【社会保险经办管理服务】 2023年，越秀区定期开展社保经办培训，面向全区2022年度高校毕业生基层公共就业创业岗新入职人员、全区各街道社保业务线分管领导、综合服务中心主任及社保经办工作人员、城乡居保负责人及各社区居委工作人员，组织开展社保业务工作培训暨风险警示教育会、基层劳动保障工作例会、城乡居保镇村通培训会议、社会保险基金安全警示教育大会等培训6场，面向区一级社保经办机构新入职人员开展培训3场，围绕作风建设、社保基金风险警示教育、信访维稳、行政复议诉讼以及重点难点业务等方面开展培训教育。完善社保业务档案管理，收集新增社保业务档案约70万页，完成数字化的库存档案总数增至1100多万页。

（张智文）

社会化退休人员管理服务

【概况】 2023年，越秀区有社会化管理退休人员28.7万人，其中企业移交退休人员13.4万人、社会申办退休人员15.29万人。管理全区退休人员人事档案约33万份。

【退休人员移交社会化管理】 2023年，越秀区有社会化管理退休人员28.7万人。创新服务手段，充实为老服务内容。开展春节、中秋节慰问活动，全年为全区在册的社会化管理退休人员发放节日慰问金4134万元；上门慰问孤寡、特困、重病等人群，全年发放慰问品3.3万人次、金额约380万元。开办社会化退休人员老年学堂，依托“越秀人家老年学堂”微信小程序实现线上及线下教学。开展重阳节敬老、春节游园会、健康体检、趣味运动会等文体活动。

【社会化退休人员档案管理】 2023年，越秀区管理社会化退休人员人事档案约33万份。开展央企移交退休人员档案影像化工作，库存档案完成影像化数量增至480多万页4.6万份。全年为群众办理查档开具证明业务1.3万份，通过“穗好办”平台出具在线电子证明近1000份。

（张智文）

社会救助

【概况】 2023年，越秀区编制惠民政策一张清单，依托广州市“穗救易”平台，打造“幸福越秀”救助品牌，进驻广州市“一区一特色”社会救助品牌馆，成立越秀区首个为民惠民慈善基金——金顶慈善基金。全年发放最低生活保障金6454.3万元、分类救助金768.6万元；实施临时救助2741人次，发放救助资金1080.7万元；劝导、指引流浪人员2559人次，护送至救助站236人、救助返乡167人、寻亲安置41人、协助救助危重病人18人。是年，越秀区“破解‘人户分离’难题打通社会救助‘最后一公里’”案例获评2023

年广东省社会救助领域创新实践优秀案例。

【困难群众兜底保障】 2023年，越秀区最低生活保障待遇从每人每月1196元提高至1238元，其他社会救助标准联动提高。印发《越秀区分散供养特困人员照料护理服务工作指引》，建成广东省首个社会救助共助空间——北京街道共助空间（北京街道综合救助中心）。是年，越秀区核定最低生活保障对象3150户4545人、最低生活保障边缘家庭245户505人，发放最低生活保障金6454.3万元、分类救济金768.6万元；核定特困人员1463人，发放特困人员救助供养金3249.7万元；实施临时救助2741人次，发放救助资金1080.7万元；发放困难群众价格临时补贴156.7万元；发放困难群众节日慰问金565.8万元。越秀区居民家庭经济状况核对中心全年受理公共租赁住房、低保户、低保边缘户、医疗救助等经济核对业务1.78万件，服务2.73万人次。

【流浪乞讨人员救助】 2023年，越秀区完善“4+2+N”（“4”指民政、公安、城管、卫生健康部门，“2”指社工、志愿者，“N”指社会力量）政府社会联动救助机制，加大重大节日、重点区域及特殊天气期间对流浪乞讨、露宿人员巡查救助力度。探索救助寻亲工作新方法，综合运用脱氧核糖核酸（DNA）信息比对、人工智能人脸识别、“互联网+寻亲”等技术，依托大数据甄别流浪人员身份信息，创新“四步寻亲法”（通过口音特点“找家乡”、通过身份信息“找家人”、通过耐心沟通“找心结”、通过两地对接“找途径”），从流浪成因劝说流浪人员回归社会、回归家庭。是年，越秀区劝导、指引流浪人员2559人次，护送至救助站236人、救助返乡167人、寻亲安置41人、协助救治危重病人18人，街面流浪人员比上年下降40%。2023年度越秀区流浪救助服务管理工作在广州市测评中位列全市各区第一。

2023年3月24日，越秀区社工宣传周启动仪式暨越秀善行一小一老“情暖春晓”慈善活动在北京街道党群服务中心举行 （钟涌 摄）

【慈善帮扶】 2023年，越秀区践行“扶贫济困，见难相助”宗旨和“慈善为民”核心理念，发挥慈善事业在第三次分配中的作用，开展2023年“广东扶贫济困日”活动，承办2023年广东省第八个“中华慈善日”暨广州市“羊城慈善月”主题宣传活动。打造越秀善行一小一老慈善品牌，推出“善暖四季”慈善项目，实现区内6个城中村100%设立社区慈善基金。是年，全区接收捐赠款物合计874.25万元，拨付“6·30”广东扶贫济困日项目、羊城慈善为民项目等款项890.48万元。在2021—2022年广州市区域慈善排行榜中，越秀区区域慈善综合发展指数位居广州市第三。越秀区慈善会获评2023年度广州慈善榜样四星级社会组织。 （刘欣）

社会福利事业

【概况】 2023年，越秀区启动“越秀号”为老服务直通车项目，完成颐康站点建设提升三年（2020—2023年）行动，将困境儿童服务保障相关工作纳入越秀区十件民生实事清单。在广州市人民政府2022年真抓实干成效明显督查激励通报中，越秀区获“养老服务体系建设成效明显的区”“未成年保护示范建设成效明显的区”专项督查激励，越秀区洪桥街道获“未成年保护示范建设成效明显的街道”专项督查激励。

【养老服务】 2023年，越秀区通过国家级智慧健康养老示范基地复评。启动“越秀号”为老服务直通车，倡导“政策直通、需求直联、服务直达”理念，打通为老服务“最后一米”。优化长者饭堂服务，打造全省长者饭堂示范项目，全年助餐配餐54.89万人次，用餐人数和供餐量创历史新高。全区有备案养老机构32个，建有养老机构床位3698张，其中护理型床位3565张，护理型床位占比96.4%，医养结合覆盖率100%。新建成长者饭堂24家，长者饭堂总数增至97家，就餐长者比上年增长173%，满意度96%。新建成社区颐康服务站96个，社区颐康服务站增至199个，实现社区服务100%覆盖。全年发放长者长寿保健金1.1亿元、百岁老人节日慰问金

23.57万元。“平安通”智能呼援平台通话62.69万人次，响应紧急求助24次。完成适老化改造134户，为5765名长者提供照护需求等级评估，提供居家养老上门服务2万人次。

【儿童福利】 2023年，越秀区落实新时代未成年人保护“四个一”（一部门一品牌、一街道一特色、一月度一主题、一千人一心愿）工作机制，区未成年人救助保护中心被认定为全国首批“护童成长”项目“牵手+”示范基地，“‘123456’工作模式打造‘六位一体’未成年人保护示范平台”项目获评2020—2022年度广州市市域社会治理优秀创新项目。越秀区孤儿和事实无人抚养儿童供养标准从每人每月2808元提高至2875元，发放各类生活保障金327.7万元，对1140名困境儿童实施救助。完成越秀区十件民生实事之一——圆梦1064名困境儿童微心愿，保障困境儿童合法权益。

【残疾人福利】 2023年，越秀区困难残疾人生活补贴从每人每月188元提高至196元，重度残疾人护理补贴从每人每月252元提高至261元。全年核定困难残疾人2696人、重度残疾人1.16万人，发放困难残疾人生活补贴及重度残疾人护理补贴4269.75万元。 （刘欣）

【老龄工作】 2023年，越秀区北京街道都府社区创建“全国示范性老年友好型社区”。做好老年优待工作，组织各街道办卡网点参加广州市老年人信息管理系统培训。开展18个街道办卡网点巡检，指导各政务中心老年优待窗口人员提高责任意识、熟悉业务。开展“银龄安康”行动和“智慧助老”系列活动。全年为60周岁及以上户籍老年人购买“银龄安康”老年人意外伤害综合保险，惠及33.36万人，参保率100%。全年开展智慧助老活动189场。每季度开展老年人防诈骗宣传活动。（姜泓敏）

2023年，越秀区在广州市首创区、街道、社区与服务机构、社会力量联动互通的“直通车”模式。图为6月29日在流花湖公园举行的启动活动 （胡强明 摄）

【为老服务“直通车”模式】 2023年，越秀区倡导“政策直通、需求直联、服务直达”理念，在全市首创区、街道、社区与服务机构、社会力量联动互通的“直通车”模式。开通“越秀区综合养老服务中心”微信公众号，拍摄长者饭堂“轻松办”宣传短视频，发布首张长者饭堂地图，全年发布推文176篇，发放宣传单超5万份。成立越秀区养老服务联盟、认知症照护联盟，吸纳广州开放大学等成员单位22个，全覆盖设立街道老年学堂，成立广州市首个“康养粤菜”进社区推广示范基地，组建广东省中医院——越秀区医养联合体。通过盘活公房、机团共建等方式增设助餐配餐点24个，举办“寻味越秀——长者饭堂擂台赛”，开展“九九重阳敬老爱心餐”微心愿活动，募集善款可供长者免费用餐5万餐次，全年就餐长者人数比上年增长173%，满意度96%。（刘欣）

住房保障

【概况】 2023年，越秀区住房保障以配租型保障性住房为主，包括公共租赁住房和保障性租赁住房。公共租赁住房保障方式有发放住房租赁补贴、提供公共租赁住房2种，公共租赁住房租赁补贴由广州市住房保障办公室发放，房源由市住房保障办公室统筹全市资源予以解决。保障性租赁住房主要通过市场主体对存量住房提升改造纳入筹集。全年新增解决中低收入家庭住房困难问题863户，发放住房租赁补贴2180户，筹集保障性租赁住房1505套。

【租赁补贴】 2023年，越秀区完成住房保障资格审核7859宗，其中新申请审核1431宗、意向登记审核2239宗、保障资格复核86宗、期满年审3208宗、变更审核711宗、共有产权资格审核184宗。做好人才公寓分配管理及人才租赁补贴发放。

【保障性住房】 2023年，越秀区有参加公共租赁住房保障意向登记家庭2239户，经摇号分配，实际配租1350户，房源主要分布在天河区、番禺区、黄埔区。至年底，筹集认定保障性租赁住房9516套，完成年度目标任务。

【住房保障标准】 2023年，越秀区住房保障标准以广州市住房保障标准为依据。越秀区户籍中等偏下收入住房困难家庭公共租赁住房保障申请之月前12个月家庭可支配收入线准入限额为家庭年人均可支配收入35660元，并根据家庭人口数制定不同收入、资产净值准入限额。其中，1人户家庭调节系数为1.2，年可支配收入限额42792元，资产净值限额22万元；2人户家庭调节系数为1.1，年可支配收入限额78452元，资产净值限额40万元；3人户家庭调节系数为1，年可支配收入限额106980元，资产净值限额56万元；4人户及以上家庭调节系数为1，年可支配收入限额142640元，资产净值限额56万元。（黄小琴）

专项社会事务

【概况】 2023年，越秀区做好社会组织管理、区划勘界、地名管理等专项社会事务。加强社会组织规范化建设和意识形态综合监管，全区有在册社会组织534个。摸查未命名道路（街巷）153条，审核上报道路（街巷）命名78条，完成《广州市标准地名词典（越秀卷）》校验。做好界线界桩维护管理，对区、街道两级88.5千米的行政区域界线界桩进行维护。

【社会组织管理】 2023年，越秀区登记在册社会组织534个（其中社会团体140个、民办非企业单位394个），在街道备案、接受居委会指导管理的社区社会组织2617个，其中AAAAA级社会组织1个、AAAA级社会组织7个、AAA级社会组织5个。完善社会组织党建与登记管理业务同步关联机制，建立健全社会组织“6+1”服务机制，即党建“五融合”工作机制、诚信自律机制、季度提醒机制、联合监管和信息共享机制、重点社会组织负责人约谈机制、退出承诺机制及登记业务首席服务官机制，开展线上及线下培训活动4场次，培训内容涵盖党建工作、年报填报、政策学习等，培训超1000人次。是年，越秀区指导申报广州市第十届社会组织公益创投活动，12个社会组织获资助资金213万元。约谈社会组织17次，开展行政检查44次，将80个社会组织列入活动异常名录名单，引导7个“僵尸型”社会组织完成注销登记，对11个“僵尸型”社会组织作出撤销登记的行政处罚。

【区划勘界】 2023年，越秀区对区、街道两级88.5千米的行政区域界线界桩进行维护管理，勘查界线标志的河流、沟渠、道路等线状地物和界线协议书中规定作为界线走向的其他标志物，对8个界桩进行加固、扶正、清理遮挡物，保证界线界桩管理规范到位，维护边界地区平安稳定。

【地名管理】 2023年，越秀区协助完成《广州市标准地名词典（越秀卷）》校验，采录标准地名976条。其中，政区、居民点、城镇交通类647条，科教文卫体等事业单位类181条，名胜古迹和纪念地类87条，自然地理实体类21条，交通运输设施类13条，农业和水利设施类3条，工矿企业类1条，服务业类23条。越秀区成查未命名道路（街巷）153条，受理道路（街巷）命名申请25件，审核上报道路（街巷）命名78条。（刘欣）

基层治理

【概况】 2023年，越秀区以加强基层政权建设和健全基层群众自治组织为重点，以改革创新和制度建设为关键，通过“广州市推进城乡社区治理体系和治理能力现代化创新试点社区”建设和“和谐社区”创建，深化社区议事协商机制，解决群众关心的热点难点问题，基层治理水平提升。通过修订完善资产交易、薪酬待遇等制度文件，推进转制社区集体经济组织规范运行、健康发展，全年有5个经济联社完成集体资产交易751宗。组织社区专职工作人员公开招聘，充实社区人员队伍。通过人才引进入户指标激励社区专职工作人员干事创业热情，并开展入职培训，提高新入职人员的政治素质、专业素养、履职能力及岗位适应能力，全年为166名社区专职工作人员开展入职培训。

【社区治理】 2023年，越秀区印发《越秀区“党建引领基层治理示范社区”创建工作实施方案》，在旧南海县、盐运西、三眼井、东湖新村4个社区开展“广州市推进城乡社区治理体系和治理能力现代化创新试点社区”建设工作，指导马庄巷等47个社区开展“和谐社区”创建，在广州市各区率先实现和谐社区全覆盖。实施社区议事协商机制，全年发起议事协商1.89万次，解决群众关心的热点难点问题。是年，越秀区下设222个社区居民委员会，社区居民委员会成员1658人（其中女性1174人）。

【转制社区集体经济组织管理】 2023年，越秀区修订《越秀区转制社区集体资产交易实施办法》，印发《越秀区转制社区集体经济组织领导班子成员薪酬管理指导意见》，促进村改制公司规范运营、健康发展。是年，瑶台、登峰、西坑、农林、寺右5个经济联社完成集体资产交易751宗，交易总额1.39亿元，增值率3.8%；发布社务、党务、财务信息4141条，信息公开率和发布率均为100%。

【社区专职工作人员队伍建设】 2023年，越秀区组织公开招聘社区专职工作人员考试，新招录社区专职工作人员58

人，其中首次提供23个岗位专门面向街道辅助人员招考，充实社区干部队伍。1名非户籍社区专职工作人员通过总量控制类人才引进入户指标入户广州市。为社区专职工作人员申请越秀区“社区工作领域精英人才”名额2个，为全区166名社区专职工作人员开展为期3天的入职培训；4名社区专职工作人员获评广州市最美城乡社区工作者。（裴丹）

数字社会建设

【概况】 2023年，越秀区推动数字技术和传统公共服务融合，普及数字设施，优化数字资源供给，推动数字化服务普惠应用，为推进国家治理体系和治理能力现代化提供支撑。在大塘街道推进智慧社区试点建设，建设便民惠民智慧生活服务圈。推进六榕街道旧南海县社区“多元赋能、减负便民”智慧社区建设，该案例获评广州市住房和城乡建设局“新城建”第一批优秀案例、入选广州市新型智慧城市“新城建”智慧社区十大标杆应用场景。

【智慧社区试点建设】 2023年，越秀区整合大塘街道区域人、地、物、情、事、组织和房屋等信息，统筹公共管理、公共服务等资源，打造大塘街道智慧社区时空信息平台。依托制高点AR（Augmented Reality，增强现实）全景监控设备，为街道做出警情、火情判断、指挥和决策提供辅助支撑。推动社区居家生活、公共文化生活、交通出行等生活场景数字化，加强社区门禁、停车场出入管理、垃圾分类管理、智能充电桩等建设，打造多端互联、多方互动、智慧共享的数字社区。（胡君逸）

【广州北京路智慧旅游项目入选全国第一批“5G+智慧旅游”应用试点项目】 2023年11月，广州北京路智慧旅游项目入选全国第一批“5G+智慧旅游”应用试点项目，为广东省唯一入选的项目。越秀区依托5G（5th Generation Mobile Communication，第五代移动通信技术）和无线网络全覆盖，建成北京路全域旅游智慧导览系统和VR全景地图，集成智能垃圾桶、无人清扫车、智慧公厕等智能服务设备，对商圈内停车场进行智能化管理，商圈整体停车泊位利用率提升至90%。通过抖音、微信公众号、小红书等新媒体账号发布文旅信息。推广普及无人售货车、虚拟试妆镜、3D（三维）试衣等智慧应用，打造北段舞台剧、李白巷、新大新户外裸眼3D曲面屏等沉浸式体验景观点，设计广府庙会及非遗街区2个主题“元宇宙”，丰富游客智慧观感和体验，游客满意度94.1%。建设北京路直播间，为北京路商家、品牌开展直播带货和直播培训，鼓励新华书店、新大新等传统老字号引入5G直播、VR（Virtual Reality，虚拟现实）体验，开发新潮产品，北京路新业态、新消费比例提升至72%。建立统一指挥、实时调度的智慧管理体系，优化步行街视频监控系统，设定分级报警机制，实现客流量达到预警阈值即自动报警提醒。部署“5G+AI”智能识别摄像机，自动识别无照游商、乱堆物料、非机动车停放等管理事件8类。（戴曼）

【六榕街道旧南海县社区智慧社区建设】 2023年，越秀区发挥数字化技术优势，整合社会资源，推进六榕街道旧南海县智慧社区建设，将社区治理能力建设融入城镇老旧小区改造过程。融入越秀区特色和智慧管理设计理念，打造智慧社区IOC（Intelligent Operation Center，智能运营中心）平台，部署客流统计、人员密度、消防占道、垃圾堆放、高空抛物等人工智能算法，联动“越秀先锋”移动工作台上线社区监控、视频巡逻、自动预警等服务，实现社区事务多角度监控检测、多方位立体感知。通过覆盖智能设备升级监测模式，筑牢智慧消防社区“防火墙”。在旧南海县社区高龄独居老人住所、沿街商铺等安全隐患较大的场所安装物联网智能烟感探测器近100个，当监测数据达到一定阈值后，区智慧社区IOC平台自动弹出警告信息，通过“越秀先锋”移动工作台向社区工作人员发

2023年，广州北京路智慧旅游项目入选全国第一批“5G+智慧旅游”应用试点项目。图为北京路智慧商圈运行平台

（核心区管委会供图 摄于2023年10月）

出预警。基于老龄化人口增长趋势，向社区高龄、独居或患有严重基础病的老人发放智能手环，提供防走失定位、跌倒监测报警、健康跟踪、紧急呼叫等智能感知、便捷医养服务，完善线上及线下服务渠道，贴合老年人使用习惯，满足多层次养老服务需求。是年，六榕街道旧南海县智慧社区建设获评广州市住房和城乡建设局“新城建”第一批优秀案例、入选广州市新型智慧城市“新城建”智慧社区十大标杆应用场景。

（胡君逸）

来穗人员服务管理

【概况】 2023年，越秀区推进新一轮来穗人员融合行动，优化来穗人员服务，加强出租屋安全管理。全区登记在册出租屋20.06万套，来穗人员26.66万人，出租屋治安案件数与上年相比基本持平，刑事案件数比上年下降61.2%。征收个人出租屋综合税2.94亿元，比上年增长12.6%。2103名来穗人员获积分制入户资格，976名来穗人员随迁子女通过积分制服务获越秀区义务教育公办学校学位。在全市各区首创出租屋信用承诺制，相关做法被评为2023年度广州市信用创新应用案例。

【来穗人员积分制服务】 2023年，越秀区聚焦来穗人员关注度高的入户、入学重要民生实事，发挥中心城区优势，整合优势资源，探索服务新模式，提升积分制政务服务能力。全年完成3618名来穗人员常态制积分业务审核，2103名来穗人员获入户资格，976名来穗人员随迁子女获越秀区义务教育公办学校学位。全区服务窗口前台受理电话咨询1.95万人次、现场咨询1.01万人次。

【来穗人员融合服务】 2023年，越秀区创新打造“五个一”（建立一个“山海心连之家”融合服务站、圆梦一批来穗人员微心愿、打造一个来穗人员融合学堂、成立一支来穗人员志愿者服务队、开展一次来穗人员融合服务月活动）“越融·合秀”融合服务示范品牌，承办广州市来穗人员融合服务高质量发展现场会。整合辖区内教育基地等场馆资源和社会组织力量，开展“越享秀旅”夏令营及系列“小候鸟”关爱活动170多场，提供红色研学、岭南文化、职业规划、科学探索等活动内容。围绕政策解读、安全知识宣传、职业规划、健康养生科普等内容举办融合大学堂110多场，帮助来穗人员学政策、懂法规。开展节假日特色关爱，走访慰问一线岗位来穗代表300多人。组织发动党员、志愿者、爱心企业认领来穗人员微心愿850个，举办“乐享越秀山，寻味广府年”“山海月圆，夜游珠江”等活动。

【出租屋信用承诺制推行】 2023年，越秀区以信用承诺为载体，在全市各区首创出租屋信用承诺制，相关做法被评为2023年度广州市信用创新应用案例。该做法以出租屋信用承诺书形式明确消防安全、燃气安全、租赁备案、依法纳税、社会治理等出租屋安全责任和管理义务，组织发动出租屋产权人、承租人与街道签署信用承诺书，并将承诺内容作为重要信用数据上传至公共信用平台，强化守信激励，促进出租屋各方主体履行责任义务，由“被动管”转变为“主动做”。年内，推动1.34万套出租屋相关主体签订信用承诺书，相关信息数据上传至“信用+”出租屋管理信用监测平台，由工作人员动态监测出租屋践诺守信和隐患排查情况，促进出租屋管理规范化、信息化、高效化。

（杨铖哲）

民族事务

【概况】 2023年，越秀区人口分属汉族、壮族、满族、回族、土家族、瑶族、苗族、蒙古族、侗族、朝鲜族、畲族、黎族、布依族、白族、彝族、维吾尔族、仫佬族、锡伯族、藏族、仡佬族、达斡尔族、傣族、京族、水族、纳西族、哈尼族、羌族、毛南族、土族、哈萨克族、俄罗斯族、佤族、傈僳族、拉祜族、鄂温克族、高山族、东乡族、

2023年7月20日，“悦享共融，乐聚越秀”越秀区来穗人员融合服务月暨候鸟儿童关爱活动在粤港澳大湾区（广东）人才港启动　（钟涌　摄）

柯尔克孜族、赫哲族、撒拉族、布朗族、乌孜别克族、景颇族、独龙族、阿昌族、塔塔尔族、保安族47个民族，其中少数民族户籍人口1.82万人。辖区内有回民小学、满族小学2所，其中满族小学是全国2所满族学校之一，回民小学是广东省唯一的回民子弟学校。辖区内有广州市满族历史研究会、广州市回族历史研究会、越秀区民族团结进步协会3个少数民族群众团体。完成光塔街道进步里民族工作功能场馆升级改造，设立东西部对口帮扶展示馆。指导区内各学校开展教育实践活动，培正小学、朝天小学等4所学校被评为第二批“广州市铸牢中华民族共同体意识教育实践基地”。开展民族团结进步宣传暨铸牢中华民族共同体意识进社区、进学校、进宗教活动场所系列主题活动12次。

【少数民族服务管理】 2023年，越秀区构建各民族相互嵌入式的社会结构和社区环境，加强2个重点街道“石榴籽工作室”、法律援助服务站等平台建设，将涉民族服务事项纳入街道家庭综合服务中心。健全涉少数民族工作纠纷联席会议工作机制，发挥民族代表人士纽带作用，完善流动少数民族人口服务管理体系，重点防范化解民族领域风险隐患，维护民族团结。

【铸牢中华民族共同体意识教育实践活动】 2023年，越秀区在光塔街道打造广州市越秀区铸牢中华民族共同体意识示范街区。结合辖区内教育资源丰富、历史文化厚重等特点，组织开展“铸牢中华民族共同体意识”教育实践活动13场次，朝天小学等4所学校被命名为“广州市铸牢中华民族共同体意识教育实践基地”。

【越秀区民族团结进步协会换届】 2023年5月27日，越秀区民族团结进步协会召开第八届第一次会员大会暨换届大会。选举产生会长、副会长10人，秘书长、副秘书长6人。会上，理事会审议决定聘请6人为第八届理事会名誉会长。

【民族团结进步宣传月活动】 2023年，越秀区组织开展民族团结进步宣传暨铸牢中华民族共同体意识进社区、进学校和进宗教活动场所系列主题活动。结合中秋节、国庆节，在光塔街道、登峰街道和越秀区回民小学、满族小学、旧部前小学、东山培正小学、朝天小学、区少年宫及大佛寺9个单位，组织举办联欢交流和慰问演出活动15场次，以文艺汇演、歌咏比赛、有奖猜谜、法律咨询、健康义诊、敬老慰问等形式，促进各族同胞交往交流交融，深化“五个认同”（对伟大祖国的认同、对中华民族的认同、对中华文化的认同、对中国共产党的认同、对中国特色社会主义的认同）意识。

（陈广才）

2023年9月23日，2023年越秀区“民族团结进步宣传月”暨铸牢中华民族共同体意识进校园主题活动在越秀区旧部前小学举行　（钟涌　摄）

宗教事务

【概况】 2023年，越秀区辖区内汇聚佛教、道教、伊斯兰教、天主教、基督教五大宗教，是广州市唯一五大宗教齐全的城区。越秀区辖区内有经各级政府批准登记开放的宗教活动场所（点）22个（佛教5个、道教3个、伊斯兰教4个、天主教2个、基督教8个），宗教活动场所数量位居全市各区之首。辖区内驻有全省性宗教团体6个、全市性宗教团体4个，宗教院校1所（广东佛学院，于2012年11月挂牌成立，总部设在广东省佛教协会，位于光孝寺内），2023年有常驻教职人员238人。开展宗教活动场所安全专项检查，举办2023年越秀区宗教活动场所安全生产和应急管理专题培训会。推进宗教工作法治化建设，开展宗教专项执法行动8次。

【宗教活动场所规范化建设】 2023年，越秀区推进宗教活动场所规范化建设，牵头举办2023年越秀区宗教活动场所安全生产和应急管理专题培训会，协调指导各宗教活动场所举行应急安全和消防演练21场次，参演人员1400多人次，提高宗教活动场所安全管理水平。

【宗教工作法治化建设】 2023年，越秀区组织举办宗教工作专题讲座1次，培训干部600多人次。举办2023年越秀区民族宗教系统依法行政工作培训讲座1期，培训干部70人次。依法受理寺观教堂主要教职人员任职和离任备案4宗，批准设立基督教杨箕村临时活动点，指导道教白云仙馆完善场所登记备案手续。加强宗教联合执法工作，开展专项执法行动8次，治理非法宗教活动点6个。全年受理“12345”热线涉宗教问题工单54件，接受电话咨询60多次。

【重大节日宗教活动场所应急安全和服务保障】 2023年，越秀区做好佛教和道教春节、伊斯兰教开斋节和古尔邦节、天主教和基督教圣诞节及平安夜等重大节假日期间宗教活动场所的应急管理和公共安全保障。全年保障辖区内重大宗教活动50多场次，投入各级保障力量1300多人次、保障车辆130多辆次，整治宗教活动场所及周边“六乱”（乱搭建、乱摆卖、乱停放、乱拉挂、乱堆挖、乱张贴等）问题180多宗，保障宗教活动平安有序。 （陈广才）

精神文明建设

【概况】 2023年，越秀区坚持物质文明和精神文明协调发展，培育和践行社会主义核心价值观，提升新时代文明实践中心建设水平，开展新时代文明实践活动60多场。深化全国文明城市创建，分类指导文明单位创建，推进文明家庭创建和家庭家教家风建设，加强文明校园创建和未成年人思想道德建设。开展模范好人选树，全年新上榜各级各类典型、模范20人。壮大志愿服务事业，培育新时代文明实践志愿者服务优胜项目6个。推进网络文明建设，培育向上向善、刚健朴实的文明新风。至年底，越秀区辖区内有全国文明单位4个、省级文明单位8个、市级文明单位85个，有全国文明校园3个、省级文明校园5个、市级文明校园11个。

【公民道德建设】 2023年，越秀区实施公民道德建设工程，弘扬中华传统美德，推动核心价值观融入法治建设、社会发展、日常生活。发挥先进典型的示范引领作用，推进文明单位、文明校园、文明家庭创建，开展道德模范、身边好人、学雷锋志愿服务等先进典型选树活动。全年新上榜各级各类典型模范20人。至年底，全区有“全国道德模范提名奖”3人、“中国好人”27人、“全国最美志愿者”5人、“全国新时代好少年”2人、“广东省道德模范’3人、“广东好人”61人、“广东新时代好少年”4人、“广东省最美志愿者”7人、“广州市道德模范”13人、“广州好人”187人、“广州新时代好少年”13人、“广州市最美志愿者”16人。开展“我们的价值观”“我们的节日”等文明风尚宣传活动30多场，健全诚信建设长效机制。

【文明实践】 2023年，越秀区开展新时代文明实践惠民暖心系列活动，在广州兰圃、人民公园、二沙岛等新时代文明实践阵地，开展古筝展演、汉服礼仪展示、非遗手工课堂等广府民间传统技艺主题活动以及“我们的节日·精神的家园”等新时代文明实践活动60多场。开展志愿服务关爱行动，培育“居家安全消防诊疗先锋行动1+3+N城中村治理体系建设”“咫尺青绿——绿色低碳志愿行动”等新时代文明实践志愿服务优胜项目6个。结合越秀区“法德童行”工作品牌开展新时代文明实践青少年网络安全素养提升活动，引导青少年安全上网、健康上网、科学上网。打造“越秀中医四季学堂”“越秀一年级新生入学开笔礼”“共享科考驿站”等新时代文明实践工作品牌，建强新时代文明实践区、街道、社区全覆盖体系。

【未成年人道德建设】 2023年，越秀区加强和改进未成年人思想道德建设，加强家庭家教家风建设，推进文明校园创建，深化爱国主义、集体主义、社会主义教育。将“越秀一年级新生入学开笔礼”活动打造为越秀区新时代文明实践未成年人思想道德建设工作的特色品牌，在番禺学宫（毛泽东同志主办农民运动讲习所旧址纪念馆）开设主会场活动，其余53所小学结合学校特色设立分会场，超10万名一年级入学新生参加。举办青少年朗诵大赛，超700件朗诵作品通过初选，线上浏览总量超140万人次，点赞量超118万人次。依托全省首个新时代文明实践未成年人法治宣传普及站，选派优秀法官、检察官担任学校法治副校长，开展“法德童行”普法活动131次，覆盖未成年人43万人次。至年底，全区有“全国新时代好少年”2人、“广东新时代好少年”4人、“广州新时代好少年”13人；有全国文明校园3个、广东省文明校园3个、广州市文明校园11个，有全国文明校园先进学校2所、广东省文明校园先进学校5所、广州市文明校园先进学校7所。年内在“羊城少年心向党”2023年广州童谣征集传唱活动中，获特等奖2名、一等奖1名、二等奖2名、三等奖6名，有优秀组织单位2个。

【新时代文明实践青少年网络安全素养提升活动】 2023年，越秀区开展“法德童行‘未’爱护航”青少年网络文明素养提升活动，聚焦推动网上及网下文明建设融合。联合区人民检察院推出“维护网络秩序，人人有责”网络安全法治课，围绕网络暴力和网络欺凌等重点以案说法，引导青少年认识网络信息传播中的不文明现象，自觉抵制网络暴力、网络谣言，对网络信息保持独立思考和求真精神，提升网络素养。邀请检察官和公安网警进校园开展网络安全访谈沙龙、网络安全法治课，引导青少年安全上网、健康上网、科学上网，争做网络文明建设的倡导者、拥护者和践行者。

【新时代文明实践志愿服务项目征集评选】 2023年，越秀区在全区开展新时代文明实践志愿服务项目征集，挖掘优质志愿服务项目，探索接地气、有活力、可持续的工作路径和模式，以基层的创造力激发文明实践的生命力。围绕项目目标明确、项目服务内容合理、项目管理规范、运营保障规范、社会影响程度等方面制定评审规则，评选出优胜项目6个，分别为居家消防安全诊疗先锋志愿行动、“广府童趣·幸福社区”北京街道儿童青少年社区文化参与项目、共享科考驿站、“爱的建筑师”寺右社区微更新实践项目、“咫尺青绿”——绿色低碳志愿行动、“暖心·追梦”——2023年青少年助学志愿行动。

2023年5月18日，越秀区新时代文明实践惠民暖心系列活动暨2023年中医四季学堂启动仪式在广州市工人文化宫举行。图为市民群众在学习熊氏少林大易筋经 （胡强明 摄）

【一年级新生入学传统美德教育】 2023年，越秀区聚焦中华传统美德教育，培育未成年人家国情怀，弘扬以爱国主义为核心的民族精神，开展一年级新生入学开笔礼活动。活动主会场和分会场分别设置在番禺学宫（毛泽东同志主办农民运动讲习所旧址纪念馆）和广州市工人文化宫，邀请百年名校越秀区朝天小学校长作“文化自信”主题授课，书法家协会志愿者现场教学写“人”字。带领一年级新生到广州市爱国主义教育基地——周恩来同志主持的中共两广区委军委旧址开展国防教育和爱国主义教育。通过举行游泮入学、整装习礼、孝亲敬师、点智破蒙、宣誓明志、击鼓奋进、学子首课、名师开笔、礼成颁证、放飞梦想10个仪式，激发一年级新生对开启学习生涯的兴趣，在新的学习旅程中传承红色基因，自觉践行社会主义核心价值观，扣好人生第一粒扣子。

【四季学堂品牌活动】 2023年，越秀区依托辖区内各级新时代文明实践阵地，结合春季养肝、夏季养生、秋季养肺、冬季补肾四季不同需求的养生理念，开展新时代文明实践惠民暖心系列活动，打造“越秀中医四季学堂”品牌，惠及群众3000人次。每季度举办活动1场，邀请中医院名专家开展科普宣讲、药膳食疗、现场义诊等，邀请广东省非物质文化遗产代表性项目（岭南飞针疗法）传承人、广州市级非物质文化遗产代表性项目熊氏易筋经传承人等介绍相关非物质文化遗产，并分别带领社区居民学习易筋经、八段锦等，凝聚文明实践向心力，激发文明实践新动能。

（张雯）

■编辑 何俊楠

应急管理

综述

【基层应急管理体系建设】 2023年，越秀区完善“三委两部”（区突发事件应急委员会、区安全生产委员会、区防灾减灾委员会、区防汛防旱防风指挥部、区防震抗震救灾指挥部）及其办公室工作协调机制，搭建集中化、扁平化应急指挥架构，统一领导全区自然灾害、事故灾难等突发事件应对工作。成立区三防应急救援指挥中心，增加人员编制，承担区三防指挥部预警预报、指挥调度、防汛值班等日常事务性工作和自然灾害突发事件的应急救援。明确应急处突任务分工，科学设置相关应急响应启动和结束条件。抽调人员组建战时应急指挥部，分设指挥组、信息保障组、外勤组、现场保障组，在台风、暴雨等极端天气影响期间，24小时轮岗值守区城市运行指挥中心，保障全区三防指挥系统高效运转。更新三防责任人名单，全区1763名三防责任人100%落实安装激活“应急一键通”，保证应急通信畅通。

【大型活动应急保障】 2023年，越秀区落实全国、全省、全市“一盘棋”应急响应要求，建立健全由应急、房屋管理、建设水务、卫生健康、城市管理、公安、规划自然资源管理等14个部门联合参与的区级城乡安全联勤保障机制，在“五一”、国庆等重大节假日，以及全国两会、广交会、迎春花市等重大特殊活动期间成立联勤指挥部，开展联勤值班值守，加强统一领导和指挥调度，实行“每日一调度、一研判、一复盘、一报告、一督办”工作机制，合力推动安全防范、应急保障措施落实到位，保证重大节日、大型活动期间城市安全运行。

【应急宣传培训】 2023年，越秀区加强与主流权威媒体协同发声，提升全区应急宣传效能、舆论引导水平以及公众防灾减灾意识能力。是年，“越秀应急管理”南方号发布推文1382篇，阅读量80.9万人次，获南方号年度排行榜“高质量传播奖”，影响力在广东省各县（市、区）应急管理南方号矩阵中位居第一；市级以上媒体对越秀区应急管理工作正面宣传报道98次；农林街道试点所有社区设置专职应急专职干部经验做法获国家级应急专刊专版推广；获《广东安全生产技术》杂志“金橄榄”用刊奖。开展“安全生产月”“全国防灾减灾日”等主题宣传活动，推进安全宣教“五进”（进企业、进农村、进社区、进学校、进家庭）工作。组建区应急管理系统普法讲师团，面向辖区内重点企事业单位开展安全知识、法律法规培训89场。采用举办“广州应急安全全民体验馆移动宣教车”应急公益宣教体验活动等形式，开展交通安全、电动车安全大整治、防灾减灾等“五进”宣传活动413场，参与数6.1万人次。制作派发“人人都是安全生产责任人”“安全隐患消除秘籍”“平安福”等主题宣传资料7.5万份。是年，大东街道启明社区、梅花村街道杨箕社区被评为市级安全宣传“五进”示范社区；辖区内中国大酒店、越秀区旧部前小学、南越王博物院（西汉南越国史研究中心）、毛泽东同志主办农民运动讲习所旧址纪念馆、广州市越秀公园、广州白马商业经营管理有限公司、广州粤海动漫星城有限公司7个单位获评市级安全生产工作先进单位；选送的作品在省、市应急管理优秀宣传作品征集展播活动中，获省级奖项3项、市级奖项9项；辖区内华润广东医药有限公司“仓储场所安全目视化建设标准构建”项目入选2023年“羊城工匠杯”广州市劳动和技能竞赛“十佳安全管理创新项目”并获三等奖，区安委办获优秀组织奖。开展越秀区“最美应急人”“最美应急集体”评选活动，10人被评为2023年度越秀区“最美应急人”，10个机关、企事业单位被评为2023年度越秀区“最美应急集体”。

（张书敏）

安全生产监督管理

【概况】 2023年，越秀区统筹发展与安全，强化安全监管效能，防范化解重大安全风险，为实现老城市新活力、“四个出新出彩”提供安全保障。全年全区发生一般生产安全事故8起，比上年下降20%；死亡5人，人数与上年持平；生产安全事故起数、死亡人数连续第五年呈下降趋势并在广州市各区保持低位，安全生产形势总体平稳向好。在2022年度广州市安全生产责任制和消防工作考评中获第一。

【安全生产责任落实】 2023年，越秀区安全生产委员会落实党政领导干部安全生产责任制，推动全区安全生产“五个责任”（地方党政领导责任、行业监管责任、属地管理责任、综合监管责任、企业主体责任）、“三个必须”（管行业必须管安全、管业务必须管安全、管生产经营必须管安全）落到实处。制定越秀区党政领导干部安全生产工作职责清单和2023年度安全生产重点工作清单，调整区安全生产委员会成员名单，签订安全生产责任书，将履行安全生产责任情况纳入领导班子和领导干部年度考核述职内容，综合运用督查考核、责任追究等措施加强安全生产工作。在广州市各区首批构建党委、人大、政府、政协、纪委等党政机构齐抓共管安全生产工作格局，区级领导全年带队351组次、带动全区各级领导干部检查各类场所3.9万个次，发现、整改隐患问题2.9万个。发挥越秀区安全生产委员会办公室（以下简称“越秀区安委办”，设在越秀区应急管理局）综合监督、指导协调、巡查考核作用，全年提请区委常委会、区政府常务会议研究安全生产议题29次，召开全区性防范重特大生产安全事故季度会、安全形势专题分析会16次，研判建筑施工、城镇燃气、道路交通等领域存在问题，推动安全防范措施落实。厘清餐饮行业安全监管职责分工，明确由区商务局、区市场监管局按照企业规模大小分别落实行业监管责任。组织行业主管部门对建筑、商贸、交通、批发市场等8个重点领域企业开展联合约谈和集体培训，压实企业安全生产主体责任。

【重点行业领域安全生产监管】 2023年，越秀区推进重点领域安全“大起底、大排查、大整治、大清零”工作。成立“1+5”工作专班（1个综合协调组、5个重点领域整治专班），每个专班由1名区领导牵头，并从全区各部门抽调100名精干力量组建20支突击队，作为专班基层排查整治力量，对电动自行车、“住改仓”、涉特殊关怀群体重点场所、房屋安全、出租屋5个重点领域开展专项整治，摸清底数、分级评估、销号管理。整治期间，排查整治风险隐患1.4万处，查处电动自行车交通违法行为3501宗，推进养老院、群租房等重点场所增设逃生窗（梯）628处，新增电动自行车充电点1303处，生产经营场所安装智能烟感报警器、悬挂式干粉灭火球等设备1195个，清理被占用逃生通道、公共区域4457处，为独居老人等特殊群体配备灭火器2126个。

【安全生产行政执法检查】 2023年，越秀区推行安全生产分类分级行政执法，聚焦重点区域、重点行业领域、重点企业和重点环节开展精准执法检查，保持“打非治违”（打击非法违法生产经营活动）高压态势。将烟花爆竹（批发）企业、危化品单位、上年度事故发生单位、教育培训机构、商贸等142家企业纳入2023年度安全生产监督检查重点单位名单，开展涉有限空间作业、烟花爆竹旺季安全、限额以下小型工程、工贸行业领域电气焊作业、劳动密集型工业企业安全出口、节后复工复产、全国两会特别防护期、“奋战四十天全年保平安”等安全生产专项执法行动。全区应急管理系统全年出动执法检查、巡查人员7.9万人次，查处和整改各类隐患1.5万处，实施行政处罚595次，处罚金额486万元。开展安全生产岗位“大练兵”和行政执法案卷交叉评查，推进全区应急管理执法工作标准化建设、促进安全生产执法质量提升。是年，越秀区在2023年度广州市应急管理系统行政执法案卷评查中获评“优秀”等次。

【智能科技赋能安全监管】 2023年，越秀区运用智能科技探索创新安全监管模式，将在建加装电梯工程、超500平方米公共建筑（商铺、办公楼等非住宅类）房屋装饰装修工程、拆除工程、房屋改扩建工程、脚手架超6米高的房屋外立面改造工程纳入24小时“互联网+”安全监管范围，推动102个限额以下小型建设工程开启可视化监管模式，确保苗头性问题早发现、早报告、早处置。

【企业全员安全生产责任制落实】 2023年，越秀区全国首创推行全面落实企业全员安全生产责任制。印发《越秀区全面落实企业全员安全生产责任制　推动高水平安全生产服务中心城区高质量发展实施方案》，明确14类重点行业职责分工，分级分类推行“一牌一图一表一清单”（安全生产责任人公示牌、全员安全生产责任制管理架构图、安全生产隐患治理排查闭环整治情况登记表、安全生产监督检查清单）工作机制。上门指导企业2.32万家次，帮助企业健全安全制度、完善岗位清单、精准排查隐患、落实挂牌公示，推动企业实现全员安全生产责任制“清单化”管理、“可视化”落实，提升辖区内企业本质安全水平，相关工作经验做法在广州市推广。印发《广州市越秀区危险化学品使用单位安全管理指南》，承办全市危险化学品使用单位安全管理现场会，经验做法获市通报表扬。组织越秀区地质勘探和工贸八大领域重点企业安全生产部门主要负责人集体述职，推进全区工贸企业安全生产分级管控和隐患排查治理双重预防机制试点工作。（张书敏）

【防溺水风险防范】 2023年，越秀区完善防溺水应急处突预案，压实各水域安全主体责任与巡查责任。每天出动约15人次对东濠涌、新河浦涌、景泰涌、沙河涌、水均岗涌和各水闸进行管理巡查，落实重点区域24小时不间断巡查、重要时段专人现场值守、防汛期间关闭亲水平台和播报广播警示等措施，劝止群众擅自进入水域等危险行为。全覆盖设置（张挂）临水安全防护设施、防护横幅、防溺水警示牌等，加强对河湖、公园水体等涉水隐患的摸排，开展水域、水利工程汛前专项排查，闭环整改问题隐患并形成台账，最大限度降低溺水风险。是年，越秀区设有水安全警示牌238块、临水救生设施82套、视频监控64套。依托东濠涌博物馆等载体开展暑期防溺水宣传活动，通过志愿服务、社区宣传、推送手机端信息、派发宣传单张等形式科普水域安全知识，引导群众文明亲水、安全亲水，提高自护自救能力。（陆诗茗）

【重大事故隐患专项排查整治2023行动】 2023年，越秀区印发《越秀区重大事故隐患专项排查整治2023行动总体方案》以及燃气、建筑施工、危险化学品等重点领域专项行动方案24份，成立专项行动工作专班，开展重大事故隐患专项排查整治2023行动。全年排查整治重大事故隐患322处，实施处罚629次，处罚金额662万元，曝光、约谈、联合惩治违规企业203家次，责令停产停业整顿企业34家，提请市、区政府对5个重大火灾隐患单位、2个火灾高风险区域、5个存在重大安全隐患单位实施挂牌整治并均整改完毕。（张书敏）

危险品安全监管

【概况】 2023年，越秀区围绕“防风险、除隐患、遏事故、保安全”主线，巩固危化品安全专项整治三年（2020—2023年）行动和安全风险集中治理成效，防范化解危险化学品领域重大安全风险。至年底，全区有危险化学品企业74家，其中加油站7家、纯经营性质企业67家，无危险化学品生产企业；重点危险化学品使用单位107个，涉及乙醇、盐酸、硫酸、甲苯、丙酮、硝酸等常见品种，主要用于科研实验、分析检测和教学演示；烟花爆竹批发企业2家，从事出口烟花爆竹业务，不在越秀区储存、销售。

【危险化学品安全监管】 2023年，越秀区修订《越秀区危险化学品事故应急预案》，指导、规范越秀区危险化学品事故应急救援。印发《越秀区危险化学品安全风险治理巩固提升行动方案》，以12条措施压实危险化学品储存、使用、经营、运输等环节安全监管责任。印发《广州市越秀区危险化学品使用单位安全管理指南》，从系统部署、靶向检查、安全宣教、体制机制4个维度深化危险化学品使用单位专项整治。召开越秀区危险化学品企业法规政策宣讲会，聚焦危险化学品许可经营相关法规政策核心要点，对许可范围、许可条件、许可材料、安全监管等方面进行详细解读，全区危险化学品企业100多名主要负责人参会。承办全市危险化学品使用单位安全管理现场会，越秀区的经验做法获市通报表扬。

【烟花爆竹安全监管】 2023年，越秀区应急、公安、市场监管、交通运输、生态环境部门和属地街道联合开展烟花爆竹打非行动、烟花爆竹旺季安全专项行动。全区出动检查执法组302组次7286人次，督导检查烟花爆竹批发企业、集贸市场、“三小”（小档口、小作坊、小娱乐场所）场所、出租屋、临街商铺3896家次，排查整治安全隐患1821处。在公共场所、公共区域宣传栏张贴标语及海报，到集贸市场、临街商铺、香烛冥镪店等场所开展宣传教育，派发宣传资料4000多份，普及烟花爆竹安全知识，劝导市民不经营、不储存、不燃放烟花爆竹，引导市民树立禁放烟花爆竹理念。（张书敏）

防灾减灾

【概况】 2023年，越秀区推进防灾减灾体系和能力现代化建设各项任务，完成气象灾害、地质灾害等调查，开展应急演练、桌面推演等599场次，区内在册地质灾害隐患点全部完成治理。是年，国务院副总理、应急管理部部长等领导到越秀区视察珠江流域防汛减灾、安全防范等工作，对越秀区防灾减灾工作落实情况表示肯定。

【自然灾害综合风险普查】 2023年，越秀区第一次全国自然灾害综合风险普查领导小组开展综合风险数据普查工作。完成气象灾害调查、水旱灾害调查、房屋建筑调查、交通设施调查、市政设施调查、地质灾害调查、应急管理系统调查（包括公共服务设施调查、危险化学品企业调查、综合减灾能力调查、历史灾害调查）等区级普查工作任务，并通过上级检查、抽查。首次明确全区较高隐患区域和较低减灾能力区域，更新完善全区自然灾害综合风险评估和区划数据，并审议通过3项成果报告。（张书敏）

【地质灾害防治】 2023年，越秀区规划和自然资源分局推进越秀区地质灾害隐患点整治，强化地质灾害隐患巡查排查，开展地质灾害隐患点、风险点巡查87车次、174人次。推动在册地质灾害隐患点治理，经广州市地质调查院验收后，核销洪桥街道辖区内环市路省军区第三干休所北侧边坡地质灾害隐患点。是年，越秀区在册地质灾害隐患点全部完成治理。（陈可莹）

【综合应急演练】 2023年，越秀区组织开展应急演练、桌面推演、情景模拟压力测试系列活动599场次，参演数超5万人次，实战检验区属各单位在自然灾害、事故灾难风险研判、应急响应防

2023年12月19日，越秀区2023年抗震救灾暨应急避护场所启用综合应急演练在广东实验中学越秀学校举行（区应急管理局供图）

御措施、突发事件应急处置等方面的机制、能力。12月，首次开展区级抗震救灾暨应急避护场所启用综合应急演练，全区16个防震救灾成员单位和广东实验中学越秀学校师生3000多人联合参演。

（张书敏）

防汛防台风抗旱

【概况】 2023年，越秀区汛期为3月27日至10月31日。是年，全区累计降雨量1782.7毫米，比上年（1932.2毫米）偏少7.7%。区三防指挥部启动三防应急响应44次，其中防暴雨内涝应急响应42次、防风应急响应2次。成功应对“龙舟水”、台风“泰利”“苏拉”“海葵”等灾害天气侵袭，没有发生因自然灾害造成的人员伤亡事故及重大财产损失。区应急管理局副局长李振球获评2023年度广东省三防工作先进个人。

【汛期防御】 2023年，越秀区全面落实以行政首长负责制为核心的三防责任制，全年召开各类三防会议40多次，研究部署端午节、中高考、国庆节等重要节点和“龙舟水”、台风等重点时段防御工作。区委、区政府、区人大、区政协四套班子领导分片挂点到街道、社区一线检查指导，各街道领导班子成员全部下沉到222个挂点社区一线，保证各项防汛措施落实到人、落到实处。区三防指挥部各成员单位、各应急救援队伍执行汛期领导带班、24小时值班制度。区三防办每日呼点检查，确保人员在岗在位。加强“三个联系”（区领导联系街道、街道领导联系社区、社区领导联系户）重点工作，印发《关于进一步健全完善台风、强降雨防御“三个联系”“四个一”工作机制的通知》，对居住在危房、边坡、地质灾害点、易涝点等危险区域周边人员开展全覆盖排查，明确社区对接联系人，落实灾前转移工作，保障人民群众生命安全。

【三防风险隐患管控】 2023年，越秀区组织更新汇编《广州市越秀区三防风险隐患基础台账》，对低洼易涝点、危房、易涝地下车库等118处三防重点部位实行风险隐患管控“一点一方案”，明确62处重点防护区域应急响应布防分工。对区内重点度汛项目，人工湖、河涌、站闸、泵站、排水管网、水浸隐患点、地质灾害点、公共绿化、危旧房、人防工程、地下车库等重点部位进行全覆盖排查。全年出动检查人员13.9万人次，巡查排水管网2472千米、清疏772.9千米，巡查易涝点47处、排水泵站19处、排水闸门16个，巡查大型户外广告招牌2.3万块次，清理沙井口47.7万个次，修剪市政乔木1.4万株，处理隐患行道树297株，巡检行道树2.4万株，整治隐患绿化问题333个。

【台风防御】 2023年，越秀区根据区情实际和以往经验，针对影响越秀区的台风“泰利”“苏拉”，根据预案落实“五停”（停课、停工、停产、停运、停业）指令和危险区域人员临灾转移，开展防风加固，实施湖涌预腾空，做好内涝防御，以及供水、供电、供气、通讯保障。受第4号台风“泰利”影响，2023年7月15日15时40分至7月18日1时40分，越秀区启动防风四级应急响应，响应期间全区平均雨量63.9毫米，北京街道录得全区最大累积雨量82.1毫米。7月17日19时35分至21时34分出现明显降雨，启动防暴雨三级响应，平均降雨量49毫米，北京街道录得全区最大降雨量51.7毫米，梅花村街道录得最大阵风8级（20.3米／秒）。受第9号台风“苏拉”影响，2023年8月30日18时35分越秀区启动防风四级应急响应，9月1日2时33分升级为三级，1日14时升级为二级，2日8时35分降至四级，2日11时03分结束应急响应。响应期间，全区出现小到中雨，平均降雨量53.7毫米，建设街道录得全区最大雨量63.8毫米，梅花村街道录得全区最大阵风7级（15.5米／秒）；珠江中大水文站1日13时15分录得最高水位2.1米，超警戒水位0.2米。（张书敏）

【防内涝应急保障】 2023年，越秀区健全“职能部门—抢险单位—属地街道”联防机制，执行汛期24小时领导在岗带班制度，建立主干道、桥隧等易涝区域行政、技术、巡查责任人“三本台账”，明晰内涝防御目标，压实各级责任。完善防暴雨内涝应急抢险预案，下沉一线巡检，动态掌握辖区内水情、雨情及水务设施运行情况，提高灾情信息处置效率。强化巡查排险力量，全面排查在建水务工程、地下排水管网、涵洞隧道等关键部位和重要环节安全隐患，加强易积水点和重点区域巡防与布防61处，加大排水管网清疏力度。做好行道树固稳工作，实现雨前排查、雨中巡查、雨后复查。强化气象变化趋势预判，把握珠江低潮位“黄金期”，腾空辖区内河湖库容，降低污水管网水位，减轻强降雨期间排水管网压力。整合广州市排水公司、越秀区建设水务局抢险资源，配备抢险车辆35辆、抽水泵95台、大型排水设备“龙吸水”3台、一批隔水沙袋等抢险物资，强化应急演练，提升应急处突能力。（陆诗茗）

【地铁防洪排涝应急联动机制】 2023年，越秀区加强与广州地铁集团交流联动，区三防办定期与广州地铁集团召开越秀区地铁安全风险防范交流研讨会，围绕健全沟通协调机制、提高地铁基础防护水平、拓宽信息共享渠道以及强化极端情况下应急处置能力等方面研究提出具体可行措施，共享辖区内三防物资、应急队伍等情况。更新越秀区地铁站点“五级责任人”台账，每个地铁站点确定责任人9人，包括街道责任人、地铁集团责任人、地铁运营负责人、地铁站点责任人等，负责地铁站防洪防涝日常工作。更新20个站点防洪防涝“一站一方案”，联合开展地铁站江水倒灌、列车停运等突发事件应急处置模拟演练，提升地铁安全运营水平。

【防汛抢险演练】 2023年5月，越秀区在二沙岛组织开展全区防汛防风应急演练暨三防技能大比武活动，模拟超强台风灾害侵袭导致沿江道路江水倒灌、多处路面严重积水情景，越秀区人民武装部、区应急管理局、区建设水务局、越秀供电局、广州地铁集团、广州市排水公司、市红十字会等16个单位以及越秀区辖区内18个街道约300人参加。开展构筑围井抽排水、设置“L”型挡水板、使用大排量防汛直排车作业、出动冲锋舟巡查、检查沿江电缆安全、组织消防救援、组织医疗救护力量等项目实操演练，积累实战经验，受到市三防指挥部通报表扬。是年，2次组织全区应对极端天气桌面推演，区分管领导、区三防指挥部成员单位、街道应急办约160人参加推演，以脚本推演和压力测试问题形式，检验各单位自然灾害风险研判、应急响应防御措施、突发事件应急处置等方面能力。根据桌面推演中各单位反馈情况，编制《越秀区应对极端天气问题汇编》，覆盖“灾前防御准备、灾中应急处置、灾后复工复产”3个阶段及多种情景下突发事件应对措施，供各成员单位内部培训使用，形成防汛合力。（张书敏）

2023年5月10日，2023年越秀区防汛防风应急演练暨三防技能大比武活动在二沙岛艺术公园举行（区应急管理局供图）

应急救援

【概况】 2023年，越秀区加强应急预案体系建设，组织222个社区修订“一页纸”应急预案。加强应急救援队伍建设，全区有三防抢险队伍27支约3400人、社会应急队伍18支约2500人。加强救援物资储备、采购，年度应急救灾物资价值120.9万元。全年处置短时积水及内涝抢险等突发事件324起。全区没有发生因自然灾害导致的人员伤亡事故及重大财产损失，实现三防、应急工作“零伤亡、少损失”目标。

【应急预案体系建设】 2023年，越秀区根据上级关于三防工作新要求，结合区级人防工作职能划转、设立区林业园林局、风险隐患变化等新情况，组织修订全区突发事件总体预案，以及三防、地质灾害等专项预案，更新印发区级地震、供水、火灾、危险化学品事故等应急预案，组织222个社区修订“一页纸”预案。印发《关于进一步加强突发事件信息报告和值班值守工作的通知》等文件，明确火灾、地陷、树木倒伏等15类突发事件处置流程。

【应急救援队伍体系打造】 2023年，越秀区摸查统计全区应急救援队伍数量，有专、兼职三防抢险队伍27支约3400人，以及平安广州志愿服务总队、市红十字会城市救援支援服务队等社会应急队伍18支约2500人，形成“以专业队伍为主、兼职队伍为辅、社会力量为补、专家决策建议”的应急救援队伍体系。全年协调调度抢险人员约3800人次，处置树木抢险、短时积水及内涝抢险、线缆抢险、地面破损及下陷抢险、市政设施抢险、房屋抢险以及火警、交通事故等突发事件324起，应对台风、“龙舟水”、暴雨等灾害天气的侵袭。（张书敏）

【救援物资储备】 2023年，越秀区印发《越秀区保障受灾群众基本生活联动工作机制》《越秀区区级应急救灾物资储备管理办法》《越秀区应急救灾物资仓库管理制度》等文件，推动区级救灾物资管理规范化、制度化。加强救灾仓库应急物资储备建设，制定“集中储存+分布储存+协议代储+紧急采购”储存和调用方案，扩充救灾物资储备，采购冲锋舟、橡皮艇等救援装备72台（艘），采购年度应急救灾物资合计价值120.9万元。向区相关单位调拨应急物资12批次，向各街道发放油锯、红外测距仪等应急防汛救灾物资2.7万件，实现全区222个社区防灾减灾能力“十个有”（有组织体系、有大喇叭、有警报器、有避难场所、有风险地图、有明白卡、有应急值守、有应急照明、有小册子、有宣传栏）全覆盖。预置20台800兆对讲机、30台400兆对讲机、18台卫星电话作为备用通信设备，确保各级应急抢险救援通信顺畅。与专业公司签订越秀区应急抢险服务及物资装备保障协议，确保发生险情能立即投入抢险救灾。（范苗、张书敏）

消防救援

【概况】 2023年，广州市越秀区消防救援大队（以下简称“越秀区消防救援大队”）围绕火灾防控、灭火救援的中心任务，完成各项工作任务，实现队伍内部和社会面火灾形势“双稳定”，消防执法营商环境评估位居广州市各区第一，连续第五年被广东省消防救援总队评为“基层建设先进大队”。是年，越秀区消防救援大队接警出动2369起，其中火灾警情460起，确认成灾34起，处置“2·16”越秀区德政中路文德8巷火灾、“6·18”越秀区横枝岗路43号城中村民房火灾等1200多次灭火救援，抢救被困人员247人，疏散被困人员155人，完成省、市机关重要会议、西湖花市活动等消防安保任务48次。

【消防救援队伍建设】 2023年，越秀区消防救援大队下辖消防救援站9个（国家消防救援站3个，政府专职消防救援站6个），增配城市主战车辆、抢险救援车辆、战勤保障车辆各1辆，至年底，有执勤车辆50辆，器材装备2.46万件（套）。每月开展业务会操、特殊装备训练日训练，确保发挥装备战时最大效能。立足“全灾种、大应急”形势任务需要，聘请专业师资团队组织开展体能基础训练及交通事故救援、高空绳索救援、山岳救援、水域救援等四大项专业技术训练；推进“一短三快”（接警时间短、响应出动快、途中行驶快、到场展开快）初战机制改革，升级改造大队指挥中心和队站作战通信室，完成电台转网升级频段划分，保障作战通信对讲系统稳定运行。针对医院、学校、老旧居民楼、大型综合体、高层公共建筑、地下建筑、专业批发市场等10个领域，开展拉动演练13次，对高层建筑单位“六熟悉”（熟悉高层建筑的基本情况，包括建筑结构、建筑材料、建筑高度、建筑面积等；熟悉建筑内的消防设施布局和消防器材配备情况；熟悉建筑的消防通道和逃生出口；熟悉建筑内的重点部位，如发电机房、配电室、厨房等；熟悉建筑的主要灾害事故的处置对策及基本程序；熟悉建筑内的消防组织及其灭火救援任务分工情况）100%，提升作战实战能力。

【消防安全责任落实】 2023年，越秀区消防救援大队结合越秀区城市消防安全风险评估工作，制定并印发《越秀区消防工作“十四五”规划》，锚定目标，明确主要任务，开展消防工程建设，推进消防治理体系和治理能力现代化。发挥消防安全委员会议事协调作用，加强综合统筹，定期组织40个成员单位会商消防工作、研判火灾形势、部署专项整治行动、联合督导检查等，推动18个街道落实消防安全委员会“双主任”（街道党工委书记和街道办事处主任）制度，强化基层末端消防监管。推动社会单位在“粤商通”平台线上签订消防安全承诺书，完成隐患自查自改自纠报备，压实社会单位消防安全主体责任。组织开展年度“消防安全工作先进单位和消防安全工作先进个人”表彰活动，推动消防公益事业发展，增强全民消防安全意识。

【消防安全服务保障】 2023年，越秀区消防救援大队推进消防行政许可（公众聚集场所投入使用、营业前消防安全检查）线上及线下办理，申请材料可“容缺受理”，优化便民利民消防服务。推行广东社会消防服务平台运用，企业可通过平台预约消防上门检查、业务指导隐患整改、消防安全培训演练等服务。结合消防安全宣传“五进”（进企业、进农村、进社区、进学校、进家庭）工作、全民消防安全素质“3+N”（一次宣传教育、一次实操实训、一次疏散演练+火灾隐患现场查、消防知识线上学、消防志愿大招募、消防宣传车参观、消防广播操大赛等）工程等，印发《广州市越秀区全民消防安全素质提升工程计划》，扩大宣传范围，营造全民参与消防宣传氛围。围绕“预防为主，生命至上”主题，在北京路人员密集路段举行“11·9”消防安全宣传月启动仪式，在人流量较大、餐饮场所相对集中的惠福东路设置文明路消防救援站志愿服务队，动员社会各界关心消防、参与消防。建立消防安全宣传共享资料库，开展消防宣传活动491场次，派发防火主题海报及宣传单10万张。

2023年10月31日，越秀区举办2023年“越秀工匠杯”微型消防站业务技能比武竞赛
（区消防救援大队供图）

【消防安全专项整治】 2023年，越秀区消防救援大队紧盯火灾防控薄弱领域，推进消防安全重大风险隐患大检查大整治、突出风险隐患专项治理行动，深入托育机构、“剧本杀”娱乐经营场所、商业综合体、养老机构等10类重点场所，以及电动自行车、城中村、自建房等6个重点领域，开展火灾隐患排查整治，落实防范措施，健全台账清单。紧盯高危领域，分析研判全区火灾形势，提请市、区两级政府挂牌督办火灾高风险区域、重大火灾隐患单位。是年，越秀区消防安全检查单位4.2万个，核查举报投诉案件1277件，发现整改隐患5400处，开展“双随机、一公开”方式监管1249次，办理消防行政处罚791件，罚款332.53万元，责令“三停”（停产停业、停止使用、停止施工）单位16个，临时查封单位3个，拘留18人。

【微型消防站建设】 2023年，越秀区安全生产委员会、消防安全委员会联合印发《广州市越秀区加强规范微型消防站建设工作方案》，落实财政专项经费，建强50个片区中心微型消防站，强化人员、装备、车辆建设，执行微型消防站值班备勤、消防车辆管理规定制度，发挥扑救初起火灾实用管用的效能。联合越秀区总工会举办2023年“越秀工匠杯”越秀区微型消防站业务技能比武竞赛，18个街道36支队伍参赛，以战促训，提高综合应急救援能力和业务技能水平。根据警情需要，调度微型消防站222个，拉动演练1052次，每季度对微型消防站的出动情况进行通报。

（王天生）

【“居家消防安全诊疗”志愿先锋行动项目】 2023年，越秀区继续推进“居家消防安全诊疗”志愿先锋行动项目，排查出租屋、困难家庭等328户，发现消防隐患1804处，排查整改隐患728处，整改户数135户。2016—2023年底，“居家消防安全诊疗”志愿先锋行动项目排查出租屋、困难家庭等1.69万户，发现消防隐患9.29万处，排查整改隐患3.01万处，整改户数6018户，开展相关宣传活动500多场，宣讲覆盖1.5万人次。该项目由共青团越秀区委员会指导社会组织自2016年起实施，组织电工及相关技能青年志愿者，与社区居民志愿者一道，上门为老旧住宅楼困难家庭进行消防安全隐患排查，出具诊疗结果通知书，提出整改意见，或现场直接整改。2020年，该项目形成系统化、规范化方案，由越秀区委组织部、区委宣传部、共青团越秀区委员会联合发文，在全区18个街道开展，建立完善常态化运行机制。该项目获《人民日报》、《南方日报》、《广州日报》、广州电视台等媒体报道近100篇，获全国优秀消防志愿服务项目等全国、省、市、区各类奖项7次。

（李少欢）

编辑 王海捷

街　道

洪桥街道

【概况】 洪桥街道位于越秀区中部偏西，东起东濠涌，南至东风路，西临解放北路，北靠环市路。面积1.58平方千米。设德源里、丹桂里、洪庆坊、三眼井、越秀山、北园、马庄巷、法政8个社区。2023年末，洪桥街道有户籍人口4.77万人、常住人口3.7万人。辖区内有越秀公园、镇海楼、五羊石雕、广州明城墙、四方炮台、中山纪念碑等名胜古迹；有广东省人民政府、中共广州市委、越秀山体育场、广州市第二中学、广东大厦等党政军机关和企事业单位。

2023年，洪桥街道三眼井社区老旧小区长效管养经验入选住房和城乡建设部城镇老旧小区改造可复制政策机制清单。洪桥街道长者助餐配餐设施及服务项目被纳入“十四五”国家重点研发计划“国际质量基础体系”社区适老工效学关键技术标准研究与应用示范工程。联合区科协主办的全国科普日活动被中国科协科普部评为“优秀全国科普日活动”。是年，洪桥街道获得省级表彰3项、市级表彰5项、区级表彰5项，在区以上会议做经验推广19次，获央媒推广22次。

【地域经济】 2023年，洪桥街道召开街道高质量发展论坛，向企业宣传服务政策和发展优势，落实以商招商策略，引入优质投资项目13个，被纳入市库招商项目6个，被纳入市库招商线索4条。新增税收亿元楼1栋，新增规模以上企业9家，新认定高新技术企业12家。深化“首席服务官”制度，区、街道领导常态化联系服务企业，全年走访企业205家次。开展安商暖企行动，协助8名高层次人才兑现政策奖励150万元，协助12家企业的18名骨干员工落户广州市以及员工子女读越秀区学校，办理落户、入学等事项53项。发挥辖区内省、市、区三级人才服务平台优势，引导壬丰大厦等楼宇引进人力资源专业服务业，打造高品质创客空间、人才公寓，优化人才配套服务。推荐重点企业高管1人获评“广州市高端产业人才”，5人获评越秀区“杰出产业人才”，2人获评越秀区“产业发展创新人才”。完成第五次全国经济普查（以下简称“五经普”）单位清查阶段任务，核查单位2418家、个体工商户1222家。

【社区管理】 2023年，洪桥街道加强社区管理，推进城市管理、综合治理、应急管理、综合保障等工作。

城市管理 2023年，洪桥街道将城市管理提升工作列入“书记项目”，建立7×24小时响应的城市管理和应急处置机制。推进小北片区环境品质提升项目，提前完成三友里小区周边建设和泰来路小区等改造任务，获广东省机关事务管理局、广州市委办公厅书面致谢信。全年旧楼新加装电梯18台。建立机动队伍开展夜间巡扫和应急处置。通过“城管+执法+社区”三方联动开展小额工程，实施“巡查发现、备案管理、安全监督”一体化闭环管理机制。背街小巷环境整治提升、干净整洁平安有序城市环境2023年度考评成绩均居全区各街道前三。全年作出行政处罚103宗，罚没7.4万元。拆除违章建筑3060平方米，全年没有新增违建。开展居民生活垃圾分类提升行动，举办宣传活动228场，升级改造垃圾桶点6个，在生活垃圾分类处理年度考核中获评“优”。聘请社区规划师、“规家人”团队和社区艺术顾问，开展“小项目大师作”，建成一批“小而美”精品小景，容貌品质社区覆盖率50%。落实河长制、湖长制、林长制，推进辖区内河涌水段和小微水体治理，落实巡湖任务，完成污染源防控工作，整改涉水隐患问题16个。完成43个排水单元雨污分流改造，其中41个完成达标认定，达标面积0.79平方千米，没有黑臭水体，水质主要指标达到Ⅲ类标准。建立“树卫士”巡查队伍，通过“一树一策”加强22株古树名木保护。落实历史文化名城保护工作，加强路面巡查，新增绿化空间约3000平方米。

综合治理 2023年，洪桥街道刑事治安发案比上年下降11%。建成1个“一厅五室”（“一厅”指群众接待厅，“五室”指矛盾纠纷调处室、视频监控研判室、网格管理工作室、“粤心安”心理服务室、入驻人员办公室）综治中心、83个最小应急单元，形成

"1234"综治工作新格局，即"一个综治中心统筹部署，线上及线下两个平台同步发力，司法、行政、社会三方力量联动，运用研判、调处、联动、执法四种手段"，被国家信访局列入新时代"枫桥经验"典型案例并获推广，获省级、市级主流媒体报道4次。建立健全重点事和广州"12345"政务服务便民热线（以下简称"12345"热线）投诉清单台账，建立"矛盾纠纷挂号预约调处机制"，推动矛盾纠纷实现前置化解。全年调处矛盾纠纷707件。处理信访案件64件，比上年下降11.1%，连续第三年实现递减。靠前化解劳资纠纷，追讨薪资144万元，保障农民工工资支付工作考核获评"A级"。推进禁毒示范社区创建，4个社区创建为无毒社区。

应急管理　2023年，洪桥街道开展常态化执法监督，提高消防安全保障水平。建立"三级"（以街道为大网格、社区为中网格、各企业单位为小网格的安全生产管理）网格化管理督导机制，编制安全隐患"一口清"云端台账，落实每周更新、全街道共享的管理机制，强化安全责任意识。全年组织从业人员参加安全培训1600多人次，检查场所2823个次，整改安全隐患506处，开展应急演练35次。全年安全执法立案处罚案件23件，比上年增长156%，罚没11.68万元。在8个社区建成微型消防站11个，连续第二年获区微型消防站比武竞赛团体总分第二名。

综合保障　2023年，洪桥街道聚焦管道燃气、房屋安全、"人屋"综合治理等方面，推动整治一批典型难题。推动肇庆大厦燃气用户供气管道化改造工作，消除困扰群众20多年的燃气安全隐患，获肇庆市政府驻广州办事处锦旗和感谢信。实施微改造，消除光孚路3号、5号居民小区危旧基础设施隐患，完成应元宫道2号危房修缮。开展出租屋清查整治行动100多次，检查出租屋9600多套次，对辖区内39个集体宿舍落实每周巡查，整治"三合一"（住宿与储存、经营合用）场所和室内违规用电。加强出租屋综合管理，落实房屋租赁备案制度，全年代征出租屋综合税480万元，比上年增长19%。

【社区服务】　2023年，洪桥街道加强社区服务，做好民政服务、生育服务、综合便民服务等工作。

民政服务　2023年，洪桥街道建立"医养融合、养学结合"一站式养老服务网络，有社区颐康站4个，打造15分钟居家养老服务圈。成立全市首个街道一级长者饭堂爱心联盟，揭牌全市首个"康养粤菜"进社区推广示范基地，日均就餐人数从年初的80人次增长至300人次，接待调研12次，被中央广播电视总台、《人民日报》等各级媒体报道48次，三眼井社区长者助餐配餐设施及服务项目被纳入"十四五"国家重点研发计划课题组示范工程，三眼井社区长者饭堂被定为全省长者饭堂建设推进会现场考察点。开展科普夏令营、守护心灵等未成年人保护活动85场，未成年保护示范建设取得成效，获市政府督查激励。入选第二批省级儿童友好示范街（镇）创建单位，申报向日葵亲子小屋项目，成立全区首个街道一级"护苗联盟"。提升潮玩民俗文化节、青少年议事厅、"法德童行"特色品牌，与越秀区大湾区办合作，每周开展粤港澳大湾区特殊儿童艺术疗愈公益项目。做好在册54户66人低保困难家庭、2户4人低收家庭、37名特困人员的保障兜底。办理公租房新申请46户，完成申请43户，参加选房74户。受理新办老人卡业务627件、补办326件、升级536件、续期502件。

生育服务　2023年，洪桥街道新增办理独生子女父母奖励430人，在发8315人。提升"公卫委在我们身边"品牌，吸纳广州医科大学附属第一医院、广州市第一人民医院等单位为公共卫生委员会成员，全年开展健康讲座10场、义诊15场。洪桥街道计划生育协会入选广州市新时代婚育文化项目试点单位。

综合便民服务　2023年，洪桥街道以让群众和企业"零跑腿""最多跑一次"为目标，推广"越秀人家"微信小程序、"艾小越"政务私聊机器等网上服务平台，设置社区便民服务一体机终端，多渠道解决企业群众办证办事诉求，为居民群众提供税务、社保、交通、卫生、公安、民政等方面的热点业务查询、服务办理3000多次，推动"一站式"服务向"指尖"服务转变。"越秀人家"微信小程序具有家政服务、党群活动室、居家养老服务、长者饭堂、加装电梯智囊团、就业帮扶服务、微心愿等服务模块功能。全年街道登记失业人员811人，实现城镇新增就业512人，就业困难人员再就业159人，创建"充分就业社区"6个，实现"零就业家庭"动态清零，无特困失业人员。新增安排残疾人就业6人，促进辖区内退役军人就业19人，为自谋职业随军家属办理基本生活补贴和社会保险补贴申领及验证。全年组织技能培训530人次，组织线上及线下招聘会8场次，辖区146家企业参与，提供就业岗位3100多个，实现再就业512人。

【党建和精神文明建设】　2023年，洪桥街道落实"第一议题"学习制度，理论学习中心组开展集中学习研讨13场次，街道领导班子成员带头讲专题党课16次，开展专题调研11项，完成调研成果转化50项，领学带学督学58人次，带动街道各级党组织开展理论宣讲203场次、专题学习453场次。办好群众身边小事33件，推动1个高质量发展项目和3个为民办实事项目落地。三眼井社区党校作为广州市唯一基层现场教学点通过省委党校质量评估。完善基层党组织架构，组织党员包联到户，健全党员联系服务群众长效机制，全年完成民生微项目30个，认领微心愿809个，开展"每月一主题"志愿服务100多场，为民办实事328件。组建共同缔造委员会，开展建言献策活动16场，解决群众急难愁盼问题80个。开展“我们的节日”主题活动32场，举办“书香阅读”等文体活动30多场，打造“诗意洪桥”品牌。创建党建引领基层治理标杆社区，三眼井社区获评广东省最美志愿服务社区、广州市最美慈善社区，全年获媒体报道161篇。

【小北片区环境品质提升】 2023年，洪桥街道推进“小北片区环境品质提升”项目，编制《洪桥街“1+4”三年全域环境品质提升计划》，形成1个总实施方案、4个实施专章的总体规划架构，统筹推进各片区城市环境更新进度。向机关团体单位、居民群众征集意见、建议、需求，将“要我改”转变为“我要改”，推动片区治理连线成片、整体提升。打造“小北花圈文化客厅”项目，引入时尚产业商家7个。升级越秀宾馆为高端五星级商务酒店，改造提升越秀公园东门景观，北园酒家重新修缮开放“绮秀楼”，新增经营面积600平方米，形成街区经济新增长点。全年投入1386万元，完成三友里小区周边建设和光孚路小区等区域环境品质提升，改造沥青道路3041平方米、社区绿化空间2715平方米、雨污分流排水管网324米，加固挡土墙473平方米。旧楼加装电梯取得成效，全年旧楼新加装电梯18台，旧楼加装电梯历年累计数增至137台。

【三眼井社区长者饭堂】 2023年，洪桥街道建设升级三眼井社区长者饭堂，优化服务供给，日均就餐人数从年初80人次增至300人次。打造全市首个街道长者饭堂爱心联盟，链接并整合多方资源，探索聚焦多个“养老+”新模式，促进洪桥街道长者饭堂服务更优、参与更多元、特色更鲜明、长者更喜爱。揭牌全市首个“康养粤菜”进社区示范基地，强化社会力量帮扶，与广州轻工技师学院粤菜师傅联合开发康养粤菜100道，满足长者多样化的餐饮需求。为患有高血压、糖尿病、痛风等长者定制个性化餐单，倡导食药一体、健康饮食。改造升级明厨亮灶，实现制餐过程全程透明，让长者安心用餐。在长者饭堂现场设置意见簿，收集反馈意见以提升服务。三眼井社区长者饭堂作为广州市大城市养老改革创新案例参加广东省“百县千镇万村高质量发展工程”（以下简称“百千万工程”）考核评价，被纳入“十四五”国家重点研发计划课题组示范工程，作为全省长者饭堂建设推进会现场考察点，向全省同行做经验分享。全年接待各级调研12次，获各级媒体报道48次，其中中央广播电视总台、《人民日报》等央媒专题报道12次。

【基层治理工作体系】 2023年，洪桥街道发展新时代“枫桥经验”，建立“1234工作体系”（“1”指1个街道综治中心，“2”指线下、线下2个平台，“3”指行政机关、司法机关、社会力量3种力量，“4”指会同研判、高效联动、综合调研、严格执法4种手段）特色治理模式，实现小事不出社区，大事不出街道，矛盾不上交，被国家信访局列入新时代“枫桥经验”典型案例。畅通问题反映渠道，群众可通过“立马报”“广州街坊”等线上小程序或就近到社区调解问题专窗反馈问题。安排律师顾问、心理咨询师在街道综治中心驻点，建立“矛盾纠纷挂号预约调处机制”，实现对基层治理问题的统一研判、统一处置。凝聚行政机关、司法机关、社会力量3种力量，综合运用会商研判、高效联动、综合调解、严格执法4种手段开展综合治理，调处居民群众反馈问题。全年调处矛盾纠纷707件。处理信访案件64件，比上年下降11.1%，信访案件连续三年（2021—2023年）实现递减。靠前化解劳资纠纷，全年纠纷总数、全国欠薪平台线索数均为全区各街道最少。

【洪桥街道“潮玩”民俗文化活动】 2023年，洪桥街道举办“潮玩”传统佳节民俗文化系列活动6场，包括潮玩三月三上巳节、五月五端午节、六一花灯、七月七七夕节、八月十五中秋节、九月九重阳节。该系列活动以游园会等形式，将各佳节特色传统民俗元素融入公共卫生、预防诈骗、养老服务、婚育新风、家政服务、慈善活动、垃圾分类等公

2023年7月26日，越秀区长者饭堂体验活动暨洪桥街道长者饭堂爱心联盟启动仪式举行。图为长者在试餐 （钟涌 摄）

益宣传活动中。群众在活动现场可参加包粽子、制香囊等实践项目和投壶游戏、答题闯关等趣味互动，在活动中了解相关福利政策、生活常识和健康知识，弘扬中华优秀传统文化。（罗惠敏）

北京街道

【概况】 北京街道位于越秀区中南部，东以德政路、府学西街为界，与大塘街道相接；南起高第街，与人民街道接壤；西到解放北路、广州起义路，与六榕街道、光塔街道为邻；北至应元路、东风中路，与洪桥街道相连。面积1.27平方千米。设盐运西、龙藏、仙湖、流水井、高第、禺山、都府、财厅前、雅荷塘、仁生里、长胜里、广卫、莲花井13个社区。2023年末，北京街道有户籍人口6.35万人、常住人口3.69万人。辖区内有南越国宫署遗址、南越国木构水闸遗址、药洲遗址、北京路古道遗址、大佛寺、庐江书院、中山纪念堂、“三·二九”起义指挥部旧址、城隍庙、杨匏安故居等各级文物保护单位39个；有“全国示范步行街”北京路步行街；有商务楼宇32栋；有广东省民政厅、广东省财政厅、广东省人力资源和社会保障厅、广州市人大常委会、广州市人民政府、广州市教育局、广州市民政局、广州市应急管理局、广州市国土规划和自然资源局、广州市人力资源和社会保障局、广州市司法局、广州市越秀区委、区政府等党政机关单位。

2023年，北京街道都府社区获评2023年度全国示范性老年友好型社区。北京街道获评2023年度广东省“南粤家政”基层服务站“A级”站点、广东省信访工作示范乡镇（街道）、广州市第二批法治镇街、2023年广州市科普工作优秀单位、优秀贡献爱心单位。北京街道都府片区人大代表联络站获评全市首批十大优秀人大代表联络站。北京街道社工站获评优质服务空间、社区志愿服务站点榜样、广州慈善项目榜样。

【地域经济】 2023年，北京街道走访企业295家次，为企业解决问题148个。做好企业政策服务，协助重点企业申报入户、优质学位、高质量发展专项资金，发动10家企业申报2023年度广州市总部企业，协助21家企业申报2023年高新技术企业。加大招商引资力度，新增落户企业22家，6个项目被纳入市库，新增“四上”（规模以上工业、规模以上服务业、限额以上批发零售业和住宿餐饮业、有资质的建筑业和全部房地产开发经营业）企业38家。帮助空置率较高的老旧楼宇升级改造，吸引更多优秀企业入驻。结合北京路步行街的品牌优势，开展促消费系列活动，拓展对口合作平台，助推福建省龙岩市连城县、贵州省安顺市、广东省湛江市等地农特产品在北京路销售。

【社区管理】 2023年，北京街道加强社区管理，推进城市管理、综合治理、应急管理、综合保障工作。

城市管理 2023年，北京街道轨道交通十三号线二期工程仓边路站征收项目私房签约部分完成，推进北京路步行街改造提升二期工程涉及的昌兴街、高第街、金鸿顺等项目。综合执法立案95件，其中包括消防类案件37件。拆除违章建筑43宗，面积8103平方米。压实三级林长责任，启用广州市智慧林长管理平台，巡林5643次。推进在全街道13个社区中心城区品质化提升项目。推动环卫作业中心建设和“公交式收运”“滴滴收运”等改革措施。厨余垃圾量居全区各街道前列，玻璃回收量居全区各街道首位，并设置全市唯一的小型医疗垃圾回收点，覆盖相邻5个街道36个小型非公医疗单位。全年认定非财政类排水单元4个，面积2.9万平方米。

综合治理 2023年，北京街道信访矛盾化解率比上年提升超50%，开展“枫桥式”街道综治中心提档升级先行试点建设，北京街道综治中心获评广州市一级综治中心。开展夏季治安打击整治行动，案件类警情比上年下降33%，抓获嫌疑人总数比上年增长120%，呈现出警情发案下降、破案打击上升的态势。

应急管理 2023年，北京街道落实党政领导干部安全生产责任制，定期汇总辖区内安全事故，分析研判街道辖区内重点风险点，制定突发事件应急预案。针对高第街“住改仓”等重点场所和区域开展专项安全巡查，全年巡查场所2848个次，开具市巡查系统整改告知书1097份。

综合保障 2023年，北京街道做好积分制、积分入学和积分入户网上申请初审工作。依托广州市来穗人员服务管理信息系统做好日常摸排，新增登记来穗人员4042人，新登记出租屋319套，排查出租屋1.37万套次。巡查群租房、集体宿舍、时租日租房等重点场所，建立安全隐患台账并在广州市来穗人员服务管理信息系统进行标记。发现告知安全隐患629处。代征个人出租屋综合税3679.92万元，数额位居全区各街道第一。

【社区服务】 2023年，北京街道加强社区服务，做好民政服务、生育服务、综合便民服务等工作。

民政服务 2023年，北京街道加强“家—校—医—社”联动，联合辖区内医院开展健康教育进校园活动，开展宣传活动6场次。开展老年人免费体检下社区专场12次，北京街道公共卫生委员会获评区优秀公共卫生委员会。夯实社区养老服务软硬件基础，构建15分钟养老服务圈。都府社区获评全国示范性老年友好型社区。全年为73名特殊困难长者开展上门服务2639人次，为567名长者助餐配餐3万人次，送餐4149人次，北京街道综合养老服务中心（颐康中心）获评广州市四星级养老服务中心（机构）。

生育服务 2023年，北京街道开展免费孕前优生健康检查服务420人，入户产后访视服务74人，办理生育登记备案申请744宗。开展健康管理和宣传服务活动27场次，服务群众6766人次。向160户家庭赠送优生优育保险，向10户家庭赠送独生子女综合保险。发动基层计划生育协会会员，向社区辖区内机关团体单位、医疗机构、托育机构、月子中心、学校、酒店等场所派发宣传资料近2700份。落实计生家庭奖励及生育关怀政策，受理独生子女父母奖励金申请1145人，服务群众1.3万人。开展“阳光学子”助学申请等帮扶慰问活动，为4户贫困独生子女家庭送去扶助金。开展“幸福工程——救助贫困母亲”募捐活动，向辖区内132个机关团体单位发出倡议，筹集幸福工程捐款27.3万元。

综合便民服务 2023年，北京街道提升党群服务中心全国文明实践巾帼阳光站品牌，便民中心政务综合服务全年接待群众咨询4.84万人次，为群众办理事项1.7万项，办结率100%。建成广州市首家青年主题就业驿站——北京街道就业驿站。举办越秀区历史上首场招聘夜市，举办线上及线下招聘活动11场，提供就业创业咨询服务2263人次，推荐就业岗位1727个，吸引1000多名求职者参加。全年实现失业人员再就业955人次。全年办理吸纳就业困难人员社会保险补贴900万元、灵活就业社会保险补贴523万元，办理创业补贴90多万元。

【党建和精神文明建设】 2023年，北京街道举办读书班集中学习5次，完成调研75批次，推动成果转化27项，推动北京路南段建成北京路步行街“百千万工程·惠农集市”。推动示范社区创建，启动北京路“商社融合”志愿商圈活动，为党群服务阵地配备自助体外除颤仪18台。举办北京街道足球友谊赛、篮球友谊赛青年夜校等群众活动。全年实施社区微项目11个，完成群众微心愿564个。

【“护航巾帼，为汝而来”免费乳腺癌筛查活动】 2023年9月19—20日，越秀区妇幼保健院与中山大学孙逸仙纪念医院在北京街道支持下联合举办“护航巾帼，为汝而来”越秀区关爱女职工乳腺健康免费乳腺癌筛查活动，现场举办健康科普咨询，派发宣传折页，并为近80名女性职工免费提供乳腺钼靶检查。

2023年7月21日，北京街道在北京路步行街举办越秀区首场招聘夜市
（北京街道供图）

【广州市首个社会救助综合服务体系建成】 2023年，北京街道创新社会救助体制机制，建成全市首个社会救助综合服务体系，即构建以1个综合救助中心和13个社区救助点为基础，N个社工站、养老服务中心、社卫中心等公共服务场所的“1+13+N”综合救助服务网络，形成15分钟救助帮扶服务圈，群众在家里利用“穗好办”App就能完成救助申请。形成20项惠民服务清单，在助老、助幼、助残、扶困方面为困难群众提供救助。发动社会力量参与社会救助，对接困难群众需求，统筹救助资源，为困难群众建立“一人一档”。依托社区慈善基金和北京路商圈资源创建“乐善北京街”特色品牌，搭建筹款、帮扶、展示与志愿参与的社区公益慈善平台，全年筹集善款超15万元，帮扶困难群众302人次。（梁嘉碧）

六榕街道

【概况】 六榕街道位于越秀区中西部，东起解放北路，西达荔湾路，南至中山六路、净慧路、西华路，北抵流花路。面积2.04平方千米。设旧南海县、文园巷、稻谷仓、兴隆东、盘福、兰湖里、双井、象岗山、彭家巷、流花湖、第一津、凉亭坊、司马坊、迎寿里、嘉和苑、驷马涌16个社区。2023年末，六榕街道有户籍人口8.21万人、常住人口6.9万人。辖区内有南越文王墓、光孝寺、六榕寺、三元宫、越王井等名胜古迹；有广东省科学技术厅、广东广播电视台、广东省科学技术协会、广东省丝绸纺织集团、广东南方新媒体有限公司、广东迎宾馆、广州市商务局、广州市总工会、共青团广州市委、广州医科大学、广州市第一人民医院、广州市少年宫、国家税务总局广州市越秀区税务局等机关团体单位以及广州市知用学校、广东实验中学越秀学校、广州市越

秀区东风西路小学等学校。

2023年，六榕街道旧南海县社区被推选为广东省“最美志愿服务社区”、广州市“最美志愿服务社区”、广州市安全宣传“五进”示范试点社区和广东省“青少年零犯罪零受害社区”第三期示范单位。

【地域经济】 2023年，六榕街道走访对接优质资源，吸引优秀企业项目，引入疆越（广东）能源发展有限责任公司等企业落户。开展六榕街道高质量发展座谈会，定期召开联席会议，与“两代表一委员”建立常态沟通机制，全年走访企业100多家，为辖区内重点企业申请东风东路小学、文德路小学、广州市第七中学等优质学位8个。协助企业申报高新企业、科技型中小企业，上报入库高新企业6家、科技型中小企业16家。全年办理广州市促进商务高质量发展专项资金零售与消费促进专题（2021年和2022年新增限额以上企业奖励）12家。协助开展2023年度越秀区杰出产业人才体检8人次。为15家企业办理2023年总量控制类人才引进入户32人。

【社区管理】 2023年，六榕街道加强社区管理，推进城市管理、综合治理、应急管理、综合保障工作。

城市管理 2023年，六榕街道建立垃圾投放点和机关团体单位、经营区域及公共场所三类单位巡查制度，签订废弃油脂回收协议101份。推动辖区内5个垃圾分类投放点完成厢房式升级改造。发动志愿者近700人次参与“21天培育分类习惯养成”桶边宣讲，覆盖1万多人次。举办垃圾分类宣传活动24场，6700多名居民参加。每周开展“门前三包”（包卫生、包绿化、包秩序）专项整治行动，出动3500多人次，签订责任告知书426份，整治“六乱”（乱搭建、乱摆卖、乱停放、乱拉挂、乱堆挖、乱张贴等）4800宗。制定医国街专项整治行动方案，改善环境脏污、占道经营等问题。整改城建城管巡查督导问题2532个，完成市督办的解放北路980号招牌安全隐患整治工程。开展环境卫生大清洗348次，清理重点公共区域876处，整治占道经营786宗、流动摊贩256宗，清理乱堆放588宗、积存垃圾1286吨、卫生死角982处，出动环卫车辆1388辆次。与流花湖公园管理处共同构建黑臭水体网格化管理体系，将日常巡查与“洗河”相结合治理，改善流花湖水体。排查生产经营场所400个次，排查出“散乱污”场所8个，全部关停或转营，整治率100%。开展排水单元达标创建，创建达标面积累计8.31万平方米。街道林长巡林266人次，社区林长巡林2200多人次。推动加装电梯工作，做好限额以下小型工程备案，取得规划许可电梯加装工程24宗；备案限额以下小型工程61宗，在建39宗，既有住宅增设电梯14宗。开展联合食品卫生检查1080次，检查食品相关店铺3240家次。制定《广州市越秀区六榕街“低碳街道”创建方案》，通过推动公共机构光伏发电建设应用、强化各类单位低碳管理等，推进低碳、绿色、生态建设。

综合治理 2023年，六榕街道以信访“家文化”为引领，通过信访工作进家门、知家情、办家事、解家忧，梳理形成调研报告35篇。全年受理信访事项551项，办结案546件，办结率99.1%；完成诉前联调案件700件，调解率与成功率均为100%；处置劳资纠纷337件，涉及485人，追回工资266万元。六榕街道综治中心作为广州市委政法委试点单位，2023年5月建成投入使用，至年底处理信访事项323项。

应急管理 2023年，六榕街道加强交通巡查、劝导、宣传，在重点路口、路段加强交通劝导力量，出动劝导人员3984人次，现场纠正没有佩戴头盔、逆行、闯红灯等违规电动车驾驶人员5988人次。组织开展安全生产专项整治、安全防范宣传、消防安全大检查、三防隐患排查、联合防洪应急处置演练，出动6000多人次，排查隐患1366处，派发宣传海报及宣传单张1.5万份。推进电动自行车充电设施安装，建成充电桩、充电柜25处，充电接口2241个。建成南片、西片中心微型消防站2个，与北片解放北消防救援站共同辐射整个街道，缩短消防救援时间，夯实街道消防实力。全年街道没有发生重大安全生产、消防安全事故。全年街道“12345”热线受理工单7582件，比上年下降9.4%，全部按时答复，满意率72.6%。

综合保障 2023年，六榕街道有出租屋9943套，来穗人员1.13万人。全年办理租赁备案2300宗、居住证业务2676件；办理积分制积分申请初审预审210宗，积分入学审核79人，20人通过积分申请入户。代征个人出租屋综合税1498.7万元。全年慰问来穗人员35人，派发慰问品35份。为辖区来穗务工人员举办职业指导融合课堂，服务来穗人员21人。举办就业招聘会3场，提供就业岗位1000多个，帮助120多名来穗人员解决就业、创业问题。

【社区服务】 2023年，六榕街道加强社区服务，做好民政服务、生育服务、综合便民服务等工作。

民政服务 2023年，六榕街道推进居家养老、配餐等工作。辖区内4家长者饭堂全年服务就餐1388人、5.86万人次，分别比上年增长73%、134%。开展65岁以上长者免费体检活动30场，为行动不便老年人上门免费体检196人次。开展困境儿童、孤儿、事实无人抚养儿童入户巡查360户次，为新增事实无人抚养儿童、困境儿童建立“一人一档”工作台账。发放微心愿助学包73份，发放“爱心接力，志暖耆童”爱心代餐券30张。全年发放救助金约878万元，帮助特困人员、低保户和重度残疾人申请临时救助174户次，发放临时救助金101.6万元。为特困、低保、低边户发放慈善超市券1066张，总面值3.1万元。为162名困难人员办理居民医疗保险参保。为困难人员申请住院医疗救助92人次，救助金额13.6万元。为困难人员申请门诊医疗救助304人次，救助金额10.5万元。对辖区内特困人员、低保户、低保边缘户、计划生育特别扶助家庭以及困难边缘家庭进行走访慰问，发放慰问品1450份。对接慈善机构，完成义务献血1605人次。

生育服务 2023年，六榕街道做好独生子女父母奖励审核发放工作，新增办理独生子女父母奖励金1154人，办理申领独生子女父母奖励1.78万人；向228人次发放独生子女保健费1140元；续保独生子女综合保险16份；办理生育登记备案申请585宗，开展免费孕前优生健康检查服务429人次。开展“幸福工程——救助贫困母亲”募捐活动，向辖区内77个机关团体单位发出倡议，筹集幸福工程捐款7.8万元；为3名低保困境家庭孩子申请阳光学子助学扶助，助学金额合计1.6万元。

综合便民服务 2023年，六榕街道综合服务中心窗口接待办理业务2.53万人次，服务满意率98%。运用智能电话呼叫关爱热线，对辖区内低保、特困、独居孤寡等兜底保障人员近1000人及长寿金享受人员等1.16万人进行不同频次的关爱呼叫，及时发现意外情况。新增城镇失业人员789人，其中就业困难人员348人，实现再就业695人，再就业率88%。推荐就业困难人员岗位348个、失业人员岗位695个、灵活就业求职者岗位956个。采集空缺岗位3742个、求职者信息1044条，提供工作推荐、就业指导和就业补贴政策宣传，办理灵活就业人员社保补贴2580人次。为275家企业4376人次办理企业招工社保补贴和岗位补贴，为99个单位办理创业带动就业补贴，促进小微企业创业创新和就业困难人员入职单位。

【党建和精神文明建设】 2023年，六榕街道制定领导干部高质量发展培训班教学计划，组织党员自学7000多人次，集中学习研讨119场次，开展调研10人次。开展主题党日活动220多次，讲专题党课120多次，培训人数8700多人次。组织党员参观红色教育基地8个，参加红色教育600多人次。结合存量问题清单，制订医国街专项整治行动方案。研究制定高质量发展重点项目1个（老旧小区品质化提升项目——广德路周边小区微改造），为民办实事项目3个（电动自行车充电设施建设、无主树木修剪、居民生活污水管道疏通）。打造两新组织党建示范点，华联世纪工程咨询股份有限公司党支部被评为越秀区非公企业“双强六好”（“双强”指发展强、党建强，“六好”指生产经营好、企业文化好、劳动关系好、党组织班子好、党员队伍好、社会反映好）党组织。开展“百个机关党组织进社区”“千名机关干部进网格”活动，与7个区属机关单位党组织结对共建，发动120名机关党员进社区网格开展服务。开展“群众安全感提升”等民生行动，推动解决无主树木修剪等问题37个。动员党员开展消防安全宣传、垃圾分类宣传等志愿服务，全年认领完成微心愿344个、微项目16个。推进“三结对三提高”（党建结对共建提高组织力、治理结对联动提高战斗力、帮扶结对同心提高凝聚力）党建先锋行动，68名党员参与结对帮扶困难群众250多人次，发放帮扶慰问金4.6万元，解决实际困难120多个。建设社工队伍，通过老带新、传帮带提升社工“六力”（政治能力、调研能力、决策能力、应急处突能力、群众工作能力和创新能力）。依托旧南海县社区优势，总结提炼出“六融”工作法（以“政治”融聚党心、以“共治”融汇力量、以“自治”融贯民意、以“法治”融释矛盾、以“德治”融洽邻里、以“智治”融通平台），找准服务群众与推动发展的融合点，打造党建引领基层治理示范品牌。

【“信用+消防”模式探索】 2023年，六榕街道作为越秀区试点，推出“信用+消防”新型治理手段，开展消防安全隐患清理整治。结合基层日常消防工作实际，围绕出租屋、“住改仓”、电动车、房屋安全和特殊人群，针对不同主体制定信用承诺书，明确被管理对象的风险与责任，以自主承诺方式推动向“我承诺，我要做”转变。通过召集高危、高风险群体集中会议和重点事项上门宣讲等方式，发动出租屋房东等主体现场签署信用承诺书，全年签署信用承诺书3946份，并上传至市公共信用信息管理系统。以信用承诺为载体，制作出租屋租客信用承诺书，构建“政府—房东—租客”三方消防责任链条。推动消防安全的宣传普及和信用承诺宣传进社区、进企业、进学校，促进全社会形成“学消防、守承诺、保平安”氛围。六榕街道出租屋信用承诺制案例被评为2023年广州市信用创新应用案例。

【社区咖啡音乐节】 2023年10月13—15日，六榕街道整合辖区商铺资源，开展“咖啡音乐节”旧南海县社区特色文化活动。现场设立创意集市、音乐表演、青年夜校、社区议事摊等项目，居民可以欣赏音乐表演、品尝咖啡味道、学习咖啡文化，以视觉、听觉、味觉、嗅觉、触觉感受旧南海县社区的文化气息。青年夜校与商铺共建咖啡学堂，邀请社区青年和居民参与。由咖啡店提供场地和设备，以及咖啡基础知识了解、冲泡制作、品尝体验等咖啡文化体验活动。社区书记在社区“议事摊”现场冲咖啡，邀请商铺店长、社区居民共同聊发展、聊服务、聊问题，通过“议事摊”了解商家、居民急难愁盼问题，为商家、居民排忧解难，能现场解决的立即给予答复，不能立即办理的，将其纳入工作台账推进解决。

【西华美食节】 2023年10月13—17日，越秀区2023年海丝文化节期间，六榕街道举办西华美食节，发布西华路

2023 年 5 月 14 日，六榕设计节发布会在六榕街道旧南海县社区广场举行（胡强明 摄）

美食地图，打造粤港澳醒狮灯光秀，并在人民北路越富广场前广场举办烟火集市，现场设置小吃百货商品摊位，打造“舌尖上的海丝文化之旅”。美食节期间营业额超100万元，打响西华路广府寻味特色街区品牌。

【六榕设计节】 2023年5—8月，六榕街道秉承“人人都是参与者，人人都是设计师”理念，举办六榕设计节。其中，13个视觉形象设计作品入围，9个垃圾转运站形象设计作品入围。结合全民投票结果及专家评审意见，最终评选出优秀作品前三名及公众喜爱奖（一等奖《其乐“榕”融》、二等奖《六榕趣街》、三等奖《和美新六榕》、公众喜爱奖《其乐“榕”融》），《中国改革报》《中国青年报》《南方日报》以及广东电视台等各级媒体给予报道。（何睿）

流花街道

【概况】 流花街道位于越秀区西北部，东起飞鹅岭分水线，与登峰街道相邻；西至站前路，省汽车客运站，与荔湾区站前街道接壤；南抵以太广场、中国大酒店、东方宾馆，与六榕街道接壤；北至火车站铁路、桂花路，与矿泉街道和白云区三元里街道毗邻。面积1.77平方千米。设桂花岗、桂花苑、火车站、流花桥、花果山5个社区。2023年末，流花街道有户籍人口2万人、常住人口1.4万人。辖区内有广州火车站、广东省汽车客运站、广州火车站（草暖公园）公交站场3个大型交通站场；有白马服装批发市场、红棉国际时装城、壹马服装批发广场、新大地服装城等大型服装专业批发市场18个；有广州越秀国际会议中心、广州流花展贸中心2个大型会展中心；有清真先贤古墓、南部战区总医院旧建筑群等省、市文物保护单位；有以兰花为主要观赏植物的兰圃公园；有中国大酒店、东方宾馆等五星级酒店、宾馆；有南部战区总医院、广州广播电视台、友谊剧院、广州大学桂花岗校区、广州市射击射箭运动管理中心等医疗、文化、体育单位；有花果山超高清视频产业特色小镇。

【地域经济】 2023年，流花街道围绕“1+2+1”（第一个“1”指广州火车站枢纽，“2”指流花国际时尚定制和采购中心、广州越秀国际会议中心，第二个“1”指花果山超高清视频产业特色小镇）经济发展整体布局和发展战略，发展新型业态，推进广州流花跨境电子商务产业园建设，孵化国内首个由专业市场自主开发的跨境垂直服饰电子商务交易平台LIUHUAMALL商城。揭牌流花服饰跨境电商选品中心，邀请广州现代城市更新产业发展中心编制《流花商圈产业基础摸查与转型发展谋划建议》。发挥产业集聚效应，以会展引领、数字赋能推进招商工作，组织辖区内重点企业及地区商会召开流花商圈经济高质量发展研讨会3场，挖掘招商线索。是年，流花街道有规模以上企业152家，新增14家，引入优质投资项目21个，引入优质企业进驻落户21家。

【社区管理】 2023年，流花街道加强社区管理，推进城市管理、综合治理、应急管理、综合保障工作。

城市管理 2023年，流花街道坚持“常态值守+机动巡查”，联动城管、公安、民政、市场监管、交通、卫健、环卫等力量，每天分3班次开展整治行动，春运期间平安疏运旅客652.3万人次。常态化开展爱国卫生统一行动，加强登革热疫情防控，全年出动5400多人次，排查重点区域，消杀面积约5平方千米，清理卫生死角300多处，清运垃圾60吨。全年开展垃圾分类专项整治行动50次，推动辖区内43个单位与广州市环投环境集团有限公司签订收运处置协议，规范废弃油脂处理工作。开展时租房、日租房专项整治行动14次。拆除违法建设面积3631平方米。完成达标认定排水单元31个，面积70万平方米，认定率超70%。落实推进河湖长制，居级河长巡检率均为100%。通过建立“一树一档”跟踪管理辖区三级古树2株，进行登记造册并实行视频监控全覆盖。推广使用“广州林长”微信小程序，以抚育管护、志愿服务等形式实施全民爱绿护绿植绿工程。在桂花岗、人民北路、站前路、站南路等路段实行“无缝”巡查管理，开展“六乱”现象整治78次。采用“专业公司+街道人员+社会志愿者”共治模式，出动人员6700多人次，劝导交通违法行为1.1万起。牵头联动交通、建设、交警等部门，协调解决基础设施不完善等交通难题。

综合治理 2023年，流花街道依托综治中心提档升级，形成综治、司法、劳动监察、网格指挥中心等部门入驻的“3+N”（“3”指综治、司法、劳动监察3个必须入驻的机构，“N”指其他根据辖区平安建设实际自行确定的入驻机构）模式，完善政法、公安、信访、司法、劳监等部门协同联动机制，全年调处化解矛盾纠纷299件，化解率100%。提升“一社区一法律顾问”工作实效，全年开展法律讲座20次，为居民提供法律咨询近90人次。实现信访事项急事急办、简事快办、繁事精办、难事认真办，全年党政领导参与接访群众89人次，按时办结区交办“网友留言”件3件。推动最小应急单元培优联建，辖区内白马大厦2次获区级最小应急单元季度突出奖，在“越秀工匠杯”最小应急单元专项技能大比武活动中获二等奖。强化防范电信网络诈骗、常态化扫黑除恶、禁毒、反走私反偷渡、反恐防暴等宣传，通过居民微信群、户外显示屏等渠道开展宣传，在广州火车站、医院、学校等地召开专场宣讲会13次，派发宣传单2300多份。

应急管理 2023年，流花街道提升安全生产管理水平，强化应急力量建设，全年没有发生安全生产事故。全年检查企业3111家次，开展消防夜查29次，开出检查记录2137份，发现隐患1293处，整改率99.3%。创新安全监管方式，试点开展“互联网+”安全监管工作，全年在辖区内各工地项目安装摄像头21个。开展安全隐患专项整治，统筹开展消防重点领域专项整治、高层建筑重大火灾风险专项整治、重大事故隐患专项排查整治2023行动等专项行动。压实企业主体责任，推动710个单位开展全员安全生产责任制建立健全工作，1423家市场主体完成“粤商通”平台注册，填报消防安全自查自改报备和线上消防安全承诺。构建共建共治共享安全治理新格局，有效扑灭初起火情6起，对参与灭火的辖区内企业工作人员、居民等15人次进行奖励。推进微型消防站建设，建成东、西片区中心微型消防站，流花街道在2023年“越秀工匠杯”越秀区微型消防站业务技能比武竞赛中获团体第一和3个单项第一。举办街道安全生产月、消防安全月系列活动，获第三届广东省应急管理优秀宣传作品评比“优秀组织奖”，启动“百户千名应急员”培训活动，全年培训1120人次。落实防汛救灾工作，全年处置防暴雨响应52次、防台风响应3次，在越秀区防汛防风应急演练暨三防技能大比武中获三等奖。

综合保障 2023年，流花街道登记出租屋2910套，登记来穗人员4990人，“人屋”纳管率99%。全年办理来穗人员居住证业务1429件，注销业务2938件。全年巡查房屋4.9万套次，出动巡查人员1850人次，“住改仓”房屋摸查告知率99%。开展出租屋安全隐患专项整治，重点整治“住改仓”“时租房、日租房”，关注室内电动自行车充电、乱拉电线、违规使用电热器材等问题，全年开展整治46场次，出动人员327人次，开展联合执法23次。开展融合关爱活动35场次，现场提供居住证办理、积分制政策解读、房屋租赁备案登记等服务，举办来穗人员就业招聘会、关爱来穗小候鸟亲子拓展活动等，服务来穗人员850人次。

【社区服务】 2023年，流花街道加强社区服务，做好民政服务、生育服务、综合便民服务等工作。

民政服务 2023年，流花街道办理低保申请8户9人次，发放救助金55.19万元，审核办理低保续期77宗。为在册特困供养人员发放供养经费17.25万元。在春节、中秋、国庆期间开展慈善慰问活动2次，慰问困难群众445户，发放慰问品价值6万元。审核发放长者长寿保健金2.24万人次，合计138.6万元。关注社区安全和邻里关系，发挥居民议事厅作用，引导居民共同参与决策，解决花基修葺、楼栋门禁更换等社区治理问题。

生育服务 2023年，流花街道开展“一站式”办证便民服务，全年接收机团单位移交计生档案11份，开具计生证明109份。提供免费婚前检查服务154人、孕前检查服务164人、“两癌”筛查29人。审核通过独生子女父母奖励申请467人。通过开展幸福工程、安康母亲救助等活动帮扶3人。开展健康主题讲座19次，惠及群众482人次。

综合便民服务 2023年，流花街道举办招聘活动7场，参与企业201家，提供就业岗位5181个，进场求职人员1484人次，现场填写求职登记表215人次，125人次初步达成就业意向。城镇登记失业人员实现就业195人，就业率90.5%。依托流花街道综合服务中心窗口，现场办理养老待遇业务1351件、失业待遇业务301件、工伤待遇业务97件、社保关系转移业务167件、职工档案历史信息审核业务633件，打印社保缴费证明及业务核定单1.4万次，为182名户籍居民、109名非户籍居民办理老人优惠卡。全年举办美术、音乐、养生、手工艺等文化艺术活动15场次，服务社区居民800人次。成立社区舞蹈队、合唱团、书法协会等，邀请专业人员定期指导。开展系列职业技能培训，参训人员462人次。做好文物宣传保护，落实网格化巡查机制，传达学习文物巡查、保护相关规定，加强辖区内7个文物点的日常巡查和情况上报。

【党建和精神文明建设】 2023年，流花街道加强基层党建，利用辖区内红色文化资源，丰富党内政治生活，街道党校开展“学习贯彻二十大精神，奋进新征程”“寻访红色乡村，播撒红色种子”“高质量开展党的组织生活”“循红色足迹，看英雄广州”“学习贯彻习近平新时代中国特色社会主义思想主题教育”等主题学习教育实践活动39次。制作《身边的榜样：把“人民满意”铭于心践于行》《党建引领，共筑花果山社区“幸福圈”》党员教育电视片2部。推进“红联共建”活动，推动流花宾馆、红棉国际时装城、广州市心悦社区发展中心、爱尔眼科医院与属地社区党支部签订党建共建协议，定期开展健康讲座、义诊等服务活动，惠及居民1800多人次。每月开展“党群活动、越月精彩”主题活动，开展惠民主题活动227次，惠及群众7980人次。以“您的心愿、我的志愿”为主题，结合“双报到”（驻区单位党组织到社区报到、在职党员到居住地社区党组织报到）工作，依托街道社区党群服务阵地、新时代文明实践场所等平台，征集微项目6个、微心愿294个。全年驻点接待群众448人次，走访群众和商户4948户，为群众解决实际问题167个。发放流花街道党员与困难人员结对帮扶记录卡，推动机关党组织和社区党组织结对联动，流花街道60名机关党员帮扶困难户28户，全年电话联系260次，上门探访87次，发放帮扶金900元，送去帮扶物资价值1.58万元，解决实际困难21个。制作并派发流花街道党群服务阵地服务卡1000张，对接党员群众需求。在春节、“七一”期间，走访慰问生活困难党员、老党员、患病党员124人次，送去慰问品价值3.75万元，发放慰问金4.03万元。

【“无毒社区”建设】 2023年，流花街道开展“无毒社区”建设，打造高素质专业化的禁毒工作队伍，配备禁毒专干和民警，发动社工、党员、志愿者等参与禁毒工作。全年开展禁毒宣传教育活动20多场，派发宣传品1500多份，通过开展禁毒知识竞答和观看宣传动画、漫画、展览、交互体验等“沉浸式”禁毒教育宣传，帮助群众了解新型毒品特征、毒品危害、毒品预防知识等，提高群众防范意识，引导群众自觉远离毒品。是年，桂花苑、花果山、流花桥、火车站4个社区入选区禁毒办公示的越秀区第二批“无毒社区”名单，“无毒社区”建设率增至80%。

【时尚采购中心建设推动】 2023年，流花街道以“一场一策”推动辖区内专业市场向电商化、展贸化转型升级，助推白马服装批发市场、壹马服装批发广场、红棉国际时装城成为商品交易市场优化升级行动试点市场，红棉国际时装城获工业和信息化部纺织服装创意设计试点示范园区，“流花服装批发市场构建跨境电商生态”项目获评2022年度广州市场行业模式创新创建项目，广州白马服装市场获第十三届中国商品市场峰会“综合百强市场”及“时尚市场”称号。指导广州流花服装批发市场孵化国内首个由专业市场自主开发的跨境垂直服饰电子商务交易平台LIUHUAMALL商城，平台全年线上总交易额近9000万元。揭牌流花服饰跨境电商选品中心，建设跨境直播工作室和跨境电商选品中心一期，加快推进广州流花服饰数贸中心项目建设，强化专业批发市场联通内外贸功能。搭建平台促进区域消费，鼓励辖区内白马服装批发市场、红棉国际时装城等专业市场结合中国流花国际服装节等活动开展促消费活动，提升区域经济活力。打造流花商圈时尚专业展会特色品牌，提升中国流花国际服装节、流花时装周、白马采购节、红棉男装周等活动品牌，鼓励时尚产业企业用活会展资源，促进产业交流合作，引入集高端定制、研发设计、展示贸易、会展服务于一体的高端产业，提升时尚产业创新设计和品牌孵化能力，扩大流花商圈时尚产业知名度和影响力，推动时尚采购中心建设，活跃地区经济。

【流花地区亲子运动会】 2023年12月9日，流花街道举办“党建引领聚合力，健康运动向未来”2023年越秀区流花地区亲子运动会。活动设置团队运动项目、亲子合作项目，广东省第二中医院针灸康复科医生在现场向居民科普“拉伸疗法”，中医和儿科领域专家现场开展义诊。

【流花地区政企共谋高质量发展】 2023年，流花街道召开高质量发展研讨会3

2023年12月9日，2023年越秀区流花地区亲子运动会在桂花岗小学足球场举行　（黄志安　摄）

场。以高质量发展研讨会为平台，拉近政企距离，推动流花地区高质量发展。走访联系企业、商协会，收集整理企业经营发展过程中的困难和问题，及时协调相关部门解决。搭建平台促进区域消费，鼓励辖区内专业市场结合中国流花国际服装节等大型活动开展促消费活动，提升区域经济活力。引导商圈市场增强社会责任感，整合时尚产业资源，加快转型升级，聚合政企力量拉动消费力。年内，引入广州安居集团有限公司、广州环投设计研究院有限公司等21家优质企业落户，新增“四上”企业14家。

（陈蕴娴）

光塔街道

【概况】 光塔街道位于越秀区西南部，东至广州起义路北段，与北京街道相邻；南至大德路，与人民街道相邻；西至人民中路，与荔湾区相邻；北至净慧路，与六榕街道相邻。面积1.07平方千米。设马鞍北、师好巷、回龙里、孝友东、云台里、怡乐里、杏花巷、和义巷、福地巷、陶家巷、祝寿巷、三元巷、观绿、七株榕、温良里、象牙北16个社区。2023年末，光塔街道有户籍人口8万人、常住人口5.34万人。辖区内有怀圣寺、光孝堂、锡安堂、妙吉祥室、五仙观、广州起义公社旧址等名胜古迹；有人民中路眼镜市场、海珠北路冷冻配件一条街、惠福西路电动工具五金配件一条街、光孝路宗教文化工艺品一条街及解放中路电器商业街、中六电脑城等专业市场；有广东省人民医院惠福院区、广州市妇女儿童医疗中心（妇婴医院、儿童医院）、广东华侨中学、广州市满族小学、广州市回民小学、朝天小学等医院和学校。有广州市伊斯兰教协会、广州市回族历史文化研究会、广州市满族历史文化研究会、越秀区民族团结进步协会等民族宗教事业机构。

【地域经济】 2023年，光塔街道结合越秀区建设粤港澳大湾区中医康养区的契机，立足自身医疗、历史文化优势，推动一方惠福（酒都大厦）大健康产业园完成楼宇升级改造，有40家企业入驻。会同区相关单位共同推进解放中路象牙街国医坊项目建设，将象牙街片区打造成融合城市环境品质、基层党建、社区治理的示范点。联合商会等单位开展集中外出招商活动6次，引入优质投资项目19个，新增规模以上企业17家。开展“五经普”工作，核查企业8955家，完成个体经营户表格填报4798份，核实大个体户（达到“四上”企业规模标准的个体户）65家。

【社区管理】 2023年，光塔街道加强社区管理，推进城市管理、综合治理、应急管理、综合保障工作。

城市管理 2023年，光塔街道拆除违法建设107处，拆除违建面积8021平方米。做好背街小巷环境整治，优化光塔路、进步里、杏花巷周边城市环境，老旧小区微改造项目覆盖全街道，总投资5945万元，完成施工许可证办理并进入施工阶段。推进改革环卫作业模式，优化环卫设施设置，建成惠福西路装车点2个，以象牙街口为试点建成厢房式垃圾分类投放点，实现重点区域“路不见桶”。开展历史文化名城保护，排查街道66处历史建筑和113条传统风貌线索，没有发现破坏历史文化风貌的行为。推进环境保护，全年组织巡查餐饮店270家次，督促餐饮店做好废水、废气治理设施的日常维护。推进河长制、林长制工作，全年巡林3616次，开展古树保护工作。

综合治理 2023年，光塔街道维护辖区平安稳定，禁毒工作成效评分排名全区各街道前列。提档升级解放中路象牙街综治中心，发挥综治中心在社会治安防控、矛盾纠纷化解、公共安全防范等工作中的基础平台作用，全年化解矛盾纠纷147件，召开相关工作会议10多次。推进扫黑除恶、打击非法集资（反诈）、防邪、反恐、“五类车”［电动车、摩托车、三轮车、残疾人机动轮椅车、改装（拼装、报废）车］整治等工作，派发扫黑除恶、反恐主题宣传单580多份、张贴海报270张，在辖区内20块电子显示屏滚动播放宣传视频、海报，在“微社区e家通越秀光塔”微信公众号推送扫黑除恶有关知识，发动群众参与监督举报。加强“五类车”整治，全年整治“五类车”950辆，其中查扣3辆、罚款25辆。

应急管理 2023年，光塔街道加强交通巡查、劝导、宣传，在重点路口、路段加强交通劝导，全年出动劝导人员5048人次，现场纠正没戴头盔、逆行、闯红灯等违规电动车驾驶人员8644人次。组织开展安全生产专项整治、安全防范宣传、消防安全大检查、三防隐患排查、防洪应急处置演练，全年出动1万多人次，排查隐患2.5万处，派发宣传海报及宣传单2万多份。推进电动自行车充电设施安装，建成充电桩、充电柜87处，充电端口2078个。建成2个片区中心微型消防站，分别为光塔街道东片区微型消防站（位于中山五路219号中旅商业城一楼南侧）和光塔街道办事处微型消防站（位于解放中路云台里26号）。全年受理“12345”热线工单1.04万件，比上年增长9.8%，全部按时答复，满意率81%。没有发生重大安全生产、消防安全事故。

综合保障 2023年，光塔街道有出租屋9277套。全年新办理居住证业务457件，续期4412件；新办理租赁登记备案262宗，续期1982宗。开展出租屋燃气安全、出租屋重大安全隐患排查、出租屋消防等专项整治行动100多次，整治重点隐患出租屋750套，现场整改隐患2400多处。全年代征出租屋综合税1304.6万元。全年受理积分服务申请1952人次，其中111人入户、133人入学。举办来穗人员融合活动23场，服务来穗人员1.05万人次。

【社区服务】　2023年，光塔街道加强社区服务，做好民政服务、生育服务、综合便民服务等工作。

民政服务　2023年，光塔街道有低保家庭385户537人、低收家庭33户72人、特困人员186人。全年为低保、低收入、特困人员753人次申请医疗救助金127.51万元，受理公共租赁住房申请215户。街道颐康中心建设提档升级，社区颐康服务站在街道实现全覆盖。以自建厨房模式打造陶家巷社区长者饭堂并投入运营，为街道在住长者提供优质就餐环境与便利就餐服务，全年服务1466人，供餐4.16万份，供餐总量比上年增加4万份。探索完善未成年人保护机制，联动广东革命历史博物馆、广州市特殊儿童发展促进会、越秀区人民检察院以及辖区内中小学幼儿园等32个单位成立光塔街道护苗联盟，织密未成年人健康成长安全防线。推进“老友记之家”残疾人服务中心规范化建设，丰富康园工疗课程，发挥街道残联“代表、服务、管理”职能。

生育服务　2023年，光塔街道落实计划生育家庭及生育关怀政策，推进生育关怀，受理独生子女父母计划生育奖励金申请1262人，服务群众1.9万人；推进年度免费孕前健康检查项目实施，提供免费孕前优生健康检查服务412人；做好流动人口服务工作，以“把健康带回家”为主题，协助做好基本公共卫生宣传服务活动，做好留守儿童、留守妇女、留守老人的关爱服务工作，促进流动人口融入社区、融入社会。发动社会各界开展幸福工程捐款募集活动，筹集善款7500多元。

综合便民服务　2023年，光塔街道以就业工作高质量发展为目标，帮扶就业困难人员、高校毕业生等重点人群就业，全年通过推荐岗位、灵活就业登记实现就业困难人员再就业387人，应届高校毕业生去向落实率90.8%，有就业意愿困难毕业生实现就业率100%。全年举办专题招聘会7场，促进城镇失业人员实现再就业1528人。建成“南粤家政”省级示范站及光塔街道就业驿站，为群众提供家政服务及创业就业帮扶。管理社会化退休人员3.02万人，充实助老员队伍，落实助老规范化服务。优化政务服务中心建设，政务窗口全年受理劳动就业、居民社保医保、城乡养老等业务1.79万件，办理社会化退休人员养老保险待遇资格认证2.93万宗。

【党建和精神文明建设】　2023年，光塔街道依托街道民族民俗博物馆打造红色宣传主场所，让邻里街坊成为宣讲主角，获区委宣传部授牌“百姓讲堂”。引导组织党员参加“您的心愿、我的志愿”和“双微”行动，收集认领完成民生微项目20个、群众微心愿386个。利用街道党群服务阵地、党校，开展主题党日及其他党员教育活动，加强两新组织建设，做好“双报到”工作，各社区党组织党员参加扶贫助困、洁净家园、守护平安、和睦邻里、党建等服务活动415次。发掘地区历史文化底蕴，打造光塔街道铸牢中华民族共同体意识示范街区，探索构建“籽籽连心”基层治理创新品牌，杏花巷社区治理案例获评广州市基层治理优秀案例。推进中国劳动组合书记部南方分部旧址保护利用项目的活化利用工作，建设红色文化传承弘扬示范区。

【社区民族文化“三个一”活动】　2023年，光塔街道在杏花巷社区打造光塔街道铸牢中华民族共同体意识示范街区，探索构建“籽籽连心”基层治理创新品牌。以“民族文化、志愿服务”为核心，依托新时代文明实践特色站点、光塔街道民族民俗博物馆等文化平台，开展建设文化一条街、形成一个文化特色、打造一个文化品牌的社区民族文化“三个一”活动。组织开展儿童节“民族团结润童心，争做同心‘石榴籽’”活动、中秋节“残健共融贺中秋，缔结同心‘石榴籽’”活动和民族特色专场志愿服务集市等活动，展示民族特色风情，促进民族团结。

【民族民俗博物馆升级改造完成】　光塔街道民族民俗博物馆位于光塔路进步

2023年6月27日，光塔街道“籽籽连心”党建品牌主题活动暨非遗文化周启动活动在朝天小学举行。图为广绣作品展示　（钟涌　摄）

里35号首层，占地450平方米，2010年11月投入使用，2023年5月完成升级改造。改造后的民族民俗博物馆分为民族民俗文化区、沉浸互动投影体验区、成果展示区，展示光塔地区2230多年历史变迁的轨迹、56个民族的形象和文化习俗及越秀区铸牢中华民族共同体意识的工作成果。民族民俗博物馆向各民族艺术团体和社区居民群众免费开放，开设舞蹈、声乐、插花、广绣、广彩、榄雕、岭南古琴、粤语讲古等体验课和培训课程。全年举办培训、活动50多场，接待超2万人次。

【非遗传承进社区】 2023年，光塔街道推动非遗传承进社区，丰富文化服务形式。6月，光塔街道“籽籽连心”党建品牌主题活动暨非遗文化周启动活动在越秀区朝天小学举行，启动非遗品牌活动。依托光塔街道民族民俗博物馆、伦文叙广场等场所，广绣、广彩、榄雕、岭南古琴4个非遗工作室挂牌进驻光塔街道，实现非遗传承人扎根社区，打造“家门口的非遗课堂”。全年举办非遗培训课程28次、文化集市6场，3600多人次参与。（廖鹏辉）

人民街道

【概况】 人民街道位于越秀区西南部，东起北京路，与珠光街道相接；西至人民南路，与荔湾区毗邻；南临珠江，与海珠区隔江相望；北靠大德路、高第街，与光塔街道、北京街道为邻。面积1.51平方千米。设安业里、兴贤里、海珠石、果菜西、青兰里、靖海门、太平通津、木排头、石将军、大德中、大新中、玉带濠、三府前、状元坊、一德西15个社区。2023年末，人民街道有户籍人口6.87万人、常住人口3.96万人。辖区内有圣心大教堂、中央银行旧址、广东省立宣讲员养成所遗址、广州解放纪念像、天字码头等各级文物保护单位21处，涉及传统中轴线（近代）历史文化街区、海珠南—长堤历史文化街区、人民南历史文化街区；有万菱广场玩具精品批发中心、海中宝、山海城等专业市场25个；有广东省中医院、中山大学孙逸仙纪念医院、广州医科大学附属第一医院、南方医科大学口腔医院（广东省口腔医院）海珠广场院区等医疗机构。

【地域经济】 2023年，人民街道有海味干果、玩具精品、服装、鞋类等行业专业市场25个，有商务楼宇18栋，其中金汇大厦、万菱广场、省工行大厦、星寰商业中心为亿元楼宇，丽丰国际中心和一方长堤被纳入黄花岗高新区分园区，一方长堤被纳入粤港澳大湾区生命健康产业创新区特色园区。推动发展金融科技、国际货运服务产业，其中金融科技类重点企业229家，以中外运—敦豪广东分公司、法国达飞轮船、深圳市涵文国际货运代理有限公司广州分公司为代表的国际货运代理、寄递物流企业111家。年度重点项目有粤海泰康商业大厦，港汇高端服务商业综合体二期、三期，一方长堤和越秀立方等。

【社区管理】 2023年，人民街道加强社区管理，推进城市管理、综合治理、应急管理、综合保障工作。

城市管理 2023年，人民街道开展环境整治行动，保持路面干净、整洁、有序。全年开展环境整治清洁行动39次，出动1067人次，清洁天台雨棚191个，清理卫生死角160多处，清运废弃垃圾112吨，铲除乱粘贴小广告3000多张。加强文明经商宣传教育，建立长效管理机制，全年签订门前三包责任人告知书1192份，其中新签订344份。推进垃圾分类工作，全年各级新闻媒体报道人民街道垃圾分类工作26篇，下半年在垃圾分类广州市第三方考核中综合得分位列全区各街道第一。聚焦安全用气，协调管道燃气公司开展优惠政策宣传，全年发展管道气居民用户431户、非居民用户20户。发挥“大城管”联动机制优势，建立常态化执法机制。以一德路海味干果专业市场建立示范段为契机，落实环卫站、消毒站和社区城管专干“城管三人小组”工作机制，常态化治理重要路段。全年作出行政处罚立案201件，罚款28.9万元。以“零增量、减存量”为目标，全年拆除违法建设36宗，面积6011平方米。

综合治理 2023年，人民街道提升矛盾纠纷化解能力水平，推进综治中心提档升级，人民街道“‘关键三招’提升综治中心矛盾纠纷化解能力”在市综治中心提档升级行动现场会作为先进经验进行推广，人民街道综治中心建设成果在市综治中心提档升级交流会、基层政法干警座谈会上作交流，人民街道综治中心有关经验做法文章《风险防控+源头防范！广州越秀人民街化解劳资纠纷有良招》在《平安广州》杂志第三期中刊发。做好社会面稳定工作，守护地区平安，排查劳资纠纷隐患425处，均通过组织双方调解化解；处理劳资纠纷案件563件，为3018名劳动者追回薪酬172.19万元。完善社会面巡控体系，减少街面警情，发动部署群防群治力量做好社会面治理，“110”案件类警情比上年下降17.1%，破案数上升98.1%，社会面治安整体平稳向好，人民街道在全区禁毒工作成效评价中位列全区各街道第一。做好道路交通安全整治，以一德路解放南路路口和沿江路路段等交通重点路口路段为重点，整合优化交通文明志愿者、派出所辅警、城管辅助人员，以及其他志愿者等力量，由综治办统一指挥调度，全年在交通劝导点现场纠正没戴头盔、逆行和闯红灯等违法违规行为556宗，人民街道在全市交通秩序大整治工作中综合得分位列全区各街道第一。

应急管理 2023年，人民街道压实安全生产工作，防范和遏制重特大事故的发生。开展安全风险隐患大排查大整治，全年检查企业2620家，开出执法文书2730份，发现并整改隐患1187处。消防委托执法立案92件，罚款4.3万元，安全生产行政处罚案宗结案33件，罚款总金额21.3万元。指导社区印制告知书、承诺书以及宣传海报等资料近2万份。推进电动自行车户外充电设施建设，完成建设电动自行车集中充电点81处、充电端口1764个。做好强降雨、雷雨大风等极端天气防御工作，启动三防应急响应52次，处理突发事件14件，没有发生人员伤亡事故。加强隐患排查，在汛期对3处易涝点、13处在册危房、23个沿江地下车库、1处人行隧道、26个小型工程进行检查。完善更新台账，重新清点和补充应急抢险物资，提前制定方案在易涝点预置力量，组织应急抢险队员参加越秀区防台风应急演练暨三防技能大比武活动，提升应急处置能力。

综合保障　2023年，人民街道做好租赁登记备案、居住证办理、综合税（印花税）代征缴、积分制项目服务常规化工作，配合公安派出所发动流动人员申领“粤居码”。开展“住改仓”消防安全专项整治，全年开展专项整治行动71次，检查仓库2415个，查封325个，清退263个。安装智能断路器1663个，覆盖仓库2322个。新登记出租屋459套、来穗人员2547人，纳管出租屋年末数为2.1万套、来穗人员年末数为1.47万人。全年巡查出租屋15.3万套次，发现存在消防安全等隐患的房屋13.7万套次，发出书面整改通知书2.34万套次。受理居住证业务3860件，比上年增长18.2%。办理房屋租赁登记备案1671宗，比上年增长36%。代征出租屋综合税2377.21万元，比上年增长1.6%。

【社区服务】　2023年，人民街道加强社区服务，做好民政服务、生育服务、综合便民服务等工作。

民政服务　2023年，人民街道做好救助兜底保障。全年保障低保人员6010户次、8566人次，低保边缘家庭374户次、856人次，特困人员1861人次。办理报销救助3159人次，报销救助金额约316万元。办理支出型临时救助（医疗）349人次，救助金额约190万元。办理支出型临时救助（教育）6人次，救助金5.85万元。做好困境儿童兜底保障，对在册困境儿童建立工作台账，实现兜底未成年人“一人一档”管理。落实保障房登记工作，办理新申请业务164件，办理期满审查业务539件，家庭情况变更和保障方式变更等占372件。以服务需求为导向，提升养老服务水平。全年服务长者521人2.71万人次，其中助餐配餐服务348人2.2万人次、生活照料服务173人5107人次。全年为11.87万人次发放长者长寿保健金。推进养老惠民政策，实现“银龄安康”长者意外保障险全覆盖，落实长期护理险、65岁以上长者免费健康体检、长者流感免费疫苗、家庭养老床位、平安通、社区医养结合助老服务等爱心养老项目，提升社区智慧健康养老综合服务水平，完善老年健康服务体系。

生育服务　2023年，人民街道开展科学育儿、女性健康、老人慢性病防治、老龄健康促进等主题的健康讲座21场，覆盖952人次。全年开展健康卫生宣传服务活动27场，覆盖1741人次，派发宣传单3000多张。做好奖扶对象普惠工作，每月核对奖扶人员名单。人民街道计划生育独生子女父母奖励在领人员年末数1.74万人。做好独生子女保健金发放，全年办理申请独生子女父母光荣证事项6项，为25人发放独生子女保健费825元，为3人办理独生子女储蓄保险保险金退费1525元。

综合便民服务　2023年，人民街道推进建设网上办事大厅，街道政务服务中心受理窗口全面使用越秀区综合受理审批系统，实行前台收件受理、后台跟踪处理。政务大厅接入“智慧微税厅”实现非接触式自助办理，引导居民群众通过“粤省事”“穗好办”等App办理业务。强化政务服务规范，增强服务意识，提升能力素质。通过业务培训和自查自纠落实服务规范，按照广东省、广州市政务工作“一事一评”要求，引导办事群众对政务服务大厅的工作人员进行政务服务“好差评”评价，满意率100%。设置现役、退役军人窗口，落实军人依法优先政策。审核办理居民群众申请灵活就业社会保险补贴1719人次，核发补贴金额389万元。审核办理47家企业申领创业带动就业补贴（含补申领）136人次，补贴金额31万元。审核办理494家企业申领招用工社保补贴和岗位补贴（含补申领）1088人次，补贴金额375万元。

【党建和精神文明建设】　2023年，人民街道推进“百个机关党组织进社区”“千名机关干部进网格”工作，发挥“街道—社区—网格—楼栋—责任区”五级组织架构作用，以小区物业党建促进基层治理。创建大德中示范社区，搭建居民议事协商平台，发挥示范标杆作用。新组建友邦人寿保险有限公司广东分公司党支部，万菱广场党支部获评越秀区非公有经济组织“双强六好”党支部，广州市海味干果行业商会党支部获评广州市优秀党组织。开展“银企联动、党建共建”“党建共建聚合力，共筑平安迎未来”等特色活动。联合中国银行广州越秀支行面向中小企业开展“兴商助业，普惠行”普惠金融宣传活动，现场达成融资合作意向金额超5000万元。推进“双微”行动，全年认领并完成微项目16个、微心愿531个，资助物资折合金额约8万元，惠及居民1316人。开展“三结对三提高”党建先锋行动，帮扶困难家庭116户160人。全年走访慰问患病、困难党员和老党员1138人，为社区老党员颁发“光荣在党50年”纪念章。推动中华优秀传统文化在社区普及传承，丰富群众精神文化生活，全年开展“英雄花开英雄城，携手奋进新征程”群众文艺演出、“探寻红色记忆，领略非遗魅力”研学活动、红色电影进社区等红色文化传承弘扬活动42场，开展“迎春送福”、“元宵杯”乒乓球比赛、“月满华诞，情系人民”等社区文化主题活动40场，开展围棋、钩针编织、咏春等非遗体验课堂23场。成立社区居家安全义诊服务、万菱慈善基金救助服务、安全教育、民间非遗艺术传承等志愿服务队伍13支。

【“壹方小苑”共享空间打造】 2023年，人民街道针对太平通津社区人口密集、房屋老旧、环境卫生相对较差、整体管理难度较大的问题，打造“居民参与、志愿团队助力、机团单位共建”的“壹方小苑”共享空间，培育社区“管家队伍”参与社区治理和社区服务，探索“人人有责、人人尽责、人人享有”的社区治理新路径。通过召开社区座谈会、居民议事会，以及问卷调查、实地勘察调研等方式，了解居民需求，利用社区闲置公共空间、居民门前1平方米空地，收集、整理街坊们闲置的花草，串联打造以“壹方小苑”为主题的社区小花园。联动辖区内学校，开展“我是社区小林长”系列活动。全年开展“壹方小苑”主题活动70场次，吸引社区党员、群众、志愿者、青少年儿童70批次800多人次参加活动。推行“壹方小苑”认领机制和奖励机制，鼓励学校青少年、社区居民、机关团体单位主动认领、分片包干，定期维护小苑，评选“优秀小苑长”，提高居民参与的积极性，至年底，有40名居民、志愿者，3个机关团体单位以及1所高校认领并参与小苑的日常维护。推进“壹方小苑”绿色、红色2条工作主线。开展植物科普、垃圾分类等新时代文明实践活动。引入社会志愿力量在小苑周边破旧墙面创作“太平烟浒”“巾帼红花”“馨竹传韵”三大主题墙绘，以小苑为背景创作系列文创产品，突显社区文化特色，焕发老街新活力。

【“漫步历史文化街区”系列活动】 2023年，人民街道强化资源联动，发挥辖区内

2023年3月11日，人民街道开展“漫步历史文化街区，解锁社区‘星’玩法”历史文化打卡活动 （人民街道供图）

历史文化资源集聚优势，开展系列“漫步历史文化街区”特色活动。联动星寰国际商业中心开展“漫步历史文化街区”活动，以拍照打卡路线串联辖区内革命遗迹、历史建筑，带领群众多维度认识、了解人民地区历史文化。联动中国邮政集团有限公司广州市西区邮政局在一德路沿线文旅商圈开展“人民街道City walk—魔法主题邮局”嘉年华活动，在石室广场、星寰国际商业中心、维新横文化广场等5个点位设置主题邮局，提升一德路周边文旅消费潜力，活动吸引6万人关注，超1万人参与打卡。开展“探寻红色记忆，领略非遗魅力”研学活动，依托辖区历史文化资源，带领青少年儿童参观革命史迹、文物建筑，开展非遗体验活动，以寓教于乐的形式了解辖区红色文化和非遗文化。

【“住改仓”整治行动】 2023年，人民街道辖区内有“住改仓”房屋2415间，部分存在楼龄长、配套缺、砖木结构破旧、电线乱拉等问题，消防安全隐患突出。为消除安全隐患，人民街道开展“住改仓”专项整治行动。普及干粉灭火球、防爆灯、防烟面罩等常规消防设施，发动商户安装智能断路器并联通“乐云鸟”平台，实现仓库运行实时监测、故障响应处置及定时断电，闭环管理消防安全隐患。至年底，动员商户安装智能断路器1663个，覆盖仓库1813个；系统平台上线数1296个，覆盖仓库1605间，安装烟感报警器2162个。年内，推进状元坊、木排头、一德路3个片区微型消防站建设，联合区消防救援大队、辖区内楼宇物管举办“查找身边的火灾隐患”“走社区，送安全”等消防安全培训及实战演练近40场次。拓宽消防安全宣传渠道，发动网格员、志愿者、社区工作者等力量，结合“敲门”行动、专题培训演练、影音图片放送等途径，面向辖区内居民及仓储物流从业者开展消防安全知识科普和基础应急培训，派发“社区消防安全公约”“电动车防火要点”等宣传资料超3万份，提高社会面火灾防范应对水平。 （甄伟前）

东山街道

【概况】 东山街道位于越秀区东南部，东起广州大道，西到龟岗大马路和东湖路，北达中山一路，南至珠江岸边。面积

2.88平方千米。设新河浦、培正、德安、小东园、寺贝、寺右、幸福、五羊北、五羊东、五羊南、明月、达道南、达道北、乐景14个社区和广州市寺右转制社区集体经济组织。2023年末，东山街道有户籍人口8.47万人、常住人口7.92万人。辖区内有中共广东省委、广东省政协、广铁集团总部等党政机关和机关团体单位；有中共三大会址、新河浦历史文化保护区、五大侨园等文物古迹；有五羊新城广场、泰恒大厦、珠江宾馆等商务楼宇。

2023年，东山街道获评广东省基层统计“7个一”［一支有信仰有担当的高素质基层统计队伍、一个科学规范的基层统计管理体系、一揽子基层统计数据质量管理工作举措、一个完备的基层统计工作保障机制、一个基层统计创新发展主题、一套乡镇（街道）统计规范化标准、一方基层统计求真求实净土］规范化建设先进单位、广州市“门前三包”样本街、广州市“五好”镇（街）优秀公共卫生委员会。东山街道劳动保障监察中队获评2022年度广州市劳动保障监察示范中队。新河浦社区被评为广东省“民主法治示范社区”、广州市容貌品质社区。东山湖小微湿地被列入广东省首批小微湿地示范点名录。

【地域经济】 2023年，东山街道完成第五次全国经济普查实地清查，填表单位4632个，个体填表1758户，挖掘新增“四上”企业27家。街道辖区内有“四上”企业有266家，其中批发零售业95家、住宿餐饮业31家、服务业120家、建筑业14家、房地产业6家。年税收50万元以上企业有226家，区库税收在区前100强企业有6家。街道辖区内有重点商务楼宇23栋，其中亿元楼宇3栋，分别是五羊新城广场、广州铁路大厦、东悦居。代征出租屋综合税2218.47万元，比上年增长11.2%。

【社区管理】 2023年，东山街道加强社区管理，推进城市管理、综合治理、应急管理、综合保障工作。

城市管理 2023年，东山街道辖区内有文物12处、历史建筑17处、传统风貌建筑23处、传统风貌建筑线索166条。完善“街道—社区—网格”三级巡查机制，出动1900多人次对保护要素进行巡查监管登记，发现并制止文物保护范围内未经审批私自施工行为1起。按照“一树一档”要求对辖区内34株古树名木加强保护，街道级、村级河长巡河3234.35千米，完成率100%。全街道71个垃圾投放点完成“照明、遮雨棚、洗手设备、硬底化、公示牌”五要素提升，建成星级投放点13个、“两网融合”点1个。全年查处违法建设立案3件，拆除违法建设15处，拆除面积3133平方米。

综合治理 2023年，越秀区在东山街道寺右社区建成全区首个城中村综治中心，寺右社区获评2023年度广州市和谐社区。坚持街道、派出所联动，协调推进群防共治，组建东山街道校园护卫队、平安志愿服务队、东山街坊巡逻队，筑牢由巡逻民警、专业保安、平安志愿者构建的三道防线，加强全时段防控。坚持共建共享，与区人民法院签订合作协议，在五羊北社区共建“无讼社区”，探索基层社会治理新模式，该经验做法获全区推广。办理信访案件360件，化解矛盾纠纷360件，处理劳资纠纷案件129件，协助追回工资206.28万元，没有发生因信访问题引发的极端恶性事件和媒体负面炒作事件。运用好“穗好办”“越秀先锋”等线上平台，“越秀人家”微信小程序应用情况在全区各街道排名第一。全年没有发生重大安全生产事故、成灾火警，东山街道获评越秀区“最美应急集体”。

应急管理 2023年，东山街道在重点路口、路段加强交通劝导，全年出动劝导人员2000人次，现场纠正没戴头盔、逆行、闯红灯等违规电动车驾驶人员1500人次，签订行人、非机动车驾驶员安全出行承诺书253份。联合中小学校、幼儿园，以“大手拉小手”等方式开展交通安全线下培训课10场，覆盖群众2300多人。组织开展安全生产专项整治、安全防范宣传、消防安全大检查、三防隐患排查、联合防洪应急处置演练，全年出动2.45万人次，排查隐患7417处，派发宣传海报及宣传单2万多份，与各社区、辖区内机关团体单位和重点企业签订安全责任书530份。推进电动自行车充电设施安装，建成户外充电桩充电端口1900多个。改造升级寺右微型消防站，提升城中村消防安全水平。全年没有发生重大安全生产、消防安全事故。全年“12345”热线受理工单8272件，比上年下降5.3%，全部按时答复，月均满意率88.8%。

综合保障 2023年，东山街道有出租屋1.36万套；办理租赁备案业务4368件，办理居住证业务4970件。寺右社区清查城中村出租屋、“三小”（小档口、小作坊、小娱乐场所）场所等2470套，打击取缔涉赌出租屋2套。全年整治“住改仓”3套、群租房262套、“二合一”（住宿与储存或住宿与经营合用场所）11套，整治率99%。组织来穗人员关爱慰问活动10场、融合宣传活动12场，来穗人员积分制服务惠及502人次，全年办理积分入学49人、积分入户26人。

【社区服务】 2023年，东山街道加强社区服务，做好民政服务、生育服务、综合便民服务等工作。

民政服务 2023年，东山街道对低保和特困家庭283户进行动态复核摸查，办理低保新申请31户，办理临时医疗救助53份，发放救助金23.2万元，为7人申领扶困助学金7.9万元。办理慈善超市智能卡申请、续期、补办事项128项，发放实物救助600份。走访慰问困难家庭，发放慰问品价值5.05万元。发放长寿保健金676.32万元。推进社区建设颐康服务站全覆盖工作，建成社区颐康服务站12个，东山街道新河浦社区颐康服务站揭牌并获评广州市颐康服务站示范点。为1090名特殊困难老年人开展定期巡访、健康评估等一站式和到户式综合养老服务，建成家庭养老床位13张，助餐配餐5.13万餐次，提供上门居家养老服务1817人次。开展“护苗行动”，对70名重点儿童、63名重点妇女、43户重点家庭进行结对帮扶。创建全区首个“青鸟传音”保护未成年人疏解负面情绪项目，组织心理咨询师、社工、儿童督导员等志愿者，通过微信公众号、校内及社区实体信箱提供心理督导服务，全年开展专项活动82场，回信156封，跟进个案12件，服务3万人次。完成残疾人两项补贴资格认定609人，发放残疾人津贴810人次，发放金额约172万元。在广州市“五好”公共卫生委员会建设工作中，获评“优秀”等次。

生育服务 2023年，东山街道办理独生子女综合保险审核10人、独生子女父母奖励金审核新增发放1169人，向6人发放保健费。开展“阳光学子”助学申请慰问活动，为2户困难家庭送去助学金。开展“健康家+”主题活动宣传优生优育政策14场，服务1650人次。开展“幸福工程——救助贫困母亲”募捐活动，向辖内机关团体单位、党员、居民群众发出倡议，筹集幸福工程捐款3.76万元。

综合便民服务 2023年，东山街道政务服务大厅窗口通过“现场办”和“网上办”方式受理行政审批许可及公用服务事项3.7万项，其中综合受理（一窗式）审批服务事项2.3万项，群众评价总量3.3万条，其中“基本满意”“满意”和“非常满意”占99%。打造越秀区就业驿站示范点，举办“千名就业服务专员助万家重点企业”招聘会、“筑梦青春，就业启航”高校毕业生专场招聘会等线上、线下专场招聘会8场，提供岗位3174个，推动1427人就业。以就业扶贫推进“百千万工程”，组织3家重点用工企业到贵州省安顺市平坝区参加现场招聘会3场，提供就业岗位约300个。东山街道退役军人服务站全年开展“老兵永远跟党走”等红色主题活动23场。东山街道退役军人“1923工作法”受到国家、省、市退役军人部门肯定，站长张安国被退役军人事务部办公厅评为全国优秀主任（站长）。东山街道红棉老兵志愿服务队被广州市退役军人事务局评为广州市最美红棉老兵志愿服务队。

【党建和精神文明建设】 2023年，东山街道推动主题教育，召开工作调度会议12次，组织学习研讨632次，开展社区治理建言献策活动13场，牵头攻关推动发展项目4个，落地民生项目3个，逐个落实居民房前屋后、大事小情35件。各级党组织依托辖区内红色史迹开展主题党日活动56场次。加大“红色物业”创建，带动党的工作延伸到每一栋楼、每一户居民，其中凯旋会花园物业管理案例入选住房和城乡建设部、中央文明办评选的全国100个“加强物业管理共建美好家园”典型案例。汇聚社会力量推动“百千万工程”，打造“志绘东山红”党员志愿服务集市，依托新时代文明实践所（站），建立社区党群服务常态化机制，提供义修、义剪、义诊、法律咨询等服务，开展活动84场次，服务群众超5万人次。开展“百个机关党组织进社区”“千名机关干部进网格”活动，区直机关及街道机关98名党员干部全覆盖下沉98个网格，开展共建活动22次，在帮扶慰问、登革热疫情防控、社区发展规划建议等治理工作中出力出策，进社区开展党建先锋行动164人次。全年完成微心愿222个、微项目4个。

【广州市首创“立体桶库”破解生活垃圾清运难题】 2023年，东山街道自主设计，在海印桥底、东山体育场旁建成“立体桶库”，减少因压缩车停留带来的垃圾气味、垃圾桶占道、作业噪声等扰民问题。设备高3层，通过配备升降器械装置实现“智叠空间”，存桶量由100个提升至300个。另配备的自动“洗桶机”具有除臭降噪效果，平均每分钟可深度清洗6~8个桶，效率提高6倍以上。

【越秀区首个城中村综治中心建成】 2023年，东山街道实施党建引领城中村治理，结合“百千万工程”，引入寺右

2023年，越秀区东山街道在广州市首创“立体桶库”，破解生活垃圾清运难题。图为东山街道“立体桶库” （东山街道供图 摄于2023年5月）

联社、广东工业大学“爱的建筑师”志愿团队等社会力量，打造全区首个城中村综合治理中心，配备群众接待厅、矛盾纠纷调处室、视频监控研判室、网格管理工作室、“粤心安”心理服务室、入驻人员办公室“一厅五室”。应用信息化技防技术，接入综治视频应用平台、最小应急单元“立码报”等系统，提升防控违法犯罪行为、化解矛盾纠纷、排查安全隐患核心能力与社会治安防控水平。（王钿）

农林街道

【概况】 农林街道位于越秀区东部，东以福今路为界，与梅花村街道相邻；南以中山一路、中山二路南侧、东华北路为界，与东山街道、大东街道相邻；西至烈士陵园东侧围墙，与大塘街道相邻；北以东风路为界，与黄花岗街道、华乐街道相邻。面积1.08平方千米。设中山二路、马棚岗、执信南路、竹丝岗、竹丝岗二马路、农林上路、东园新村、东风东路8个社区。2023年末，农林街道有户籍人口5万人、常住人口3.7万人。辖区内有广东省人大常委会办公厅、中共广东省委网络安全和信息化委员会办公室、广东省通信管理局、广东省电信有限公司、广东省冶金建筑设计院、广东省冶金工业总公司、广东省粤新机械进出口有限公司、广东铁青国际旅行社有限责任公司等机关团体单位70多个。有中山医学院校本部、抗日战争时期日军细菌试验遗址、宋子文旧居3处不可移动文物保护单位，有历史建筑17处、传统风貌建筑及其线索24处。辖区内有古树名木1株。

2023年，农林街道诚信街道建设案例入选2022年广州市“信用创新应用案例”。农林街道“诚信街道”建设被评为广东省首批信用建设服务实体经济发展试点典型案例。农林街道办事处被评为广州市全民健康生活方式行动优秀健康单位、2020—2021年度无偿献血先进集体、越秀区2022年度建设广州老城市新活力创新发展示范区先进集体。

【地域经济】 2023年，农林街道新增规模以上企业17家，引入优质投资项目13个，新增商事主体2945户，其中企业（内外资）2886家、个体户59户。提升农林下路商业氛围，组建工作专班推进东山口绿化公园改造、农林下路道路品质提升等项目，开展特色商旅活动、创意集市、“农林美好生活节”等主题活动12场。发挥三寓春晖园区、汇隆大厦、亿达大厦3栋主题楼宇的生命健康产业集聚效应，举办招商引资推介会5场，宣讲招商引资、企业发展等政策。开展高新技术企业、科技型中小企业培训和政策宣讲会2场，通过线上及线下方式沟通47次，完成高新技术企业认定8家。举办2023年越秀区新时代文明实践诚信宣传主题活动，营造诚信营商环境，提升区域经济发展。

【社区管理】 2023年，农林街道加强社区管理，推进城市管理、综合治理、应急管理、综合保障工作。

城市管理 2023年，农林街道加大城市管理力度，治理城市环境，完成国家卫生城市国家复审工作。启动越秀区城市更新改造补短板项目（二期）—中心城区品质化提升项目（农林街道老旧小区改造）建设，总建筑面积37.77公顷，改善小区地面、围墙、非机动车车棚等基础设施，提升人居环境。围绕生命健康产业建设，整治医院周边交通秩序，协调市、区职能部门优化道路设置，拆除广东省人民医院门形牌坊，对蟾蜍岗路面及周边进行品质提升，对广药附属一院公交站进行改造，提升医院周边环境。推进排水单元达标工作，完成非财政类排水单元达标任务5个。开展道路交通整治行动，出动1852人次，纠正行人闯红灯、骑电瓶车没有佩戴头盔、逆行等交通不文明行为9.25万起。推动垃圾分类工作，创建垃圾投放星级点2个，建设厢房式生活垃圾投放点3个。开展爱国卫生运动，对公共外环境进行消杀。开展病媒生物防制行动，出动人员776人次，清理蚊虫滋生地789处，投放鼠药391千克，安装防鼠设施73处，清理鼠迹216处，堵塞鼠洞232个。开展燃气安全隐患整治，组织联合巡查24次，出动人员165人次，组织燃气安全宣传活动6次，发放宣传资料480多份，排除燃气安全隐患60多处，完成燃气用户供气管道改造及瓶装液化石油气转电改造项目9家。开展井盖设施日常巡查，组织专项整治行动5次，出动315人次，发现井盖设施问题46个，全部完成整改。农林街道竹丝岗口袋公园“见缝插绿打造口袋公园”做法获《人民日报》要闻篇报道。马棚岗、竹丝岗、东园新村社区被评为2023年越秀区容貌社区。2023年越秀区生活垃圾分类工作考核为“优”等次，建设干净整洁平安有序城市环境检查评价结果为“A档”，食品安全工作被评为“优秀”等次，区级生态环境保护目标考核为“优秀”等次，林长制和绿美越秀生态建设工作考核为“优秀”等次。

综合治理 2023年，农林街道接到各级转办案件43件，街道领导社区化解包案80件，全部办结。推进最小应急单元建设，全街道建成最小应急单元78个。强化禁毒宣传教育，落实精准帮扶等措施，社区戒毒、社区康复报到率和执行率均为100%。强化禁毒宣教、精准帮扶，农林上路、竹丝岗2个社区创建为“无毒社区”。

应急管理 2023年，农林街道与辖区内机关团体单位、企业签订安全生产责任书331份，发动企业购买责任险62份；出动2000多人次核查场所1100多次，整改隐患1200多处；发放应急宣传资料5000多张，在“南方+”平台发表应急管理相关文章57篇，《广州农林街：在所有社区设置专职应急专干》被《中国安全生产》报道；办理安全生产行政处罚简易程序21宗，提供一般程序案源12宗，罚款20.29万元，办理消防执法案件24件，罚款3.27万元；承办“12345”热线工单3062件；完成网格事件2946件。强化消防力量，补充更新8个社区微型消防站装备设施，组织力量参加越秀区微型消防站业务技能比武，获全区二等奖。

综合保障 2023年，农林街道开展出租屋巡查1.86万套次，登记纳管出租屋4680套。开展出租屋安全隐患排查整治行动223次，出动3892人次，派发宣传资料5300份，发出出租屋安全隐患整改通知书215份，整改出租屋安全隐患71处。办理居住证业务1938件、积分制服务191件、房屋租赁备案登记1014宗。全年代征出租屋综合税529万元，比上年增长12.8%。

【社区服务】 2023年，农林街道加强社区服务，做好民政服务、生育服务、综合便民服务等工作。

民政服务 2023年，农林街道新建社区颐康服务站3个，完善1个社区示范点建设，实现颐康服务站全覆盖建设，为长者提供上门照料服务1046人次、康复理疗服务952人次，为困难长者提供适老化改造3人次。改善3家长者饭堂就餐环境，提供配餐服务2.18万人次。依托街道未成年人保护站、吴承泽党员律师工作室、“馨晴小湾”人民调解工作室加强未成年人保护。做好困难群众兜底保障，发放低保金87.5万元，申办临时生活救助金7.5万元，发放基本医疗救助金3.37万元，发放节日慰问金4.4万元，发放长寿保健金400万元。做好残疾人服务，组织30人次参加职业技能培训，达成就业意向5人，帮助1名特困残疾青年获得公益性岗位。

生育服务 2023年，农林街道为8664人发放独生子女父母计生奖励金。免费提供孕检服务325人，检查率80%。营造生育友好环境，开展生育政策宣传活动8次，发放宣传单5000多份。常态做好月子中心、托育机构安全检查，督促整改问题隐患50多处。

综合便民服务 2023年，农林街道举办线上及线下招聘会8次，参加企业153家，提供岗位3455个。办理灵活就业备案112宗；办理企业吸纳就业困难社保补贴审核630人次、创业带动就业补贴审核127人次。建立就业驿站，举办促进就业创业活动3场，开展平坝区结对精准扶贫暨劳动力转移就业现场招聘会，招聘89人。开展百日千万招聘专项行动暨灵活就业人员专场招聘会，招聘176人。受理行政审批和公共服务事项1.21万项，其中一窗式综合受理办结6659件，按时办结率100%，接待和受理咨询约4700件次，农林街道综合服务中心窗口办事群众满意度100%。获“12345”热线市民表扬4次。

【党建和精神文明建设】 2023年，农林街道推进党建引领基层治理示范社区创建，打造“五彩农上，和美社区”社区党建品牌，提升基层治理精细化水平。组织62名基层党员前往福建省龙岩市参加“追寻红色足迹·践行初心使命”专题教育。慰问帮扶困难党员、老党员454人，发放“光荣在党50年”纪念章。新成立两新党组织2个，实现两新党组织覆盖率“三个100%”（有党员的组织覆盖率100%；有3名以上党员的单独组建党组织100%；没有党员的企业，通过选派党建指导员、社区党委副书记等方式，实现党建工作全覆盖100%）。与中山大学护理学院党委、中行农林下路支行党委、工行三支行党委签署党建共建协议，深化“大党工委”建设。联合链家房地产有限公司党支部修复更新老旧花基，建设“链家爱心角”。推进“机关党组织进社区、机关干部进网格”，与区市场监管局机关党委联合打造网格党建服务驿站，在农林上路安装安全出行爱心护栏3个，提升基层服务治理水平。

【农林上路社区“五彩农上，和美社区”党建品牌创建】 2023年，农林街道探索党建引领基层社会治理新模式，以农林上路社区为试点，推动创建基层治理标杆社区。农林上路社区位于越秀区农林街道中部，面积15万平方米，社区居民4294人。结合农林上路社区机关团体单位多、党建资源丰富，民国建筑多、历史文化底蕴深厚，社区服务扎实、诚实守信氛围浓厚等特点，从“党建+服务”入手，打造“五彩农上，和美社区”党建品牌，强化绿色环保理念，完善巡查机制，处理解决居民反映的绿化问题。开展“加强生态文明建设”专题党课、垃圾分类系列宣讲活动，引导居民做好垃圾分类、节能减排，营造低碳环保社区氛围。优化社区信用软环境，开展诚信建设宣传活动，发挥域内农林街道商会优势，推进“诚信课堂”“信用管家”“诚信守法经营商户”建设。

【“健康老龄示范社区”打造】 2023年，农林街道推进街道“五好”公共卫生委员会建设，依托辖区内三甲医院医疗资源，推进“属地医院—街道—社卫”三位一体常态化合作。推动街道公共卫生委员会、中山大学附属第一医院健康管理中心和老年医学科、农林街社区卫生服务中心签订党建共建协议，建立以三方为主体的社区老龄健康服务联合体，创新老年健康管理多端合作模式，构建健康老龄示范社区。联合开设老龄健康工作站，聘请中山大学附属第一医院12名专家、教授为农林街道社区健康顾问，全年开展健康咨询和义诊活动17场次，参与群众1600多人。联合中山大学附属第一医院、农林街社区卫生服务中心2个医疗团队，为家庭医生签约居民提供上门服务，全年访视300人次。（陆琦玉）

梅花村街道

【概况】 梅花村街道位于越秀区东部，东起广州大道中，与天河区毗邻；西至福今路、达道路，与农林街道、东山街道相连；南抵共和八巷、东兴南路，与东山街道接壤；北达东风东路、天河路，与黄花岗街道连接。面积1.56平方千米。设福今、梅花村、水均、共和西、西元岗、共和、共和东、共和苑、中山一、东兴南、东兴中、梅东、东风二、环市东、杨箕15个社区。2023年末，梅花村街道有户籍人口9.5万人、常住人口8.6万人。辖区内有陈济棠公馆、杨箕玉虚宫、欧阳山旧居3处市级文物遗址；有广东省妇女联合会、广东省气象局、广东电网公司、南方报业传媒集团、南部战区空军医院等机关团体单位。

【地域经济】 2023年，梅花村街道引入优质投资项目18个，新增“四上”企业37家。代征出租屋综合税2818万元，比上年增长7%。街道领导、各科室分社区分片包干挂点重点税源企业367家，走访重点税源企业293家次、潜在税源企业133家次，收集诉求85条，解决58条。走访“首席服务官”企业82家次，收集诉求54条，解决22条。协助28家企业申报新增限额以上企业奖励140万元，协助5家企业申领2021年度越秀区产业发展创新人才奖35万元，协助7家企业申领2021年越秀区杰出产业人才资金100万元。引进优质项目18个。引入广州粤扬外商艺龙酒店入驻外商新天地。完成第五次全国经济普查工作，系统填报数5432家，个体户系统填报数1534家。

【社区管理】 2023年，梅花村街道加强社区管理，推进城市管理、综合治理、应急管理、综合保障工作。

城市管理 2023年，梅花村街道发动各社区和辖区内机关团体单位开展绿化植树活动，义务植树762株，其中包括鸭脚木385株、红铁310株、翠芦莉256株、桂花11株，发放义务植树证书108份，恢复绿地10处共980平方米。开展园林绿化保护宣传活动，出动街道和社区工作人员、志愿者30多人次，发放宣传单100多份。挖掘绿化资源，开发4株古树名木和30株古树后续资源，加大巡查管理力度，做好古树名木及古树后续资源保护。落实河长制，街道级河长巡河41次，区级河长巡河1685次；省、市河长平台及区河长制管理群上报问题111个，问题办结率100%。

综合治理 2023年，梅花村街道推进“综治中心+网格化+信息化”服务管理，落实网格日常巡查制度，把综合治理、平安建设、信访维稳等工作融入15个社区中网格、75个小网格。建成最小应急单元127个，投入资金1.14万元、应急处置力量近500人，各单元点全部配备对讲机、基础装备、标志牌、红袖章、马甲、盾牌、钢叉、警棍等装备。建设“广州街坊”群防群治队伍，参与社会面巡逻防控。完善社会矛盾纠纷多元预防调处化解机制，践行“矛盾不上交、平安不出事、服务不缺位”新时代“枫桥经验”，做到矛盾纠纷排查关口前移，使矛盾化解在萌芽状态。全年化解社区矛盾纠纷358件。

应急管理 2023年，梅花村街道对建筑行业、危险化学品、有限空间、燃气、房屋安全等20个重点行业领域开展风险排查整治。全年开展企业执法检查38次，提供普通程序案源线索11条，发出处罚决定书12份，使用简易程序处罚26宗，行政处罚率95%。对住宅小区、老旧楼宇、酒店、大型餐饮等重点场所的消防设施、器材配置、易燃易爆物品存放等情况加大检查和执法力度，出动人员2445人次，检查场所1220个次，立案处罚25件。开展燃气安全隐患排查，对餐饮单位开展燃气安全检查244个次，其中开展联合执法行动12次。处理上级交办事项45项，处理投诉5件，劝改、责令整改49个次；暂扣罚没违规燃气瓶4个，拆除直排式热水器4台，排除燃气安全隐患40处。在杨箕等8个社区设置微型消防站。提升无物业管理住宅小区火灾防范能力，在西元岗等社区配备消防工具箱30套、多功能消防斧17把。建设电动车能充电设施64处、充电端口2015个。联合广州市应急管理局、广州市铁一中学、越秀区中山一路消防

2023年5月4日，广州市安全宣传进社区活动在梅花村街道杨箕社区举行
（钟涌 摄）

救援站，举办消防安全讲座48场，开展消防实操演练、3D（三维）现场体验等消防安全教育活动。梅花村街道微型消防站救援志愿队在2023年度“越秀工匠杯”越秀区微型消防站业务技能比武竞赛中获第三名。

综合保障 2023年，梅花村街道登记在册出租屋1.07万套、来穗人员1.4万人。全年办理租赁备案3078件，办理新办、续期居住证业务3802件。代征出租屋综合税、印花税等2818万元，开具完税证明1.6万份。受理广州市来穗人员积分制服务管理事项439项，其中积分入学申请101项，积分入户98项，积分调整或第二次申请240项。结合“二合一”“三合一”出租屋专项整治、城中村综合治理、消防安全检查、“粤居码”推广等专项工作，组织开展出租屋宣传、排查行动，全年组织管理员1396人次巡查出租屋3.83万套次，发出整改通知书1062份，排查消防安全隐患46处，全部完成整改。

【社区服务】 2023年，梅花村街道加强社区服务，做好民政服务、生育服务、综合便民服务等工作。

民政服务 2023年，梅花村街道发放低保金162万元、特困供养金88万元、临时救助金21万元、重大节日慰问金14.6万元。升级改造颐康中心1个、社区颐康服务站14个、长者饭堂6家，颐康服务站覆盖率100%。增设认知症照护、“互联网+智慧养老”、“互助式抱团养老”等特色服务，全年上门服务2879人次，助餐配餐3.98万人次。完成居家适老化改造3户，建设家庭养老床位8张。组织志愿者200人次，开展残疾人健康教育、安全出行教育等主题活动50场次。完成康园工疗站无障碍环境改造。发动企业、党员、居民慰问残疾人466人，帮助41名残疾人圆梦微心愿，发放助学助困金4700元、慰问金4150元。

生育服务 2023年，梅花村街道办理独生子女父母奖励1275宗。发动居民参加孕前检查569人、产前检查244人，开展预防出生缺陷讲座。开展35~64岁适龄妇女“两癌”（乳腺癌、宫颈癌）筛查，惠及56人。帮助辖区内4名困难家庭母亲申请“幸福工程，安康母亲”扶助项目，募集扶助款项3.2万元。

综合便民服务 2023年，梅花村街道便民服务大厅办理业务5.3万件，其中即来即办业务3.2万件，同城通办业务1.8万件，通过新综合受理系统办理业务1.76万件；大厅窗口办事群众满意度99%。街道与辖区内44家重点企业建立专员服务重点企业保用工联络机制，举办“月圆·乐夜·越精彩”金秋现场招聘会等招聘活动，发布常规用工岗位3000个，实际招聘数3516个、灵活用工岗位851个，实际招聘完成数867个。

【党建和精神文明建设】 2023年，梅花村街道开展中心组理论学习9场。邀请专家为辖区内党员开展党的二十大精神主题宣讲19场，开展“书记上党课”活动58场。开展“双微”行动，征集认领群众微心愿215个、民生微项目9个。推进党建先锋行动，结对帮扶全街道困难党员42人、低保群众21人、低收入户99户。指导社区网格党支部开展“百个机关党组织进社区”“千名机关干部进网格”活动，区工商联联合广州市玩具协会在2023年国际六一儿童节为梅东社区儿童捐赠玩具、文具一批。越秀区文广旅体局链接文化资源，联合区博物馆在社区开展“越”下杨箕，对月说史——“小越课堂”进社区主题宣讲特色活动，为杨箕社区居民讲述中秋广府习俗与中共广东区委监委书记杨殷的红色故事。越秀区市场监管局开展“我为群众办实事、食品安全进社区”宣传活动，向居民宣传食品安全知识，并为居民提供现场送检服务。

【“蝶变杨箕”项目】 2023年，梅花村街道杨箕社区开展“深化作风，优化营商环境”专项行动，优化“企业吹哨，服务送到”企业服务。发展现代传媒、数学文化创意等文创产业新业态，以“数字科技+传媒+文创”为重点，打造广州数字科技传媒文创产业聚集发展示范区，载体规模约19万平方米，约占示范区总面积七成。坚持党建引领标杆社区创建工作，探索形成城中村治理“六六工作法”（抓共建、抓队伍、抓保障、抓载体、抓创新、抓效能）。完善“五口”（路口、村口、巷口、门口、档口）监控视频安装点位，开展电动车专项整治，扩充充电柜数量，提升硬件设施和物业管理效率。年内实现视频监控系统、门禁系统、消防系统、电动车上楼警报系统4个支柱的集成化管理。社区内有治安监控和高空坠物监控设备2000多个、烟温感探测器1.9万个、楼层消防广播点位1548个、充电柜10组120个。

【梅花文化品牌打造】 2023年，梅花村街道培育红棉京剧社、梅花港诗书画社、咏梅舞蹈队等文化志愿服务团队16个，成员618人。举办京剧演唱会、北帝巡游、诗书画作品展览、舞醒狮、赛龙舟、粤语讲古等传统文化活动，举办第八届“梅花文化节”。协办第31届中国戏剧梅花奖获奖演员进梅花村街道慰问演出活动，在海珠广场举办“英雄花开英雄城”专场演出。开展粤（京）剧、红色电影、科普教育进社区等活动，其中“打造‘梅花文化’品牌，丰富社区文化生活”被评为越秀区创新优秀项目。举办“梅花四季香”百姓舞台四季主题系列活动，惠及群众7000多人次。

【老旧小区改造补短板项目】 2023年，梅花村街道推进老旧小区更新。完成东风东路801号大院老旧小区改造补短板项目，涉及住户517户，改造总面积5.52公顷。以打造全民健康社区为目标，实现“韵动健康社区”的改造愿景，其中《小中见大的社区共同体：广州市老旧小区共同缔造惠民生系列实践》获香港城市设计协会颁布的“大湾区城市设计奖”。该项目还涵盖梅花村、水均、东兴中、东兴南社区及共和大街11—15号，涉及居民4585户。

【共和片区交通整治】2023年，梅花村街道推进实现区域协调发展，针对共和片区交通设施老旧、管理粗放等问题，探索构建共建机制，打造“一路一景、一段一品”交通慢行系统，改善共和片区人居环境，组建交通劝导队伍，改善辖区内交通秩序。推动共和片区路网升级，提升道路交通安全秩序。配合交警大队对共和片区交通设施进行改造，优化道路系统规划。建立“共和片区共建共治联席会议”机制，采用政府部门负主责、属地机关团体企业齐参与、家校联动的原则，由梅花村街道党工委、办事处牵头，组织开展“小手拉大手”带动家长文明出行等活动，对8000多名师生开展安全、文明教育。　（杨蕊嘉）

黄花岗街道

【概况】 黄花岗街道位于越秀区东北部，东起广州大道，西抵执信南路、先烈南路、原道路，南至天河路、东风东路，北达内环路永福路段、广九线铁路。面积3.2平方千米。设永福、科苑、永泰、御龙、云鹤、空司、区庄、犀牛北、东环、菜寮、执信、农本、水荫、水荫南、水荫西15个社区。2023年末，黄花岗街道有户籍人口11.29万人、常住人口8.66万人。辖区内有黄花岗七十二烈士墓、庚戌新军烈士墓、史坚如墓、朱执信墓、冯如墓、邓仲元墓、华侨五烈士墓、杨仙逸墓、张民达墓、范鸿泰墓、潘达微墓、五十四军赴印缅作战阵亡将士纪念亭、执信中学建筑群等文物单位；有中国科学院广州分院、广东省科学院、广东省地震局、广东省教育厅、广东省文化厅、广东工业大学、中共广州市委党校、自然资源部广州海洋地质调查局等机关团体单位。

【地域经济】 2023年，黄花岗街道巩固“一企一策”诉求解决机制和“1+N”（引进一个，带动一批）补链强链招商效应，开展联动招商。内育外引相结合，建设“一楼一业”，通过推动环东广场打造生命健康产业集聚楼宇，入驻生命健康企业33家，年租赁收入超4000万元。围绕生命健康、现代商贸等优势领域，引进优质投资项目25个，新增“四上”企业52家。全年代征出租屋综合税3611万元。新增税收亿元楼2栋，“亿元楼宇”商务楼宇增至9栋。

【社区管理】 2023年，黄花岗街道加强社区管理，推进城市管理、综合治理、应急管理、综合保障工作。

城市管理 2023年，黄花岗街道组建街道环境品质提升工作专班，发现并整改问题约3400个。规范环卫站管理运作机制，实现责任网格化、作业机械化和呼叫智能化，做好主次干道、内街巷和居民小区环卫保洁工作41万平方米，清理死角约2500处，清理垃圾杂物、建筑淤泥约900吨。启动6个老旧小区更新改造，推动老旧楼宇改造供水设施，涉及154个用水单位4747户。完善修补城市设施2700多处，在全区各街道年度干净整洁平安有序环境考核中排名第一。完成地铁十三号线二期农林下路站房屋征收任务，涉及房屋140套，总面积约9600平方米。引导居民委托专业物管公司管养维护加装电梯，推动老旧小区100多台电梯纳入专业托管范畴，创建全市首个加装电梯连片托管示范街道。开展垃圾分类宣传活动500多次，配齐辖区内80个投放点的设施设备，划分收运线路5条，创新设置“小铃铛”移动收运方式，黄花岗街道在垃圾分类工作年度考评中获评全市“优+”街道，街道党工委书记余昭辉被住房和城乡建设部办公厅评为“生活垃圾分类达人”。

综合治理 2023年，黄花岗街道发挥街道综治中心“前哨站”作用，处置跟进化解矛盾纠纷，办结信访案件181件，化解矛盾纠纷262件，承办“12345”热线工单5577件。发动黄花风铃志愿服务队、红棉老兵志愿服务队等开展防范电信网络诈骗、打击养老诈骗、反走私反偷渡等活动，组织社会群防志愿力量参与治安巡逻等活动。

应急管理 2023年，黄花岗街道推进各领域风险隐患排查化解，排查整改重大事故隐患9处、一般隐患2089处。作出安全生产行政处罚35宗，办理消防委托执法案件46件。推动15个社区微型消防站实现实体化运转，建设电动自行车充电端口近3200个。组织开展电动自行车、医疗机构、高层建筑、城中村等领域专项整治行动，实现安全事故“零发生”。

综合保障 2023年，黄花岗街道有登记出租屋1481栋1.5万套，登记来穗人员1.9万人。登记出租屋数量比上年增长2%，来穗人员下降4%。联合各职能部门开展出租屋安全隐患整治行动近1200次，出动人员1.7万人次，发出整改通知书和隐患告知书1.4万份，安全隐患整改率83%，重点隐患整改率100%，全年排查整改隐患3200处。对云鹤、永福西约等重点区域村屋增加巡查频次，整治房屋结构、消防、治安隐患。开展流动人口“粤居码”推广工作，流动人口“粤居码”持码率在99%以上。代征出租屋综合税3611万元，数额位列全区各街道第二。

【社区服务】 2023年，黄花岗街道加强社区服务，做好民政服务、生育服务、综合便民服务等工作。

民政服务 2023年，黄花岗街道落实社会救助兜底保障，落实112户171名低保低收群众保障措施，发放最低生活保障金199.5万元、特困金61.6万元、事实无人抚养孤儿生活保障金34.5

万元。为215名困境长者建立健康档案，定期探访慰问。完善未成年人保护工作机制，建立困境儿童动态监测机制，落实辖区内100名困境儿童“一人一档”。受理处置低保特困等困难人群临时救助30宗，涉及救助金17.7万元。为48名困境儿童圆梦微心愿，在科苑社区81号大院建成儿童友好社区花园。落实残疾人福利政策，办理残疾人康复资助152人次，资助总额80.4万元。完善“一老一小”服务保障体系，实现15个社区颐康站建设全覆盖，为长者提供助餐配餐服务4.1万餐次。依托“五好”公共卫生委员会，探索“养生+养护+养病”医养结合养老模式。巩固慈善惠民成果，开展慈善类活动52场，募集资金及物资合计超35万元，帮助实现群众微心愿240个，为生活困难群众开展应急救助240人次，科苑社区获评2023年度广州市最美慈善社区。完成社区颐康服务站全覆盖建设，依托1个街道颐康服务中心和14个社区颐康服务站，为长者提供生活照料、助餐配餐、日间托管、医疗保健、康复护理、临时托养、文化娱乐、安全援助等养老服务。

生育服务 2023年，黄花岗街道免费提供孕前优生健康检查服务790人，新审核办理计划生育奖励金977人次。依托“五好”街道公共卫生委员会创建工作，联合社区卫生服务中心开展“健康讲座下社区”活动，组织各类主题宣传服务活动、讲座、培训31场次，服务1508人次。开展“幸福工程——救助贫困母亲”募捐活动，向辖区内机团单位发出倡议，筹集幸福工程捐款2420元。建立困境儿童动态监测机制，对辖区内100名困境儿童全部落实“一人一档”，用好阳光学子助学活动等政策资源，资助1名困境家庭学子完成学业。

综合便民服务 2023年，黄花岗街道推进服务事项梳理优化和审批便利化改革，推行上线“一码通免证办”试点服务，办理政务服务事项8.6万项。做好就业服务，举办“春风行动2023——春风送岗暖羊城”、2023年民营企业招聘服务月等招聘会，全年组织170多个单位参与招聘，提供岗位近4800个，越秀区首个“就业驿站”落户区庄社区。越秀区“山海心连之家”黄花岗街道服务分站在街道文化站揭牌运行。扩大羊城家政服务覆盖面，在科苑、云鹤和水荫南社区增设二级“南粤家政”基层服务工作站，街道“南粤家政”基层服务站绩效被广东省人力资源和社会保障厅评为“A级（优秀）”等级。

【党建和精神文明建设】 2023年，黄花岗街道依托街道党校及网络载体、培训平台，开展学习研讨296场次，组织培训党员干部9000人次。组织15个社区党委书记参加全国社区党组织书记和居委会主任视频培训班，组织140名党支部书记、党务工作者参加区委组织部组织的年度实训，3929名社区党员参加远程电教集中培训。组织“黄花大讲坛”专题党课3期。组织认领微心愿199个，完成微项目17个。深化街道“大党工委”、社区“大党委”建设，与78个机关企事业单位党组织签订党建共建协议。新成立两新党组织2个，完成社区党组织换届选举6个、委员增补选1个、整建制转入1个，创建中海物业、北京同仁堂2个两新组织党建示范点。联合巴士集团党委等6个辖区内两新党组织开展“英雄花开英雄城”等党建共建主题党日活动。对标“五好”示范社区，开展“一社区一品牌”评比活动，打造党建品牌矩阵，水荫南社区创建为党建引领基层治理示范社区。

【垃圾分类工作连续第三年获评广州市“优+”等次】 2023年，黄花岗街道创新垃圾分类宣传形式，发挥基层党组织“主心骨”作用，以“小手拉大手”“政府连企业”为切入点，采取入户宣传、守桶劝导等形式，开展活动500多次，覆盖居民3万多户，引导居民精准投放生活垃圾，从源头减量。开展“垃圾分类大课堂”和“最美家庭”评选等活动，在辖区内16所中小学和幼儿园开展垃圾分类小课堂50场次和亲子研学活动40场次。推动垃圾投放点升级改造，配齐辖区内82个投放点的设施设备，对辖区内17个投放点进行厢房式改造，巩固居民垃圾分类“定时定点”投放模式，落实投放点一点一人管养责任。划分5条收运线路，创新设置“小铃铛”移动收运方式。落实物业公

2023年12月27日，黄花岗街道环卫工人开着垃圾收集车收运垃圾
（钟涌 摄）

司、“三类”（机关团体单位、经营区域、公共场所）单位主体责任，开展垃圾分类执法立案37件。2021—2023年，黄花岗街道连续三年在垃圾分类工作年度考评中获评全市“优+”街道。

【广州市首个加装电梯连片托管示范街道创建】 2023年，黄花岗街道以老旧小区既有加装电梯的连片托管为切入点，拓展全域服务治理内容，推出电梯托管服务，实现“有物管找物管，无物管找托管”。在2021年创建成为全市首个成片连片加装电梯项目试点小区的基础上，推进水荫路34号大院连片托管，社区党组织牵头成立电梯事务治理委员会，制定使用管理服务保障制度，引入专业物业管理公司实行服务“全包”，负责电梯安全管理人员配备、应急救援值守、日常巡查维护、年度定期检验等事项。探索智慧监管模式，增配智能监控系统，搭建社区“电梯物联网”，将电梯运行动态、安全状况接入社区数据中心并实现一屏管理，便于及时发现并主动呼叫处理安全隐患。实现分散主体加装电梯“集约化”管理，破解责任主体冗杂、水平标准不一、服务记录不齐的监管难题。推出“托管+保洁”“托管+保安”“托管+需求”等套餐服务，补足老旧小区物业管养短板，提升社区治理效能。至年底，黄花岗街道有120台电梯被纳入连片托管范畴。是年，黄花岗街道获评广州市首个加装电梯连片托管示范街道。（钟浩晖）

华乐街道

【概况】 华乐街道位于越秀区中部，东起区庄立交桥、原道路、黄花岗纪念公园西侧围墙，与黄花岗街道为邻；西抵麓苑路、建设六马路，与建设街道相连；南至东风东路，与大塘街道、农林街道连接；北达原广深铁路边，与登峰街道接壤。面积1.2平方千米。设青菜岗、青菜东、邮电、黄花新村、华侨新村、花苑、淘金、白云、天胜村、麓苑10个社区。2023年末，华乐街道有户籍人口5.5万人、常住人口4.15万人。辖区内有伍汉持墓、圣婴院遗址、邓荫南墓园、兴中会墓场4处不可移动文物；有花园酒店、广州中心皇冠假日酒店、白云宾馆、华泰宾馆、远洋宾馆等高档宾馆5家，有国际电子大厦、广州世界贸易中心大厦等重点楼宇21栋，其中，友谊商业大厦、广州国际电子大厦、广州世界贸易中心大厦、广东国际大厦为税收亿元楼宇。有广东省卫生健康委员会、广东省新闻出版广电局、广东省广播电视局、广州珠江实业集团有限公司、广州友谊集团有限公司、中山大学附属肿瘤医院、广州市华侨外国语学校、广东省实验中学越秀学校、广州财经商贸职业学校、广州国投悦康美邸养老服务有限公司等机关团体单位。

【地域经济】 2023年，华乐街道招商优质企业16家，引进优质投资项目17个，其中被纳入市库签约落地项目5个，被纳入市库招商线索项目5个。全年开展暖企及日常走访重点企业400多家次，协调推进百胜餐饮咖啡吧项目选址、广东铁路周边路面铺设、花园酒店周边环境卫生整治问题等服务事项50多项。

【社区管理】 2023年，华乐街道加强社区管理，推进城市管理、综合治理、应急管理、综合保障工作。

城市管理 2023年，华乐街道组建行动专班，对于存在消防、建筑等安全隐患，影响生态环境保护、历史遗存风貌，舆情关注或群众反映强烈的重点地段加强排查、督导，建立清单，全年没有发现辖区存在屋顶违法行为，查处违法建设26宗，拆除违建面积4029平方米。开展园林绿化常态巡护3060次，没有发现侵占绿地、私自砍伐绿化树木等问题。开展全民义务植树系列活动，发动社会各界参与绿美生态建设，发动机关团体单位捐资，补植辖区内绿化花基17处，种植翠芦莉苗约7700株，绿化面积350平方米。落实大气污染防治措施，做好春季工地、道路开挖扬尘污染防治工作，加强对建筑施工工地扬尘污染监管执法，全年出动620人次，巡查在建工地及小微工程680次、餐饮企业

2023年7月22日，环市东时光集市在环市东广场举行（华乐街道供图）

350家次。常态开展市政道路洒水降尘作业，组织洒水作业420次，洒水量162立方米。加强“散乱污”场所清理整治，排查辖区内餐饮、零售等生产经营场所504个次，认定并整改“散乱污”场所4个。推动餐饮经营场所安装燃气报警装置，全年开展用气场所联合检查17次，排查餐饮场所508个次，排查燃气隐患出租屋204套，责令整改燃气隐患问题106个。完善林长制、绿化项目审批制等制度机制，促进街区人居环境改善。推进广州市轨道交通十二号线、十三号线二期建设六马路站项目（华乐街道辖区）国有土地上房屋征收工作，成立地铁项目征拆工作领导小组和专班，实施“街道主要领导统筹+专班实施+部门联动”工作机制，实现土地征收签约率100%。

综合治理 2023年，华乐街道排查矛盾纠纷54件，完成调解54件。发动辖区内机关团体单位、临街档口、物业小区和“乐叔乐婶”等社区志愿者参与社区日常巡查和群防群治，全街道约有80名“乐叔乐婶”参与社会面治安防控。办理信访案件114件，接待群众来访224人次，信访案办结率100%。开展交通专项整治行动，设置整治岗亭3个、重点整治路段4个，辖区内交通秩序好转。

应急管理 2023年，华乐街道督促辖区内108个安全生产重点单位签订安全生产责任书，明确各单位的安全生产责任及工作任务，对辖区内35家重点企业开展企业主要负责人履行安全生产职责指引专项行动，督促企业落实全员安全生产责任制。开展危化品专项排查整治行动，对辖区内百货店、寄递物流业开展重要节日烟花爆竹打非行动。全年出动检查人员994人次，检查企业1742家次，发现并整改安全隐患494处，隐患整改率100%。发出巡查记录1272份、限期整改告知函475份、现场复查记录470份。办理简易处罚19宗，处罚金额5.5万元，移交区应急管理局一般处罚9宗，处罚金额12万元。

综合保障 2023年，华乐街道开展出租屋燃气安全隐患排查整治，对违规使用直排式热水器以及室内存放3个及以上15千克液化气钢瓶的租户指导督促整改，全年整改出租屋204套。加强燃气安全常态化检查，对辖区内用气场所开展联合排查整治24次。加强出租屋安全工作，开展联合整治行动26次，出动人员358人次，整治群租房156套、转租房291套，“住改仓”出租屋9套。

【社区服务】 2023年，华乐街道加强社区服务，做好民政服务、生育服务、综合便民服务等工作。

民政服务 2023年，华乐街道办理阳光助学资助26人，实施临时救助67宗、医疗救助593人次。受理公租房申请、变更、期满年审等业务261件。实现失业人员再就业585人，其中困难失业人员再就业212人。开展持证残疾人基本状况调查，组织辖区内残疾人制作手工艺品并参加“双百社工”（广东省内街道100%建立社工服务站、困难人员100%享受社工服务）服务站的慈善义卖活动，义卖筹得善款全部捐赠给华乐街道社区慈善基金会。

生育服务 2023年，华乐街道组织2023年度“幸福工程——救助贫困母亲”爱心捐款，募集捐款2.9万元。开展新时代婚育文化宣传服务活动12场，发动计生协会志愿者、居民、机关团体单位成员参与，服务群众逾500人次。做好免费婚前医学检查、适龄妇女“两癌”筛查等妇幼项目民生实事，提供免费婚前孕前检查307人次、“两癌”筛查93人次。

综合便民服务 2023年，华乐街道为341名特殊困难人员建档，建立每月访问制度，提供精准服务。协助开展“迎新春，圆心愿”活动，实现辖区内困难人员微心愿100个。推动长者饭堂提供供餐和送餐上门服务，兜底满足社区困难长者的用餐需求，全年供餐6.61万人次，送餐2069人次，提供上门服务1625人次。实施老年健康与医养结合服务行动，开展长者体检进社区活动，通过电话、“社区随约服务网上驿站”微信公众号等发动65岁及以上老年人进行体检并加入健康管理，提升老年人健康管理率和医养结合服务率，全年有3520名长者参加免费体检并加入健康管理。

【党建和精神文明建设】 2023年，华乐街道发挥党建引领作用，以开展主题教育为牵引，开展读书班5期，讲授专题党课81场，开展主题党日活动162次，开展调研下基层168人次，制定并完成推动发展项目4个、整改措施105条。推进把华侨新村社区打造为“党建引领基层治理”示范社区，在机制、场地、硬件、效能等方面进行提升。提炼共创“乐居”幸福家园、搭建惠企“乐业”平台、发挥校园“乐学”底蕴、擦亮“乐叔乐婶”志愿服务队品牌、营造商圈“乐购”氛围的“五乐”社区治理经验，并以华乐派出所创建枫桥式派出所为契机，建设“党建+警务”社区党群服务站，打造服务居民新平台。以强化两新党建工作为着力点，推动经济发展，新建两新组织党支部2个，更新华乐街道广东国际大厦党委活动场地。完善两新组织党建常态化走访工作机制，定期召开工作会议和开展走访活动，全年开展红联共建座谈会2场、党的二十大精神知识竞赛活动1场，提升两新党组织的凝聚力。以落实“强基层百千计划”为契机，加强网格党建，安排辖区内70名党员干部下沉到70个网格党支部，配齐配强网格党支部“三书记三委员”（“三书记”指由居住地党员担任第一书记，社区专职工作人员、社区党员分别担任书记和副书记；“三委员”指配齐配强组织委员、纪检委员、宣传委员）架构，发挥网格党建指导员作用，落实底数摸排。推进“双愿双微”（“双愿”指心愿、志愿，“双微”指民生微项目、群众微心愿）行动，267名在职党员认领群众微心愿141个，10

个党组织承接完成微项目11个。推动政治理论学习，全年开展理论中心组学习19场、各类学习活动33场，培训1160人次。开展“牢记嘱托学思想，感恩奋进建新功”主题党日活动，组织机关事业单位党支部和10个社区党组织共500名党员观看红色话剧《春园1923》。

【华乐城区品质提升】　2023年，华乐街道围绕城市设施改造更新需要，以精细化为原则，推进城区品质提升。针对华乐街道友爱路19号红线女故居出入口内街巷道路立面破旧、路面坑洼、龟裂、局部下陷等问题，结合华侨新村社区品质化社区容貌提升，对街巷坑洼路面进行平整修复，运用红线女主题元素对周边外立面进行更新，提升整体文化氛围，提高红线女旧居周边环境水平。结合华侨新村党建引领示范社区工作，融合打造“党建+警务”“站室合一”新场所，翻新整修华侨新村社区健身路径与周边文化墙，提升社区公共活动空间品质，获新华网、羊城派、广州日报新花城等新媒体转发报道。

（高波摇）

建设街道

【概况】　建设街道位于越秀区中部，东起建设六马路，西至小北路的东濠涌边，南抵东风东路，北达南坑东广深铁路。面积0.91平方千米。设六马路、中马路、二马路、大马路、黄华南、黄华塘、黄华北、旧北园、麓湖路9个社区。2023年末，建设街道有户籍人口6.22万人，常住人口3.6万人。辖区内有广州大学附属中学、广州市第十七中学、环市路小学、建设大马路小学、建设六马路小学，以及广东省育才幼儿园一院、广州市第一幼儿园等幼儿园。有中共广东省委党校、广东省公安厅、广东省应急管理厅、广东省戒毒管理局、广东省广业纺织物流产业有限公司、广东省广业岭南燃气有限公司、广州市市政集团有限公司、广州市城市规划勘测设计研究院、广州市林业和园林局、广州市生态环境局等机关团体单位；有市政中环大厦、好世界广场、宜安广场、亚洲国际大厦、粤海集团大厦等商务楼宇。

2023年，建设街道获评2022年度广州越秀区平安越秀建设考评优秀街道、基层统计“7个一”规范化建设先进单位。建设街道黄华北社区被评为2022年度广州市道路交通安全文明示范社区、2022年度广州市劳动关系和谐社区（村）。

【地域经济】　2023年，建设街道完成招商项目11个，其中4个为市库项目，新增规模以上企业25家。指导支持辖区内商业综合体——保利时光里结合“越秀欢乐购”开展促消费活动，举办新春年货节、主题咖啡节、“时光妙会”等促消费活动30多场。发展首店经济、首发经济，吸引中高端品牌、新兴消费品牌入驻，扩大消费群体。结合“一刻钟便民生活圈”试点工作，推动社会力量参与老建筑、老街区盘活，联合广州优视云集科技有限公司、广州·时光里共同举办“古越今秀，悦享精彩”——建设街道一刻钟便民生活圈暨时光妙会活动。推出“9天持续奇妙现场、11场现场音乐演出、5个展览互动、90多个特色摊位、6大活动福利”等特色主题促消费活动。通过线上“直播带岗”、线下“人才夜市”的方式，建设街道就业驿站联合广州越秀红海人才服务有限公司在夜市开展招聘直播，帮助更多群众在家门口参与招聘就业，帮助企业解决用工难题。

【社区管理】　2023年，建设街道加强社区管理，推进城市管理、综合治理、应急管理、综合保障工作。

城市管理　2023年，建设街道常态化开展爱国卫生运动、垃圾分类宣传、食品安全检查、“六乱”整治等工作，落实“河长制”“林长制”，提升城市管理精细化水平。开展爱国卫生运动宣传活动7次，发动辖区机关团体单位、社区志愿者、居民共同开展爱国卫生运动51次，出动工作人员1881人次，整治卫生死角326处，街区环境保持干净整洁。开展生活垃圾分类宣传活动169次，入户宣传3.33万次。开展垃圾分类

2023年9月28日，建设街道一刻钟便民生活圈暨时光妙会活动在广州市保利时光里商业综合体前广场举行　（钟涌　摄）

执法检查51次，开出限期责令整改通知书23份。组织食品安全联合检查36次，出动人员282人次，督导检查食品、餐饮经营场所1746个次，发现、整改问题82个。履行“河长制”职责，开展排水单元达标工作，推进广安大厦、德安大厦、珠江规划大厦3个非财政类排水达标单元达标创建。利用巡林、巡河系统定期开展巡查，街道级林长、副林长、社区“一长两员”（“一长”指社区林长，“两员”指社区护绿员、保管员）按照每月、每周、每日巡查频率落实巡查工作，至年底，开展巡河209次、巡林3184次，建立工作台账，督促整改问题。深化街道综合行政执法体制改革，立案115件，拆除违法建设30宗，拆除面积8097平方米。建设全市首座电动油压式架空层密闭转运压缩站，于是年2月完工并投入使用，在试运行期间实现“零投诉”，收到居民电话、信函表扬9件次。抽调各部门人员组建城市管理工作专班，落实巡查督导，全年发现、督导、整改问题957个。

综合治理 2023年，建设街道治安案件比上年下降11.5%，刑事案件下降3%。推进“信访超市”建设，推进矛盾纠纷“一站式”调处，全年信访件办结率100%。优化立体治安防控体系建设，启动114个最小应急单元拉练，提升突发事件应急处置能力。发动引导“广州街坊·榕树头”群防共治力量参与社会面治安防控，在“广州街坊”微信小程序线上发起活动282次，排查化解矛盾纠纷179件。开展毒品预防教育宣传进学校、进社区、进家庭、进单位、进场所活动26场次。

应急管理 2023年，建设街道推进安全生产和消防安全专项整治，落实安全生产责任，检查生产经营单位958个次，查处事故隐患286处、实施行政处罚19次，其中普通程序办理14次、简易程序办理5次。组织辖区内机关团体单位、物业公司开展应急安全演练12次。在“南方+”等新闻媒体编发安全生产、消防安全“五进”等活动宣传信息13篇，组织社区干部转发安全生产、消防、三防等信息至各社区微信群，扩大宣传知晓面。在市、区安全生产工作群和区消防工作群编发工作简报40期。组织街道和社区开展三防演练9次。参加2023年越秀区防汛防风应急演练暨三防技能大比武，获优秀组织奖。

综合保障 2023年，建设街道登记在册出租屋751栋6843套，出租面积79.42万平方米，登记来穗人员7239人。办理房屋租赁备案2747宗、居住证业务2255件。开展“人屋”底数核查，全年上门排查出租屋3.9万套次，核查来穗人员6.7万人次，新登记来穗人员1346人次。走访慰问来穗务工代表30多人，完成来穗人员社区微心愿36个。开展暑假小候鸟关爱活动19场次，参加人员1069人次。开展“学雷锋，促融合”等多元化主题关爱活动10场次，惠及来穗人员757人次。围绕积分制政策、居住登记和居住证办理指引、出租屋消防安全等主题开展宣讲，全年开展融合学堂6场次，参加群众200人次。

【社区服务】 2023年，建设街道加强社区服务，做好民政服务、生育服务、综合便民服务等工作。

民政服务 2023年，建设街道落实社会救助兜底保障工作，发放救助金额86.25万元，发放救助金额79万元。落实日常残疾人两项补贴（生活补贴和重度残疾人护理补贴），发放重度护理补贴10万元、困难生活补贴近2万元。成立建设街道未成年人保护工作站，开展绘画彩绘小组、趣味运动会、羊城之夏、“4：30课堂”等8项活动，1157人次参加。开展儿童圆梦微心愿活动，发布困境儿童微心愿27个，均得到认领，最高价值8000元。开展“居家+社区+机构”三级综合养老模式，常态化运作日托中心，与亚洲大酒店合作提供特色化创新社区饭堂，与养老机构、社区卫生中心合作在颐康中心设置分诊点，联动“平安通”、“12320”热线开展智慧养老。落实被纳入2023年越秀区十件民生实事的“供水服务到终端”工作，组织召开供水协调会10多场，协调解决问题4个，供水改造进场施工52个（涉及1555户），完成水泵房安装27个。推进既有住宅增设电梯工作，协助居民完成加装电梯备案12台。提升退役军人服务保障水平，为符合条件的退役军人和“三属”（烈士遗属、因公牺牲军人遗属、病故军人遗属）人员办理优待证、悬挂光荣牌。实地走访慰问功臣、百岁老兵、“三属”人员、无军籍人员等，受理涉军政策来访（电）咨询。协同社区服务中心举办招聘会2场，为退役军人提供就业岗位。

生育服务 2023年，建设街道开展产前随访121人、产后随访172人。为26人发放独生子女保健费，为88人购买独生子女综合保险。开展托育服务宣传月活动、世界人口日宣传活动、优生优育宣传活动等8场。

综合便民服务 2023年，建设街道完成城镇失业再就业人员638人，完成比例100%；就业困难人员实现就业162人。新办失业证856人，灵活就业备案164人，采集空缺岗位信息3488个，提供线上及线下职业指导服务2366人次，推送岗位760个。在建设大马路中环广场、新村广场举办现场招聘会3场，提供工种126个、就业岗位2747个，采集求职者信息600人。强化就业困难人员就业政策宣传指引，完成帮扶就业困难人员认定690人次。办理帮扶就业困难人员申领灵活就业社保类补贴金额200多万元。做好过渡性养老金发放和解释工作，通过窗口办理社保转移业务108人次、失业待遇622人次、养老待遇1734人次、工伤保险待遇142人次，办理视同工龄审批、提前退休审批和早期离开国有集体企业人员、离开机关事业单位人员等一次性缴费业务103人次。以文化惠民为载体，结合中国传统节日开展新春嘉年华系列活动、元宵剪纸花灯体验活动、“翁暖花道中式插花”活动、“五一”彩蛋涂鸦活动、“六一”亲子非遗体验、中秋花灯制作等活动13场。依托街道文化站，引进广州市南汉二陵博物馆专业资源，打造“家门口的博物馆”，举办“寻迹羊城——广州考古新发现”图片展、“厚植家国情，弘扬好家风”新时代建设好家风成果展等专业展览5场。打造图书馆“阅创空间”学习品牌，结合诗词品鉴、创客空间等内容开展主题活动10场，开展“430”青少年公益体育课程18节，开设传统舞狮、武术等公益体育课程，文化活动惠及居民1万多人。

【党建和精神文明建设】 2023年，建设街道在“七一” 前后，以“凝心铸魂跟党走，团结奋斗新征程”为主题，举办颁发“光荣在党50周年”纪念章、老党员带新党员入党宣誓、党务干部轮训、参观红色教育基地等活动。开展“百个机关党组织进社区”“千名机关干部进网格”暨我为群众办实事“双微”行动，在“双报到”工作基础上，开展征集、认领和办好民生微项目、实现群众微心愿的“双微”行动，对接组织资源与群众需求，帮助社区困难家庭实现微心愿284个，对接微项目3个。在大马路社区的综合文化活动广场每月组织社区居民观看露天电影，在开影前开展党的二十大知识有奖问答，丰富群众精神文化生活。结合越秀区2023年海丝文化节相关安排，联合保利时光里商业综合体、广州博物馆举办“帆起南越·丝语千年”海丝文化节活动，打造海丝文化特色长廊，举办“广东彩，世界风”主题广彩文化展，开展海丝文化文创手工制作体验活动。

【广州市首座电动油压式架空层密闭转运压缩站建成】 2023年，建设街道通过人大代表联络站、社区居委会、广州“12345”热线、信访室等渠道了解居民诉求，组建政企联合工作专班，组织省、市、区人大代表和居民代表等开展专题调研，研究建设利用商业综合体架空层实现室内化运作和运用电动油压设备进行压缩的垃圾转运站，实现“政府主导、代表支招、企业协同、居民参与”参与社区共建共治共享。聘请专业设计院制定场地加固方案，整体加固转运站所在的地下停车场及地表，实现可承载35吨压缩车辆进出作业、满足大型车辆室内作业需求。在转运站内安装全套通风除臭、污水除臭、雾化喷淋和雨污分流系统，减少异味、污水；安装电动油压管路、驻车定位设施和自动翻桶设备，实现自动化、流水化作业，达到环境污染和作业强度“双降”，提高作业效率。整合垃圾收运体系，辖区内临时垃圾转运点由24个缩减至17个，收运方式由临时转运点直接压缩上车转变为集中至转运站压缩上车，转运站收运能力提升至100%，减少噪声、异味、污水、占道作业等问题。转运站于2月试运行，至年底，实现居民“零投诉”，收到电话、信函表扬9件次。

2023年2月4日，“玉兔迎春 灯映建设”中华传统文化体验活动在建设街道文化站举行 （钟涌 摄）

【在广州市率先试点打造“口袋里的家庭医生”】 2023年，建设街道联合广州市卫健委、市疾控中心、市“12320”卫生热线和街道公共卫生委员会、社区卫生中心、各社区创新推出“口袋里的家庭医生”服务，为辖区内9个社区开通专属线上服务平台入口，以社区为单位配置“口袋里的家庭医生”客服人员，居民群众扫码便可添加社区企业微信，与社区医院专业医生实时在线交流。

【广州市轨道交通十二号线和十三号线二期建设六马路站项目】 在广州市轨道交通十二号线、十三号线二期建设六马路站项目（建设街道辖区）中，建设街道涉及建设三马路1号、3号及建设六马路11号3个地址，面积8354平方米。2023年，建设街道辖区内50户住宅性质房屋签约完毕，签约率100%；非住宅性质房屋13户，签约13户，签约率100%。3月15日，完成建设三马路1号房屋拆卸，向地铁施工方移交施工场地面积约300平方米。8月9日，完成建设六马路1号融通公司誉海食街地块房屋拆卸，向地铁施工方移交施工场地面积约2568平方米。2023年，建设六马路站项目完成全部签约工作。

（伍俊康）

大塘街道

【概况】 大塘街道位于越秀区中部，东起广州起义烈士陵园东侧、东濠涌，西至文德路、德政北路，南抵中山三路、文明路，北达法政路、东风东路。面积1.06平方千米。设东平、东皋、北横、豪贤、德政北、芳草、东方里、龙腾、秉政、德政中、大塘、朝阳、文德13个社区。2023年末，大塘街道有户籍人口5.45万人、常住人口4.16万人。辖区内有广东咨议局旧址、国民党“一大”旧址、广州农民运动讲习所旧址等全国重点文物保护单位5处，有广东贡院明远楼、中山大学天文台旧址、广州起义烈士陵园等广东省文物保护单位5处，有整理东濠下游碑记、龙虎墙、仁兴街越南青年政治训练班旧址等广州市文物保护单位5处，有区家祠越秀区文物保护单位1处，有达庐、增园、皋园等越秀区登记保护文物单位11处。有广东省立中山图书馆、广州少年儿童图书馆等文化机构，有广州市城市管理和综合执法局、广东省盐业公司、广东省电影公司、广州市城市建设投资集团有限公司、中国建设银行广东省分行等机关和企事业单位。

【地域经济】 2023年，大塘街道引入优质投资项目20个。落实区重点企业员工子女申请优质教育服务政策，为7家重点企业员工子女递交11个优质学位申请。珠江·星火1926项目于是年8月26日开业，该项目是年计划投资额为9000万元，完成投资额9221.85万元。完成第五次全国经济普查清查阶段任务，填表单位5547个，填表个体户1400户。

【社区管理】 2023年，大塘街道加强社区管理，推进城市管理、综合治理、应急管理、综合保障工作。

城市管理 2023年，大塘街道开展爱国卫生运动35次，出动1248人次，清理卫生死角1035处，覆盖13个社区，市容环境卫生责任区告知书签订率100%。全面推行“林长制”，实施网格化管理模式，确定街道级林长10人、社区级林长26人、护绿员13人。是年，大塘街道行政执法立案109件，罚款34万元；消防委托执法案件32件，罚款2.68万元；拆除违法建设44件，面积8084平方米；整治占道经营2565件，乱摆卖704件，乱张贴、乱拉挂225件，乱堆放480件；拆除违法户外广告24宗，面积246.8平方米；开展垃圾分类执法检查1266件，教育处理205件，责令限改38件，立案处罚27件；燃气执法检查经营场所216个次，检查出租屋853套次，暂扣燃气瓶4个，立案处罚4件。处理生态环境领域涉群众信访举报投诉问题106个，全部办结，回复率100%。

综合治理 2023年，大塘街道收到来信来访和上级转办、交办信访件101件，办结101件。办理诉前联调案件236件，矛盾纠纷调处率100%。做好特殊群体管理服务工作，全覆盖上门走访帮扶辖区内特殊群体。发动群防群治队员参与社会面治安防控，辖区警情数、立案数实现“双下降”。开展反恐、反诈、禁毒、普法等宣传活动293次，在广视网、《南方日报》等媒体发布文章43篇。年内，大塘街道在2023年度平安越秀建设考评中获“优秀”等次，塘小鸭志愿服务队获评“广州街坊·越秀邻里”优秀群组。大塘街道综治中心通过广州市第一批镇（街）综治中心等级评定。

应急管理 2023年，大塘街道在省、市、区应急部门官方微信公众号上发布安全生产、消防安全相关信息49篇，阅读量3.4万人次。巡查发现并上报安全生产领域重大隐患12处，作出安全生产领域处罚33件，处罚金额15.58万元。在辖区重点路口、路段开展交通秩序大整治行动。落实汛期24小时值班，启动各类三防响应32次。开展集中联合检查行动216次，检查老旧居民住宅、出租屋、商户等场所1404个，发现隐患1230处，发出安全告知书1152份。绘制全街道电动车充换电柜地图，安装电动车集中充（换）电柜、充电桩72处，建设充电端口2082个。

综合保障 2023年，大塘街道开展出租屋消防安全隐患专项整治行动，实施“三查”（查电器、查通道、查火源器）机制，登记管理出租屋7139套，登记来穗人员8094人。代征出租屋综合税1171万元，比上年增长14%。开办“小候鸟”融合学堂17次，近500人参加。走访慰问来穗老人、来穗儿童、生活困难来穗人员11人次，完成来穗人员微心愿8个。服务34人通过积分入户广州市，30名随行人员入读广州公立学校。开展大塘街道出租屋联合专项整治行动230次，出动2002人，发出出租屋安全检查整改通知书282份。现场整治电动车违规停放充电134处、电线乱接乱拉59处，疏散消防通道3处，限期整改燃气安全隐患7处、“三合一”场所8个、群租房33套，开设逃生口127个。约谈租赁当事人并签署出租屋消防安全承诺书149份。是年，大塘街道出租屋内没有发生后果严重、影响恶劣的火灾责任事故及治安刑事案件。

【社区服务】 2023年，大塘街道加强社区服务，做好民政服务、生育服务、综合便民服务等工作。

民政服务 2023年，大塘街道发放救助金、慰问金456万元，服务残疾人1000多人次，募集捐赠76.2万元，惠及困难居民6800人次。开展“聚爱六脉大塘，乐善暖心同行”爱心集市暨慈善义卖活动2场，筹得善款8.28万元。新建成北横、东皋、龙腾、德政北、东平5个社区颐康服务站，申报秉政社区颐康服务站为示范点，有1个颐康中心、12个颐康服务站，完成全部养老服务设施建设，颐康中心养老床位入住10张。为80名“八类人员”（被纳入分散供养特困人员的高龄、失能、残疾老年人，最低生活保障家庭、低收入困难家庭中的高龄、失能、残疾老年人，失能的孤寡优抚老年人、计划生育特殊家庭老年人，分散供养特困人员中的老年人，最低生活保障家庭老年人，低收入困难家庭老年人，孤寡优抚老年人，计划生育特殊家庭老年人）和2715名长者提供上门生活照料等10项居家养老专业化服务。

生育服务 2023年，大塘街道加强人口信息化建设，围绕人口健康档案、健康教育、儿童预防接种、传染病防控、孕产妇和儿童保健、生育登记六大服务内容开展工作。做好免费避孕药具发放、独生子女奖励金发放等工作，发放独生子女奖励金1.17万人次2113.2万元。

综合便民服务 2023年，大塘街道组织大型群众文化活动12场、小型文体活动20场。举办现场招聘会6场、直播带岗1场，职业指导进社区1场，提供就业岗位3089个，促进再就业730人。组建红棉老兵红色宣讲队，开展红色宣讲13场。接处退管人员来访来电1.8万人次，提供政策业务咨询1.26万人次，发放退休资料、医保单等证件400多人次，接收档案84份，住院探访130人次，办理退休人员相关业务1602人次。是年，大塘街道收到居民送来锦旗2面。

2023年6月26日，大塘街庆祝建党102周年表彰大会暨文艺演出活动在广东省立中山图书馆举行。图为志愿服务队授旗仪式 （大塘街道供图）

【党建和精神文明建设】 2023年，大塘街道开展党的二十大精神专题研讨16次。制定主题教育工作方案，组织召开主题教育动员大会，列明重点任务清单，建立主题教育开展情况台账。打造廉洁文化品牌“清莲大塘”，加强学习教育。支持龙腾社区越秀区党建引领基层治理示范社区建设。该社区总结提炼“六联共建”党建工作法，运用“党建+文化”品牌，打造具有区域特色、文化韵味的街区。建设创新创业人才服务和湾区人才服务基地人才会客厅“增·才社”。通过军地共建、党建共建等方式，在陵园西路中段临街闲置商铺卷闸门开展“大塘红色画卷”彩绘活动。开展“两代表一委员”“双微”（民生微项目、群众微心愿）行动现场认领和现场捐赠活动，完成微心愿1204个、微项目25个。为18栋商务楼宇的物管公司颁发“经济贡献奖”，推动激活楼宇经济发展动力。探索社区红色物业工作方法和途径，成立越秀区首个有物业管理小区党组织——骏文雅苑小区党总支，入选“广州基层党组织书记典型经验100例”。

【大塘街道全域服务治理】 2023年，大塘街道实施“百千万工程”，与广州市城投集团签订战略合作协议，以老旧小区改造为切入点，在环卫保洁、安全管理、智慧社区、基础建设等方面拓展思路，作为首批试点街道实现“五个全市第一”（第一个建立全域服务治理中心，第一个成立政企合作专班，第一个配备运营中心专职主任，第一个以老旧小区改造作为试点切口，第一个突“破”停车难题），受邀参加广州市镇街全域服务治理专题论坛暨广州市推进“百县千镇万村高质量发展工程”现场会，并作经验分享。开设全域服务治理中心，为社区居民提供“一站式”管理服务。成立全域服务治理专班，组建安全秩序巡查队伍和联合应急小分队，提供安全巡查督导服务。在辖区开展老旧小区改造补短板项目，建设3400平方米的智慧停车场，提供停车位141个，增设智能充电柜34个、充电端口2084个，解决“停车难”“充电难”问题。打造“智慧环卫平台”，解决环卫服务“人多、面广、线长”管理难点，实现街道环卫作业“线上+线下”运营管控。

【大塘街道党工委党校获评广东省“百个镇街党校示范点”】 2023年，大塘街道党工委党校入选广东省委组织部公布的“百个镇街党校示范点”名单。大塘街道党工委党校以“红色大塘”为主题，建设集“党建活动、教育培训、文化宣传”等功能于一体的2700平方米办学场地。在13个社区打造社区分教点，把辖区红色基地纳入教学分教点建设，构建“1+13+N”（“1”指1个街道党工委党校，“13”指13个社区分教点，“N”指若干个现场教学点）的党校体系。组建专兼职师资队伍，街道党工委党校讲师库配备专职讲师24人，兼职志愿讲师8人。扩充党校课件库，拍摄《六脉汇大塘，色香味慈康》《东皋大道承文脉，百年老街再启》等专题课程视频，观看量超2万人次。举办培训调研活动52场次，包括“传承红色文化，品味诗意大塘”活动、广汽集团走访调研、党建引领基层治理能力培训班、“传承弘扬红色文化”主题党日活动、广州市新文化馆走访调研等。将党建教育与志愿服务、文明创建等实践活动相结合，连续开展志愿服务集市20多年。成立广州老年开放大学大塘街道学校，推进“颐养社区行”民生项目。邀请市党史文献研究室、区委党校等单位专家授课，开展“头雁”工程，设立“慧聚议塘”大塘讲坛，搭建常态化学习平台，提升党员干部的综合素质和业务能力。（吕妙君）

珠光街道

【概况】 珠光街道位于越秀区中南部，东起东濠涌，与大东街道、白云街道为邻；西至北京路，与北京街道、人民街道相接；北起文明路，与大塘街道毗连；南到沿江路，与海珠区对望。面积0.92平方千米。设东沙角、广舞台、越秀南、定安里、东园路、珠江园、祖庙前、新福里、清水濠、文德路、文明路、仰忠、爱家园、海傍14个社区。2023年末，珠光街道有户籍人口6.5万人、常住人口4.28万人。辖区有广东省总工会、交通部珠江航务管理局、广东省港航集团有限公司、广州仲裁委员会等机关团体单位；有中国共产党广东区执行委员会旧址、中华全国总工会旧址等全国重点文物保护单位；有省港罢工委员会旧址、周恩来同志主持的中共两广区委军委旧址、东园门楼、越南青年政治训练班旧址等广东省文物保护单位；有文德楼、黄埔军校同学会旧址、小东门桥、广州市消防局旧址、基督教救主堂等广州市文物保护单位；有东园文化广场、团一大纪念馆、八旗博物馆、无着庵、爱家园文体广场、江湾文体广场、仰忠广场等文化、宗教活动场所；有华润广东医药有限公司、中国人寿保险股份有限公司广州分公司、广州红海人力资源集团股份有限公司、广信江湾新城、广州国盈医药有限公司、珠光街道商会等企业及商会组织。

【地域经济】 2023年，珠光街道以江湾商圈“亿元楼宇”“诚信示范楼宇”为重点，发挥华润广东医药有限公司、广州国盈医药有限公司等企业引领作用，强化生命健康产业集群高质量发展品牌，推动粤港澳大湾区生命健康产业园区建设。利用一线江景优势，推出夜经济系列活动，打造“沿江298”夜经济文化地标。依托“首席服务官”制度，提升楼宇商业和物业管理服务水平，推动更多惠企政策落地，激发楼宇经济高质量发展新动能。与越秀海关召开高质量发展工作联席会议，在优化暖企服务、改善营商环境、推动经济提速增效等方面搭建平台、形成机制，推进高水平对外开放。全年新增“四上”企业20家。

【社区管理】 2023年，珠光街道加强社区管理，推进城市管理、综合治理、应急管理、综合保障工作。

城市管理 2023年，珠光街道推进背街小巷环境治理，开展社区环境改善项目30个，投入资金40多万元。做好登革热防控，清理积水3094处，消杀1.2平方千米。加强垃圾分类日常管理、监督、检查和宣传教育，厨余垃圾收运量比上年增长21.2%。推进交通秩序整治，开展交通安全宣传活动20场，增设交通安全提示牌16处。推进老旧小区微改造工作，项目提升范围58.52万平方米。开展违法建设治理攻坚行动，全年治理“六乱”案件1675件，清拆广告招牌及灯箱38个、面积301平方米，拆违78宗、面积2976平方米。

综合治理 2023年，珠光街道推进“枫桥式”综治中心提档升级建设，整合社会治理资源，加强综治中心“视觉识别规范化、工作机制扁平化、调解团队模块化、赋能提效信息化”“四化”建设，推动形成“综治中心+综合网格+最小应急单元+智能化”工作体系，实现社会动态早感知快预警，珠光街道矛盾纠纷“一站式”就地化解“八步法”被列入广州市推进综治中心建设会议经验交流材料。排查并调处矛盾纠纷和不稳定因素102件，调处成功率94.1%；受理群众信访件204件，结案率100%。加大平安建设宣传力度，辖区刑事和治安形势呈良好态势。推进全民禁毒工程，社区戒毒、社区康复执行率100%

应急管理 2023年，珠光街道落实安全生产和消防安全工作，开展建筑施工、危化品、电动自行车、危房等重点领域安全隐患排查整治，全年出动检查人员3500多人次，检查场所1800多个，发现隐患3000多处，发出现场巡查记录文书1591份，消防执法立案25件。推进电动自行车集中充换电设施建设，全年新增充电端口1374个，纾解群众关切的电动车充电难题。

综合保障 2023年，珠光街道登记在册出租屋1.31万套、来穗人员1.35万人。办理租赁备案1544宗，办理居住证及续期业务3184件。代征个人出租屋综合税1012万元。开展出租屋精准核查、消防专项整治、垃圾分类、禁毒防邪教、扫黑除恶、群租房整治等专项行动，排查出租屋3.62万套次，建立健全隐患台账并开展“回头看”，全年没有发生出租屋重特大刑事治安、消防事故人员财产安全事故。举办来穗人员关爱融合活动11场，受理积分入学申请80人，受理积分入户申请152人。

【社区服务】 2023年，珠光街道加强社区服务，做好民政服务、生育服务、综合便民服务等工作。

民政服务 2023年，珠光街道完善社工服务站建设，跟进困境兜底服务对象2.73万人次，组织兜底志愿服务7799.5小时，服务居民3万人次。开展民政各项社会救助，审核通过新增低保家庭41户、低保边缘家庭11户、特困供养人员44户、支出型困难家庭1户，办理动态复核工作，覆盖低保、低收入、特困供养人员1254户次，办理实物救助350户。落实住房保障政策，591户家庭受益。组织走访慰问活动，向困难群众发放慰问金102.26万元。成立街道未成年人保护工作站，链接街道、单位资源组建珠光街道童行护航联盟。开展事实无人抚养儿童个案跟进、困境儿童心理辅导、经济帮扶等服务，"一对一"辅导106节，开展"六一"儿童公益集市、特殊儿童识别知识进校培训等相关专题活动13场，1573人次参加。为老年居民新办优惠乘车卡1613张、升级2113张。新增广州市长者长寿保健金智慧发放1009人。推进养老服务，建设颐康服务站示范点2个、社区颐康服务站6个。设立公益医疗救助服务站、"无碍出行"福祉车，提供免费就医接送服务68人次。开展"心系珠光，救在身边""春日护肺，健康珠光"专题健康知识讲座2场，开展"科学呼吸，守护健康""青春汇珠光，仁心护健康""情系珠光，一心为民""红耀珠光·军民共建"公益义诊活动4场，惠及居民700人。

生育服务　2023年，珠光街道出具生育登记证明192份。开展免费孕前优生健康检查宣传、生殖健康咨询服务月、婚育新风进万家等卫生健康服务宣传活动6场，开展预防出生缺陷知识、婴幼儿保健知识等讲座11场，服务2480人。开展免费孕前优生健康检查服务437人，办理生育登记备案申请445宗。落实计划生育家庭奖励及生育关怀政策，受理独生子女父母奖励金申请1042人，服务群众1.5万人。开展"阳光学子"助学活动，为2名困难家庭学生申请助学金1.2万元。开展"幸福工程——救助贫困母亲"募捐活动，向辖区内39个机关团体单位发出倡议，筹集幸福工程捐款3.3万元。

2023年3月9日，"赓续红色血脉　谱写发展新篇"越秀区学习贯彻党的二十大精神宣讲暨新时代文明实践活动在东园文化广场举行　（胡瀛斌　摄）

综合便民服务　2023年，珠光街道就业驿站在万福路137号挂牌，引入"红海直聘AI数字人"，搭建智能交互式直播间，打造群众"家门口"高质量就业服务平台。聚焦就业困难人员、失业人员等群体，做好就业服务，全年实现就业的城镇登记失业人员748人、就业困难人员318人。发挥羊城家政基层服务站作用，为辖区边缘困难群体提供上门家政、上门助浴等公益服务，服务72人。开展帮扶贫困劳动力转移就业，向贵州省安顺市镇宁布依族苗族自治县简嘎乡推送工作岗位1720个。举办"珠光璀璨"文化节系列活动33场，丰富群众精神生活。党群服务中心全年受理业务2.72万件，服务2.73万人次，代跑代办服务1534人次。

【党建和精神文明建设】　2023年，珠光街道以红色赋能，创新主题教育形式。打造红色文化场地，做好文德楼及周边环境提升工作，推进文德楼拆违治违工作。优化研学线路，以东园文化广场为原点设计"阅动中"红色研学线路，串联中华全国总工会旧址、省港罢工委员会旧址、团一大旧址、中共广东区委旧址、中共两广区委军委旧址、文德楼等红色史迹点，开展"红色故事会""红色史迹写生"等主题教育红色研学活动。总结创新党员教育"新模式"、激发居民自治"新动力"、焕发老旧街区"新面貌"、开启为民服务"新格局"为特点的"四新"仰忠社区工作法，推进仰忠社区"党建引领基层治理示范社区"创建。

【全省首创"无碍出行"福祉车公益救助专线】　2023年，珠光街道针对辖区人口老龄化程度高、独居老人就医问诊难、特殊群体规模大、服务保障诉求多等问题，聚焦民生领域，发挥党建共建优势，从做好民生服务小切口入手，联动爱心企业在江湾商圈党群服务中心共建珠光街道公益医疗救助服务站，开设全省首个"无碍出行"福祉车公益救助专线。福祉车公益救助专线为辖区高龄老人、孤寡老人、残疾人等行动不便人群就医出行提供家门口到医院点对点免费接送服务。福祉车配备自动升降座椅、医疗箱、司机和救助员等，方便行动不便者上下车，全年在册服务对象1000多人，服务辖区特殊群体68人次，最高龄使用者92岁。　（陈奕芝）

大东街道

【概况】 大东街道位于越秀区中南部，东起署前一街、龟岗大马路，西抵三角市东濠涌边，南至新河浦涌，北到中山三路。面积1平方千米。设启明、新南、菜园东、长庚门、东源、东川、青龙里、元运街、兴仁里、仁秀新、三角市、启正、东里、东贤里、荣华南、中山三16个社区。2023年末，大东街道有户籍人口8.85万人、常住人口6.98万人。辖区有中华广场、未来城、地王广场等购物商场；有广东省商业集团公司、广东省供销社、广东省人民医院、广东省人民体育场、广州市卫生监督所等机关团体单位。

【地域经济】 2023年，大东街道新增“四上”企业14家，完成率140%；引入优质企业项目16个，完成率100%。总量控制类指标引进人才入户共7家企业12人。开展、支持促消费活动，助力中华广场开展“悦享”系列促销活动26场，包括“悦享新春”“春光趣玩节”“春光趣食节”“有趣de飞盘日夜营”“循环时尚主题市集”等活动。2023年中华广场日均客流量7.3万人次，比上年上升40%。其中，春节期间日均客流量5.2万人次，比上年同期上升28%；五一假期日均客流量8.1万人次，比上年同期上升35%。

【社区管理】 2023年，大东街道加强社区管理，推进城市管理、综合治理、应急管理、综合保障工作。

城市管理 2023年，大东街道组织环卫站、各社区清理垃圾杂物、淤泥550吨，清理卫生死角143处，清洗清理道路、绿化带等区域3.4平方千米，优化提升垃圾桶点4处，维修桶（车）560个（辆），清理垃圾杂物96吨，消杀街道重点场所180多次。落实“三张清单+两项承诺书”（“三张清单”指责任清单、任务清单、督查清单，“两项承诺书”指食品安全责任与任务承诺书、企业落实食品安全主体责任承诺书）制度，引导食品安全包保干部对包保主体进行督导检查，推动食品安全属地管理责任落地落实。全年督导食品安全包保主体3818家次，发现问题324个，全部完成整改，派发食品安全宣传资料8000多份。开展食品安全宣传及培训会8次，联合属地市场监管所开展食品安全主题宣传活动3次，开展打击假冒伪劣食药品联合行动1次，开展学校校园及周边食品安全专项联合检查2次。推进地铁十二号线烈士陵园站项目征收房屋工作。全年签约138户，占总户数87%，建筑面积1.18万平方米，移交施工场地面积约1000平方米。受理小型工程备案53宗，出动执法人员497人次，检查辖区“四小”［小美容美发店、小旅店、小歌舞厅和小浴室（店）］、“三小”、施工工地等场所433次，发现安全隐患问题30个，全部落实整改。落实河长制，开展环保、排水联合执法行动20次，出动执法人员158人次，对排查检查辖区内357家餐饮店隔油隔渣池，敦促没有配备隔油隔渣池和存在淤塞问题的餐饮店落实整改，全年完成排水单元达标创建任务面积1.6万平方米，有1个排水单元。落实林长制和绿化管理，街道级林长巡护251次，社区级林长巡护2329次，护林员巡护3890次，全年收到“12345”热线涉绿化事项26项，工单办结率100%。牵头涉及新南、启正等6个社区的微改造项目，提升范围面积33公顷，投资额4757万元，大东街道培育三角市、仁秀新、新南社区为“越秀区容貌品质社区”，大东街道启明社区被评为广州市2022年品质容貌社区。

综合治理 2023年，大东街道排查出矛盾纠纷139件，化解137件，调处率98.6%。受理信访件159件，均按期进行处置，全部办理完毕。开展电信诈骗专项排查整治行动21次，出动人员652人次，检查出租屋702套次、网吧15间次、棋牌室23间次、重点企业210家次，没有发现电信诈骗等违法犯罪线索。辖区治安状况改善，全年刑事、治安案件493件，数量比上年下降25%。全年没有发生三类可防性案件（入屋盗窃、入屋抢劫、盗窃机动车）。

应急管理 2023年，大东街道组织开展岁末年初安全生产大检查、烟花爆竹打非行动、防汛备汛大检查等专项行动35场，通过广州市应急管理平台录入巡查记录1039份，发出限期整改告知函331份，发现隐患362处，整改340处；作出行政处罚25宗，罚金21万元。开展安全生产检查行动出动358人次，检查企业105家，发现隐患38处，开具责令整改书38份。摸排电动自行车相关领域消防安全问题，开展安全宣传教育，查处违法违规销售以及改装行为。开展安全宣传教育12场次，派发宣传单1000张。安装电动自行车充电场所112处，共计2250个充换电端口。开展消防安全大检查82次，定期开展夜查，全年没有发生重大火灾事故。推进启明社区金城宾馆、中山三社区中华广场、大东街道办事处中心微型消防站建设，夯实基层消防安全基础。

综合保障 2023年，大东街道有登记出租屋9483套、来穗人员1.2万人。配合广州市来穗人员服务管理信息系统升级改造工作，全年核查出租屋相关信息2.2万条。落实出租屋服务管理工作机制，加强对时租房和日租房业主、二手房东管理。开展“粤居码”宣传活动。帮助来穗人员及其随迁子女解决入户入学等问题，全年有51人通过积分入学审核，42人获得公办学校学位，受理积分入户申请56人，成功入户20人。全年受理劳资纠纷案件534件，完结归档298件，涉及563人，追讨工资78.1万元。

【社区服务】 2023年，大东街道加强社区服务，做好民政服务、生育服务、综合便民服务等工作。

民政服务 2023年，大东街道完善“15分钟社区居家养老服务圈”，依托辖区内1个颐康中心、9个颐康服务站、5家长者饭堂，为长者提供日间照料、午餐配餐及文体娱乐等服务，启明、仁秀新、中山三、东源、东里5个社区长者饭堂配餐点全年服务2.68万人次。为辖区困难家庭办理最低生活保障、住房保障、经济核查和救助申请，办理低保家庭新申请48宗、变更27宗、动态复核435宗；特困家庭新申请24宗，动态复核197宗，自理能力评估96宗；最低生活保障边缘家庭新申请6宗，动态复核16宗；支出型临时生活救助申请173宗，发放救助金额101.37万元；发放实物救助粮油票1338份；发放慈善超市券696份。

生育服务 2023年，大东街道免费提供孕前优生健康检查服务476人，办理生育登记备案申请469宗，完成独生子女父母奖励金新增奖励申请审核1284人。开展“幸福工程——救助贫困母亲”募捐活动，向辖区内机关团体单位发出倡议，筹集善款。开展“科学育儿”“优化生育”等宣传、讲座活动4场，服务200人次。

综合便民服务 2023年，大东街道组织各类群众文化活动13场，举办线下招聘会5场、线上招聘会4场、直播带岗活动3场，线上及线下及提供就业岗位5330个。街道政务大厅服务窗口提供服务10.5万人次（含后台业务），办结率100%。通过一窗式综合受理服务7921件，办结率100%。街道在春节、中秋节期间走访慰问社会化管理退休人员2338人次，日常探访慰问重病445人次。是年，大东街道收到有关便民服务的锦旗2面、表扬信1封。

【党建和精神文明建设】 2023年，大东街道组织街道领导到挂点联系社区讲专题党课，开展党课20场次。举办‘光荣在党50年”纪念章颁发仪式。开展“百个机关党组织进社区”“千名机关干部进网格”活动。打造启明党建标杆社区，创立“庭院议事会”，打造门前树下功能区，居民事居民议，以开放的姿态让居民主动参与社区治理，激发社区自治原动力。加强街道工会建设，街道工会全年上门走访企业56家，推进建会入会工作宣传32家，组建工会6家。开展圆梦微心愿活动，帮助100多名困境妇女儿童实现微心愿。开展大东街道“小眼睛看大世界”2023年少年儿童夏令营研学活动。

2023年8月4日，大东街道在中华广场举办“羊城之夏”系列活动“向英雄致敬”中华青少年艺术展演周活动。图为“梨园新秀”青少年戏曲展演（大东街道供图）

【社区环境提升】 2023年，大东街道开展停车秩序、交通秩序、乱摆乱放等专项整治，协调共享自行车运营公司加强车辆管理，聘请16名专业文明交通协管员开展文明交通大整治。以社区党委为引领，发动居民、在职党员参与社区容貌品质提升。利用东华南高架桥底空间打造垃圾分类“两网融合”工作站，设立垃圾存放点，推进垃圾分类低值废品回收、源头减量；建设箱式分类桶存放点26个、垃圾临时转运点（藏桶点）25个。对长庚门等6个社区开展二期品质化提升项目，面积33公顷，投资额4757万元。打造东濠涌“绿色长廊”景观，优化涌边环境。

【大东街道消防安全整治】 2023年，大东街道成立联合巡查小组，每周到挂点社区开展消防安全大检查，全覆盖检查辖区经营性自建房、集中式租赁式房屋、高层建筑、公共娱乐场所、医疗机构、月子中心（托育机构）、养老机构（养老院、敬老院、福利院、救助场所）、学校（幼儿园）、宾馆酒店、民宿10类重点场所，推动问题隐患整治。开展消防安全大检查82次，检查场所3895个。组织辖区4所中小学、2所幼儿园、1家商业物业开展消防演练22次，参与人数700多人。举办消防安全宣传进社区、进家庭活动，微信推送宣传文章65篇，张贴宣传海报85张，制作派发消防安全宣传单5000多份。落实24小时值班值守和领导在岗带班制度，加强预警预报和巡查。

【大东街道就业服务】 2023年，大东街道设立就业驿站和就业驿站服务点，与辖区内机关团体单位签订就业驿站党建共建合作协议，打造政企合作促就业“1+2”服务模式（“1”指在党群服务中心设立就业驿站，“2”指在中智广州公司和中华广场写字楼内设立就业驿站服务点）。创设“零工专区”“山海心连服务专区”“妈妈岗服务专区”3个服务专区，挖掘就业岗位500多个。搭建直播带岗、中智聚才网、专栏专群3个云互动平台，推出户外直播招聘，提供岗位5330个，举办直播带岗活动3场，服务群众1.9万人次。依托中智聚才网，在“微社区e家通·越秀大东”微信公众号开设“大东招聘”专栏，全年提供招聘岗位1.2万个。举办就业政策咨询服务宣传活动及创业指导进社区活动39场，跟踪服务当地户籍失业人员9688人次、外地户籍失业人员7825人次。实现城镇失业人员再就业865人，完成率107.5%；就业困难人员实现就业329人，完成率100.8%。零就业家庭实现动态清零。（陈梓安）

白云街道

【概况】 白云街道位于越秀区东南部，东起东湖路及二沙岛东端，西至江湾大桥及东濠涌，北以新河浦涌为界，南至珠江。面积3.25平方千米。设广九、筑南、东湖新村、永胜上沙、花园新村、东船上、海印、大沙头、二沙岛9个社区。2023年末，白云街道有户籍人口4.48万人、常住人口4.47万人。辖区驻有省委统战部、省交通厅、省体育局、市政协等党政机关，有星海音乐厅、广东美术馆、华侨博物馆、二沙体育训练中心等事业单位，有广州港集团、广东省四建、广州市轻工集团、工行广州分行、海印实业集团等重点企业144家，有海印电器城、盛贤布艺总汇等电器、布艺类专业市场12个。

2023年，白云街道二沙岛社区被《人民日报》报道为12个广州试点建设国际化街区之一，白云街道获评广东省儿童友好示范街道、广东省2022年信访工作示范街道、越秀区平安越秀建设考评优秀街道等，被推荐为广东省“南粤家政”基层服务站绩效评估A级（优秀）站点、“广州街坊·越秀邻里”优秀群组。辖区东湖新村社区入选广州市“七五”普法工作示范项目十佳民主法治村（社区），筑南社区被广州市儿童友好城市建设工作领导小组办公室评为首批广州市儿童友好试点社区。

【地域经济】 2023年，白云街道有商事主体8260户，其中企业3937家、个体户4323家。有“四上”企业190家，其中批发零售业74家、住宿餐饮业16家、服务业96家、建筑业4家。年总税收50万元以上企业156家。区税收前100强企业7家，辖区有重点商务楼宇19栋，其中亿元楼4栋，分别是工银大厦、融丰大厦、港口中心、港景大厦。出租屋综合税和印花税征收总额1211万元，比上年增长16.2%。完成第五次全国经济普查实地清查结算工作，清查单位5135个、个体户2992户。

【社区管理】 2023年，白云街道加强社区管理，推进城市管理、综合治理、应急管理、综合保障工作。

城市管理 2023年，白云街道落实河长制、林长制，将树木保护纳入网格化管理，完成树木枝叶修剪、清理80处，开展巡河148次，累计里程320.59千米，整治解决影响河道问题19个。开展街巷环境精细化整治提升，清理乱张贴小广告约450处、乱堆杂物250处，规整空调水乱排放60处、破损广告招牌380处。聚焦地下车库、居民楼道、公共绿化带等重点部位，投放积水灭蚊药物380千克，消杀公共面积77万平方米。常态化、全天候开展二沙岛专项整治，全年整治游商摆卖1885宗，劝离流浪乞讨人员550人次，劝收明火煮食378宗。推进行政执法规范化，落实《白云街行政处罚案件办理流程规定》等5项制度，修订完善《白云街综合行政执法辅助人员管理规定》。推进二沙体育中心拆除违法建设面积4820平方米，全街道拆除违法建设面积6133.5平方米。完成全街道77个垃圾投放点“照明、遮雨棚、洗手设备、硬底化、公示牌”五要素提升，建成星级投放点14个、“两网”融合点2个。以“抓党建、强基础、优民生、保安全、兴文化、促融合”6个方面25个项目推进东湖西路片区环境品质提升，推动路面铺设、电梯加装、外墙翻新等建设项目实施，提升

2023年7月27日，白云街道在二沙岛消防站开展儿童友好夏令营“消防零距离”消防体验活动（白云街道供图）

东湖新村“老典型新形象”。培育提升社区容貌，配套“三线”（电线、通信线、网线）整治、厕所革命、社区照明、公共体育设施等改造提升项目，筑南社区老楼换新院。

综合治理 2023年，白云街道深化信访事项办理机制，实际受理信访43件，及时受理率、按期答复率、回访满意度率均为100%；被纳入国家信访局满意度评价案3件、省满意度评价案98件，回访满意率100%。处置辖区劳资纠纷263件，涉及515人，涉及工资金额329万元。化解执信中学项目、省中医项目、二沙岛乡村振兴指挥部项目、广九大马路项目等工地重大劳资纠纷案。落实重点领域涉稳问题专项排查，处置重大矛盾纠纷9件（含上述重点劳资纠纷4件）。推进社区禁毒工作，4名禁毒社工及专职工作人员驻点办公，社区戒毒社区康复报到率和执行率保持100%。推进白云街道平安促进会发挥作用，动员34个单位加入会员、29个单位成为共建单位。

应急管理 2023年，白云街道完善街道、社区及单位企业三防主体责任体系，组建突击队、部门抢险队、社区网格员抢险队及民兵应急排4支兼职应急抢险队伍共258人，建立完善“15—30—45—60”分钟到岗四级应急响应圈备勤队伍，辖区109个最小应急单元定期开展应急演练。对全街道7个内涝点、63个地下车库、5处危房、6个广告牌及27个招牌共108处三防隐患点轮番巡查6次。关注珠江潮位的变化和江水倒灌情况，在3月25日入汛前，对沿江一线的118户商户、180户居民、14个地下停车场全覆盖预警到位。开展重大事故隐患排查整治，成立消防安全工作专班，对电动自行车、涉特殊关怀群体重点场所、出租屋、专业市场、建筑工地等重点领域开展专项整治，全年整改“住改仓”38套、群租房8套，“二合一”场所16套、“三合一”场所16套，增设逃生窗8个，配备灭火器、防毒面具、烟感器等设施设备51个，全年检查2424家次，发出限期整改告知函721份，发现隐患1237处，隐患整改率97.5%。

综合保障 2023年，白云街道落实“人屋”登记常态化工作机制，做到“人来登记、人在更新、人走注销”，全年登记在册出租屋6076套、来穗人员7700人，受理租赁合同备案1233宗，办理居住证业务2315件，办理来穗人员申请积分业务554次，审核通过373人次。筑牢出租屋安全防线，针对出租屋违规用电用气、紧急逃生口不通畅、电动车室内停放充电、未配备灭火器材等安全隐患开展排查整治，全年组织开展专项清查行动69次，出动清查人员1038人次，排查重点出租屋8901套次，其中检查发现问题出租屋30套，完成整改27套；发现“二合一”出租屋16套，完成整改14套；发现“三合一”房屋16套，全部整改完毕；发现“住改仓”43套，完成整改41套；燃气炉具使用存在安全隐患9套，完成整改5套。全年联合街道各职能科室、街所、街执法中队开展联合整治行动15次，发现消防安全隐患202处，全部整改完毕。

【社区服务】 2023年，白云街道加强社区服务，做好民政服务、生育服务、综合便民服务等工作。

民政服务 2023年，白云街道完善机构、社区、居家三位一体养老服务体系，为社区长者提供配餐服务1.71万人次，开展上门清洁、代买代办、陪同就医等服务2632人次，落实家庭养老床位2人，提供适老化改造2户；通过“红棉守护热线”为独居孤寡、低保低收、在册残障人员等提供应急咨询和救助服务咨询等3695人次。落实困难群众兜底性帮扶保障，发放救济金及补贴179.06万元，为困难人员申请医疗救助金13.78万元。链接社会公益慈善资源，打造社区慈善联盟，发动辖区海印集团等机关团体单位捐款15万元，向孤老、特困人员送上新春慰问和助学资助。深化退役军人服务保障体系，定期走访慰问功臣模范、优抚人员、烈属、困难退役军人，发放优待证，举办退役军人现场招聘会21场。联合辖区医疗机构组织健康交流讲座10场、咨询义诊8次。开展以春节、中秋为主题的来穗人员慰问活动2场，为7名来穗人员代表送上慰问品。开展迎春送福字、夏日送清凉、插花艺术体验等融合关爱活动3场，以及国画学习、模拟法庭、月饼制作、金融拍卖、亲子运动会等暑期“小候鸟”关爱活动10场，服务来穗人员约220人次。

生育服务 2023年，白云街道动员315人参加免费孕前优生健康检查服务，入户产后访视服务189人，办理生育登记备案申请299宗。举办孕期健康宣传讲座10场次，服务群众212人次，向13户家庭赠送独生子女综合保险。发动基层计划生育协会会员，向辖区内机关团体单位、医疗机构、托育机构、月子中心、学校、酒店等场所派发宣传资料近1120份。落实计生家庭奖励及生育关怀政策，受理独生子女父母奖励金申请694人，为独生子女父母发放计划生育奖励金621.9万元。开展“幸福工程——救助贫困母亲”募捐活动，向辖区内机团单位发出倡议，筹集幸福工程捐款5.78万元。

综合便民服务 2023年，白云街道强化就业援助，落实就业帮扶，开展失业人员就业跟踪服务5101人次，组织开展招聘会5场，提供岗位2785个，为146名就业困难人员解决就业问题，困难人员就业率98.6%。优化拓展“羊城家政”服务，开展家政技能培训426人次，招聘街道困难就业群众4人，完成家庭保洁、陪诊、康复护理等公益服务348人次。丰富社区群众文化生活，举办非遗宣传、全民阅读、理论宣讲、普法教育、运动健康、亲子娱乐等文化文艺活动300多场次，满足群众文化需求。

【党建和精神文明建设】 2023年，白云街道坚持“第一议题”制度，推进街道党工委理论中心组学习常态化，全年召开党工委会议28次、理论学习中心组学习12次。构建全域联动“党建联盟”，构建二沙人家“有呼必应”调度平台、专业市场管理平台、物管公司工作平台、“两代表一委员”接待平台等七大联动平台，推动区域资源利用及共建融合。创新榜单激励机制，更新升级发布“十佳党建共建单位”“在职党员社区贡献”“优秀社区少先队员”“优秀党员楼栋组长”“党员金牌管家”5张榜单。制定完善白云街道工作人员应知应会手册、考勤管理制度、工作人员行为规范等规章制度，建立常态化通报表扬及问题曝光机制，定期公布“表扬榜”“曝光台”，全年发布表扬榜5期共24条。开展党性党风党纪教育，每周编发“纪法小课堂”在全街道推送，组织学习《年轻干部违纪违法典型案例汇编》。

【儿童友好街区格局构建】 2023年，白云街道落实《广州市儿童友好街道（镇）建设指引》要求，围绕“强制度、拓空间、提服务、保权益、优环境、促参与”六大方面，在空间、时间、规模、单位组织、项目5个全覆盖构建儿童友好街区格局。在空间全覆盖上，推进“1+8+10+18”矩阵建设［“1”指1个街道儿童发展中心，“8”指8个社区儿童小公园（邻里会客厅），“10”指10个儿童游戏角，“18”指18条最美上学路］，打造出行安全、设施完备、童真有趣的儿童友好社区环境。在时间全覆盖上，结合少年儿童课外活动时间特点，实行“夏令营+冬令营+周末营”模式，做到“月月有主题、周周有活动”，全年开展活动163次，实现儿童服务活动贯穿全年。在规模全覆盖上，根据儿童不同年龄段特点，设计相应活动内容，包括幼儿园和小学衔接、体育训练、青春期教育等，实现儿童友好建设成果惠及全街道孩子家庭4016户5333人，活跃家庭2577户。在单位组织全覆盖上，通过基层党建共建平台，构建党建引领机关、企事业单位儿童友好共建联动机制，发动104个党支部、144个机关企事业单位、18所学校及64名“两代表一委员”共同参与儿童友好街区创建，开展儿童服务和街区治理共建项目33个。在项目全覆盖上，聚焦儿童安全、尊重、社交、成长四大层面需求，组织开展儿童服务项目39个，包括聚焦儿童保护的儿童防灾减灾安全教育、“清朗”儿童网络安全宣传、青春期恋爱及性教育课程等项目；聚焦儿童参与的儿童议事会、小小社会观察员、“一米看白云”社会调研等项目。

【“小手拉大手”基层治理工作机制探索】 2023年，白云街道整合资源，团结凝聚儿童家庭和社会资源，发动年轻父母、辖区机关团体企事业单位走进社区，推动机关企事业单位支持社区工作，探索基层社会治理新路径。发动611名具有专业工作背景及专业技能的家长加入人才库。与越秀区人民法院、区人民检察院等机关团体单位及广东省少先队工作学会等社会机构建立沟通联系机制，发动法律、消防、美术、体育运动等205名专家入库，常态化承接心理咨询、社区安全检查、法律咨询、纠纷调解等专业类街区治理项目。在全街道9个社区成立社区家长委员会并建立家长微信群，招募家长志愿者队伍35支258人，参与儿童友好建设和街区治理。成立街道少工委，邀请45名骨干家长及“两代表一委员”、机关团体单位党建负责人、社区民警等作为街道少工委兼职委员和社区少先队校外辅导员，组织策划垃圾分类、巡河护绿等街区治理项目。结合最小应急单元及相关企事业单位、物管小区保安岗亭、经营商铺等，设置安全出行“护童”爱心岗亭509个，为遇到困难的儿童提供帮助。由街道牵头建立服务清单，推动以家庭为单位参与安全巡查、纠纷调解、城市管理、儿童保护等19个街区治理项目。儿童及家长参与街区治理项目629场次、1434人次。

【居家消防安全诊疗项目】 2023年，白云街道成立“社区党员+专业志愿者”居家消防诊疗志愿服务队，聘请17名有电力、燃气、消防等行业背景的家长及22名机关团体单位技术人员担任社区安全顾问，邀请155名社区儿童及288名家长志愿者担任安全检查员，开展居家消防安全隐患诊疗及整改，从辖区出租屋、居民住户延伸到专业市场、商铺等经营场所。由街道牵头制定安全隐患排查一页纸清单，对用电、燃气、消防及其他4类15项内容开展入户清排查，对排查出的电线老化、漏电保护开关失效、煤气胶管破损等风险隐患，志愿者现场给予整改方案和意见，督促业主整改到位。对存在消防安全隐患的特殊家庭，由街道兜底负责，提供整改支持，全年排查居民家庭9973户，覆盖率70.1%，发现安全隐患1240处，472处现场立即整改，街道出资为7户孤老病残困难家庭更换煤气管、铡刀开关、电线开关等，向社区独居老人和困难家庭派发灭火器308个、面罩366个、灭火宝64个。

【东湖新村社区品质提升】 2023年，白云街道会同越秀区委政法委、区建设水务局、广东省建筑设计研究院等单位推进东湖西路片区品质提升项目。项目总投资约1086万元，其中广州市住房和城乡建设局协调龙湖地产作为社会投资出资不低于100万元。街道成立工作专班，每周召开工作碰头会，定期调度工作进展，研究重点难点问题，综合实地调研、征集居民意见等情况，制定《白云街东湖新村社区高品质提升工作方案》。项目分为3个部分实施：由区建设水务局负责东湖新村小区大门、广场周边路面等施工区域，于9月15日进场施工，先后完成东湖新村小区西广场路面铺设、大门口翻新、“三线”归整，首、二层墙面刷漆，长者食堂三面景观墙，并铺贴行车道地面约3200米花岗岩，安装二层连廊扶手400米，议事厅等2000平方米喷漆等施工项目；由龙湖地产公司负责西广场区域提升项目，于10月13日进场施工，先后完成东湖新村小区西广场面层翻新及功能区域软垫铺设，整体打造休憩区域及儿童活动场地，健全如休憩廊架、适老化座椅、适老化扶手、棋盘桌、安全软垫等关爱系统，整修绿化区域等项目；由广州双馨徽凰体育设备有限公司负责儿童区域游乐设施及健身区安全地垫的铺设，计划于2024年1月进场施工安装。东湖西路片区品质提升项目以项目制、清单化为工作方法，通过“抓党建、强基础、优民生、保安全、兴文化、促融合”6个方面25个具体项目推进东湖新村社区治理高品质提升，打造全龄关怀的社区环境。（陈萱）

登峰街道

【概况】　登峰街道位于越秀区正北部，东起濂泉路、永福路，南至广九铁路，西至飞鹅岭、广州雕塑公园，北至云泉路、广园中路、麓景路银鱼岗脊一带山岗。面积4.7平方千米。设童心、下塘、狮带岗、黄田、横枝岗、淘金北、恒福、西坑、云泉、清水塘、宝汉、金麓12个社区以及登峰实业集团有限公司、西坑企业集团有限公司2个转制社区。2023年末，登峰街道有户籍人口5.45万人、常住人口7.26万人。辖区有旧金山华人千人墓、白云仙馆、星海园等历史文物古迹；有恒福路、广园路汽配商业街；有广东开放大学、广州开放大学、广州市电子信息学校等大中专院校，以及广州市第十六中学实验学校、云山小学、登峰小学3所省一级中小学；有广州市科协、广州市退役军人事务局、广州市红十字会、广州艺术博物院、广东省第二中医院、广州市胸科医院、广州医科大学附属肿瘤医院、南方医科大学皮肤病医院、广州市皮肤病防治所等机关团体单位。

【地域经济】　2023年，登峰街道辖区有规模以上法人单位134个，其中工业企业1家，批发零售企业74家，住宿餐饮业企业10家，服务类企业46家，建筑企业1家。有登峰、金贵等农贸市场，以及华南、致友、益友等汽车配件和汽车用品专业市场。是年，登峰街道走访重点税源企业，对接规模以上企业，解决企业诉求，推荐中小企业申报学位3个、人才落户13人，发放优秀人才奖励3人21万元。依托花果山草莓V视超高清视频产业园、白云山花畔酒家综合体等重点项目吸引商家入驻，引进招商项目15个。

【社区管理】　2023年，登峰街道加强社区管理，推进城市管理、综合治理、应急管理、综合保障工作。

城市管理　2023年，登峰街道推动垃圾分类工作，改造建设“厢房式”投放点6个。开展老旧小区改造，以2000年底前建成、失养失管失修的老旧小区为重点，涉及10个社区265个楼栋4904户，总建筑面积34万平方米，年内完成设计方案、公开招标及施工计划编排。整治燃气安全隐患，全年组织开展餐饮场所、出租屋燃气隐患联合整治行动26次，出动人员496人次，实行“瓶改管”4家，“气改电”1家。开展城中村自建房安全隐患专项整治，排查出存在安全隐患房屋464栋，整改销号248栋。全年清拆违法建设39宗，面积1.44万平方米。

综合治理　2023年，登峰街道完善“党政共管、部门共抓、社会协同、公众参与、法治保障”社会治安综合治理体系，推进“平安登峰”建设，提升基层治理成效。开展社会治安重点整治。全年全街道刑事立案204件，比上年下降16.2%，治安重点社区案件类警情下降78%。实施全民禁毒工程，举办禁毒宣传活动42场。升级改造街道综治中心，全年登记网格事件8583件，处理“12345”热线6313件，处置矛盾纠纷15件，办理信访案件288件。以案促改推动登峰实业集团有限公司班子建设，补选公司党委班子，保障公司正常运作。以巡察整改为契机，推动登峰实业集团有限公司、西坑企业集团有限公司完善公司章程、预算、财务和工程等制度，推动解决村集体物业权属、出租等历史遗留问题，维护集体合法权益。

应急管理　2023年，登峰街道加强安全生产管理，组织开展重大事故隐患专项排查整治行动20次，排查安全事故隐患570处，整改重大隐患14处，动员辖区53家企业购买安全生产责任险。聚焦重点领域加强消防安全管理，全年开展消防专项整治行动64次，整改安全隐患1697处。在辖区火警高发区域安装电动车充电设施97处、充电端口2616个。辖区51栋高层建筑全部完成消防安全评估。组建应急小分队开展“泰利”“苏拉”“海葵”等台风防御工作。全年没有发生重大安全生产、消防安全事故。

综合保障　2023年，登峰街道有登记在册出租屋2.75万套、来穗人员3.51万人。代征个人出租屋综合税1019.63万元，受理房屋租赁备案登记2035套，办理居住证业务6720件。新增登记来穗人员8200人，新登记出租屋326套。加强出租屋安全隐患排查整治，全年组织开展“二合一”“三合一”出租屋、电动自行车违规停放等集中整治行动19次，消除安全隐患4358处。开展积分制服务，受理积分申请922人次，预审通过539人次；受理积分入户申请319人次，审核通过183人，其中51人获得入户资格；受理积分入学申请217人次，预审通过114人，其中110人符合入学申请条件。

【社区服务】　2023年，登峰街道加强

社区服务，做好民政服务、生育服务、综合便民服务等工作。

民政服务 2023年，登峰街道完善社会保障体系，加强民生保障。为辖区在册低保、低收入、特困人员、困境儿童、独居老人发放实物救助585份，为19人申请临时救助金11万元，发放春节慰问金14万元，实施医疗救助37人。新增公租房28户。建设完善社区颐康服务站12个。提供社区老年人助餐配餐服务，全年服务341人8495餐次。构建“家政+养老”服务模式，提供居家养老上门服务765人，开展70岁以上老人长寿保健金管理、发放6777人。为辖区8319名65岁及以上老年人建立健康档案，组织4308人参加健康体检。

生育服务 2023年，登峰街道做好政策宣传和生育登记服务，开展健康讲座6场、义诊24场，生育登记452人。落实奖励及开展生育关怀，发放独生子女父母计生奖励7384人996万元。

综合便民服务 2023年，登峰街道促进失业人员再就业，全年办理失业登记385人，就业困难人员申请认定、灵活就业登记196人次，受理单位招用工社保补贴申请282宗604人，灵活就业补贴申请1224人，创业带动就业补贴申请76宗159人次。举办网络招聘会4场、线下招聘会2场，线下职业指导服务1场，提供线上职业指导2221人次。优化街道政务服务中心办事流程，全年办理公共服务事项9150项，办理失业救济验证、养老待遇申领、失业待遇审核、历史审档业务3890件，城乡社会养老业务446件，居民医保新参保、停保、资料变更业务1975件。是年，全街道社会化管理退休人员9287人、在册残疾人650人，街道康园工疗站被评定为三星级工疗站。

【党建和精神文明建设】 2023年，登峰街道按照“支部建在网格上”标准完成12个社区的53个党支部的更名、补选支委及新增11个支部选举工作，重新划分网格党小组58个。新成立两新组织党支部1个，非公经济组织、党支部换届选举6个。举办“光荣在党50年”纪念、“两代表一委员”基层行、参观红色教育基地、观看红色电影等活动250场次。以党建引领城中村社会治理，推动解决村集体物业权属、收租等历史遗留问题。将基层党建与基层治理融合，发动社区在职党员开展消防安全宣传、垃圾分类知识科普、社会面巡逻防控、交通疏导等志愿服务2474人次，推动认领微心愿298个、微项目15个，帮扶困难群众139人。组织开展党建文化季共建活动25场，举办廉洁文化进社区暨第七届“群英献艺秀登峰”语言艺术大赛、第五届登峰街道“小康光景，大美家园”摄影展暨摄影大赛及迎春挥毫、非遗剪纸艺术创作等文化活动16场，开设书法、插花、摄影、声乐、广场舞等文艺系列培训活动63场。开展党建引领对口帮扶工作，与贵州省安顺市镇宁布依族苗族自治县沙子乡及其两个村签订合作框架协议，促成广州崇爱康复医院党支部和湛江市遂溪县建新镇三合棚村党支部结对共建。

【城中村旧村改造】 2023年，登峰街道成立广州火车站片区（登峰村、西坑村）城市更新领导小组，以“拆、治、兴”并举推进城市更新，利用多样化资源，通过环境提升、要素保护、产业活化等方式，打造为白云山门户的重要节点和绿美广东生态建设的重要示范。结合街道实际制定近期、中远期计划，围绕登峰村按南头古城模式与广州市城投集团签订框架协议；借力超高清视频产业特色小镇配套工程建设契机开展西胜片区改造提升，引入国有企业对集散物业进行连片收储和统一运营。研究制定新登峰宾馆改造提升方案、西坑村编制及稳定改造方案，西坑村拟从全面旧村改造、拆治兴并举改造编制及稳定改造方案。

【信访工作示范乡镇（街道）创建】 2023年，登峰街道推进创建信访工作示范乡镇（街道）工作。推进“家文化”信访平台建设，整合街道综合服务中心、网格化指挥中心、派出所、司法所及各社区信访服务站，将街道综治中心打造为立体化、全覆盖信访矛盾调处综合平台。发挥社区驻点法律顾问和法律明白人2支队伍的作用，参与答疑

2023年9月27日，“党建引领促同心 民族团结庆双节”——登峰街开展铸牢中华民族共同体意识宣传进社区暨“迎中秋·庆国庆”创意集市活动举行（登峰街道供图）

解惑、纠纷化解和普法宣传，打通群众信访诉求服务“最后一公里”。建立群众信访服务“小分格”工作机制，以社区为单位划定网格117个，关注环境保护、城市更新、城管执法等领域，及时调处、靠前化解矛盾。开展“四下基层”（宣传党的路线、方针、政策下基层，调查研究下基层，信访接待下基层，现场办公下基层）活动，分批接访群众，召开专题协调会推动解决群众急难愁盼问题。围绕重复信访治理和信访积案化解，采取一案一策、领导包案等措施，推动化解重点个案1件、重复积案44件，全年防范化解各类矛盾纠纷337件，案件调解率、调解成功率均为100%，群众满意度100%。（符灶新）

矿泉街道

【概况】　矿泉街道位于越秀区西北面，毗邻广州火车站、广东省汽车站，京广铁路贯穿境内，机场高速公路环绕其间；周边以走马岗、站西路、三元里大道、景泰涌为界，是越秀区、荔湾区、白云区3个区的接合部。面积2.8平方千米。设机务段、机山巷、机新、王圣堂、兴隆、站西、铁通、松岗、瑶台、瑶池、瑶华、沙涌南、华泉、北站14个社区。有转制社区集体经济组织瑶台实业有限公司（瑶台村经济联合社），下辖瑶台经济发展公司和经济社10个。2023年末，矿泉街道有户籍人口4.02万人、常住人口7.3万人。辖区有广东省社会主义学院和广东省技术师范大学（北校区）2所高等院校，培正中学矿泉学校、广州市第七中学实验学校、汇泉学校3所中学，瑶台小学、养正小学、沙涌南小学3所小学；有广东省妇幼保健医院以及山西省驻穗办、河南省外贸厅驻穗办等机关团体、企事业单位近200家；有服装、钟表、皮料鞋材、化妆品等专业市场61个。

【地域经济】　2023年，矿泉街道引进优质企业14家，新增“四上”企业12家。代征出租屋综合税1023万元。协调市、区职能部门规划汇富园区地块发展定位，引导物业经营方投资6000万元用于升级改造，打造集时尚产业、数字产业等于一体的时尚数创产业园，项目招商引入成长型原创品牌总部企业、时尚智造型企业等40多家。联合区相关部门举办2023中国（广州）国际时尚产业大会越秀分会场暨第46届广东美妆节，提升矿泉时尚产业名片及矿泉商圈影响力。美博城入选“中国商品市场综合百强”企业。推进第五次全国经济普查清查工作，成立“非税务活跃、税务活跃、大个体”3个攻坚专班，清查商事主体2.39万户，其中录入企业5893家，录入个体户1.8万户，完成大个体（达到“四上”企业规模的个体户）数量位居全区各街道第一。

【社区管理】　2023年，矿泉街道加强社区管理，推进城市管理、综合治理、应急管理、综合保障工作。

城市管理　2023年，矿泉街道与越秀区房管局、瑶台实业有限公司暨瑶台村经济联合社、广州广建瑶台城中村改造投资有限公司构建三方联动机制，以政府为主导推进城中村改造。联合广州广建瑶台城中村改造投资有限公司开展政策宣讲会，在村（社区）设置宣讲点，了解社情民意。组织街道城中村改造专班、瑶台实业有限公司相关人员、各经济联合社相关人员前往广州市白云区鹤龙街道黄边村等地调研学习3次，与市区职能部门联合，制定城中村改造规划方案、改造方案（待批复）、拆补方案（初稿）。以“创意社区+宗祠民俗+多元时尚”为引领，通过实地摸查、意愿征询、成立共同缔造委员会等做法，提升14个社区的公共空间和基础设施。完成广州地铁芳白城际线沙涌南借地征拆项目工作并移交场地。完成广湛高铁项目涉矿泉街道地区征拆方案编制、征拆工作委托书审批等工作并移交部分场地。构建社区“双城管社工”分工负责机制，推行“社区吹哨、部门报到”工作机制。制定全街道城市环境卫生治理方案，以背街小巷环境整治为重点，开展城市环境品质提升“百日攻坚”行动，开展联合执法行动42次，整治“六乱”行为740宗，改造提升垃圾分类投放点4个，围蔽美化垃圾桶点12个，在广州市爱国卫生委员会办公室对矿泉街道国家卫生城市常态化管理工作开展现场明查中被评估为合格。做好登革热防控工作，开展爱国卫生运动、周五环境卫生大扫除、城中村环境卫生整治和楼栋天台清理工作，清理楼栋天台170多个、卫生死角760多处，清除垃圾杂物2200多吨，清运垃圾600多吨。建立上门入户与消杀协作机制，控制登革热疫情。成立78个非财政类排水单元工作专班及“一对一”工作群，全年完成非财政类排水单元认定10个，面积2.66万平方米。发现和处理河涌环境、排水单元管养等问题932个。针对“六乱”、广告招牌、占道经营、电动自行车乱停放、消防安全等问题制定专项整治行动方案，全年立案178件，其中对涉登革热环境卫生问题立案3件，开创全区首个登革热执法案例。拆除违法建设14宗，面积1.2万平方米。

综合治理　2023年，矿泉街道坚持街所一心、街村同治、街企共融，牵头推进常态化扫黑除恶斗争，开展反电诈、出租屋治理等行动。发动“广州街坊”群防共治力量参与治安防控，发挥149个最小应急单元作用，推动社会治安好转。矿泉街道平安矿泉志愿服务队被评为2023年专项行动期间社会面防控工作表现突出的“广州街坊”优秀群组，王圣堂村联防队应急小单元被市委平安办授予2023年第三季度“广州街坊”最小应急单元突出奖，1名队员被授予优胜奖。全年全街道化解矛盾纠纷257件，受理办结信访件71

件，满意率100%。

应急管理 2023年，矿泉街道健全应急及网格化指挥中心运作机制，规范148个网格管理，办结网格事件1.8万件。参加全区最小应急单元大比武，获三等奖。参加全区三防技能大比武，获第二名。每周联合交警在重点路段开展交通整治执法检查，落实志愿者交通路口值守，改善交通秩序。加强安全生产执法检查，开展安全隐患排查整治“百日行动”，全年完成一般程序和简易程序处罚47宗，处罚金额25.7万元。排查整治安全风险隐患1.36万处，拆除违规住人木阁楼24个，排查整治餐饮场所燃气安全隐患103处。建设电动自行车充电端口4364个，总建设量位居全区各街道第一。全年发生火警36起，比上年下降7.7%；成灾火警3起，与上年持平。

综合保障 2023年，矿泉街道有出租屋3.3万套，新登记来穗人员8025人，办理房屋租赁备案2972宗，办理居住证业务1.33万件。结合出租屋日常巡查，推广“粤居码”，“粤居码”持码率超99.3%。以沙涌南社区创建示范社区为契机，在沙涌南村南大街17号创建第三方代管示范出租屋，督促第三方代管单位和个人安装“门禁+视频”、建立楼（栋）长、制定人员密集场所安全管理公约、建立管理人员值班制度等，推动出租屋实现精细管理。开展来穗人员和出租屋服务行动，整改消除隐患1.4万处，制定《矿泉街仓储场所消防安全管理规范》《矿泉街公寓消防安全管理规定》《矿泉街出租屋服务管理“十标准”》，强化屋主和承租人消防安全意识，规范出租屋管理。开展来穗人员融合服务活动80场次，落实积分制入户、入学服务政策，全年获得积分入户资格88人，获得积分入学学位156人。

【社区服务】 2023年，矿泉街道加强社区服务，做好民政服务、生育服务、综合便民服务等工作。

民政服务 2023年，矿泉街道联合广州市第七实验学校设立全区首个校园未成年人保护分站，打造“小禾之家”、“来穗小候鸟夏令营”、驻校心理辅导等未成年人保护项目品牌，关怀帮扶困境儿童，一对一学生心理个案辅导817人次，举办系列未成年人保护活动249场次。落实特困、低保、最低生活保障边缘家庭等兜底保障政策，实现“应保尽保”，发放救济救助金、生活补贴462万元，发放长寿金259万元。完成颐康中心建设，实现14个社区颐康服务站全覆盖。优化“15分钟养老服务圈”，组织老年人活动35场次，服务老年人1.4万人次。打造全市首个与社卫中心结合的家庭健康服务中心，开展健康教育宣传活动40场次，完成老年人免费体检2044人次。开展退役军人服务中心（站）和社区服务站建设提升行动，提升退役军人服务质效，落实优抚优待政策。

生育服务 2023年，矿泉街道落实计划生育家庭及生育关怀政策，推进生育关怀，新增独生子女父母奖励金申请582人，在发奖励对象4942人。推进实施年度免费孕前健康检查项目，开展生育讲座4场，动员343人参加免费孕前优生健康检查服务。开展“幸福工程——救助贫困母亲”募捐活动，向辖区内机团单位发出倡议，筹集幸福工程捐款2.21万元。创建家庭健康服务中心，开展针对儿童、青少年、育龄人群、中老年人群的健康指导和服务，开展健康科普宣传活动20多次。

综合便民服务 2023年，矿泉街道改造升级街道政务服务大厅，提升政务服务效能。推进“山海心连之家”东西部劳务协作，新建打造“就业驿站”，搭建高效便捷供需对接平台。开展线上及线下招聘会7场、就业创业培训2场，帮助700多人实现再就业，应届高校毕业生就业率95%，困难家庭高校毕业生就业率100%。化解劳务纠纷，为进城务工人员追回欠薪16.7万元。

【党建和精神文明建设】 2023年，矿泉街道举办主题教育读书班，落实“第一议题”学习32次，开展理论学习中心组集中学习研讨12次，主题教育期间组织开展“三会一课”学习342次、主题党日活动191场。开展调研课题10个，开展实地走访、调研座谈86场次，开展建言献策活动40场次，梳理归纳意见建

2023年8月8日，2023年越秀区“全民健身日”启动仪式在矿泉街道沙涌南社区凤翔公园举行
（矿泉街道供图）

议113条，转化运用调研成果56项，转化率100%。选定沙涌南社区为示范点打造“五好”党建引领示范社区，通过落实“八个一”任务（树立一个党建品牌、选配一名社区头雁、制定一条调研路线、美化一组特色街景、提炼一批典型事迹、优化一个党群阵地、完善一套服务体系、形成一套自治机制）、建设党建阵地、打造党建宣传长廊、整合社区力量，构建“党建引领+服务+自治”模式。对接开展全区“百个机关党组织进社区”“千名机关干部进网格”活动，组织148名区直机关党员进社区、进网格开展活动165次，建设“围墙排危”“商圈打假”等党建共建品牌。为老党员颁发“光荣在党50年”纪念章。认领微心愿820个、微项目21个。开展户外应急救援培训、消防安全、长者健步走等文明实践活动160多场次，整改广告乱张贴、杂物乱堆放、消防设施损坏等创建问题700多个。推进实施“百千万工程”，完成打造改革创新项目（汇富园区转型升级）和培育典型案例（美博城转型升级）等工作任务，发动辖区机关团体单位、工会、共青团、妇联等参与，形成横向到边、纵向到底的工作网络。

【城中村环境整治】 2023年，矿泉街道与矿泉市场监管所、矿泉派出所、瑶台村社及其他机关团体单位联动，分片分组开展城中村环境整治行动，清理卫生死角85处，检查小作坊、仓储场所、燃气站、专业市场、出租屋等重点隐患场所1330个次，组织群防群治力量600多人参与社会面防控。以王圣堂社区为试点，针对“三小”场所、出租屋消防设施不足等问题，自筹资金为王圣堂社区65个“三小”场所、10栋出租屋配备智能烟感、应急灯、安全出口指示标志、消防卷盘等消防设施，提升王圣堂社区火灾防控水平。

【家庭健康服务】 2023年，矿泉街道构建“街道—社区—社卫—社会机构”四方联动机制，建立宣传教育、阵地管理、志愿者队伍3项制度，组建1支以家庭医生、社工和居民志愿者为骨干的16人家庭健康服务队伍，形成以社区卫生中心为圆心、社区为半径的家庭健康服务体系。打造“1个主阵地+N个分站点”模式，以街道社区卫生中心为主阵地，街道党群服务中心及14个社区党群服务站为分站点，设置老人体检区、家庭医生签约区、健康服务区、宣传展示区、自助检测区、妇女保健区、中医养生区、科学育儿区、医养结合区、互动展览区等功能区，为居民提供健康服务。推出“来穗儿童候鸟暖心巢计划”“美丽·小禾的家”“驻校相伴计划”“美丽绽放巾帼力量”“春暖花开健康常在”“婚育新风进万家”6个品牌服务项目，举办来穗人员融合服务、健康进校园、关爱妇女健康、老年人健康管理、婚育文化等活动70多场次，提升群众获得感、幸福感。12月15日，矿泉街道家庭健康服务中心揭牌成立，成为全区第一个街道级家庭健康服务中心，也是全市第一个与社卫服务中心结合的家庭健康服务中心。

【站西片区综合整治】 2023年，矿泉街道组建综合整治队伍，采取集中整治和日常监管相结合、宣传教育和严格执法相结合的工作方法，加强对站西片区电动自行车乱停放、乱摆卖、占道经营、制假售假等问题的综合整治，在站西路上安装隔离护栏，增设交通标志，提升站西地区环境秩序。针对站西地区制假售假问题，建立消费纠纷、警情案件通报机制，搭建市场方与社区民警沟通渠道，及时发现收集报告制假售假苗头线索，联合矿泉派出所、矿泉市场监管所开展联合整治行动，破获制假售假案件18件，查处商标侵权和知识产权类案件95件。

【王圣堂毽球俱乐部获全国毽球锦标赛冠军】 2023年4月，王圣堂毽球俱乐部代表广东省毽球队参加全国毽球锦标赛，获得平踢毽组男、女三人赛2项冠军。11月，王圣堂毽球俱乐部参加第三十三届港穗杯足毽锦标赛，获得男子三人平推冠军、女子亚军。王圣堂毽球俱乐部成立于2005年，是一支由矿泉街道民间组织的毽球队，由热爱毽球运动的社区居民自发组建，既为强身健体，也起到丰富社区体育文化生活、增加居民正能量与凝聚力作用。2007年，王圣堂毽球队成为广州市民间传统毽球俱乐部成员单位，之后在各类赛事中取得优异成绩。 （唐兰）

编辑 何俊楠

人物·荣誉

全国五一劳动奖章获得者

【李广荣】 1967年11月出生，广西北流人，中共党员，初中学历，越秀区环卫设施养护所东濠涌越秀南班班长。从事环卫行业32年，坚持每天凌晨6点前上岗作业，发挥班长示范作用，做到合理分工、冲锋在前，保质保量完成保洁任务。积极学习钻研，改进作业工具，总结出1套又快又好的清扫作业程序，提高了工作效率。作为保障东濠涌周边卫生的班组负责人，发挥业务骨干作用，团结带领班组工友，保障东濠涌环境整洁，受到周边市民和游客称赞。曾获“优秀城市美容师”“广州市优秀职工”“先进劳动者”“最佳环卫青工”“创文工作优秀个人”“广东省劳动模范”等称号。2023年4月，被中华全国总工会授予全国五一劳动奖章。（孟晓莹）

全国优秀共青团干部

【李荣梅】 1980年4月出生，女，河南镇平人，中共党员，大学本科学历，越秀区桂花岗小学副校长、大队辅导员、校少工委副主任、团支部书记兼越秀区云道大队辅导员。获“广东省十佳少先队辅导员”“广东省优秀少先队辅导员”“广州市优秀少先队辅导员”“越秀区优秀共青团干部”等称号，被评为广州市少先队辅导员导师团初级导师、越秀区德育名师。2023年，在全国少先队辅导员专业技能大赛中获一等奖；带领桂花岗小学少先队大队获评“全国优秀少先队集体”；辅导全校1183名少先队员共同打造“小桂花党的精神微展馆”少先队校内党史学习平台；牵头组建广州市首个风景区少先队组织——越秀区云道大队；全年辅导队员开展校外主题大队活动近10次，吸引4000多名队员参加。2023年4月，经共青团越秀区委员会推荐，被共青团中央评为全国优秀共青团干部。（赵瑞典）

【莫明聪】 1982年9月出生，广东韶关人，中共党员，本科学历，广州医科大学附属第一医院团委书记、南山志愿服务队执行队长，广东省健康教育志愿服务总队慢性呼吸系统疾病防治健康教育分队执行队长，越秀区政协委员，广州市青年联合会常委，广州城市形象国际传播大使。牵头成立南山志愿服务队，在广州地区医疗单位率先探索“社工+志愿者”进医院模式，打造“快乐星期四：关爱白血病患儿”项目、“爱肺计划：肺癌筛查”项目等，获共青团中央青年志愿服务项目大赛银奖等奖项，团队服务群众超100万人次，服务时数近21万小时。作为中国志愿服务中级培训师、广东省和广州市青年讲师团成员，在团中央志愿服务网上交流会、全省卫健系统青年工作推进会、“青马工程”等活动开展线上及线下志愿服务培训80多场，受众20多万人次。先后获“全国学雷锋志愿服务最美志愿者”“全国向上向善好青年”“中国青年志愿者先进个人”“广东省岗位学雷锋标兵”“广东省学雷锋最美志愿者”等称号。2023年4月，经共青团越秀区委员会推荐，被共青团中央评为全国优秀共青团干部。（张诗怡）

2023年度全国“新时代好少年”

【徐宝珞】 2009年10月出生，女，广东广州人，共青团员，广东实验中学学生，曾获评“全国优秀少先队员”“广东省‘新时代好少年’”，获全国宋庆龄奖学金、广东省红领巾四星章。2019—2023年开展线上及线下红色宣讲超70场。3次登上团中央、全国少工委平台担任红领巾讲解员、主持人，累计收看超7000万人次。创新作品形式，将歌舞、快板、诗歌、话剧等运用到红色文化传播中，个人红色文化视频号发布短视频180条，红色音视频作品被各大官方媒体平台刊发，全网点击量超100万人次。经越秀区推荐，2023年8月，被中央文明办评为全国“新时代好少年”。（林晓莹）

最美新时代革命军人、全军优秀军士

【叶升学】 1980年4月出生，四川中江人，中共党员，本科学历，硕士学位，中国人民解放军某部军士，户籍地在越秀区。发挥计算机和通信专业特长，带出骨干队伍1支，参加中央军委政治工作部组织的新老兵对话交流活动，与新兵共话初心使命。获军队科学技术进步三等奖6次。2023年7月，被中央宣传部、中央军委政治工作部评为“最美新时代革命军人”。同月，被中央军委政治工作部评为“全军优秀军士”。（范洁敏）

2023年全国优秀主任（站长）

【张安国】 1965年3月出生，山东聊城人，中共党员，本科学历，越秀区东山街道退役军人服务站站长。在左膝受损严重、医生建议手术更换人工膝关节的情况下，2次推迟手术时间，坚持带病全身心投入到工作中，完成越秀区双拥模范城（区）各项考评检查工作，助力东山街道打造“双拥示范街”并在实践中摸索出退役军人和双拥工作“1923”工作法。任职期间，东山街道退役军人服务站被评为全国百家红色退役军人服务站、广东省首批五星级退役军人服务站。2023年11月，被退役军人事务部办公厅评为全国优秀主任（站长）。

（巫雅君）

2023年“生活垃圾分类达人”

【余昭辉】 1972年2月出生，女，湖南平江人，中共党员，在职研究生学历，越秀区黄花岗街道党工委书记。她把垃圾分类作为提升社区服务治理水平、营造共建共治共享社会治理格局的关键，将垃圾分类工作纳入基层党建、社会治理体系之中，以身作则参与机制完善、服务保障、技术革新、宣传教育全过程，调配精干力量，在越秀区首创成立街道垃圾分类工作办公室，制定联席会等一系列规章制度，落实经费保障，带头开展全覆盖宣传动员、硬件完善、检查督导和执法处罚，构建层层负责、人人有责的垃圾分类责任体系，推动各项工作落地见效。坚持党建引领，主动对接、协助、指导党组织、“两代表一委员”及企业单位参与垃圾分类，共建智能化垃圾分类博览园，打造“小手拉大手”“政府连企业”两大品牌，策划开展“点亮美好家园”、“最美家庭”评选、“桶点认领”等主题活动，为1.6万名学生提供校外实践课堂，进而影响带动辖区内10万名居民。2023年5月，被住房和城乡建设部办公厅评为2023年“生活垃圾分类达人”。（钟浩晖）

退役个人二等功以上获得者

【刘湘军】 1978年8月出生，湖南湘乡人，中共党员，大学学历，越秀区梅花村街道综合行政执法队二级主办。2020年3月由珠海拱北海关海上缉私处缉私警察转制为现役警官，2022年12月退役，2023年选择安置到越秀区。参加工作后一直工作在海上执法一线，主办和参与侦办重特大案件，打击违法犯罪团伙。2021年，在侦办上级督办的某特大案件中，作为专案组副组长与犯罪嫌疑团伙斗智斗勇，冲锋在前，侦破案件，抓获犯罪嫌疑人100多人，案值近35亿元。2021年12月，被武警部队记个人二等功。（杨蕊嘉）

第六届广东省“人民满意的公务员”

【梁国友】 1964年12月出生，湖南辰溪人，中共党员，中央党校本科学历，越秀区流花街道城市管理办公室主任。2008年到流花街道从事城市管理工作，为保障广州火车站平安春运，坚持每年带队开展春运保障工作。共享自行车兴起后，针对火车站附近停放大量共享自行车挤占旅客行走空间的情况，与同事商量疏解对策。2023年春运客流量增加，每天带队对火车站、汽车客运站周边餐饮店进行检查，保障春运期间食品安全和消防安全事故零发生。流花街道辖区内集聚专业批发市场20个，人员、车辆密集，环境管理压力大，每日安排、带队巡查重点路面情况，逐一排查危旧房屋、树木倒伏、外墙剥落、路面破损等风险隐患点。2023年6月，被中共广东省委、广东省人民政府授予第六届广东省“人民满意的公务员”称号。（陈蕴娴）

广东省五一劳动奖章获得者

【舒小芳】 1964年11月出生，女，湖南邵阳人，中共党员，大学本科学历，越秀区中医医院党委书记、院长，兼任越秀区矿泉街道社区卫生服务中心主任，第十四届广州市政协委员，广州中医药大学兼职教授。从事医疗临床和医学教育事业近40年，其中医院管理超23年，曾担任越秀区6所公立医院的党、政主要领导职务。带领越秀区中医医院改革创新，该医院脑病科、肿瘤科被原广州市卫计委（现广州市卫健委）、广东省中医药局授予“广州市中医名科”“广东省中医特色专科”称号，“黄仕沛全国基层名老中医药专家传承工作室”“陈国成广东省基层名中医传承工作室”挂牌。2023年，获“2023年度广州市最美女职工首席关爱官”“2023年广东省先进女职工个人”等称号。2023年4月，被广东省总工会授予广东省五一劳动奖章。

【周焯辉】 1976年11月出生，广东清远人，高中学历，广州顺丰速运有限公司服务点收派员。入职公司18年，用服务为公司留住客户；以态度赢得客户口碑。作为收派导师，言传身教，带出徒弟超100人；作为优秀工会代表，担任广顺工会代表委员会的副委员长，带动越秀区450名工会代表服务员工。持有快递员中级（四级）证书、仓库保管工职业技能证书。曾获“2022年度集团工会工会代表5年长期贡献奖”“2022年全网百佳工会代表”“2023年全网百佳工会代表”“2023年越秀区最美‘来穗星’”等称号。2023年4月，被广东省总工会授予广东省五一劳动奖章。 （谢艳珍）

2023年广东省节能先进个人

【邓腾燊】 1988年11月出生，广东河源人，中共党员，大学本科学历，越秀区发展和改革局营商环境和信用建设科科长。在区域节能管理、节能工作创新等方面发挥骨干作用，组织开展区域碳排放及能源消费结构分析，牵头编制区能源资源节约、区碳达峰实施方案，推动43个区属党政机关创建国家级节约型机关、57所区属学校创建广东省绿色学校，推动完成158个绿色社区创建、试点建设全省首个绿色商圈（北京路商圈）、创新打造全市首个“越碳云讲堂”，推动区节能控电成效连续两年位居全市各区第一、超额完成上级下达的“十四五”能耗强度任务。2023年7月，被广东省人民政府评为2023年广东省节能先进个人。 （范苗）

“广东好人”获得者

【甘永乐】 1947年5月出生，广东广州人，中共党员，大专学历，越秀区团一大纪念广场志愿驿站站长、共青团广州市委和市青运史研究委员会特聘老师、越秀区先锋宣讲团成员。作为一名有着52年党龄的志愿者，坚持数十年主动为群众做好事。作为一名注册志愿者，在团一大纪念广场为青少年讲党团课，接待全国各省、市党政工团队、青年、志愿者义工组织等团队1000多个、近50万人次。结合自身经历宣讲党团史、党的二十大精神，讲授“奋斗的青春最美丽”“学习二十大精神，把‘请党放心强国有我’口号化为行动”“做一个言行一致的共产党员（共青团员）”等党团课，累计宣讲1515场次。义务为青少年提供志愿宣讲服务，以实际行动践行雷锋精神，彰显新时代党员本色。经越秀区推荐，2023年3月，被广州市文明办评为2023年第一季度“广州好人”；12月，被广东省文明办评为2023年第四季度“广东好人”。

【陈君君】 1983年8月出生，女，湖北襄阳人，中共党员，硕士研究生，广州市少年宫融合教育部副负责人、党支部书记，广州市少年宫“雨后彩虹”融合艺术团以及“病房中的美术课”“福利院中的艺术课”项目负责人。2005年，接触特殊孩子，帮助特殊儿童更好融入社会。2020—2023年，开展特殊少年儿童融合教育种子艺术教师培训，推动广州市少年宫搭建专业化教师成长体系，面向粤港澳大湾区内有志于特殊儿童艺术教育和融合教育的教师、社工开展艺术融合主题培训，超1300名融合教育相关教师受惠。通过“病房中的艺术课”，在广州市内8家医院10个教学点进行授课，每周有超过100名患儿在病房享受到广州市少年宫的优质艺术课堂。策划“童心画语”重症患儿绘画比赛及交流展示活动，帮助福利院儿童走出福利院，参加社会活动。经越秀区推荐，2023年8月，被广州市文明办评为2023年第三季度“广州好人”；12月，被广东省文明办评为2023年第四季度“广东好人”。 （林晓莹）

荣誉录

表35 2023年越秀区获国家和部级荣誉单位一览表

获荣誉单位	荣誉名称	授予单位	授予时间
越秀区	首批自然资源节约集约示范县（市）（2023—2025年）	自然资源部	2023年1月
	政府透明度指数在全国县（市、区）中排名第六	中国社会科学院法学研究所	2023年5月
	2023年中国文化产业竞争力百强区综合指数（全国第八）	中国人民大学文化产业研究院	2023年6月

续表 35

获荣誉单位	荣誉名称	授予单位	授予时间
越秀区	2023 赛迪百强区（全国第十二）	赛迪顾问	2023 年 8 月
	中国新型智慧城市（SMILE 指数）五十强区（全国第五），评级指数“SMILE+++ 卓越级”	太昊国际智库全球新型智慧城市（SMILE 指数）评估评级专家委员会、中国外商投资企业协会数字经济工作委员会	2023 年 9 月
	全国第六批县域节水型社会达标县（区）	水利部	
	2023 年中国市辖区旅游综合竞争力百强区（全国第二）	2023 全国县域旅游高质量发展交流会	2023 年 11 月
	国家级幼儿园保育教育质量提升实验区	教育部	2023 年 12 月
	2023 营商环境质量十佳县（市、区）	2023 国际化营商环境创新发展论坛	
越秀区发展和改革局	“‘信用越秀’综合信用服务平台”“信用+供电服务”入选第四届“新华信用杯”全国优秀信用案例	中国城市信用建设高峰论坛组委会	2023 年 1 月
越秀区侨胞之家	全国侨联系统侨胞之家典型选树单位	中华全国归国华侨联合会	
越秀区图书馆	2022 年度全国图书馆参考咨询联盟服务工作先进单位	全国图书馆参考咨询联盟管理中心	2023 年 2 月
越秀区东山培正小学	“粤港澳大湾区背景下湾区小学人才培养模式探索——以东山培正小学‘善正’育人模式为例”入选粤港澳大湾区教育发展研究专项课题	中国教育科学研究院、广东省教育科学重点研究基地粤港澳大湾区职业教育研究中心	
矿泉街道王圣堂毽球俱乐部	2022 年全国毽球锦标赛平毽踢组男子三人赛、女子三人赛冠军	国家体育总局社会体育指导中心、中国毽球协会	2023 年 3 月
广州三环专利商标代理有限公司知识产权服务团队	2023 年全国工人先锋号	全国总工会	2023 年 4 月
广东实验中学越秀学校	2023 年全国青少年无线电测向教育竞赛暨 2023 年全国青少年无线电（无线电测向、电子制作）和定向教育竞赛活动优秀组织单位	国家体育总局航空无线电模型运动管理中心中国无线电和定向运动协会	
越秀区东风东路小学	《基于“人工智能+学习空间”的育人方式变革及实践》获 2022 年基础教育国家级教学成果二等奖	教育部	2023 年 5 月
越秀区退休职工管理委员会办公室	第四届全国老年人体育健身大会健身球操交流活动优胜奖	国家体育总局、全国老龄工作委员会办公室、中国老年人体育协会	
少先队广州市越秀区东风东路小学四（12）中队	2023 年度全国红领巾中队	中国少年先锋队全国工作委员会	2023 年 6 月
少先队广州市越秀区朝天小学五（6）中队			
少先队广州市越秀区文德路小学五（5）中队			
少先队广州市育才中学八（11）中队			
越秀区国家档案馆	全国示范数字档案馆	国家档案局	
越秀区中小学生综合实践活动教育基地	全国自然教育基地	全国自然教育总校	2023 年 7 月
广州市第十中学	首届全国青少年文化遗产知识大赛博物馆讲解员专项赛（初中组）优秀组织机构奖	中国文物保护技术协会、全国青少年文化遗产知识大赛组委会	2023 年 8 月
越秀区未成年人救助保护中心	“护童成长”项目“牵手+”计划示范基地	民政部	

续表 35

获荣誉单位	荣誉名称	授予单位	授予时间
越秀区侨联	全国侨联系统先进组织	中华全国归国华侨联合会	2023 年 8 月
越秀区税务局	节约型机关	国家机关事务管理局、中共中央直属机关事务管理局、国家发展和改革委员会、财政部	2023 年 9 月
广州市第十中学	2022—2023 学年中国“芯”助力中国梦全国青少年通信科技创新大赛“优秀组织单位奖”	中国通信工业协会	
越秀区文德路小学	亚运主题人文交流活动暨第四届“中外人文交流小使者”全国总展示活动优秀组织	教育部中外人文交流中心、第十九届亚运会组委会办公室	2023 年 10 月
越秀区中山三路小学			
越秀区水荫路小学			
越秀区铁一小学			
越秀区朝天小学			
越秀区东山培正小学			
越秀区少年宫小云雀合唱团			
北京街道都府社区	2023 年全国示范性老年友好型社区	国家卫生健康委	
黄花岗科技园管委会、中山大学中山眼科中心等	“5G 智能眼科巡诊车”项目获第六届“绽放杯”5G 应用征集大赛“5G+ 医疗健康赛道”全国一等奖	工业和信息化部	
越秀区公安分局华乐派出所	全国第三批“枫桥式公安派出所”	公安部	2023 年 11 月
越秀区少年儿童业余体校	国家重点高水平体育后备人才基地（2021—2024）	国家体育总局	
广州北京路“5G+ 智慧旅游”应用试点项目	全国第一批“5G+ 智慧旅游”应用试点项目	文化和旅游部、工业和信息化部	
越秀区发展和改革局	“建设北京路‘诚信商圈’”“全链式信用 + 体系助力优化营商环境”获评第五届“新华信用杯”全国优秀信用案例	中国城市信用建设高峰论坛组委会	
越秀区教育局	第二十一届全国小学信息技术与教学融合创新学术活动优秀组织奖	教育部数字化学习支撑技术工程研究中心	
越秀区教育信息中心			
越秀区图书馆	一级图书馆	文化和旅游部	2023 年 12 月
越秀区信访局	人民网网上群众工作“民心汇聚单位”	人民网	
越秀区政务服务数据管理局	越秀区“招商数字地图”入选 2023 年中国优化营商环境十佳创新案例	中国信息化研究与促进网	
越秀区科学技术协会	“提升全民科学素质，助力科技自立自强——2023 年越秀区全国科普日活动”入选中国科协“2023 年全国科普日优秀活动”	中国科学技术协会办公厅	
洪桥街道办事处			
越秀区建设六马路小学	国家体育后备人才基地	国家体育总局	
越秀区国家档案馆	《越秀年鉴（2022）》获评第九届全国地方志优秀成果（年鉴类）一等年鉴	中国地方志工作办公室、中国地方志学会	
洪桥街道三眼井社区	洪桥街道三眼井社区老旧小区长效管养经验入选住房和城乡建设部城镇老旧小区改造可复制政策机制清单（第八批）	住房和城乡建设部办公厅	
广州市东风实验学校	2023 年全国青少年无线电测向公开赛（广东东莞站）优秀组织奖	国家体育总局航空无线电模型运动管理中心、中国无线电和定向运动协会	

表36 2023年越秀区获省级和省属部门荣誉单位一览表

获荣誉单位	荣誉名称	授予单位	授予时间
越秀区	广东省基础教育高质量发展示范区	广东省教育厅	2023 年 1 月
	越秀区公共服务满意度连续第七次位列广东省县（市、区）第一	广东省省情调查研究中心	
	广东省儿童友好示范区	广东省妇儿工委办、广东省发展和改革委员会	2023 年 3 月
	2021 年度广东省地市、县（市、区）公共文化服务评价位列全省第九	广东省文化和旅游厅	2023 年 5 月
越秀区委办公室	2022 年度全省党委办公厅（室）系统信息工作先进单位	中共广东省委办公厅	2023 年 1 月
越秀区旧部前小学	2022 年度广东省网络学习空间应用普及活动优秀学校	广东省教育厅	
越秀区中星小学			
越秀区署前路小学			
广州市满族小学	“用爱筑起育人的摇篮”获评广东省 2022 年度学生资助工作案例典型		2023 年 2 月
越秀区五羊消防救援站	执勤训练先进消防救援站	中共广东省消防救援总队委员会	
	基层建设先进消防救援站		
越秀区消防救援大队	基层建设先进大队		
越秀区文明路消防救援站	基层建设先进消防救援站		
	一星级广东省青年文明号	共青团广东省委员会等	
越秀区中山一路消防救援站	基层建设先进政府专职消防队	中共广东省消防救援总队委员会	
白云街道办事处	广东省 2022 年信访工作示范乡镇（街道）	广东省信访工作联席会议办公室、广东省信访局	
黄花岗街道办事处			
越秀区暐杰志愿服务工作中心	2022 年度广东省最佳志愿服务组织	广东省精神文明建设委员会	2023 年 3 月
洪桥街道三眼井社区	2022 年度广东省最美志愿服务社区		
六榕街道旧南海县社区			
越秀区人民检察院第六检察部	广东省巾帼文明岗	广东省妇女联合会	
白云街道	广东省儿童友好示范街道	广东省妇儿工委办、广东省发展和改革委员会	
越秀区启智学校	广东省儿童友好示范基地		
越秀区朝天小学	广东省基础教育教研基地项目小学音乐学科教研基地学校	广东省教育厅	
越秀区旧部前小学			
越秀区文德路小学			
越秀区国家档案馆	《越秀年鉴（2021）》在全省年鉴质量评价中获评“广东省优秀一等年鉴”	广东省人民政府地方志办公室	
越秀区东山培正小学	“奔跑吧少年儿童青少年主题健身暨点亮粤港澳 助力全运会线上快乐跑活动”小学组优秀组织一等奖	广东省体育局、广东省教育厅	2023 年 4 月
广州市东风实验学校	广东省中小学生啦啦操锦标赛初中组团体总分一等奖	广东省教育厅	

续表 36

获荣誉单位	荣誉名称	授予单位	授予时间
越秀区农林下路小学	广东省“我劳动我快乐”劳动教育主题活动优秀组织奖	广东省教育厅	2023 年 4 月
越秀区署前路小学	广东省中小学生设计作品征集大赛优秀组织奖		
越秀区文明路消防救援站团支部	广东省五四红旗团支部	共青团广东省委员会	
越秀区发展和改革局	“打造商务楼宇‘信用走廊’”入选全省首批信用建设服务实体经济发展试点典型案例	中共广东省委全面深化改革委员会经济体制改革专项小组	2023 年 5 月
	“推广信用＋供电服务”入选全省首批信用建设服务实体经济发展试点典型案例		
	“北京路诚信商圈建设”入选全省首批信用建设服务实体经济发展试点典型案例		
	“打造‘古越今秀，信领未来’诚信宣传品牌”入选全省首批信用建设服务实体经济发展试点典型案例		
	“打造粤港澳大湾区信用服务（越秀）产业基地”入选全省首批信用建设服务实体经济发展试点典型案例		
农林街道办事处	“‘诚信街道’建设”入选全省首批信用建设服务实体经济发展试点典型案例		
越秀区育才学校	广东省 2022 年学校国防教育专题短视频展播活动一等奖	广东省教育厅	
越秀区文明路消防救援站支部委员会	先进基层党组织	中共广东省消防救援总队委员会	2023 年 6 月
越秀区署前路小学	第一届广东省中小学寒假书信活动先进单位	广东省教育厅	
越秀区发展和改革局	《广州市越秀区关于开展广东省首批信用县（综合类）建设的工作方案》获评全省优秀方案（全省唯一）	广东省发展和改革委员会	
少先队广州市越秀区东风西路小学五年（3）中队	2022—2023 年度“广东省少先队红旗中队”	共青团广东省委员会、广东省教育厅、少先队广东省工作委员会	2023 年 7 月
少先队广州市越秀区东风东路小学四年（4）中队			
少先队广州市越秀区文德路小学工作委员会	2022—2023 年度“广东省先进基层少工委”		
少先队广州市越秀区中星小学大队	2022—2023 年度“广东省少先队红旗大队”		
北京街道办事处	广东省信访工作示范乡镇（街道）	中共广东省委、广东省人民政府	
越秀区统计局	基层统计“7 个一”规范化建设先进单位	广东省统计局	
黄花岗街道			
东山街道			
农林街道			
建设街道			
人民街道			
珠光街道			

续表 36

获荣誉单位	荣誉名称	授予单位	授予时间
越秀区审计局	全省审计机关先进集体	中共广东省委审计委员会办公室、广东省人力资源和社会保障厅、广东省审计厅	2023 年 8 月
越秀区铁一小学	广东省航空模型锦标赛优秀组织单位	广东省体育局	
广州市东风实验学校	2023 年广东省无线电测向公开赛优秀组织奖		
越秀区公安分局华乐派出所	广东省公安机关创建全国“枫桥式公安派出所”成绩突出集体	广东省公安厅	2023 年 9 月
越秀区公安分局北京派出所	全省优秀公安基层单位	广东省人力资源和社会保障厅、广东省公安厅	
越秀区工商联	2022—2023 年度广东省“五好”县级工商联	广东省工商业联合会	2023 年 10 月
越秀区民政局	“破解人户分离难题，打通社会救助最后一米”获评 2023 年度广东省社会救助领域创新实践优秀案例	广东省民政厅	2023 年 11 月
广州市场商会	2023 年度广东省工商联系统“四好”商会	广东省工商业联合会	
广州市小额贷款行业协会			
越秀区北京街道商会			
越秀区人民法院民二庭党支部	“四强五好”党支部	广东省高级人民法院	
流花街道办事处	广东省第三届应急管理优秀宣传作品征集展播活动优秀组织单位	广东省应急管理厅、广东省教育厅、广东省广播电视局、广东省政府国有资产监督管理委员会、广东省消防救援总队、广东省总工会、共青团广东省委员会	
越秀区发展和改革局	《老周的用电故事》获评“学习贯彻党的二十大精神大力弘扬诚信文化”诚信微视频三等奖	广东省发展和改革委员会、广东省委宣传部	
	“‘信用走廊’打造 CBD 信用生态圈”入选“学习贯彻党的二十大精神大力弘扬诚信文化”诚信典型案例		
	“建设北京路‘诚信商圈’”入选“学习贯彻党的二十大精神大力弘扬诚信文化”诚信典型案例		
	“‘信用越秀’综合信用服务平台”入选“学习贯彻党的二十大精神大力弘扬诚信文化”诚信典型案例		
越秀区公安分局工会委员会	《筑牢队伍“心”堡垒 守护警员“心”健康——构筑智慧幸福警队大家庭项目》获 2023 年度广东工会职工心理健康服务优秀示范项目特等奖	广东省总工会办公室	2023 年 12 月
广州顺丰速运有限公司工会委员会	《“顺心如意”心理健康建设项目》获 2023 年度广东工会职工心理健康服务优秀示范项目一等奖		
越秀区税务局工会委员会	《“税税平安”心理健康关怀》获 2023 年度广东工会职工心理健康服务优秀示范项目二等奖		
越秀区工商联	全省工商联 2023 年度民营企业调查点工作先进基层单位	广东省工商业联合会	
越秀区科学技术协会	2023 年广东省全国科普日活动优秀组织单位	广东省科学技术协会	
	2023 年全国科普日优秀活动		

续表 36

获荣誉单位	荣誉名称	授予单位	授予时间
广州市八一希望学校	广东省第二届“红心向党·革命故事会”最佳组织单位	广东省文化和旅游厅、共青团广东省委员会、少先队广东省工作委员会	2023 年 12 月
越秀区养正小学			
越秀区朝天小学			
越秀区少年宫	2023 年第八届广东省非物质文化遗产创意设计大赛优秀组织奖	广东省非物质文化遗产保护中心、中共越秀区委宣传部、广州美术学院工艺美术学院、越秀区文化广电旅游体育局	
越秀区启智学校			

表37 2023年越秀区获中共广州市委、广州市人民政府表彰单位一览表

获荣誉单位	荣誉名称	授予单位	授予时间
珠光街道文明路社区	2022 年度广州市容貌品质社区	广州市人民政府	2023 年 2 月
北京街道办事处	广州市第二批法治街镇	中共广州市委、广州市人民政府	2023 年 3 月
	2023 年第一季度“广州街坊”最小应急单元突出奖		2023 年 5 月
农林街道办事处	2020—2021 年度无偿献血先进集体	广州市人民政府	2023 年 9 月
人民街道办事处			
华乐街道办事处			
黄花岗街道办事处			
越秀区朝天小学	广州市三八红旗集体	中共广州市委、广州市人民政府	2023 年 11 月

表38 2023年越秀区获省级和省属部门荣誉个人一览表

姓名	性别	工作单位（职务或职称）	荣誉名称	授予单位	授予时间
夏新年	男	越秀区委宣传部二级主任科员	2022 年广东省“扫黄打非”先进个人	广东省“扫黄打非”工作领导小组	2023 年 1 月
吕明键	男	越秀区人民法院刑事审判庭一级法官			
李光日	男	越秀区公安分局副分局长	个人二等功	广东省公安厅	
霍春勇	男	越秀区公安分局警务保障室副主任			
陈世东	男	越秀区公安分局经济犯罪侦查大队大队长			
焦力杰	男	越秀区公安分局大塘派出所副所长			
邹思勇	男	越秀区公安分局广场派出所副所长			
陈伟灵	男	越秀区公安分局越秀公园派出所副所长			
梁伟荣	男	越秀区公安分局白云派出所所长			
王强华	男	越秀区公安分局网络警察大队副大队长			

续表 38

姓名	性别	工作单位（职务或职称）	荣誉名称	授予单位	授予时间
吴昭生	男	越秀区委办公室调研信息科科长	2022年度全省党委办公厅（室）系统信息工作先进个人	中共广东省委办公厅	2023年1月
卢永兰	女	越秀区署前路小学教师	2022年度广东省网络学习空间应用普及活动优秀教师	广东省教育厅	
叶　莺	女	越秀区署前路小学教师			
柯蔓莹	女	越秀区中星小学教师			
李珊珊	女	越秀区旧部前小学教师			
许晶云	女	越秀区清水濠小学教导处副主任	广东省2022年度学生资助工作者典型		2023年2月
黄　莹	女	广州市满族小学教师			
罗　琦	女	越秀区税务局三级主办	第五届全国税收公益广告大赛优秀作品奖	国家税务总局、国家广播电视总局	
李成斌	男	越秀区税务局四级主办			
简应林	男	越秀区广园西路消防救援站班长	工匠消防员	中共广东省消防救援总队委员会	
王朝伦	男	越秀区二沙岛消防救援站消防员	执勤训练先进个人		
黄炜健	男	越秀区平安促进联合会秘书长	2022年度广东省最美志愿者	广东省精神文明建设委员会	2023年3月
姜博仁	男	越秀区公安分局团委副书记、经济犯罪侦查大队二中队副中队长	广东省优秀共青团干部	共青团广东省委员会	2023年4月
熊成竹	女	国家税务总局广州市越秀区税务局一级行政执法员	广东省优秀共青团员		
陈垚璇	女	广州市第十六中学学生			
林浩冬	男	广州市贸易职业高级中学学生			
黄慧珊	女	广州市贸易职业高级中学学生			
闫尚博	男	广东实验中学学生	2023年广东“新时代好少年”	广东省文明办	2023年5月
陈彦婷	女	越秀区文德路小学学生			
简步青	女	越秀区建设六马路小学教师	广东省红十字系统先进个人	广东省人力资源和社会保障厅、广东省红十字会	
王思童	女	广州市育才中学语文科组长	“喜迎二十大，筑梦新时代”中小学征文展示活动先进个人	广东省教育厅	
甘伟梁	男	越秀区建设六马路小学教师	2022年广东省无线电测向锦标赛优秀教练员	广东省体育局	
张　俊	男	越秀区建设六马路小学教师	2023年广东省青少年击剑锦标赛“体育道德风尚裁判员”		2023年6月
陈丽云	女	越秀区豪贤路小学道法科长	优秀职业健康达人	广东省职业病防治院、广东省职业健康协会、广州市越秀区关心社会工作服务中心	
林松振	男	越秀区恒福路消防救援站班长	优秀共产党员	中共广东省消防救援总队委员会	
曾桂超	男	越秀区五羊消防救援站政治指导员	优秀党务工作者		

续表 38

姓名	性别	工作单位（职务或职称）	荣誉名称	授予单位	授予时间
张尔阶	男	越秀区公安分局刑事警察大队四级高级警长	个人一等功	广东省公安厅	2023 年 7 月
汤　洁	女	越秀区桂花岗小学少工委主任	2022—2023 年度“广东省优秀少先队工作者”	共青团广东省委员会、广东省教育厅、少先队广东省工作委员会	
陈敏莹	女	越秀区红火炬小学大队辅导员	2022—2023 年度“广东省优秀少先队辅导员”		
陈国成	男	越秀区中医医院主任中医师	第五届广东省名老中医	广东省卫生健康委员会	
李荣梅	女	越秀区桂花岗小学副校长	全国少先队辅导员专业技能大赛一等奖	中国少年先锋队全国工作委员会	2023 年 8 月
叶慧倩	女	越秀区建设六马路小学教师	2023 年广东省青少年击剑锦标赛“体育道德风尚裁判员”	广东省体育局	
张玉霞	女	越秀区水荫路小学教师德育副主任	2023 年全国优质教育科研成果展评德育先进工作者	教育部课程教学研究所	2023 年 9 月
谢利军	男	越秀区公安分局人口管理大队三中队副中队长	广东省公安机关社区警务先进工作者	广东省公安厅	
彭明智	男	越秀区公安分局白云派出所一级警长	广东省公安机关社区民警标兵		
李胜利	男	越秀区公安分局华乐派出所辅警中队副中队长	广东省公安机关派出所辅警标兵		
贾　佳	女	越秀区水荫路小学教师党政办公室副主任	广东省少先队辅导员技能大赛一等奖	共青团广东省委员会、广东省总工会、广东省教育厅、少先队广东省工作委员会	2023 年 10 月
刘　佳	女	越秀区建设六马路小学教师	2023 年广东省小学生游泳锦标赛优秀教练员	广东省教育厅	
陈月华	女	越秀区雅荷塘小学教导处副主任	亚运主题人文交流活动暨第四届“中外人文交流小使者”全国总展示活动突出贡献奖	教育部中外人文交流中心、第十九届亚运会组委会办公室	
廖美霞	女	越秀区水荫路小学教师	亚运主题人文交流活动暨第四届“中外人文交流小使者”全国总展示活动优秀指导教师		
陈　敏	女	越秀区朝天小学教师			
郭卓宇	男	越秀区公安分局机动大队二中队中队长	个人二等功	广东省公安厅	2023 年 11 月
邵　肯	男	越秀区公安分局刑事警察大队警务技术三级主管			
梁晓喆	男	越秀区公安分局登峰派出所一级警员			
任欣虹	女	越秀区委党校讲师	百名南粤党员教育优秀讲师	中共广东省委组织部	
谢　荣	女	越秀区烟墩路幼儿园教师	第四届广东省中小学青年教师教学能力大赛“学前教育组”决赛一等奖	广东省教育厅	
苏国彬	男	越秀区税务局四级主办	第十届“创青春”中国青年创新创业大赛税务专项赛——全国税务系统青年创新“智税”大赛（广东赛区）创新案例赛精诚共治赛道金奖	国家税务总局广东省税务局办公室、共青团广东省委员会办公室	2023 年 12 月
叶颖欣	女	越秀区农林下路小学教师	第十六届广东省中小学“暑假读一本好书”活动“先进个人”	广东省教育厅办公室	
许晶云	女	越秀区清水濠小学教导处副主任			
李振球	男	越秀区应急管理局副局长	全省三防工作先进个人	广东省防汛防旱防风总指挥部办公室、广东省人力资源和社会保障厅	

续表 38

姓名	性别	工作单位（职务或职称）	荣誉名称	授予单位	授予时间
吴海燕	女	越秀区东山实验小学副校长	2023 年全国少年儿童“心中有祖国 心中有他人”主题教育活动先进个人	全国少年儿童“双有”主题教育活动组织委员会	2023 年 12 月
林　曦	男	越秀区建设六马路小学教师	2023 年广东省青少年武术套路（太极拳、南拳）锦标赛体育道德风尚奖裁判员	广东省体育局	
甘伟梁	男	越秀区建设六马路小学教师	2023 年广东省无线电测向锦标赛优秀辅导员		
黎志坚	男	越秀区桂花岗小学教师			
卢坚武	男	越秀区旧部前小学教师	2023 年广东省航海模型锦标赛优秀辅导老师		
廖宇霞	女	越秀区中医医院副主任药师	2023 年粤黔协作工作突出个人	广东省粤黔协作工作队	
陈静岚	女	越秀区疾病预防控制中心公卫医师	全省健康教育技能竞赛—场所健康教育干预方案设计二等奖	广东省卫生健康委员会	
钟雪珊	女	越秀区疾病预防控制中心传染病防制科副主任、主管医师	2023 年广东省现场流行病学职业技能竞赛个人三等奖	广东省卫生健康委、广东省总工会	
钟雪珊	女	越秀区疾病预防控制中心传染病防制科副主任、主管医师	2023 年广东省现场流行病学职业技能竞赛团队三等奖		
曾　珏	女	越秀区疾病预防控制中心免疫规划科副主任、主管医师	广东省疾控健康科普大赛三等奖	广东省疾病预防控制中心	
关振声	男	越秀区妇幼保健院主治医师	广东省援黔干部和专业技术人才通报表扬	贵州省委乡村振兴领导小组办公室	

表39 2023年越秀区获中共广州市委、广州市人民政府表彰个人一览表

姓名	性别	工作单位（职务或职称）	荣誉名称	授予单位	授予时间
吴剑锋	男	越秀区公安分局巡特警大队教导员	广州市全面推行河湖长制工作先进工作者	中共广州市委、广州市人民政府	2023 年 3 月
邹海媚	女	越秀区人民法院民事审判一庭（家事少年审判庭）二级法官	广州市三八红旗手		2023 年 11 月
宾　雪	女	越秀区税务局副科长			
叶露雅	女	六榕街道旧南海县社区党委书记、居委会主任			

表40 2023年越秀区“广州好人”一览表

姓名	性别	工作单位（职务或职称）	荣誉名称	授予单位	授予时间
甘永乐	男	团一大纪念广场志愿驿站站长	2023 年第一季度“广州好人”	广州市文明办	2023 年 3 月
韩　鹏	男	广发银行安全员	2023 年第二季度“广州好人”		2023 年 6 月
陈君君	女	广州市少年宫融合教育部副负责人、党支部书记	2023 年第三季度“广州好人”		2023 年 8 月
叶志丹	男	越秀区东山培正小学校长	2023 年第四季度“广州好人”		2023 年 12 月
赵祝香	女	广州市第一人民医院感染科主任、呼吸与危重症医学科副主任			
黄剑锋	男	广州市公安局出入境管理支队政工办一级警长			

■编辑　王海捷

附　录

文献选编

越秀区政府工作报告

——2024年2月4日在广州市越秀区第十七届人民代表大会第四次会议上

越秀区区长　罗光华

各位代表：

现在，我代表越秀区人民政府，向大会报告工作，请予审议，并请各位政协委员和其他列席同志提出意见。

一、2023年工作回顾

2023年是全面贯彻党的二十大精神的开局之年，是三年新冠疫情防控转段后经济恢复发展的一年。过去一年，我们坚持以习近平新时代中国特色社会主义思想为指导，深入学习贯彻习近平总书记视察广东重要讲话重要指示精神，围绕高质量发展首要任务和构建新发展格局战略任务，全面落实省委“1310”具体部署和市委“1312”思路举措，按照区委确定的激活、优化、疏解三大策略，笃定奋进、克难攻坚，较好地完成了区第十七届人民代表大会第三次会议的主要目标，老城市新活力引领区和高能级国际大都市核心区建设迈出坚实步伐。

初步核算，全区地区生产总值3810.24亿元，增长4.5%，顺利完成年初亮诺目标；地方一般公共预算收入增长7.3%，区域税收增长15.5%，创下近年新高；商事主体总量增至24.3万户、增长4%，新增“四上”企业378家；城镇新增就业2.7万人，困难人员再就业率达92.1%，十件民生实事全面兑现。在赛迪百强区评选中，越秀连续6年稳居全国第一方阵。

这一年，我们重点做了以下工作：

（一）聚焦优格局、促协调，推动重大战略部署落地落实。

大湾区交流纵深推进。始终把粤港澳大湾区建设作为深化改革开放的大机遇、大文章抓紧做实。制定支持南沙开发开放12项行动任务，积极参与广深港澳科技创新走廊建设，建成人工智能与数字化技术粤港澳协同创新中心，辖内3家公立医院入选“港澳药械通”名单，编制中医药、养老、粤菜等领域30项“湾区标准”，发布公共服务“一本通”，港澳服务专窗一窗通办事项达198项，吸引2715家港澳台企业集聚、总数全市第三，助力宜居宜业宜游优质生活圈加快形成。

“百千万工程”扎实起步。坚持以头号力度系统推进“百千万工程”，成立区、街两级指挥部，出台“一区一策”“一街一策”及相关配套政策体系，清单式推进96项重点任务。投入2.6亿元帮扶资金，实施对口支援协作合作项目307个。建成越秀—霞山产业合作园区，赤坎、霞山、遂溪三地科创中心“飞地”项目在黄花岗科技园顺利揭牌，北京路、一德路惠农助农商街建设初具成效，为“中心流量”变“惠农增量”闯出新路。

老城焕新颜蓄势起航。组建30个由区领导领衔的重点项目专班，以顶格标准、满格状态突围攻坚。广州站片区纳入全市四大更新片区，高标准编制“1+8+6”规划成果体系，开展38个地块对接摸查，共335公顷用地纳入做地范围。瑶台村全面改造加速重启，西坑村、登峰村按“拆治兴”并举重整思路。大小马站书院群项目前期工作取得新突破。环市东、五羊新城、大德路、新河浦等片区提质更新加快推进。通过一步一个脚印，一项一项抓落地，让千年越秀绽放历久弥新的时代魅力。

（二）聚焦稳增长、扩内需，不断增强经济发展综合实力。

现代服务业支撑有力。金融服务实体经济能力不断提升，与人民银行、市地方金融监管局签署合作备忘录，促成企业融资超1000亿元，为中小微企业和个人发放贷款464.2

亿元，金融业增加值增长8.4%。商务服务业、科技服务业、软件和信息服务业营业收入保持较快增长，接触性服务业强势复苏，旅游、会展、住宿、餐饮等行业营业额分别增长77.2%、67.3%、71.9%、20.1%。现代服务业增加值同比增长4.7%，占服务业比重达70.6%。

新兴产业加速布局。粤港澳大湾区生命健康产业创新区建设总体方案通过审议，新增4个特色园区、累计建成14个，环东广场升级为科技健康综合体，揭牌全国首个CRO产业地标运营中心，新引进生命健康企业超80家。超高清视频产业特色小镇新开广电城投686创意园、草莓V视两个园区，全市首个高端XR演播厅建成投用。数字经济核心产业增加值同比增长8.8%，新增南网科技等4家省级企业技术中心。

消费市场活力迸发。各大商圈联动升级，北京路步行区域南拓至泰康路，商业载体面积扩容11%，全年客流量近1.2亿人次、增长83.8%，东山口新兴潮流商铺数量增长45.5%，农林下路商圈提质工程加速建设。新开业星寰、珠江·星火1926、粤潮楼和粤海天河城B区等4个商业综合体，新增品牌首店50多家。全年举办促消费活动400多场，带动社会消费品零售总额增长8.7%。线上及线下消费融合，限上单位网络零售额增长13.3%。

有效投资逐步扩大。63个市“攻城拔寨”项目完成年度投资114.5%，南洋电器厂及周边更新改造等7个计划开工项目全面动工，越秀立方等19个项目竣工投用，带动固定资产投资增长10.3%。成功争取中央预算内资金、专项债券等4.4亿元，通过政府投资激发全社会投资活力，社会投资规模占比提升至76.8%。出台促进产业高质量发展10条，加强精准靶向招商，新引入优质项目374个，落地百强项目和总部型项目47个，协议投资总额499.2亿元。

（三）聚焦增动能、塑优势，激发改革开放创新三大动力。

重点改革步步向前。实施营商环境6.0改革，推出88项优化提升举措，全市率先实现企业市内迁入“即报即办”，建成11个“智税圈”提供自助办税服务，获评全省首批综合类信用县，入选营商环境质量全国十佳县区。制定促进民营经济发展壮大20条举措，实施“新越商青年企业家培育工程”，旗帜鲜明支持民营企业健康发展。深化数字政府改革，实现107个高频事项一事办成，997项政务服务指尖易办，成功跻身新型智慧城市百强区全国五强。国家基本公共服务标准化综合试点顺利验收。

对外开放不断深化。加大吸引外商投资力度，新设外资企业1676家、同比增长1.6倍，实际利用外资10.6亿元。积极培育外贸新动能，联动越秀海关合作培育AEO企业42家，万菱广场等3家试点市场采购出口额增长33.6%，全年外贸进出口总值540.8亿元。强化对外交往门户功能，有力服务保障“读懂中国”国际会议、世界超高清视频产业发展大会等重大会议活动，越秀国际知名度、美誉度得到新提升。

创新驱动显著增强。科技型中小企业增长38.3%，新增省级专精特新企业97家、国家级“小巨人”企业2家。获批全国首批国家知识产权服务业高质量集聚发展试验区，建成全市首个综合性知识产权公共服务机构，新增发明专利授权5401件，发明专利占比49%、全市第一，完成知识产权质押融资超24亿元，技术合同成交额增长150.7%。打造“1+9+N”主题人才会客厅，落地全国首个海交会人才服务站，新增国家级领军人才2名，省市人才项目申报创历史新高。

（四）聚焦补短板、提质量，持续提升城区环境功能品质。

城区功能日益完善。完成国土空间总体规划，编制传统中轴线地区保护利用实施细则。持续推进城市更新，完成第二批18个老旧小区改造项目，新增供水改造8928户，开展“瓶改管”改造居民用户3174户、非居民用户312户。实施存量资源价值提升计划，推动8家专业批发市场升级，完成16栋商务楼宇改造建设，新增商业空间22万平方米。推进21个轨道交通站点及区间进场施工。新建停车场5个、停车泊位654个，中山一路等5个交通拥堵点得到有效治理。

市容环境优化提升。制定环卫保洁高质量发展29条措施，实施背街小巷整治提升行动，集中整治环卫保洁、视觉形象等“十类”问题3.6万宗，治理违法建设12.6万平方米。全市首创“立体桶库”实现存桶量扩增2倍，新建垃圾压缩中转站2个，路面压缩作业量下降30%。8个重点区域、5条精品道路通过验收，区级容貌品质社区比例提升至30%。全国首个加装电梯“连片托管”示范街成功创建，全区托管电梯超过1000台。干净整洁平安有序城市环境评价连续7年获评A档。

绿美越秀更加靓丽。打好大气环境质量提升“组合拳”，全年优良天数比例提升9.6个百分点，$PM_{2.5}$、PM_{10}指标保持全市中心城区最优。新建污水管网24公里、雨水管网21公里，排水单元达标认定率88.4%，“一江五涌六湖”水质持续稳定。培育“无废细胞”180个，生活垃圾资源化利用率达88.1%。新增城市绿地1.2万平方米，建成口袋公园6个、社区公园1个、自然教育基地2个、古树公园2个，东山湖获全省首批小微湿地示范点，93%社区实现“300米见绿、500米见园”，覆盖率全市第一。

（五）聚焦惠民生、暖民心，大力推动社会事业均衡发展。

社会保障提标扩面。举办各类招聘会175场，提供就业岗位超9.7万个。向6499名困难群众发放社会救助资金1.3亿元，筹集保障性租赁住房1505套，解决863户中低收入家庭住房困难。“一老一小”保障持续加强，建成社区颐康服务站199间、长者饭堂91间，超50万人次长者街坊吃上“暖心饭”，过千名困境儿童圆梦“微心愿”，获评全国首批未成年人保护示范区、广东省儿童友好示范区，创成5个全国示范性老年友好型社区。“榕树头”议事厅为残服务项目获全省推广。

教育医疗提质增效。入选全国幼儿园保育教育质量提升实验区和义务教育教学改革实验区。新增基础教育学位6774个，改扩建班课室136个，新招教师477名，保障1.7万名适龄儿童顺利入学。中考成绩稳居全市前列，本科率连续2年突破90%。组建越秀区省医医疗集团，建成全区首个城市医联体。牵头起草全省首个家庭医生签约服务地方标准，有偿服务包签约率、家庭病床总量均居全市第一。推动社区卫生服务中心实施“公益一类投入、公益二类管理”，运营管理效能实现较大提升，18个社区卫生服务中心“优质服务基层行”全面达标。

文体事业提升赋能。推出兰缘盛荟、海丝文化节、“020赫兹”城市音乐营地等文化新品牌，开展文化惠民活动3000多场，惠及群众超1000万人次。中共三大会址纪念馆等3个旅游景区晋升为国家4A级旅游景区，北京路入选全国首批“5G+智慧旅游”应用试点项目。越秀位居中国市辖区旅游综合竞争力百强区第二名。获评国家重点高水平体育后备人才基地，我区选手在亚运会羽毛球团体赛中喜获金牌。

社会治理提档升级。严厉打击各类违法犯罪行为，110案件类警情同比下降13.8%。加强信访“六大工程”建设，化解信访积案106件。推进重大事故隐患专项排查整治2023行动，排查治理重大隐患319项，全年未发生较大及以上生产安全事故和重大灾情，安全生产及消防工作考核全市第一。粮食安全责任考核连续4年优秀。食品药品安全考核连续多年保持最优等级。

全力支持国防和军队现代化建设，双拥和退役军人保障显著加强，军民融合深度发展。民族、宗教、外事、侨务、保密、档案、史志、工青妇、科普、慈善等工作均取得新成效。

（六）聚焦提效能、优服务，全面提升政府自身建设水平。

始终坚持党建引领。高标准高质量开展学习贯彻习近平新时代中国特色社会主义思想主题教育，努力在以学铸魂、以学增智、以学正风、以学促干上下功夫，不断提高政治判断力、政治领悟力、政治执行力。

法治建设步履坚实。自觉接受人大依法监督和政协民主监督，办理各级人大代表建议140件、政协提案149件。建成全省首个“法治非诉中心”，行政应诉案件胜诉率全市最高。政府透明度连续4年居全国各县区前十。

服务效能稳步提升。实施“首席服务官”制度，走访服务重点企业5000多家次，为企业解决实际困难和诉求600多项。扎实推进第五次全国经济普查各项工作。12345热线工单连续3年办结率100%。

政风作风持续转变。全面加强政府系统党风廉政建设，坚决整治形式主义、官僚主义。抓好巡视、巡察等发现问题整改，完成18个审计项目和16个预算评估项目。务实担当、干事创业的氛围更加浓厚。

各位代表！回顾过去一年，我们一路披荆斩棘，一路风雨兼程，取得了来之不易的成绩。最根本在于有习近平同志作为党中央的核心、全党的核心掌舵领航，在于有习近平新时代中国特色社会主义思想的科学指引，是区委正确领导和区人大、政协监督支持的结果，也是全区上下顽强拼搏、社会各界鼎力相助的共同结果。在此，我代表越秀区人民政府，向全区干部群众，向各位人大代表、政协委员，向各民主党派、各人民团体和社会各界人士，向中央和省市驻区单位，向驻区部队官兵，向离退休老同志，向关心和支持越秀现代化建设的港澳台同胞、海外侨胞和各国友人，表示衷心的感谢和崇高的敬意！

同时，我们也清醒地认识到，全区发展还存在不少困难和挑战：一是“稳”的基础尚不牢固，新培育引进的大企业、大项目偏少，民营企业特别是中小微企业发展仍面临较多困难；二是“进”的动力仍要增强，产业转型升级亟待加快，新产业新动能尚未成势，重大平台综合能级不强；三是“优”的品质有待提升，水环境治理任务繁重，城市更新需进一步提速，市容环境管理精细化水平不够高，社会民生事业还有不少短板；四是“闯”的劲头还需提振，标志性、引领性、突破性改革成果不够多，政府治理体系和治理能力未完全适应新形势新要求；等等。对这些问题，我们将采取有效措施，认真加以解决。

二、2024年工作安排

今年是中华人民共和国成立75周年，是实现“十四五”规划目标任务的关键一年，做好政府工作意义重大、责任重大。今年工作的总体思路是：以习近平新时代中国特色社会主义思想为指导，全面贯彻落实党的二十大、二十届二中全会和中央经济工作会议精神，深入贯彻习近平总书记视察广东重要讲话重要指示精神，认真落实省委“1310”具体部署和市委“1312”思路举措，坚持稳中求进工作总基调，完整、准确、全面贯彻新发展理念，服务和融入新发展格局，着力推动高质量发展，持续激活“三大动力”，深入实施三大策略，统筹扩大内需和深化供给侧结构性改革，统筹高质量发展和高水平安全，切实增强经济活力、防范化解风险、改善社会预期，巩固和增强经济回升向好态势，持续推动经济实现质的有效提升和量的合理增长，增进民生福祉，保持社会稳定，高标准高质量建设老城市新活力引领区、打造高能级国际大都市核心区，努力谱写中国式现代化越秀实践新篇章。

今年全区经济社会发展主要预期目标是：地区生产总值增长4.0%左右，地方一般公共预算收入可比增长4.3%，社会消费品零售总额增长4.0%左右，进出口总值增长1.5%，城乡居民人均可支配收入增长与经济增长同步，节能减排降碳约束性指标完成年度任务。

“二次创业”再出发，而今迈步从头越。在实际工作中，我们将进一步深化新时代做好经济工作的规律性认识，把坚持高质量发展作为新时代的硬道理，立足“老资源”审题破题，面向“新活力”解题答题，处理好“稳”和“进”的关系，把握好“立”和“破”的顺序，聚精会神谋发展，心无旁骛抓落实，努力书写千年越秀现代发展的新答卷，创造无愧于百万群众民心所望的新业绩。

我们将重点抓好以下十项工作：

（一）坚定不移落实重大战略部署，以更大作为服务和融入新发展格局。聚焦“国之大者”，把握“省之要事”“市之重点”，举全区之力办好“三件大事”，在服务大局、一体协同中加快自身发展，构建腹地更广、潜力更足、空间更大的区域经济布局。

全面融入大湾区建设。深入实施“湾区通”工程，力争“湾区标准”“湾区认证”“湾区通办”和职业资格认可等工作取得更多试点成果，促进规则机制、营商环境、要素流动与港澳地区更加接轨。深化粤港澳大湾区生命健康产业创新区建设，扩大“港澳药械通”政策使用范围，推动正骨医院与澳门镜湖医院深度合作。积极回应港澳同胞就业创业和生活诉求，完善涉港澳商事多元解纷机制，全面建成18家港式家庭医生工作室，新缔结2—3对穗港澳姊妹学校，持续办好穗港澳青少年交流等活动。加强与南沙、横琴、前海、河套等重大平台的协同联动，协力推进广州都市圈建设。

深入实施“百千万工程”。完善区“百千万工程”工作机制，建立重大项目、重要改革、重点培育事项“三张清单”，出台年度十大行动。围绕科技赋能、生命健康、国际商贸、时尚文化4个类别，“一街一特色”打造19个硅巷型创新街区。扎实做好对口帮扶协作和市内结对互促，拓展北京路、一德路等惠农助农商街建设，加强与湛江两区一县产业园区共建，培育“总部+基地”产业合作平台，推进“双向飞地”共建协同创新中心，完善跨区域发展合作和利益共享机制，走出一条新时代精准帮扶、共同发展之路。

攻坚推进重点片区改造。抢抓重大战略机遇，探索用好“依法征收、净地出让”新模式。强力推进广州站片区改造，完成片区控规方案和做地方案报批，以国际视野、前瞻眼光、开放思维深化城市设计，推动5个种子地块率先突破，优化广州东站—广州站—白云站铁路沿线环境，加快“站城产居”融合发展。全力推进城中村改造，启动瑶台村征收补偿和首开区建设，加快推进西坑村“拆治兴”并举改造，完成登峰村新登峰宾馆改造提升工作。

（二）坚定不移推动新旧动能转换，构建具有越秀特色的现代化产业体系。大力开展主导产业提升行动，推进传统产业转型升级、新兴产业蓬勃发展、未来产业有序布局，进一步提升产业基础高级化和产业链现代化水平。

建强现代服务业“三个中心”。巩固创新金融中心地位，搭建“全域金融”场景，做好科技金融、绿色金融、普惠金融、养老金融、数字金融五篇大文章，深化广州民间金融街与海珠广场片区一体化发展，支持地方金融组织做优做强，引入10个优质金融合作项目，力争金融业增加值增长8%。培育高端商务服务中心，对接引进高能级国际专业服务机构，支持广告、人力资源、会计法务、规划设计、管理咨询等领域骨干企业发展，做优楼宇经济，新增税收亿元楼宇4栋。升级国际时尚商贸中心，响应国家商品市场优化升级专项行动，推动3个专业市场向数字化、展贸化、体验化转型，重点推进广州流花数贸中心建设，持续擦亮“中国流花”金字招牌，加速个性定制、时尚设计等“美业”发展。

培育新兴产业“三大集群”。大力发展生命健康产业，围绕“一心三地”布局，新引进15家生命健康重点企业，打造一批临床试验、医工融合等特色服务平台，力争生命健康产业增加值突破400亿元。加快壮大超高清视频产业，抓紧建设花果山特色小镇二期和综合配套工程，升级草莓V视智慧园区，从视频内容制作基地发展为产研居功能复合园区，形成整体协同产业生态。延伸文化创意产业链条，发挥北京路国家级文化产业示范园区优势，建强智慧旅游、动漫、电影、数字内容等产业链，孵化引进5家以上优质文创企业，带动上下游、产供销一体融合。

把准未来产业“三条赛道”。瞄准数字经济产业，加快布局数字新基建，打造环市路数字经济创新带，推动新一代信息技术、大数据、区块链、地理信息、量子通信等与实体经济融合，激发“四新”经济新增长点。瞄准人工智能产业，推动黄花岗科技园人工智能产业园创新发展，鼓励企业在医疗、教育、交通、商贸、金融、政务等领域开发人工智能典型场景应用。瞄准绿色环保产业，建立节能环保和生态产业链动态信息库，加快发展资源循环利用、节能服务业等绿色产业，推进重点园区和商圈开展降碳试点，鼓励实施节能改造。

（三）坚定不移扩内需稳外需，巩固和增强经济回升向好态势。坚持把稳增长摆在更加突出位置，着力扩大内需，促进外需协调发展，进一步改善社会预期，提振市场信心。

积极扩大有效投资。深入开展“攻城拔寨”行动，聚焦南洋电器厂及周边更新改造等65个市、区重点项目建设，完成年度投资不少于40亿元。坚持专班工作机制，强化项目协调、要素保障、全程服务，全力推动15个总投资超10亿项目快审快批快建。加强项目谋划和前期工作，提高项目成熟度，争取更多项目获得中央预算内投资、专项债券、增发国债等资金支持。完善全区“一盘棋”招商机制，建立招商图谱和目标清单，拓宽赴外招商、会展招商等渠道，开展靶向招商、以链招商，争取全年引进优质项目不少于280个，新增百强类、总部型企业20家以上。

持续激发消费潜力。构建广府文化引领型国际消费城区支撑体系，升级改造北京路—海珠广场、环市东、农林下路—中山三路等重点商圈，支持“一方系列”打造文旅消费新空间，推动多类型一刻钟便民生活圈建设。鼓励“老字号”美食品牌发展，打造惠福路特色美食集聚区，培育“寻味越秀”网红打卡地矩阵。繁荣发展夜间经济，完成3个都会级羊城夜市先行区申报认定，策划3条“夜广州”街巷，打造沿江路夜间经济示范集聚带。丰富消费新业态新场景，举办促消费活动不少于300场，扩大文旅休闲、体育运动、中医康养等服务消费，培育电子产品、智能家居、国货“潮品”等新的消费增长点。

壮大开放型经济。落实广州建设国家服务业扩大开放综合试点任务清单，推动专业服务、商务服务、健康医疗服务等重点领域标准化试点。支持国有外贸综合服务示范企业高质量发展，助力中小微外贸企业数字化转型，提升市场主体内外贸一体化经营能力。加快布局跨境电商、保税物流等新业态，新增2家市场采购贸易试点市场，探索“市场采购+跨境电商+产业园”模式。借助“读懂中国”国际会议等重大平台，增强商贸会展枢纽功能，培育壮大“会展+”经济。积极融入共建“一带一路”，拓展国际友好城区交往，不断深化合作交流实效。

（四）坚定不移实施创新驱动发展战略，建设产学研用深度融合的科技创新高地。系统推进高水平科技自立自强，促进产业链创新链资金链人才链有机融合，加快形成新质生产力，让创新之花更好地结出产业之果。

强化科技创新策源能力。高水平打造科创平台，推进“科创中国”创新枢纽城市广州市级试点区建设，支持中科院广州分院、省科学院、中山大学医学院等大院大所建设全国重点实验室和新型研发机构。落实“揭榜挂帅”机制，支持产业链“链主”企业、龙头企业和领军企业组建创新联合体，打好关键核心技术攻坚战。实施高企“26条”，壮大“专精特新”“单项冠军”企业队伍，新增高新技术企业100家以上，科技型中小企业数量突破1000家。

加快创新成果落地见效。发挥粤港澳大湾区生命健康产业技术转化中心、中山大学知识产权转移转化中心等重点服务平台优势，畅通“样品—产品—商品”的科研成果转化链条，落地10个以上医疗医药创新成果项目。做强国家知识产权强县建设示范区、国家知识产权服务业高质量集聚发展试验区两个国字号牌子，加快发展知识产权全链条产业，力争知识产权服务机构超600家，每万人发明专利拥有量160件以上。

健全创新创业生态系统。加强“科技+金融”政策推送，鼓励金融机构为科技企业量身定制服务方案，推动知识产权质押融资服务入园入企。落实“越揽众星”政策体系，做优“大家归秀”服务品牌，升级拓展产业主题人才会客厅，建设人才服务改革试点社区，引育一批一流科技领军人才和创新团队。深化全国科普示范区建设，不断提升全民科学素质。开展青年创新创业服务计划，为青年逐梦发展提供广阔平台。

（五）坚定不移推动全面深化改革，更大激发市场活力和发展内生动力。用足用好改革关键一招，以更大决心和力度推进重点领域和关键环节改革，为企业松绑，为创新除障，为活力护航。

激发深层改革动能。树立“产业友好型”理念，推出新一轮营商环境改革举措，建设企业最有感的营商环境标杆城区。深化全省首批综合类信用县建设，打造一批“信用+”标志性应用场景。强化“双随机+信用分级分类”监管，实施涉企行政处罚“三张清单”，创新包容审慎执法举措。健全“高效办成一件事”机制，迭代升级“越秀系列”四大平台功能，推动政务服务能力整体提升。开展新一轮国企改革深化提升行动，优化国有企业设置布局，健全完善法人治理结构。

优化助企惠企服务。推出“首席服务官”2.0版，组建千人团队进千企服务，用好“10号直通车”平台，举办不少于50场政企交流活动，全心全意当好企业发展“护航员”，让“有求必应、无事不扰”成为常态。培育发展品牌商协会，促进信息对接、资源共享。支持民营经济发展壮大，创新投融资机制，放宽民营企业市场准入，鼓励民营企业参与重大项目建设。做好第五次全国经济普查登记，摸清市场主体底数，进一步增强服务实效。

加大要素保障力度。针对企业融资难问题，落实普惠小微贷款等风险补偿机制，完善信易贷“白名单”，引导金融机构打造面向中小微企业和个体工商户的专属金融产品。加强数据高效归集共享，推广首席数据官制度，实行“一数一源一标准”，促进公共数据开发应用。推动直管房物业经营管理体制改革，有效发挥国有资产最大效益。支持老旧商务楼宇改造升级，建成第三空间汽车产业园等项目，全年新增高质量载体8万平方米以上。

（六）坚定不移提升城市规划建设管理水平，持续优化城区功能品质。坚持人民城市人民建、人民城市为人民，加快转变发展方式，建设更加宜居、韧性、智慧城区。

充分发挥规划引领。实施新一轮国土空间总体规划，持续优化“一横三纵三片”总体空间布局。完善环市东、五羊新城片区有机更新规划，加速融通广场、区工商联大厦等项目落地，为越秀中央活力区重振崛起打造全新引擎。深化自然资源节约集约示范县创建工作，编制城镇低效用地再开发专项规划，盘活广大路等一批低效地块。出台公有物业更新活化专项规划，采取“市场化、公益化、特色化”路径制定分批实施计划，首批打造10栋公房整体改造示范工程。

加快更新改造步伐。加强城市体检成果运用，推进第三批18个老旧小区改造项目，打造中医康养街区等4个连片成片改造示范项目，统筹城市社区嵌入式服务设施建设。全力配合做好十五运会和残特奥会筹办工作，提升省体育场和越秀山体育场周边环境品质，补齐全民健身设施短板，增加多样性运动场所，实现“10分钟体育圈”全覆盖。改善中心城区交通环境，加快烈士陵园站等5个轨道交通征收项目签约工作，完成40条道路全要素改造提升，启动环市东、东山体育场等停车场综合改造，新增5个以上社会停车场。

提升精细治理水平。完善环卫基础设施和规范作业标准，减少100个生活垃圾路边直压点位，推进27座公厕改造提升，打造2个“门前三包”样本街。开展花城“绣花”行动，发挥社区设计师力量，新增6个市级容貌品质社区，推出更多“最美”系列评选活动。深化全域服务治理，推动共有产权电梯全面纳入托管，推广城中村出租屋第三方代管、围院式、楼栋长管理模式。探索建设“新城建”十大标杆应用场景，重点推进智慧环卫、智慧停车、智慧社区示范应用。

（七）坚定不移走好生态优先之路，协同推进降碳减污扩绿增长。树牢“绿水青山就是金山银山”发展理念，以绿色低碳、环境优美、生态宜居为导向，打造绿美建设新样本，书写“云山珠水”新画卷。

构建全域绿美格局。以绿美“八大工程”为核心，完善“城市公园—社区公园—口袋公园”三级绿化体系，新增5个口袋公园、城市绿地和立体绿化8000平方米。加强生物多样性和湿地保护，提优东濠涌沿线环境品质，广泛开展全民义务植树活动，打造东山湖公园开放生态课堂，促进生态与人文有机融合。深入推进林长制，发挥民间林长队伍作用，引导基层力量投身生态文明建设行动，创建一批林长制示范街、示范社区。

深化污染防治攻坚。持续抓好第二轮中央生态环境保护督察反馈问题整改，全力创建国家生态文明建设示范区。打好蓝天保卫战，加快燃气锅炉低氮升级改造，严控挥发性有机物排放，落实污染天气应对措施，提高空气质量优良天数。打好碧水保卫战，全面落实河湖长制，稳步实施五年治水行动，统筹五大流域系统治理，推动沙河涌等整治提升，攻坚完成排水单元达标建设和45个合流渠箱清污分流改造，力争雨污分流率达到90%。打好净土保卫战，严格生活垃圾分类分级管理，强化危险废物和医疗废物安全处置，推进“无废城区”建设。

践行低碳环保理念。落实碳达峰碳中和战略，打造综合智慧零碳电厂，加强重点用能单位能源管理和监测，保持区域能效“双控”良好态势。探索光伏建设维护、合同能源管理多元融合，形成光伏发电应用区域试点示范。推进充电桩、换电站、配套电网等基础设施建设，增强新能源汽车服务保障。深入开展绿色生活创建行动，加大政府绿色采购力度，助力绿色低碳理念转化为行动自觉。

（八）坚定不移推进文化强区建设，全面彰显融古通今、美美与共的独特气质。坚持以文兴城、以文塑城，活化用好“四大文化”叠合优势，促进“三脉”基因赓续传承，助力“三轴”融合和“三核”联动发展。

坚定文化自信自强。广泛培育践行社会主义核心价值观，用好中共三大会址、农讲所、团一大等革命遗址，凝聚起团结奋进的强大力量。扎实推进精神文明建设，精心打造“越秀中医四季学堂”“越秀开笔礼”等文明实践工作品牌，深化拓展新时代文明实践阵地建设。推动光塔街建设铸牢中华民族共同体意识示范街区。加强重点文物保护，守住文物安全底线，稳步推进第四次全国文物普查。

擦亮‘四大文化”品牌。纵深推进红色文化传承弘扬示范区建设，完善“五条红道、红色八景、五片一区”整体布局，打造新河浦红色历史文化魅力街区，办好“红色研学季”“家门口的红色学堂”等系列活动。以广州传统中轴线申遗工作为串联，深入实施岭南文化“双创”行动，探索“非遗+”融合发展新模式，推进大小马站书院群、昌兴街和高第街等片区保护利用，规划建设岭南书院博物馆。推进海丝文化智慧街区建设项目，加强五处海丝申遗史迹点保护利用，实施“海上丝绸之路”配套基础设施建设。

丰富优质文化供给。持续擦亮“广府味·幸福年”文化系列活动、西湖花市、广府庙会、海丝文化周等特色文化名片，打造广东省地理标志产品一条街。激活图书馆、文化馆、博物馆、文化站等公共文化服务体系，建成25间“越读吧”，争创全市首个“诗词之区”。支持文化演艺事业发展，提供不少于100场演出活动，打造“小而美”的剧场演出新空间。深入实施文艺精品创作工程，推进文艺人才培养扶持计划，创造更多精品力作。

（九）坚定不移创造高品质生活，切实提高人民群众幸福指数。坚持以人民为中心，在发展中更加注重保障和改善民生，兜住、兜准、兜牢民生底线，让人民群众的日子一年更比一年好。

强化基本民生保障。积极落实就业优先政策，打造线上、线下、直播带岗“三位一体”公共就业服务招聘平台，举办不少于100场招聘会，加强高校毕业生、退役军人、农民工等重点群体就业，新增就业人员2万名以上。完善“羊城红骑手”外卖配送综合服务体系，保障新就业形态劳动者权益。加强救助供养、医疗互助和困难群众生活兜底保障，健全残疾人等群体关爱服务体系。打造“越秀善行1+1”慈善品牌，促进慈善、社工、志愿服务融合发展。

深化健康越秀建设。完善公共卫生服务体系，持续开展“五好”街镇创建活动。加强疾控人才队伍建设，提升传染病监测预警能力。扎实推进爱国卫生运动，巩固提升国家卫生城市创建成果。促进优质医疗资源扩容提质，加快推进正骨医院东风东院区建设和公共卫生领域补短板项目。实施互联网医院平台建设，推广“医联体+家庭医生”等组合签约服务。支持区级中医特色专科发展，打造14个三级名医工作室、2个旗舰中医馆，全力创建全国基层中医服务示范区和国家慢性病综合防控示范区。

发展优质均衡教育。全面深化广东省基础教育高质量发展示范区建设，落实“五育”融合理念，推进5大重点任务和12项区域基础教育综合改革重点工程。加大教育人才储备，实施中小学校长领导力提升和越教名师培育计划，完善全链条培养体系。加快教育数字化转型发展，探索“智慧教育”新模式。完善义务教育“双减”长效机制，巩固学科类培训治理成果，推进多学科、跨学科、特色学科基地建设。继续实施东风东路小学改扩建等8个校园重点项目，扩大基础教育学位和宿位供给，不断改善办学条件。

构筑全龄友好城区。实施3岁以下婴幼儿照护服务三年行动计划，加强场地保障、租金减免、资金补贴等政策支持，新改扩建一批社区普惠托育服务机构和设施。深化省级儿童友好示范区建设，全面建成10个儿童友好社区。创建青年发展型城市示范区。推进婚俗改革试点，优化婚姻登记服务。积极应对人口老龄化，强化街道颐康中心、社区颐康服务站功能，推动长者饭堂与医疗、科技、慈善结合，打造食养医养康养融合的养老服务体系，大力支持银发经济发展。

（十）坚定不移提升社会治理水平，更好统筹发展和安全。坚持高质量发展和高水平安全良性互动，不断增强防范化解重大风险能力，建设更高水平的平安越秀。

提升防范化解风险水平。强化金融监管和风险监测预警，完善地方金融行业征信体系建设，健全小贷公司监管机制，守住不发生系统性风险的底线。推进房地产优化措施落地见效，探索实施房票制度，更好支持刚性和改善性住房需求，促进房地产市场平稳健康发展。统筹“平急两用”公共基础设施建设。扎实做好住房保障工作，提速海月东、解放中路东侧安置房建设，完成保障性租赁住房筹集任务，解决好新市民、青年人等住房问题。

提升维护公共安全能力。坚持安全第一、预防为主，深入开展重点行业领域安全风险隐患治本攻坚整治行动，突出抓好9类重点行业和10类特殊敏感场所安全防控，坚决防范遏制重特大事故发生。健全三防应急工作机制，提升自然灾害防治能力。严格落实广州市消防规定，完善消防基础设施，加强日常监督检查。做好电动自行车停放、充电和通行秩序管理。全力保障能源安全。强化食品药品全链条监管，落实粮食安全责任制，守护“舌尖上的安全”。

提升基层社会治理实效。弘扬和发展新时代“枫桥经验”，完善“行政复议调解+人民调解”联动化解行政争议模式，全面推进信访工作法治化建设。深化新一轮来穗人员融合行动。持续开展退役军人服务体系固本强基行动，争创全省双拥模范区“十一连冠”，巩固发展军政军民团结良好局面。加强公共安全与管理智能视频系统建设，健全社会治安防控“四个一”体系，常态化开展扫黑除恶斗争，依法惩处电信网络诈骗等突出违法犯罪，全力维护社会大局和谐稳定。

三、进一步提升政府治理体系和治理能力现代化水平

目标在前，使命在肩。我们将始终牢记和践行“三个务必”，坚定不移加强政府自身建设，以忠诚干净担当的实际行动，打造人民满意的法治高效廉洁政府。

全面加强政治建设。坚持不懈用习近平新时代中国特色社会主义思想凝心铸魂，持续巩固深化主题教育成果，更加深刻领悟“两个确立”的决定性意义，增强“四个意识”、坚定“四个自信”、做到“两个维护”，始终在思想上政治上行动上同以习近平同志为核心的党中央保持高度一致。

扎实推进依法行政。坚持公开透明，落实重大行政决策程序规定，加强公众参与、专家论证和合法性审查，完善权责清单体系。践行全过程人民民主，主动接受人大、政协及社会各方监督，高质量办好人大代表议案、建议和政协提案。深入推进“八五”普法，强化政务公开，严格规范公正文明执法，让权力在阳光下运行。

强化效能作风建设。稳步实施机构改革，完善政府职责体系和组织结构。按照思想大解放、能力大提升、作风大转变、工作大落实要求，全面增强各方面本领，锻造堪当“二次创业”重任的高素质干部队伍。恪守为民宗旨，加强调查研究，用心用情用力解决群众急难愁盼问题。着力提振全社会干事创业精气神，营造干部敢为、地方敢闯、企业敢干、群众敢首创的浓厚氛围。

打造廉洁务实政府。牢记全面从严治党永远在路上，一体推进不敢腐、不能腐、不想腐。锲而不舍落实中央八项规定及其实施细则精神，持续纠治“四风”，切实为基层排忧减负。带头过“紧日子”，严控一般性支出，建立节约型财

政保障机制，加强审计监督、财会监督，时刻警惕“新形象工程”，把宝贵财力用在改善民生和转型发展上。

各位代表，破浪前行风正劲，奋楫扬帆启新程！让我们更加紧密地团结在以习近平同志为核心的党中央周围，在市委、市政府和区委的正确领导下，坚定信心、埋头苦干，以团结凝聚力量，以奋斗成就梦想，朝着高质量发展目标奋勇前进，为强国建设、民族复兴伟业作出新的越秀贡献！

名词解释

1.省委“1310”具体部署：2023年6月20日，中国共产党广东省第十三届委员会第三次全体会议在广州召开，提出“锚定一个‘走在前列’总目标，激活改革、开放、创新三大动力，奋力实现十大新突破”的“1310”部署。

2.市委“1312”思路举措：2023年7月23日，中国共产党广州市第十二届委员会第六次全体会议召开。广州市委围绕实现习近平总书记赋予的使命任务，对照省委“1310”具体部署，细化形成“锚定排头兵、领头羊、火车头标高追求，激活改革、开放、创新三大动力活力，奋力推动十二个领域走在前列、当好示范”的“1312”思路举措。

3.港澳药械通：指在粤港澳大湾区内地9市开业的“指定医疗机构”使用临床急需、已在港澳上市的药品，以及临床急需、港澳公立医院已采购使用、具有临床应用先进性的医疗器械。

4.百千万工程：广东省委十三届二次全会审议通过《关于实施“百县千镇万村高质量发展工程”促进城乡区域协调发展的决定》，提出以全省122个县（市、区）、1609个乡镇（街道），2.65万个行政村（社区）为主体，全面实施“百县千镇万村高质量发展工程”，旨在以推动高质量发展为主题，以乡村振兴战略、区域协调发展战略、主体功能区战略、新型城镇化战略为牵引，以城乡融合发展为主要途径，以构建城乡区域协调发展新格局为目标，壮大县域综合实力，全面推进乡村振兴，持续用力、久久为功，把县镇村发展的短板转化为广东省高质量发展的潜力板。

5.“1+8+6”规划成果体系：1个总体成果即广州火车站片区总体规划与城市设计暨站城产居一体化地区控规优化；8项专题研究即枢纽案例汇编、产业发展策划、综合交通规划、市政基础设施规划、城市空间形态与开发控制、地下空间规划、低碳绿色城市控制指引、土地整备与实施；6个专项评估即交通影响评估、历史文化遗产调查评估、环境影响评估、市政承载力评估、洪涝安全评估、树木保护专章。

6.做地：在政府指定范围内，由政府认定的国有企业筹集资金，配合属地政府实施征收补偿安置工作，实施道路、供水、供电、供气、排水、通讯、照明、绿化、土地平整等配套设施建设后将土地统一交由政府收储。

7.CRO：Contract Research Organizations，即合同研究组织，是指通过合同形式为医药企业在药物研发过程中提供专业化外包服务的公司或机构，其业务模式主要是接受客户委托，按照行业法规以及客户要求提供药物从研发到上市过程中的全流程或者部分流程服务。

8.XR：Extended Reality，即扩展现实，是一种集成了多种技术的概念，其中包括增强现实（AR）、虚拟现实（VR）、混合现实（MR）。

9.促进产业高质量发展10条：即《广州市越秀区促进产业高质量发展的实施意见》，共包含高端人才支持、企业发展支持、载体提升支持、资本市场支持、招商引荐支持、行业活动支持、知识产权和质量与标准化支持、配套服务支持、荣誉支持、专项支持等共十大措施。

10.智税圈：打造智税服务站点，旨在拓宽家门口办事渠道，推进税费服务事项覆盖延伸至社会化服务网点，通过“集中办、一站结”，让群众不再多头跑、反复跑。

11.AEO：Authorized Economic Operator，即“经认证的经营者”，是世界海关组织倡导的一项促进贸易安全与便利的制度安排。

12.“专精特新”企业：即专业化、精细化、特色化、新颖化，是指主营业务突出、专业能力强、研发创新能力强、具有发展潜力的中小企业。

13.“小巨人”企业：指业绩良好、极具发展潜力和培育价值处于成长初期的小企业。通过培育推动其快速健康成长，最终成为行业中或本区域的“小巨人”。

14.“1+9+N”主题人才会客厅：“1”即书记人才会客厅；“9”即系列主题会客厅，覆盖科技、教育、金融、设计、人力资源、生命健康、超高清视频（5G／8K）等领域；“N”即其他特色人才会客厅，按需设置。会客厅邀请各行业领域顶尖专家学者、高层次人才、港澳青年人才共话越秀高质量发展，助力各类人才规模化集聚、本土化发展。

15.电梯“连片托管”：将社区加装电梯连片纳入统一托管，实行分散主体加装电梯集约化管理，充分发挥连片集成优势，在提升电梯托管覆盖面的同时有效减少业主分摊支出、降低经济成本。

16.一江五涌六湖：“一江”即珠江前航道；“五涌”即东濠涌、新河浦涌、水均岗涌、景泰涌、沙河涌；“六湖”即东山湖、麓湖、流花湖、东秀湖、北秀湖、南秀湖。

17.无废细胞：将细胞概念引入城市固体废物治理，把城市看作人体，学校、机关、企业、酒店、展馆、景区等社会生产生活各组成单元看作细胞，通过建成一个个“无废细胞”，推动“无废城市”建设，促使“无废”观念深入人心，全民践行“无废行动”，最终打造“无废社会”。

18.公益一类投入、公益二类管理：指落实公益一类财政供给和公益二类事业单位管理，充分调动基层医疗卫生机构的积极性，建立更灵活、有效的收入分配制度。

19.优质服务基层行：基层医疗卫生机构对照标准，补短板、强弱项，不断改善基础设施条件，健全管理制度，持续改进服务质量，稳步提升服务能力。

20.信访“六大工程”：强基固本、访源治理、重访治理、积案治理、信访保障和制度改革。

21.首席服务官：为重点企业安排专属“首席服务官”团队，由挂点联系街道的区领导担任团长，责任部门处级领导担任“首席服务官”，责任部门、属地街道、属地市场监管所、属地税务所科级干部担任服务专员。

22.地方金融组织：指依法设立的小额贷款公司、融资担保公司、区域性股权市场、典当行、融资租赁公司、商业保理公司、地方资产管理公司以及法律、行政法规和国务院授权省级人民政府监督管理的从事地方金融业务的其他机构。

23.一心三地：“一心”即国际健康医疗中心，“三地”即生命健康产业转化高地、药品器械流通高地、高端医学人才高地。

24.“四新”经济：指“新技术、新产业、新业态、新模式”的经济形态。

25.高企“26条”：即《广州市壮大科技创新主体促进高新技术企业高质量发展若干举措》，该文件从加强科技引育、推动科研强企、实现人才优企、扩展金融惠企、汇聚产品兴企、持续精选壮企、优化创新业态等7个方面，提出了26条具体举措。

26.“单项冠军”企业：指长期专注于制造业某些特定细分产品市场，生产技术或工艺国际领先，单项产品市场占有率位居全球前列的企业。

27.行政处罚“三张清单”：是规范行政处罚裁量权，推行包容审慎监管的重要举措，指轻微违法行为免予行政处罚、一般违法行为从轻行政处罚清单，以及一般违法行为减轻行政处罚清单。

28.“越秀系列”四大平台：越秀人家、越秀商家、越秀先锋、越秀智库。

29.首席数据官制度：聚焦于数据管理与数据运营，重点围绕数据资源汇聚、共享、开放、利用等数据治理工作展开，具体负责推动跨部门、跨层级、跨区域的数据流通应用，充分释放数据资源价值。

30.一数一源一标准：指每一条基础数据有且只有一个对数据的真实性和准确性负责的法定采集机构，该法定采集机构对每一条基础数据或每一张数据表均进行标准化处理。

31.“一横三纵三片”总体空间布局：“一横”即依托珠江高质量发展带，结合越秀沿江金融产业平台，打造沿江路—创新金融集聚带；“三纵”即三条南北向的发展带，西侧依托广州传统中轴线，结合北京路商业街区和海珠广场金融产业优势，打造北京路—海珠广场发展带，中部结合环市东商务区和中华广场商业中心打造环市东—中华广场发展带，东侧依托科技创新园区、农林下路商圈、东山口商圈和新河浦历史文化街区，打造农林下—东山口发展带；“三片”即广州站片区、环市东片区、五羊新城片区。

32.绿美“八大工程”：森林质量优化提升工程、城乡一体绿美家园优化建设工程、保护地建设提升工程、生物多样性保护培育工程、活力精品绿廊提升美化工程、古树名木保护修复工程、现代惠民林业集聚发展工程、全民爱绿护绿植绿工程。

33.四大文化：红色文化、岭南文化、海丝文化、创新文化。

34.“三脉”“三轴”“三核”：广州市委十二届六次全会报告提出，优化城市发展战略空间格局，推动城市老中轴、新中轴、活力创新轴融合发展，实现老城区“历史文化核”、东部中心“现代活力核”、南沙“未来发展核”联动发展，促进广州千年城脉、文脉、商脉传承发展。

35.五条红道、红色八景、五片一区：“五条红道”即工、农、青、妇革命运动体验红道、中国革命统一战线红道、毛泽东伟人足迹红道、周恩来伟人足迹红道、陈独秀革命先锋足迹红道；“红色八景”即河浦同舟、红墙求索、东园潮起、文德新征、红陵旭日、珠水丹心、长堤扬旗、岭南曙光；“五片一区”即广州公社—北京路片区、农讲所—烈士陵园片区、海珠广场—沿江片区、东园文化广场片区、中共三大会址片区，争创红色5A级旅游景区。

36.岭南文化“双创”工程行动：指岭南文化创造性转化和创新性发展。

37.“越秀善行1+1”慈善品牌：面向辖区内“一小一老”等人群，搭建以社工站为纽带，慈善公益为核心，志愿服务为支撑、社会组织多元参与的基层慈善和志愿服务平台。

38.“五好”街镇：“五好”指党建引领好、体系建设好、制度创新好、公卫服务好、群众反映好。

39.五育：德育、智育、体育、美育、劳育。

40.9类重点行业和10类特殊敏感场所：9类重点行业领域是指非煤矿山、危险化学品、交通运输、建筑施工、消防、燃气、船舶、工贸、旅游；10类特殊敏感场所是指高层建筑、医疗机构、托育机构、民政机构、幼儿园、学校宿舍、监所、星级宾馆、大型商业综合体、涉工业气瓶储存使用场所。

41.治安防控“四个一”：任务一张表，指挥一张图，管控一张网，勤务一套机制。

42.三个务必：务必不忘初心、牢记使命；务必谦虚谨慎、艰苦奋斗；务必敢于斗争、善于斗争。

关于新时代越秀区高质量发展的行动方案

为深入学习贯彻习近平总书记关于推动高质量发展的重要论述精神，认真贯彻落实《关于新时代广州高质量发展的行动方案》，2023年7月10日，越秀区印发《关于新时代越秀区高质量发展的行动方案》，扎实推进中国式现代化的越秀实践。《方案》主体内容如下。

一、总体要求

坚持以习近平新时代中国特色社会主义思想为指导，全面贯彻党的二十大和中央经济工作会议精神，深入贯彻落实习近平总书记视察广东重要讲话、重要指示精神，坚持稳中求进工作总基调，完整、准确、全面贯彻新发展理念，紧紧围绕高质量发展这个首要任务和构建新发展格局这个战略任务，以满足人民日益增长的美好生活需要为根本目的，坚持系统观念，更好统筹发展和安全，更好统筹质的有效提升和量的合理增长，坚定不移全面深化改革、扩大高水平对外开放，加快建设现代化经济体系，不断塑造发展新动能新优势，高质量建设广州“老城市新活力创新发展示范区”。

到2023年底，全区高质量发展成效初显，内需驱动有效发力，现代服务业和科创主体活力不断激发，“百千万”工程有序推进，新型城镇化、街道经济发展提速，城区品质稳步提升。力促年内63个重点建设项目完成投资超39亿元、固定资产投资增长10%以上，新增“四上”企业350家左右，引进优质项目280个以上，金融业、生命健康产业增加值分别突破900亿元、400亿元。力争全年新增2万名以上就业人员，新建5个口袋公园，推动瑶台村进入首期拆迁。到2027年，全区高质量发展取得明显进步，综合经济实力迈上新台阶，创新驱动力明显提高，区域发展协调性进一步增强，新型城镇化质量大幅提升，城乡基本公共服务均等化水平显著提高，改革开放实现新突破，生态建设取得更大进展，人民生活水平显著改善。到2035年，高质量发展实现更大成效，经济实力、科技实力、综合竞争力大幅增强，区域发展更加协调更加平衡，新型城镇化基本实现，更高水平对外开放格局更加完善，共同富裕取得更为明显的实质性进展，在高质量发展上走在前列、作出示范。

二、坚持扩大内需，以促消费、扩投资、强主体为抓手，夯实越秀高质量发展的基本盘

发挥越秀作为广州千年商都核心的禀赋优势，充分发挥消费对经济发展的基础性作用，以及投资对优化供给结构的关键性作用，为广州在全省打造新发展格局的战略支点中发挥重要支撑作用贡献越秀力量。

（一）加快建设国际消费中心城市示范区。全面落实《扩大内需战略规划纲要（2022—2035年）》，围绕增强消费对经济发展的基础性作用，大力推动增强消费能力、改善消费条件．创新消费场景同向发力，构建贯穿全年的消费促进活动机制，2023年月均举办10场左右促消费活动，持续开展“越秀欢乐购”等各类促消费活动，着力满足个性化、多样化、高品质消费需求。稳步推进北京路步行街南延至珠江工作，大力发展首店经济、首发经济，积极引进国际一流“龙头”知名品牌，加快打造具有全球影响力和美誉度的标志性商圈，塑造“逛北京路—游珠江—登小蛮腰”老城市新活力的经典游径。推动环市东—中华广场、东山口—新河浦等传统商圈提质升级，支持社会力量参与盘活老建筑、老街区，发展后街经济、小店经济，营造有“烟火气”的消费环境，丰富“一刻钟便民生活圈”。鼓励支持朴朴、美的智慧家居等龙头企业保持业绩快速增长，推动线上及线下融合消费、双向提速。

（二）坚持以“大抓项目、抓大项目”扩大有效投资。加强项目谋划，滚动谋划一批、储备一批、推进一批十亿元级的大项目、好项目，力争2023年63个重点建设项目完成投资超39亿元，带动固定资产投资115亿元、增长10%以上。聚焦控规调整、树木保护等项目审批重点，建立健全“一项目一方案一专班”机制，力争在2023年底前实现越秀区北站路71号茶叶仓地块商业综合体等10个项目开工，捷星总部大厦等项目竣工。适度超前布局新能源、节能环保等新兴领域基础设施建设，用好政策性金融工具和专项债券，集中优势资源向重点项目倾斜。

（三）构建精准招商、暖心安商工作格局。加快研究细化“区产业高质量发展10条”等新一轮产业招商政策，争取2023年引进优质项目280个以上，新增10家以上500强、央企子公司或分支机构落户。梳理20个赴外招商清单，积极组织赴外招商活动，拜访华为技术公司智能汽车AITO旗舰店项目等意向企业50家次以上。延伸会议招商，依托广州国际投资年会、2023世界超高清视频产业发展大会等高端会议平台，引进一批产业牵引性好、配套性强的优质项目。加大对已落户的新疆中泰湾区销售总部、美的广州销售中心等重大项目服务，动员2023年内进行实质运作和投产达产。开展“抓安商稳存量”行动，为400多家重点企业组建区领导担任团长的“一对一”专属首席服务官团队，充分发挥企业和企业家能动性，让国企敢干、民企敢闯、外企敢投。

三、坚持创新发展理念，持续注入科技动力和现代服务业活力，增强越秀高质量发展的内生动能

把发展经济的着力点放在实体经济上，深入实施创新驱动发展战略，狠抓大产业、大平台、大环境，打好创新链产业链现代化攻坚战。

（四）提档升级现代服务产业集群。制定越秀区落实广州建设国家服务业扩大开放综合试点任务清单，推动研发、会计、咨询、人力资源等生产性服务业向专业化和价值链高端延伸，支持健康、养老、文化、旅游、体育等生活性服务业向高品质和多样化升级。推动数字经济和实体经济深度融合，开展2—3个人工智能典型场景应用示范，发挥数字协同平台及龙头骨干企业赋能作用，带动中小企业数字化改造，提升“上云用数赋智”水平。以信息服务业、人工智能等领域为重点，加快建立10条“总链长+链长+链主+链长办”的重点产业“链长制”工作推进体系，打造更具韧性和竞争力的产业链。加快传统专业批发市场转型升级，推动美博城等8家专业批发市场硬件升级工程，支持流花服装批发市场等5家业态提升，有机融合时尚会展经济发展，变市场为“秀场”，持续提升专业批发市场综合贡献度。紧抓会展重启，发挥会展业强带动作用，用好广州越秀国际会议中心支持广州国际投资年会等大型、超大型展会举办；融合发展会展经济，探索发展“会展+贸易”、“会展+旅游”、“会展+医疗”新模式。

（五）做大做强越秀特色产业集群。培育壮大生命健康产业集群。充分发挥越秀医疗资源集聚优势，加速医疗健康服务产学研融合，推动生命健康产业高质量发展。积极争取“港澳药械通”、“院内制剂在创新区调剂使用”等先行先试政策在创新区指定医疗机构试点实施，引导更多海内外优质、知名医药医疗器械企业在创新区集聚，2023年新打造3个生命健康产业特色园区，力争生命健康产业增加值突破400亿元。发挥中山大学技术转移中心等服务平台作用，支持中大肿瘤、中大眼科、中山一院等医疗机构科研成果转化，对接南沙中大广东药谷，在医药、医疗器械研发生产销售、中医药传承创新等方面开展合作，推动形成生命健康成果在越秀转化、生命健康制造业在兄弟城区发展的长效模式。做优做精建筑业和规划设计产业集群。充分发挥辖内市城规院、市交规院、地铁设计院、铁路设计院等行业龙头集聚优势，强化以商招商，依托现有设计产业特色鲜明、集聚化水平较高的街巷，引入建筑业和规划设计、工业设计等产业链条上下游优质企业。依托固定资产投资重点项目建设需求，吸引更多优质建筑业企业总部迁入越秀或在越秀设立独立核算子公司，推动在越建筑业企业多做贡献。牵头搭建设计行业交流合作平台，引入产业协会、组织、联盟等，加强需求对接，支持设计企业参与重大项目、重大工程。用好知识产权强区优势，加强设计行业知识产权保护，吸引更多优秀企业向越秀聚集，努力建成在大湾区有重要影响力的建筑业和规划设计产业高地。做强做特律师服务业产业集群。发挥律师事务所传统集聚区优势，聚焦东风路、环市路、广州大道等辖内众多律师事务所集聚地段，探索打造有特色的律师楼宇，加大法律服务主体及高端人才吸引力度；发挥越秀在组建粤港合伙联营律师事务所方面的龙头效应，增强越秀与港澳律师行业互联互通，推动越秀港澳法律专家库提档升级，深化涉港澳商事多元解纷机制建设。

（六）着力推动产业平台提质增效。坚持拓平台、促升级、强特色、重效益，推动花果山超高清视频产业特色小镇等重点平台向现代化产业园转变，推动花果山东侧绿地开发，储备改造提升周边物业载体，打造广电城投686创意园，推动草莓V视文创基地开园，建设XR虚拟数字拍摄基地，引进1—2家超高清产业链行业领头企业落户。推动海珠广场文化金融商务区与广州民间金融街一体联动发展，引进一批国际国内银行、证券、保险等总部金融机构，引导金融机构集聚发展，力争2023年金融业增加值突破900亿元。启动星之光数字体育产业园二期升级改造工程建设，到2023年底前完成改造并投入运营。拓展重点领域“信用+”应用，加快建设粤澳港大湾区信用服务产业（越秀）基地。

（七）着力增强创新策源能力。坚持创新平台、创新主体、创新人才一体推进，积极构建“基础研究+技术攻关+成果转化+科技金融+人才支撑”的全过程创新生态链，争创具有全国影响力的科技创新强区。加强科技载体建设，力争2023年新增2家市级培育孵化器、2家众创空间，新增孵化载体面积超4000平方米。支持中科院广州分院、国家重点实验室等高能级科技研发平台开展关键核心技术攻关，争取一批国家、省重点实验室、战略性重大科技平台、重大科技项目，提升创新体系整体能级。夯实企业创新主体地位，持续做好高新技术企业培育认定，加大国家科技型中小企业入库备案力度，力争2023年高新技术企业、国家科技型中小企业入库备案分别达到480家、780家；加大专精特新企业和本土科技独角兽企业培育，争取在中科云图、泺立能源、世炬网络等3家市认定独角兽企业基础上有更多突破。加强科技成果转移转化，依托粤港澳大湾区生命健康产业技术转化中心等平台，推动10个生命健康相关项目成果转化。出台实施国家知识产权强县建设示范县工作方案，加快知识产权金融创新。

（八）着力构筑大湾区高水平人才高地。坚持真心爱才、悉心育才、倾心引才、精心用才，深化“一区一品”“一链百星”“羊帆100”人才引育政策，推进“越秀高端人才VIP卡”发放，完善人才住房保障政策，优化“点对点”引进等有益探索。做强人力资源服务产业园越秀分园区，探索建设粤港澳大湾区（广东）人才港越秀分港，促进各类创新人才交流合作。大力弘扬工匠精神，深入开展“粤菜师傅”“广东技工”“南粤家政”三项工程，培养更多适应产业发展需求的技能人才。完善支持青年创新创业政策体系，争创青年发展型城市示范区，建立退役军人人才库，充分发挥退役军人作用，加快形成多层次创新人才生态。

四、坚持协调发展理念，激活城区存量空间和历史文化，不断提升越秀高质量发展的承载能力

秉持“精明增长、紧凑城市”，走集约化、内涵式发展道路，提高规划、建设、更新水平，让越秀每一寸土地发挥最大效应。

（九）进一步优化城区功能布局。统筹做好顶层设计和规划引领，加快完善“多规合一”国土空间规划体系。围绕将广州站地区打造为“广州中心城区发展新引擎、国际消费中心新平台、老城市新活力新示范”的功能定位，全力推进“站城产居”一体化地区规划控规及土地收储工作，有序启动片区土地整备，力争2023年上半年完成控规获批，推动广州站地区由战略规划转入实施策略阶段。科学有序实施城市更新，全面推进南洋电器厂及周边更新改造，提速海月东、解放中路东侧安置房建设，持续巩固提升旧南海县等老旧小区改造成果，启动新一批18个老旧小区改造项目。动态实施道路交通堵乱点治理，打造“一路一景、一段一品”慢行系统。

（十）进一步深化“百千万工程”。优化空间和资源统筹提速街区经济，推动区位优势好、经济实力强、发展潜力大的街道发展成为区域产业中心，集中力量打造一批经济排名全国前列的街道。开展“一街一业”建设，提升专业集聚度较高的街道产业竞争力，形成一批在全国有较强影响力和竞争力的名街名品。加快培育发展创新创意、历史文化、绿色低碳等特色街区，谋划打造国际商贸等主题创新街区。规范18条街道政务服务、公共服务、公共安全等事项，提升综合服务能力。科学有序实施城市更新，坚持“拆、治、兴”并举，强力推进瑶台村等城中村改造。健全完善城中村供水、供气、通讯网络和防洪等基础设施。

（十一）进一步拓展发展空间载体。深化北京路步行街二期改造提升，着力解决大小马站等周边地块历史遗留问题，加快启动大小马站和金鸿顺项目，大力拓展商业规模载体。加快动物园北门等地块收储出让。加快推进高端商务楼宇建设和老旧商务楼宇改造提升，力争新增20万平方米以上的高质量楼宇载体，将一批老旧物业改造为青年公寓。整治楼宇物业周边道路交通，加大停车设施建设和区域改造，引导商业零售、餐饮休闲、文化娱乐等服务业项目在楼宇周边集聚，打造完备的配套环境。分类推进闲置空置公有房产、社会物业及土地等资源的盘活利用，按照“先易后难、因地制宜、逐个突破”的思路，加大超期未动工土地处置力度，促进低效土地“二次开发”。建立“政府职能部门及属地街道—楼宇供给方—楼宇需求方—配套服务提供方”积极参与的生态共生机制，提升存量空间资源利用水平和单位产出效益。加快推进轨道交通十号至十四号线和芳白城际30个站点及区间征收工作，围绕地铁12号、13号线建设，推动中华广场和环市东商圈地下空间综合开发、联动发展。

（十二）进一步加速文化强区建设。围绕让城市留下记忆，让人们记住乡愁，加强历史文化保护传承，充分用好区街两级历史文化保护和公共文化服务专业力量，加大文物和文化遗产保护力度，推进非遗街区建设，焕发历史文化街区新活力。深化红色文化传承弘扬示范区建设，策划打造“五条红道、红色八景、五片一区”总体规划布局，深入推动红色史迹修缮保护利用，抓好东园文化广场二期等重点项目建设，用好中共三大会址、农讲所等红色资源，擦亮“家门口的红色学堂”“红色研学季”“越传承”等活动品牌。创新实施文化惠民工程，加强区图书馆、区文化馆、区博物馆等公共文化设施建设管理，持续办好迎春花市、广府庙会等传统文化品牌活动，扎实推动人民精神生活共同富裕。培育新型文化业态，大力发展新兴传媒、数字创意、数字娱乐、动漫游戏、艺术设计、超高清视频等新型文化业态，做大做强北京路国家级文化产业示范园区和国家级夜间文旅消费集聚区。积极与香港、澳门以及横琴、前海、南沙自贸区协同开展粤港澳大湾区青少年主题演讲大赛、大湾区农耕体验营、“广府文化之旅”学习体验营（越秀分营）等青少年交流品牌活动，提高文化自信和文化归属感、认同感。

五、坚持绿色发展理念，以“绣花”功夫守护生态之美，擦亮越秀高质量发展的鲜明底色

以标准化管理、精细化管养深入实施城区品质提升行动，努力探索新时代绿水青山就是金山银山的发展路径，加快创建国家生态文明建设示范区，以绿美越秀支撑高质量发展。

（十三）全面改善提升城市面貌。在老旧小区改造、环境治理等项目建设中，统筹推进道路、建筑立面、广告招牌、三线整治、景观绿化提升，以及电梯加装、停车位补给、终端供水服务、老化管道更新、慢行系统优化等城区基础设施全面升级。开展“身边项目大师做”，做好一批街头小景和小尺度空间设计，让一砖一瓦尽显越秀品位。实施街区风貌管控行动，推广社区设计师制度，挖掘街区特色资源和文化底蕴，营造社区美学空间，持续打造一批特色化品质化的美丽街区。

（十四）深入推进环境污染防治。持续深入打好蓝天保卫战，力争$PM_{2.5}$年均浓度排名在全市中心城区中继续保持前列。持续深入打好碧水保卫战，统筹水资源、水环境、水生态治理，推进沙河涌等精品河湖碧道建设，全面推进水务高质量发展。持续深入打好净土保卫战，切实加强土壤污染源头防治，推进“无废城市”建设。完善制度机制，持续深入抓好中央和省生态环境保护督察反馈问题整改，推动长效治理、长效保护。加快创建国家生态文明建设示范区。

（十五）持续优化绿美越秀生态系统。深刻汲取大规模迁移砍伐城市树木问题教训，切实保障生态环境安全。深入贯彻落实绿美广东、绿美广州生态建设要求，实施绿美提升、古树名木保护提升、全民爱绿植绿护绿等行动，统筹推进城市公园、社区公园、口袋公园等建设，持续优化绿道、碧道、古驿道景观，加强立体绿化美化，营造“城在林中、路在绿中、房在园中、人在景中”的绿美人居环境，2023年力争新建5个口袋公园，提升绿道1公里。引导全民爱绿、植绿、护绿、兴绿，营造全民踊跃植树绿化的文化氛围。

（十六）积极稳妥推进碳达峰碳中和工作。深入推动能源革命，稳步推进能耗“双控”向碳排放总量和强度“双控”转变。加快打造绿色低碳商圈，探索形成可复制可推广节能管理模式。推行绿色低碳生产方式，推进工业、建筑、交通等领域清洁低碳转型，探索建成一批绿色园区，在落实碳达峰碳中和目标任务过程中锻造新的产业竞争优势。积极稳妥推广装配式建筑，扩大绿色建材应用规模。

六、坚持开放发展理念，以改革开放的姿态走向未来，融汇越秀高质量发展的澎湃动能

传承改革开放先行者“敢为天下先”的精神，坚持向改革要动力、向开放要活力，积极融入“双区”“双城”和横琴、前海、南沙三大平台建设，提高资源配置效率，调动全社会积极性，持续增强发展动力和活力。

（十七）持续推进创造型引领型改革攻坚。深入贯彻党的二十大作出的重要改革部署，抓好市全面深化改革行动方案落地落实，加快建设高标准市场体系。进一步强化改革品牌意识，争取每年落地新一批国家和省级、市级改革试点，深化省级信用建设服务实体经济发展专项改革试点成果，扩大“信用走廊”应用覆盖范围，强化科技创新、金融等关键领域改革，形成更多越秀标志性引领性改革品牌。健全推动改革落实的机制制度，综合运用区委深改委听取改革汇报、现场会“擂台比武”等形式，深入推动改革任务落实。

（十八）持续深度参与大湾区建设。围绕助力建设世界级湾区、发展最好的湾区，把握“中央要求、湾区所向、港澳所需、越秀所能”，加快推动粤港澳大湾区生命健康产业创新区、粤港澳大湾区文化融合发展示范区等重大平台建设，共同谋划、争取和推动项目建设，力争每年都形成一批标志性成果。围绕提升市场一体化水平，把握复常通关机遇，加快完善与港澳的多层次合作对接机制，充分发挥港澳企业、港澳政协委员、行业商协会建言献策、交流合作的平台作用，力争与港澳在规则对接、制度衔接、产业合作、公共服务融合等方面实现新突破，促进市场要素高效便捷有序流动。深化粤港澳大湾区青年创新创业基地（越秀）建设，优化提升“五乐计划”，让更多大湾区高端人才团队创业到越秀、创新来越秀、创造在越秀。认真落实《南沙方案》，主动对接服务南沙建设，用足用好各项政策红利，与南沙共建平台、共享机遇、共同发展，加快把越秀战略势能转化为发展动能。

（十九）持续打造国际一流的营商环境高地。以企业和群众满意为第一标准，高标准制定实施营商环境6.0改革方案，谋划推进新一轮原创特色改革举措，争取更多举措入选全市复制推广清单。抓深抓实营商环境创新试点街区建设，提供“一站式”代跑代办服务。深化税收征管改革，落实好国家财税管理和减税降费各项部署。组织辖内企业申请认定市新一轮总部企业，用好上级总部经济奖励资金。全面落实政策“直通车”制度，扩大政策兑现“免申即享”范围。实施“个转企、小升规、规改股、股上市”市场主体培育计划，2023年内推动1—2家企业上市，辅导3—5家上市后备企业，力争实现新增“四上”企业350家左右。突出数字政府改革试点先行区优势，启动数字政府2.0建设，推进数据资源“一数一源一标准”采集汇聚，加快实现“以数辅政、以数惠民”。进一步深化综合行政执法改革，努力增强执法效能，持续优化法治化营商环境，不断提升企业和群众满意度。

（二十）持续推动高水平对外开放。实施新一轮参与“一带一路”建设行动，研究对接区域全面经济伙伴关系协定（RCEP）等国际经贸规则，打好外贸、外资、外包、外经、外智“五外联动”组合拳。培育外贸发展新兴业态，推动3家市场采购贸易试点市场扩面增量，探索在流花商圈打造粤港澳大湾区外贸新业态创新发展基地。落实好外资企业国民待遇，建立健全外商投资促进体系，提高投资环境开放度和可预期性。围绕广州建设国际交往中心的目标，配合办好“读懂中国”国际会议（广州）等重大活动，积极组织招商推介、经贸洽谈等交流活动，不断提升越秀国际影响力和投资吸引力。

七、坚持共享发展理念，持续优化中心城区功能，守牢越秀高质量发展的底线

更好统筹发展和安全，持续优化行政服务保障功能、公共服务水平和中心城区管理体制机制，谋划实施好“民生十大工程”，使现代化建设成果更多更公平惠及全区人民，以安全稳定的社会环境为高质量发展保驾护航。

（二十一）切实防范化解各类重大安全风险。进一步加强配套服务，持续构建政务活动运行高效、安全万无一失、政务配套优质完善的政务环境，确保各类党政军机关的政务活动安全、高效、有序运行。完善防范化解政治、社会等重大风险预案。全面提高公共安全治理水平。建立大安全大应急框架，完善公共安全体系，加强重点行业、领域安全监管，提高防灾减灾救灾能力。全力维护社会大局安全稳定。坚持和发展新时代“枫桥经验”，及时把矛盾纠纷化解在基层、化解在萌芽状态，深入推进市域社会治理现代化，推进扫黑除恶常态化，建好用好最小应急单元，争创全国社会治安防控体系建设示范城区，持续建设更高水平的平安越秀。

（二十二）切实促进高质量充分就业。实施提升就业服务质量工程，促进创业带动就业，构建和谐劳动关系，力争2023年举办100场以上线上及线下招聘会，建设5个深入社区的就业服务驿站，新增2万名以上就业人员。在“新零售”企业特殊工时管理制度改革试点基础上，探索推进“四新”企业特殊工时制度改革，支持和规范发展新就业形态，积极落实灵活就业人员各项权益保护措施和社会保障政策，扩大灵活就业、新就业形态空间。健全就业公共服务体系，丰富公共就业服务渠道，完善高校毕业生、农民工、退役军人、大龄失业群体等重点群体就业支持体系。

（二十三）切实提高健康越秀建设水平。全面实施公共医疗机构救治能力倍增计划，推进区中医院按三级医院标准建设，完善分级诊疗体系，持续打造规范化签约服务区和金牌家庭医生工作室，到2023年底，全区18个社区卫生服务中心100%开展家庭病床服务和上门出巡诊服务，家庭病床建床量同比增加15%以上。坚持平战结合完善重大疫情防控救治体系，加快提升应急医疗救治能力，加强老年人、儿童、有基础性疾病患者、孕产妇等脆弱群体保护，切实维护人民生命安全身体健康。

（二十四）切实建设高质量教育体系。创建广东省基础教育高质量发展示范区，实施区域基础教育综合改革12项工程，深化学区化集团化办学，重点保障学前和义务教育阶段学位供给，破解区域学位供给“东挤西疏”难题。持续开展教育基础设施及校园环境提升工程，举办10场“基于教学改革、融合信息技术的新型教与学模式”实验区成果展示交流活动，高质量通过教育部“基于教学改革、融合信息技术的新型教与学模式”实验区验收。全方位落实“五育并举”，加强师德师风和教学能力建设，培养高素质教师队伍，进一步健全义务教育“双减”长效机制。为全部局属学校校区配备自动体外除颤仪，为局属公办学校配备校园应急广播系统，实现自动体外除颤仪、校园应急广播系统100%全覆盖，提升校园应急避险和安全防范应急处置能力。完善服务全民终身学习的教育体系，发展在线教育、社区教育，办好特殊教育。

（二十五）切实健全多层次社会保障体系。完善“1+N”基本养老服务体系，优化提升区综合养老服务中心和街道社区颐康中心功能，2023年力争实现社区颐康服务站全覆盖，推动退役军人养老服务与颐康中心深度融合。深化全国未成年人保护示范区创建，持续深化区、街、社区三级未保工作站（点）全覆盖建设，探索“一街一特色”打造基层未成年保护工作特色亮点，发挥“护苗联盟”机制优势，积极链接社会慈善资源，圆梦1000名未成年人“微心愿”。落实好积极生育支持措施，降低生育养育成本。完善残疾人社会福利制度和关爱服务体系。坚持“房住不炒”定位，健全多主体供给、多渠道保障、租购并举的住房制度，促进房地产业良性循环和健康发展。加强国防动员和后备力量建设，做好军人军属和退役军人服务保障，加强三级服务体系建设，发挥双拥联络（中心）站作用，巩固发展军政军民团结。

八、坚持和加强党的全面领导，以高质量党建引领推动越秀高质量发展

充分发挥党总揽全局、协调各方的领导核心作用，确保党中央的决策部署和省委、市委、区委的工作要求落地落实，为高质量发展提供坚强保证。

（二十六）加强组织领导。坚持把党的领导贯穿推动新时期越秀高质量发展全过程各方面。各级党委和政府要加强组织领导和统筹协调，压实工作责任，强化用地用林用能及资金等各类要素保障，健全推进高质量发展的工作机制，成立区“抢机遇拼经济促发展”领导小组和工作专班，形成共抓高质量发展的工作合力。

（二十七）强化工作落实。各街道各部门要着眼发展大局，立足自身定位和优势，锚定目标、摸清底数、找准切口，拿出更多务实管用的硬招实招，坚持项目化管理、清单式推进、销号制落实。要走好新时代党的群众路线，大兴调查研究，发扬苦干实干的工作作风，力戒形式主义、官僚主义。

（二十八）营造良好环境。将高质量发展工作纳入区委、区政府重点督办内容，纳入纪检监察专责监督和巡察重点内容。用好考核评价“指挥棒”，进一步优化干部配备，加强对敢担当善作为干部的激励保护，及时宣传推广各级各部门好经验好做法，凝心聚力推动越秀高质量发展行稳致远。

统计资料

2023年越秀区国民经济和社会发展统计公报

2023年是全面贯彻党的二十大精神的开局之年，是三年新冠疫情防控转段后经济恢复发展的一年。全区上下在区委、区政府的坚强领导下，深入实施“激活、优化、疏解”三大策略，笃定实干、克难攻坚，推动经济稳中有进、进中提质。

一、综合

2023年，我区实现地区生产总值3810.24亿元，按可比价格计算，比上年（下同）增长4.5%。其中，第二产业实现增加值137.11亿元，增长10.8%；第三产业实现增加值3673.13亿元，增长4.2%。第二、三产业增加值的比例为3.6∶96.4。经济密度112.73亿元／平方公里，人均地区生产总值38.32万元，增长9.2%。

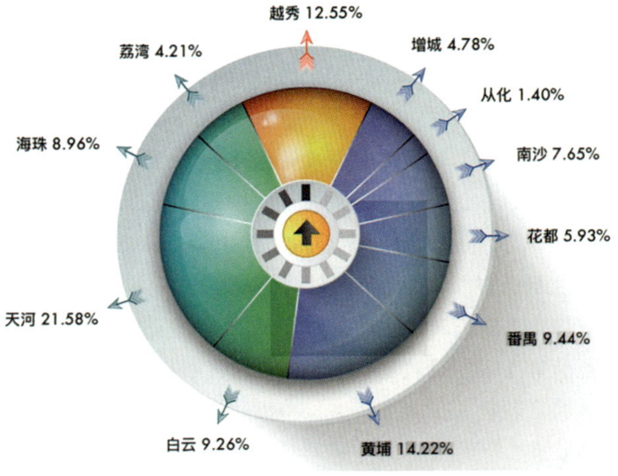

2023 广州市各区生产总值占全市的比重

2019–2023 越秀区地区生产总值与增长

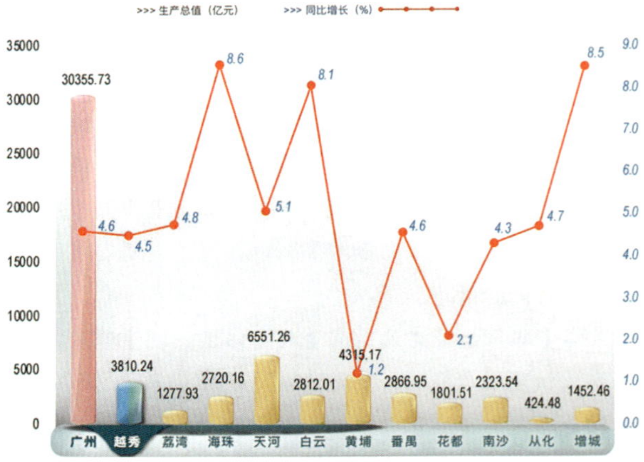

2023 广州市及各区生产总值与增长

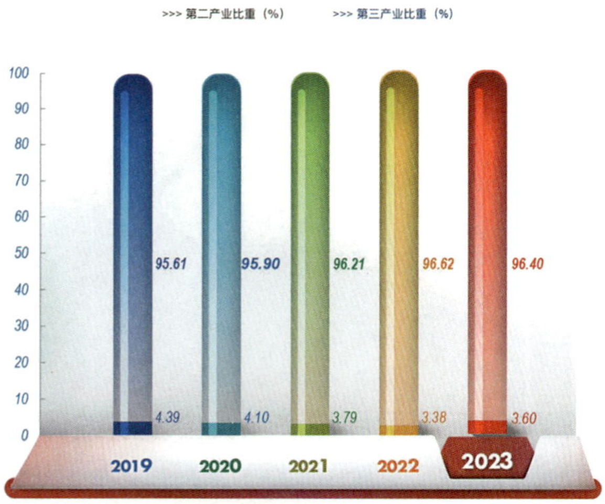

2019–2023 越秀区二、三产业增加值占地区生产总值比重

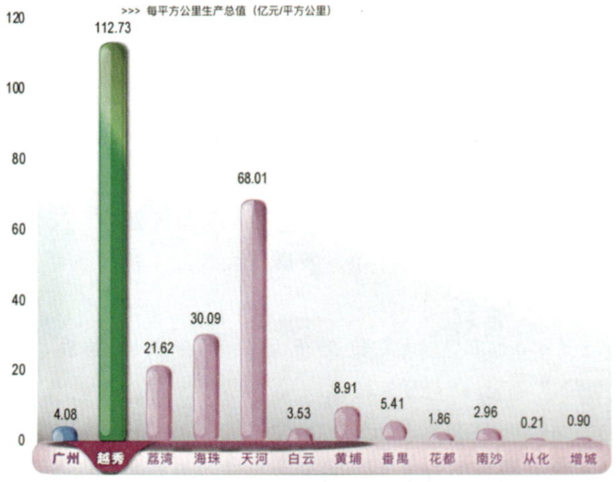

2023 广州市及各区经济密度

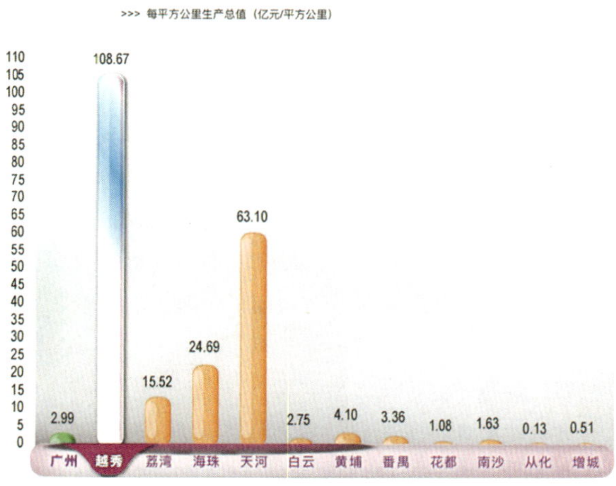

2023 广州市及各区服务密度

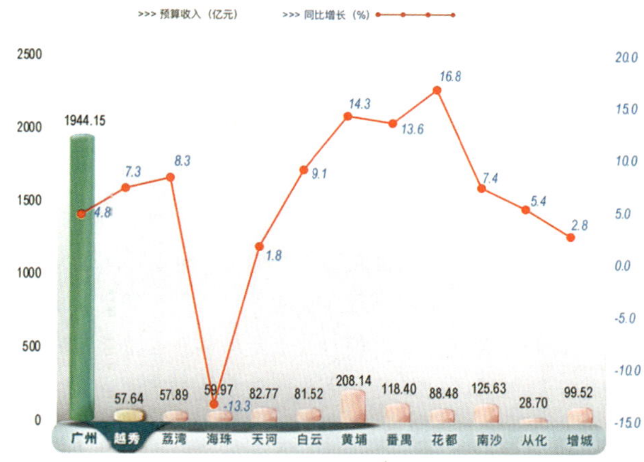

2023 广州市及各区一般公共预算收入与增长

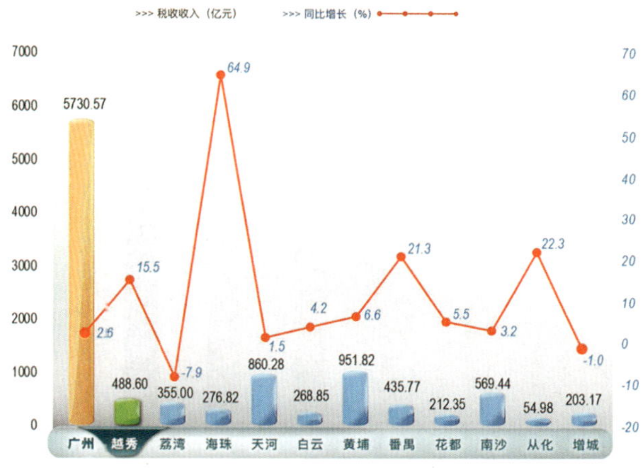

2023 广州市及各区税收收入与增长

年末户籍人口117.01万人。全年户籍（城镇人口）迁入我区1.32万人、迁出我区（城镇人口）0.34万人，在我区进行出生登记0.78万人、死亡销户1.31万人（公安口径）。全区常住人口96.0万人（统计口径），常住出生人口5599人，自然增长率0.01‰（卫生口径）。

全年一般公共预算收入57.64亿元，增长7.3%。其中，税收收入增长9.2%，非税收入增长3.1%。全区实现国内税收收入（不含海关代征）488.60亿元，增长15.5%。

全年一般公共预算支出137.52亿元，增长0.8%。其中，全区民生类支出107.75亿元，增长1.2%。

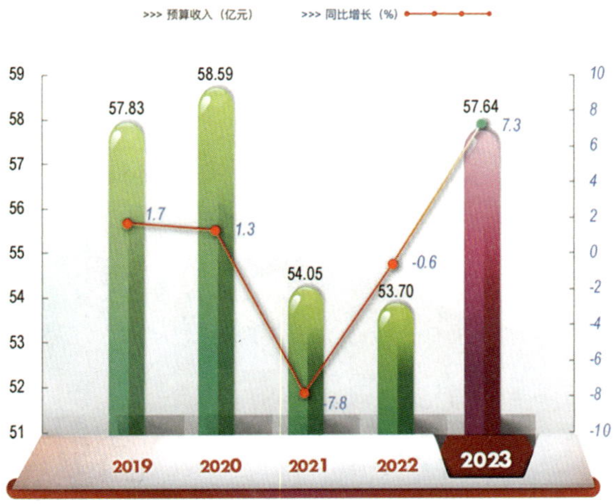

2019—2023 越秀区一般公共预算收入及增长

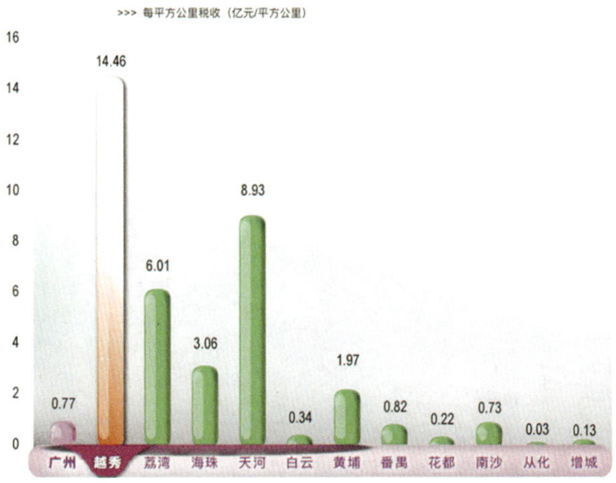

2023 广州市及各区税收密度

二、工业和建筑业

全年实现规模以上工业增加值24.22亿元，增长5%；规模以上工业总产值81.64亿元，增长7.2%；其中，中小企业实现工业总产值48.26亿元，增长14.9%，占规上工业总产值59.1%。

全年实现建筑业增加值100.79亿元，增长13.9%。全区总承包和专业承包企业完成建筑业总产值605.13亿元，增长6.0%。其中，中小企业实现建筑业总产值113.33亿元，下降7.4%，占全区建筑业总产值18.7%。其中，房屋建筑和土木工程建筑总产值464.5亿元，占全区建筑业总产值76.8%。

三、内外贸易和服务业

全年社会消费品零售总额1329.57亿元，增长8.7%。限额以上批发和零售业企业通过公共网络实现的商品零售额增长13.3%；其中，中小企业通过公共网络实现的商品零售额增长14.6%。限额以上住宿和餐饮业企业通过公共网络实现的营业额增长34.5%；其中，中小企业通过公共网络实现的营业额增长199.7%。

全年外贸进出口总值540.8亿元，下降6.2%。其中，进口329.3亿元，增长5.0%；出口211.5亿元，下降19.6%。

2023年，全区规模以上服务业企业实现营业收入2975.29亿元，增长12.5%，其中，中小企业实现营业收入1621.54亿元，增长5.2%，占规模以上服务业营业收入比重为54.50%。

四、特色产业

现代服务业持续向好。初步测算，全区实现现代服务业增加值2592.43亿元，增长4.7%，增速高于全区GDP0.2个百分点；占GDP比重68.0%，占第三产业比重70.6%。

全区三大主导产业实现增加值1844.05亿元，占GDP比

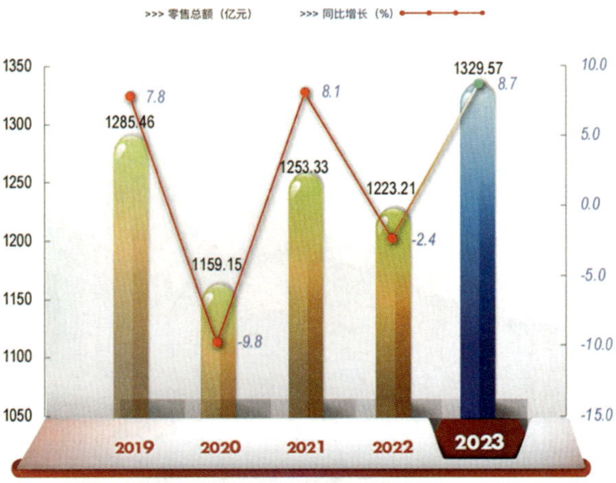

2019—2023 越秀区社会消费品零售总额及增长

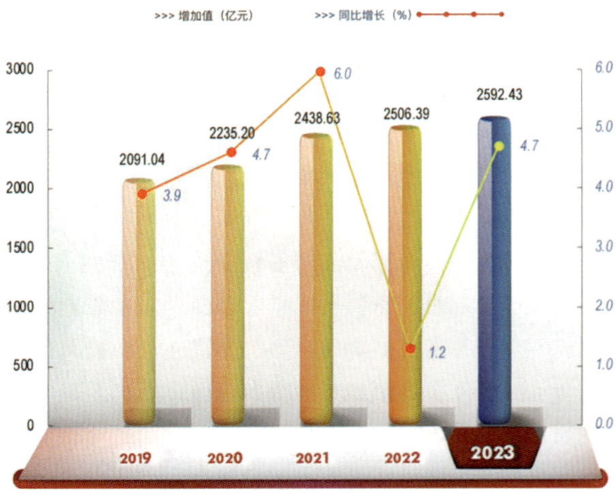

2019—2023 越秀区现代服务业增加值及增长

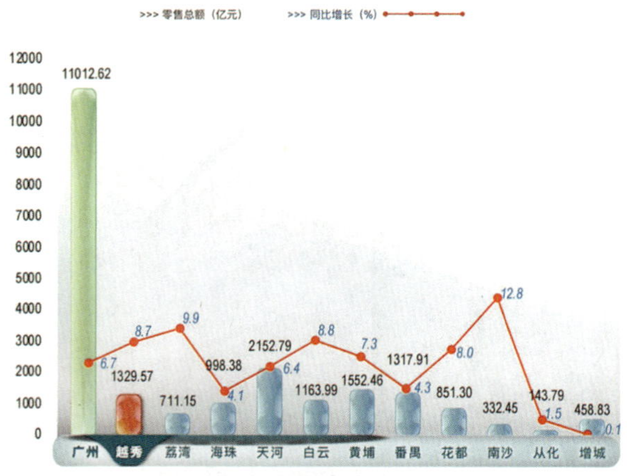

2023 广州市及各区社会消费品零售总额与增长

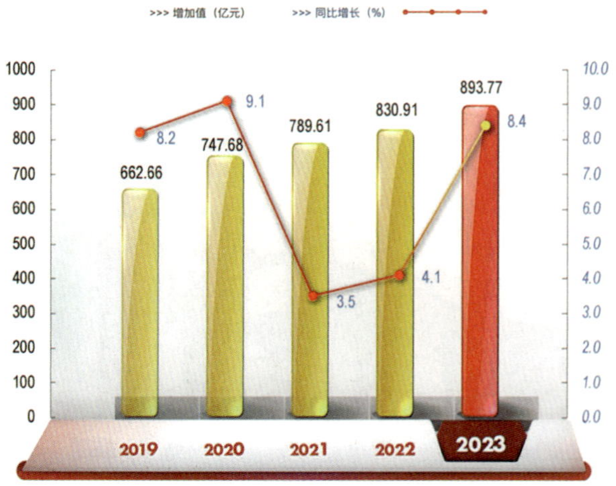

2019—2023 越秀区创新金融业增加值及增长

重48.40%，增长6.2%。其中，创新金融业实现增加值893.77亿元，占GDP比重23.46%，增长8.4%；现代商贸业实现增加值527.42亿元，占GDP比重13.84%，增长5.5%；生命健康产业实现增加值422.86亿元，占GDP比重11.10%，增长2.9%。

三大特色产业实现增加值532.87亿元，占GDP比重14.0%，比上年（13.6%）提高0.4个百分点。其中，规模以上高端专业服务业实现增加值233.31亿元，占GDP比重6.1%，比上年（6.2%）回落0.1个百分点；数字经济实现增加值213.39亿元，占GDP比重5.6%，比上年（5.2%）提高0.4个百分点；规模以上文化企业实现增加值86.17亿元，占GDP比重2.3%，比上年（2.2%）提高0.1个百分点。

2019—2023 越秀区现代商贸业增加值及增长

2019—2023 越秀区生命健康产业增加值及增长

五、固定资产投资

全年完成固定资产投资（按项目）增长10.3%。其中，基本建设和更新改造完成投资增长10.2%；房地产开发投资增长10.8%。全年商品房销售面积8.95万平方米，增长9.4%。

63个市“攻城拔寨”项目完成年度计划114.5%，南洋电器厂及周边更新改造等7个计划开工项目全面动工，越秀立方等17个项目竣工投用。21个轨道交通站点及区间进场施工，大小马站书院群项目私房签约率95%，直管房腾迁率99%。成功争取中央预算内资金、专项债券等4.37亿元，通过政府投资激发全社会投资活力，社会投资规模占比提升至76.8%。

六、营商环境

全区商事主体总量增至24.3万户，增长4%。全年新增“四上”企业378家。全年实现民营经济增加值585.54亿元，增长5.0%。

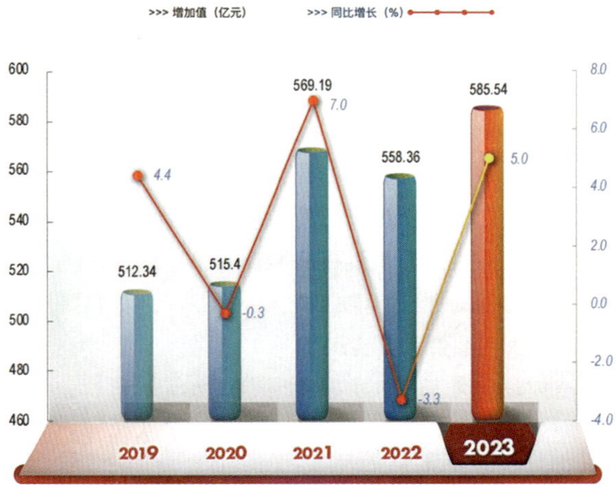

2019—2023 越秀区民营经济增加值及增长

七、科学技术、知识产权和教育

全区拥有国家重点实验室6家，省级重点实验室57家，高新技术企业562家。新增认定130家省级专精特新企业。1055家中小型科技企业申报入库，增长38.3%。中科云图、拿火信息获评全市独角兽创新企业。2022年度，全区实现R&D投入54.01亿元，总量居全市第6，研发投入强度1.48%。全年新建5G基站723个，累计建成5264个。全区共有在运营电动汽车充电站点95个，充电设施1260个。技术合同成交额206.40亿元、增长149.04%。

全年发明专利授权5401件，发明专利授权量占比49%，居全市第一，每万人口发明专利拥有量201.6件，9项专利获中国专利奖（1金1银7优秀），金银奖2项居全市第一。完成

2018—2022 越秀区研究与试验发展（R&D）投入情况

知识产权质押融资超24亿元，获批全国首批、全省唯一的国家知识产权服务业高质量集聚发展试验区。

年末全区辖内中学、小学、幼儿园共202所。其中，幼儿园122所，小学46所，特殊教育学校1所，初级中学10所，九年一贯制学校7所，完全中学14所，高级中学1所，职业中学1所。在园幼儿2.82万人，小学在校学生8.13万人，初中在校学生4.08万人，普通高中在校学生2.83万人。全区专任教师1.23万人，正高级教师38人，省特级教师20人。先后入选全国幼儿园保育教育质量提升实验区和义务教育教学改革实验区，新增基础教育学位6774个。

八、人民生活和社会保障

全年城镇居民人均可支配收入90376元，增长6.8%。

全年城镇新增就业27040人。全年举办各类招聘会175场，提供就业岗位约9.73万个。

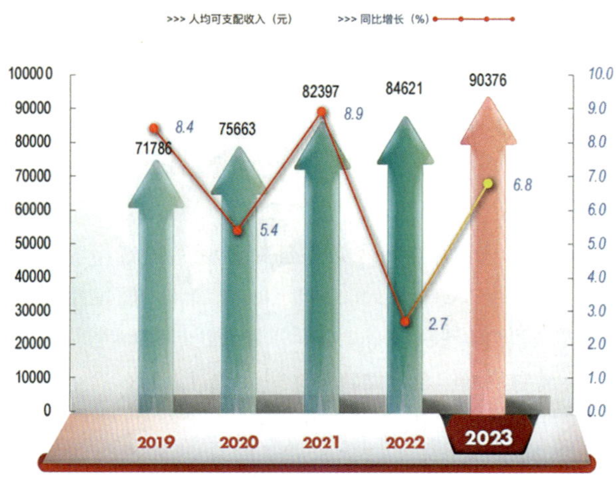

2019—2023 越秀区城镇居民人均可支配收入与增长

最低生活保障待遇从每人每月1196元提高至1238元，按时足额发放社会救助资金1.26亿元。新建成社区颐康服务站96间，累计建成199间。新建长者饭堂24间，累计建成97间。创建5个全国示范性老年友好社区。建成托位3922个，成功创建“全国未成年人保护示范区”。全年福彩销售额6110.25万元，同比增长96.9%。

全年筹集保障性租赁住房1505套，新增解决863户中低收入家庭住房困难，发放住房租赁补贴2180户。

九、文化、体育和卫生

年末全区建有区图书馆1个、专业性分馆1个；区属公共图书馆馆藏纸本文献159.28万册；区文化馆1个；街道文化站18个，均被评为省特级文化站。社区综合性文化服务中心222个，覆盖率100%；非遗代表性项目48个、非遗代表性传承人56位。

博物馆和纪念馆6个，区博物馆征集馆藏实物4708件（套），新增实物19件（套）。全区4A级旅游景区10家，3A级旅游景区4家。年末全区拥有体育场馆和体育场地设施8个（含省、市体育场馆），体育俱乐部53个、体育协会25个。全区体彩公益金收入1544.23万元，增长19.91%；全年体彩销售额4.61亿元，同比增长23.59%。

年末全区各级各类医疗机构398个（其中三级医疗机构19个、占全市的23.46%，三甲医疗机构15个、占全市的33.33%），全区实有床位2.69万张，执业（助理）医师1.60万人，注册护士2.30万人，注册全科医学专业从业者1235人。全区共建立家庭病床4399张，牵头起草全省首个家庭医生签约服务地方标准。全区常住人口签约50.22万人，重点人群签约服务覆盖率93.8%，有偿服务包签约率全市第一。18个社卫中心“优质服务基层行”全面达标。2023年无孕产妇死亡，婴儿死亡率2.72‰，孕产妇“艾、梅、乙”筛查率为100%。

十、资源、环境和安全生产

全年环境优良天数比例88.8%，提升9.6个百分点，改善幅度排名全市第一。$PM_{2.5}$浓度为23微克／立方米，PM_{10}浓度为41微克／立方米，两项指标保持全市中心城区最优，$PM_{2.5}$浓度连续四年达到国家二级和世卫组织第二阶段标准。

全年建设“无废细胞”180个，超额80%完成市下达目标，区级党政机关率先全市100%建成“无废机关”。新建污水管网24公里，截至年底排水单元达标认定面积约19.04平方公里，认定率达到88.35%。海绵城市建设达标面积15.19平方公里，占建成区总面积的45.22%。新增城市绿地1.19万平方米、立体绿化0.35万平方米。全年共组织2418人参与49场全民义务植树尽责活动，折算种植树木7254株。

流花湖、东秀湖、北秀湖平均水质均为Ⅲ类，新河浦涌、二沙涌、驷马涌（越秀段）、东山湖、麓湖、南秀湖平均水质均为Ⅳ类，墩头基断面水质为Ⅲ类，景泰涌（越秀段）保持不黑不臭。

全年全区用电总量53.50亿千瓦时，增长5.3%。2023年，全区单位GDP能耗同比增长0.149%。

110案件类警情同比下降13.8%，打击处理数、破案数、破案率同比上升66.2%、15.1%和7.8个百分点。

注：

1. 本公报中的2023年统计数据为快报统计数。

2. 地区生产总值是将研发支出（R&D）纳入核算后的数据。

3. 地区生产总值、增加值和总产值绝对数按现价计算；增长速度按可比价格计算；2017—2018年地区生产总值、行业增加值及其增速、社会消费品零售总额根据第四次全国经济普查数据进行修订，2019-2022年地区生产总值及其增速为年报数。

4. 2019年起税收为全口径数据。

资料来源：本公报中户籍人口数据来自区公安分局；财政收支数据来自区财政局；对外经济数据来自区商务局；营商环境数据来自区市场监管局、区政务服务数据管理局；科技创新和知识产权数据来自区科工信局、区市场监管局；教育、文化和体育数据来自区教育局、区文广旅体局；人民生活和社会保障数据来自区民政局、区人力资源社会保障局；卫生数据来自区卫生健康局；城区环境数据来自区生态环境分局、区建设水务局、区城管和综合执法局；社会治安和法律服务数据来自区公安分局和区司法局；其他数据来自区统计局。

表41　2023年越秀区与广州市、各区主要经济指标情况表（一）

地区	地区生产总值（亿元）	比上年增长（%）	社会消费品零售总额（亿元）	比上年增长（%）	固定资产投资额（亿元）	比上年增长（%）
广州市	30355.73	4.6	11012.62	6.7	8623.66	3.6
越秀区	3810.24	4.5	1329.57	8.7	115.27	10.3
荔湾区	1277.93	4.8	711.15	9.9	540.30	10.5
海珠区	2720.16	8.6	998.38	4.1	535.97	12.1
天河区	6551.26	5.1	2152.79	6.4	703.83	20.0
白云区	2812.01	8.1	1163.99	8.8	1216.55	5.2
黄埔区	4315.17	1.2	1552.46	7.3	2000.32	4.1
番禺区	2866.95	4.6	1317.91	4.3	811.69	10.1
花都区	1801.51	2.1	851.30	8.0	578.02	0.7
南沙区	2323.54	4.3	332.45	12.8	1103.17	–9.4
从化区	424.48	4.7	143.79	1.5	201.77	12.5
增城区	1452.46	8.5	458.83	0.1	816.77	–6.9

表42 2023年越秀区与广州市、各区主要经济指标情况表（二）

地区	一般公共预算收入（亿元）	比上年增长（%）	一般公共预算支出（亿元）	比上年增长（%）	税收收入（亿元）	比上年增长（%）
广州市	1944.15	4.8	2971.66	–1.4	5730.57	2.6
越秀区	57.64	7.3	137.52	0.8	488.60	15.5
荔湾区	57.89	8.4	118.48	1.1	355.00	–7.9
海珠区	59.97	–13.3	143.44	10.7	276.82	64.9
天河区	82.77	1.8	180.19	30.8	860.28	1.5
白云区	81.52	9.1	172.30	–10.2	268.85	4.2
黄埔区	208.14	14.3	328.38	–2.2	951.82	6.6
番禺区	118.40	13.6	191.04	14.0	435.77	21.3
花都区	88.48	16.8	140.62	–5.6	212.35	5.5
南沙区	125.63	7.4	282.49	–4.3	569.44	3.2
从化区	28.70	5.4	88.93	0.0	54.98	22.3
增城区	99.52	2.8	175.91	–10.8	203.17	–1.0

表43 2023年越秀区与广州市、各区主要经济指标情况表（三）

地区	外贸进出口总值（亿元）	比上年增长（%）	城镇居民人均可支配收入（元）	比上年增长（%）
广州市	10914.3	0.1	80500	4.8
越秀区	540.8	–6.2	90376	6.8
荔湾区	210.7	0.0	83094	6.3
海珠区	254.1	0.0	84419	8.0
天河区	660.2	5.0	94717	1.2
白云区	601.9	12.7	81805	5.5
黄埔区	2761.6	–9.9	86784	3.8
番禺区	1163.9	–6.3	76705	5.7
花都区	659.4	–16.2	67774	2.3
南沙区	2912.1	–3.3	67288	4.7
从化区	97.0	2.5	53160	4.0
增城区	1052.6	110.1	64559	5.5

■编辑 陈林琳

索 引

说 明

1.本索引分为条目主题索引、表格主题索引、随文图片主题索引三部分。

2.采用主题分析方法，按主题词首字汉语拼音顺序排列。

3.条目主题索引的主题词后面的数字表示内容所在页码，数字后的拉丁字母（a、b、c）表示该页自左至右的栏别。表格和随文图片主题索引部分只在主题词后面标明所在页码，不标栏别。

4.本书的“专记”“大事记”“附录”未作条目主题分析。

5.索引中部分主题词使用相互参照。

条目主题索引

D

H

J

K

L

M

N

O

P

Q

Z

表格主题索引

数字字母

C

D

G

H

J

Q

R

S

随文图片主题索引

数字字母

J

K

L

M

N

P

Q

R

S

T

W

X